医疗器械产品分类实用教程

YILIAO QIXIE CHANPIN FENLEI SHIYONG JIAOCHENG

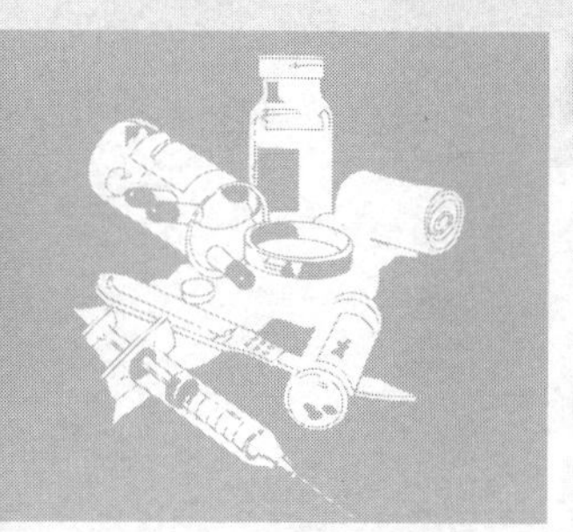
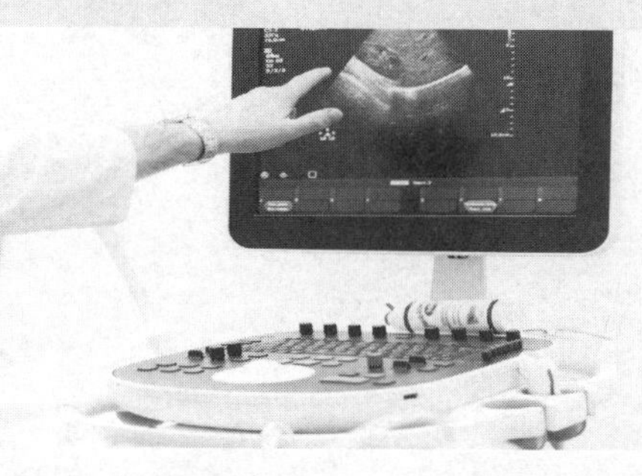
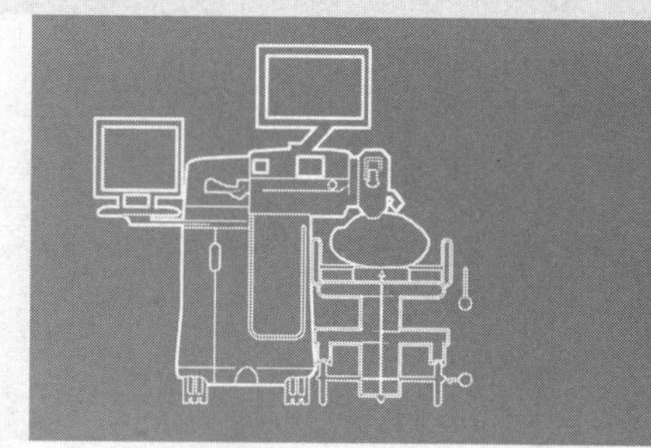

主编 曹明卓 高 勇 安 维
郭 艳 张娟丽 崔红新

郑州大学出版社
郑 州

图书在版编目（CIP）数据

医疗器械产品分类实用教程 / 曹明卓等主编 . —郑州 : 郑州大学出版社，2019.7

ISBN 978-7-5645-6308-0

Ⅰ . ①医… Ⅱ . ①曹… Ⅲ . ①医疗器械—产品分类—教材 Ⅳ . ① F763

中国版本图书馆 CIP 数据核字 (2019) 第 079348 号

郑州大学出版社出版发行

郑州市大学路 40 号　　邮政编码：450052

出版人：张功员　　发行部电话：0371-66966070

全国新华书店经销

河南承创印务有限公司

开本：889 mm x 1 194 mm　1/16

印张：25

字数：688 千字

版次：2019 年 7 月第 1 版　　印次：2019 年 7 月第 1 次印刷

书号：ISBN 978-7-5645-6308-0　　定价：128. 00 元

编委会

前 言

医疗器械行业的迅速发展，已经呈现出多学科交叉、融合的态势，计算机科学、物理学、材料学及物联网等应用性学科的广泛应用，促使医疗器械的产品种类技术含量高、设计复杂，之前的分类方法难以适应当前的行业发展和监管要求，为了促进医疗器械专业的快速发展，编者根据多年从事医疗器械审评、检验及教学的工作经验，编写了这本《医疗器械产品分类实用教程》。

全书包括两部分内容，第一部分主要介绍2013版《体外诊断试剂分类子目录》、过敏原类、流式细胞仪配套用、免疫组化和原位杂交类体外诊断试剂产品分类子目录以及产品分类界定文件中的体外诊断试剂产品分类；第二部分重点介绍手术类器械、有源器械、无源器械、眼科器械、口腔科器械、妇产科/生殖和避孕器械、医用康复器械、中医器械、医用软件和临床检验器械等内容；本书将医疗器械产品是否豁免临床试验、适用的相关标准与医疗器械注册技术审查指导原则等内容有机结合起来。可作为医疗器械行业相关人员从事研发、生产、检验及注册等方面的参考书，也可作为药监行业相关人员从事医疗器械监管工作的工具书。

在编写过程中，河南省药品监督管理局、河南中医药大学、河南省食品药品审评查验中心、河南省医疗器械检验所、河南省科学院生物研究所有限公司与河南翔宇医疗设备有限责任公司等有关专家、老师和技术人员参与了本书的编写。

本书的出版，特此感谢河南省市场监督管理局副巡视员刘波、河南省药品监督管理局医疗器械注册管理处处长陈连东在百忙之中为本书题序。感谢郑州大学出版社的编辑人员，本书能够顺利出版与他们的艰辛编辑校队密不可分。感谢单位领导对我的大力帮助和支持，还要感谢许许多多幕后默默支持和帮助我的人。

由于编者的水平有限，书中内容难免会有不妥之处，希望各位读者朋友批评指正。

编者

2019年5月于郑州

序一

医疗器械是多学科、综合性、知识密集和技术含量高的产业，涉及医学、机械、计算机、生物材料、光电、信息、核技术及塑料等多个行业。许多新技术、新工艺、新材料不断应用于医疗器械产品，使得医疗器械新品种不断涌现，产品更新换代加快，为诊断、治疗及预防疾病提供了一个有利的武器。

《医疗器械产品分类实用教程》一书，内容丰富，涉及面广，适用于从事医疗器械检验、审评及审批的管理人员，也可供参与医疗器械审评的专家学者及从事医疗器械生产、经营和研发的工作人员阅读。

本书的出版，对进一步加强医疗器械监管工作、推进医疗器械注册管理工作、促使医疗器械新产品尽快进入市场提供了帮助，为人民群众的健康事业和推动经济社会高质量发展做出了应有的贡献。

刘波

2019 年 7 月

序二

新材料、新技术的广泛应用推动了医疗器械产业的快速发展，医疗器械行业的蓬勃发展，也带来如何在保障人民群众安全用械的前提下，对医疗器械行业实施科学监管。参考世界各国的监管经验，实现科学监管的前提是医疗器械的科学分类，在分类的基础上实施基于风险的监督管理体系。

本书主要包括两部分，第一部分详细介绍了体外诊断试剂产品分类；第二部分主要介绍了医疗器械产品分类，将产品是否免临床试验、适用的相关标准及指导原则编排进去，内容翔实全面，方便查询使用，对促进医疗器械行业的发展及提高监管部门的工作效率将发挥积极的作用，可供医疗器械监督管理人员和医疗器械行业的工作人员作为工具书使用。

陈连东

2019 年 7 月

目 录

第一部分

体外诊断试剂产品分类

第一章　体外诊断试剂（2013 版）

一、体外诊断试剂分类目录说明

1. 本子目录所包括体外诊断试剂，是指按医疗器械管理的体外诊断试剂，不包括国家法定用于血源筛查的体外诊断试剂和采用放射性核素标记的体外诊断试剂。

2. 本子目录根据体外诊断试剂的特点编制而成，目录结构中设置了“序号、产品类别、产品分类名称、预期用途、管理类别”等 8 个部分。

3. 本子目录中的“产品分类名称”中未包括方法或原理，“预期用途”涉及的内容为被测物及主要临床用途，其目的主要用于确定产品的管理类别，而不一定是相关产品申请注册时的完全描述。申请注册时，有关产品名称和预期用途应按《体外诊断试剂注册管理办法》及相关要求执行。

4. 本子目录中“预期用途”的内容涉及人体样本的，如果该样本特指脑脊液、尿液、胃液等，则明确写明为相应样本；如用于多种样本测试，则表述为“用于检测人体样本”。

5. 被测物相同但在临床上用于不同预期用途的产品，且根据《体外诊断试剂注册管理办法》第十七条的规定属于不同管理类别的（如 HCG、铁蛋白为被测物的产品），在本子目录中则分别按不同的管理类别列出。

6. 本子目录新增“Ⅲ -9 与流式技术相关的试剂”；在“I-2 样本处理用产品”项下，补充并明确了缓冲液、萃取液、清洗液、固定液、保存液、底物液、终止液、提取纯化试剂等产品形式。

7. 根据《体外诊断试剂注册管理办法》第十七条、第十八条规定，与麻醉药品、精神药品或医疗用毒性药品检测相关的试剂，按第三类产品注册管理。麻醉药品、精神药品或医疗用毒性药品的范围根据《麻醉药品品种目录（2013 年版）》《精神药品目录（2013 年版）》《医疗用毒性药品管理办法 》的毒性药品品种确定。

8. 本子目录未包括校准品和质控品。与第二类、第三类体外诊断试剂配合使用的校准品和质控品的类别，与试剂类别相同；与第一类体外诊断试剂配合使用的校准品和质控品，按第二类产品管理。

9. 本子目录原则上不包括组合产品的分类。目录中所列举的组合产品均为非单独申报和注册的产品。注册申请时，组合产品应按照所包含的单项产品的最高管理类别确定其管理类别。

10. 已发布的体外诊断试剂产品类别与本子目录不同的，按本子目录执行。对于本子目录中未包含的产品，其管理类别应按照《体外诊断试剂管理办法》第十七条进行判定。

11. 本子目录所依据的法规文件是《食品药品监管总局关于印发体外诊断试剂分类子目录的通知》（食药监械管〔2013〕242 号）。

二、本子目录中体外诊断试剂产品适用的相关标准

GB/T 6682—2008 分析实验室用水规格和试验方法

GB/T 16699—1996 放射免疫分析试剂盒的基本要求

GB/T 19702—2005 体外诊断医疗器械、生物源性样本中量的测量、参考测量程序的说明

GB/T 19703—2005 体外诊断医疗器械、物源性样本中量的测量、参考物质的说明

GB/T 21415—2008 体外诊断医疗器械、生物样品中量的测量、校准品和控制物质赋值的计量学溯源性

GB/T 26124—2011 临床化学体外诊断试剂（盒）

GB/T 29791.1—2013 体外诊断医疗器械、制造商提供的信息（标示）第 1 部分：术语、定义和通用要求

GB/T 29791.2—2013 体外诊断医疗器械、制造商提供的信息（标示）第 2 部分：专业用体外诊断试剂

GB/T 29791.3—2013 体外诊断医疗器械、制造商提供的信息（标示）第 3 部分：专业用体外诊断仪器

GB/T 29791.4—2013 体外诊断医疗器械、制造商提供的信息（标示）第 4 部分：自测用体外诊断试剂

GB/T 29791.5—2013 体外诊断医疗器械、制造商提供的信息（标示）第 5 部分：自测用体外诊断仪器

GB/T 33411—2016 酶联免疫分析试剂盒通则

YY/T 0638—2008 体外诊断医疗器械、生物样品中量的测量、校准品和控制物质中酶催化浓度赋值的计量学溯源性

YY/T 0639—2008 体外诊断医疗器械、制造商为生物学染色用体外诊断试剂提供的信息

YY/T 1151—2009 体外诊断用蛋白质微阵列芯片

YY/T 1153—2009 体外诊断用 DNA 微阵列芯片

YY/T 1227-2014 临床化学体外诊断试剂（盒）命名

YY/T 1244—2014 体外诊断试剂用纯化水

YY/T 1255-2015 免疫比浊法检测试剂（盒）或（透射法）

YY/T 1441—2016 体外诊断医疗器械性能评估通用要求

YY/T 1454—2016 自我检测用体外诊断医疗器械基本要求

YY/T 1549-2017 生化分析仪用校准物

YY/T 1579—2018 体外诊断医疗器械、体外诊断试剂稳定性评价

GBZ 136—2002 生产和使用放射免疫分析试剂（盒）卫生防护标准

WS/T 124—1999 临床化学体外诊断试剂盒质量检验总则

WS/T 232—2002 商业性微生物培养基质量检验规程

WS/T 252—2005 体外诊断用品标识

WS/T 253—2005 体外诊断医学器具、生物源样品中量的测量、参考物质

WS/T 254—2005 体外诊断医学器具、生物源样品中量的测量、参考测量程序

WS/T 347—2011 血细胞分析的校准指南

WS/T 356—2011 基质效应与互通性评估指南

WS/T 402—2012 临床实验室检验项目参考区间的制定

WS/T 403—2012 临床生物化学检验常规项目分析质量指标

WS/T 405—2012 血细胞分析参考区间

WS/T 406—2012 临床血液学检验常规项目分析质量要求

WS/T 407—2012 医疗机构内定量检验结果的可比性验证指南

WS/T 416—2013 干扰实验指南

WS/T 419—2013 参考物质中酶活性浓度的赋值

WS/T 420—2013 临床实验室对商品定量试剂盒分析性能的验证

WS/T 490—2016 临床化学测量系统校准指南

WS/T 494—2017 临床定性免疫检验重要常规项目分析质量要求

WS/T 574—2018 临床实验室试剂用纯化水

SN/T 1538.1—2016 培养基制备指南 第 1 部分：实验室培养基制备质量保证通则

SN/T 1538.2—2016 培养基制备指南 第 2 部分：培养基性能测试实用指南

《中华人民共和国药典》2015 年版

《中国生物制品规程》2000 年版

三、本子目录中体外诊断试剂产品适用的指导原则

体外诊断试剂分析性能评估（准确度 – 方法学比对）技术审查指导原则

体外诊断试剂分析性能评估（准确度 – 回收实验）技术审查指导原则

体外诊断试剂说明书编写指导原则

体外诊断试剂临床试验技术指导原则

生物芯片类检测试剂注册技术审查指导原则

金标类检测试剂注册技术审查指导原则

核酸扩增法检测试剂注册技术审查指导原则

发光免疫类检测试剂注册技术审查指导原则

酶联免疫法检测试剂注册技术审查指导原则

肿瘤标志物类定量检测试剂注册申报资料指导原则

四、体外诊断试剂产品是否豁免临床试验的法规文件

《国家药品监督管理局关于公布新修订免于进行临床试验医疗器械目录的通告》（2018 年第 94 号）附件 2。

体外诊断试剂分类子目录（2013 版）

序号	产品类别	产品分类名称	预期用途	管理类别	是否豁免临床	相关标准	指导原则
001	Ⅲ -1 与致病性病原体抗原、抗体及核酸等检测相关的试剂	志贺菌属多价诊断血清	临床上用于志贺菌属分群	Ⅲ	否	/	/
002	Ⅲ -1 与致病性病原体抗原、抗体及核酸等检测相关的试剂	鲍氏志贺菌诊断血清	临床上用于鲍氏志贺菌群分型	Ⅲ	否	/	/
003	Ⅲ -1 与致病性病原体抗原、抗体及核酸等检测相关的试剂	福氏志贺菌诊断血清	临床上用于福氏志贺菌群分型	Ⅲ	否	/	/
004	Ⅲ -1 与致病性病原体抗原、抗体及核酸等检测相关的试剂	宋内志贺菌诊断血清	临床上用于宋内志贺菌诊断	Ⅲ	否	/	/
005	Ⅲ -1 与致病性病原体抗原、抗体及核酸等检测相关的试剂	志贺志贺菌诊断血清	临床上用于志贺志贺菌诊断	Ⅲ	否	/	/
006	Ⅲ -1 与致病性病原体抗原、抗体及核酸等检测相关的试剂	变形杆菌 OX19 诊断菌液	临床上用于外斐（Weil — Felix）反应	Ⅲ	否	/	/
007	Ⅲ -1 与致病性病原体抗原、抗体及核酸等检测相关的试剂	变形杆菌 OX2 诊断菌液	临床上用于外斐（Weil — Felix）反应	Ⅲ	否	/	/
008	Ⅲ -1 与致病性病原体抗原、抗体及核酸等检测相关的试剂	变形杆菌 OXK 诊断菌液	临床上用于外斐（Weil — Felix）反应	Ⅲ	否	/	/
009	Ⅲ -1 与致病性病原体抗原、抗体及核酸等检测相关的试剂	甲型副伤寒杆菌诊断菌液	临床上用于肥达 (Widal) 反应	Ⅲ	否	/	/
010	Ⅲ -1 与致病性病原体抗原、抗体及核酸等检测相关的试剂	乙型副伤寒杆菌诊断菌液	临床上用于肥达 (Widal) 反应	Ⅲ	否	/	/
011	Ⅲ -1 与致病性病原体抗原、抗体及核酸等检测相关的试剂	丙型副伤寒杆菌诊断菌液	临床上用于肥达 (Widal) 反应	Ⅲ	否	/	/
012	Ⅲ -1 与致病性病原体抗原、抗体及核酸等检测相关的试剂	伤寒杆菌 H901 诊断菌液	临床上用于肥达 (Widal) 反应	Ⅲ	否	/	/
013	Ⅲ -1 与致病性病原体抗原、抗体及核酸等检测相关的试剂	伤寒杆菌 O901 诊断菌液	临床上用于肥达 (Widal) 反应	Ⅲ	否	/	/
014	Ⅲ -1 与致病性病原体抗原、抗体及核酸等检测相关的试剂	肠道致病性大肠埃希菌诊断血清	临床上用于凝集试验诊断肠道致病性大肠埃希菌	Ⅲ	否	/	/
015	Ⅲ -1 与致病性病原体抗原、抗体及核酸等检测相关的试剂	O1 群霍乱弧菌诊断血清	临床上用于诊断 O1 群霍乱弧菌	Ⅲ	否	/	/
016	Ⅲ -1 与致病性病原体抗原、抗体及核酸等检测相关的试剂	鼠疫耶尔森菌诊断血清	临床上用于鼠疫耶尔森菌诊断	Ⅲ	否	/	/
017	Ⅲ -1 与致病性病原体抗原、抗体及核酸等检测相关的试剂	鼠疫耶尔森菌诊断用噬菌体	临床上用于鉴定鼠疫耶尔森菌	Ⅲ	否	/	/

续表

序号	产品类别	产品分类名称	预期用途	管理类别	是否豁免临床	相关标准	指导原则
018	Ⅲ -1 与致病性病原体抗原、抗体及核酸等检测相关的试剂	炭疽杆菌诊断血清	临床上用于鉴定炭疽杆菌	Ⅲ	否	/	/
019	Ⅲ -1 与致病性病原体抗原、抗体及核酸等检测相关的试剂	炭疽杆菌诊断用噬菌体	临床上用于鉴定炭疽杆菌	Ⅲ	否	/	/
020	Ⅲ -1 与致病性病原体抗原、抗体及核酸等检测相关的试剂	A 群 β 溶血链球菌抗原检测试剂	用于检测人体样本中的 A 群 β 溶血性链球菌抗原，临床上主要用于呼吸道感染病原学的辅助诊断和鉴别诊断	Ⅲ	否	/	/
021	Ⅲ -1 与致病性病原体抗原、抗体及核酸等检测相关的试剂	A 群链球菌多糖抗体检测试剂	用于检测人体样本中的 A 群链球菌细胞壁多糖抗体（ACHO，ASP），临床上主要用于既往链球菌感染和急性风湿热 (ARF) 自身免疫反应的辅助诊断	Ⅲ	否	/	/
022	Ⅲ -1 与致病性病原体抗原、抗体及核酸等检测相关的试剂	B 族链球菌核酸检测试剂	用于检测人体样本（如孕妇生殖道分泌物）中的 B 族链球菌核酸，临床上主要用于链球菌感染的辅助诊断	Ⅲ	否	/	/
023	Ⅲ -1 与致病性病原体抗原、抗体及核酸等检测相关的试剂	B 型流感嗜血杆菌抗原 / 抗体 / 核酸检测试剂	用于检测人体样本中的 B 型流感嗜血杆菌抗原 / 抗体 / 核酸，临床上主要用于儿童期细菌性肺炎或脑膜炎等的辅助诊断	Ⅲ	否	/	/
024	Ⅲ -1 与致病性病原体抗原、抗体及核酸等检测相关的试剂	幽门螺杆菌抗原 / 抗体 / 核酸检测试剂	用于检测人体样本中的幽门螺杆菌抗原 / 抗体 / 核酸，临床上主要用于胃肠道幽门螺杆菌感染的辅助诊断	Ⅲ	否	YY/T 1423—2016	幽门螺杆菌抗原 / 抗体检测试剂注册技术审查指导原则
025	Ⅲ -1 与致病性病原体抗原、抗体及核酸等检测相关的试剂	百日咳杆菌抗原 / 抗体检测试剂	用于检测人体样本中的百日咳杆菌抗原（如呼吸道分泌物）/ 抗体，临床上主要用于百日咳的辅助诊断或用于疫苗的免疫效果监测	Ⅲ	否	/	/
026	Ⅲ -1 与致病性病原体抗原、抗体及核酸等检测相关的试剂	白喉棒状杆菌抗体检测试剂	用于检测人体样本中的白喉棒状杆菌抗体，临床上主要用于白喉的辅助诊断或用于疫苗的免疫效果监测	Ⅲ	否	/	/
027	Ⅲ -1 与致病性病原体抗原、抗体及核酸等检测相关的试剂	破伤风类毒素抗体检测试剂	用于检测人体样本中的破伤风类毒素抗体，临床上主要用于破伤风疫苗接种效果监测及流行病学调查	Ⅲ	否	/	/
028	Ⅲ -1 与致病性病原体抗原、抗体及核酸等检测相关的试剂	布氏杆菌抗体检测试剂	用于检测人体样本中的布氏杆菌抗体，临床上主要用于布氏杆菌病的辅助诊断	Ⅲ	否	/	/

续表

序号	产品类别	产品分类名称	预期用途	管理类别	是否豁免临床	相关标准	指导原则
029	Ⅲ -1 与致病性病原体抗原、抗体及核酸等检测相关的试剂	大肠杆菌 O157 抗原检测试剂	用于检测人体样本（如粪便、呕吐物等）中的大肠杆菌 O157：H7 抗原，临床上主要用于肠出血性大肠杆菌感染（如出血性结肠炎及溶血性尿毒综合征）等疾病的辅助诊断	Ⅲ	否	/	/
030	Ⅲ -1 与致病性病原体抗原、抗体及核酸等检测相关的试剂	肺炎链球菌抗原检测试剂	用于检测人体样本（如呼吸道分泌物）中的肺炎链球菌抗原，临床上主要用于肺炎链球菌性肺炎的辅助诊断	Ⅲ	否	/	/
031	Ⅲ -1 与致病性病原体抗原、抗体及核酸等检测相关的试剂	结核分枝杆菌抗体 / 核酸检测试剂	用于检测人体样本中的结核分枝杆菌抗体 / 核酸，临床上主要用于结核的辅助诊断	Ⅲ	否	/	结核分枝杆菌复合群核酸检测试剂注册技术审查指导原则
032	Ⅲ -1 与致病性病原体抗原、抗体及核酸等检测相关的试剂	结核感染 T 细胞释放 γ－干扰素检测试剂	用于检测人体样本中由结核分枝杆菌抗原刺激 T 淋巴细胞所产生的 γ－干扰素，临床上主要用于结核的辅助诊断	Ⅲ	否	/	/
033	Ⅲ -1 与致病性病原体抗原、抗体及核酸等检测相关的试剂	淋球菌抗原 / 核酸检测试剂	用于检测人体样本（如生殖泌尿道分泌物）中的淋球菌抗原 / 核酸，临床上主要用于淋球菌感染的辅助诊断	Ⅲ	否	/	/
034	Ⅲ -1 与致病性病原体抗原、抗体及核酸等检测相关的试剂	炭疽杆菌抗原检测试剂	用于检测人体样本中的炭疽杆菌抗原，临床上主要用于炭疽杆菌的感染的辅助诊断	Ⅲ	否	/	/
035	Ⅲ -1 与致病性病原体抗原、抗体及核酸等检测相关的试剂	鼻疽菌抗原检测试剂	用于检测人体样本中的鼻疽菌抗原，临床上主要用于鼻疽菌的感染的辅助诊断	Ⅲ	否	/	/
036	Ⅲ -1 与致病性病原体抗原、抗体及核酸等检测相关的试剂	类鼻疽菌抗原检测试剂	用于检测人体样本中的类鼻疽菌抗原，临床上主要用于类鼻疽菌的感染的辅助诊断	Ⅲ	否	/	/
037	Ⅲ -1 与致病性病原体抗原、抗体及核酸等检测相关的试剂	布鲁氏菌抗原检测试剂	用于检测人体样本中的布鲁氏菌抗原，临床上主要用于布鲁氏菌感染的辅助诊断	Ⅲ	否	/	/
038	Ⅲ -1 与致病性病原体抗原、抗体及核酸等检测相关的试剂	鼠疫菌 F1 抗体检测试剂	用于检测人体样本中的鼠疫菌 F1 抗体，临床上主要用于人鼠疫菌感染的辅助诊断	Ⅲ	否	/	/
039	Ⅲ -1 与致病性病原体抗原、抗体及核酸等检测相关的试剂	甲型副伤寒沙门菌抗体检测试剂	用于检测人体样本中的甲型副伤寒沙门菌抗体，临床上主要用于副伤寒的辅助诊断	Ⅲ	否	/	/

续表

序号	产品类别	产品分类名称	预期用途	管理类别	是否豁免临床	相关标准	指导原则
040	Ⅲ-1 与致病性病原体抗原、抗体及核酸等检测相关的试剂	乙型副伤寒菌抗体检测试剂	用于检测人体样本中的乙型副伤寒菌抗体，临床上主要用于乙型副伤寒菌感染的辅助诊断	Ⅲ	否	/	/
041	Ⅲ-1 与致病性病原体抗原、抗体及核酸等检测相关的试剂	霍乱弧菌抗原检测试剂	用于检测人体样本（如粪便标本）中 O1 群和 O139 群霍乱弧菌抗原，临床上主要用于霍乱的辅助诊断	Ⅲ	否	/	/
042	Ⅲ-1 与致病性病原体抗原、抗体及核酸等检测相关的试剂	嗜肺军团菌抗体检测试剂	用于检测人体样本中的嗜肺军团菌抗体，临床上主要用于军团菌肺炎的辅助诊断	Ⅲ	否	/	/
043	Ⅲ-1 与致病性病原体抗原、抗体及核酸等检测相关的试剂	金黄色葡萄球菌和耐甲氧西林金黄色葡萄球菌核酸检测试剂	用于检测人体样本（如痰液标本）中的金黄色葡萄球菌及其耐甲氧西林菌株的核酸，临床上主要用于金黄色葡萄球菌和耐甲氧西林金黄色葡萄球菌引起的感染的辅助诊断	Ⅲ	否	/	/
044	Ⅲ-1 与致病性病原体抗原、抗体及核酸等检测相关的试剂	沙门氏菌、志贺氏菌核酸检测试剂	用于检测人体样本（如粪便、肛拭子）中的沙门氏菌和志贺氏菌核酸。临床上主要用于沙门氏菌及志贺氏菌感染的辅助诊断	Ⅲ	否	/	/
045	Ⅲ-1 与致病性病原体抗原、抗体及核酸等检测相关的试剂	麻风分枝杆菌抗体检测试剂	用于检测人体样本中的麻风分枝杆菌抗体，临床上主要用于麻风的辅助诊断。	Ⅲ	否	/	/
046	Ⅲ-1 与致病性病原体抗原、抗体及核酸等检测相关的试剂	甲型流行性感冒病毒抗原 / 核酸检测试剂	用于检测人体样本（如鼻咽分泌物）中的甲型流行性感冒病毒抗原 / 核酸，临床上主要用于甲型流行性感冒的辅助诊断和鉴别诊断	Ⅲ	否	YY/T 1443—2016	/
047	Ⅲ-1 与致病性病原体抗原、抗体及核酸等检测相关的试剂	甲型 H1N1 流行性感冒病毒抗原 / 核酸检测试剂	用于检测人体样本（如鼻咽分泌物）中的甲型 H1N1 流行性感冒病毒抗原 / 核酸，临床上主要用于甲型 H1N1 流行性感冒的辅助诊断和鉴别诊断	Ⅲ	否	YY/T 1462—2016 DB22/T 2563—2016 DB42/T 790—2012	/
048	Ⅲ-1 与致病性病原体抗原、抗体及核酸等检测相关的试剂	乙型流行性感冒病毒抗原 / 核酸检测试剂	用于检测人体标本（如鼻咽分泌物）中的乙型流行性感冒病毒抗原 / 核酸，临床上主要用于乙型流行性感冒的辅助诊断和鉴别诊断	Ⅲ	否	/	/
049	Ⅲ-1 与致病性病原体抗原、抗体及核酸等检测相关的试剂	EB 病毒抗体 / 核酸检测试剂	用于检测人体样本中的 EB 病毒抗体 / 核酸，临床上主要用于 EB 病毒感染的辅助诊断	Ⅲ	否	/	/

续表

序号	产品类别	产品分类名称	预期用途	管理类别	是否豁免临床	相关标准	指导原则
050	Ⅲ-1 与致病性病原体抗原、抗体及核酸等检测相关的试剂	EB 病毒 TK(胸苷激酶)抗体检测试剂	用于检测人体样本中的 EB 病毒 TK（胸苷激酶）抗体，临床上主要用于 EB 病毒感染的辅助诊断	Ⅲ	否	/	/
051	Ⅲ-1 与致病性病原体抗原、抗体及核酸等检测相关的试剂	EB 病毒壳抗原（VCA）抗体检测试剂	用于检测人体样本中的 EB 病毒壳抗原（VCA）抗体，临床上主要用于 EB 病毒感染的辅助诊断	Ⅲ	否	YY/T 1517—2017	/
052	Ⅲ-1 与致病性病原体抗原、抗体及核酸等检测相关的试剂	EB 病毒早期抗原（EA）抗体检测试剂	用于检测人体样本中的 EB 病毒早期抗原（EA）抗体，临床上主要用于 EB 病毒感染的辅助诊断	Ⅲ	否	/	/
053	Ⅲ-1 与致病性病原体抗原、抗体及核酸等检测相关的试剂	EB 病毒核抗原（NA1）抗体检测试剂	用于检测人体样本中的 EB 病毒核抗原（NA1）抗体，临床上主要用于 EB 病毒感染的辅助诊断	Ⅲ	否	/	/
054	Ⅲ-1 与致病性病原体抗原、抗体及核酸等检测相关的试剂	风疹病毒抗体 / 核酸检测试剂	用于检测人体样本中的风疹病毒抗体 / 核酸，临床上主要用于风疹病毒感染的辅助诊断	Ⅲ	否	YY/T 1235—2014	弓形虫、风疹病毒、巨细胞病毒、单纯疱疹病毒抗体及 G 型免疫球蛋白抗体亲合力检测试剂技术审查指导原则
055	Ⅲ-1 与致病性病原体抗原、抗体及核酸等检测相关的试剂	呼吸道合胞病毒（RSV）抗体 / 核酸检测试剂	用于检测人体样本中的呼吸道合胞病毒（RSV）抗体 / 核酸，临床上主要用于呼吸道合胞病毒感染的辅助诊断	Ⅲ	否	/	/
056	Ⅲ-1 与致病性病原体抗原、抗体及核酸等检测相关的试剂	单纯疱疹病毒Ⅰ型（HSVⅠ）抗体 / 核酸检测试剂	用于检测人体样本中的单纯疱疹病毒Ⅰ型抗体 / 核酸，临床上主要用于Ⅰ型单纯疱疹感染的辅助诊断	Ⅲ	否	YY/T 1482—2016	弓形虫、风疹病毒、巨细胞病毒、单纯疱疹病毒抗体及 G 型免疫球蛋白抗体亲合力检测试剂技术审查指导原则
057	Ⅲ-1 与致病性病原体抗原、抗体及核酸等检测相关的试剂	单纯疱疹病毒Ⅱ型（HSV Ⅱ）抗体 / 核酸检测试剂	用于检测人体样本中的单纯疱疹病毒Ⅱ型抗体 / 核酸（如生殖道渗液、疱疹分泌物等），临床上主要用于Ⅱ型单纯疱疹感染等的辅助诊断	Ⅲ	否	YY/T 1482—2016	弓形虫、风疹病毒、巨细胞病毒、单纯疱疹病毒抗体及 G 型免疫球蛋白抗体亲合力检测试剂技术审查指导原则

续表

序号	产品类别	产品分类名称	预期用途	管理类别	是否豁免临床	相关标准	指导原则
058	Ⅲ-1 与致病性病原体抗原、抗体及核酸等检测相关的试剂	单纯疱疹病毒 I/Ⅱ型（HSV I/Ⅱ）抗体检测试剂	用于检测人体样本中的单纯疱疹病毒 I/Ⅱ型（HSV I/Ⅱ）抗体，临床上主要用于单纯疱疹感染等的辅助诊断	Ⅲ	否	YY/T 1482—2016 YY/T 1483—2016	弓形虫、风疹病毒、巨细胞病毒、单纯疱疹病毒抗体及G型免疫球蛋白抗体亲合力检测试剂技术审查指导原则
059	Ⅲ-1 与致病性病原体抗原、抗体及核酸等检测相关的试剂	巨细胞病毒抗体 / 核酸检测试剂	用于检测人体样本中的巨细胞病毒抗体 / 核酸，临床上主要用于巨细胞病毒感染的辅助诊断	Ⅲ	否	YY/T 1236—2014	弓形虫、风疹病毒、巨细胞病毒、单纯疱疹病毒抗体及G型免疫球蛋白抗体亲合力检测试剂技术审查指导原则
060	Ⅲ-1 与致病性病原体抗原、抗体及核酸等检测相关的试剂	SARS 冠状病毒抗体检测试剂	用于检测人体样本中的 SARS 冠状病毒抗体，临床上主要用于传染性非典型性肺炎的辅助诊断	Ⅲ	否	/	/
061	Ⅲ-1 与致病性病原体抗原、抗体及核酸等检测相关的试剂	新型冠状病毒 N- 蛋白检测试剂	用于检测人体样本中的新型冠状病毒 N- 蛋白，临床上主要用于冠状病毒感染的辅助诊断	Ⅲ	否	/	/
062	Ⅲ-1 与致病性病原体抗原、抗体及核酸等检测相关的试剂	A 群轮状病毒抗原 / 核酸检测试剂	用于检测人体样本（如粪便标本）中的 A 组轮状病毒抗原 / 核酸，临床上主要用于急性肠胃炎等的辅助诊断	Ⅲ	否	/	/
063	Ⅲ-1 与致病性病原体抗原、抗体及核酸等检测相关的试剂	人类 T 淋巴细胞病毒 I 型和Ⅱ型（HTLV I+Ⅱ）抗体检测试剂	用于检测人体样本中的人类 T 淋巴细胞病毒 I 型和Ⅱ型（HTLV I+Ⅱ）抗体，临床上主要用于 HTLV 感染的辅助诊断	Ⅲ	否	/	/
064	Ⅲ-1 与致病性病原体抗原、抗体及核酸等检测相关的试剂	流行性出血热病毒抗体检测试剂	用于检测人体样本中的流行性出血热病毒抗体，临床上主要用于流行性出血热的辅助诊断	Ⅲ	否	/	/
065	Ⅲ-1 与致病性病原体抗原、抗体及核酸等检测相关的试剂	登革热病毒抗体检测试剂	用于检测人体样本中的登革热病毒抗体，临床上主要用于登革热疾病的辅助诊断	Ⅲ	否	/	/
066	Ⅲ-1 与致病性病原体抗原、抗体及核酸等检测相关的试剂	汉坦病毒抗体检测试剂	用于检测人体样本中的汉坦病毒（HV）抗体，临床上主要用于急性肾综合征出血热的辅助诊断	Ⅲ	否	/	/
067	Ⅲ-1 与致病性病原体抗原、抗体及核酸等检测相关的试剂	肠道病毒抗体 / 核酸检测试剂	用于检测人体样本中的肠道病毒抗体 / 核酸，临床上主要用于肠道病毒感染的辅助诊断	Ⅲ	否	/	肠道病毒核酸检测试剂注册技术审查指导原则

续表

序号	产品类别	产品分类名称	预期用途	管理类别	是否豁免临床	相关标准	指导原则
068	Ⅲ -1 与致病性病原体抗原、抗体及核酸等检测相关的试剂	麻疹病毒抗体 / 核酸检测试剂	用于检测人体样本中的麻疹病毒抗体 / 核酸，临床上主要用于麻疹的辅助诊断	Ⅲ	否	/	/
069	Ⅲ -1 与致病性病原体抗原、抗体及核酸等检测相关的试剂	人乳头瘤病毒（HPV）基因分型检测试剂	用于检测人体样本（如泌尿生殖道分泌物、生殖道刮片、组织活检标本等）中的人乳头瘤病毒基因分型，包括高危型和低危型，临床上主要用于 HPV 感染的辅助诊断	Ⅲ	否	YY/T 1226—2014	人乳头瘤病毒（HPV）核酸检测及基因分型试剂技术审查指导原则
070	Ⅲ -1 与致病性病原体抗原、抗体及核酸等检测相关的试剂	狂犬病病毒 IgG 抗体检测试剂	用于检测人体样本中的狂犬病病毒 IgG 抗体，主要用于人狂犬病疫苗接种后免疫效果的监测	Ⅲ	否	/	/
071	Ⅲ -1 与致病性病原体抗原、抗体及核酸等检测相关的试剂	诺如病毒抗原检测试剂	用于检测人体样本（如粪便或呕吐物）中的诺如病毒抗原，临床上主要用于诺如病毒感染的辅助诊断	Ⅲ	否	/	/
072	Ⅲ -1 与致病性病原体抗原、抗体及核酸等检测相关的试剂	腮腺炎病毒抗体 / 核酸检测试剂	用于检测人体样本中的腮腺炎病毒抗体 / 核酸，临床上主要用于腮腺炎的辅助诊断	Ⅲ	否	/	/
073	Ⅲ -1 与致病性病原体抗原、抗体及核酸等检测相关的试剂	腺病毒抗体 / 抗原 / 核酸检测试剂	用于检测人体样本中的腺病毒抗体 / 抗原 / 核酸，临床上主要用于腺病毒感染的辅助诊断	Ⅲ	否	/	/
074	Ⅲ -1 与致病性病原体抗原、抗体及核酸等检测相关的试剂	人类免疫缺陷病毒（HIV）抗体检测试剂	用于检测人体样本中的人类免疫缺陷病毒抗体，包括 1 型（包括 O 型）、2 型抗体。临床上主要用于 HIV 感染的辅助诊断	Ⅲ	否	YY/T 1514—2017 YY/T 1611—2018	人类免疫缺陷病毒检测试剂临床研究注册技术审查指导原则
075	Ⅲ -1 与致病性病原体抗原、抗体及核酸等检测相关的试剂	人类免疫缺陷病毒 1 型（HIV 1）核酸检测试剂	用于检测人体样本中的人类免疫缺陷病毒 1 型核酸，临床上主要用于 HIV 感染的辅助诊断及治疗监测	Ⅲ	否	YY/T 1515—2017	人类免疫缺陷病毒检测试剂临床研究注册技术审查指导原则
076	Ⅲ -1 与致病性病原体抗原、抗体及核酸等检测相关的试剂	人类免疫缺陷病毒抗原和抗体检测试剂	用于检测人体样本中的人类免疫缺陷病毒抗原和抗体，临床上主要用于 HIV 感染的辅助诊断	Ⅲ	否	YY/T 1526—2017	人类免疫缺陷病毒检测试剂临床研究注册技术审查指导原则
077	Ⅲ -1 与致病性病原体抗原、抗体及核酸等检测相关的试剂	人类免疫缺陷病毒抗体确证试剂	用于检测人体样本中的人类免疫缺陷病毒抗体，临床上主要用于 HIV 感染的确认	Ⅲ	否	/	/

续表

序号	产品类别	产品分类名称	预期用途	管理类别	是否豁免临床	相关标准	指导原则
078	Ⅲ -1 与致病性病原体抗原、抗体及核酸等检测相关的试剂	甲型肝炎病毒抗体 / 核酸检测试剂	用于检测人体样本中的甲型肝炎病毒抗体 / 核酸，临床上主要用于甲型肝炎的辅助诊断	Ⅲ	否	/	/
079	Ⅲ -1 与致病性病原体抗原、抗体及核酸等检测相关的试剂	乙型肝炎病毒 e 抗体（Anti-HBe）检测试剂	用于检测人体样本中的乙型肝炎病毒 e 抗体，临床上主要用于乙型肝炎病毒感染的辅助诊断	Ⅲ	否	/	/
080	Ⅲ -1 与致病性病原体抗原、抗体及核酸等检测相关的试剂	乙型肝炎病毒 e 抗原（HBeAg）检测试剂	用于检测人体样本中的乙型肝炎病毒 e 抗原，临床上主要用于乙型肝炎病毒感染的辅助诊断	Ⅲ	否	/	/
081	Ⅲ -1 与致病性病原体抗原、抗体及核酸等检测相关的试剂	乙型肝炎病毒表面抗体（Anti-HBs）检测试剂	用于检测人体样本中的乙型肝炎病毒表面抗体，临床上主要用于乙型肝炎病毒感染的辅助诊断	Ⅲ	否	YY/T 1248—2014	/
082	Ⅲ -1 与致病性病原体抗原、抗体及核酸等检测相关的试剂	乙型肝炎病毒表面抗原（HBsAg）检测试剂	用于检测人体样本中的乙型肝炎病毒表面抗原，临床上主要用于乙型肝炎病毒感染的辅助诊断	Ⅲ	否	YY/T 1247—2014	/
083	Ⅲ -1 与致病性病原体抗原、抗体及核酸等检测相关的试剂	乙型肝炎病毒表面抗原确认检测试剂	采用中和原理用于确认乙型肝炎病毒表面抗原初次结果具有反应性的样本。	Ⅲ	否	/	/
084	Ⅲ -1 与致病性病原体抗原、抗体及核酸等检测相关的试剂	乙型肝炎病毒核心抗体（Anti-HBc）检测试剂	用于检测人体样本中的乙型肝炎病毒核心抗体，临床上主要用于乙肝病毒感染的辅助诊断	Ⅲ	否	/	/
085	Ⅲ -1 与致病性病原体抗原、抗体及核酸等检测相关的试剂	乙型肝炎病毒基因变异检测试剂	用于检测人体样本中 HBV 基因突变。为临床治疗提供一定的参考依据	Ⅲ	否	/	/
086	Ⅲ -1 与致病性病原体抗原、抗体及核酸等检测相关的试剂	乙型肝炎病毒基因分型检测试剂	用于检测人体样本中乙型肝炎病毒基因型别。为临床治疗提供一定的参考依据	Ⅲ	否	/	乙型肝炎病毒基因分型检测试剂技术审查指导原则
087	Ⅲ -1 与致病性病原体抗原、抗体及核酸等检测相关的试剂	乙型肝炎病毒前 S1 抗原 / 抗体检测试剂	用于检测人体样本中的乙型肝炎病毒前 S1 抗原 / 抗体，主要用于乙型肝炎的辅助诊断	Ⅲ	否	/	/
088	Ⅲ -1 与致病性病原体抗原、抗体及核酸等检测相关的试剂	乙型肝炎病毒前 S2 抗原 / 抗体检测试剂	用于检测人体样本中的乙型肝炎病毒前 S2 抗原 / 抗体，临床上主要用于乙型肝炎的辅助诊断	Ⅲ	否	/	/
089	Ⅲ -1 与致病性病原体抗原、抗体及核酸等检测相关的试剂	乙型肝炎病毒前 S 抗原检测试剂	用于检测人体样本中的乙型肝炎病毒前 S 抗原，临床上主要用于乙型肝炎的辅助诊断	Ⅲ	否	/	/

续表

序号	产品类别	产品分类名称	预期用途	管理类别	是否豁免临床	相关标准	指导原则
090	Ⅲ-1 与致病性病原体抗原、抗体及核酸等检测相关的试剂	乙型肝炎病毒核酸检测试剂	用于检测人体样本的乙型肝炎病毒（HBV）核酸，临床上主要用于乙型肝炎的辅助诊断及疗效观察	Ⅲ	否	/	乙型肝炎病毒脱氧核糖核酸定量检测试剂注册技术审查指导原则
091	Ⅲ-1 与致病性病原体抗原、抗体及核酸等检测相关的试剂	丙型肝炎病毒基因分型检测试剂	用于检测人体样本中丙型肝炎病毒基因型别。为临床治疗提供一定的参考依据	Ⅲ	否	/	丙型肝炎病毒核酸基因分型检测试剂盒注册技术审查指导原则
092	Ⅲ-1 与致病性病原体抗原、抗体及核酸等检测相关的试剂	丙型肝炎病毒抗体确证试剂	用于检测人体样本中的丙型肝炎病毒（HCV）抗体，主要用于 HCV 感染的确认	Ⅲ	否	/	/
093	Ⅲ-1 与致病性病原体抗原、抗体及核酸等检测相关的试剂	丙型肝炎病毒（HCV）抗原 / 抗体 / 核酸检测试剂	用于检测人体样本中的 HCV 抗原 / 抗体 / 核酸，临床上主要用于丙型肝炎的辅助诊断	Ⅲ	否	YY/T 1215—2013	丙型肝炎病毒核糖核酸测定试剂技术审查指导原则
094	Ⅲ-1 与致病性病原体抗原、抗体及核酸等检测相关的试剂	丁型肝炎病毒（HDV）抗原 / 抗体 / 核酸检测试剂	用于检测人体样本中的丁型肝炎病毒（HDV）抗原 / 抗体 / 核酸，临床上主要用于丁型肝炎的辅助诊断	Ⅲ	否	/	/
095	Ⅲ-1 与致病性病原体抗原、抗体及核酸等检测相关的试剂	戊型肝炎病毒抗原 / 抗体 / 核酸检测试剂	用于检测人体样本中的戊型肝炎病毒抗原 / 抗体 / 核酸，临床上主要用于戊型肝炎的辅助诊断	Ⅲ	否	YY/T 1259—2015 YY/T 1260—2015	/
096	Ⅲ-1 与致病性病原体抗原、抗体及核酸等检测相关的试剂	乙型脑炎病毒抗体检测试剂	用于检测人体样本中的乙型脑炎病毒抗体，临床上主要用于乙脑的辅助诊断	Ⅲ	否	/	/
097	Ⅲ-1 与致病性病原体抗原、抗体及核酸等检测相关的试剂	水痘 – 带状疱疹病毒抗体检测试剂	用于检测人体样本中的水痘 – 带状疱疹病毒抗体，临床上主要用于水痘 – 带状疱疹病毒感染的辅助诊断或疫苗接种后的监测	Ⅲ	否	/	/
098	Ⅲ-1 与致病性病原体抗原、抗体及核酸等检测相关的试剂	斑疹伤寒立克次体抗体检测试剂	用于检测人体样本中的斑疹伤寒立克次体抗体，临床上主要用于斑疹伤寒的辅助诊断	Ⅲ	否	/	/
099	Ⅲ-1 与致病性病原体抗原、抗体及核酸等检测相关的试剂	包虫抗体检测试剂	用于检测人体样本中的包虫抗体，临床上主要用于包虫感染的辅助诊断	Ⅲ	否	/	/
100	Ⅲ-1 与致病性病原体抗原、抗体及核酸等检测相关的试剂	恶性疟原虫抗原检测试剂	用于检测人体样本中的恶性疟原虫抗原，临床上主要用于恶性疟的辅助诊断	Ⅲ	否	/	/
101	Ⅲ-1 与致病性病原体抗原、抗体及核酸等检测相关的试剂	疟原虫抗原检测试剂	用于检测人体样本中的恶性疟原虫或间日疟原虫抗原，临床上主要用于疟疾的辅助诊断	Ⅲ	否	/	/

续表

序号	产品类别	产品分类名称	预期用途	管理类别	是否豁免临床	相关标准	指导原则
102	Ⅲ -1 与致病性病原体抗原、抗体及核酸等检测相关的试剂	恶性疟组氨酸蛋白 2（HRP-2）抗原检测试剂	用于检测人体样本中的恶性疟组氨酸蛋白 2（HRP-2），临床上主要用于恶性疟的辅助诊断	Ⅲ	否	/	/
103	Ⅲ -1 与致病性病原体抗原、抗体及核酸等检测相关的试剂	弓形虫抗体检测试剂	用于检测人体样本中的弓形虫抗体，临床上主要用于弓形虫感染的辅助诊断	Ⅲ	否	YY/T 1237—2014	弓形虫、风疹病毒、巨细胞病毒、单纯疱疹病毒抗体及 G 型免疫球蛋白抗体亲合力检测试剂技术审查指导原则
104	Ⅲ -1 与致病性病原体抗原、抗体及核酸等检测相关的试剂	非密螺旋体脂质抗体检测试剂	用于检测人体样本中的非密螺旋体脂质抗体，临床上主要用于梅毒感染的辅助诊断	Ⅲ	否	WS/T 491-2016	/
105	Ⅲ -1 与致病性病原体抗原、抗体及核酸等检测相关的试剂	钩端螺旋体抗体检测试剂	用于检测人体样本中的钩端螺旋体抗体，临床上主要用于钩端螺旋体病的辅助诊断	Ⅲ	否	/	/
106	Ⅲ -1 与致病性病原体抗原、抗体及核酸等检测相关的试剂	梅毒螺旋体抗体检测试剂	用于检测人体样本中的梅毒螺旋体抗体，临床上主要用于梅毒螺旋体感染的辅助诊断	Ⅲ	否	/	/
107	Ⅲ -1 与致病性病原体抗原、抗体及核酸等检测相关的试剂	囊虫病（CYT）抗体检测试剂	用于检测人体样本中的囊虫病抗体，临床上主要用于囊虫病的辅助诊断	Ⅲ	否	/	/
108	Ⅲ -1 与致病性病原体抗原、抗体及核酸等检测相关的试剂	念珠菌甘露聚糖抗原检测试剂	用于检测人体样本中的念珠菌甘露聚糖抗原，临床上主要用于念珠菌感染的辅助诊断	Ⅲ	否	/	/
109	Ⅲ -1 与致病性病原体抗原、抗体及核酸等检测相关的试剂	恙虫病抗原 / 抗体检测试剂	用于检测人体样本中的恙虫病抗原 / 抗体，临床上主要用于恙虫病的辅助诊断	Ⅲ	否	/	/
110	Ⅲ -1 与致病性病原体抗原、抗体及核酸等检测相关的试剂	沙眼衣原体抗原 / 抗体 / 核酸检测试剂	用于检测人体样本（如女性生殖道及宫颈分泌物、男性尿道、血液）中的沙眼衣原体抗原 / 抗体 / 核酸，临床上主要用于衣原体引起的感染的辅助诊断	Ⅲ	否	YY/T 1424—2016	/
111	Ⅲ -1 与致病性病原体抗原、抗体及核酸等检测相关的试剂	肺炎衣原体抗原 / 抗体检测试剂	用于检测人体样本中的肺炎衣原体抗原 / 抗体，临床上主要用于衣原体性肺炎的辅助诊断	Ⅲ	否	/	/

续表

序号	产品类别	产品分类名称	预期用途	管理类别	是否豁免临床	相关标准	指导原则
112	Ⅲ -1 与致病性病原体抗原、抗体及核酸等检测相关的试剂	肺炎支原体抗原 / 抗体 / 核酸检测试剂	用于检测人体样本中的肺炎支原体的抗原 / 抗体 / 核酸，临床上主要用于支原体肺炎的辅助诊断	Ⅲ	否	YY/T 1225—2014	/
113	Ⅲ -1 与致病性病原体抗原、抗体及核酸等检测相关的试剂	解脲支原体核酸检测试剂	用于检测人体样本（如尿道、生殖道分泌物）中的解脲支原体核酸，主要用于解脲支原体引起的感染的辅助诊断	Ⅲ	否	YY/T 1256—2015	/
114	Ⅲ -1 与致病性病原体抗原、抗体及核酸等检测相关的试剂	乙型肝炎病毒耐药基因检测试剂	用于检测人体样本中的乙型肝炎病毒的耐药基因突变	Ⅲ	否	/	/
115	Ⅲ -1 与致病性病原体抗原、抗体及核酸等检测相关的试剂	结核分枝杆菌耐药基因检测试剂	用于检测人体样本中结核分枝杆菌耐药基因（如 *rpoB*、*katG* 和 *inhA* 基因）	Ⅲ	否	/	/
116	Ⅲ -1 与致病性病原体抗原、抗体及核酸等检测相关的试剂	耐甲氧西林金黄色葡萄球菌耐药基因检测试剂	用于检测人体样本（如鼻咽拭子、痰液）中的耐甲氧西林金黄色葡萄球菌的特异性耐药基因	Ⅲ	否	/	/
117	Ⅲ -2 与血型、组织配型相关的试剂	凝聚胺试剂	用于检测人体样本中红细胞免疫抗体，临床上主要用于交叉配血、抗体筛检	Ⅲ	否	/	/
118	Ⅲ -2 与血型、组织配型相关的试剂	ABO 血型定型试剂	临床上用于人 ABO 血型抗原的检测	Ⅲ	否	/	/
119	Ⅲ -2 与血型、组织配型相关的试剂	ABO 血型反定型试剂	临床上用于人 ABO 血型的反定型检测	Ⅲ	否	YY/T 1592—2018	ABO、RhD 血型抗原检测卡（柱凝集法）注册技术审查指导原则
120	Ⅲ -2 与血型、组织配型相关的试剂	RhD 血型定型试剂	临床上用于人 RhD 血型抗原的检测	Ⅲ	否	YY/T 1592—2018 YY/T 1238—2014	ABO、RhD 血型抗原检测卡（柱凝集法）注册技术审查指导原则
121	Ⅲ -2 与血型、组织配型相关的试剂	Rh 血型抗原检测试剂	临床上用于 Rh 血型系统 D、C、c、E、e 抗原的检测	Ⅲ	否	/	/
122	Ⅲ -2 与血型、组织配型相关的试剂	抗 D(IgM) 血型定型试剂	临床上用于 RhD 血型的常规检测，不与 D Ⅵ细胞反应，不能检测出弱 D	Ⅲ	否	/	/
123	Ⅲ -2 与血型、组织配型相关的试剂	抗 D(IgG) 血型定型试剂	临床上用于 RhD 血型的常规检测，与 D Ⅵ细胞反应，能检测出弱 D	Ⅲ	否	/	/
124	Ⅲ -2 与血型、组织配型相关的试剂	抗人球蛋白检测试剂	临床上主要用于交叉配血、不规则抗体筛检	Ⅲ	否	/	抗人球蛋白检测试剂注册技术审查指导原则

续表

序号	产品类别	产品分类名称	预期用途	管理类别	是否豁免临床	相关标准	指导原则
125	Ⅲ -2 与血型、组织配型相关的试剂	血小板抗体检测试剂	临床上主要用于检测血小板抗体及血小板输注前交叉配型	Ⅲ	否	/	/
126	Ⅲ -2 与血型、组织配型相关的试剂	HLA-DNA 分型检测试剂	用于检测人体样本中人类白细胞抗原（HLA）的型别，主要包括 3 个 I 类基因：*A*，*B*，*C*；2 个Ⅱ类基因 :*DR*，*DQ*。主要用于移植配型	Ⅲ	否	/	/
127	Ⅲ -2 与血型、组织配型相关的试剂	红细胞抗体筛选试剂	用于采用固相技术对红细胞 IgG 类不规则抗体进行检测	Ⅲ	否	/	/
128	Ⅲ -3 与人类基因检测相关的试剂	*BCR/ABL* 融合基因检测试剂	用于检测人体样本中的 *BCR/ABL* 融合基因，临床上主要用于白血病的分型及指导治疗	Ⅲ	否	/	/
129	Ⅲ -3 与人类基因检测相关的试剂	*B-raf* 基因检测试剂	用于检测人体样本中的 *B-raf* 基因 V600E 体细胞突变，临床上主要用于肠癌、肺癌、甲状腺癌等的辅助诊断	Ⅲ	否	/	/
130	Ⅲ -3 与人类基因检测相关的试剂	尿脱落细胞染色体及基因检测试剂	用于检测尿液中脱落细胞的 3 号、7 号、17 号染色体的数目及 9 号染色体上 *p16* 基因位点的数目。临床上主要用于膀胱癌的辅助诊断和监测	Ⅲ	否	/	/
131	Ⅲ -3 与人类基因检测相关的试剂	产前染色体数目检测试剂	用于检测人体样本（如羊水细胞）中 13 号、18 号、21 号、X 及 Y 染色体的数目	Ⅲ	否	/	/
132	Ⅲ -3 与人类基因检测相关的试剂	线粒体乙醛脱氢酶 2 基因检测试剂	用于检测人体样本中的核酸（DNA）线粒体乙醛脱氢酶 2 基因（*ALDH2*）多态性。临床上主要用于线粒体病辅助诊断	Ⅲ	否	/	/
133	Ⅲ -3 与人类基因检测相关的试剂	子宫颈细胞 TERC 位点检测试剂	用于检测子宫颈细胞中的 TERC 位点的扩增。临床上主要用于宫颈癌前病变的病理分级的辅助诊断	Ⅲ	否	/	/
134	Ⅲ -3 与人类基因检测相关的试剂	染色体非整倍体 (DNA) 检测试剂	用于检测人体样本 (如羊水细胞) 中的中期分裂细胞或间期细胞的 13、18、21、X 和 Y 染色体的数目异常	Ⅲ	否	/	胎儿染色体非整倍体（T21、T18、T13）检测试剂盒（高通量测序法）注册技术审查指导原则
135	Ⅲ -3 与人类基因检测相关的试剂	*EGFR* 基因突变试剂	用于检测人体样本中的 *EGFR* 基因突变，临床上主要用于肺癌、肠癌等的辅助诊断	Ⅲ	否	YY/T 1591—2017	人表皮生长因子受体（EGFR）突变基因检测试剂（PCR 法）注册技术审查指导原则

续表

序号	产品类别	产品分类名称	预期用途	管理类别	是否豁免临床	相关标准	指导原则
136	Ⅲ-3 与人类基因检测相关的试剂	亚甲基四氢叶酸还原酶基因 *677C/T* 检测试剂	用于检测人体样本（如 EDTA 抗凝全血）中亚甲基四氢叶酸还原酶（MTHFR）基因 *C677T* 多态性位点基因型的定位	Ⅲ	否	/	/
137	Ⅲ-3 与人类基因检测相关的试剂	*TOP2A* 基因检测试剂	用于检测人体样本中的 *TOP2A* 基因，临床上主要用于辅助诊断乳腺癌	Ⅲ	否	/	/
138	Ⅲ-3 与人类基因检测相关的试剂	21 三体和性染色体多倍体检测试剂	用于检测人体样本中第 21 号染色体上特异性 STR 遗传位点、性染色体上特异性 STR 遗传位点和一个性别基因，临床上主要用于染色体病如 21-三体综合征、Klinefelter 综合征、超雌综合征的辅助诊断	Ⅲ	否	/	/
139	Ⅲ-3 与人类基因检测相关的试剂	人类免疫缺陷病毒基因型耐药分析检测试剂	用于检测人体样本中的人类免疫缺陷病毒病毒的耐药基因突变。临床上主要用于检测可引起对特定类型抗逆转录病毒药物耐药的 HIV 基因突变，以协助对 HIV 感染的监控和治疗	Ⅲ	否	/	/
140	Ⅲ-4 与遗传性疾病相关的试剂	凝血因子Ⅷ检测试剂	用于检测人血浆凝血因子Ⅷ活性或含量，临床上主要用于血友病 A 的诊断，还可用于血管性假性血友病（VWD）、弥散性血管内凝血 (DIC)、静脉血栓的辅助诊断和治疗监测	Ⅲ	否	/	/
141	Ⅲ-4 与遗传性疾病相关的试剂	凝血因子Ⅸ检测试剂	用于检测人血浆中凝血因子Ⅸ的活性或含量，临床上主要用于血友病 B 的诊断和治疗监测	Ⅲ	否	/	/
142	Ⅲ-4 与遗传性疾病相关的试剂	蛋白 C 检测试剂	用于检测人血浆蛋白 C（PC）的活性或含量，临床上主要用于遗传性 PC 缺陷的辅助诊断	Ⅲ	否	/	/
143	Ⅲ-4 与遗传性疾病相关的试剂	蛋白 S 检测试剂	用于检测人血浆蛋白 S（PS）的活性或含量，临床上主要用于遗传性 PS 缺陷的辅助诊断	Ⅲ	否	/	/
144	Ⅲ-4 与遗传性疾病相关的试剂	血管性血友病因子（von Willebrand factor）检测试剂	检测血管性血友病因子抗原 / 活性。临床上主要用于血管性血友病的诊断和分型	Ⅲ	否	/	/

续表

序号	产品类别	产品分类名称	预期用途	管理类别	是否豁免临床	相关标准	指导原则
145	Ⅲ-4 与遗传性疾病相关的试剂	α-地中海贫血基因/蛋白检测试剂	用于检测人体样本中的α-地中海贫血基因/蛋白，临床上主要用于α-地中海贫血的辅助诊断	Ⅲ	否	YY/T 1527—2017	/
146	Ⅲ-4 与遗传性疾病相关的试剂	β-地中海贫血基因/蛋白检测试剂	用于检测人体样本中的β-地中海贫血基因/蛋白，临床上主要用于β-地中海贫血的辅助诊断	Ⅲ	否	YY/T 1527—2017	/
147	Ⅲ-4 与遗传性疾病相关的试剂	遗传性耳聋基因检测试剂	用于检测人体样本中与遗传性耳聋相关的突变位点，如 *GJB2* 基因的 35、176、235、299 位点；*GJB3* 基因的 538 位点；*SLC26A4* 基因的 2168、IVS 7-2 位点；线粒体 *12S rRNA* 基因的 1494、1555 位点。主要用于遗传性耳聋的辅助诊断	Ⅲ	否	/	/
148	Ⅲ-4 与遗传性疾病相关的试剂	葡萄糖-6-磷酸脱氢酶检测试剂	用于检测人体样本中葡萄糖-6-磷酸脱氢酶的含量，临床上主要用于遗传性红细胞葡萄糖-6-磷酸脱氢酶(G6PD)缺乏症的辅助诊断	Ⅲ	否	/	/
149	Ⅲ-4 与遗传性疾病相关的试剂	尿半乳糖检测试剂	用于检测人体样本中半乳糖的含量，临床上主要用于遗传性半乳糖血症的辅助诊断	Ⅲ	否	/	/
150	Ⅲ-4 与遗传性疾病相关的试剂	铜蓝蛋白检测试剂	用于检测人体样本中铜蓝蛋白的含量，临床上主要用于肝豆状核变性（Wilson病）疾病的辅助诊断	Ⅲ	否	/	/
151	Ⅲ-4 与遗传性疾病相关的试剂	酪氨酸检测试剂	用于检测人体样本中酪氨酸的含量，临床上主要用于遗传性高酪氨酸血症和苯丙酮尿症的辅助诊断	Ⅲ	否	/	/
152	Ⅲ-4 与遗传性疾病相关的试剂	新生儿 17α-羟孕酮检测试剂	用于检测新生儿血样中的17α-羟孕酮的含量，临床上主要用于遗传性肾上腺皮质增生症的辅助诊断	Ⅲ	否	/	/
153	Ⅲ-4 与遗传性疾病相关的试剂	苯丙氨酸检测试剂	用于检测新生儿血中苯丙氨酸和/或其酮酸的含量，临床上主要用于遗传性苯丙酮尿症的筛查	Ⅲ	否	YY/T 1597—2017	/
154	Ⅲ-4 与遗传性疾病相关的试剂	C1 抑制剂检测试剂	用于检测人体样本中的C1抑制剂的含量，临床上主要用于遗传血管神经性水肿和一种罕见类型的淋巴瘤的并发血管性水肿的辅助诊断	Ⅲ	否	/	/

续表

序号	产品类别	产品分类名称	预期用途	管理类别	是否豁免临床	相关标准	指导原则
155	Ⅲ -5 与麻醉药品、精神药品、医疗用毒性药品检测相关的试剂	苯巴比妥检测试剂	用于检测人体样本中苯巴比妥的浓度	Ⅲ	否	/	/
156	Ⅲ -5 与麻醉药品、精神药品、医疗用毒性药品检测相关的试剂	美沙酮检测试剂	用于检测人体样本中美沙酮的浓度	Ⅲ	否	/	/
157	Ⅲ -5 与麻醉药品、精神药品、医疗用毒性药品检测相关的试剂	可待因检测试剂	用于检测人体样本中可待因的浓度	Ⅲ	否	/	/
158	Ⅲ -5 与麻醉药品、精神药品、医疗用毒性药品检测相关的试剂	可卡因检测试剂	用于检测人体样本中可卡因的浓度	Ⅲ	否	/	/
159	Ⅲ -5 与麻醉药品、精神药品、医疗用毒性药品检测相关的试剂	吗啡检测试剂	用于检测人体样本中吗啡的浓度	Ⅲ	否	/	/
160	Ⅲ -5 与麻醉药品、精神药品、医疗用毒性药品检测相关的试剂	氯胺酮检测试剂	用于检测人体样本中氯胺酮的浓度	Ⅲ	否	YY/T 1595—2017 SN/T 4401.1—2015	/
161	Ⅲ -5 与麻醉药品、精神药品、医疗用毒性药品检测相关的试剂	四氢大麻酚酸检测检剂	用于检测人体样本中四氢大麻酚酸的浓度	Ⅲ	否	/	/
162	Ⅲ -5 与麻醉药品、精神药品、医疗用毒性药品检测相关的试剂	苯二氮卓检测试剂	用于检测人体样本中苯二氮卓的浓度	Ⅲ	否	/	/
163	Ⅲ -5 与麻醉药品、精神药品、医疗用毒性药品检测相关的试剂	洋地黄毒苷检测试剂	用于检测人体样本中洋地黄毒苷的浓度	Ⅲ	否	/	/
164	Ⅲ -5 与麻醉药品、精神药品、医疗用毒性药品检测相关的试剂	甲基安非他明检测检剂	用于检测人体样本中甲基安非他明的浓度	Ⅲ	否	YY/T 1525—2017	/
165	Ⅲ -5 与麻醉药品、精神药品、医疗用毒性药品检测相关的试剂	安非他明检测试剂	用于检测人体样本中安非他明的浓度	Ⅲ	否	/	/
166	Ⅲ -5 与麻醉药品、精神药品、医疗用毒性药品检测相关的试剂	亚甲二氧基甲基安非他明 (MDMA) 检测试剂	用于检测人体样本中亚甲二氧基甲基安非他明（摇头丸）的浓度	Ⅲ	否	/	/
167	Ⅲ -6 与治疗药物靶点检测相关的试剂	*CYP2C19* 基因检测试剂	用于检测人体样本中的 *CYP2C19* 基因，为临床治疗提供参考	Ⅲ	否	/	/
168	Ⅲ -6 与治疗药物靶点检测相关的试剂	*HER-2* 基因检测试剂	用于检测人体样本中的*HER-2*基因，临床上主要用于乳腺癌的辅助诊断及指导治疗	Ⅲ	否	YY/T 1261-2015	/
169	Ⅲ -6 与治疗药物靶点检测相关的试剂	*K-ras* 基因检测试剂	用于检测人体样本中的 *K-ras* 基因，临床上主要用于肺癌、乳腺癌等的辅助诊断及指导治疗	Ⅲ	否	/	/
170	Ⅲ -7 与肿瘤标志物检测相关的试剂	甲胎蛋白（AFP）检测试剂	用于检测人体样本中的甲胎蛋白（AFP），临床上主要用于原发性肝癌的辅助诊断、疗效及预后观察	Ⅲ	是	YY/T 1162—2009 YY/T 1216—2013 WS/T 459—2018 WS/T 645.2—2018	/

续表

序号	产品类别	产品分类名称	预期用途	管理类别	是否豁免临床	相关标准	指导原则
171	Ⅲ -7 与肿瘤标志物检测相关的试剂	癌胚抗原（CEA）检测试剂	用于检测人体样本中的癌胚抗原（CEA），临床上主要用于恶性肿瘤疗效观察、预后判断及复发监测等	Ⅲ	是	YY/T 1160—2009 WS/T 459—2018 WS/T 645.2—2018	/
172	Ⅲ -7 与肿瘤标志物检测相关的试剂	总前列腺特异抗原（tPSA) 检测试剂	用于检测人体样本中的总前列腺特异性抗原（tPSA)，临床上主要用于前列腺疾病的辅助诊断及鉴别诊断等	Ⅲ	是	WS/T 460—2015	/
173	Ⅲ -7 与肿瘤标志物检测相关的试剂	游离前列腺特异抗原 (fPSA) 检测试剂	用于检测人体样本中的游离前列腺特异性抗原（fPSA）。fPSA/tPSA 的比值可用于前列腺癌和良性前列腺增生的鉴别诊断	Ⅲ	是	YY/T 1249-2014	/
174	Ⅲ -7 与肿瘤标志物检测相关的试剂	结合前列腺特异抗原 (cPSA) 检测试剂	用于检测人体样本中的结合前列腺特异性抗原 (cPSA)，临床上主要用于前列腺癌的辅助诊断及鉴别诊断等	Ⅲ	是	/	/
175	Ⅲ -7 与肿瘤标志物检测相关的试剂	细胞角蛋白 19 片段（CYFRA21-1）检测试剂	用于检测人体样本中的细胞角蛋白片段 19（CYFRA21-1），临床上主要用于非小细胞肺癌的疗效观察，复发监测等	Ⅲ	是	WS/T 459—2018	/
176	Ⅲ -7 与肿瘤标志物检测相关的试剂	鳞状上皮细胞癌抗原（SCC）检测试剂	用于检测人体样本中的鳞状上皮细胞癌抗原，临床上主要用于宫颈癌，非小细胞癌等的辅助诊断	Ⅲ	是	WS/T 459—2018	/
177	Ⅲ -7 与肿瘤标志物检测相关的试剂	神经元特异性烯醇化酶（NSE）检测试剂	用于检测人体样本中的神经元特异性烯醇化酶，临床上主要用于小细胞肺癌（SCLC）的辅助诊断和非小细胞肺癌（NSCLC）的鉴别诊断，监测 SCLC 和神经母细胞瘤的病情变化、治疗反应和监测复发等	Ⅲ	是	YY/T 1262—2015 WS/T 459—2018	/
178	Ⅲ -7 与肿瘤标志物检测相关的试剂	人附睾蛋白 4（HE4）检测试剂	用于检测人体样本中的附睾蛋白 4(HE4) 抗原，临床上主要用于卵巢癌的辅助诊断和疗效监测	Ⅲ	是	/	/
179	Ⅲ -7 与肿瘤标志物检测相关的试剂	癌抗原 125（CA125）检测试剂	用于检测人体样本中的癌抗原 125（CA125），临床上主要用于卵巢癌等疾病的辅助诊断及治疗监测	Ⅲ	是	WS/T 459—2018 WS/T 645.2—2018	/
180	Ⅲ -7 与肿瘤标志物检测相关的试剂	癌抗原 15-3（CA15-3）检测试剂	用于检测人体样本中的癌抗原 15-3（CA15-3），临床上主要用于乳腺癌治疗疗效及预后观察等	Ⅲ	是	YY/T 1176—2010 WS/T 459—2018 WS/T 645.2—2018	/

续表

序号	产品类别	产品分类名称	预期用途	管理类别	是否豁免临床	相关标准	指导原则
181	Ⅲ -7 与肿瘤标志物检测相关的试剂	糖类抗原 19–9（CA19–9）检测试剂	用于检测人体样本中的糖类抗原 19–9（CA19–9），临床上主要用于胰腺等消化道恶性肿瘤的辅助诊断，疗效监测等	Ⅲ	是	YY/T 1178—2010 WS/T 459—2018 WS/T 645.2—2018	/
182	Ⅲ -7 与肿瘤标志物检测相关的试剂	糖类抗原 242（CA242）检测试剂	用于检测人体样本中的糖类抗原（CA242），临床上主要用于胰腺癌，结直肠癌等消化道恶性肿瘤的辅助诊断及疗效监测	Ⅲ	是	/	/
183	Ⅲ -7 与肿瘤标志物检测相关的试剂	糖类抗原 50（CA50）检测试剂	用于检测人体样本中的糖类抗原 50（CA50），临床上主要用于消化系统肿瘤（如胰腺癌）的病情进程及疗效监测等	Ⅲ	是	YY/T 1179—2010	/
184	Ⅲ -7 与肿瘤标志物检测相关的试剂	癌抗原 72–4（CA72–4）检测试剂	用于检测人体样本中的癌抗原 724(CA72–4)，临床上主要用于胃肠系统等恶性肿瘤的辅助诊断及疗效监测等	Ⅲ	是	YY/T 1177—2010	/
185	Ⅲ -7 与肿瘤标志物检测相关的试剂	组织多肽特异性抗原（TPS）检测试剂	用于检测人体样本中的组织多肽特异性抗原 (TPS)，临床上主要用于乳腺、卵巢、消化系统等肿瘤的辅助诊断及疗效监测等	Ⅲ	是	/	/
186	Ⅲ -7 与肿瘤标志物检测相关的试剂	β2 微球蛋白（β2 MG) 检测试剂	用于检测人体样本中的 β2 微球蛋白，主要与肿瘤、多发性骨髓瘤相关	Ⅲ	是	YY/T 1442—2016 WS/T 404.9—2018	β2– 微球蛋白检测试剂盒（胶乳增强免疫比浊法）注册技术审查指导原则
187	Ⅲ -7 与肿瘤标志物检测相关的试剂	铁蛋白检测试剂	用于检测人体样本中的铁蛋白，临床上主要用于恶性肿瘤的复发转移监测等	Ⅲ	是	YY/T 1456—2016	/
188	Ⅲ -7 与肿瘤标志物检测相关的试剂	S100 蛋白检测试剂	用于检测人体样本中的 S100 蛋白，临床上主要用于中枢神经系统肿瘤的治疗监测等	Ⅲ	是	/	/
189	Ⅲ -7 与肿瘤标志物检测相关的试剂	人绒毛膜促性腺激素（HCG）检测试剂	用于检测人体样本中的人绒毛膜促性腺激素（HCG），临床上主要用于绒毛膜癌等的辅助诊断	Ⅲ	是	YY/T 1164—2009 YY/T 1192—2011 YY/T 1214—2013	人绒毛膜促性腺激素检测试剂（胶体金免疫层析法）注册技术审查指导原则 (2016 年修订版）

续表

序号	产品类别	产品分类名称	预期用途	管理类别	是否豁免临床	相关标准	指导原则
190	Ⅲ -7 与肿瘤标志物检测相关的试剂	β－人绒毛膜促性腺激素（β-HCG）检测试剂	用于检测人体样本中的 β－人绒毛膜促性腺激素（β-HCG），临床上主要用于绒毛膜癌等的辅助诊断	Ⅲ	是	YY/T 1257—2015	/
191	Ⅲ -7 与肿瘤标志物检测相关的试剂	前列腺碱性磷酸酶（PAP）检测试剂	用于检测人体样本中的前列腺碱性磷酸酶（PAP）临床上主要用于前列腺癌的辅助诊断、治疗效果及预后评估及转移性骨肿瘤鉴别诊断等	Ⅲ	是	/	/
192	Ⅲ -7 与肿瘤标志物检测相关的试剂	前列腺酸性磷酸酶（PACP）检测试剂	用于检测人体样本中的前列腺酸性磷酸酶（PACP），临床上主要用于监测前列腺癌发生骨转移的情况等	Ⅲ	是	/	/
193	Ⅲ -7 与肿瘤标志物检测相关的试剂	胸腺嘧啶核苷激酶（TK）检测试剂	用于检测人体样本中的胸腺嘧啶核苷激酶（TK），临床上主要用于监测肿瘤增殖等	Ⅲ	否	/	/
194	Ⅲ -7 与肿瘤标志物检测相关的试剂	胃泌素释放肽前体 (proGRP) 检测试剂	用于检测人体样本中的胃泌素释放肽前体 (proGRP)，临床上主要用于小细胞肺癌（SCLC）等的辅助诊断	Ⅲ	是	WS/T 459—2018	/
195	Ⅲ -7 与肿瘤标志物检测相关的试剂	胃蛋白酶原（PG）I 检测试剂	用于检测人体样本中的胃蛋白酶原（PG）I。PGI 的浓度水平及 PGI/ Ⅱ的比值可用于胃癌的辅助诊断	Ⅲ	是	/	/
196	Ⅲ -7 与肿瘤标志物检测相关的试剂	胃蛋白酶原（PG）Ⅱ检测试剂 、	用于检测人体样本中的胃蛋白酶原（PG）Ⅱ。PG Ⅱ的浓度水平及 PGI/ Ⅱ的比值可用于胃癌的辅助诊断	Ⅲ	是	/	/
197	Ⅲ -7 与肿瘤标志物检测相关的试剂	肿瘤蛋白 p185(erbB-2/HER-2) 检测试剂	用于检测人体样本中的肿瘤蛋白 p185(erbB-2/HER-2)，临床上主要用于乳腺癌、卵巢癌的辅助诊断	Ⅲ	否	/	/
198	Ⅲ -7 与肿瘤标志物检测相关的试剂	HER-2/neu 蛋白检测试剂	用于检测人体样本中的 HER-2/neu 蛋白，临床上主要用于指导乳腺癌的治疗及预后评估	Ⅲ	否	/	/
199	Ⅲ -7 与肿瘤标志物检测相关的试剂	κ 轻链检测试剂	用于检测人体样本（如血清和尿液）中的 κ 轻链，临床上主要用于多发性骨髓瘤的辅助诊断	Ⅲ	是	/	/
200	Ⅲ -7 与肿瘤标志物检测相关的试剂	λ 轻链检测试剂	用于检测人体样本（如血清和尿液）中的 λ 轻链，临床上主要用于多发性骨髓瘤的辅助诊断	Ⅲ	是	/	/

续表

序号	产品类别	产品分类名称	预期用途	管理类别	是否豁免临床	相关标准	指导原则
201	Ⅲ -7 与肿瘤标志物检测相关的试剂	尿核基质蛋白 22 检测试剂	用于检测人体尿液中的核基质蛋白 22，临床上主要用于膀胱癌的辅助诊断	Ⅲ	否	/	/
202	Ⅲ -7 与肿瘤标志物检测相关的试剂	雌激素受体检测试剂	用于检测人体样本中的雌激素受体，临床上主要用于乳腺癌的辅助诊断和治疗指导	Ⅲ	否	/	雌激素受体、孕激素受体抗体试剂及检测试剂盒技术审查指导原则
203	Ⅲ -7 与肿瘤标志物检测相关的试剂	胰岛素样生长因子 -I 检测试剂	用于检测人体样本中的胰岛素样生长因子 -I，临床上主要用于肺癌的辅助诊断和治疗指导	Ⅲ	否	/	/
204	Ⅲ -7 与肿瘤标志物检测相关的试剂	α -L- 岩藻糖苷酶检测试剂	用于检测人体样本中的 α -L- 岩藻糖苷酶，临床上主要用于肝癌的辅助诊断	Ⅲ	是	YY/T 1524—2017	/
205	Ⅲ -7 与肿瘤标志物检测相关的试剂	泌乳素检测试剂	用于检测人体样本中的泌乳素，临床上主要用于泌乳素瘤的辅助诊断	Ⅲ	是	YY/T 1516—2017	/
206	Ⅲ -7 与肿瘤标志物检测相关的试剂	降钙素检测试剂	用于检测人体样本中的降钙素 (CT)，临床上主要用于甲状腺髓样癌、小细胞肺癌的辅助诊断	Ⅲ	是	/	/
207	Ⅲ -7 与肿瘤标志物检测相关的试剂	芳香基硫酸酯酶检测试剂	用于检测人体样本中的芳香基硫酸酯酶，临床上主要用于乳腺癌、结直肠癌的辅助诊断	Ⅲ	否	/	/
208	Ⅲ -7 与肿瘤标志物检测相关的试剂	CD3 抗原检测试剂	用于检测福尔马林固定、石蜡包埋的人体组织切片中 T 淋巴细胞上的 CD3 抗原。临床上主要用于识别 T 淋巴细胞及其来源的肿瘤，以及与其他类型恶性肿瘤的鉴别诊断	Ⅲ	否	/	/
209	Ⅲ -7 与肿瘤标志物检测相关的试剂	CD20 抗原检测试剂	用于检测福尔马林固定、石蜡包埋的人体组织切片中 B 淋巴细胞上的 CD20 抗原。临床上主要用于 B 淋巴细胞来源肿瘤的鉴别诊断	Ⅲ	否	/	/
210	Ⅲ -7 与肿瘤标志物检测相关的试剂	CD34 抗原检测试剂	用于检测福尔马林固定、石蜡包埋的人体组织切片中组织上的 CD34 抗原。临床上主要用于辅助诊断血管内皮及血管来源肿瘤，以及与其他梭形细胞肿瘤的鉴别诊断	Ⅲ	否	/	/
211	Ⅲ -7 与肿瘤标志物检测相关的试剂	Ki-67 抗原检测试剂	用于检测福尔马林固定、石蜡包埋的人体组织切片中细胞上的Ki-67抗原。临床上主要用于呈现细胞的增殖状态	Ⅲ	否	/	/

续表

序号	产品类别	产品分类名称	预期用途	管理类别	是否豁免临床	相关标准	指导原则
212	Ⅲ-7 与肿瘤标志物检测相关的试剂	p53 抗原检测试剂	用于检测福尔马林固定、石蜡包埋的人体组织切片中细胞上的 p53 蛋白抗原，临床上主要用于肿瘤的辅助诊断及预后判定	Ⅲ	否	/	/
213	Ⅲ-7 与肿瘤标志物检测相关的试剂	广谱型细胞角蛋白检测试剂	用于检测福尔马林固定、石蜡包埋的人体组织切片中细胞上的广谱型细胞角蛋白抗原，临床上主要用于辅助识别各种组织的上皮细胞，以及各种上皮细胞与间叶细胞来源肿瘤的诊断与鉴别诊断	Ⅲ	否	/	/
214	Ⅲ-7 与肿瘤标志物检测相关的试剂	平滑肌肌动蛋白检测试剂	用于检测福尔马林固定、石蜡包埋的人体组织切片中细胞上的平滑肌肌动蛋白抗原。临床上主要用于辅助诊断肿瘤细胞的来源	Ⅲ	否	/	/
215	Ⅲ-7 与肿瘤标志物检测相关的试剂	上皮膜抗原检测试剂	用于检测福尔马林固定、石蜡包埋的人体组织切片中细胞上的上皮膜抗原。临床上主要用于各种上皮细胞肿瘤与间叶细胞来源肿瘤的诊断及鉴别诊断	Ⅲ	否	/	/
216	Ⅲ-7 与肿瘤标志物检测相关的试剂	孕激素受体检测试剂	用于检测福尔马林固定、石蜡包埋的人体组织切片中细胞上的孕激素受体。临床上主要用于辅助诊断乳腺癌及预后判定	Ⅲ	否	/	雌激素受体、孕激素受体抗体试剂及检测试剂盒技术审查指导原则
217	Ⅲ-7 与肿瘤标志物检测相关的试剂	血源细胞去除试剂	用于体外去除全血中的红细胞和白细胞等组分，从而获得血液中的非血源细胞，以用于下游多种分析。如循环肿瘤细胞检测、免疫细胞化学分析、构建基因组图谱等	Ⅲ	否	/	/
218	Ⅲ-8 与变态反应（过敏原）相关的试剂	总 IgE 检测试剂	用于检测人体样本中的免疫球蛋白 E（IgE）水平，临床上主要用于人体过敏反应状态的辅助诊断	Ⅲ	否	YY/T 1252—2015	/
219	Ⅲ-8 与变态反应（过敏原）相关的试剂	特异性 IgE 抗体检测试剂	用于检测人体样本中针对过敏原（如树类、草类、艾蒿、屋尘螨 / 粉尘螨、屋尘、猫毛、狗上皮、蟑螂、点青霉、鸡蛋白、牛奶、花生、黄豆、海鲜类等）的特异性 IgE 抗体	Ⅲ	否	YY/T 1581—2018	过敏原特异性 IgE 抗体检测试剂技术审查指导原则

续表

序号	产品类别	产品分类名称	预期用途	管理类别	是否豁免临床	相关标准	指导原则
220	Ⅲ -9 与流式技术相关的试剂	HLA-B27 检测试剂	用于流式细胞仪鉴定和定量人白细胞抗原 B27（HLA-B27）表达，临床上主要用于强直性脊柱炎的辅助诊断	Ⅲ	否	/	/
221	Ⅲ -9 与流式技术相关的试剂	CD2 检测试剂	用于流式细胞仪鉴定和定量细胞表面 CD2 抗原表达	Ⅲ	否	/	/
222	Ⅲ -9 与流式技术相关的试剂	CD3 检测试剂	用于流式细胞仪鉴定和定量细胞表面 CD3 抗原表达	Ⅲ	否	/	/
223	Ⅲ -9 与流式技术相关的试剂	CD4 检测试剂	用于流式细胞仪鉴定和定量细胞表面的 CD4 抗原表达。CD4 淋巴细胞减少常见于恶性肿瘤、遗传性免疫缺陷病、艾滋病、应用免疫抑制剂患者等	Ⅲ	否	/	/
224	Ⅲ -9 与流式技术相关的试剂	CD5 检测试剂	用于流式细胞仪鉴定和定量细胞表面 CD5 抗原表达	Ⅲ	否	/	/
225	Ⅲ -9 与流式技术相关的试剂	CD7 检测试剂	用于流式细胞仪鉴定和定量细胞表面 CD7 抗原表达	Ⅲ	否	/	/
226	Ⅲ -9 与流式技术相关的试剂	CD8 检测试剂	用于流式细胞仪鉴定和定量细胞表面 CD8 抗原表达。CD8 淋巴细胞增多：见于自身免疫性疾病，如 SLE、艾滋病初期、慢性活动性肝炎、肿瘤及病毒感染等	Ⅲ	否	/	/
227	Ⅲ -9 与流式技术相关的试剂	CD11b 检测试剂	用于流式细胞仪鉴定和定量细胞表面 CD11b 抗原表达	Ⅲ	否	/	/
228	Ⅲ -9 与流式技术相关的试剂	CD13 检测试剂	用于流式细胞仪鉴定和定量细胞表面 CD13 抗原表达	Ⅲ	否	/	/
229	Ⅲ -9 与流式技术相关的试剂	CD14 检测试剂	用于流式细胞仪鉴定和定量细胞表面 CD14 抗原表达	Ⅲ	否	/	/
230	Ⅲ -9 与流式技术相关的试剂	CD15 检测试剂	用于流式细胞仪鉴定和定量细胞表面 CD15 抗原表达	Ⅲ	否	/	/
231	Ⅲ -9 与流式技术相关的试剂	CD16 检测试剂	用于流式细胞仪鉴定和定量细胞表面 CD16 抗原表达	Ⅲ	否	/	/
232	Ⅲ -9 与流式技术相关的试剂	CD19 检测试剂	用于流式细胞仪鉴定和定量细胞表面 CD19 抗原表达	Ⅲ	否	/	/
233	Ⅲ -9 与流式技术相关的试剂	CD20 检测试剂	用于流式细胞仪鉴定和定量细胞表面 CD20 抗原表达	Ⅲ	否	/	/
234	Ⅲ -9 与流式技术相关的试剂	CD25 检测试剂	用于流式细胞仪鉴定和定量细胞表面 CD25 抗原表达	Ⅲ	否	/	/

续表

序号	产品类别	产品分类名称	预期用途	管理类别	是否豁免临床	相关标准	指导原则
235	Ⅲ -9 与流式技术相关的试剂	CD33 检测试剂	用于流式细胞仪鉴定和定量细胞表面CD33 抗原表达	Ⅲ	否	/	/
236	Ⅲ -9 与流式技术相关的试剂	CD34 检测试剂	用于流式细胞仪鉴定和定量细胞表面CD34 抗原表达	Ⅲ	否	/	/
237	Ⅲ -9 与流式技术相关的试剂	CD38 检测试剂	用于流式细胞仪鉴定和定量细胞表面CD38 抗原表达	Ⅲ	否	/	/
238	Ⅲ -9 与流式技术相关的试剂	CD45 检测试剂	用于流式细胞仪鉴定和定量细胞表面CD45 抗原表达	Ⅲ	否	/	/
239	Ⅲ -9 与流式技术相关的试剂	GPA 抗原检测试剂	用于流式细胞仪鉴定和定量细胞表面GPA 抗原表达	Ⅲ	否	/	/
240	Ⅲ -9 与流式技术相关的试剂	HLA–DR 检测试剂	用于流式细胞仪鉴定和定量细胞表面HLA–DR 抗原表达	Ⅲ	否	/	/
241	Ⅲ -9 与流式技术相关的试剂	CD3/HLA–DR 检测试剂	用于流式细胞仪鉴定和定量细胞表面CD3/HLA–DR 抗原表达	Ⅲ	否	/	/
242	Ⅲ -9 与流式技术相关的试剂	CD3/CD(16+56) 检测试剂	用于流式细胞仪鉴定和定量细胞表面CD3/CD(16+56) 抗原表达	Ⅲ	否	/	/
243	Ⅲ -9 与流式技术相关的试剂	CD34/CD35 检测试剂	用于流式细胞仪鉴定和定量细胞表面CD34/CD35 抗原表达	Ⅲ	否	/	/
244	Ⅲ -9 与流式技术相关的试剂	CD45/CD4/CD3 检测试剂	用于流式细胞仪鉴定和定量细胞表面CD45/CD4/CD3 抗原表达	Ⅲ	否	/	/
245	Ⅲ -9 与流式技术相关的试剂	CD45/CD4/CD8/CD3 检测试剂	用于流式细胞仪鉴定和定量细胞表面CD45/CD4/CD8/CD3 抗原表达	Ⅲ	否	/	/
246	Ⅲ -9 与流式技术相关的试剂	CD3/CD16+56/CD45 检测试剂	用于流式细胞仪鉴定和定量细胞表面CD3/CD16+56/CD45 抗原表达	Ⅲ	否	/	/
247	Ⅲ -9 与流式技术相关的试剂	CD45/CD4/CD8/CD3 检测试剂	用于流式细胞仪对全 $CD3^+$、全 $CD4^+$、全 $CD8^+$、双染色 $CD3^+/CD4^+$、双染色 $CD3^+/CD8^+$ 淋巴细胞进行同步识别和百分数及绝对计数，以及 CD4/CD8 的比率	Ⅲ	否	/	/
248	Ⅲ -9 与流式技术相关的试剂	淋巴细胞亚群检测试剂	用于流式细胞仪鉴定和定量人类成熟淋巴细胞亚型的百分率和（或）绝对数目，如 T 淋巴细胞（$CD3^+$）、B 淋巴细胞（$CD19^+$）、辅助 / 诱导 T 淋巴细胞（$CD3^+CD4^+$）、抑制 / 细胞毒 T 淋巴细胞（$CD3^+CD8^+$）和自然杀伤细胞（$CD3^-CD16^+$ 和 / 或 $CD56^+$）	Ⅲ	否	/	/

续表

序号	产品类别	产品分类名称	预期用途	管理类别	是否豁免临床	相关标准	指导原则
249	Ⅲ -9 与流式技术相关的试剂	T 淋巴细胞亚群计数检测试剂	通过计数未溶血全血中 CD3、CD4、CD8 T 淋巴细胞的绝对数量，用于 T 淋巴细胞亚群的计数	Ⅲ	否	/	/
250	Ⅱ -1 用于蛋白质检测的试剂	血红蛋白检测试剂	用于检测人体样本中血红蛋白的含量，临床上主要用于各种贫血、失血等的辅助诊断	Ⅱ	是	WS/T 122—1999	/
251	Ⅱ -1 用于蛋白质检测的试剂	文齐氏液	用于氰化高铁法测定人体样本中血红蛋白含量	Ⅱ	否	WS/T 341—2011	/
252	Ⅱ -1 用于蛋白质检测的试剂	糖化血红蛋白分析用洗脱液	与糖化血红蛋白分析系统配套使用，用于检测样本中糖化血红蛋白的含量	Ⅱ	是	/	/
253	Ⅱ -1 用于蛋白质检测的试剂	总蛋白检测试剂	用于检测人体样本中总蛋白的含量，临床上主要用于辅助评价肝功能	Ⅱ	是	YY/T 1444—2016 WS/T 404.2—2012	/
254	Ⅱ -1 用于蛋白质检测的试剂	白蛋白检测试剂	用于检测人体样本中白蛋白的含量，临床上主要用于辅助评价肝功能及营养评估等	Ⅱ	是	YY/T 1228—2014 WS/T 404.2—2012	白蛋白测定试剂（盒）注册技术审查指导原则
255	Ⅱ -1 用于蛋白质检测的试剂	前白蛋白检测试剂	用于检测人体样本中前白蛋白的含量，临床上主要用于反映肝损害程度及营养评估等	Ⅱ	是	WS/T 404.9—2018	/
256	Ⅱ -1 用于蛋白质检测的试剂	糖化血红蛋白检测试剂	用于检测人体样本中糖化血红蛋白的含量，临床上主要用于糖尿病的辅助诊断和血糖水平的监控	Ⅱ	是	YY/T 1605—2018 WS/T 461—2015	糖化血红蛋白测定试剂盒（酶法）注册技术审查指导原则
257	Ⅱ -1 用于蛋白质检测的试剂	微量白蛋白检测试剂	用于检测人体样本中微量白蛋白含量，临床上主要用于肾疾病的辅助诊断	Ⅱ	是	YY/T 1228—2014	白蛋白测定试剂（盒）注册技术审查指导原则
258	Ⅱ -1 用于蛋白质检测的试剂	肌红蛋白检测试剂	用于检测人体样本中的肌红蛋白含量，临床上主要用于心肌梗死的辅助诊断	Ⅱ	是	YY/T 1528—2017 WS/T 462—2015	心肌肌钙蛋白 I/ 肌红蛋白 / 肌酸激酶同工酶 MB 检测试剂（胶体金免疫层析法）注册技术审查指导原则
259	Ⅱ -1 用于蛋白质检测的试剂	肌钙蛋白 I 检测试剂	用于检测人体样本中肌钙蛋白 I 的含量，临床上主要用于心肌梗死的辅助诊断	Ⅱ	是	YY/T 1221—2013 YY/T 1233—2014 WS/T 462—2015	心肌肌钙蛋白 I/ 肌红蛋白 / 肌酸激酶同工酶 MB 检测试剂（胶体金免疫层析法）注册技术审查指导原则

续表

序号	产品类别	产品分类名称	预期用途	管理类别	是否豁免临床	相关标准	指导原则
260	Ⅱ-1用于蛋白质检测的试剂	肌钙蛋白T检测试剂	用于检测人体样本中肌钙蛋白T的含量，临床上主要用于心肌梗死的辅助诊断	Ⅱ	是	WS/T 462—2015	/
261	Ⅱ-1用于蛋白质检测的试剂	心脏型脂肪酸结合蛋白检测试剂	用于检测人体样本中心脏型脂肪酸结合蛋白的含量，临床上主要用于急性心肌梗死辅助诊断	Ⅱ	是	YY/T 1590—2018	/
262	Ⅱ-1用于蛋白质检测的试剂	N末端心房利钠肽(NT-proBNP）检测试剂	用于检测人体样本中N末端心房利钠肽前体(NT-proBNP）的含量，临床上主要用于心力衰竭的辅助诊断	Ⅱ	是	YY/T 1451—2016 WS/T 462—2015	脑利钠肽/氨基末端脑利钠肽前体检测试剂注册技术审查指导原则
263	Ⅱ-1用于蛋白质检测的试剂	B型利钠肽（BNP）检测试剂	用于检测人体样本中B型利钠肽（BNP）的含量，临床上主要用于心力衰竭的辅助诊断	Ⅱ	是	YY/T 1451—2016 WS/T 462—2015	脑利钠肽/氨基末端脑利钠肽前体检测试剂注册技术审查指导原则
264	Ⅱ-1用于蛋白质检测的试剂	缺血性修饰白蛋白检测试剂	用于检测人体样本中缺血性修饰白蛋白的含量，主要作为心肌缺血标志物之一	Ⅱ	是	YY/T 1461—2016	缺血修饰白蛋白测定试剂盒注册技术审查指导原则（2016年修订版）
265	Ⅱ-1用于蛋白质检测的试剂	C反应蛋白检测试剂	用于检测人体样本中C反应蛋白的含量，C反应蛋白主要作为一种非特异性炎症指标	Ⅱ	是	YY/T 1513—2017 WS/T 404.9—2018	C反应蛋白测定试剂盒注册技术审查指导原则（2016年修订版）
266	Ⅱ-1用于蛋白质检测的试剂	α1-酸性糖蛋白检测试剂	用于检测人体样本中α1-酸性糖蛋白的含量，主要作为一种非特异性炎症指标	Ⅱ	是	/	/
267	Ⅱ-1用于蛋白质检测的试剂	血清淀粉样蛋白A检测试剂	用于检测血清中淀粉样蛋白A的含量，主要作为一种非特异性炎症指标	Ⅱ	是	/	/
268	Ⅱ-1用于蛋白质检测的试剂	Ⅲ型胶原检测试剂	用于检测人体样本中Ⅲ型胶原蛋白的含量，临床上主要用于肝纤维化的辅助诊断	Ⅱ	是	/	/
269	Ⅱ-1用于蛋白质检测的试剂	Ⅳ型胶原检测试剂	用于检测人体样本中Ⅳ型胶原蛋白的含量，临床上主要用于肝纤维化的辅助诊断	Ⅱ	是	/	/
270	Ⅱ-1用于蛋白质检测的试剂	层黏蛋白检测试剂	用于检测人体样本中层黏蛋白的含量，临床上主要用于肝纤维化的辅助诊断	Ⅱ	是	/	/

续表

序号	产品类别	产品分类名称	预期用途	管理类别	是否豁免临床	相关标准	指导原则
271	Ⅱ-1 用于蛋白质检测的试剂	不饱和铁结合力检测试剂	用于检测人体样本的不饱和铁结合力。临床上主要用于贫血、肝功能障碍等由铁代谢异常引起的疾病的辅助诊断	Ⅱ	是	/	/
272	Ⅱ-1 用于蛋白质检测的试剂	触珠蛋白检测试剂	用于检测人体样本中触珠蛋白（结合珠蛋白）的含量，临床上主要用于血管内溶血性疾病的辅助诊断	Ⅱ	是	/	/
273	Ⅱ-1 用于蛋白质检测的试剂	脑脊液 / 尿液总蛋白检测试剂	用于检测脑脊液 / 尿液样本中总蛋白的含量，临床上主要用于中枢神经系统 / 肾疾病的辅助诊断	Ⅱ	是	/	/
274	Ⅱ-1 用于蛋白质检测的试剂	视黄醇结合蛋白检测试剂	用于检测人体样本中视黄醇结合蛋白的含量，临床上主要用于肝或肾小管损伤性疾病的辅助诊断	Ⅱ	是	YY/T 1584—2018	/
275	Ⅱ-1 用于蛋白质检测的试剂	转铁蛋白检测试剂	用于检测人体样本中转铁蛋白的含量，临床上主要用于铁缺乏症、肝等疾病的辅助诊断	Ⅱ	是	WS/T 404.9—2018	/
276	Ⅱ-1 用于蛋白质检测的试剂	糖化血清蛋白检测试剂	用于检测人体样本中糖化血清蛋白的含量，临床上主要用于血糖水平的监控	Ⅱ	是	/	/
277	Ⅱ-1 用于蛋白质检测的试剂	糖化血清白蛋白检测试剂	用于检测人体样本中糖化血清白蛋白的含量，临床上主要用于血糖水平的监控	Ⅱ	是	YY/T 1578—2018	/
278	Ⅱ-1 用于蛋白质检测的试剂	胃蛋白酶原Ⅰ检测试剂	用于检测人体样本中胃蛋白酶原Ⅰ的含量，临床上主要用于评价胃泌酸腺细胞功能	Ⅱ	是	/	/
279	Ⅱ-1 用于蛋白质检测的试剂	胃蛋白酶原Ⅱ检测试剂	用于检测人体样本中胃蛋白酶原Ⅱ的含量，临床上主要用于评价胃底黏膜病变	Ⅱ	是	/	/
280	Ⅱ-1 用于蛋白质检测的试剂	抗链球菌溶血素 O 检测试剂	用于检测人体样本中抗链球菌溶血素O 的含量，临床上主要用于急性风湿热的辅助诊断	Ⅱ	是	/	/
281	Ⅱ-1 用于蛋白质检测的试剂	降钙素检测试剂	用于检测人体样本中的降钙素 (CT) 的含量，临床上主要用于甲状旁腺功能的辅助诊断	Ⅱ	是	/	/
282	Ⅱ-1 用于蛋白质检测的试剂	降钙素原检测试剂	用于检测人体样本中的降钙素原（PCT）的含量，临床上主要用于细菌感染性疾病的辅助诊断	Ⅱ	是	YY/T 1588—2018	降钙素原检测试剂注册技术审查指导原则

续表

序号	产品类别	产品分类名称	预期用途	管理类别	是否豁免临床	相关标准	指导原则
283	Ⅱ -1 用于蛋白质检测的试剂	β－胶原特殊序列检测试剂	用于检测人体样本中 I 型胶原的分解产物，临床上主要用于骨质疏松的辅助诊断	Ⅱ	否	/	/
284	Ⅱ -1 用于蛋白质检测的试剂	骨钙素检测试剂	用于检测人体样本骨钙素的含量，临床上主要用于各种骨质疏松及骨损伤后骨质合成早期的评价	Ⅱ	是	WS/T 357—2011	/
285	Ⅱ -1 用于蛋白质检测的试剂	铁蛋白检测试剂	用于检测人体样本中的铁蛋白的含量，临床上主要用于铁代谢的相关疾病，如血色素沉着症和缺铁性贫血的辅助诊断	Ⅱ	是	YY/T 1456—2016	/
286	Ⅱ -1 用于蛋白质检测的试剂	α 2- 巨球蛋白检测试剂	用于检测人体样本中 α 2- 巨球蛋白的含量，临床上主要用于肝、肾疾病的辅助诊断	Ⅱ	是	/	/
287	Ⅱ -1 用于蛋白质检测的试剂	血红素结合蛋白检测试剂	用于检测人体样本中的血红素结合蛋白含量，临床上主要用于溶血性疾病的辅助诊断	Ⅱ	否	/	/
288	Ⅱ -1 用于蛋白质检测的试剂	免疫球蛋白检测试剂	用于检测人体样本中免疫球蛋白 G/A/M 的含量，临床上主要用于免疫功能的评价及免疫疾病的辅助诊断	Ⅱ	是	WS/T 645.1—2018	/
289	Ⅱ -1 用于蛋白质检测的试剂	免疫球蛋白 G 亚型检测试剂	用于检测人体样本中免疫球蛋白 G 亚型（如 IgG1、IgG2、IgG3、IgG4）的含量，临床上主要用于免疫功能的评价及免疫疾病的辅助诊断	Ⅱ	是	/	/
290	Ⅱ -1 用于蛋白质检测的试剂	特异性 IgG 抗体检测试剂	用于检测人体样本中针对食物（如肉类、鱼类，玉米、海鲜、蔬菜）等的特异性 IgG 抗体水平	Ⅱ	是	/	/
291	Ⅱ -1 用于蛋白质检测的试剂	可溶性转铁蛋白受体检测试剂	用于检测人体样本中的可溶性转铁蛋白受体 (sTfR) 含量，临床上主要用于缺铁性贫血的辅助诊断	Ⅱ	是	/	/
292	Ⅱ -1 用于蛋白质检测的试剂	糖缺失转铁蛋白检测试剂	用于检测人体样本中的糖缺失转铁蛋白 (CDT) 的含量，临床上主要用于酒精性肝病的辅助诊断	Ⅱ	否	/	/
293	Ⅱ -1 用于蛋白质检测的试剂	α 1- 微球蛋白检测试剂	用于检测人体样本中 α 1- 微球蛋白的含量，临床上主要用于用于肾小管损伤的辅助诊断	Ⅱ	是	/	/

续表

序号	产品类别	产品分类名称	预期用途	管理类别	是否豁免临床	相关标准	指导原则
294	Ⅱ -1 用于蛋白质检测的试剂	β2- 微球蛋白检测试剂	用于检测人体样本中 β2- 微球蛋白的含量，临床上主要用于监测近端肾小管的功能	Ⅱ	是	YY/T 1442—2016 WS/T 404.9—2018	β2- 微球蛋白检测试剂盒（胶乳增强免疫比浊法）注册技术审查指导原则
295	Ⅱ -1 用于蛋白质检测的试剂	胱抑素 C 检测试剂	用于检测人体样本中胱抑素 C 的含量，主要作为反映肾小球滤过率的指标之一	Ⅱ	是	YY/T 1230—2014	胱抑素C测定试剂(胶乳透射免疫比浊法）注册技术审查指导原则
296	Ⅱ -1 用于蛋白质检测的试剂	中性粒细胞明胶酶相关脂质运载蛋白检测试剂	用于检测人体样本中的中性粒细胞明胶酶相关脂质运载蛋白 (NGAL)，临床上主要用于辅助诊断肾功能损伤	Ⅱ	是	/	/
297	Ⅱ -1 用于蛋白质检测的试剂	妊娠相关血浆蛋白 A 检测试剂	用于检测人体样本中妊娠相关血浆蛋白 A（PAPP-A）的含量，临床上主要用于评估孕前期三个月唐氏综合征的风险	Ⅱ	是	YY/T 1422—2016	/
298	Ⅱ -1 用于蛋白质检测的试剂	白细胞酯酶检测	用于检测阴道分泌物样本中白细胞酯酶活性，临床上主要用于细菌性阴道病的辅助诊断	Ⅱ	否	/	/
299	Ⅱ -1 用于蛋白质检测的试剂	细菌唾液酸酶检测	用于检测阴道分泌物样本中唾液酸酶活性，临床上主要用于细菌性阴道病的辅助诊断	Ⅱ	是	/	/
300	Ⅱ -1 用于蛋白质检测的试剂	隐血检测试剂	用于检测人体样本中的血红蛋白，临床上主要用于出血性病变的初步检查	Ⅱ	是	/	/
301	Ⅱ -1 用于蛋白质检测的试剂	大便隐血检测试剂	用于人体粪便样本中血红蛋白的检测，临床上用于评估消化道出血	Ⅱ	是	/	大便隐血（FOB）检测试剂盒（胶体金免疫层析法）注册技术审查指导原则（2016年修订版）
302	Ⅱ -1 用于蛋白质检测的试剂	胰岛素样生长因子结合蛋白检测试剂	用于检测人体样本中的胰岛素样生长因子结合蛋白(Ⅰ、Ⅲ)，临床上主要用于生长紊乱和胎膜早破的辅助诊断	Ⅱ	是	/	/
303	Ⅱ -1 用于蛋白质检测的试剂	血清组织金属蛋白酶抑制因子 I 检测试剂	用于检测人体样品中血清组织金属蛋白酶抑制因子 I 的含量，临床上主要用于肝纤维化的辅助诊断	Ⅱ	是	/	/

续表

序号	产品类别	产品分类名称	预期用途	管理类别	是否豁免临床	相关标准	指导原则
304	Ⅱ-1 用于蛋白质检测的试剂	κ 轻链检测试剂	用于检测人体样本（如血清和尿液）中的 κ 轻链，临床上主要用于自身免疫疾病、感染、肝病、肾病等的辅助诊断	Ⅱ	是	/	/
305	Ⅱ-1 用于蛋白质检测的试剂	λ 轻链检测试剂	用于检测人体样本（如血清和尿液）中的 λ 轻链，临床上主要用于自身免疫疾病、感染、肝病、肾病等的辅助诊断	Ⅱ	是	/	/
306	Ⅱ-2 用于糖类检测的试剂	葡萄糖检测试剂	用于检测人体样本中葡萄糖的含量，临床上主要用于反映血糖水平	Ⅱ	是	YY/T 1200—2013 WS/T 350—2011	/
307	Ⅱ-2 用于糖类检测的试剂	β-羟丁酸检测试剂	用于检测人体样本中 β-羟丁酸 (D3 羟丁酸) 的含量，临床上主要用于酮症酸中毒的辅助诊断	Ⅱ	是	/	/
308	Ⅱ-2 用于糖类检测的试剂	乳酸检测试剂	用于检测人体样本中乳酸的含量，临床上主要用于代谢性酸中毒的辅助诊断	Ⅱ	是	/	/
309	Ⅱ-2 用于糖类检测的试剂	丙酮酸检测试剂	用于检测人体样本中丙酮酸的含量，临床上主要用于酮症酸中毒的辅助诊断	Ⅱ	是	/	/
310	Ⅱ-3 用于激素检测的试剂	促黄体生成素检测试剂	用于检测人体样本中促黄体生成素的含量，临床上主要用于评价垂体内分泌功能	Ⅱ	是	GB/T 18990—2008 YY/T 1217—2013	促黄体生成素检测试剂（胶体金免疫层析法）注册技术审查指导原则
311	Ⅱ-3 用于激素检测的试剂	促卵泡生成素检测试剂	用于检测人体样本中促卵泡生成素（卵泡刺激素）的含量，临床上主要用于评价垂体内分泌功能	Ⅱ	是	YY/T 1193—2011 YY/T 1213—2013	/
312	Ⅱ-3 用于激素检测的试剂	泌乳素检测试剂	用于检测人体样本中泌乳素的含量，临床上主要用于评价垂体内分泌功能	Ⅱ	是	YY/T 1516—2017	/
313	Ⅱ-3 用于激素检测的试剂	人绒毛膜促性腺激素检测试剂	用于检测人体样本中人绒毛膜促性腺激素的含量，临床上主要用于宫外孕、早孕的辅助诊断	Ⅱ	否	YY/T 1164—2009 YY/T 1192—2011 YY/T 1214—2013	人绒毛膜促性腺激素检测试剂（胶体金免疫层析法）注册技术审查指导原则（2016年修订版）
314	Ⅱ-3 用于激素检测的试剂	β-人绒毛膜促性腺激素检测试剂	用于检测人体样本中 β-人绒毛膜促性腺激素的含量，临床上主要用于宫外孕、早孕的辅助诊断	Ⅱ	是	YY/T 1257—2015	/

续表

序号	产品类别	产品分类名称	预期用途	管理类别	是否豁免临床	相关标准	指导原则
315	Ⅱ-3 用于激素检测的试剂	总甲状腺素检测试剂	用于检测人体样本中总甲状腺素（TT4）的含量，临床上主要用于辅助评价甲状腺功能	Ⅱ	是	GB/T 15477—1995 YY/T 1223—2014	总甲状腺素检测试剂注册技术审查指导原则
316	Ⅱ-3 用于激素检测的试剂	游离甲状腺素检测试剂	用于检测人体样本中游离甲状腺素（游离四碘甲状腺原氨酸 FT4）的含量，临床上主要用于辅助评价甲状腺功能	Ⅱ	是	/	/
317	Ⅱ-3 用于激素检测的试剂	总三碘甲状腺原氨酸检测试剂	用于检测人体样本中总三碘甲状腺原氨酸（TT3）的含量，临床上主要用于辅助评价甲状腺功能	Ⅱ	是	GB/T 15477—1995 YY/T 1222—2014	/
318	Ⅱ-3 用于激素检测的试剂	游离三碘甲状腺原氨酸检测试剂	用于检测人体样本中游离三碘甲状腺原氨酸（FT3）的含量，临床上主要用于辅助评价甲状腺功能	Ⅱ	是	/	/
319	Ⅱ-3 用于激素检测的试剂	促甲状腺激素检测试剂	用于检测人体样本中促甲状腺素的含量，临床上主要用于辅助评价垂体－甲状腺功能	Ⅱ	是	YY/T 1218—2013	促甲状腺素检测试剂注册技术审查指导原则
320	Ⅱ-3 用于激素检测的试剂	甲状腺素结合力检测试剂	用于检测人体样本中游离甲状腺结合力，临床上主要用于评价甲状腺功能	Ⅱ	是	/	/
321	Ⅱ-3 用于激素检测的试剂	新生儿促甲状腺素检测试剂	用于检测人体样本中促甲状腺素的含量，临床上主要用于辅助筛查新生儿甲状腺机能衰退	Ⅱ	否	YY/T 1218—2013	促甲状腺素检测试剂注册技术审查指导原则
322	Ⅱ-3 用于激素检测的试剂	全段甲状旁腺激素检测试剂	用于检测人体样本中全段甲状旁腺激素的含量，临床上主要用于评价甲状旁腺功能	Ⅱ	是	/	/
323	Ⅱ-3 用于激素检测的试剂	睾酮检测试剂	用于检测人体样本中睾酮的含量，临床上主要用于睾酮水平异常相关疾病的辅助诊断	Ⅱ	是	/	/
324	Ⅱ-3 用于激素检测的试剂	雌二醇检测试剂	用于检测人体样本中雌二醇的含量，临床上主要用于卵巢疾病的辅助诊断	Ⅱ	是	YY/T 1589—2018	/
325	Ⅱ-3 用于激素检测的试剂	雌三醇检测试剂	用于检测人体样本中雌三醇的含量，主要用作异常妊娠的辅助评价指标和唐氏综合征的筛查	Ⅱ	是	/	/
326	Ⅱ-3 用于激素检测的试剂	孕酮检测试剂	用于检测人体样本中孕酮的含量，临床上主要用于先兆流产的辅助诊断	Ⅱ	是	/	孕酮检测试剂注册技术审查指导原则
327	Ⅱ-3 用于激素检测的试剂	胰岛素检测试剂	用于检测人体样本中的胰岛素的含量，临床上主要用于评价胰岛功能	Ⅱ	是	YY/T 1250—2014	胰岛素测定试剂注册技术审查指导原则

续表

序号	产品类别	产品分类名称	预期用途	管理类别	是否豁免临床	相关标准	指导原则
328	Ⅱ -3 用于激素检测的试剂	C 肽检测试剂	用于检测人体样本中的C–肽的含量，临床上主要用于评价胰岛功能	Ⅱ	是	YY/T 1518–2017	C–肽测定试剂注册技术审查指导原则
329	Ⅱ -3 用于激素检测的试剂	促肾上腺皮质激素检测试剂	用于检测人体样本中促肾上腺皮质激素的含量,临床上主要用于评价垂体–肾上腺功能	Ⅱ	是	/	/
330	Ⅱ -3 用于激素检测的试剂	皮质醇检测试剂	用于检测人体样本中皮质醇的含量，临床上主要用于辅助评价肾上腺皮质功能	Ⅱ	是	/	/
331	Ⅱ -3 用于激素检测的试剂	17α – 羟孕酮检测试剂	用于检测人体样本中 17α – 羟孕酮的含量，临床上主要用于肾上腺皮质疾病的辅助诊断	Ⅱ	是	/	/
332	Ⅱ -3 用于激素检测的试剂	17– 羟类固醇检测试剂	用于检测人体样本中 17– 羟类固醇的含量，临床上主要用于肾上腺皮质疾病的辅助诊断	Ⅱ	是	/	/
333	Ⅱ -3 用于激素检测的试剂	17– 酮类固醇检测试剂	用于检测人体样本中 17– 酮类固醇的含量，临床上主要用于肾上腺皮质疾病的辅助诊断	Ⅱ	是	/	/
334	Ⅱ -3 用于激素检测的试剂	香草扁桃酸检测试剂	用于检测人体样本中香草扁桃酸的含量，临床上主要用于辅助评价肾上腺皮质功能	Ⅱ	是	/	/
335	Ⅱ -3 用于激素检测的试剂	醛固酮检测试剂	用于检测人体样本中醛固酮的含量，临床上主要用于辅助评价肾上腺皮质功能	Ⅱ	是	/	/
336	Ⅱ -3 用于激素检测的试剂	生长激素检测试剂	用于检测人体样本中生长激素的含量，临床上主要用于辅助评价垂体功能和非垂体疾病所致的生长激素水平异常	Ⅱ	是	YY/T 1593—2018	/
337	Ⅱ -3 用于激素检测的试剂	雄烯二酮检测试剂	用于检测人体样本中雄烯二酮的含量，临床上主要用于辅助诊断遗传性肾上腺皮质增生、肾上腺皮质功能减退等疾病	Ⅱ	是	/	/
338	Ⅱ -3 用于激素检测的试剂	硫酸去氢表雄酮检测试剂	用于检测人体样本中硫酸去氢表雄酮的含量，临床上主要用于评价肾上腺分泌雄激素的水平	Ⅱ	是	/	/
339	Ⅱ -3 用于激素检测的试剂	促红细胞生成素检测试剂	用于检测人体样本中促红细胞生成素的含量，临床上主要用于肾性贫血的辅助诊断	Ⅱ	是	/	/

续表

序号	产品类别	产品分类名称	预期用途	管理类别	是否豁免临床	相关标准	指导原则
340	Ⅱ-3 用于激素检测的试剂	甲状腺球蛋白（TG）检测试剂	用于检测人体样本中的甲状腺球蛋白含量，临床上主要用于甲状腺疾病的辅助诊断	Ⅱ	是	/	/
341	Ⅱ-3 用于激素检测的试剂	促卵泡生成激素（FSH）检测试剂	用于检测人体样本中的促卵泡激素（FSH）含量，临床上主要用于卵巢疾病的辅助诊断	Ⅱ	是	YY/T 1193—2011 YY/T 1213—2013	/
342	Ⅱ-3 用于激素检测的试剂	性激素结合球蛋白检测试剂	用于检测人体样本中的性激素结合球蛋白的含量，临床上主要用于多种雄激素异常疾病的辅助诊断	Ⅱ	是	/	/
343	Ⅱ-4 用于酶类检测的试剂	丙氨酸氨基转移酶检测试剂	用于检测人体样本中丙氨酸氨基转移酶的活性，临床上主要用于辅助评价肝功能	Ⅱ	是	YY/T 1197—2013 WS/T 352—2011 WS/T 404.1—2012	丙氨酸氨基转移酶测定试剂注册技术审查指导原则
344	Ⅱ-4 用于酶类检测的试剂	天门冬氨酸氨基转移酶检测试剂	用于检测人体样本中天冬氨酸氨基转移酶的活性，临床上主要用于病毒性肝炎、阻塞性黄疸、心肌梗死的辅助诊断	Ⅱ	是	YY/T 1198—2013 WS/T 353—2011 WS/T 404.1—2012 WS/T 617—2018	/
345	Ⅱ-4 用于酶类检测的试剂	天门冬氨酸氨基转移酶同工酶检测试剂	用于检测人体样本中天门冬氨酸氨基转移酶同工酶的活性，临床上主要用于毒性肝炎、阻塞性黄疸、心肌梗死的辅助诊断	Ⅱ	是	/	/
346	Ⅱ-4 用于酶类检测的试剂	碱性磷酸酶检测试剂	用于检测人体样本中碱性磷酸酶的活性，临床上主要用于肝胆疾病和骨骼疾病的辅助诊断	Ⅱ	是	YY/T 1234—2014 WS/T 351—2011 WS/T 357—2011 WS/T 404.1—2012	碱性磷酸酶测定试剂盒注册技术审查指导原则（2016年修订版）
347	Ⅱ-4 用于酶类检测的试剂	乳酸脱氢酶检测试剂	用于检测人体样本中乳酸脱氢酶的活性，临床上主要用于心肌梗死、肝病等疾病的辅助诊断	Ⅱ	是	YY/T 1241—2014 WS/T 361—2011 WS/T 404.7—2015	乳酸脱氢酶测定试剂盒注册技术审查指导原则
348	Ⅱ-4 用于酶类检测的试剂	乳酸脱氢酶同工酶检测试剂	用于检测人体样本中乳酸脱氢酶同工酶的活性，临床上主要用于心肌梗死、肝病等疾病的辅助诊断	Ⅱ	是	/	/
349	Ⅱ-4 用于酶类检测的试剂	γ-谷氨酰基转移酶检测试剂	用于检测人体样本中 γ-谷氨酰基转移酶的活性，临床上主要用于肝胆系统疾病的辅助诊断	Ⅱ	是	YY/T 1232—2014 WS/T 404.1—2012 WS/T 417—2013	/
350	Ⅱ-4 用于酶类检测的试剂	γ-谷氨酰基转移酶同工酶检测试剂	用于检测人体样本中 γ-谷氨酰基转移酶同工酶的活性，临床上主要用于肝胆系统疾病的辅助诊断	Ⅱ	是	/	/

续表

序号	产品类别	产品分类名称	预期用途	管理类别	是否豁免临床	相关标准	指导原则
351	Ⅱ-4 用于酶类检测的试剂	肌酸激酶检测试剂	用于检测人体样本中肌酸激酶的活性，临床上主要用于心肌梗死、病毒性心肌炎的辅助诊断	Ⅱ	是	YY/T 1243—2014 WS/T 404.7—2015	肌酸激酶测定试剂（盒）注册技术审查指导原则（2016年修订版）
352	Ⅱ-4 用于酶类检测的试剂	肌酸激酶同工酶（CKMB）检测试剂	用于检测人体样本中肌酸激酶同工酶的活性，临床上主要用于心肌梗死、肌病等疾病的辅助诊断	Ⅱ	是	YY/T 1220—2013 YY/T 1580—2018 WS/T 462—2015	心肌肌钙蛋白Ⅰ/肌红蛋白/肌酸激酶同工酶检测试剂（胶体金免疫层析法）注册技术审查指导原则
353	Ⅱ-4 用于酶类检测的试剂	α-淀粉酶检测试剂	用于检测人体样本中α-淀粉酶的活性，临床上主要用于胰腺疾病的辅助诊断	Ⅱ	是	YY/T 1194—2011 WS/T 349—2011	/
354	Ⅱ-4 用于酶类检测的试剂	淀粉酶同工酶检测试剂	用于检测人体样本中淀粉酶同工酶的活性，临床上主要用于胰腺疾病的辅助诊断	Ⅱ	否	/	/
355	Ⅱ-4 用于酶类检测的试剂	胆碱脂酶检测试剂	用于检测人体样本中胆碱脂酶的活性，临床上主要用于肝损伤及有机磷中毒的辅助诊断	Ⅱ	是	WS/T 66—1996 WS/T 67—1996	/
356	Ⅱ-4 用于酶类检测的试剂	丁酰胆碱脂酶检测试剂	用于检测人体样本中丁酰胆碱脂酶的活性，临床上主要用于有机磷中毒的辅助诊断	Ⅱ	是	/	/
357	Ⅱ-4 用于酶类检测的试剂	腺苷脱氨酶检测试剂	用于检测人体样本中腺苷脱氨酶的活性，临床上主要用于辅助评价肝损伤和胸水的鉴别诊断	Ⅱ	是	/	/
358	Ⅱ-4 用于酶类检测的试剂	脂肪酶检测试剂	用于检测人体样本中脂肪酶的活性，临床上主要用于急性胰腺炎的辅助诊断	Ⅱ	是	/	/
359	Ⅱ-4 用于酶类检测的试剂	单胺氧化酶检测试剂	用于检测人体样本中单胺氧化酶的活性，临床上主要用于肝纤维化的辅助诊断	Ⅱ	是	/	/
360	Ⅱ-4 用于酶类检测的试剂	5'-核苷酸酶检测试剂	用于检测人体样本中5'-核苷酸酶的活性，主要用于肝胆系统疾病的辅助诊断	Ⅱ	是	/	/
361	Ⅱ-4 用于酶类检测的试剂	α-羟丁酸脱氢酶检测试剂	用于检测人体样本中α-羟丁酸脱氢酶的活性，临床上主要用于心肌梗死的辅助诊断	Ⅱ	是	YY/T 1242—2014	/

续表

序号	产品类别	产品分类名称	预期用途	管理类别	是否豁免临床	相关标准	指导原则
362	Ⅱ-4 用于酶类检测的试剂	N-乙酰-β-D-氨基葡萄糖苷酶检测试剂	用于检测人体样本中N-乙酰-β-D-氨基葡萄糖苷酶的活性，临床上主要用于辅助评价肾小管损害	Ⅱ	是	/	/
363	Ⅱ-4 用于酶类检测的试剂	β-D-半乳糖苷酶检测试剂	用于检测人体样本中β-D-半乳糖苷酶的活性，临床上主要用于肾小管损伤的辅助诊断	Ⅱ	否	/	/
364	Ⅱ-4 用于酶类检测的试剂	超氧化物歧化酶检测试剂	用于检测人体样本中超氧化物歧化酶的活性，临床上主要用于辅助评价机体抗氧化能力	Ⅱ	是	/	/
365	Ⅱ-4 用于酶类检测的试剂	甘氨酰脯氨酸二肽氨基肽酶检测试剂	用于检测人体样本中甘氨酰脯氨酸二肽氨基肽酶的活性，临床上主要用于肝胆疾病、胃肠疾病的辅助诊断	Ⅱ	是	/	/
366	Ⅱ-4 用于酶类检测的试剂	谷胱甘肽还原酶检测试剂	用于检测肝人体样本中谷胱甘肽还原酶的活性，临床上主要用于葡萄糖-6磷酸脱氢酶（G-6-PD）缺乏症的辅助诊断	Ⅱ	是	/	/
367	Ⅱ-4 用于酶类检测的试剂	谷胱甘肽转移酶检测试剂	用于检测人体样本中谷胱甘肽转移酶的活性，临床上主要用于肝炎的辅助诊断	Ⅱ	否	/	/
368	Ⅱ-4 用于酶类检测的试剂	α1-抗胰蛋白酶检测试剂	用于检测人体样本中的α1-抗胰蛋白酶（α1-蛋白酶抑制物）的活性，主要作为非特异性炎症指标之一	Ⅱ	是	/	/
369	Ⅱ-4 用于酶类检测的试剂	亮氨酸氨基转肽酶检测试剂	用于检测人体样本中亮氨酸氨基转肽酶的活性，临床上主要用于肝胆疾病的辅助诊断	Ⅱ	是	/	/
370	Ⅱ-4 用于酶类检测的试剂	磷酸已糖异构酶检测试剂	用于检测人体样本中磷酸已糖异构酶的活性，临床上主要用于肝病的辅助诊断	Ⅱ	否	/	/
371	Ⅱ-4 用于酶类检测的试剂	醛缩酶检测试剂	用于检测人体样本中醛缩酶的活性，临床上主要用于肝等疾病的辅助诊断	Ⅱ	是	/	/
372	Ⅱ-4 用于酶类检测的试剂	肾素检测试剂	用于检测人体样本中肾素的活性，临床上主要用于肾性高血压、内分泌型高血压的辅助诊断	Ⅱ	是	/	/
373	Ⅱ-4 用于酶类检测的试剂	血管紧张素转化酶检测试剂	用于检测人体样本中血管紧张素转化酶的活性，临床上主要用于高血压用药监测和结节病的辅助诊断	Ⅱ	是	/	/

续表

序号	产品类别	产品分类名称	预期用途	管理类别	是否豁免临床	相关标准	指导原则
374	Ⅱ－4 用于酶类检测的试剂	胰蛋白酶检测试剂	用于检测人体样本中胰蛋白酶的活性，临床上主要用于胰腺疾病的辅助诊断	Ⅱ	是	/	/
375	Ⅱ－4 用于酶类检测的试剂	乙醇脱氢酶检测试剂	用于检测人体样本中乙醇脱氢酶的活性，临床上主要用于肝病的辅助诊断	Ⅱ	否	/	/
376	Ⅱ－4 用于酶类检测的试剂	异柠檬酸脱氢酶检测试剂	用于检测人体样本中异柠檬酸脱氢酶的活性，临床上主要用于肝病的辅助诊断	Ⅱ	是	/	/
377	Ⅱ－4 用于酶类检测的试剂	卵磷脂胆固醇酰基转移酶检测试剂	用于检测人体样本中卵磷脂胆固醇酰基转移酶的活性，临床上主要用于肝胆系统疾病的辅助诊断	Ⅱ	否	/	/
378	Ⅱ－4 用于酶类检测的试剂	髓过氧化物酶检测试剂	用于检测人体样本中髓过氧化物酶（MPO）的活性，临床上用于临床上主要用于心血管系统炎症的辅助诊断	Ⅱ	是	/	/
379	Ⅱ－5 用于酯类检测的试剂	胆固醇检测试剂	用于检测人体样本中胆固醇的含量，临床上主要用于高胆固醇血症的辅助诊断	Ⅱ	是	YY/T 1206—2013 WS/T 120—1999 WS/T 362—2011	/
380	Ⅱ－5 用于酯类检测的试剂	游离胆固醇检测试剂	用于检测人体样本中游离胆固醇的含量，临床上主要用于肝病的辅助诊断	Ⅱ	是	/	/
381	Ⅱ－5 用于酯类检测的试剂	三酰甘油检测试剂	用于检测人体样本中三酰甘油的含量，临床上主要用于高三酰甘油血症的辅助诊断	Ⅱ	是	YY/T 1199—2013 WS/T 355—2011 WS/T 412—2013	三酰甘油测定试剂盒注册技术审查指导原则
382	Ⅱ－5 用于酯类检测的试剂	游离脂肪酸检测试剂	用于检测人体样本中游离脂肪酸的含量，临床上主要用于高脂血症、冠心病和动脉粥样硬化的辅助诊断	Ⅱ	是	/	/
383	Ⅱ－5 用于酯类检测的试剂	高密度脂蛋白胆固醇检测试剂	用于检测人体样本中高密度脂蛋白胆固醇的含量，临床上主要用于高胆固醇血症、冠心病和动脉粥样硬化的辅助诊断	Ⅱ	是	YY/T 1254—2015 WS/T 410—2013	高密度脂蛋白胆固醇测定试剂注册技术审查指导原则
384	Ⅱ－5 用于酯类检测的试剂	低密度脂蛋白胆固醇检测试剂	用于检测人体样本中低密度脂蛋白胆固醇的含量，临床上主要用于高胆固醇血症、冠心病和动脉粥样硬化的辅助诊断	Ⅱ	是	YY/T 1253—2015 WS/T 463—2015	/

续表

序号	产品类别	产品分类名称	预期用途	管理类别	是否豁免临床	相关标准	指导原则
385	Ⅱ-5 用于酯类检测的试剂	脂蛋白 a 检测试剂	用于检测人体样本中载脂蛋白 a 的含量，临床上主要用于评价心血管疾病风险	Ⅱ	是	YY/T 1448—2016 WS/T 358—2011	/
386	Ⅱ-5 用于酯类检测的试剂	载脂蛋白 A1 检测试剂	用于检测人体样本中载脂蛋白 A1 的含量，临床上主要用于评价心血管疾病风险	Ⅱ	是	YY/T 1450—2016 WS/T 121—1999	载脂蛋白 A1 测定试剂注册技术审查指导原则
387	Ⅱ-5 用于酯类检测的试剂	载脂蛋白 A2 检测试剂	用于检测人体样本中载脂蛋白 A2 的含量，临床上主要用于评价心血管疾病风险	Ⅱ	是	/	/
388	Ⅱ-5 用于酯类检测的试剂	载脂蛋白 B 检测试剂	用于检测人体样本中载脂蛋白 B 的含量，临床上主要用于评价心血管疾病风险	Ⅱ	是	YY/T 1421—2016 WS/T 121—1999	载脂蛋白 B 测定试剂注册技术审查指导原则
389	Ⅱ-5 用于酯类检测的试剂	载脂蛋白 C2 检测试剂	用于检测人体样本中载脂蛋白 C2 的含量，临床上主要用于评价心血管疾病风险	Ⅱ	是	/	/
390	Ⅱ-5 用于酯类检测的试剂	载脂蛋白 C3 检测试剂	用于检测人体样本中载脂蛋白 C3 的含量，临床上主要用于评价心血管疾病风险	Ⅱ	是	/	/
391	Ⅱ-5 用于酯类检测的试剂	载脂蛋白 E 检测试剂	用于检测人体样本中载脂蛋白 E 的含量，临床上主要用于评价心血管疾病风险	Ⅱ	是	/	/
392	Ⅱ-5 用于酯类检测的试剂	脂蛋白残粒胆固醇检测试剂	用于检测人体样本中脂蛋白残粒胆固醇的含量，临床上主要用于评价心血管疾病风险	Ⅱ	否	/	/
393	Ⅱ-5 用于酯类检测的试剂	乙酰乙酸检测试剂	用于检测人体样本中乙酰乙酸的含量，临床上主要用于酮症酸中毒的辅助诊断	Ⅱ	否	/	/
394	Ⅱ-6 用于维生素检测的试剂	1,25- 二羟基维生素 D3 检测试剂	用于检测人体样本中 1,25 双羟基维生素 D3 的含量，临床上主要用于维生素 D 缺乏相关疾病的辅助诊断	Ⅱ	是	/	/
395	Ⅱ-6 用于维生素检测的试剂	25- 羟基维生素 D3 检测试剂	用于检测人体样本中 25 羟基维生素 D3 的含量，临床上主要用于维生素 D 缺乏相关疾病的辅助诊断	Ⅱ	是	WS/T 478—2015	/
396	Ⅱ-6 用于维生素检测的试剂	25- 羟基维生素 D 检测试剂	用于检测人体样本中 25 羟基维生素 D 的含量，临床上主要用于维生素 D 缺乏相关疾病的辅助诊断	Ⅱ	是	YY/T 1585—2017	/

续表

序号	产品类别	产品分类名称	预期用途	管理类别	是否豁免临床	相关标准	指导原则
397	Ⅱ -6 用于维生素检测的试剂	维生素 B_{12} 检测试剂	用于检测人体样本中的维生素 B_{12} 的含量，临床上主要用于巨幼细胞贫血的辅助诊断	Ⅱ	是	/	/
398	Ⅱ -6 用于维生素检测的试剂	维生素 C 检测试剂	用于检测人体样本中维生素 C 的含量，临床上主要用于维生素 C 缺乏的辅助诊断	Ⅱ	是	/	/
399	Ⅱ -6 用于维生素检测的试剂	叶酸检测试剂	用于检测人体样本中叶酸的含量，临床上主要用于巨幼细胞贫血的辅助诊断	Ⅱ	是	YY/T 1583—2018	/
400	Ⅱ -7 用于无机离子检测的试剂	碘检测试剂	用于检测人体样本中碘的含量，临床上主要用于甲状腺疾病的辅助诊断	Ⅱ	是	WS/T 107.1—2016 WS/T 107.2—2016 WS/T 572—2017	/
401	Ⅱ -7 用于无机离子检测的试剂	氨检测试剂	用于检测人体样本中氨的含量，临床上主要用于肝性脑病的辅助诊断	Ⅱ	是	/	/
402	Ⅱ -7 用于无机离子检测的试剂	氯检测试剂	用于检测人体样本中氯的含量，临床上主要用于高氯血症或低氯血症的辅助诊断	Ⅱ	是	YY/T 1196—2013 WS/T 404.3—2012	电解质钾、钠、氯、钙测定试剂注册技术审查指导原则
403	Ⅱ -7 用于无机离子检测的试剂	二氧化碳检测试剂	用于检测人体样本中二氧化碳的含量，临床上主要作为体内酸碱平衡的评价指标	Ⅱ	是	YY/T 1523—2017	/
404	Ⅱ -7 用于无机离子检测的试剂	汞检测试剂	用于检测人体样本中汞的含量，临床上主要用于汞中毒的辅助诊断	Ⅱ	是	WS/T 25—1996 WS/T 26—1996 WS/T 27—1996	/
405	Ⅱ -7 用于无机离子检测的试剂	锂检测试剂	用于检测人体样本中锂的含量，临床上主要用于锂盐中毒的辅助诊断	Ⅱ	是	/	/
406	Ⅱ -7 用于无机离子检测的试剂	铅检测试剂	用于检测人体样本中铅的含量，临床上主要用于铅中毒的辅助诊断	Ⅱ	否	GBZ/T 303—2018 GBZ/T 316.1—2018 GBZ/T 316.2—2018 GBZ/T 316.3—2018 WS/T 443—2013	/
407	Ⅱ -7 用于无机离子检测的试剂	镉检测试剂	用于检测人体样本中镉的含量，临床上主要用于镉中毒的辅助诊断	Ⅱ	否	GBZ/T 307.1—2018 GBZ/T 307.2—2018 GBZ/T 317.1—2018 GBZ/T 317.2—2018 WS/T 443—2013	/

续表

序号	产品类别	产品分类名称	预期用途	管理类别	是否豁免临床	相关标准	指导原则
408	Ⅱ-7 用于无机离子检测的试剂	铬检测试剂	用于检测人体样本中铬的含量，临床上主要用于铬中毒的辅助诊断	Ⅱ	否	GBZ/T 306—2018 GBZ/T 315—2018	/
409	Ⅱ-7 用于无机离子检测的试剂	锰检测试剂	用于检测人体样本中锰的含量，临床上主要用于锰中毒的辅助诊断	Ⅱ	否	GBZ/T 305—2018	/
410	Ⅱ-7 用于无机离子检测的试剂	钙检测试剂	用于检测人体样本中钙离子的含量，临床上主要用于钙代谢紊乱的辅助诊断	Ⅱ	是	YY/T 1229—2014 WS/T 404.6—2015	电解质钾、钠、氯、钙测定试剂注册技术审查指导原则
411	Ⅱ-7 用于无机离子检测的试剂	铜检测试剂	用于检测人体样本中铜离子的含量，临床上主要用于铜代谢紊乱的辅助诊断	Ⅱ	是	WS/T 93—1996 WS/T 94—1996	/
412	Ⅱ-7 用于无机离子检测的试剂	钾检测试剂	用于检测人体样本中钾离子的含量，临床上主要用于钾代谢紊乱的辅助诊断	Ⅱ	是	YY/T 1202—2013 WS/T 404.3—2012	电解质钾、钠、氯、钙测定试剂注册技术审查指导原则
413	Ⅱ-7 用于无机离子检测的试剂	镁检测试剂	用于检测人体样本中镁离子的含量，临床上主要用于镁代谢紊乱的辅助诊断	Ⅱ	是	WS/T 404.6—2015	/
414	Ⅱ-7 用于无机离子检测的试剂	钠检测试剂	用于检测人体样本中钠离子的含量，临床上主要用于钠代谢紊乱的辅助诊断	Ⅱ	是	YY/T 1203—2013 WS/T 404.3—2012	电解质钾、钠、氯、钙测定试剂注册技术审查指导原则
415	Ⅱ-7 用于无机离子检测的试剂	磷检测试剂	用于检测人体样本中磷的含量，临床上主要用于磷代谢紊乱的辅助诊断	Ⅱ	是	WS/T 404.6—2015	/
416	Ⅱ-7 用于无机离子检测的试剂	锌检测试剂	用于检测人体样本中锌离子的含量，临床上主要用于锌代谢紊乱的辅助诊断	Ⅱ	是	WS/T 92—1996 WS/T 95—1996	/
417	Ⅱ-7 用于无机离子检测的试剂	铁检测试剂	用于检测人体样本中铁离子的含量，临床上主要用于贫血的辅助诊断	Ⅱ	是	WS/T 404.6—2015	/
418	Ⅱ-7 用于无机离子检测的试剂	总铁结合力检测试剂	用于检测人体样本的总铁结合力，临床上主要用于贫血的辅助诊断	Ⅱ	是	/	/
419	Ⅱ-8 用于药物及药物代谢物检测的试剂	他克莫司检测试剂	用于检测人体样本中他克莫司的浓度	Ⅱ	是	/	/
420	Ⅱ-8 用于药物及药物代谢物检测的试剂	妥布霉素检测试剂	用于检测人体样本中妥布霉素浓度	Ⅱ	是	/	/
421	Ⅱ-8 用于药物及药物代谢物检测的试剂	环孢霉素检测试剂	用于检测人体样本中环孢霉素及代谢物的浓度	Ⅱ	是	/	/
422	Ⅱ-8 用于药物及药物代谢物检测的试剂	庆大霉素检测试剂	用于检测人体样本中庆大霉素的浓度	Ⅱ	是	/	/
423	Ⅱ-8 用于药物及药物代谢物检测的试剂	托普霉素检测试剂	用于检测人体样本中托普霉素的浓度	Ⅱ	是	/	/

续表

序号	产品类别	产品分类名称	预期用途	管理类别	是否豁免临床	相关标准	指导原则
424	Ⅱ-8 用于药物及药物代谢物检测的试剂	万古霉素检测试剂	用于检测人体样本中万古霉素的浓度	Ⅱ	是	/	/
425	Ⅱ-8 用于药物及药物代谢物检测的试剂	雷帕霉素检测试剂	用于检测人体样本中雷帕霉素的浓度	Ⅱ	是	/	/
426	Ⅱ-8 用于药物及药物代谢物检测的试剂	甲氨蝶呤检测试剂	用于检测人体样本中甲氨蝶呤的浓度	Ⅱ	是	/	/
427	Ⅱ-8 用于药物及药物代谢物检测的试剂	丙戊酸检测试剂	用于检测人体样本中丙戊酸的浓度	Ⅱ	是	/	/
428	Ⅱ-8 用于药物及药物代谢物检测的试剂	霉酚酸检测试剂	用于检测人体样本中霉酚酸的浓度	Ⅱ	是	/	/
429	Ⅱ-8 用于药物及药物代谢物检测的试剂	醋氨酚检测试剂	用于检测人体样本中醋氨酚的浓度	Ⅱ	是	/	/
430	Ⅱ-8 用于药物及药物代谢物检测的试剂	水杨酸检测试剂	用于检测人体样本中水杨酸的浓度	Ⅱ	是	/	/
431	Ⅱ-8 用于药物及药物代谢物检测的试剂	对乙酰氨基酚检测试剂	用于检测人体样本中对乙酰氨基酚的浓度	Ⅱ	是	/	/
432	Ⅱ-8 用于药物及药物代谢物检测的试剂	卡马西平检测试剂	用于检测人体样本中卡马西平的浓度	Ⅱ	是	GA/T 1328—2016	/
433	Ⅱ-8 用于药物及药物代谢物检测的试剂	奎尼丁检测试剂	用于检测人体样本中奎尼丁的浓度	Ⅱ	是	/	/
434	Ⅱ-8 用于药物及药物代谢物检测的试剂	茶碱检测试剂	用于检测人体样本中茶碱的浓度	Ⅱ	是	/	/
435	Ⅱ-8 用于药物及药物代谢物检测的试剂	地高辛检测试剂	用于检测人体样本中地高辛及其代谢物的浓度	Ⅱ	是	/	/
436	Ⅱ-8 用于药物及药物代谢物检测的试剂	苯妥英检测试剂	用于检测人体样本中苯妥英的浓度	Ⅱ	是	/	/
437	Ⅱ-8 用于药物及药物代谢物检测的试剂	N-乙酰普鲁卡因胺检测试剂	用于检测人体样本中N-乙酰普鲁卡因胺的浓度	Ⅱ	是	/	/
438	Ⅱ-8 用于药物及药物代谢物检测的试剂	普鲁卡因胺检测试剂	用于检测人体样本中普鲁卡因的浓度	Ⅱ	是	/	/
439	Ⅱ-8 用于药物及药物代谢物检测的试剂	利多卡因检测试剂	用于检测人体样本中利多卡因的浓度	Ⅱ	是	/	/
440	Ⅱ-8 用于药物及药物代谢物检测的试剂	普里米酮检测试剂	用于检测人体样本中普里米酮的浓度	Ⅱ	是	/	/
441	Ⅱ-8 用于药物及药物代谢物检测的试剂	溴哌利多检测试剂	用于检测人体样本中溴哌利多的浓度	Ⅱ	是	/	/

续表

序号	产品类别	产品分类名称	预期用途	管理类别	是否豁免临床	相关标准	指导原则
442	Ⅱ -9 用于自身抗体检测的试剂	抗 BP180 抗体检测试剂	用于检测人体样本中的抗 BP180 抗体，临床上主要用于大疱性类天疱疮的辅助诊断	Ⅱ	是	/	/
443	Ⅱ -9 用于自身抗体检测的试剂	抗蛋白酶 3 抗体检测试剂	用于检测人体样本中抗蛋白酶 3 抗体 (anti–PR3)，临床上主要用于在 Wegener 肉芽肿 (WG) 血管炎等抗中性粒细胞胞浆抗体（ANCA）相关性血管炎的辅助诊断和疾病活动程度评估	Ⅱ	是	/	/
444	Ⅱ -9 用于自身抗体检测的试剂	抗钙蛋白酶抑素抗体检测试剂	用于检测人体样本中的抗钙蛋白酶抑素抗体，临床上主要用于类风湿关节炎的辅助诊断	Ⅱ	是	/	/
445	Ⅱ -9 用于自身抗体检测的试剂	抗可溶性肝抗原 – 肝胰抗原（SLA/LP) 抗体检测试剂	用于检测人体样本中抗可溶性肝抗原 – 肝胰抗原（SLA/LP) 抗体，临床上主要用于自身免疫性肝炎的辅助诊断	Ⅱ	是	/	/
446	Ⅱ -9 用于自身抗体检测的试剂	抗促甲状腺受体（TSHR）抗体检测试剂	用于检测人体样本中促甲状腺素受体（TSHR）抗体，临床上主要用于 Graves 病的辅助诊断	Ⅱ	是	/	/
447	Ⅱ -9 用于自身抗体检测的试剂	抗甲状腺过氧化物酶（TPO）抗体检测试剂	用于检测人体样本中抗甲状腺过氧化物酶 (TPO）抗体，临床上主要用于桥本甲状腺炎和突眼性甲状腺肿患者的辅助诊断	Ⅱ	是	YY/T 1458—2016	/
448	Ⅱ -9 用于自身抗体检测的试剂	抗甲状腺球蛋白（TG）抗体检测试剂	用于检测人体样本中抗甲状腺球蛋白（TG）抗体，临床上主要用于甲亢和慢性甲状腺炎的早期诊断，还用作甲状腺异常，如慢性淋巴球甲状腺炎、非毒性甲状腺肿、Grave 病及甲状腺癌的辅助诊断	Ⅱ	是	YY/T 1594—2018	/
449	Ⅱ -9 用于自身抗体检测的试剂	抗 M2–3E 抗体检测试剂	用于检测人体样本中抗 M2–3E(2– 酮酸脱氢酶复合物）抗体，临床上主要用于原发性胆汁性肝硬化（PBC）的辅助诊断	Ⅱ	是	/	/
450	Ⅱ -9 用于自身抗体检测的试剂	抗 C1q 抗体检测试剂	用于检测人体样本中的抗补体 1q（C1q）抗体，临床上主要用于狼疮肾炎的诊断和监测，低补体血症性荨麻疹性血管炎 (HUVS)、膜增生性肾小球肾炎 (MPGN) 和 Felty 综合征的诊断	Ⅱ	是	/	/

续表

序号	产品类别	产品分类名称	预期用途	管理类别	是否豁免临床	相关标准	指导原则
451	Ⅱ -9 用于自身抗体检测的试剂	抗 Jo-1 抗体检测试剂	用于检测人体样本中的抗 Jo-1（组氨酰 -tRNA 合成酶）抗体，临床上主要用于多发性肌炎 / 皮肌炎 (PM/DM) 的辅助诊断	Ⅱ	是	/	/
452	Ⅱ -9 用于自身抗体检测的试剂	抗 Ki-1 抗体检测试剂	用于检测人体样本中的抗 Ki-1（蛋白酶体激活因子 PA28-γ）抗体，临床上主要用于系统性红斑狼疮（SLE）与干燥综合征（SS）的辅助诊断	Ⅱ	是	/	/
453	Ⅱ -9 用于自身抗体检测的试剂	抗 RA33 抗体检测试剂	用于检测人体样本中抗 RA33（异质性核糖核蛋白 A2）抗体，临床上主要用于类风湿关节炎（RA）的诊断，以及系统性红斑狼疮（SLE）或混合结缔组织病（MCTD）的辅助诊断	Ⅱ	是	/	/
454	Ⅱ -9 用于自身抗体检测的试剂	抗 Scl-70 抗体检测试剂	用于检测人体样本中抗 Scl-70（DNA 拓扑异构酶Ⅰ）抗体，临床上主要用于系统性硬化症（SSc）的辅助诊断	Ⅱ	是	/	/
455	Ⅱ -9 用于自身抗体检测的试剂	抗 Sm/RNP 抗体检测试剂	用于检测人体样本中的抗 Sm/RNP 抗体，临床上主要用于系统红斑银疮（SLE）和混合性结缔组织病（MCTD）的辅助诊断	Ⅱ	是	/	/
456	Ⅱ -9 用于自身抗体检测的试剂	抗 Sm 抗体检测试剂	用于检测人体样本中的抗 Sm 抗体，临床上主要用于系统红斑狼疮的辅助诊断	Ⅱ	是	/	/
457	Ⅱ -9 用于自身抗体检测的试剂	抗 Sp100 抗体检测试剂	用于检测人体样本中的抗可溶性酸性核蛋白 (Sp100) 抗体，临床上主要用于原发性胆汁性肝硬化（PBC）的辅助诊断	Ⅱ	是	/	/
458	Ⅱ -9 用于自身抗体检测的试剂	抗 SS-A/Ro 抗体检测试剂	用于检测人体样本中的抗 SS-A/Ro 抗体，临床上主要用于干燥综合征 (SS)，类风湿关节炎，SLE，亚急性皮肤性狼疮，新生儿红斑狼疮，补体 C2 / C4 缺乏症等疾病的辅助诊断	Ⅱ	是	/	/
459	Ⅱ -9 用于自身抗体检测的试剂	抗 SSB 抗体检测试剂	用于检测人体样本中的抗 SSB 抗体，临床上主要用于干燥综合征 (SS)、系统性红斑狼疮（SLE）、多克隆高丙种球蛋白血病与冷球蛋白血症等疾病的辅助诊断	Ⅱ	是	/	/

续表

序号	产品类别	产品分类名称	预期用途	管理类别	是否豁免临床	相关标准	指导原则
460	Ⅱ-9用于自身抗体检测的试剂	抗α-胞衬蛋白抗体检测试剂	用于检测人体样本中抗α-胞衬蛋白抗体，临床上主要用于干燥综合征(SS)的辅助诊断	Ⅱ	是	/	/
461	Ⅱ-9用于自身抗体检测的试剂	抗β2糖蛋白1抗体检测试剂	用于检测人体样本中的抗β2糖蛋白1（β2-GP1）抗体，临床上主要用于抗磷脂综合征(APS)、系统性红斑狼疮（SLE）的辅助诊断	Ⅱ	是	/	/
462	Ⅱ-9用于自身抗体检测的试剂	抗表皮抗原抗体检测试剂	用于检测人体样本中抗表皮基底膜抗体，临床上主要用于天疱疮、类天疱疮和多形红斑（大疱性）等皮肤病的辅助诊断	Ⅱ	是	/	/
463	Ⅱ-9用于自身抗体检测的试剂	抗肝/肾微粒(LKM)抗体检测试剂	用于检测人体样本中抗肝/肾微粒体(LKM)抗体，临床上主要用于Ⅱ型自身免疫性肝炎的辅助诊断	Ⅱ	是	/	/
464	Ⅱ-9用于自身抗体检测的试剂	抗谷氨酸脱羧酶（GAD）抗体检测试剂	用于检测人体样本中抗谷氨酸脱羧酶（GAD）抗体，临床上主要用于Ⅰ型糖尿病的辅助诊断	Ⅱ	是	/	/
465	Ⅱ-9用于自身抗体检测的试剂	抗核抗体（ANA）检测试剂	用于检测人体样本中与细胞核成分等发生免疫反应的自体抗体，临床上主要用于系统性红斑狼疮（SLE），类风湿关节炎（RA）和干燥综合征（SS）等多种结缔组织病的辅助诊断	Ⅱ	是	/	/
466	Ⅱ-9用于自身抗体检测的试剂	抗核小体抗体检测试剂	用于检测人体样本中抗核小体抗体，临床上主要用于系统性红斑狼疮（SLE）疾病活动性评估及狼疮性肾炎的辅助诊断	Ⅱ	是	/	/
467	Ⅱ-9用于自身抗体检测的试剂	抗环瓜氨酸肽（CCP）抗体检测试剂	用于检测人体样本中抗环状瓜氨酸肽（CCP）抗体，临床上主要用于类风湿关节炎（RA）的辅助诊断	Ⅱ	是	/	/
468	Ⅱ-9用于自身抗体检测的试剂	抗甲状腺微粒体抗体检测试剂	用于检测人体样本中抗甲状腺微粒体抗体，临床上主要用于慢性淋巴细胞性甲状腺炎的辅助诊断	Ⅱ	是	/	/
469	Ⅱ-9用于自身抗体检测的试剂	抗角蛋白（AKA）抗体检测试剂	用于检测人体样本中存在的抗角蛋白（AKA）抗体，临床上主要用于类风湿关节炎（RA）的辅助诊断	Ⅱ	是	/	/

续表

序号	产品类别	产品分类名称	预期用途	管理类别	是否豁免临床	相关标准	指导原则
470	Ⅱ -9 用于自身抗体检测的试剂	抗精子抗体检测试剂	用于检测人体样本中的抗精子抗体，临床上主要用于受孕能力下降或不孕的辅助诊断	Ⅱ	是	/	/
471	Ⅱ -9 用于自身抗体检测的试剂	抗酪氨酸磷酸酶 (IA-2) 抗体检测试剂	用于检测人体样本中抗酪氨酸磷酸酶 (IA-2) 抗体，临床上主要用于 I 型糖尿病的辅助诊断	Ⅱ	是	/	/
472	Ⅱ -9 用于自身抗体检测的试剂	抗卵巢抗体检测试剂	用于检测人体样本中抗卵巢抗体，临床上主要用于自身免疫性卵巢炎的辅助诊断	Ⅱ	是	/	/
473	Ⅱ -9 用于自身抗体检测的试剂	抗麦胶蛋白抗体检测试剂	用于检测人体样本中存在的抗麦胶蛋白抗体，临床上主要用于乳糜泄等的辅助诊断	Ⅱ	是	/	/
474	Ⅱ -9 用于自身抗体检测的试剂	抗内皮细胞抗体检测试剂	用于检测人体样本中存在的抗内皮细胞抗体，临床上主要用于原发性、继发性自身免疫性血管炎、特发性肾脏血管炎，SLE、APS、RA 相关性血管炎、混合性结缔组织病及原发性干燥综合征的辅助诊断	Ⅱ	是	/	/
475	Ⅱ -9 用于自身抗体检测的试剂	抗平滑肌抗体检测试剂	用于检测人体样本中的抗平滑肌抗体，临床上主要用于自身免疫性肝炎的辅助诊断	Ⅱ	是	/	/
476	Ⅱ -9 用于自身抗体检测的试剂	抗人绒毛膜促性腺激素抗体检测试剂	用于检测人体样本中的抗人绒毛膜促性腺激素抗体，临床上主要用于女性不孕的辅助诊断	Ⅱ	是	/	/
477	Ⅱ -9 用于自身抗体检测的试剂	抗肾小球基底膜（GBM）抗体检测试剂	用于检测人体样本中的抗肾小球基底膜（GBM）抗体，临床上主要用于 Goodpasture 综合征、急进型肾小球肾炎及免疫复合物型肾小球肾炎等肾小球肾炎的辅助诊断	Ⅱ	是	/	/
478	Ⅱ -9 用于自身抗体检测的试剂	抗单链 DNA 抗体检测试剂	用于检测人体样本中抗单链 DNA (ssDNA) 抗体，临床上主要用于药物性狼疮等的辅助诊断	Ⅱ	是	/	/
479	Ⅱ -9 用于自身抗体检测的试剂	抗双链 DNA 抗体检测试剂	用于检测人体样本中的抗双链 DNA（dsDNA）抗体，临床上主要用于系统性红斑狼疮的辅助诊断，以及监控临床病程（特别是狼疮性肾炎）变化	Ⅱ	是	/	/

续表

序号	产品类别	产品分类名称	预期用途	管理类别	是否豁免临床	相关标准	指导原则
480	Ⅱ-9用于自身抗体检测的试剂	抗髓过氧化物（MPO）酶抗体检测试剂	用于检测人体样本中抗髓过氧化物酶（MPO）抗体，临床上主要用于Wegener肉芽肿（WG），显微镜下多血管炎等原发性系统性血管炎的辅助诊断	Ⅱ	是	/	/
481	Ⅱ-9用于自身抗体检测的试剂	抗透明带抗体检测试剂	用于检测人体样本中的抗透明带抗体，临床上主要用于不孕症的辅助诊断	Ⅱ	是	/	/
482	Ⅱ-9用于自身抗体检测的试剂	抗脱氧核糖核酸酶B抗体检测试剂	用于检测人体样本中的抗脱氧核糖核酸酶B抗体，临床上主要用于急性链球菌感染后的肾小球肾炎以及合并有链球菌感染的系统性红斑狼疮的辅助诊断	Ⅱ	是	/	/
483	Ⅱ-9用于自身抗体检测的试剂	抗Ku抗体检测试剂	用于检测人体样本中抗Ku抗体，临床上主要用于系统性硬化症，多发性肌炎以及其他结缔组织病的辅助诊断	Ⅱ	是	/	/
484	Ⅱ-9用于自身抗体检测的试剂	抗线粒体抗体（AMA）检测试剂	用于检测人体样本中抗线粒体抗体（AMA），临床上主要用于原发性胆汁性肝硬化的辅助诊断	Ⅱ	是	/	/
485	Ⅱ-9用于自身抗体检测的试剂	抗核糖体核蛋白抗体检测试剂	用于检测人体样本中抗核糖体蛋白抗体，临床上主要用于神经精神狼疮的精神症状及病情活动度的辅助诊断	Ⅱ	是	/	/
486	Ⅱ-9用于自身抗体检测的试剂	抗心肌抗体检测试剂	用于检测人体样本中抗心肌抗体，临床上主要用于心肌炎、特发性扩张性心肌病、风湿热、风湿性心脏病、心梗后综合征、心包切开术后综合征及重症肌无力的辅助诊断	Ⅱ	是	/	/
487	Ⅱ-9用于自身抗体检测的试剂	抗心磷脂抗体检测试剂	用于检测人体样本中的抗心磷脂抗体，临床上主要用于抗磷脂抗体综合征、系统性红斑狼疮的辅助诊断，以及狼疮样疾病患者血栓发生的危险性评估	Ⅱ	是	/	/
488	Ⅱ-9用于自身抗体检测的试剂	抗血小板抗体检测试剂	用于检测人体样本中抗血小板抗体，临床上主要用于免疫性血小板减少性紫癜、新生儿血小板减少性紫癜和假性血小板减少症等疾病的辅助诊断	Ⅱ	否	/	/

续表

序号	产品类别	产品分类名称	预期用途	管理类别	是否豁免临床	相关标准	指导原则
489	Ⅱ-9用于自身抗体检测的试剂	抗胰岛素抗体检测试剂	用于检测人体样本中抗胰岛素(Insulin)抗体，临床上主要用于Ⅰ型糖尿病的辅助诊断	Ⅱ	是	/	/
490	Ⅱ-9用于自身抗体检测的试剂	抗胰岛细胞抗体（ICA)检测试剂	用于检测人体样本中抗胰岛细胞抗体（ICA)，临床上主要用于Ⅰ型糖尿病的辅助诊断	Ⅱ	是	/	/
491	Ⅱ-9用于自身抗体检测的试剂	抗着丝点抗体检测试剂	用于检测人体样本中抗着丝点抗体，临床上主要用于进行性系统性硬化症（局限型）的辅助诊断	Ⅱ	是	/	/
492	Ⅱ-9用于自身抗体检测的试剂	抗中性粒细胞胞浆抗体（ANCA）检测试剂	用于检测人体样本中抗中性粒细胞胞浆抗体（ANCA），临床上主要用于原发性小血管炎，炎症性肠病和自身免疫性肝病等多种自身免疫病的辅助诊断	Ⅱ	是	/	/
493	Ⅱ-9用于自身抗体检测的试剂	抗滋养层细胞抗体检测试剂	用于检测人体样本中抗滋养层细胞抗体，临床上主要用于不孕症的辅助诊断	Ⅱ	是	/	/
494	Ⅱ-9用于自身抗体检测的试剂	抗子宫内膜抗体检测试剂	用于检测人体样本中抗子宫内膜抗体，临床上主要用于子宫内膜异位症的辅助诊断	Ⅱ	是	/	/
495	Ⅱ-9用于自身抗体检测的试剂	抗组蛋白抗体检测试剂	用于检测人体样本中抗组蛋白抗体，临床上主要用于系统性红斑狼疮（SLE）特别是药物诱导性（普鲁卡因，肼屈嗪等）狼疮等结缔组织病的辅助诊断	Ⅱ	是	/	/
496	Ⅱ-9用于自身抗体检测的试剂	抗可提取核抗原（ENA）抗体检测试剂	用于检测人体样本中抗可提取核抗原（ENA）抗体，临床上主要用于包括混合性结缔组织病、系统性红斑狼疮、干燥综合征、多发性肌炎、系统性硬化及合并有肌炎的系统性硬化等结缔组织病的辅助诊断	Ⅱ	是	/	/
497	Ⅱ-9用于自身抗体检测的试剂	类风湿因子检测试剂	用于检测人体样本中类风湿因子，临床上主要用于类风湿关节炎（RA）的辅助诊断	Ⅱ	是	/	/
498	Ⅱ-9用于自身抗体检测的试剂	抗酿酒酵母抗体（ASCA）检测试剂	用于检测人体样本中抗酿酒酵母抗体（ASCA），临床上主要用于克罗恩肠病的辅助诊断	Ⅱ	是	/	/

续表

序号	产品类别	产品分类名称	预期用途	管理类别	是否豁免临床	相关标准	指导原则
499	Ⅱ -9 用于自身抗体检测的试剂	抗慢性炎症性肠病抗体检测试剂	用于检测人体样本中抗杯状细胞抗体、抗胰腺腺泡抗体、抗中性粒细胞浆抗体和抗酿酒酵母抗体，临床上主要用于炎症性肠病的辅助诊断	Ⅱ	是	/	/
500	Ⅱ -9 用于自身抗体检测的试剂	抗桥粒芯蛋白 1（Dsg1）抗体检测试剂	用于检测人体样本中抗桥粒芯糖蛋白 1(Dsg1) 抗体，临床上主要用于落叶型天疱疮的辅助诊断	Ⅱ	是	/	/
501	Ⅱ -9 用于自身抗体检测的试剂	抗桥粒芯蛋白 3（Dsg3）抗体检测试剂	用于检测人体样本中抗桥粒芯糖蛋白 3(Dsg3) 抗体，临床上主要用于寻常型天疱疮的辅助诊断	Ⅱ	是	/	/
502	Ⅱ -9 用于自身抗体检测的试剂	抗 Mi — 2 抗体检测试剂	用于检测人体样本中抗 Mi–2 抗体，临床上主要用于皮肌炎（DM）的辅助诊断	Ⅱ	是	/	/
503	Ⅱ -9 用于自身抗体检测的试剂	抗增殖细胞核抗原（PCNA）抗体检测试剂	用于检测人体样本中抗 PCNA 抗体，临床上主要用于系统性红斑狼疮（SLE）的辅助诊断	Ⅱ	是	/	/
504	Ⅱ -9 用于自身抗体检测的试剂	抗 PM–Scl 抗体检测试剂	用于检测人体样本中抗 Pm–Scl 抗体，临床上主要用于多发性肌炎 / 硬皮病重叠综合征的辅助诊断	Ⅱ	是	/	/
505	Ⅱ -9 用于自身抗体检测的试剂	抗 Ro–52 抗体检测试剂	用于检测人体样本中抗 Ro–52 抗体，临床上主要用于干燥综合征等自身免疫病的辅助诊断	Ⅱ	是	/	/
506	Ⅱ -9 用于自身抗体检测的试剂	抗 U1RNP 抗体检测试剂	用于检测人体样本中抗 U1 核糖核蛋白（U1RNP）抗体，临床上主要用于混合性结缔组织病 (MCTD) 的辅助诊断	Ⅱ	是	/	/
507	Ⅱ -9 用于自身抗体检测的试剂	抗弹性蛋白酶抗体检测试剂	用于检测人体样本中抗弹性蛋白酶抗体，临床上主要用于系统性红斑狼疮，药物性血管炎和原发性胆汁性肝硬化的辅助诊断	Ⅱ	是	/	/
508	Ⅱ -9 用于自身抗体检测的试剂	抗肝细胞浆 I 型抗原（LC–1）抗体检测试剂	用于检测人体样本中抗肝细胞浆 I 型抗原（LC–1）抗体，临床上主要用于Ⅱ型自身免疫性肝炎（AIH–2）的辅助诊断，并评估其疾病活动性与预后	Ⅱ	是	/	/
509	Ⅱ -9 用于自身抗体检测的试剂	抗骨骼肌抗体检测试剂	用于检测人体样本中抗骨骼肌抗体，临床上主要用于重症肌无力、胸腺瘤的辅助诊断	Ⅱ	是	/	/

续表

序号	产品类别	产品分类名称	预期用途	管理类别	是否豁免临床	相关标准	指导原则
510	Ⅱ -9 用于自身抗体检测的试剂	抗核周因子（APF）检测试剂	用于检测人体样本中抗核周因子（APF），临床上主要用于类风湿关节炎的辅助诊断	Ⅱ	是	/	/
511	Ⅱ -9 用于自身抗体检测的试剂	抗磷脂酰丝氨酸抗体检测试剂	用于检测人体样本中抗磷脂酰丝氨酸抗体，临床上主要用于抗磷脂抗体综合征 (APS) 的辅助诊断	Ⅱ	是	/	/
512	Ⅱ -9 用于自身抗体检测的试剂	抗内因子抗体检测试剂	用于检测人体样本中抗内因子抗体，临床上主要用于自身免疫性萎缩性胃炎及恶性贫血的辅助诊断	Ⅱ	是	/	/
513	Ⅱ -9 用于自身抗体检测的试剂	抗凝血素抗体检测试剂	用于检测人体样本中抗凝血素抗体，临床上主要用于系统性红斑狼疮或类狼疮疾病是否形成血栓的辅助诊断	Ⅱ	是	/	/
514	Ⅱ -9 用于自身抗体检测的试剂	抗肾上腺皮质抗体检测试剂	用于检测人体样本中抗肾上腺皮质抗体，临床上主要用于自身免疫性 Addison 病，I 型自身免疫性多腺体综合征的辅助诊断	Ⅱ	是	/	/
515	Ⅱ -9 用于自身抗体检测的试剂	抗胃壁细胞抗体 (PCA) 检测试剂	用于检测人体样本中抗胃壁细胞抗体 (PCA)，临床上主要用于恶性贫血（维生素 B_{12} 缺乏）和萎缩性胃炎的辅助诊断	Ⅱ	是	/	/
516	Ⅱ -9 用于自身抗体检测的试剂	抗胸腺细胞抗体检测试剂	用于检测人体样本中存在的抗胸腺细胞抗体，临床上主要用于重症肌无力的辅助诊断	Ⅱ	是	/	/
517	Ⅱ -9 用于自身抗体检测的试剂	抗血小板膜糖蛋白 GP Ⅱ β/ Ⅲ α 抗体检测试剂	用于检测人体样本中存在的抗血小板膜糖蛋白 GP Ⅱ β/ Ⅲ α 抗体，临床上主要用于原发性或继发性自身免疫性血小板减少性紫癜的辅助诊断	Ⅱ	是	/	/
518	Ⅱ -9 用于自身抗体检测的试剂	抗血小板膜糖蛋白 GPI β /IX 抗体检测试剂	用于检测人体样本中存在的抗血小板膜糖蛋白 GPI β /IX 抗体，临床上主要用于原发性或继发性自身免疫性血小板减少性紫癜的辅助诊断	Ⅱ	是	/	/
519	Ⅱ -10 用于微生物鉴别或药敏试验的试剂	酵母样菌鉴定试剂	用于鉴定酵母菌和酵母样微生物	Ⅱ	是	/	/
520	Ⅱ -10 用于微生物鉴别或药敏试验的试剂	酵母样真菌药敏试剂	用于念珠菌、新型隐球菌的药敏测定	Ⅱ	否	WS/T 421—2013	/

续表

序号	产品类别	产品分类名称	预期用途	管理类别	是否豁免临床	相关标准	指导原则
521	Ⅱ-10 用于微生物鉴别或药敏试验的试剂	氧化酶测定试剂盒	用于检测细菌氧化酶的产生	Ⅱ	是	/	/
522	Ⅱ-10 用于微生物鉴别或药敏试验的试剂	细菌药敏纸片	用于检测细菌对抗菌药物敏感性	Ⅱ	否	YY/T 1191—2011	/
523	Ⅱ-10 用于微生物鉴别或药敏试验的试剂	细菌鉴别纸片	用于辅助细菌鉴别，如新生霉素、奥普托欣、杆菌肽等	Ⅱ	是	/	/
524	Ⅱ-10 用于微生物鉴别或药敏试验的试剂	细菌微量生化反应管	用于细菌的生化鉴定	Ⅱ	是	/	/
525	Ⅱ-10 用于微生物鉴别或药敏试验的试剂	肠道细菌药敏试剂	用于检测肠道细菌对抗生素的敏感性	Ⅱ	否	/	/
526	Ⅱ-10 用于微生物鉴别或药敏试验的试剂	肠杆菌和其他非发酵菌革兰氏阴性杆菌鉴定试剂	用于肠杆菌和其他非发酵菌革兰氏阴性杆菌的鉴定	Ⅱ	是	/	/
527	Ⅱ-10 用于微生物鉴别或药敏试验的试剂	大肠埃希菌鉴定尿培养浸片	用于检测尿液中的大肠埃希菌	Ⅱ	是	/	/
528	Ⅱ-10 用于微生物鉴别或药敏试验的试剂	尿道肠细菌药敏试剂	用于检测尿道感染肠道细菌对抗生素的敏感性	Ⅱ	否	/	/
529	Ⅱ-10 用于微生物鉴别或药敏试验的试剂	非发酵革兰氏阴性菌药敏试剂	用于非发酵革兰氏阴性菌药敏试验	Ⅱ	否	/	/
530	Ⅱ-10 用于微生物鉴别或药敏试验的试剂	革兰氏阴性杆菌鉴定试剂	用于鉴定需氧和兼性厌氧革兰氏阴性杆菌的种类	Ⅱ	是	/	/
531	Ⅱ-10 用于微生物鉴别或药敏试验的试剂	革兰氏阴性杆菌药敏试剂	用于检测抗菌素对快速生长需氧型和兼性厌氧型革兰氏阴性杆菌的敏感度	Ⅱ	否	/	/
532	Ⅱ-10 用于微生物鉴别或药敏试验的试剂	非发酵类 / 弧菌科类细菌生化药敏检测试剂	用于非发酵类 / 弧菌科类细菌检测、抗生素药物敏感度试验	Ⅱ	否	/	/
533	Ⅱ-10 用于微生物鉴别或药敏试验的试剂	非发酵菌药敏试剂	用于检测非发酵菌对抗生素的敏感性	Ⅱ	否	/	/
534	Ⅱ-10 用于微生物鉴别或药敏试验的试剂	弯曲杆菌鉴定试剂	用于弯曲杆菌的鉴定	Ⅱ	是	/	/
535	Ⅱ-10 用于微生物鉴别或药敏试验的试剂	肠球菌药敏试剂	用于检测肠球菌对抗生素的敏感性	Ⅱ	否	/	/
536	Ⅱ-10 用于微生物鉴别或药敏试验的试剂	分枝杆菌用吡嗪酰胺药敏试剂	用于检测结核分枝杆菌对吡嗪酰胺的药物敏感性	Ⅱ	否	/	/
537	Ⅱ-10 用于微生物鉴别或药敏试验的试剂	分枝杆菌用异烟肼药敏试剂	用于检测结核分枝杆菌对异烟肼的药物敏感性	Ⅱ	否	/	/
538	Ⅱ-10 用于微生物鉴别或药敏试验的试剂	分枝杆菌用乙胺丁醇药敏试剂	用于检测结核分枝杆菌对乙胺丁醇的药物敏感性	Ⅱ	否	/	/

续表

序号	产品类别	产品分类名称	预期用途	管理类别	是否豁免临床	相关标准	指导原则
539	Ⅱ-10 用于微生物鉴别或药敏试验的试剂	分枝杆菌用链霉素药敏试剂	用于检测结核分枝杆菌对链霉素的药物敏感性	Ⅱ	否	/	/
540	Ⅱ-10 用于微生物鉴别或药敏试验的试剂	分枝杆菌用利福平药敏试剂	用于检测结核分枝杆菌对利福平的药物敏感性	Ⅱ	否	/	/
541	Ⅱ-10 用于微生物鉴别或药敏试验的试剂	分枝杆菌培养添加剂试剂	用于临床样品中分枝杆菌的培养	Ⅱ	是	/	/
542	Ⅱ-10 用于微生物鉴别或药敏试验的试剂	革兰氏阳性菌鉴定试剂	用于对需氧和兼性厌氧革兰氏阳性球菌、一些需要复杂营养的需氧革兰氏阳性球菌和单核细胞增多性李斯特杆菌进行鉴定	Ⅱ	是	/	/
543	Ⅱ-10 用于微生物鉴别或药敏试验的试剂	革兰氏阳性球菌药敏试剂	用于测定兼性厌氧革兰氏阳性球菌在体外对抗菌药物的敏感性	Ⅱ	否	/	/
544	Ⅱ-10 用于微生物鉴别或药敏试验的试剂	葡萄球菌鉴定试剂	用于葡萄球菌的鉴定	Ⅱ	是	/	/
545	Ⅱ-10 用于微生物鉴别或药敏试验的试剂	葡萄球菌药敏试剂	用于测定葡萄球菌对抗生素的敏感性	Ⅱ	否	/	/
546	Ⅱ-10 用于微生物鉴别或药敏试验的试剂	李斯特菌属鉴定试剂	用于李斯特菌属的鉴定	Ⅱ	是	/	/
547	Ⅱ-10 用于微生物鉴别或药敏试验的试剂	链球菌药敏试剂	用于链球菌药敏试验	Ⅱ	否	/	/
548	Ⅱ-10 用于微生物鉴别或药敏试验的试剂	链球菌鉴定试剂	用于链球菌、肠球菌和有关细菌的鉴定	Ⅱ	是	/	/
549	Ⅱ-10 用于微生物鉴别或药敏试验的试剂	肺炎链球菌药敏试剂	用于进行肺炎链球菌的药敏测试	Ⅱ	否	/	/
550	Ⅱ-10 用于微生物鉴别或药敏试验的试剂	棒状杆菌鉴定试剂	用于棒状杆菌的鉴定	Ⅱ	是	/	/
551	Ⅱ-10 用于微生物鉴别或药敏试验的试剂	棒状杆菌药敏试剂	用于棒状杆菌药敏试验	Ⅱ	否	/	/
552	Ⅱ-10 用于微生物鉴别或药敏试验的试剂	弧菌科细菌药敏试剂	用于弧菌科细菌药敏试验	Ⅱ	否	/	/
553	Ⅱ-10 用于微生物鉴别或药敏试验的试剂	弧菌科细菌鉴定试剂	用于弧菌科细菌鉴定试验	Ⅱ	是	/	/
554	Ⅱ-10 用于微生物鉴别或药敏试验的试剂	解脲与人型支原体分离鉴定、药敏试剂	用于解脲支原体和人型支原体的分离定量鉴定和药物敏感性试验	Ⅱ	否	/	/

续表

序号	产品类别	产品分类名称	预期用途	管理类别	是否豁免临床	相关标准	指导原则
555	Ⅱ-10 用于微生物鉴别或药敏试验的试剂	苛氧菌鉴定试剂	用于鉴定和检测奈瑟球菌、嗜血杆菌、卡他莫拉菌以及阴道加特奈菌中 β-内酰胺酶的生成，也可以对流感嗜血杆菌与副流感嗜血杆菌进行生物分型	Ⅱ	是	/	/
556	Ⅱ-10 用于微生物鉴别或药敏试验的试剂	嗜血杆菌和卡他莫拉菌药敏试剂	用于测定嗜血杆菌和卡他莫拉菌对抗生素的敏感性	Ⅱ	否	/	/
557	Ⅱ-10 用于微生物鉴别或药敏试验的试剂	奈瑟菌 / 嗜血杆菌药敏试剂	用于奈瑟菌 / 嗜血杆菌药敏试验	Ⅱ	否	/	/
558	Ⅱ-10 用于微生物鉴别或药敏试验的试剂	奈瑟菌 / 嗜血杆菌鉴定试剂	用于鉴定淋病奈瑟菌、脑膜炎奈瑟菌、嗜乳糖奈瑟菌和嗜血杆菌属	Ⅱ	是	/	/
559	Ⅱ-10 用于微生物鉴别或药敏试验的试剂	厌氧菌鉴定试剂	用于鉴定从人临床标本中分离出的厌氧菌	Ⅱ	是	/	/
560	Ⅱ-10 用于微生物鉴别或药敏试验的试剂	厌氧菌药敏试剂	用于厌氧菌对抗生素敏感性的鉴定	Ⅱ	否	/	/
561	Ⅱ-10 用于微生物鉴别或药敏试验的试剂	芽孢杆菌鉴定试剂	用于芽孢杆菌鉴定试验	Ⅱ	是	/	/
562	Ⅱ-10 用于微生物鉴别或药敏试验的试剂	芽孢杆菌药敏试剂	用于芽孢杆菌药敏试验	Ⅱ	否	/	/
563	Ⅱ-10 用于微生物鉴别或药敏试验的试剂	改良罗氏培养基	用于分枝杆菌分离培养	Ⅱ	是	YY/T 1171—2009	/
564	Ⅱ-10 用于微生物鉴别或药敏试验的试剂	分枝杆菌培养基	用于培养及检测分枝杆菌	Ⅱ	是	/	/
565	Ⅱ-10 用于微生物鉴别或药敏试验的试剂	尿素-精氨酸培养基	用于泌尿生殖器解脲支原体、人型支原体的检测	Ⅱ	是	/	/
566	Ⅱ-10 用于微生物鉴别或药敏试验的试剂	解脲支原体选择分离培养基	用于解脲支原体选择分离培养	Ⅱ	是	/	/
567	Ⅱ-10 用于微生物鉴别或药敏试验的试剂	肺炎支原体（Mp）鉴定培养基	用于肺炎支原体（Mp）的培养与鉴定	Ⅱ	是	/	/
568	Ⅱ-10 用于微生物鉴别或药敏试验的试剂	泌尿系统致病菌鉴定培养基	用于对尿标本中的微生物进行计数，并鉴定大肠埃希菌，肠球菌，克雷伯菌属，肠杆菌，沙雷菌属，柠檬酸杆菌属，变形菌属，普罗威登斯菌，摩根菌	Ⅱ	是	/	/
569	Ⅱ-10 用于微生物鉴别或药敏试验的试剂	头孢克肟亚碲酸钾抑菌剂	一种补充试剂，与山梨醇麦康凯琼脂和 O157:H7 ID 产色培养基一起使用分离大肠埃希菌 O157：H7	Ⅱ	是	/	/

续表

序号	产品类别	产品分类名称	预期用途	管理类别	是否豁免临床	相关标准	指导原则
570	Ⅱ-10 用于微生物鉴别或药敏试验的试剂	耐甲氧西林金黄色葡萄球菌鉴定培养基	用于耐甲氧西林金黄色葡萄球菌（MRSA）的筛选	Ⅱ	是	/	/
571	Ⅱ-10 用于微生物鉴别或药敏试验的试剂	耐万古霉素肠球菌鉴定培养基	用于检测万古霉素耐药肠球菌的选择性培养基	Ⅱ	是	/	/
572	Ⅱ-10 用于微生物鉴别或药敏试验的试剂	产超广谱 β 内酰胺酶肠杆菌鉴定培养基	用于筛选产超广谱 β 内酰胺酶肠杆菌科细菌的选择性培养基	Ⅱ	是	/	/
573	Ⅱ-10 用于微生物鉴别或药敏试验的试剂	沙保罗琼脂培养基	用于真菌的分离、培养	Ⅱ	是	YY/T 1165—2009	/
574	Ⅱ-10 用于微生物鉴别或药敏试验的试剂	念珠菌显色琼脂培养基	用于某些念珠菌的分离和选择鉴别	Ⅱ	是	/	/
575	Ⅱ-10 用于微生物鉴别或药敏试验的试剂	伊红美蓝琼脂培养基	用于肠道致病菌及大肠菌群的分离	Ⅱ	是	YY/T 1188—2010	/
576	Ⅱ-10 用于微生物鉴别或药敏试验的试剂	SS 琼脂培养基	用于沙门氏菌和志贺菌的分离培养	Ⅱ	是	YY/T 0578—2005	/
577	Ⅱ-10 用于微生物鉴别或药敏试验的试剂	麦康凯琼脂培养基	用于肠道致病菌的分离培养及非发酵细菌的鉴别	Ⅱ	是	YY/T 1169—2009	/
578	Ⅱ-10 用于微生物鉴别或药敏试验的试剂	山梨醇麦康凯培养基	用于 O157：H7 大肠埃希菌分离鉴别	Ⅱ	是	YY/T 1210—2013	/
579	Ⅱ-10 用于微生物鉴别或药敏试验的试剂	中国蓝琼脂培养基	用于常见革兰氏阴性细菌的分离培养	Ⅱ	是	YY/T 1189—2010	/
580	Ⅱ-10 用于微生物鉴别或药敏试验的试剂	三糖铁 (TSI) 琼脂斜面培养基	用于肠杆菌科中属及种的鉴别	Ⅱ	是	/	/
581	Ⅱ-10 用于微生物鉴别或药敏试验的试剂	克氏铁琼脂斜面培养基	主要用于发酵及非发酵细菌的初步鉴别	Ⅱ	是	/	/
582	Ⅱ-10 用于微生物鉴别或药敏试验的试剂	海氏肠道琼脂培养基	用于肠道细菌分离	Ⅱ	是	/	/
583	Ⅱ-10 用于微生物鉴别或药敏试验的试剂	沙门氏菌显色培养基	用于沙门氏菌的鉴别	Ⅱ	是	/	/
584	Ⅱ-10 用于微生物鉴别或药敏试验的试剂	WS 琼脂培养基	用于沙门氏菌的选择性分离	Ⅱ	是	/	/
585	Ⅱ-10 用于微生物鉴别或药敏试验的试剂	XLD 琼脂培养基	用于沙门氏菌和志贺菌的分离培养	Ⅱ	是	/	/
586	Ⅱ-10 用于微生物鉴别或药敏试验的试剂	SIM（硫化物、吲哚、动力）琼脂培养基	用于肠杆菌科的鉴别	Ⅱ	是	/	/
587	Ⅱ-10 用于微生物鉴别或药敏试验的试剂	西蒙斯枸橼酸盐 (SCA) 琼脂斜面培养基	用于肠杆菌科的鉴别	Ⅱ	是	/	/

续表

序号	产品类别	产品分类名称	预期用途	管理类别	是否豁免临床	相关标准	指导原则
588	Ⅱ-10 用于微生物鉴别或药敏试验的试剂	O157：H7 显色培养基	用于大肠埃希菌 O157：H7 的分离鉴定	Ⅱ	是	/	/
589	Ⅱ-10 用于微生物鉴别或药敏试验的试剂	HE 琼脂培养基	用于沙门氏菌和志贺菌的分离培养	Ⅱ	是	/	/
590	Ⅱ-10 用于微生物鉴别或药敏试验的试剂	大肠埃希菌显色培养基	用于大肠埃希菌的鉴定	Ⅱ	是	/	/
591	Ⅱ-10 用于微生物鉴别或药敏试验的试剂	弧菌显色培养基	用于霍乱弧菌、副溶血弧菌的分离鉴别	Ⅱ	是	/	/
592	Ⅱ-10 用于微生物鉴别或药敏试验的试剂	庆大霉素琼脂培养基	用于霍乱弧菌的分离培养	Ⅱ	是	YY/T 1212—2013	/
593	Ⅱ-10 用于微生物鉴别或药敏试验的试剂	淋病奈瑟菌培养基	用于淋病奈瑟菌的分离培养	Ⅱ	是	YY/T 1166—2009	/
594	Ⅱ-10 用于微生物鉴别或药敏试验的试剂	改良淋病奈瑟菌选择性琼脂培养基（MTM 琼脂培养基）	用于淋病奈瑟菌的分离培养	Ⅱ	是	YY/T 1166—2009	/
595	Ⅱ-10 用于微生物鉴别或药敏试验的试剂	TM (Thayer-Martin) 淋球菌培养基	淋病奈瑟菌专用培养基，主要用于标本中淋病奈瑟菌的筛选	Ⅱ	是	YY/T 1166—2009	/
596	Ⅱ-10 用于微生物鉴别或药敏试验的试剂	淋球菌培养浸片	用于检测子宫颈内、尿道和直肠标本中淋病奈瑟菌	Ⅱ	是	/	/
597	Ⅱ-10 用于微生物鉴别或药敏试验的试剂	嗜血杆菌巧克力琼脂选择培养基	用于从临床样本中分离各种嗜血杆菌菌株	Ⅱ	是	YY/T 1168—2009	/
598	Ⅱ-10 用于微生物鉴别或药敏试验的试剂	哥伦比亚血琼脂培养基	用于分离、培养细菌，鉴别链球菌溶血性、CAMP 试验等，也称为血平板培养基	Ⅱ	是	YY/T 0576—2005 YY/T 1239—2014	/
599	Ⅱ-10 用于微生物鉴别或药敏试验的试剂	链霉素月桂基硫酸钠亚碲酸钾琼脂培养基	用于霍乱弧菌的分离培养	Ⅱ	是	/	/
600	Ⅱ-10 用于微生物鉴别或药敏试验的试剂	硫柠胆蔗琼脂培养基（TCBS 琼脂培养基）	用于副溶血性弧菌的分离	Ⅱ	是	YY/T 1208—2013	/
601	Ⅱ-10 用于微生物鉴别或药敏试验的试剂	CLED 琼脂培养基	用于尿液中微生物的分离培养与初步鉴定	Ⅱ	是	/	/
602	Ⅱ-10 用于微生物鉴别或药敏试验的试剂	高盐甘露醇琼脂培养基	用于葡萄球菌的分离	Ⅱ	是	YY/T 1211—2013	/
603	Ⅱ-10 用于微生物鉴别或药敏试验的试剂	Baird-Parker 琼脂培养基	用于凝固酶阳性葡萄球菌的鉴别培养	Ⅱ	是	/	/
604	Ⅱ-10 用于微生物鉴别或药敏试验的试剂	动力试验琼脂培养基	用于观察细菌运动能力	Ⅱ	是	/	/

续表

序号	产品类别	产品分类名称	预期用途	管理类别	是否豁免临床	相关标准	指导原则
605	Ⅱ-10 用于微生物鉴别或药敏试验的试剂	军团菌琼脂培养基	用于军团菌分离培养	Ⅱ	否	YY/T 1209—2013	/
606	Ⅱ-10 用于微生物鉴别或药敏试验的试剂	泌尿道细菌显色培养基	用于常见尿道致病菌的分离鉴别	Ⅱ	是	/	/
607	Ⅱ-10 用于微生物鉴别或药敏试验的试剂	李斯特菌显色培养基	用于李斯特菌分离鉴定	Ⅱ	是	/	/
608	Ⅱ-10 用于微生物鉴别或药敏试验的试剂	金黄色葡萄球菌显色培养基	用于金黄色葡萄球菌的鉴定	Ⅱ	是	/	/
609	Ⅱ-10 用于微生物鉴别或药敏试验的试剂	GC 琼脂药敏培养基	用于淋病奈瑟菌纸片扩散法药敏试验	Ⅱ	是	/	/
610	Ⅱ-10 用于微生物鉴别或药敏试验的试剂	改良真菌药敏培养基	用于真菌的纸片扩散法药物敏感实验	Ⅱ	是	/	/
611	Ⅱ-10 用于微生物鉴别或药敏试验的试剂	HTM 培养基	用于流感嗜血杆菌的抗生素敏感检测	Ⅱ	是	/	/
612	Ⅱ-10 用于微生物鉴别或药敏试验的试剂	羊血 M-H 培养基	用于纸片扩散法检测链球菌药物敏感性	Ⅱ	是	/	/
613	Ⅱ-10 用于微生物鉴别或药敏试验的试剂	MH 琼脂培养基	适用于常见的易于生长的一般细菌的纸片扩散法抗生素敏感试验	Ⅱ	是	YY/T 0665—2008	/
614	Ⅱ-10 用于微生物鉴别或药敏试验的试剂	布鲁菌血琼脂（BBA）	用于布鲁菌的分离培养	Ⅱ	是	/	/
615	Ⅱ-10 用于微生物鉴别或药敏试验的试剂	厌氧菌血琼脂培养基	用于厌氧菌的分离培养	Ⅱ	是	YY/T 1167—2009	/
616	Ⅱ-10 用于微生物鉴别或药敏试验的试剂	毛滴虫培养基	用于毛滴虫培养	Ⅱ	是	/	/
617	Ⅱ-10 用于微生物鉴别或药敏试验的试剂	双相显色体液培养瓶	用于胸水、腹水、脑脊液等体液中的细菌分离培养	Ⅱ	是	/	/
618	Ⅱ-10 用于微生物鉴别或药敏试验的试剂	含溶血素分枝杆菌 / 真菌培养瓶	用于分枝杆菌、酵母菌和真菌的培养和检测	Ⅱ	是	/	/
619	Ⅱ-10 用于微生物鉴别或药敏试验的试剂	双相血培养瓶	主要用于临床菌血症、败血症、脓毒血症等患者的血液标本的增菌培养	Ⅱ	否	/	/
620	Ⅱ-10 用于微生物鉴别或药敏试验的试剂	需氧培养基（瓶）	用于人体样本中需氧菌或兼性厌氧菌、真菌的培养。包括加或不加吸附剂（活性炭、树脂等）	Ⅱ	是	YY/T 0575—2005 YY/T 0656—2008	/

续表

序号	产品类别	产品分类名称	预期用途	管理类别	是否豁免临床	相关标准	指导原则
621	Ⅱ-10 用于微生物鉴别或药敏试验的试剂	厌氧培养基（瓶）	用于人体样本中厌氧菌或兼性厌氧菌的培养，包括加或不加吸附剂（活性炭、树脂等）	Ⅱ	是	YY/T 0575—2005 YY/T 0656—2008	/
622	Ⅱ-11 用于其他生理、生化或免疫功能指标检测的试剂	激活全血凝固时间（ACT）检测试剂	用于测定激活全血凝固时间，临床上主要用于监测体外循环中肝素的含量	Ⅱ	否	/	/
623	Ⅱ-11 用于其他生理、生化或免疫功能指标检测的试剂	凝血酶原时间（PT）检测试剂	用于测定人血浆凝血酶原时间，临床上主要用于外源性凝血系统功能缺陷的筛查和口服抗凝剂治疗监测	Ⅱ	否	YY/T 1158—2009 WS/T 220-2002	/
624	Ⅱ-11 用于其他生理、生化或免疫功能指标检测的试剂	活化部分凝血活酶时间（APTT）检测试剂	用于测定人血浆活化部分凝血活酶时间，临床上主要用于内源性凝血系统功能缺陷的筛查和肝素抗凝治疗监测	Ⅱ	否	YY/T 1157—2009 WS/T 220-2002	/
625	Ⅱ-11 用于其他生理、生化或免疫功能指标检测的试剂	氯化钙溶液	与活化部分凝血活酶时间试剂联合使用，用于测定人血浆活化部分凝血活酶时间	Ⅱ	是	/	/
626	Ⅱ-11 用于其他生理、生化或免疫功能指标检测的试剂	凝血酶时间（TT）检测试剂	用于测定人血浆凝血酶时间，临床上主要用于反映血浆纤维蛋白原含量或结构异常，还可用于反映纤溶系统功能	Ⅱ	否	YY/T 1156—2009	/
627	Ⅱ-11 用于其他生理、生化或免疫功能指标检测的试剂	纤维蛋白原 (FIB) 检测试剂	用于检测人血浆中纤维蛋白原浓度，临床上主要用于弥散性血管内凝血、原发性纤溶症的辅助诊断及溶栓疗效的监测	Ⅱ	否	YY/T 1159—2009	/
628	Ⅱ-11 用于其他生理、生化或免疫功能指标检测的试剂	凝血因子Ⅱ检测试剂	用于检测人血浆中凝血因子Ⅱ的活性或含量。临床上主要用于因子Ⅱ缺乏或活性减低的检测和治疗监测	Ⅱ	否	/	/
629	Ⅱ-11 用于其他生理、生化或免疫功能指标检测的试剂	凝血因子Ⅴ检测试剂	用于检测人血浆中凝血因子Ⅴ的活性或含量。临床上主要用于因子Ⅴ缺乏或活性减低的检测和治疗监测	Ⅱ	否	/	/
630	Ⅱ-11 用于其他生理、生化或免疫功能指标检测的试剂	凝血因子Ⅶ检测试剂	用于检测人血浆中凝血因子Ⅶ的活性或含量。临床上主要用于凝血因子Ⅶ缺乏或活性减低的检测和治疗监测	Ⅱ	否	/	/
631	Ⅱ-11 用于其他生理、生化或免疫功能指标检测的试剂	凝血因子Ⅹ检测试剂	用于检测人血浆中凝血因子Ⅹ的活性或含量。临床上主要用于凝血因子Ⅹ缺乏或活性减低的检测和治疗监测	Ⅱ	否	/	/
632	Ⅱ-11 用于其他生理、生化或免疫功能指标检测的试剂	凝血因子Ⅺ检测试剂	用于检测人血浆中凝血因子Ⅺ的活性或含量。临床上主要用于凝血因子Ⅺ缺乏或活性减低的检测和治疗监测	Ⅱ	否	/	/

续表

序号	产品类别	产品分类名称	预期用途	管理类别	是否豁免临床	相关标准	指导原则
633	Ⅱ -11 用于其他生理、生化或免疫功能指标检测的试剂	凝血因子Ⅻ检测试剂	用于检测人血浆中凝血因子Ⅻ的活性或含量。临床上主要用于凝血因子Ⅻ缺乏或活性减低的检测和治疗监测	Ⅱ	否	/	/
634	Ⅱ -11 用于其他生理、生化或免疫功能指标检测的试剂	D– 二聚体（D–Dimer）检测试剂	用于检测人体样本中 D– 二聚体的含量，临床上主要用于排除静脉血栓形成、弥散性血管内凝血的辅助诊断及溶栓治疗的监测	Ⅱ	否	YY/T 1240—2014 WS/T 477—2015	D– 二聚体测定试剂（免疫比浊法）注册技术审查指导原则
635	Ⅱ -11 用于其他生理、生化或免疫功能指标检测的试剂	抗凝血酶Ⅲ（AT Ⅲ）检测试剂	用于检测人血浆中抗凝血酶Ⅲ的活性或含量。临床上主要用于辅助诊断血栓形成性疾病	Ⅱ	否	/	/
636	Ⅱ -11 用于其他生理、生化或免疫功能指标检测的试剂	纤溶酶原（PLG）检测试剂	用于检测人体样本中纤溶酶原（PLG）的活性或含量。临床上主要用于了解纤溶功能状态	Ⅱ	否	/	/
637	Ⅱ -11 用于其他生理、生化或免疫功能指标检测的试剂	纤维连接蛋白检测试剂	用于检测人血浆中纤维连接蛋白的含量。临床上主要与机体创伤修复、组织炎症、肝纤维化及硬化过程等相关	Ⅱ	否	/	/
638	Ⅱ -11 用于其他生理、生化或免疫功能指标检测的试剂	纤溶酶原激活剂（t–PA）检测试剂	用于检测人体样本中的纤溶酶原激活剂的含量，临床上主要用于了解纤溶功能状态	Ⅱ	否	/	/
639	Ⅱ -11 用于其他生理、生化或免疫功能指标检测的试剂	纤溶酶原激活剂抑制物（PAI）检测试剂	用于检测人体样本中纤溶酶原激活剂抑制物的含量或活性。临床上主要用于反应纤溶系统的状态	Ⅱ	否	/	/
640	Ⅱ -11 用于其他生理、生化或免疫功能指标检测的试剂	纤维蛋白（原）降解产物（FDP）检测试剂	用于检测人体样本中纤维蛋白 / 纤维蛋白原降解产物 (FDP) 的浓度。临床上主要用于原发性和继发性纤维蛋白溶解功能亢进相关疾病的辅助诊断	Ⅱ	否	/	/
641	Ⅱ -11 用于其他生理、生化或免疫功能指标检测的试剂	肝素或类肝素抗凝物质检测试剂	用于检测人体样本中肝素或类肝素抗凝物质的含量，临床上主要用于肝素（或类肝素物质）治疗的监测	Ⅱ	否	/	/
642	Ⅱ -11 用于其他生理、生化或免疫功能指标检测的试剂	狼疮抗凝物检测试剂	用于检测人体样本中狼疮抗凝物质（LA）的含量。临床上主要用于抗磷脂综合征、系统性红斑狼疮等的辅助诊断	Ⅱ	是	/	/
643	Ⅱ -11 用于其他生理、生化或免疫功能指标检测的试剂	α 2– 抗纤溶酶检测试剂	用于检测人血浆中 α 2– 抗纤溶酶的含量或活性。有助于判断体内的纤溶状态，临床上主要用于出血、血栓性疾病的辅助诊断	Ⅱ	否	/	/

续表

序号	产品类别	产品分类名称	预期用途	管理类别	是否豁免临床	相关标准	指导原则
644	Ⅱ-11 用于其他生理、生化或免疫功能指标检测的试剂	血小板聚集功能检测试剂	与血小板聚集仪配套使用，用于抗血小板治疗的监测	Ⅱ	是	/	/
645	Ⅱ-11 用于其他生理、生化或免疫功能指标检测的试剂	血栓弹力图试验试剂	与血栓弹力图仪配套使用，用于人体凝血功能的检测	Ⅱ	是	/	/
646	Ⅱ-11 用于其他生理、生化或免疫功能指标检测的试剂	血气检测试剂	与血气分析系统配套使用，用于测定人体样本中的 pH 值、二氧化碳分压（PCO_2）、氧分压（PO_2）、红血细胞比容、钠、钾和钙离子浓度等电解质分析。临床上主要用于监测酸碱平衡失调、缺氧及二氧化碳潴留等	Ⅱ	是	WS/T 342—2011	/
647	Ⅱ-11 用于其他生理、生化或免疫功能指标检测的试剂	参比液	与离子选择性电极模块（如血气分析仪或电解质分析仪）配套使用，用于为 pH 值、钾、钠、氯、锂离子等测定提供参比电位	Ⅱ	是	/	/
648	Ⅱ-11 用于其他生理、生化或免疫功能指标检测的试剂	多项尿液分析试纸	用于检测尿液中尿胆原、葡萄糖、酮体、胆红素、蛋白质、亚硝酸盐、pH 值、潜血、比重和白细胞等项目。临床上主要用于肾病类、糖尿病类、泌尿感染类及其他疾病类（如肝代谢类）疾病的辅助诊断	Ⅱ	是	YY/T 0478—2011 YY/T 0501—2014	尿液分析试纸条注册技术审查指导原则
649	Ⅱ-11 用于其他生理、生化或免疫功能指标检测的试剂	精子膜低渗膨胀检测试剂	该用于检测人精子膜低渗膨胀功能，临床上可在一定程度反映受精能力	Ⅱ	是	/	/
650	Ⅱ-11 用于其他生理、生化或免疫功能指标检测的试剂	精浆锌检测试剂	用于检测男性精浆中锌的浓度，临床上主要用于前列腺炎和男性不育的辅助诊断	Ⅱ	是	/	/
651	Ⅱ-11 用于其他生理、生化或免疫功能指标检测的试剂	精浆果糖检测试剂	用于检测男性精浆中果糖的浓度，临床上主要用于检测精囊和睾丸间质细胞的功能	Ⅱ	是	/	/
652	Ⅱ-11 用于其他生理、生化或免疫功能指标检测的试剂	精浆柠檬酸检测试剂	用于检测男性精浆中柠檬酸的浓度，临床上主要用于前列腺功能和男子性功能的辅助诊断	Ⅱ	是	/	/
653	Ⅱ-11 用于其他生理、生化或免疫功能指标检测的试剂	精浆酸性磷酸酶检测试剂	用于检测男性精浆中酸性磷酸酶的水平，临床上主要用于前列腺疾病的辅助诊断	Ⅱ	是	/	/

续表

序号	产品类别	产品分类名称	预期用途	管理类别	是否豁免临床	相关标准	指导原则
654	Ⅱ -11 用于其他生理、生化或免疫功能指标检测的试剂	精浆中性 α－葡萄糖苷酶检测试剂	用于检测人精浆中性 α－葡萄糖苷酶的含量。中性 α－葡萄糖苷酶在精浆中的活力水平与男性不育症有关	Ⅱ	是	/	/
655	Ⅱ -11 用于其他生理、生化或免疫功能指标检测的试剂	精液乳酸脱氢酶 X 同工酶检测试剂	用于检测人精液中乳酸脱氢酶 X 同工酶的含量，临床上主要用于男性不育的辅助诊断	Ⅱ	是	/	/
656	Ⅱ -11 用于其他生理、生化或免疫功能指标检测的试剂	精子顶体酶活性检测试剂	用于检测人精子顶体酶的活性，临床上用于判断男性精子功能	Ⅱ	是	/	/
657	Ⅱ -11 用于其他生理、生化或免疫功能指标检测的试剂	精子浓度检测试剂	用于检测精子浓度，临床上主要用于男性不育的辅助诊断	Ⅱ	是	/	/
658	Ⅱ -11 用于其他生理、生化或免疫功能指标检测的试剂	革兰氏阴性菌脂多糖检测试剂	用于检测人体样本中的革兰氏阴性菌脂多糖，临床上用于革兰氏阴性菌感染的辅助诊断	Ⅱ	是	/	/
659	Ⅱ -11 用于其他生理、生化或免疫功能指标检测的试剂	真菌 (1–3)– β –D 葡聚糖检测试剂	用于检测人体样本中真菌 (1–3)– β –D 葡聚糖，临床上主要用于深部真菌感染的辅助诊断	Ⅱ	是	/	/
660	Ⅱ -11 用于其他生理、生化或免疫功能指标检测的试剂	红细胞渗透脆性检测试剂	通过测定红细胞对低渗氯化钠溶液的耐受能力，检测红细胞渗透脆性。临床上主要用于遗传性球形红细胞增多症的辅助诊断	Ⅱ	是	/	/
661	Ⅱ -11 用于其他生理、生化或免疫功能指标检测的试剂	白介素检测试剂	用于检测人体样本中的白介素，主要用于监测机体的免疫状态、炎症反应等	Ⅱ	是	/	/
662	Ⅱ -11 用于其他生理、生化或免疫功能指标检测的试剂	循环免疫复合物 IgG 检测试剂	用于检测人体样本中含 IgG 抗体的 C1q– 结合的免疫循环复合物，临床上主要用于Ⅲ型变态反应的辅助诊断	Ⅱ	是	/	/
663	Ⅱ -11 用于其他生理、生化或免疫功能指标检测的试剂	B 因子检测试剂	用于检测人体样本中的 B 因子，临床上主要用于评价补体相关的疾病	Ⅱ	否	/	/
664	Ⅱ -11 用于其他生理、生化或免疫功能指标检测的试剂	补体 C3 检测试剂	用于检测人体样本中的补体 C3，临床上主要用于补体低下或免疫缺陷性疾病的辅助诊断	Ⅱ	否	WS/T 645.1—2018	/
665	Ⅱ -11 用于其他生理、生化或免疫功能指标检测的试剂	补体 C3c 检测试剂	用于检测人体样本中的补体因子 C3c，主要用于补体蛋白 C3 相关免疫疾病的辅助诊断	Ⅱ	否	/	/
666	Ⅱ -11 用于其他生理、生化或免疫功能指标检测的试剂	补体 C4 检测试剂	用于检测人体样本中的补体 C4，临床上主要用于补体低下或免疫缺陷性疾病的辅助诊断	Ⅱ	否	WS/T 645.1—2018	/

续表

序号	产品类别	产品分类名称	预期用途	管理类别	是否豁免临床	相关标准	指导原则
667	Ⅱ-11 用于其他生理、生化或免疫功能指标检测的试剂	同型半胱氨酸检测试剂	用于检测人体样本中同型半胱氨酸的含量，临床上主要用于高同型半胱氨酸血症的辅助诊断及心血管病风险的评价	Ⅱ	是	YY/T 1258—2015	同型半胱氨酸测定试剂注册技术审查指导原则
668	Ⅱ-11 用于其他生理、生化或免疫功能指标检测的试剂	甘胆酸检测试剂	用于检测人体样本中甘胆酸的含量，临床上主要用于肝胆疾病的辅助诊断	Ⅱ	是	/	/
669	Ⅱ-11 用于其他生理、生化或免疫功能指标检测的试剂	肌酐检测试剂	用于检测人体样本中肌酐的含量，临床上主要作为肾功能的评价指标之一	Ⅱ	是	YY/T 1231—2014 WS/T 404.5—2015 WS/T 413—2013 WS/T 414—2013	/
670	Ⅱ-11 用于其他生理、生化或免疫功能指标检测的试剂	直接胆红素检测试剂	用于检测人体样本中结合胆红素的含量，临床上主要作为胆红素代谢紊乱的评价指标之一	Ⅱ	是	WS/T 404.4—2018	/
671	Ⅱ-11 用于其他生理、生化或免疫功能指标检测的试剂	总胆红素检测试剂	用于检测人体样本中总胆红素的含量，临床上主要作为胆红素代谢紊乱的评价指标之一	Ⅱ	是	YY/T 1205—2013 WS/T 404.4—2018	/
672	Ⅱ-11 用于其他生理、生化或免疫功能指标检测的试剂	总胆汁酸检测试剂	用于检测人体样本中总胆汁酸的含量，临床上主要用于肝胆系统疾病的辅助诊断	Ⅱ	是	YY/T 1204—2013	/
673	Ⅱ-11 用于其他生理、生化或免疫功能指标检测的试剂	尿酸检测试剂	用于检测人体样本中尿酸的含量，临床上主要用于高尿酸血症的辅助诊断	Ⅱ	是	YY/T 1207—2013	/
674	Ⅱ-11 用于其他生理、生化或免疫功能指标检测的试剂	乙醇检测试剂	用于检测人体样本中乙醇的含量，临床上主要用于酒精中毒的辅助诊断	Ⅱ	是	/	/
675	Ⅱ-11 用于其他生理、生化或免疫功能指标检测的试剂	L-乳酸盐检测试剂	用于检测人体样本中L-乳酸盐的含量，临床上主要用于代谢性酸中毒的辅助诊断	Ⅱ	是	/	/
676	Ⅱ-11 用于其他生理、生化或免疫功能指标检测的试剂	透明质酸检测试剂	用于检测人体样本中透明质酸的含量，临床上主要用于肝纤维化的辅助诊断	Ⅱ	是	/	/
677	Ⅱ-11 用于其他生理、生化或免疫功能指标检测的试剂	磷脂检测试剂	用于测定人体血清或血浆中磷脂含量，临床上主要用于磷脂代谢相关疾病的辅助诊断	Ⅱ	是	/	/
678	Ⅱ-11 用于其他生理、生化或免疫功能指标检测的试剂	α 肿瘤坏死因子检测试剂	用于检测人体样本中肿瘤坏死因子α(TNFα)含量，临床上主要用于与α肿瘤坏死因子相关的某些疾病，如炎症、免疫性疾病等疾病的辅助诊断	Ⅱ	是	/	/

续表

序号	产品类别	产品分类名称	预期用途	管理类别	是否豁免临床	相关标准	指导原则
679	Ⅱ -11 用于其他生理、生化或免疫功能指标检测的试剂	唾液酸检测试剂	用于检测人体样本中唾液酸的含量，临床上可作为一种非特异性炎症指标之一	Ⅱ	是	/	唾液酸检测试剂盒（酶法）注册技术审查指导原则
680	Ⅱ -11 用于其他生理、生化或免疫功能指标检测的试剂	6- 酮 - 前列腺素 F1α 检测试剂	用于检测人体样本中 6- 酮 - 前列腺素 F1α 的含量，临床上主要用于血栓性疾病的辅助诊断	Ⅱ	是	/	/
681	Ⅱ -11 用于其他生理、生化或免疫功能指标检测的试剂	过氧化氢检测试剂	用于检测阴道分泌物人体样本中过氧化氢含量，临床上主要用于细菌性阴道病的辅助诊断	Ⅱ	是	/	/
682	Ⅱ -11 用于其他生理、生化或免疫功能指标检测的试剂	尿素检测试剂	该产品用于体外定量测定人体样本中尿素的含量，临床上主要作为肾功能的评价指标之一	Ⅱ	是	YY/T 1201—2013 WS/T 345—2011 WS/T 404.5—2015	/
683	I-1 微生物培养基（不用于微生物鉴别和药敏试验）	运送培养基	用于临床采集样本的转运保存	I	是	/	/
684	I-1 微生物培养基（不用于微生物鉴别和药敏试验）	肉汤培养基	主要用于增菌培养	I	是	YY/T 1187—2010	/
685	I-1 微生物培养基（不用于微生物鉴别和药敏试验）	脑心浸液琼脂培养基	主要用于普通细菌培养	I	是	YY/T 1185—2010	/
686	I-1 微生物培养基（不用于微生物鉴别和药敏试验）	增菌培养基	用于为微生物的繁殖提供特定的生长环境	I	是	/	/
687	I-1 微生物培养基（不用于微生物鉴别和药敏试验）	营养琼脂培养基	用于分离培养出常见的易于生长的一般细菌	I	是	YY/T 0577—2005	/
688	I-1 微生物培养基（不用于微生物鉴别和药敏试验）	卵磷脂吐温胰蛋白胨大豆培养基	加有抗生素中和剂，用于物体表面大多数细菌的分离、培养、计数和监测	I	是	YY/T 1219—2013	/
689	I-1 微生物培养基（不用于微生物鉴别和药敏试验）	巯基乙酸酯培养基	用于厌氧菌的培养	I	是	/	/
690	I-1 微生物培养基（不用于微生物鉴别和药敏试验）	厌氧苯乙醇培养基	用于厌氧菌的增菌培养	I	是	/	/
691	I-1 微生物培养基（不用于微生物鉴别和药敏试验）	马铃薯葡萄糖琼脂培养基	用于霉菌和酵母菌的培养	I	是	YY/T 0577—2005	/
692	I-1 微生物培养基（不用于微生物鉴别和药敏试验）	碱性蛋白胨水培养基	用于霍乱弧菌增菌培养	I	是	YY/T 1170—2009	/
693	I-1 微生物培养基（不用于微生物鉴别和药敏试验）	巧克力琼脂培养基（不加抗生素）	用于嗜血杆菌、奈瑟菌等苛养菌的培养	I	是	YY/T 1168—2009	/

续表

序号	产品类别	产品分类名称	预期用途	管理类别	是否豁免临床	相关标准	指导原则
694	I-1 微生物培养基（不用于微生物鉴别和药敏试验）	分枝杆菌抗生素补充检测试剂盒	与细菌分枝杆菌监测系统同时使用，以检测和分离非血液的无菌体液样本和消化、去污染的临床样品中的分枝杆菌	I	是	/	/
695	I-1 微生物培养基（不用于微生物鉴别和药敏试验）	药敏指示剂	与全自动微生物分析系统一同使用，用于定量的药物敏感性检测	I	是	/	/
696	I-1 微生物培养基（不用于微生物鉴别和药敏试验）	药敏接种培养液	与全自动微生物分析系统一同使用，用于药物敏感性检测	I	是	/	/
697	I-2 样本处理用产品	比浊管	用于判定菌悬液的均一性和一致性	I	是	/	/
698	I-2 样本处理用产品	革兰氏染色液	用于细菌或真菌的涂片染色	I	是	/	/
699	I-2 样本处理用产品	抗酸染色液	用于分枝杆菌、诺卡菌等细菌抗酸染色，包括荧光染色	I	是	/	/
700	I-2 样本处理用产品	荚膜染色液	用于菌体荚膜的染色	I	是	/	/
701	I-2 样本处理用产品	芽孢染色液	用于菌体芽孢的染色	I	是	/	/
702	I-2 样本处理用产品	鞭毛染色液	用于菌体鞭毛的染色	I	是	/	/
703	I-2 样本处理用产品	幽门螺杆菌染色液	用于幽门螺杆菌染色	I	是	/	/
704	I-2 样本处理用产品	墨汁染液	用于观察菌体有无荚膜	I	是	/	/
705	I-2 样本处理用产品	乳酸棉酚蓝染液	用于真菌检查的染色	I	是	/	/
706	I-2 样本处理用产品	尿液分析用染色液	用于尿液中的有形成分进行染色，从而观察其形态与结构，以便于分析仪器进行细胞分类计数	I	是	/	/
707	I-2 样本处理用产品	血细胞分析用染色液	用于对血细胞进行染色，从而观察其形态与结构，以便于血液分析仪器进行血细胞分类计数	I	是	/	/
708	I-2 样本处理用产品	阿利辛黄染色液	用于组织细胞学染色从而定性检测样本中的幽门螺杆菌	I	是	/	/

续表

序号	产品类别	产品分类名称	预期用途	管理类别	是否豁免临床	相关标准	指导原则
709	I-2 样本处理用产品	阿利辛蓝染色液	用于组织细胞学染色，定性鉴定黏多糖	I	是	/	/
710	I-2 样本处理用产品	阿利辛蓝－过碘酸雪夫氏染色液	用于组织细胞学染色从而定性鉴定多糖中的酸黏蛋白	I	是	/	/
711	I-2 样本处理用产品	弹性纤维染色液	用于组织细胞学染色从而定性检测组织切片中的弹性纤维	I	是	/	/
712	I-2 样本处理用产品	过碘酸雪夫染色液	用于组织细胞学染色从而定性检测组织切片中的糖原、黏多糖	I	是	/	/
713	I-2 样本处理用产品	铁染色液	用于组织细胞学染色从而定性检测组织切片中的黏液多糖类物质	I	是	/	/
714	I-2 样本处理用产品	吉姆萨染色液	用于组织细胞学染色从而鉴别骨髓和其他造血组织（淋巴结）中的白细胞，还可用于鉴定某些微生物	I	是	/	/
715	I-2 样本处理用产品	黏蛋白胭脂红染色液	用于组织细胞学染色从而定性检测组织切片中的酸性黏多糖	I	是	/	/
716	I-2 样本处理用产品	Masson 三色染色液	主要用于组织中结缔组织、肌肉和胶原纤维的组织细胞学染色	I	是	/	/
717	I-2 样本处理用产品	苏木素染色液	主要用于对组织细胞切片及涂片中的细胞核染色	I	是	/	/
718	I-2 样本处理用产品	巴氏染色液	主要用于对脱落细胞的组织细胞学染色	I	是	/	/
719	I-2 样本处理用产品	瑞氏－吉姆萨染色液	主要用于对血细胞进行染色	I	是	/	/
720	I-2 样本处理用产品	苏木素－伊红染色液（H-E）	主要用于对细胞组织进行染色	I	是	/	/
721	I-2 样本处理用产品	瑞氏染色液	主要用于对血细胞进行染色	I	是	/	/
722	I-2 样本处理用产品	α－醋酸萘酚酯酶（α-NAE）染色液	主要用于骨髓细胞的组织细胞学染色	I	是	/	/
723	I-2 样本处理用产品	α－丁酸萘酚酯酶（α-NBE）染色液	主要用于骨髓细胞的组织细胞学染色	I	是	/	/

续表

序号	产品类别	产品分类名称	预期用途	管理类别	是否豁免临床	相关标准	指导原则
724	I–2 样本处理用产品	氯化醋酸 AS–D 萘酚酯酶（AS–DNCE）染色液	主要用于骨髓细胞的组织细胞学染色	I	是	/	/
725	I–2 样本处理用产品	过氧化物酶（POX）染色液	主要用于组织、细胞中过氧化物酶的染色	I	是	/	/
726	I–2 样本处理用产品	苏丹黑染色液	主要用于组织细胞中脂类的染色	I	是	/	/
727	I–2 样本处理用产品	网状纤维染色液	主要用于组织中网状纤维的组织细胞学染色	I	是	/	/
728	I–2 样本处理用产品	DAB 染色液	主要用于免疫组织化学染色的显色	I	是	/	/
729	I–2 样本处理用产品	银染液	用于对蛋白、核酸的银染色	I	是	/	/
730	I–2 样本处理用产品	红色复染染色液	该产品用于对细胞核的染色	I	是	/	/
731	I–2 样本处理用产品	亮绿–过碘酸雪夫氏染色液	用于定性组织学染色，对福尔马林固定、石蜡包埋组织中的真菌染色	I	是	/	/
732	I–2 样本处理用产品	琼斯亮绿染色液	用于定性组织学染色，鉴别毛细血管基底膜	I	是	/	/
733	I–2 样本处理用产品	刚果红染色液	用于定性组织学染色，有选择性地对福尔马林固定、石蜡包埋组织中的淀粉体染色	I	是	/	/
734	I–2 样本处理用产品	斯坦氏染色液	用于定性组织学银染色来辅助识别福尔马林固定、石蜡包埋组织中的各种致病微生物	I	是	/	/
735	I–2 样本处理用产品	六胺银染色液	用于定性组织学染色，对福尔马林固定、石蜡包埋组织中的真菌和其他机会性生物的细胞壁中的多糖染色	I	是	/	/
736	I–2 样本处理用产品	返蓝染色液	主要用于调节苏木素的染色，从紫色变为蓝色	I	是	/	/
737	I–2 样本处理用产品	伊红染色液	主要用于细胞浆染色	I	是	/	/
738	I–2 样本处理用产品	原位杂交蓝染染色液	用于在间接生物素抗生物素蛋白链霉素系统中检测特异性荧光素标记的探针	I	是	/	/

续表

序号	产品类别	产品分类名称	预期用途	管理类别	是否豁免临床	相关标准	指导原则
739	I-2 样本处理用产品	地高辛染色液	用于原位杂交细胞组织上的核酸靶点的检测	I	是	/	/
740	I-2 样本处理用产品	原位杂交碱性磷酸酶染色液	主要用于与一抗结合后的显色	I	是	/	/
741	I-2 样本处理用产品	苯胺蓝染色液	主要用于神经组织、细胞、结缔组织的染色	I	是	/	/
742	I-2 样本处理用产品	免疫显色试剂	在免疫组化反应或原位杂交反应中与首要抗原抗体结合，通过染色，将靶点进行标记	I	是	/	/
743	I-2 样本处理用产品	血细胞分析用鞘液	适用于采用流式细胞分析原理的分析仪。用于对血液样本稀释，形成鞘流，利于分析仪器进行细胞计数、分类	I	是	/	/
744	I-2 样本处理用产品	尿液分析用鞘液	适用于采用流式细胞分析原理的分析仪。用于对尿液样本稀释，形成鞘流，利于分析仪器进行细胞计数、分类	I	是	/	/
745	I-2 样本处理用产品	血细胞分析用稀释液	用于血细胞分析前，样本的稀释，制备细胞悬液	I	是	YY/T 0456.3—2003	/
746	I-2 样本处理用产品	血型分析用稀释液	用于制备红细胞悬液，在临床输血上用于血型定型，交叉配血前的样本稀释	I	是	/	/
747	I-2 样本处理用产品	尿液分析用稀释液	用于尿液分析前，样本的稀释，制备细胞悬液	I	是	/	/
748	I-2 样本处理用产品	凝血分析用稀释液	用于在凝血测试中稀释患者血浆标本	I	是	/	/
749	I-2 样本处理用产品	样本稀释液	用于对待测样本进行稀释、液化，以便于使用体外诊断试剂或仪器对待测物进行检测。其本身并不直接参与检测	I	是	/	/
750	I-2 样本处理用产品	血细胞分析用溶血剂	用于血细胞分析前破坏红细胞、溶出血红蛋白、维持所需分析细胞的形态，从而便于细胞分类计数或血红蛋白定量测定	I	是	YY/T 0456.2—2003	/
751	I-2 样本处理用产品	糖化血红蛋白溶血剂	用于进行糖化血红蛋白检测时的血液样本前处理	I	是	/	/
752	I-2 样本处理用产品	组织固定液	用于新鲜组织样本的固定	I	是	/	/

续表

序号	产品类别	产品分类名称	预期用途	管理类别	是否豁免临床	相关标准	指导原则
753	I–2 样本处理用产品	细胞保存液	用于保存、运输取自人体的细胞，仅用于体外分析检测目的，不用于治疗性用途	I	是	/	/
754	I–2 样本处理用产品	样本保存液	用于组织、细胞病理学分析样本的保存	I	是	/	/
755	I–2 样本处理用产品	免疫组化抗原修复缓冲液	用于免疫组织化学染色前的抗原修复	I	是	/	/
756	I–2 样本处理用产品	原位杂交用蛋白酶	用于组织或细胞样品，增强细胞膜的通透性	I	是	/	/
757	I–2 样本处理用产品	样本释放剂	用于待测样本的预处理，使样本中的待测物从与其他物质结合的状态中释放出来。以便于使用体外诊断试剂或仪器对待测物进行检测。如叶酸释放剂、维生素 B_{12} 释放剂	I	是	/	/
758	I–2 样本处理用产品	清洗液	用于检测过程中反应体系的清洗，以便于对待测物质进行体外检测，不包含单独用于仪器清洗的清洗液	I	是	/	/
759	I–2 样本处理用产品	增强液	用于与标记在抗体上的发光标记物形成强荧光复合物，以便定量检测荧光强度	I	是	/	/
760	I–2 样本处理用产品	样本密度分离液	通过密度分离作用，用于样本中不同成分的分离，以便于对样本的进一步分析	I	是	/	/
761	I–2 样本处理用产品	全自动免疫检验系统用底物液	与其他多种试剂（如一抗、二抗、标准品、终止液等）配合使用，完成基于免疫原理的体外诊断检测，仅用于确定的检测系统（“确定的检测系统”是指与本企业的试剂配合使用的）	I	是	/	/
762	I–2 样本处理用产品	全自动免疫检验系统用终止液	用于终止酶标二抗与底物液的荧光反应，完成基于免疫原理的体外诊断检测，仅用于，仅用于“确定的检测系统”（“确定的检测系统”是指与本企业的试剂配合使用的）	I	是	/	/
763	I–2 样本处理用产品	蛋白、多肽提取或纯化试剂	用于多肽、蛋白质的提取、富集、纯化等步骤。其处理后的产物用于临床体外检测使用	I	是	/	/

续表

序号	产品类别	产品分类名称	预期用途	管理类别	是否豁免临床	相关标准	指导原则
764	I–2 样本处理用产品	核酸提取或纯化试剂	用于核酸的提取、富集、纯化等步骤。其处理后的产物用于临床体外检测使用	I	是	/	/
765	I–2 样本处理用产品	缓冲液	仅用于提供 / 维持反应环境	I	是	/	/
766	I–2 样本处理用产品	样本萃取液	用于对样本进行分析前预处理，溶解细胞，萃取出待测物质	I	是	/	/

第二章　过敏原类、流式细胞仪配套用、免疫组化和原位杂交类体外诊断试剂

根据《医疗器械监督管理条例》《体外诊断试剂注册管理办法》等有关规定，国家食品药品监督管理总局根据医疗器械生产、经营、使用情况和风险分析，充分听取医疗器械生产经营企业及使用单位、行业组织的意见，参考国际医疗器械分类实践，组织研究调整了过敏原类、流式细胞仪配套用、免疫组化和原位杂交类体外诊断试剂的属性界定和分类原则，制定了产品分类列表。

（一）产品属性界定和分类原则

1. 过敏原类体外诊断试剂

与变态反应（过敏原）相关的试剂，包括总 IgE 检测试剂、特异性 IgE 抗体检测试剂，作为第二类医疗器械管理。

2. 流式细胞仪配套用体外诊断试剂

2.1 作为第三类体外诊断试剂管理的产品，包括：

（1）指导临床用药的抗体试剂；

（2）淋巴细胞亚群分析试剂盒；

（3）具有明确诊断价值的抗体试剂。

2.2 作为第二类体外诊断试剂管理的产品，包括：流式细胞分析用通用计数试剂（计数管、计数微球）、试验条件设定试剂（荧光补偿微球）等。

2.3 作为第一类体外诊断试剂管理的产品，包括：

（1）具有辅助诊断价值的抗体试剂；

（2）流式细胞仪样本处理试剂（溶血素、缓冲液、固定液、破膜剂、鞘液等）；

（3）同型对照抗体试剂及其组合。

3. 免疫组化和原位杂交类体外诊断试剂

3.1 作为第三类体外诊断试剂管理的产品，包括：

（1）指导临床用药的特异性抗体或探针试剂；

（2）具有明确诊断价值的抗体或探针试剂。

3.2 作为第一类体外诊断试剂管理的产品，包括：

（1）具有辅助诊断价值的抗体或探针试剂；

（2）染色液；

（3）免疫组化和原位杂交试验用样本处理试剂、反应体系通用试剂。

4. 暂不按照医疗器械管理的产品

4.1 无临床预期用途的抗体、探针等试剂。

4.2 仪器清洗、维护、保养、调试试剂（激光、电压等校准微球）等。

5. 本子目录所依据的法规文件是《总局关于过敏原类、流式细胞仪配套用、免疫组化和原位杂交类体外诊断试剂产品属性及类别调整的通告》（2017 年第 226 号）。

目前产品分类列表所列产品，如声称或研究发现有符合上述分类原则的新的临床预期用途，应按照上述分类原则重新界定其管理类别。

对于根据上述分类原则和产品分类列表不能判断其管理属性和管理类别的过敏原类、流式细胞仪配套用、免疫组化和原位杂交类体外诊断试剂，可以按照分类界定程序申请分类界定。

（二）本子目录中体外诊断试剂产品适用的相关标准和指导原则

YY/T 0639—2008 体外诊断医疗器械 制造商为生物学染色用体外诊断试剂提供的信息

YY/T 1181—2010 免疫组织化学试剂盒

YY/T 1184—2010 流式细胞仪用单克隆抗体试剂

YY/T 1459—2016 人类基因原位杂交检测试剂盒

WS/T 360—2011 流式细胞术检测外周血淋巴细胞亚群指南

流式细胞仪配套用检测试剂注册技术审查指导原则

（三）体外诊断试剂产品是否豁免临床试验的法规文件：

《国家药品监督管理局关于公布新修订免于进行临床试验医疗器械目录的通告》（2018 年第 94 号）附件 2。

流式细胞仪配套用体外诊断试剂产品分类列表

序号	产品名称	预期用途	管理类别	是否豁免临床	相关标准	指导原则
1	CD19 检测试剂	检测人体骨髓细胞中 CD19 的表达，用于白血病和淋巴瘤分析	Ⅲ	否	/	/
2	CD20 检测试剂	检测人体生物标本中 CD20 的表达，用于白血病和淋巴瘤分析	Ⅲ	否	/	/
3	CD22 检测试剂	检测人体生物标本中 CD22 的表达，用于白血病和淋巴瘤分析	Ⅲ	否	/	/
4	CD34 检测试剂	用于造血干细胞检测和白血病分型	Ⅲ	否	/	/
5	CD138 检测试剂	检测人体生物标本中 CD138 的表达，用于白血病和淋巴瘤分析	Ⅲ	否	/	/
6	HLA-B27 检测试剂	检测人体生物样本中 HLA-B27 抗原表达，用于辅助诊断强直性脊柱炎（AS）、Reiter' s 综合征等疾病	Ⅲ	否	/	/
7	Kappa 检测试剂	检测人体生物标本中膜轻链表达，用于白血病和淋巴瘤分析	Ⅲ	否	/	/
8	Lambda 检测试剂	用于白血病和淋巴瘤分析	Ⅲ	否	/	/
9	造血干细胞计数试剂	检测人体生物标本中 CD34 的表达，用于 $CD34^{+}$ 细胞相对计数及绝对计数，及血液肿瘤辅助诊断	Ⅲ	否	/	/
10	CD3/CD4 检测试剂盒	检测人体生物标本中 CD3，CD4 的表达，用于白血病和淋巴瘤分析，淋巴亚群分析	Ⅲ	否	/	/
11	CD3/CD8 检测试剂盒	检测人体生物标本中 CD3，CD8 的表达，用于白血病和淋巴瘤分析，淋巴亚群分析	Ⅲ	否	/	/
12	CD3/CD19 检测试剂盒	检测人体生物标本中 CD3，CD19 的表达，用于白血病和淋巴瘤分析，淋巴亚群分析	Ⅲ	否	/	/
13	CD3/CD56 检测试剂盒	检测人体生物标本中 CD3，CD56 的表达，用于白血病和淋巴瘤分析，淋巴亚群分析	Ⅲ	否	/	/
14	CD3/HLA-DR 检测试剂盒	检测人体生物标本中 CD3 的表达，用于白血病和淋巴瘤分析，淋巴细胞分析	Ⅲ	否	/	/
15	CD4/CD8 检测试剂盒	检测人体生物标本中 CD4，CD8 的表达，用于白血病和淋巴瘤分析，淋巴亚群分析	Ⅲ	否	/	/
16	CD4/CD29 检测试剂盒	检测人体生物标本中 CD4，CD29 的表达，用于白血病和淋巴瘤分析，淋巴亚群分析	Ⅲ	否	/	/
17	CD4/CD45RA 检测试剂盒	检测人体生物标本中 CD4，CD45RA 的表达，用于白血病和淋巴瘤分析，淋巴亚群分析	Ⅲ	否	/	/
18	CD8/CD56 检测试剂盒	检测人体生物标本中 CD8，CD56 的表达，用于白血病和淋巴瘤分析，淋巴亚群分析	Ⅲ	否	/	/

续表

序号	产品名称	预期用途	管理类别	是否豁免临床	相关标准	指导原则
19	CD14/CD45 检测试剂盒	检测人体生物标本中 CD14 的表达，用于白血病和淋巴瘤分析，淋巴亚群分析	Ⅲ	否	/	/
20	CD3/CD4/CD8 检测试剂盒	检测人体生物标本中 CD8，CD4，CD3 的表达，用于白血病和淋巴瘤分析，淋巴亚群分析	Ⅲ	否	/	/
21	CD3/CD4/CD45 检测试剂盒	检测人体生物标本中 CD3，CD4 的表达，用于白血病和淋巴瘤分析，淋巴亚群分析	Ⅲ	否	/	/
22	CD3/CD8/CD45 检测试剂盒	检测人体生物标本中 CD3，CD8 的表达，用于白血病和淋巴瘤分析，淋巴亚群分析。可识别和确定红细胞被裂解的全血中人类成熟 T 淋巴细胞（$CD3^+$）和抑制性 / 细胞毒性（$CD3^+CD8^+$）T 淋巴细胞亚群的百分比和绝对计数	Ⅲ	否	/	/
23	CD3/CD16/CD56 检测试剂盒	检测人体生物标本中 CD3，CD15，CD56 的表达，用于白血病和淋巴瘤分析	Ⅲ	否	/	/
24	CD3/CD19/CD45 检测试剂盒	检测人体生物标本中 CD3，CD19 的表达，用于白血病和淋巴瘤分析，淋巴亚群分析	Ⅲ	否	/	/
25	CD3/CD56/CD45 检测试剂盒	检测人体生物标本中 CD45，56，3 的表达，用于白血病和淋巴瘤分析，淋巴亚群分析	Ⅲ	否	/	/
26	CD34/CD117/CD45 检测试剂盒	检测人体生物标本中 CD34，CD117 的表达，用于白血病和淋巴瘤分析	Ⅲ	否	/	/
27	CD3/CD4/CD8/CD45 检测试剂盒	检测人体生物标本中 CD3，CD4，CD8 的表达，用于白血病和淋巴瘤分析，淋巴亚群分析	Ⅲ	否	/	/
28	CD3/CD16/CD56/CD19/CD45 检测试剂盒	用于白血病和淋巴瘤分析，淋巴亚群分析	Ⅲ	否	/	/
29	CD3/CD4/CD8/CD16/CD56/CD19 检测试剂盒	检测红细胞裂解的全血样本中下述成熟淋巴细胞亚群（不含未成熟细胞）的比例：T 淋巴细胞（$CD3^+$），B 淋巴细胞（$CD19^+$），辅助 / 诱导 T 淋巴细胞（$CD3^+CD4^+$），抑制 / 细胞毒 T 淋巴细胞（$CD3^+CD8^+$），自然杀伤细胞（NK）[$CD3^-CD16^+$ 和（或）$CD56^+$]、辅助 / 抑制 T 淋巴细胞的比例确定。用于免疫缺陷疾病；自身免疫性疾病；淋巴细胞亚群检测	Ⅲ	否	/	/
30	CD3/CD4/CD8/CD16/CD56/CD19/CD45 检测试剂盒	6 色直接免疫荧光试剂，鉴别和确定外周血中 T 淋巴细胞、B 淋巴细胞和自然杀伤细胞 (NK) 以及 T 细胞的 CD4+ 和 CD8+ 亚群的百分比和绝对计数值。用于白血病和淋巴瘤分析，淋巴亚群分析，用于免疫监测、治疗	Ⅲ	否	/	/
31	CD3/CD19/CD45/CD56 检测试剂盒	检测人体生物标本中 CD56，CD19，CD3 的表达，用于淋巴亚群分析	Ⅲ	否	/	/
32	HER–2/NEU 检测试剂盒	检测人体生物标本中 HER–2/NEU 的表达，用于指导临床治疗和用药	Ⅲ	否	/	/

续表

序号	产品名称	预期用途	管理类别	是否豁免临床	相关标准	指导原则
33	HLA-B27/HLA-B7 检测试剂盒	检测人体生物标本中 HLA-B27，HLA-B7 的表达，用于强直性脊柱炎（AS）B27 抗原检测	Ⅲ	否	/	/
34	HLA-DR/DP/DQ 检测试剂盒	检测人体生物标本中 HLA-DR，DP，DQ 的表达，用于 HLA 主要组织相容性抗原检测	Ⅲ	否	/	/
35	网织红细胞计数质控微球	流式细胞仪校准试剂，检测网织红细胞质控，用于贫血辅助诊断	Ⅱ	是	/	/
36	荧光定量微球	流式细胞仪校准试剂，检测每个细胞上的荧光分子量，进而换算成每个细胞上的抗体量	Ⅱ	是	/	/
37	荧光补偿试剂	流式细胞仪校准试剂，补偿抗体，用于多色方案设置	Ⅱ	是	/	/
38	造血干细胞荧光补偿试剂	流式细胞仪校准试剂，造血干细胞检测补偿试剂，用于方案设置	Ⅱ	是	/	/
39	荧光补偿设置微球	流式细胞仪校准试剂，设置荧光补偿，检查仪器灵敏度，用于调整仪器设置	Ⅱ	是	/	/
40	绝对计数管	流式细胞仪校准试剂，用于测量血液中白细胞的绝对计数	Ⅱ	是	/	/
41	绝对计数荧光微球	流式细胞仪校准试剂，用于确定生物标本中的细胞群的绝对计数	Ⅱ	是	/	/
42	CD1a 检测试剂	检测人体生物标本中 CD1a 的表达，为医师提供诊断的辅助信息	Ⅰ	是	/	/
43	CD2 检测试剂	检测人体生物标本中 CD2 的表达，为医师提供诊断的辅助信息	Ⅰ	是	/	/
44	CD3 检测试剂	检测人体生物标本中 CD3 的表达，为医师提供诊断的辅助信息	Ⅰ	是	/	/
45	CD4 检测试剂	检测人体生物标本中 CD4 的表达，为医师提供诊断的辅助信息	Ⅰ	是	/	/
46	CD5 检测试剂	检测人体生物标本中 CD5 的表达，为医师提供诊断的辅助信息	Ⅰ	是	/	/
47	CD7 检测试剂	检测人体生物标本中 CD7 的表达，为医师提供诊断的辅助信息	Ⅰ	是	/	/
48	CD8 检测试剂	检测人体生物标本中 CD8 的表达，为医师提供诊断的辅助信息	Ⅰ	是	/	/
49	CD10 检测试剂	检测人体生物标本中 CD10 的表达，为医师提供诊断的辅助信息	Ⅰ	是	/	/
50	CD11b 检测试剂	检测人体生物标本中 CD11b 的表达，为医师提供诊断的辅助信息	Ⅰ	是	/	/
51	CD11c 检测试剂	检测人体生物标本中 CD11c 的表达，为医师提供诊断的辅助信息	Ⅰ	是	/	/

续表

序号	产品名称	预期用途	管理类别	是否豁免临床	相关标准	指导原则
52	CD13 检测试剂	检测人体生物标本中 CD13 的表达，为医师提供诊断的辅助信息	I	是	/	/
53	CD14 检测试剂	检测人体生物标本中 CD14 的表达，为医师提供诊断的辅助信息	I	是	/	/
54	CD15 检测试剂	检测人体生物标本中 CD15 的表达，为医师提供诊断的辅助信息	I	是	/	/
55	CD16 检测试剂	检测人体生物标本中 CD16 的表达，为医师提供诊断的辅助信息	I	是	/	/
56	CD23 检测试剂	检测人体生物标本中 CD23 的表达，为医师提供诊断的辅助信息	I	是	/	/
57	CD25 检测试剂	检测人体生物标本中 CD25 的表达，为医师提供诊断的辅助信息	I	是	/	/
58	CD33 检测试剂	检测人体生物标本中 CD33 的表达，为医师提供诊断的辅助信息	I	是	/	/
59	CD36 检测试剂	检测人体生物标本中 CD36 的表达，为医师提供诊断的辅助信息	I	是	/	/
60	CD38 检测试剂	检测人体生物标本中 CD38 的表达，为医师提供诊断的辅助信息	I	是	/	/
61	CD45RA 检测试剂	检测人体生物标本中 CD45RA 的表达，为医师提供诊断的辅助信息	I	是	/	/
62	CD45RO 检测试剂	检测人体生物标本中 CD45RO 的表达，为医师提供诊断的辅助信息	I	是	/	/
63	CD45 检测试剂	检测人体生物标本中 CD45 的表达，为医师提供诊断的辅助信息	I	是	/	/
64	CD55 检测试剂	检测人体生物标本中 CD55 的表达，为医师提供诊断的辅助信息	I	是	/	/
65	CD56 检测试剂	检测人体生物标本中 CD56 的表达，为医师提供诊断的辅助信息	I	是	/	/
66	CD57 检测试剂	检测人体生物标本中 CD57 的表达，为医师提供诊断的辅助信息	I	是	/	/
67	CD59 检测试剂	检测人体生物标本中 CD59 的表达，为医师提供诊断的辅助信息	I	是	/	/
68	CD62P 检测试剂	检测人体生物标本中 CD62P 的表达，为医师提供诊断的辅助信息	I	是	/	/
69	CD69 检测试剂	检测人体生物标本中 CD69 的表达，为医师提供诊断的辅助信息	I	是	/	/
70	CD71 检测试剂	检测人体生物标本中 CD71 的表达，为医师提供诊断的辅助信息	I	是	/	/

续表

序号	产品名称	预期用途	管理类别	是否豁免临床	相关标准	指导原则
71	CD79a 检测试剂	检测人体生物标本中 CD79a 的表达，为医师提供诊断的辅助信息	I	是	/	/
72	CD79b 检测试剂	检测人体生物标本中 CD79b 的表达，为医师提供诊断的辅助信息	I	是	/	/
73	CD103 检测试剂	检测人体生物标本中 CD103 的表达，为医师提供诊断的辅助信息	I	是	/	/
74	CD117 检测试剂	检测人体生物标本中 CD117 的表达，为医师提供诊断的辅助信息	I	是	/	/
75	CD127 检测试剂	检测人体生物标本中 CD127 的表达，为医师提供诊断的辅助信息	I	是	/	/
76	FMC7 检测试剂	检测人体生物标本中 FMC7 的表达，为医师提供诊断的辅助信息	I	是	/	/
77	FoxP3 检测试剂	检测人体生物标本中 FoxP3 的表达，为医师提供诊断的辅助信息	I	是	/	/
78	HLA-DR 检测试剂	检测人体生物标本中 HLA-DR 的表达，为医师提供诊断的辅助信息	I	是	/	/
79	IFN-α 检测试剂	检测人体生物标本中 IFN-α 的表达，为医师提供诊断的辅助信息	I	是	/	/
80	IFN-γ 检测试剂	检测人体生物标本中 IFN-γ 的表达，为医师提供诊断的辅助信息	I	是	/	/
81	IL-1β 检测试剂	检测人体生物标本中 IL-1β 的表达，为医师提供诊断的辅助信息	I	是	/	/
82	IL-2 检测试剂	检测人体生物标本中 IL-2 的表达，为医师提供诊断的辅助信息	I	是	/	/
83	IL-4 检测试剂	检测人体生物标本中 IL-4 的表达，为医师提供诊断的辅助信息	I	是	/	/
84	IL-5 检测试剂	检测人体生物标本中 IL-5 的表达，为医师提供诊断的辅助信息	I	是	/	/
85	IL-6 检测试剂	检测人体生物标本中 IL-6 的表达，为医师提供诊断的辅助信息	I	是	/	/
86	IL-8 检测试剂	检测人体生物标本中 IL-8 的表达，为医师提供诊断的辅助信息	I	是	/	/
87	IL-10 检测试剂	检测人体生物标本中 IL-10 的表达，为医师提供诊断的辅助信息	I	是	/	/
88	IL-12p70 检测试剂	检测人体生物标本中 IL-12p70 的表达，为医师提供诊断的辅助信息	I	是	/	/

续表

序号	产品名称	预期用途	管理类别	是否豁免临床	相关标准	指导原则
89	IL-17 检测试剂	检测人体生物标本中 IL-17 的表达，为医师提供诊断的辅助信息	I	是	/	/
90	TdT 检测试剂	检测人体生物标本中 TdT 的表达，为医师提供诊断的辅助信息	I	是	/	/
91	TNF α 检测试剂	检测人体生物标本中 TNF α 的表达，为医师提供诊断的辅助信息	I	是	/	/
92	ZAP-70 检测试剂	检测人体生物标本中 ZAP-70 的表达，为医师提供诊断的辅助信息	I	是	/	/
93	髓过氧化物酶（MPO）检测试剂	检测人体生物标本中 MPO 的表达，为医师提供诊断的辅助信息	I	是	/	/
94	胎儿红细胞检测试剂	检测外周血中胎儿红细胞的存在，为医师提供诊断的辅助信息	I	是	/	/
95	网织红细胞计数试剂	检测外周血中的网织红细胞，为医师提供诊断的辅助信息	I	是	WS/T 346—2011	/
96	细胞角蛋白检测试剂	检测人体生物标本中细胞角蛋白的表达，为医师提供诊断的辅助信息	I	是	/	/
97	BFA 刺激剂	与流式细胞仪配合使用样本处理试剂。蛋白转运抑制剂，阻断淋巴细胞胞内蛋白运输途径，增加细胞因子和 / 或蛋白在高尔基体中积累，用于细胞因子生成细胞的检测	I	是	/	/
98	磁珠稀释液	与流式细胞仪配合使用运行试剂，用于稀释磁珠	I	是	/	/
99	固定剂	与流式细胞仪配合使用固定剂，用于检测时细胞固定	I	是	/	/
100	免洗溶血素	与流式细胞仪配合使用溶血素，用于溶血	I	是	/	/
101	破膜剂	与流式细胞仪配合使用样本处理试剂，用于细胞固定及破膜，以进行胞内细胞因子或蛋白染色	I	是	/	/
102	鞘液	与流式细胞仪配合使用流动相，用于使细胞成为单细胞悬液	I	是	/	/
103	溶血素	与流式细胞仪配合使用溶血素，用于溶血	I	是	/	/
104	同型对照抗体（IgE）	对照抗体，用于方案设置	I	是	/	/
105	同型对照抗体（IgG1）	对照抗体，用于方案设置	I	是	/	/
106	同型对照抗体（IgG2a）	对照抗体，用于方案设置	I	是	/	/

续表

序号	产品名称	预期用途	管理类别	是否豁免临床	相关标准	指导原则
107	同型对照抗体（IgG2b）	对照抗体，用于方案设置	I	是	/	/
108	同型对照抗体（IgM）	对照抗体，用于方案设置	I	是	/	/
109	同型对照抗体（IgG1/IgG1）	对照抗体，用于多色方案设置	I	是	/	/
110	同型对照抗体（IgG1/IgG1/IgG1）	对照抗体，用于多色方案设置	I	是	/	/
111	同型对照抗体（IgG1/IgG1/CD45）	对照抗体，用于多色方案设置	I	是	/	/
112	同型对照抗体（IgG1/IgG2）	对照抗体，用于方案设置	I	是	/	/
113	同型对照抗体（IgG1/IgG2a）	对照抗体，用于方案设置	I	是	/	/
114	同型对照抗体（IgG1/IgM）	对照抗体，用于方案设置	I	是	/	/
115	同型对照抗体（小鼠 IgG1）	对照抗体，用于方案设置	I	是	/	/
116	同型对照抗体（小鼠 IgG2A）	对照抗体，用于方案设置	I	是	/	/
117	同型对照抗体（小鼠 IgG1 血小板）	对照抗体，用于方案设置	I	是	/	/

免疫组化和原位杂交类体外诊断试剂产品分类列表

序号	产品名称	预期用途	管理类别	是否豁免临床	相关标准	指导原则
1	ALK-D5F3 抗体试剂 / 检测试剂盒（免疫组织化学）	用于非小细胞肺癌（NSCLC）的用药指导	Ⅲ	否	/	/
2	CD20 抗体试剂 / 检测试剂盒（免疫组织化学）	用于淋巴细胞来源肿瘤的用药指导	Ⅲ	否	/	/
3	*EGFR* 基因突变探针试剂 / 检测试剂盒（原位杂交法）	用于非小细胞肺癌等恶性肿瘤的用药指导	Ⅲ	否	/	/
4	HER2 基因探针试剂 / 检测试剂盒（原位杂交法）	用于乳腺癌、胃癌接受赫赛汀治疗患者的用药指导	Ⅲ	否	/	/
5	*HER2* 抗体试剂 / 检测试剂盒（免疫组织化学）	用于乳腺癌、胃癌接受赫赛汀治疗患者的用药指导	Ⅲ	否	/	/
6	PD-L1 抗体试剂 / 检测试剂盒（免疫组织化学）	用于非小细胞肺癌的用药指导	Ⅲ	否	/	/
7	X 和 Y 染色体数目探针试剂 / 检测试剂盒（原位杂交法）	用于胎儿遗传性疾病、血液肿瘤的诊断	Ⅲ	否	/	/
8	产前染色体异常检测试剂盒（原位杂交法）	用于胎儿遗传性疾病诊断	Ⅲ	否	/	/
9	雌激素受体抗体试剂 / 检测试剂盒（免疫组织化学）	用于乳腺癌的用药指导	Ⅲ	否	/	/
10	孕激素受体抗体试剂 / 检测试剂盒（免疫组织化学）	用于乳腺癌的用药指导	Ⅲ	否	/	/
11	*ALK/EML4* 融合基因检测试剂盒（原位杂交法）	用于非小细胞肺癌的用药指导	Ⅲ	否	/	/
12	*AML1/ETO* 基因断裂探针试剂 / 检测试剂盒（原位杂交法）	用于白血病的诊断，以及初治患者的分子分型和预后判定	Ⅲ	否	/	/
13	*BCR/ABL* 融合基因探针试剂 / 检测试剂盒（原位杂交法）	用于白血病的诊断和用药指导	Ⅲ	否	/	/
14	c-KIT/CD117 抗体试剂 / 检测试剂盒(免疫组织化学）	用于胃肠道间质瘤的用药指导	Ⅲ	否	/	/
15	AACT 抗体试剂 / 检测试剂盒（免疫组织化学）	在常规染色（如：HE 染色）基础上进行免疫组织化学染色，为医师提供诊断的辅助信息	Ⅰ	是	/	/
16	AAT 抗体试剂 / 检测试剂盒（免疫组织化学）	在常规染色（如：HE 染色）基础上进行免疫组织化学染色，为医师提供诊断的辅助信息	Ⅰ	是	/	/
17	ACTH 抗体试剂 / 检测试剂盒（免疫组织化学）	在常规染色（如：HE 染色）基础上进行免疫组织化学染色，为医师提供诊断的辅助信息	Ⅰ	是	/	/

续表

序号	产品名称	预期用途	管理类别	是否豁免临床	相关标准	指导原则
18	Actin 抗体试剂 / 检测试剂盒（免疫组织化学）	在常规染色（如：HE 染色）基础上进行免疫组织化学染色，为医师提供诊断的辅助信息	I	是	/	/
19	ALK 抗体试剂 / 检测试剂盒（免疫组织化学）	在常规染色（如：HE 染色）基础上进行免疫组织化学染色，为医师提供诊断的辅助信息	I	是	/	/
20	Alpha-1-Fetoprotein 抗体试剂 / 检测试剂盒（免疫组织化学）	在常规染色（如：HE 染色）基础上进行免疫组织化学染色，为医师提供诊断的辅助信息	I	是	/	/
21	Annexin A1 抗体试剂 / 检测试剂盒（免疫组织化学）	在常规染色（如：HE 染色）基础上进行免疫组织化学染色，为医师提供诊断的辅助信息	I	是	/	/
22	ATRX 抗体试剂 / 检测试剂盒（免疫组织化学）	在常规染色（如：HE 染色）基础上进行免疫组织化学染色，为医师提供诊断的辅助信息	I	是	/	/
23	B72.3 抗体试剂 / 检测试剂盒（免疫组织化学）	在常规染色（如：HE 染色）基础上进行免疫组织化学染色，为医师提供诊断的辅助信息	I	是	/	/
24	Bax 抗体试剂 / 检测试剂盒（免疫组织化学）	在常规染色（如：HE 染色）基础上进行免疫组织化学染色，为医师提供诊断的辅助信息	I	是	/	/
25	BCA-225 抗体试剂 / 检测试剂盒（免疫组织化学）	在常规染色（如：HE 染色）基础上进行免疫组织化学染色，为医师提供诊断的辅助信息	I	是	/	/
26	bcl-2 抗体试剂 / 检测试剂盒（免疫组织化学）	在常规染色（如：HE 染色）基础上进行免疫组织化学染色，为医师提供诊断的辅助信息	I	是	/	/
27	bcl-6 抗体试剂 / 检测试剂盒（免疫组织化学）	在常规染色（如：HE 染色）基础上进行免疫组织化学染色，为医师提供诊断的辅助信息	I	是	/	/
28	Ber-EP4 抗体试剂 / 检测试剂盒（免疫组织化学）	在常规染色（如：HE 染色）基础上进行免疫组织化学染色，为医师提供诊断的辅助信息	I	是	/	/
29	Beta-catenin 抗体试剂 / 检测试剂盒（免疫组织化学）	在常规染色（如：HE 染色）基础上进行免疫组织化学染色，为医师提供诊断的辅助信息	I	是	/	/
30	b-FGF 抗体试剂 / 检测试剂盒（免疫组织化学）	在常规染色（如：HE 染色）基础上进行免疫组织化学染色，为医师提供诊断的辅助信息	I	是	/	/
31	BRAF 抗体试剂 / 检测试剂盒（免疫组织化学）	在常规染色（如：HE 染色）基础上进行免疫组织化学染色，为医师提供诊断的辅助信息	I	是	/	/
32	BRST2 抗体试剂 / 检测试剂盒（免疫组织化学）	在常规染色（如：HE 染色）基础上进行免疫组织化学染色，为医师提供诊断的辅助信息	I	是	/	/
33	C1q 抗体试剂 / 检测试剂盒（免疫组织化学）	在常规染色（如：HE 染色）基础上进行免疫组织化学染色，为医师提供诊断的辅助信息	I	是	/	/
34	C3c 抗体试剂 / 检测试剂盒（免疫组织化学）	在常规染色（如：HE 染色）基础上进行免疫组织化学染色，为医师提供诊断的辅助信息	I	是	/	/
35	C4c 抗体试剂 / 检测试剂盒（免疫组织化学）	在常规染色（如：HE 染色）基础上进行免疫组织化学染色，为医师提供诊断的辅助信息	I	是	/	/

续表

序号	产品名称	预期用途	管理类别	是否豁免临床	相关标准	指导原则
36	C4d 抗体试剂 / 检测试剂盒（免疫组织化学）	在常规染色（如：HE 染色）基础上进行免疫组织化学染色，为医师提供诊断的辅助信息	I	是	/	/
37	C5b–9 抗体试剂 / 检测试剂盒（免疫组织化学）	在常规染色（如：HE 染色）基础上进行免疫组织化学染色，为医师提供诊断的辅助信息	I	是	/	/
38	CA 125 抗体试剂 / 检测试剂盒（免疫组织化学）	在常规染色（如：HE 染色）基础上进行免疫组织化学染色，为医师提供诊断的辅助信息	I	是	/	/
39	CA 19–9 抗体试剂 / 检测试剂盒（免疫组织化学）	在常规染色（如：HE 染色）基础上进行免疫组织化学染色，为医师提供诊断的辅助信息	I	是	/	/
40	CA IX 碳酸酐酶 9 抗体试剂 / 检测试剂盒（免疫组织化学）	在常规染色（如：HE 染色）基础上进行免疫组织化学染色，为医师提供诊断的辅助信息	I	是	/	/
41	Calcitonin 降钙素抗体试剂 / 检测试剂盒（免疫组织化学）	在常规染色（如：HE 染色）基础上进行免疫组织化学染色，为医师提供诊断的辅助信息	I	是	/	/
42	Caldesmon 抗体试剂 / 检测试剂盒（免疫组织化学）	在常规染色（如：HE 染色）基础上进行免疫组织化学染色，为医师提供诊断的辅助信息	I	是	/	/
43	Calponin 抗体试剂 / 检测试剂盒（免疫组织化学）	在常规染色（如：HE 染色）基础上进行免疫组织化学染色，为医师提供诊断的辅助信息	I	是	/	/
44	Calretinin 抗体试剂 / 检测试剂盒（免疫组织化学）	在常规染色（如：HE 染色）基础上进行免疫组织化学染色，为医师提供诊断的辅助信息	I	是	/	/
45	CD1a 抗体试剂 / 检测试剂盒（免疫组织化学）	在常规染色（如：HE 染色）基础上进行免疫组织化学染色，为医师提供诊断的辅助信息	I	是	/	/
46	CD2 抗体试剂 / 检测试剂盒（免疫组织化学）	在常规染色（如：HE 染色）基础上进行免疫组织化学染色，为医师提供诊断的辅助信息	I	是	/	/
47	CD3 抗体试剂 / 检测试剂盒（免疫组织化学）	在常规染色（如：HE 染色）基础上进行免疫组织化学染色，为医师提供诊断的辅助信息	I	是	/	/
48	CD4 抗体试剂 / 检测试剂盒（免疫组织化学）	在常规染色（如：HE 染色）基础上进行免疫组织化学染色，为医师提供诊断的辅助信息	I	是	/	/
49	CD5 抗体试剂 / 检测试剂盒（免疫组织化学）	在常规染色（如：HE 染色）基础上进行免疫组织化学染色，为医师提供诊断的辅助信息	I	是	/	/
50	CD7 抗体试剂 / 检测试剂盒（免疫组织化学）	在常规染色（如：HE 染色）基础上进行免疫组织化学染色，为医师提供诊断的辅助信息	I	是	/	/
51	CD8 抗体试剂 / 检测试剂盒（免疫组织化学）	在常规染色（如：HE 染色）基础上进行免疫组织化学染色，为医师提供诊断的辅助信息	I	是	/	/
52	CD10 抗体试剂 / 检测试剂盒（免疫组织化学）	在常规染色（如：HE 染色）基础上进行免疫组织化学染色，为医师提供诊断的辅助信息	I	是	/	/
53	CD13 抗体试剂 / 检测试剂盒（免疫组织化学）	在常规染色（如：HE 染色）基础上进行免疫组织化学染色，为医师提供诊断的辅助信息	I	是	/	/

续表

序号	产品名称	预期用途	管理类别	是否豁免临床	相关标准	指导原则
54	CD14 抗体试剂 / 检测试剂盒（免疫组织化学）	在常规染色（如：HE 染色）基础上进行免疫组织化学染色，为医师提供诊断的辅助信息	I	是	/	/
55	CD15 抗体试剂 / 检测试剂盒（免疫组织化学）	在常规染色（如：HE 染色）基础上进行免疫组织化学染色，为医师提供诊断的辅助信息	I	是	/	/
56	CD16 抗体试剂 / 检测试剂盒（免疫组织化学）	在常规染色（如：HE 染色）基础上进行免疫组织化学染色，为医师提供诊断的辅助信息	I	是	/	/
57	CD19 抗体试剂 / 检测试剂盒（免疫组织化学）	在常规染色（如：HE 染色）基础上进行免疫组织化学染色，为医师提供诊断的辅助信息	I	是	/	/
58	CD21 抗体试剂 / 检测试剂盒（免疫组织化学）	在常规染色（如：HE 染色）基础上进行免疫组织化学染色，为医师提供诊断的辅助信息	I	是	/	/
59	CD22 抗体试剂 / 检测试剂盒（免疫组织化学）	在常规染色（如：HE 染色）基础上进行免疫组织化学染色，为医师提供诊断的辅助信息	I	是	/	/
60	CD23 抗体试剂 / 检测试剂盒（免疫组织化学）	在常规染色（如：HE 染色）基础上进行免疫组织化学染色，为医师提供诊断的辅助信息	I	是	/	/
61	CD24 抗体试剂 / 检测试剂盒（免疫组织化学）	在常规染色（如：HE 染色）基础上进行免疫组织化学染色，为医师提供诊断的辅助信息	I	是	/	/
62	CD25 抗体试剂 / 检测试剂盒（免疫组织化学）	在常规染色（如：HE 染色）基础上进行免疫组织化学染色，为医师提供诊断的辅助信息	I	是	/	/
63	CD30 抗体试剂 / 检测试剂盒（免疫组织化学）	在常规染色（如：HE 染色）基础上进行免疫组织化学染色，为医师提供诊断的辅助信息	I	是	/	/
64	CD31 抗体试剂 / 检测试剂盒（免疫组织化学）	在常规染色（如：HE 染色）基础上进行免疫组织化学染色，为医师提供诊断的辅助信息	I	是	/	/
65	CD34 抗体试剂 / 检测试剂盒（免疫组织化学）	在常规染色（如：HE 染色）基础上进行免疫组织化学染色，为医师提供诊断的辅助信息	I	是	/	/
66	CD35 抗体试剂 / 检测试剂盒（免疫组织化学）	在常规染色（如：HE 染色）基础上进行免疫组织化学染色，为医师提供诊断的辅助信息	I	是	/	/
67	CD38 抗体试剂 / 检测试剂盒（免疫组织化学）	在常规染色（如：HE 染色）基础上进行免疫组织化学染色，为医师提供诊断的辅助信息	I	是	/	/
68	CD43 抗体试剂 / 检测试剂盒（免疫组织化学）	在常规染色（如：HE 染色）基础上进行免疫组织化学染色，为医师提供诊断的辅助信息	I	是	/	/
69	CD44 抗体试剂 / 检测试剂盒（免疫组织化学）	在常规染色（如：HE 染色）基础上进行免疫组织化学染色，为医师提供诊断的辅助信息	I	是	/	/
70	CD45 抗体试剂 / 检测试剂盒（免疫组织化学）	在常规染色（如：HE 染色）基础上进行免疫组织化学染色，为医师提供诊断的辅助信息	I	是	/	/
71	CD45R 抗体试剂 / 检测试剂盒（免疫组织化学）	在常规染色（如：HE 染色）基础上进行免疫组织化学染色，为医师提供诊断的辅助信息	I	是	/	/

续表

序号	产品名称	预期用途	管理类别	是否豁免临床	相关标准	指导原则
72	CD45RO 抗体试剂 / 检测试剂盒（免疫组织化学）	在常规染色（如：HE 染色）基础上进行免疫组织化学染色，为医师提供诊断的辅助信息	I	是	/	/
73	CD56 抗体试剂 / 检测试剂盒（免疫组织化学）	在常规染色（如：HE 染色）基础上进行免疫组织化学染色，为医师提供诊断的辅助信息	I	是	/	/
74	CD57 抗体试剂 / 检测试剂盒（免疫组织化学）	在常规染色（如：HE 染色）基础上进行免疫组织化学染色，为医师提供诊断的辅助信息	I	是	/	/
75	CD61 抗体试剂 / 检测试剂盒（免疫组织化学）	在常规染色（如：HE 染色）基础上进行免疫组织化学染色，为医师提供诊断的辅助信息	I	是	/	/
76	CD63 抗体试剂 / 检测试剂盒（免疫组织化学）	在常规染色（如：HE 染色）基础上进行免疫组织化学染色，为医师提供诊断的辅助信息	I	是	/	/
77	CD68 抗体试剂 / 检测试剂盒（免疫组织化学）	在常规染色（如：HE 染色）基础上进行免疫组织化学染色，为医师提供诊断的辅助信息	I	是	/	/
78	CD71 抗体试剂 / 检测试剂盒（免疫组织化学）	在常规染色（如：HE 染色）基础上进行免疫组织化学染色，为医师提供诊断的辅助信息	I	是	/	/
79	CD74 抗体试剂 / 检测试剂盒（免疫组织化学）	在常规染色（如：HE 染色）基础上进行免疫组织化学染色，为医师提供诊断的辅助信息	I	是	/	/
80	CD79a 抗体试剂 / 检测试剂盒（免疫组织化学）	在常规染色（如：HE 染色）基础上进行免疫组织化学染色，为医师提供诊断的辅助信息	I	是	/	/
81	CD99 抗体试剂 / 检测试剂盒（免疫组织化学）	在常规染色（如：HE 染色）基础上进行免疫组织化学染色，为医师提供诊断的辅助信息	I	是	/	/
82	CD105 抗体试剂 / 检测试剂盒（免疫组织化学法）	在常规染色（如：HE 染色）基础上进行免疫组织化学染色，为医师提供诊断的辅助信息	I	是	/	/
83	CD123 抗体试剂 / 检测试剂盒（免疫组织化学）	在常规染色（如：HE 染色）基础上进行免疫组织化学染色，为医师提供诊断的辅助信息	I	是	/	/
84	CD138 抗体试剂 / 检测试剂盒（免疫组织化学）	在常规染色（如：HE 染色）基础上进行免疫组织化学染色，为医师提供诊断的辅助信息	I	是	/	/
85	CD163 抗体试剂 / 检测试剂盒（免疫组织化学）	在常规染色（如：HE 染色）基础上进行免疫组织化学染色，为医师提供诊断的辅助信息	I	是	/	/
86	CDX-2 抗体试剂 / 检测试剂盒（免疫组织化学）	在常规染色（如：HE 染色）基础上进行免疫组织化学染色，为医师提供诊断的辅助信息	I	是	/	/
87	CEA 抗体试剂 / 检测试剂盒（免疫组织化学）	在常规染色（如：HE 染色）基础上进行免疫组织化学染色，为医师提供诊断的辅助信息	I	是	/	/
88	Chromogranin 抗体试剂 / 检测试剂盒（免疫组织化学）	在常规染色（如：HE 染色）基础上进行免疫组织化学染色，为医师提供诊断的辅助信息	I	是	/	/
89	C-MET 抗体试剂 / 检测试剂盒（免疫组织化学）	在常规染色（如：HE 染色）基础上进行免疫组织化学染色，为医师提供诊断的辅助信息	I	是	/	/

续表

序号	产品名称	预期用途	管理类别	是否豁免临床	相关标准	指导原则
90	c-MYC 抗体试剂 / 检测试剂盒（免疫组织化学）	在常规染色（如：HE 染色）基础上进行免疫组织化学染色，为医师提供诊断的辅助信息	I	是	/	/
91	Collagen Type IV 抗体试剂 / 检测试剂盒（免疫组织化学）	在常规染色（如：HE 染色）基础上进行免疫组织化学染色，为医师提供诊断的辅助信息	I	是	/	/
92	COX-2 抗体试剂 / 检测试剂盒（免疫组织化学）	在常规染色（如：HE 染色）基础上进行免疫组织化学染色，为医师提供诊断的辅助信息	I	是	/	/
93	CXCL-13 抗体试剂 / 检测试剂盒（免疫组织化学）	在常规染色（如：HE 染色）基础上进行免疫组织化学染色，为医师提供诊断的辅助信息	I	是	/	/
94	D2-40 抗体试剂 / 检测试剂盒（免疫组织化学）	在常规染色（如：HE 染色）基础上进行免疫组织化学染色，为医师提供诊断的辅助信息	I	是	/	/
95	Desmin 抗体试剂 / 检测试剂盒（免疫组织化学）	在常规染色（如：HE 染色）基础上进行免疫组织化学染色，为医师提供诊断的辅助信息	I	是	/	/
96	DNP 抗体试剂 / 检测试剂盒（免疫组织化学）	在常规染色（如：HE 染色）基础上进行免疫组织化学染色，为医师提供诊断的辅助信息	I	是	/	/
97	DOG1 抗体试剂 / 检测试剂盒（免疫组织化学）	在常规染色（如：HE 染色）基础上进行免疫组织化学染色，为医师提供诊断的辅助信息	I	是	/	/
98	E-Cadherin 抗体试剂 / 检测试剂盒（免疫组织化学）	在常规染色（如：HE 染色）基础上进行免疫组织化学染色，为医师提供诊断的辅助信息	I	是	/	/
99	EGFR（表皮生长因子受体）抗体试剂 / 检测试剂盒（免疫组织化学）	在常规染色（如：HE 染色）基础上进行免疫组织化学染色，为医师提供诊断的辅助信息	I	是	/	/
100	EMA 抗体试剂 / 检测试剂盒（免疫组织化学）	在常规染色（如：HE 染色）基础上进行免疫组织化学染色，为医师提供诊断的辅助信息	I	是	/	/
101	Ep-CAM 抗体试剂 / 检测试剂盒（免疫组织化学）	在常规染色（如：HE 染色）基础上进行免疫组织化学染色，为医师提供诊断的辅助信息	I	是	/	/
102	ER-Beta 抗体试剂 / 检测试剂盒（免疫组织化学）	在常规染色（如：HE 染色）基础上进行免疫组织化学染色，为医师提供诊断的辅助信息	I	是	/	/
103	ERCC1 抗体试剂 / 检测试剂盒（免疫组织化学）	在常规染色（如：HE 染色）基础上进行免疫组织化学染色，为医师提供诊断的辅助信息	I	是	/	/
104	ESA 抗体试剂 / 检测试剂盒（免疫组织化学）	在常规染色（如：HE 染色）基础上进行免疫组织化学染色，为医师提供诊断的辅助信息	I	是	/	/
105	EZH2 抗体试剂 / 检测试剂盒（免疫组织化学）	在常规染色（如：HE 染色）基础上进行免疫组织化学染色，为医师提供诊断的辅助信息	I	是	/	/
106	Factor VIII 受体抗体试剂 / 检测试剂盒（免疫组织化学）	在常规染色（如：HE 染色）基础上进行免疫组织化学染色，为医师提供诊断的辅助信息	I	是	/	/
107	Fascin 抗体试剂 / 检测试剂盒（免疫组织化学）	在常规染色（如：HE 染色）基础上进行免疫组织化学染色，为医师提供诊断的辅助信息	I	是	/	/

续表

序号	产品名称	预期用途	管理类别	是否豁免临床	相关标准	指导原则
108	Fibronectin 抗体试剂 / 检测试剂盒（免疫组织化学）	在常规染色（如：HE 染色）基础上进行免疫组织化学染色，为医师提供诊断的辅助信息	I	是	/	/
109	FLI–1 抗体试剂 / 检测试剂盒（免疫组织化学）	在常规染色（如：HE 染色）基础上进行免疫组织化学染色，为医师提供诊断的辅助信息	I	是	/	/
110	FOX A1 抗体试剂 / 检测试剂盒（免疫组织化学）	在常规染色（如：HE 染色）基础上进行免疫组织化学染色，为医师提供诊断的辅助信息	I	是	/	/
111	FOXP1 抗体试剂 / 检测试剂盒（免疫组织化学）	在常规染色（如：HE 染色）基础上进行免疫组织化学染色，为医师提供诊断的辅助信息	I	是	/	/
112	FSH 抗体试剂 / 检测试剂盒（免疫组织化学）	在常规染色（如：HE 染色）基础上进行免疫组织化学染色，为医师提供诊断的辅助信息	I	是	/	/
113	Galectin–3 抗体试剂 / 检测试剂盒（免疫组织化学）	在常规染色（如：HE 染色）基础上进行免疫组织化学染色，为医师提供诊断的辅助信息	I	是	/	/
114	Gastrin 抗体试剂 / 检测试剂盒（免疫组织化学）	在常规染色（如：HE 染色）基础上进行免疫组织化学染色，为医师提供诊断的辅助信息	I	是	/	/
115	GATA3 抗体试剂 / 检测试剂盒（免疫组织化学）	在常规染色（如：HE 染色）基础上进行免疫组织化学染色，为医师提供诊断的辅助信息	I	是	/	/
116	GCDFP–15 抗体试剂 / 检测试剂盒（免疫组织化学）	在常规染色（如：HE 染色）基础上进行免疫组织化学染色，为医师提供诊断的辅助信息	I	是	/	/
117	Glucagon 抗体试剂 / 检测试剂盒（免疫组织化学）	在常规染色（如：HE 染色）基础上进行免疫组织化学染色，为医师提供诊断的辅助信息	I	是	/	/
118	GLUT–1 抗体试剂 / 检测试剂盒（免疫组织化学）	在常规染色（如：HE 染色）基础上进行免疫组织化学染色，为医师提供诊断的辅助信息	I	是	/	/
119	Glutamine Synthetase 抗体试剂 / 检测试剂盒（免疫组织化学）	在常规染色（如：HE 染色）基础上进行免疫组织化学染色，为医师提供诊断的辅助信息	I	是	/	/
120	Glycophorin A 抗体试剂 / 检测试剂盒(免疫组织化学）	在常规染色（如：HE 染色）基础上进行免疫组织化学染色，为医师提供诊断的辅助信息	I	是	/	/
121	Glypican 3 抗体试剂 / 检测试剂盒（免疫组织化学）	在常规染色（如：HE 染色）基础上进行免疫组织化学染色，为医师提供诊断的辅助信息	I	是	/	/
122	Granzyme B 抗体试剂 / 检测试剂盒（免疫组织化学）	在常规染色（如：HE 染色）基础上进行免疫组织化学染色，为医师提供诊断的辅助信息	I	是	/	/
123	GST–π 抗体试剂 / 检测试剂盒（免疫组织化学）	在常规染色（如：HE 染色）基础上进行免疫组织化学染色，为医师提供诊断的辅助信息	I	是	/	/
124	Helicobacter phlori 抗体试剂 / 检测试剂盒（免疫组织化学）	在常规染色（如：HE 染色）基础上进行免疫组织化学染色，为医师提供诊断的辅助信息	I	是	/	/
125	Hepatocyte 抗体试剂 / 检测试剂盒（免疫组织化学）	在常规染色（如：HE 染色）基础上进行免疫组织化学染色，为医师提供诊断的辅助信息	I	是	/	/

续表

序号	产品名称	预期用途	管理类别	是否豁免临床	相关标准	指导原则
126	HIF-1α 抗体试剂 / 检测试剂盒（免疫组织化学）	在常规染色（如：HE 染色）基础上进行免疫组织化学染色，为医师提供诊断的辅助信息	I	是	/	/
127	HLA-ABC 抗体试剂 / 检测试剂盒（免疫组织化学）	在常规染色（如：HE 染色）基础上进行免疫组织化学染色，为医师提供诊断的辅助信息	I	是	/	/
128	HLA-DR 抗体试剂 / 检测试剂盒（免疫组织化学）	在常规染色（如：HE 染色）基础上进行免疫组织化学染色，为医师提供诊断的辅助信息	I	是	/	/
129	HMB-45 抗体试剂 / 检测试剂盒（免疫组织化学）	在常规染色（如：HE 染色）基础上进行免疫组织化学染色，为医师提供诊断的辅助信息	I	是	/	/
130	HNF1-Beta 抗体试剂 / 检测试剂盒（免疫组织化学	在常规染色（如：HE 染色）基础上进行免疫组织化学染色，为医师提供诊断的辅助信息	I	是	/	/
131	HPV 探针试剂 / 检测试剂盒（原位杂交法）	在常规染色（如：HE 染色）基础上进行原位杂交染色，为医师提供诊断的辅助信息	I	是	/	/
132	HSA 抗体试剂 / 检测试剂盒（免疫组织化学）	在常规染色（如：HE 染色）基础上进行免疫组织化学染色，为医师提供诊断的辅助信息	I	是	/	/
133	Human Chorionic Gonadotropin 抗体试剂 / 检测试剂盒（免疫组织化学）	在常规染色（如：HE 染色）基础上进行免疫组织化学染色，为医师提供诊断的辅助信息	I	是	/	/
134	Human Growth Hormone 抗体试剂 / 检测试剂盒（免疫组织化学）	在常规染色（如：HE 染色）基础上进行免疫组织化学染色，为医师提供诊断的辅助信息	I	是	/	/
135	Human Placental Lactogen 抗体试剂 / 检测试剂盒（免疫组织化学）	在常规染色（如：HE 染色）基础上进行免疫组织化学染色，为医师提供诊断的辅助信息	I	是	/	/
136	IDH-1 抗体试剂 / 检测试剂盒（免疫组织化学）	在常规染色（如：HE 染色）基础上进行免疫组织化学染色，为医师提供诊断的辅助信息	I	是	/	/
137	IgA 抗体试剂 / 检测试剂盒（免疫组织化学）	在常规染色（如：HE 染色）基础上进行免疫组织化学染色，为医师提供诊断的辅助信息	I	是	/	/
138	IgD 抗体试剂 / 检测试剂盒（免疫组织化学）	在常规染色（如：HE 染色）基础上进行免疫组织化学染色，为医师提供诊断的辅助信息	I	是	/	/
139	IgG 抗体试剂 / 检测试剂盒（免疫组织化学）	在常规染色（如：HE 染色）基础上进行免疫组织化学染色，为医师提供诊断的辅助信息	I	是	/	/
140	IgG4 抗体试剂 / 检测试剂盒（免疫组织化学）	在常规染色（如：HE 染色）基础上进行免疫组织化学染色，为医师提供诊断的辅助信息	I	是	/	/
141	IgM 抗体试剂 / 检测试剂盒（免疫组织化学）	在常规染色（如：HE 染色）基础上进行免疫组织化学染色，为医师提供诊断的辅助信息	I	是	/	/
137	IgA 抗体试剂 / 检测试剂盒（免疫组织化学）	在常规染色（如：HE 染色）基础上进行免疫组织化学染色，为医师提供诊断的辅助信息	I	是	/	/
138	IgD 抗体试剂 / 检测试剂盒（免疫组织化学）	在常规染色（如：HE 染色）基础上进行免疫组织化学染色，为医师提供诊断的辅助信息	I	是	/	/

续表

序号	产品名称	预期用途	管理类别	是否豁免临床	相关标准	指导原则
139	IgG 抗体试剂 / 检测试剂盒（免疫组织化学）	在常规染色（如：HE 染色）基础上进行免疫组织化学染色，为医师提供诊断的辅助信息	I	是	/	/
140	IgG4 抗体试剂 / 检测试剂盒（免疫组织化学）	在常规染色（如：HE 染色）基础上进行免疫组织化学染色，为医师提供诊断的辅助信息	I	是	/	/
141	IgM 抗体试剂 / 检测试剂盒（免疫组织化学）	在常规染色（如：HE 染色）基础上进行免疫组织化学染色，为医师提供诊断的辅助信息	I	是	/	/
142	IMP3 抗体试剂 / 检测试剂盒（免疫组织化学）	在常规染色（如：HE 染色）基础上进行免疫组织化学染色，为医师提供诊断的辅助信息	I	是	/	/
143	Insulin 抗体试剂 / 检测试剂盒（免疫组织化学）	在常规染色（如：HE 染色）基础上进行免疫组织化学染色，为医师提供诊断的辅助信息	I	是	/	/
144	Kappa 链抗体试剂 / 检测试剂盒（免疫组织化学）	在常规染色（如：HE 染色）基础上进行免疫组织化学染色，为医师提供诊断的辅助信息	I	是	/	/
145	Kappa 链探针试剂 / 检测试剂盒（原位杂交法）	在常规染色（如：HE 染色）基础上进行原位杂交染色，为医师提供诊断的辅助信息	I	是	/	/
146	Ki-67 抗体试剂 / 检测试剂盒（免疫组织化学）	在常规染色（如：HE 染色）基础上进行免疫组织化学染色，为医师提供诊断的辅助信息	I	是	/	/
147	Ksp-Cadherin 抗体试剂 / 检测试剂盒（免疫组织化学）	在常规染色（如：HE 染色）基础上进行免疫组织化学染色，为医师提供诊断的辅助信息	I	是	/	/
148	Lambda 链抗体试剂 / 检测试剂盒（免疫组织化学）	在常规染色（如：HE 染色）基础上进行免疫组织化学染色，为医师提供诊断的辅助信息	I	是	/	/
149	Lambda 链探针试剂 / 检测试剂盒（原位杂交法）	在常规染色（如：HE 染色）基础上进行原位杂交染色，为医师提供诊断的辅助信息	I	是	/	/
150	Laminin 抗体试剂 / 检测试剂盒（免疫组织化学）	在常规染色（如：HE 染色）基础上进行免疫组织化学染色，为医师提供诊断的辅助信息	I	是	/	/
151	Langerin 抗体试剂 / 检测试剂盒（免疫组织化学）	在常规染色（如：HE 染色）基础上进行免疫组织化学染色，为医师提供诊断的辅助信息	I	是	/	/
152	LEF-1 抗体试剂 / 检测试剂盒（免疫组织化学）	在常规染色（如：HE 染色）基础上进行免疫组织化学染色，为医师提供诊断的辅助信息	I	是	/	/
153	LMO2 抗体试剂 / 检测试剂盒（免疫组织化学）	在常规染色（如：HE 染色）基础上进行免疫组织化学染色，为医师提供诊断的辅助信息	I	是	/	/
154	LRP 抗体试剂 / 检测试剂盒（免疫组织化学）	在常规染色（如：HE 染色）基础上进行免疫组织化学染色，为医师提供诊断的辅助信息	I	是	/	/
155	Luteinizing Hormone 抗体试剂 / 检测试剂盒（免疫组织化学）	在常规染色（如：HE 染色）基础上进行免疫组织化学染色，为医师提供诊断的辅助信息	I	是	/	/
156	Lysozyme 抗体试剂 / 检测试剂盒（免疫组织化学）	在常规染色（如：HE 染色）基础上进行免疫组织化学染色，为医师提供诊断的辅助信息	I	是	/	/

续表

序号	产品名称	预期用途	管理类别	是否豁免临床	相关标准	指导原则
157	Macrophage 抗体试剂 / 检测试剂盒（免疫组织化学）	在常规染色（如：HE 染色）基础上进行免疫组织化学染色，为医师提供诊断的辅助信息	I	是	/	/
158	Mammaglobin 抗体试剂 / 检测试剂盒(免疫组织化学）	在常规染色（如：HE 染色）基础上进行免疫组织化学染色，为医师提供诊断的辅助信息	I	是	/	/
159	MC 抗体试剂 / 检测试剂盒（免疫组织化学）	在常规染色（如：HE 染色）基础上进行免疫组织化学染色，为医师提供诊断的辅助信息	I	是	/	/
160	MCT（肥大细胞胰蛋白酶）抗体试剂 / 检测试剂盒（免疫组织化学）	在常规染色（如：HE 染色）基础上进行免疫组织化学染色，为医师提供诊断的辅助信息	I	是	/	/
161	MDM2 抗体试剂 / 检测试剂盒（免疫组织化学）	在常规染色（如：HE 染色）基础上进行免疫组织化学染色，为医师提供诊断的辅助信息	I	是	/	/
162	MLH1 抗体试剂 / 检测试剂盒（免疫组织化学）	在常规染色（如：HE 染色）基础上进行免疫组织化学染色，为医师提供诊断的辅助信息	I	是	/	/
163	MOC-31 抗体试剂 / 检测试剂盒（免疫组织化学）	在常规染色（如：HE 染色）基础上进行免疫组织化学染色，为医师提供诊断的辅助信息	I	是	/	/
164	MRP3 抗体试剂 / 检测试剂盒（免疫组织化学）	在常规染色（如：HE 染色）基础上进行免疫组织化学染色，为医师提供诊断的辅助信息	I	是	/	/
165	MSH2 抗体试剂 / 检测试剂盒（免疫组织化学）	在常规染色（如：HE 染色）基础上进行免疫组织化学染色，为医师提供诊断的辅助信息	I	是	/	/
166	MSH6 抗体试剂 / 检测试剂盒（免疫组织化学）	在常规染色（如：HE 染色）基础上进行免疫组织化学染色，为医师提供诊断的辅助信息	I	是	/	/
167	MUC-1 抗体试剂 / 检测试剂盒（免疫组织化学）	在常规染色（如：HE 染色）基础上进行免疫组织化学染色，为医师提供诊断的辅助信息	I	是	/	/
168	MUC2 抗体试剂 / 检测试剂盒（免疫组织化学）	在常规染色（如：HE 染色）基础上进行免疫组织化学染色，为医师提供诊断的辅助信息	I	是	/	/
169	MUC5AC 抗体试剂 / 检测试剂盒（免疫组织化学）	在常规染色（如：HE 染色）基础上进行免疫组织化学染色，为医师提供诊断的辅助信息	I	是	/	/
170	MUC6 抗体试剂 / 检测试剂盒（免疫组织化学）	在常规染色（如：HE 染色）基础上进行免疫组织化学染色，为医师提供诊断的辅助信息	I	是	/	/
171	MUM1 抗体试剂 / 检测试剂盒（免疫组织化学）	在常规染色（如：HE 染色）基础上进行免疫组织化学染色，为医师提供诊断的辅助信息	I	是	/	/
172	Myelin Basic Protein 抗体试剂 / 检测试剂盒（免疫组织化学）	在常规染色（如：HE 染色）基础上进行免疫组织化学染色，为医师提供诊断的辅助信息	I	是	/	/
173	Myeloperoxidase 抗体试剂 / 检测试剂盒（免疫组织化学）	在常规染色（如：HE 染色）基础上进行免疫组织化学染色，为医师提供诊断的辅助信息	I	是	/	/
174	Myo D1 抗体试剂 / 检测试剂盒（免疫组织化学）	在常规染色（如：HE 染色）基础上进行免疫组织化学染色，为医师提供诊断的辅助信息	I	是	/	/

续表

序号	产品名称	预期用途	管理类别	是否豁免临床	相关标准	指导原则
175	Myoglobin 抗体试剂 / 检测试剂盒（免疫组织化学）	在常规染色（如：HE 染色）基础上进行免疫组织化学染色，为医师提供诊断的辅助信息	I	是	/	/
176	Napsin A 抗体试剂 / 检测试剂盒（免疫组织化学）	在常规染色（如：HE 染色）基础上进行免疫组织化学染色，为医师提供诊断的辅助信息	I	是	/	/
177	Nestin 抗体试剂 / 检测试剂盒（免疫组织化学）	在常规染色（如：HE 染色）基础上进行免疫组织化学染色，为医师提供诊断的辅助信息	I	是	/	/
178	NeuN 抗体试剂 / 检测试剂盒（免疫组织化学）	在常规染色（如：HE 染色）基础上进行免疫组织化学染色，为医师提供诊断的辅助信息	I	是	/	/
179	Neurofilament 抗体试剂 / 检测试剂盒（免疫组织化学）	在常规染色（如：HE 染色）基础上进行免疫组织化学染色，为医师提供诊断的辅助信息	I	是	/	/
180	NGFR 抗体试剂 / 检测试剂盒（免疫组织化学）	在常规染色（如：HE 染色）基础上进行免疫组织化学染色，为医师提供诊断的辅助信息	I	是	/	/
181	NM23 抗体试剂 / 检测试剂盒（免疫组织化学）	在常规染色（如：HE 染色）基础上进行免疫组织化学染色，为医师提供诊断的辅助信息	I	是	/	/
182	NSE 抗体试剂 / 检测试剂盒（免疫组织化学）	在常规染色（如：HE 染色）基础上进行免疫组织化学染色，为医师提供诊断的辅助信息	I	是	/	/
183	Oct2 抗体试剂 / 检测试剂盒（免疫组织化学）	在常规染色（如：HE 染色）基础上进行免疫组织化学染色，为医师提供诊断的辅助信息	I	是	/	/
184	Oct4 抗体试剂 / 检测试剂盒（免疫组织化学）	在常规染色（如：HE 染色）基础上进行免疫组织化学染色，为医师提供诊断的辅助信息	I	是	/	/
185	Oligo-2 抗体试剂 / 检测试剂盒（免疫组织化学）	在常规染色（如：HE 染色）基础上进行免疫组织化学染色，为医师提供诊断的辅助信息	I	是	/	/
186	p16 抗体试剂 / 检测试剂盒（免疫组织化学）	在常规染色（如：HE 染色）基础上进行免疫组织化学染色，为医师提供诊断的辅助信息	I	是	/	/
187	p27 抗体试剂 / 检测试剂盒（免疫组织化学）	在常规染色（如：HE 染色）基础上进行免疫组织化学染色，为医师提供诊断的辅助信息	I	是	/	/
188	p40 抗体试剂 / 检测试剂盒（免疫组织化学）	在常规染色（如：HE 染色）基础上进行免疫组织化学染色，为医师提供诊断的辅助信息	I	是	/	/
189	p53 抗体试剂 / 检测试剂盒（免疫组织化学）	在常规染色（如：HE 染色）基础上进行免疫组织化学染色，为医师提供诊断的辅助信息	I	是	/	/
190	p57 抗体试剂 / 检测试剂盒（免疫组织化学）	在常规染色（如：HE 染色）基础上进行免疫组织化学染色，为医师提供诊断的辅助信息	I	是	/	/
191	p63 抗体试剂 / 检测试剂盒（免疫组织化学）	在常规染色（如：HE 染色）基础上进行免疫组织化学染色，为医师提供诊断的辅助信息	I	是	/	/
192	p120 抗体试剂 / 检测试剂盒（免疫组织化学）	在常规染色（如：HE 染色）基础上进行免疫组织化学染色，为医师提供诊断的辅助信息	I	是	/	/

续表

序号	产品名称	预期用途	管理类别	是否豁免临床	相关标准	指导原则
193	Papilloma Virus 抗体试剂 / 检测试剂盒（免疫组织化学）	在常规染色（如：HE 染色）基础上进行免疫组织化学染色，为医师提供诊断的辅助信息	I	是	/	/
194	Pax-2 抗体试剂 / 检测试剂盒（免疫组织化学）	在常规染色（如：HE 染色）基础上进行免疫组织化学染色，为医师提供诊断的辅助信息	I	是	/	/
195	Pax-5 抗体试剂 / 检测试剂盒（免疫组织化学）	在常规染色（如：HE 染色）基础上进行免疫组织化学染色，为医师提供诊断的辅助信息	I	是	/	/
196	Pax-8 抗体试剂 / 检测试剂盒（免疫组织化学）	在常规染色（如：HE 染色）基础上进行免疫组织化学染色，为医师提供诊断的辅助信息	I	是	/	/
197	PCNA 抗体试剂 / 检测试剂盒（免疫组织化学）	在常规染色（如：HE 染色）基础上进行免疫组织化学染色，为医师提供诊断的辅助信息	I	是	/	/
198	PC 抗体试剂 / 检测试剂盒（免疫组织化学）	在常规染色（如：HE 染色）基础上进行免疫组织化学染色，为医师提供诊断的辅助信息	I	是	/	/
199	PLAP 抗体试剂 / 检测试剂盒（免疫组织化学）	在常规染色（如：HE 染色）基础上进行免疫组织化学染色，为医师提供诊断的辅助信息	I	是	/	/
200	PMS2 抗体试剂 / 检测试剂盒（免疫组织化学）	在常规染色（如：HE 染色）基础上进行免疫组织化学染色，为医师提供诊断的辅助信息	I	是	/	/
201	Podoplanin 抗体试剂 / 检测试剂盒（免疫组织化学）	在常规染色（如：HE 染色）基础上进行免疫组织化学染色，为医师提供诊断的辅助信息	I	是	/	/
202	PRL 抗体试剂 / 检测试剂盒（免疫组织化学）	在常规染色（如：HE 染色）基础上进行免疫组织化学染色，为医师提供诊断的辅助信息	I	是	/	/
203	Protein Gene Product 9.5 抗体试剂 / 检测试剂盒（免疫组织化学）	在常规染色（如：HE 染色）基础上进行免疫组织化学染色，为医师提供诊断的辅助信息	I	是	/	/
204	pS2 抗体试剂 / 检测试剂盒（免疫组织化学）	在常规染色（如：HE 染色）基础上进行免疫组织化学染色，为医师提供诊断的辅助信息	I	是	/	/
205	PSA 抗体试剂 / 检测试剂盒（免疫组织化学）	在常规染色（如：HE 染色）基础上进行免疫组织化学染色，为医师提供诊断的辅助信息	I	是	/	/
206	PSAP 抗体试剂 / 检测试剂盒（免疫组织化学）	在常规染色（如：HE 染色）基础上进行免疫组织化学染色，为医师提供诊断的辅助信息	I	是	/	/
207	PSMA 抗体试剂 / 检测试剂盒（免疫组织化学）	在常规染色（如：HE 染色）基础上进行免疫组织化学染色，为医师提供诊断的辅助信息	I	是	/	/
208	PTEN 抗体试剂 / 检测试剂盒（免疫组织化学法）	在常规染色（如：HE 染色）基础上进行免疫组织化学染色，为医师提供诊断的辅助信息	I	是	/	/
209	PTH 甲状旁腺素抗体试剂 / 检测试剂盒（免疫组织化学）	在常规染色（如：HE 染色）基础上进行免疫组织化学染色，为医师提供诊断的辅助信息	I	是	/	/

续表

序号	产品名称	预期用途	管理类别	是否豁免临床	相关标准	指导原则
210	Rb Gene Protein 抗体试剂 / 检测试剂盒（免疫组织化学）	在常规染色（如：HE 染色）基础上进行免疫组织化学染色，为医师提供诊断的辅助信息	I	是	/	/
211	Renal Cell Carcinoma Marker 抗体试剂 / 检测试剂盒（免疫组织化学）	在常规染色（如：HE 染色）基础上进行免疫组织化学染色，为医师提供诊断的辅助信息	I	是	/	/
212	RRM1 抗体试剂 / 检测试剂盒（免疫组织化学）	在常规染色（如：HE 染色）基础上进行免疫组织化学染色，为医师提供诊断的辅助信息	I	是	/	/
213	S100P 抗体试剂 / 检测试剂盒（免疫组织化学）	在常规染色（如：HE 染色）基础上进行免疫组织化学染色，为医师提供诊断的辅助信息	I	是	/	/
214	S100 抗体试剂 / 检测试剂盒（免疫组织化学）	在常规染色（如：HE 染色）基础上进行免疫组织化学染色，为医师提供诊断的辅助信息	I	是	/	/
215	SALL4 抗体试剂 / 检测试剂盒（免疫组织化学）	在常规染色（如：HE 染色）基础上进行免疫组织化学染色，为医师提供诊断的辅助信息	I	是	/	/
216	SDHB 抗体试剂 / 检测试剂盒（免疫组织化学）	在常规染色（如：HE 染色）基础上进行免疫组织化学染色，为医师提供诊断的辅助信息	I	是	/	/
217	Serotonin 抗体试剂 / 检测试剂盒（免疫组织化学）	在常规染色（如：HE 染色）基础上进行免疫组织化学染色，为医师提供诊断的辅助信息	I	是	/	/
218	SMA 抗体试剂 / 检测试剂盒（免疫组织化学）	在常规染色（如：HE 染色）基础上进行免疫组织化学染色，为医师提供诊断的辅助信息	I	是	/	/
219	Smooth Muscle Myosin 抗体试剂 / 检测试剂盒（免疫组织化学）	在常规染色（如：HE 染色）基础上进行免疫组织化学染色，为医师提供诊断的辅助信息	I	是	/	/
220	Somatostatin 抗体试剂 / 检测试剂盒（免疫组织化学）	在常规染色（如：HE 染色）基础上进行免疫组织化学染色，为医师提供诊断的辅助信息	I	是	/	/
221	SOX-2 抗体试剂 / 检测试剂盒（免疫组织化学）	在常规染色（如：HE 染色）基础上进行免疫组织化学染色，为医师提供诊断的辅助信息	I	是	/	/
222	SOX-11 抗体试剂 / 检测试剂盒（免疫组织化学）	在常规染色（如：HE 染色）基础上进行免疫组织化学染色，为医师提供诊断的辅助信息	I	是	/	/
223	Surfactant Protein B 抗体试剂 / 检测试剂盒（免疫组织化学）	在常规染色（如：HE 染色）基础上进行免疫组织化学染色，为医师提供诊断的辅助信息	I	是	/	/
224	Synaptophysin 抗体试剂 / 检测试剂盒(免疫组织化学）	在常规染色（如：HE 染色）基础上进行免疫组织化学染色，为医师提供诊断的辅助信息	I	是	/	/
225	TAG-72 抗体试剂 / 检测试剂盒（免疫组织化学）	在常规染色（如：HE 染色）基础上进行免疫组织化学染色，为医师提供诊断的辅助信息	I	是	/	/
226	TCRD 抗体试剂 / 检测试剂盒（免疫组织化学）	在常规染色（如：HE 染色）基础上进行免疫组织化学染色，为医师提供诊断的辅助信息	I	是	/	/

续表

序号	产品名称	预期用途	管理类别	是否豁免临床	相关标准	指导原则
227	TdT 抗体试剂 / 检测试剂盒（免疫组织化学）	在常规染色（如：HE 染色）基础上进行免疫组织化学染色，为医师提供诊断的辅助信息	I	是	/	/
228	TERC 基因扩增探针试剂 / 检测试剂盒（原位杂交法）	在常规染色（如：HE 染色）基础上进行原位杂交染色，为医师提供诊断的辅助信息	I	是	/	/
229	TFE3 抗体试剂 / 检测试剂盒（免疫组织化学）	在常规染色（如：HE 染色）基础上进行免疫组织化学染色，为医师提供诊断的辅助信息	I	是	/	/
230	TGF-β 1 抗体试剂 / 检测试剂盒（免疫组织化学）	在常规染色（如：HE 染色）基础上进行免疫组织化学染色，为医师提供诊断的辅助信息	I	是	/	/
231	Thyroid Stimulating Hormone 抗体试剂 / 检测试剂盒（免疫组织化学）	在常规染色（如：HE 染色）基础上进行免疫组织化学染色，为医师提供诊断的辅助信息	I	是	/	/
232	THY 抗体试剂 / 检测试剂盒（免疫组织化学）	在常规染色（如：HE 染色）基础上进行免疫组织化学染色，为医师提供诊断的辅助信息	I	是	/	/
233	TIA-1 抗体试剂 / 检测试剂盒（免疫组织化学）	在常规染色（如：HE 染色）基础上进行免疫组织化学染色，为医师提供诊断的辅助信息	I	是	/	/
234	TLE1 抗体试剂 / 检测试剂盒（免疫组织化学）	在常规染色（如：HE 染色）基础上进行免疫组织化学染色，为医师提供诊断的辅助信息	I	是	/	/
235	TOP2A 基因扩增探针试剂 / 检测试剂盒（原位杂交法）	在常规染色（如：HE 染色）基础上进行原位杂交染色，为医师提供诊断的辅助信息	I	是	/	/
236	TOP2A 抗体试剂 / 检测试剂盒（免疫组织化学）	在常规染色（如：HE 染色）基础上进行免疫组织化学染色，为医师提供诊断的辅助信息	I	是	/	/
237	TPO 抗体试剂 / 检测试剂盒（免疫组织化学）	在常规染色（如：HE 染色）基础上进行免疫组织化学染色，为医师提供诊断的辅助信息	I	是	/	/
238	Tryptase 抗体试剂 / 检测试剂盒（免疫组织化学）	在常规染色（如：HE 染色）基础上进行免疫组织化学染色，为医师提供诊断的辅助信息	I	是	/	/
239	Tyrosinase 抗体试剂 / 检测试剂盒（免疫组织化学）	在常规染色（如：HE 染色）基础上进行免疫组织化学染色，为医师提供诊断的辅助信息	I	是	/	/
240	uPAR 抗体试剂 / 检测试剂盒（免疫组织化学法）	在常规染色（如：HE 染色）基础上进行免疫组织化学染色，为医师提供诊断的辅助信息	I	是	/	/
241	VEGF 抗体试剂 / 检测试剂盒（免疫组织化学）	在常规染色（如：HE 染色）基础上进行免疫组织化学染色，为医师提供诊断的辅助信息	I	是	/	/
242	VHL 抗体试剂 / 检测试剂盒（免疫组织化学）	在常规染色（如：HE 染色）基础上进行免疫组织化学染色，为医师提供诊断的辅助信息	I	是	/	/

续表

序号	产品名称	预期用途	管理类别	是否豁免临床	相关标准	指导原则
243	Villin（微管素）抗体试剂 / 检测试剂盒（免疫组织化学）	在常规染色（如：HE 染色）基础上进行免疫组织化学染色，为医师提供诊断的辅助信息	I	是	/	/
244	Vimentin 抗体试剂 / 检测试剂盒（免疫组织化学）	在常规染色（如：HE 染色）基础上进行免疫组织化学染色，为医师提供诊断的辅助信息	I	是	/	/
245	WT1 抗体试剂 / 检测试剂盒（免疫组织化学）	在常规染色（如：HE 染色）基础上进行免疫组织化学染色，为医师提供诊断的辅助信息	I	是	/	/
246	ZAP-70 抗体试剂 / 检测试剂盒（免疫组织化学）	在常规染色（如：HE 染色）基础上进行免疫组织化学染色，为医师提供诊断的辅助信息	I	是	/	/
247	β-tubulin-Ⅲ抗体试剂 / 检测试剂盒（免疫组织化学）	在常规染色（如：HE 染色）基础上进行免疫组织化学染色，为医师提供诊断的辅助信息	I	是	/	/
248	层粘连蛋白-5-γ-2 链抗体试剂 / 检测试剂盒（免疫组织化学）	在常规染色（如：HE 染色）基础上进行免疫组织化学染色，为医师提供诊断的辅助信息	I	是	/	/
249	淀粉样蛋白 A 抗体试剂 / 检测试剂盒（免疫组织化学）	在常规染色（如：HE 染色）基础上进行免疫组织化学染色，为医师提供诊断的辅助信息	I	是	/	/
250	骨髓增生异常综合征染色体及基因异常探针试剂 / 检测试剂盒（原位杂交法）	在常规染色（如：HE 染色）基础上进行原位杂交染色，为医师提供诊断的辅助信息	I	是	/	/
251	甲状腺转录因子-1（TTF-1）抗体试剂 / 检测试剂盒（免疫组织化学）	在常规染色（如：HE 染色）基础上进行免疫组织化学染色，为医师提供诊断的辅助信息	I	是	/	/
252	胶质纤维酸性蛋白（Glial Fibrillary Acidic Protein，GFAP）抗体试剂 / 检测试剂盒（免疫组织化学）	在常规染色（如：HE 染色）基础上进行免疫组织化学染色，为医师提供诊断的辅助信息	I	是	/	/
253	抗血栓调节蛋白抗体试剂 / 检测试剂盒（免疫组织化学法）	在常规染色（如：HE 染色）基础上进行免疫组织化学染色，为医师提供诊断的辅助信息	I	是	/	/
254	慢性淋巴细胞白血病染色体及基因异常探针试剂 / 检测试剂盒（原位杂交法）	在常规染色（如：HE 染色）基础上进行原位杂交染色，为医师提供诊断的辅助信息	I	是	/	/
255	膀胱癌细胞染色体及基因异常探针试剂 / 检测试剂盒（原位杂交法）	在常规染色（如：HE 染色）基础上进行原位杂交染色，为医师提供诊断的辅助信息	I	是	YY/T 1224—2014	/
256	细胞角蛋白 5&6 抗体试剂 / 检测试剂盒（免疫组织化学）	在常规染色（如：HE 染色）基础上进行免疫组织化学染色，为医师提供诊断的辅助信息	I	是	/	/
257	细胞角蛋白 7 抗体试剂 / 检测试剂盒（免疫组织化学）	在常规染色（如：HE 染色）基础上进行免疫组织化学染色，为医师提供诊断的辅助信息	I	是	/	/
258	细胞角蛋白 8 抗体试剂 / 检测试剂盒（免疫组织化学）	在常规染色（如：HE 染色）基础上进行免疫组织化学染色，为医师提供诊断的辅助信息	I	是	/	/

续表

序号	产品名称	预期用途	管理类别	是否豁免临床	相关标准	指导原则
259	细胞角蛋白 8&18 抗体试剂 / 检测试剂盒（免疫组织化学）	在常规染色（如：HE 染色）基础上进行免疫组织化学染色，为医师提供诊断的辅助信息	I	是	/	/
260	细胞角蛋白 10 抗体试剂 / 检测试剂盒（免疫组织化学）	在常规染色（如：HE 染色）基础上进行免疫组织化学染色，为医师提供诊断的辅助信息	I	是	/	/
261	细胞角蛋白 14 抗体试剂 / 检测试剂盒（免疫组织化学）	在常规染色（如：HE 染色）基础上进行免疫组织化学染色，为医师提供诊断的辅助信息	I	是	/	/
262	细胞角蛋白 17 抗体试剂 / 检测试剂盒（免疫组织化学）	在常规染色（如：HE 染色）基础上进行免疫组织化学染色，为医师提供诊断的辅助信息	I	是	/	/
263	细胞角蛋白 18 抗体试剂 / 检测试剂盒（免疫组织化学）	在常规染色（如：HE 染色）基础上进行免疫组织化学染色，为医师提供诊断的辅助信息	I	是	/	/
264	细胞角蛋白 19 抗体试剂 / 检测试剂盒（免疫组织化学）	在常规染色（如：HE 染色）基础上进行免疫组织化学染色，为医师提供诊断的辅助信息	I	是	/	/
265	细胞角蛋白 20 抗体试剂 / 检测试剂盒（免疫组织化学）	在常规染色（如：HE 染色）基础上进行免疫组织化学染色，为医师提供诊断的辅助信息	I	是	/	/
266	细胞角蛋白 CAM 5.2 抗体试剂 / 检测试剂盒（免疫组织化学）	在常规染色（如：HE 染色）基础上进行免疫组织化学染色，为医师提供诊断的辅助信息	I	是	/	/
267	细胞角蛋白（低分子量）抗体试剂 / 检测试剂盒（免疫组织化学）	在常规染色（如：HE 染色）基础上进行免疫组织化学染色，为医师提供诊断的辅助信息	I	是	/	/
268	细胞角蛋白（高分子量）抗体试剂 / 检测试剂盒（免疫组织化学）	在常规染色（如：HE 染色）基础上进行免疫组织化学染色，为医师提供诊断的辅助信息	I	是	/	/
269	细胞角蛋白（广谱）抗体试剂 / 检测试剂盒（免疫组织化学）	在常规染色（如：HE 染色）基础上进行免疫组织化学染色，为医师提供诊断的辅助信息	I	是	/	/
270	细胞角蛋白 CK34Beta E（高分子量）抗体试剂 / 检测试剂盒（免疫组织化学）	在常规染色（如：HE 染色）基础上进行免疫组织化学染色，为医师提供诊断的辅助信息	I	是	/	/
271	细胞周期蛋白 D1 抗体试剂 / 检测试剂盒（免疫组织化学）	在常规染色（如：HE 染色）基础上进行免疫组织化学染色，为医师提供诊断的辅助信息	I	是	/	/
272	细胞周期蛋白 E 抗体试剂 / 检测试剂盒（免疫组织化学）	在常规染色（如：HE 染色）基础上进行免疫组织化学染色，为医师提供诊断的辅助信息	I	是	/	/
273	Actin, Alpha Smooth Muscle 抗体试剂 / 检测试剂盒（免疫组织化学）	在常规染色（如：HE 染色）基础上进行免疫组织化学染色，为医师提供诊断的辅助信息	I	是	/	/
274	AE1/AE3 混合分子量角蛋白抗体试剂 / 检测试剂盒（免疫组织化学）	在常规染色（如：HE 染色）基础上进行免疫组织化学染色，为医师提供诊断的辅助信息	I	是	/	/

续表

序号	产品名称	预期用途	管理类别	是否豁免临床	相关标准	指导原则
275	AMACR/p504s 抗体试剂 / 检测试剂盒（免疫组织化学）	在常规染色（如：HE 染色）基础上进行免疫组织化学染色，为医师提供诊断的辅助信息	I	是	/	/
276	*ERG*、*TMPRSS2*、*ETV1*、*ETV4* 基因异常探针试剂 / 检测试剂盒（原位杂交法）	在常规染色（如：HE 染色）基础上进行原位杂交染色，为医师提供诊断的辅助信息	I	是	/	/
277	Inhibin, alpha 抗体试剂 / 检测试剂盒（免疫组织化学）	在常规染色（如：HE 染色）基础上进行免疫组织化学染色，为医师提供诊断的辅助信息	I	是	/	/
278	MART-1/melan A 抗体试剂 / 检测试剂盒（免疫组织化学）	在常规染色（如：HE 染色）基础上进行免疫组织化学染色，为医师提供诊断的辅助信息	I	是	/	/
279	NF Kappa B/p50 抗体试剂 / 检测试剂盒（免疫组织化学）	在常规染色（如：HE 染色）基础上进行免疫组织化学染色，为医师提供诊断的辅助信息	I	是	/	/
280	Oct3/4 抗体试剂 / 检测试剂盒（免疫组织化学）	在常规染色（如：HE 染色）基础上进行免疫组织化学染色，为医师提供诊断的辅助信息	I	是	/	/
281	p16/Ki-67 检测试剂盒（免疫细胞化学法）	在常规染色（如：HE 染色）基础上进行免疫组织化学染色，为医师提供诊断的辅助信息	I	是	/	/
282	p21/WAF1 抗体试剂 / 检测试剂盒（免疫组织化学）	在常规染色（如：HE 染色）基础上进行免疫组织化学染色，为医师提供诊断的辅助信息	I	是	/	/

第三章　分类界定文件体外诊断试剂

本子目录所依据的法规文件包括《食品药品监管总局办公厅关于基因分析仪等 3 个产品分类界定的通知》（食药监办械管〔2014〕8 号）、《食品药品监管总局办公厅关于电子宫腔观察镜等 30 个产品分类界定的通知》（食药监办械管〔2014〕149 号）、《食品药品监管总局办公厅关于乳腺摄影立体定位装置等 153 个产品分类界定的通知》（食药监办械管〔2015〕49 号）、《食品药品监管总局办公厅关于恒温核酸扩增检测仪等 22 个产品分类界定的通知》（食药监办械管〔2015〕75 号）和《食品药品监管总局办公厅关于多功能超声骨刀等 127 个产品分类界定的通知》（食药监办械管〔2015〕104 号）等文件。

分类界定文件体外诊断试剂产品分类列表

序号	文件文号	产品名称	产品描述	管理类别	是否豁免临床	相关标准	指导原则
1	食药监办械管〔2014〕8 号	测序反应通用试剂盒（测序法）	由制备 DNA 纳米球试剂和联合探针锚定连接（cPAL）测序通用试剂组成，是检测人类基因组 DNA 文库的一组常用试剂和耗材，基于联合探针锚定连接技术的测序原理，与 BGISEQ 基因分析仪配合使用，完成高通量测序过程并获取样本序列信息，是该测序反应系统的通用试剂。本产品不用于全基因组测序。分类编码：6840	Ⅰ	是	/	/
2	食药监办械管〔2014〕149 号	抗生素类药物诱导型溶血性贫血检测试剂盒（微柱凝胶法）	由药物诱导型溶血性贫血检测试剂卡、抗体释放液、药物稀释液等组成。用于检测抗生素类药物引起的溶血性贫血药物的鉴别，指导临床合理选择使用药物。分类编码：6840	Ⅱ	否	/	/
3	食药监办械管〔2014〕149 号	壳多糖酶 3 样蛋白 1 (CHI3L1) 检测试剂盒（酶联免疫法）	由 CHI3L1 微孔酶标板、CHI3L1 检测抗体、HRP 标记亲和素及稀释液、显色剂等组成。用于体外定量检测人血清样本中的 CHI3L1，辅助肝硬化的诊断。分类编码：6840	Ⅱ	否	/	/
4	食药监办械管〔2014〕149 号	胰岛素样生长因子 –I 检测试剂	由包被珠、试剂楔、校正品和样本稀释液组成。用于体外定量检测血清或肝素化血浆中胰岛素样生长因子 –I(IGF–I) 含量。对生长紊乱评估起辅助诊断作用	Ⅱ	否	/	/
5	食药监办械管〔2014〕149 号	类风湿因子吸附剂	由经过处理的山羊抗人 IgG 免疫血清组成，仅用于检测特异性 IgM 抗体前对血清或者血浆样本的预处理。分类编码：6840	Ⅰ	是	/	/
6	食药监办械管〔2014〕149 号	细胞培养基	由 1640 培养基或 RPMI–1640 培养基及其他必要的辅助成分组成。仅用于细胞增殖培养，不具备对细胞的选择、诱导、分化功能。培养后的细胞用于体外诊断	Ⅰ	是	/	/
7	食药监办械管〔2015〕49 号	透明质酸 – 单精子选择装置	由培养皿及覆盖在其表面的透明质酸组成。用于在体外对具有透明质酸结合位点的成熟精子进行精子功能分析和研究，临床上用于评判精子功能。分类编码：6840	Ⅱ	否	/	/
8	食药监办械管〔2015〕49 号	嗜酸性粒细胞阳离子蛋白检测试剂（荧光免疫法）	由抗嗜酸性粒细胞阳离子蛋白抗体、纤维素固相载体、叠氮化钠和笔状圆筒组成。用于体外定量检测人血清中嗜酸性阳离子蛋白，临床上用于气喘和多种过敏疾病引起的发炎反应的辅助诊断。分类编码：6840	Ⅱ	否	/	/

续表

序号	文件文号	产品名称	产品描述	管理类别	是否豁免临床	相关标准	指导原则
9	食药监办械管〔2015〕49号	嗜酸性粒细胞阳离子蛋白酶标特异性抗体	由β－半乳糖苷酶－抗嗜酸性阳离子蛋白酶标特异性抗体、叠氮化钠、牛血清白蛋白和水组成。与嗜酸性粒细胞阳离子蛋白检测试剂（荧光免疫法）配套使用，用于体外定量检测人血清中嗜酸性阳离子蛋白。分类编码：6840	Ⅱ	否	/	/
10	食药监办械管〔[2015〕49号	甲胎蛋白测定试剂盒（时间分辨荧光法）	由人甲胎蛋白校准物、小鼠抗人甲胎蛋白单克隆抗体包被微孔板条、铕标记的小鼠抗人甲胎蛋白单克隆抗体贮存液及其他必要的辅助试剂组成。用于体外定量测定孕妇血清及羊水中人甲胎蛋白的含量，临床上用于评估孕妇异常妊娠和唐氏综合征的风险，不适用于肿瘤检测。分类编码：6840	Ⅱ	否	/	/
11	食药监办械管〔2015〕49号	抗缪勒氏管激素（AMH）测定试剂盒（酶联免疫法）	由AMH包被的微孔板、AMH校准品、酶联物、抗AMH抗体－生物素结合物、AMH检测缓冲液及其他必要辅助试剂组成。用于体外定量检测人血清或血浆中的抗缪勒氏管激素，临床上主要用于监测卵巢储备力、预测体外受精联合胚胎移植技术（IVF)的卵巢反应性、预防卵巢过度刺激综合征（OHSS）的并发症、男性生殖功能的评估等。分类编码：6840	Ⅱ	否	/	/
12	食药监办械管〔2015〕49号	抑制素B测定试剂盒(酶联免疫法)	由抑制素B包被微孔反应板、抑制素B校准品、酶联物、抗抑制素B抗体－生物素结合物、检测缓冲液等主要组成成分及其他必要的反应试剂组成。用于体外定量检测人血清中的抑制素B，临床上主要用于评价男性睾丸生精功能及女性卵巢储备功能。分类编码：6840	Ⅱ	否	/	/
13	食药监办械管〔2015〕49号	隐球菌荚膜多糖检测试剂盒（胶体金法）	由胶体金免疫层析检测卡、样本稀释液组成。用于对人体脑脊液或血清中隐球菌荚膜抗原进行定性检测，临床上用于隐球菌病的辅助诊断。分类编码：6840	Ⅲ	否	/	/
14	食药监办械管〔2015〕49号	活化CD4细胞ATP检测试剂盒(化学发光法）	由培养板、样本稀释液、刺激剂、CD4磁珠、洗涤液、裂解试剂、发光试剂、ATP校准品、测量板组成。用于体外检测经植物血凝素（PHA）刺激活化的人体全血CD4细胞内三磷酸腺苷(ATP）浓度，临床上辅助评估肝移植术后受者的感染风险。分类编码：6840	Ⅲ	否	/	/

续表

序号	文件文号	产品名称	产品描述	管理类别	是否豁免临床	相关标准	指导原则
15	食药监办械管〔2015〕75号	胎盘生长因子检测试剂盒（时间分辨荧光法）	由校准品、铕标示踪抗体、分析缓冲液、生物素抗体、链霉亲和素微孔板条、条形码标签等组成。用于定量测定孕妇血清中的胎盘生长因子。临床上用于辅助筛查妊娠妇女孕早期唐氏综合征风险。分类编码：6840	Ⅱ	否	/	/
16	食药监办械管〔2015〕75号	脂联素检测试剂盒（免疫比浊法）	由试剂1（缓冲液）和试剂2（乳胶抗体试剂）组成。用于体外定量检测人血清或血浆中脂联素浓度。临床上用于评估I型糖尿病和心血管疾病的风险。分类编码：6840	Ⅱ	否	/	/
17	食药监办械管〔2015〕75号	小而密低密度脂蛋白胆固醇测定试剂盒（直接清除法）	由试剂（含过氧化氢酶、胆固醇氧化酶、胆固醇脂酶、显色剂的缓冲液）和试剂（含过氧化物酶、酶稳定剂、显色剂的缓冲液）组成。用于体外定量检测人血清中小而密低密度脂蛋白胆固醇的含量，临床上用于动脉粥样硬化的辅助诊断。分类编码：6840	Ⅱ	否	/	/
18	食药监办械管〔2015〕75号	尿液游离Lambda-轻链测定试剂盒（免疫比浊法）	由定标液、试剂缓冲液和试剂（游离Lambda-轻链抗血清）组成。用于体外定量测定尿液游离Lambda-轻链浓度，临床上用于单克隆丙种球蛋白增多症的辅助诊断。分类编码：6840	Ⅱ	否	/	/
19	食药监办械管〔2015〕75号	液基细胞和微生物处理、保存试剂	主要由细胞保存液、细胞裂解液、提取液、稀释液、消化酶、防腐剂及必要的细胞承载或制片器具组成等。用于临床检验分析前细胞或微生物的保存、运输、提取、分离、沉淀、固定、制片等。分类编码：6840	I	是	/	/
20	食药监办械管〔2015〕75号	病理分析前处理试剂	主要由组织固定液、组织脱水液、透明液、清洗剂等组成。用于病理分析前组织标本的固定、梯度脱水、透明、浸蜡和包埋制片。分类编码：6840	I	是	/	/
21	食药监办械管〔2015〕75号	脱蜡液	由脱蜡液、防腐液、专用水等组成。用于对样本进行染色前预处理，去除石蜡包埋组织样本上的石蜡。分类编码：6840	I	是	/	/
22	食药监办械管〔2015〕75号	触发缓冲液	由0.9%的氯化钠等渗溶液组成。与血小板功能分析仪及配套检测试剂盒配套使用，用于在检测前润湿生化活性膜。分类编码：6840	I	是	/	/

续表

序号	文件文号	产品名称	产品描述	管理类别	是否豁免临床	相关标准	指导原则
23	食药监办械管〔2015〕75 号	流式细胞分析用鞘液	由含盐缓冲液和防腐剂组成。用于与流式技术相关的分析中对样本进行检测时形成鞘流，以利于仪器进行计数分析。分类编码：6840	Ⅰ	是	/	/
24	食药监办械管〔2015〕75 号	流式细胞分析用溶血剂	由浓度小于 2% 的甲醛和浓度小于 15% 的甘油组成。用于快速裂解人类外周血中红细胞，维持白细胞基本形态，临床上用于流式细胞仪检测前样本处理。分类编码：6840	Ⅰ	是	/	/
25	食药监办械管〔2015〕75 号	抗体稀释液	由缓冲液和防腐剂组成。用于临床检验时抗血清的稀释。分类编码：6840	Ⅰ	是	/	/
26	食药监办械管〔2015〕75 号	溶痰剂	由次氯酸钠、表面活性剂组成。用于抗酸染色前痰标本的均质化处理，以提高阳性检出率。分类编码：6840	Ⅰ	是	/	/
27	食药监办械管〔2015〕75 号	精液液化剂	由菠萝蛋白酶和蔗糖组成。用于精液检查前促进液化迟缓的精液标本的液化、降低精液的黏稠度。分类编码：6840	Ⅰ	是	/	/
28	食药监办械管〔2015〕104 号	基因检测试剂盒（微阵列芯片法）	由微阵列芯片（用于飞行时间质谱系统对核酸样本分析时的核酸样本的承载）、质控品（用于对微阵列芯片的性能指标的质控）、引物 P1（与自备试剂合用，扩增质控品，产物对微阵列芯片的性能进行质控）、引物 P2（与自备试剂合用，扩增质控品，产物对微阵列芯片的性能进行质控）、引物 Y（与自备试剂合用，扩增目的核酸片段，对微阵列芯片性能进行质控）5 个部分组成。产品适用于飞行时间质谱系统对人体来源样本中的特定基因进行分析。用于临床体外诊断。分类编码：6840	Ⅲ	否	/	/
29	食药监办械管〔2015〕104 号	8 种食源性细菌核酸检测试剂盒（LAMP 法）	由 8 连反应液管、阳性对照、基因组、阴性对照、DNA 提取液组成。用于疑为食源性疾病患者粪便、肛拭子、呕吐物等样本中 8 种常见食源性细菌（沙门菌、志贺菌、金黄色葡萄球菌、霍乱弧菌、副溶血性弧菌、单增李斯特菌、奇异变形杆菌、大肠杆菌 O157）核酸的快速检测，用于食源性疾病的辅助诊断。分类编码：6840	Ⅲ	否	/	/

续表

序号	文件文号	产品名称	产品描述	管理类别	是否豁免临床	相关标准	指导原则
30	食药监办械管〔2015〕104 号	痕迹蛋白测定试剂盒（散射比浊法）	由 β 痕迹蛋白试剂（抗体）、β 痕迹蛋白补充试剂（缓冲液）组成。用于体外定量测定人血清、血浆、尿、脑脊液和含有鼻或耳分泌物的脑脊液（脑脊液漏）中 β 痕迹蛋白（BTP）。临床上用于残余肾功能、肾小管损伤、脑脊液渗漏的辅助评估和辅助诊断。分类编码：6840	Ⅱ	否	/	/
31	食药监办械管〔2015〕104 号	尿半乳糖检测试剂盒	由反应装置、纯化装置、标准液组成，用于定性检测人体尿液中半乳糖，临床上仅用于乳糖不耐受的辅助诊断，不用于遗传性半乳糖血症的辅助诊断。分类编码：6840	Ⅱ	否	/	/
32	食药监办械管〔2015〕104 号	金黄色葡萄球菌鉴定试剂盒（乳胶凝集法）	由试剂 1（包被人血纤维蛋白原的致敏乳胶颗粒试剂）、试剂 2（包被未致敏的乳胶颗粒的阴性质控试剂）和检测卡组成，用于经形态学观察、革兰氏染色、触酶试验等确认为葡萄球菌后的进一步鉴定。分类编码：6840	Ⅱ	否	/	/
33	食药监办械管〔2015〕104 号	三磷酸腺苷检测试剂盒	主要由裂解试剂、质控品、ATP 检测试剂、过滤柱组成，通过检测临床痰液或尿液样本中病原菌（包括细菌和真菌）胞内的 ATP，可用于临床痰液样本中病原菌感染的快速筛选。分类编码：6840。	Ⅱ	否	/	/
34	食药监办械管〔2015〕104 号	胰岛素样生长因子结合蛋白 3 (IGFBP–3) 测定试剂盒（酶联免疫法）	由校准品、质控品、反应板、酶结合物、校准品／质控品信息卡及其他必要辅助试剂组成，用于定量测定人血清胰岛素样生长因子结合蛋白 3 (IGFBP–3)。临床用于生长激素分泌异常的辅助诊断、评估垂体功能、监测生长激素疗法的疗效。分类编码：6840	Ⅱ	否	/	/
35	食药监办械管〔2015〕104 号	抑制素 A (INH A) 测定试剂盒（酶联免疫法）	由校准品、质控品、反应板、酶结合物、校准品／质控品信息卡及其他必要辅助试剂组成，用于定量测定人血清抑制素 A (INH A)。临床上用于唐氏综合征的产前筛查，在辅助生殖技术中应用于黄体功能的异常检测。分类编码：6840	Ⅱ	否	/	/
36	食药监办械管〔2015〕104 号	特异性生长因子测定试剂盒（化学法）	由试剂 1（识别物）、试剂 2（显色剂）、校准品、质控品组成，用于体外测定人血清中特异性生长因子的含量。临床上用于急性炎症监测、免疫系统紊乱的辅助诊断。分类编码：6840	Ⅱ	否	/	/

续表

序号	文件文号	产品名称	产品描述	管理类别	是否豁免临床	相关标准	指导原则
37	食药监办械管〔2015〕104 号	小而密低密度脂蛋白胆固醇检测试剂盒	由试剂 1 和试剂 2 组成，用于体外定量测定人血清中小而密低密度脂蛋白胆固醇的含量，辅助诊断动脉粥样硬化。分类编码：6840	Ⅱ	否	/	/
38	食药监办械管〔2015〕104 号	免疫细胞培养基和处理试剂	由基础培养基和白细胞介素（IL）、干扰素（INF）、肿瘤坏死因子（TNF）、生长因子（GF）等细胞因子或它诱导剂组成。用于骨髓、外周血、脐带血等样本中淋巴细胞的体外诱导、处理和分离培养。培养后的细胞仅用于临床体外诊断，不用于回输等治疗用途。分类编码：6840	Ⅱ	否	/	/
39	食药监办械管〔2015〕104 号	糖化血红蛋白层析柱	主要由聚合物凝胶、层析柱件、密封栓等组成，配合高效液相色谱仪或特定糖化血红蛋白分析仪使用，检测人体样本中的糖化血红蛋白，用于血糖监测和糖尿病的辅助诊断。分类编码：6840	Ⅱ	否	/	/
40	食药监办械管〔2015〕104 号	大豆酪蛋白琼脂培养基	由大豆酪蛋白琼脂培养基干粉、灭菌纯化水、一次性无菌培养皿组成。临床上用于临床普通细菌的分离、培养和计数，不用于微生物鉴别。分类编码：6840	I	是	/	/
41	食药监办械管〔2015〕104 号	绒毛膜细胞处理试剂	由胰蛋白酶、胶原酶、透明质酸酶及其他必要的辅助成分组成。临床上用于绒毛组织的预处理，以获得更多游离的绒毛细胞。分类编码：6840	I	是	/	/
42	食药监办械管〔2015〕104 号	胰酶消化溶液	由胰蛋白酶、氯化钠、氯化钾、葡萄糖、碳酸氢钠、EDTA-Na2、酚红组成。通过胰酶消化溶液的处理，使培养的细胞从贴壁状态转变为悬浮状态，用于临床体外诊断。分类编码：6840	I	是	/	/
43	食药监办械管〔2015〕104 号	胰酶分带溶液	由胰蛋白酶、氯化钠、水组成。用于染色体 G 显带制备。临床上用于染色体检查。分类编码：6840	I	是	/	/
44	食药监办械管〔2015〕104 号	脱蜡热修复液	由氢化脂肪烃、表面活性剂、磷酸盐 / 柠檬酸盐 / EDTA、防腐剂组成。临床上用于免疫组织化学染色前组织切片预处理，包括对福尔马林固定或石蜡包埋的组织切片进行脱蜡和热诱导抗原的修复。分类编码：6840	I	是	/	/
45	食药监办械管〔2015〕104 号	脱蜡液	由脱蜡液、防腐液、专用水等组成，临床上用于对样本进行染色前预处理，去除石蜡包埋组织样本上的石蜡。分类编码：6840	I	是	/	/

续表

序号	文件文号	产品名称	产品描述	管理类别	是否豁免临床	相关标准	指导原则
46	食药监办械管〔2015〕104号	低离子强度盐溶液	由甘氨酸、澳甲酚紫和叠氮纳等低离子溶液组成，临床上用于提供抗体扑获时的最佳离子强度和血样添加指示剂。分类编码：6840	I	是	/	/
47	食药监办械管〔2015〕104号	荧光原位杂交样品处理试剂盒	由预处理液、蛋白酶液、洗涤缓冲液、封片剂组成，临床上用于荧光原位杂交（FISH）检测过程中的样本处理。分类编码：6840	I	是	/	/

第二部分

医疗器械产品分类

第一章　有源手术器械

一、范围

本子目录包括以手术治疗为目的与有源相关的医疗器械，包括超声、激光、高频/射频、微波、冷冻、冲击波、手术导航及控制系统、手术照明设备、内窥镜手术用有源设备等医疗器械。

二、框架结构

本子目录按照产品预期用途和专业技术及功能特点进行层级排序，共划分为10个一级产品类别，在一级产品类别的基础上根据先设备后附件的形式设立二级产品类别共25个，列举120个品名举例。

本子目录包括2002版医疗器械分类目录中《6821医用电子仪器设备》《6822医用光学器具仪器及内窥镜设备》《6824医用激光仪器设备》《6825医用高频仪器设备》《6854手术室急救室诊疗室设备及器具》《6858医用冷疗低温冷藏设备及器具》和《〈6816烧伤（整形）科手术器械〉（部分）》，还包括了2012版医疗器械分类目录中《〈6823医用超声仪器及有关设备〉（部分）》。

该子目录中一级产品类别与2002/2012版分类目录产品类别的对应关系如下。

与2002/2012版分类目录对应关系

一级产品类别	2002/2012版产品类别	备注
01-01超声手术设备及附件	6823-03超声治疗设备中超声手术设备和高强度聚焦超声治疗设备（2012版）	/
	6823-04其他中超声探头（2012版）	
01-02激光手术设备及附件	6824-01激光手术和治疗设备（除眼科激光光凝机、眼晶体激光乳化设备外）（2002版）	新增二级产品类别：医用激光光纤
01-03高频/射频手术设备及附件	6825-01高频手术和电凝设备（2002版）	新增二级产品类别：氩保护气凝设备、射频消融设备用灌注泵
	6825-04射频治疗设备（除短波治疗机外）（2002版）	
	6825-05高频电极（2002版）	
01-04微波手术设备	6825-03微波治疗设备（2002版）	/
01-05冷冻手术设备及附件	6858-01低温治疗仪器（除低温变速降温仪、液氮冷疗机外）（2002版）	新增二级产品类别：冷冻消融针及导管
01-06冲击波手术设备	6821-02有创式电生理仪器及创新电生理仪器中体外震波碎石机（2002版）	/
01-07手术导航、控制系统	6854-01手术及急救装置（除各种气压、电动气压止血带外）（2002版）	新增二级产品类别：手术控制系统
01-08手术照明设备	6854-13手术灯（2002版）	新增二级产品类别：手术辅助照明灯
01-09内窥镜手术用有源设备	6822-02心及血管、有创、腔内手术用内窥镜（2002版）	新增二级产品类别：内窥镜手术用有源设备

续表

一级产品类别	2002/2012 版产品类别	备注
01-10 其他手术设备	6816-06 烧伤（整形）用其他器械（2002 版）	新增二级产品类别：水刀、手术动力系统、分离控制盒、电动吻合器

三、其他说明

（一）医用激光光纤与激光治疗仪配套应用，传输激光器产生的能量，用于激光手术治疗。依据《关于一次性前列腺治疗套件等产品分类界定的通知》（国食药监械〔2008〕587 号）和《国家食品药品监督管理局关于超声肿瘤治疗系统等 17 个产品分类界定的通知》（国食药监械〔2012〕36 号）分类界定文件规定管理类别为二类，分类编码 6824。因此将医用激光光纤纳入“01 有源手术器械”目录中。

（二）射频消融设备用灌注泵，管理类别由第三类降为第二类。

（三）发光二极管（LED）手术照明灯，管理类别由第二类降为第一类。

（四）本子目录中医疗器械产品适用的相关标准

GB 9706.1—2007 医用电气设备 第 1 部分 安全通用要求

GB/T 14710—2009 医用电器环境要求及试验方法

GB/T 16886.1—2011 医疗器械生物学评价 第 1 部分：风险管理过程中的评价与试验

GB/T 16886.5—2017 医疗器械生物学评价 第 5 部分：体外细胞毒性试验

GB/T 16886.10—2017 医疗器械生物学评价 第 10 部分：刺激与皮肤致敏试验

YY 0505—2012 医用电气设备第 1~2 部分：安全通用要求并列标准：电磁兼容要求和试验。

（五）医疗器械产品是否豁免临床试验的法规文件

《国家药品监督管理局关于公布新修订免于进行临床试验医疗器械目录的通告》（2018 年第 94 号）附件 1。

有源手术器械

序号	一级产品类别	二级产品类别	产品描述	预期用途	品名举例	管理类别	是否豁免临床	相关标准	指导原则
01	超声手术设备及附件	01 超声手术设备	通常由超声波发生器和带有外科尖端的手持部件组成，手持部件通常由一个换能器、一个连接构件和一个治疗头尖端组成	用于软组织的切割、止血、整形	软组织超声手术仪、外科超声手术系统、超声手术系统、超声切割止血刀系统、软组织超声手术系统、超声手术刀、超声刀系统	Ⅲ	否	GB 9706.7—2008	超声软组织切割止血系统注册技术审查指导原则
			通常由主机、换能器和负压吸引装置组成，运用超声波能量使人体组织有选择性地被破碎，使其呈乳化态，同时利用负压吸除已经乳化的组织细胞	用于人体软组织的破碎、乳化	超声脂肪乳化仪、超声外科吸引系统、软组织超声手术仪、软组织超声手术系统	Ⅲ	否	GB 9706.7—2008	/
			通常由超声波发生器、手柄、工作尖和冲洗部分组成，利用压电效应或者磁致伸缩效应将电能转化为超声能，通过工作尖将超声振动作用于骨组织以达到切割和破碎目的	用于骨组织（包括牙齿）的切割和破碎	超声骨科手术仪、超声骨组织手术系统	Ⅲ	否	YY/T 1601—2018	/
			通常由主机、换能器、负压吸引和灌注装置组成，在内窥镜直视下将超声碎石头（变幅杆）接触结石，利用超声波能量将其击碎，并利用液体灌注、负压吸引将碎石排出体外	用于泌尿系统结石的破碎	超声碎石系统	Ⅲ	否	GB 9706.7—2008 GB 9706.22—2003 YY 0001—2008	/
		02 高强度超声治疗设备	通常由超声功率发生器、治疗头、控制装置等组成，一般采用聚焦或弱聚焦超声波。超声强度一般不超过 1 000 W/cm^2	用于手术及辅助治疗	超声治疗仪、超声治疗系统、减脂聚焦超声治疗系统	Ⅲ	否	GB 9706.7—2008 YY 0830—2011	/

续表

序号	一级产品类别	二级产品类别	产品描述	预期用途	品名举例	管理类别	是否豁免临床	相关标准	指导原则
01	超声手术设备及附件	02 高强度超声治疗设备	通常由超声功率发生器、治疗头、声耦合装置、测位装置、定位装置、控制装置、患者承载装置和水处理及水温控制装置组成。由单元换能器或多元换能器阵列构成的聚焦超声声源，发出的超声通过传声媒质后，以人体正常组织可接受的声强透过患者体表，将能量聚集在靶组织上，致其凝固性坏死（或瞬间灭活）的治疗系统。超声强度超过 1 000W/cm²	用于手术治疗中人体组织的凝固性坏死（或瞬间灭活）	磁共振引导高强度聚焦超声治疗系统、肿瘤消融聚焦超声治疗系统、肿瘤聚焦超声治疗系统、肿瘤高强度聚焦超声治疗系统	Ⅲ	否	GB 9706.7—2008 YY 0592—2016	/
		03 超声手术设备附件	通常与超声手术设备主机配合使用，附件的组成与原理依据超声手术设备的型式和功能	用于辅助实现超声手术设备功能	腔内前列腺高强度聚焦超声治疗仪用配件、软组织超声手术系统用附件－手柄，工作尖、软组织超声手术系统附件－导管组件、软组织超声手术系统附件－工作尖	Ⅱ	否	GB 9706.7—2008	/
02	激光手术设备及附件	01 激光手术设备	通常由激光器、冷却装置、传输装置、目标指示装置、控制装置、防护装置等部分组成。利用激光与生物组织的相互作用机理进行手术治疗	用于对机体组织进行汽化、碳化、凝固，以达到手术治疗的目的	钬（Ho:YAG）激光治疗机、掺钕钇铝石榴石激光治疗机、掺铥光纤激光治疗仪、半导体激光治疗机、二氧化碳激光治疗机	Ⅲ	否	GB 9706.20—2000 GB 11748—2005 YY 0307—2011 YY 0846—2011 YY 1300—2016 YY 1475—2016	/
		02 医用激光光纤	通常由光纤、激光器连接接口和手持部组成	用于传输激光能量	医用激光光纤、无菌医用激光光纤	Ⅱ	是	YY/T 0757—2009 YY/T 0758—2009	医用激光光纤产品注册技术审查指导原则
03	高频/射频手术设备及附件	01 高频手术设备	通常由高频发生器、手术手柄、手术电极（包括中性电极）、连接电缆和脚踏开关组成。在两个电极之间产生高频（通常高于 200kHz）电流	用于外科手术中对相应组织进行切割和凝固	高频电刀、高频手术器、双极电凝固器、双极电凝器、高频手术系统、高频电外科手术系统、等离子手术设备	Ⅲ	是	GB 9706.4—2009 YY/T 1409—2016	高频手术设备注册技术审查指导原则
			通常由高频发生器、手术手柄、手术电极、连接电缆和脚踏开关组成。在两个电极之间产生高频（通常高于 200kHz）电流	仅用于皮肤科、耳鼻喉科、妇科和肛肠科浅表部位的手术中，对相应组织进行凝固、使组织变性和/或坏死	高频电灼仪	Ⅱ	是	GB 9706.4—2009 YY 0322—2018	高频手术设备注册技术审查指导原则

续表

序号	一级产品类别	二级产品类别	产品描述	预期用途	品名举例	管理类别	是否豁免临床	相关标准	指导原则
03	高频/射频手术设备及附件	02 射频消融设备	通常由射频发生器，射频电极、电缆、中性电极和脚踏开关组成。在电极间产生射频电流	用于组织和器官（心脏、肝、前列腺）、妇科和耳鼻喉等的消融和凝固	射频治疗仪、射频消融治疗仪、射频热凝器、射频消融发生器、射频消融系统、心脏消融系统	Ⅲ	否	GB 9706.4—2009 YY 0650—2008 YY 0776—2010 YY 0860—2011 YY 0897—2013	子宫内膜去除（热传导、射频消融）设备临床评价技术审查指导原则
		03 氩保护气凝设备	通常由主机、手术输出端口、开关检测器、氩气源等组成，需要配合高频手术设备使用。利用氩气源，在两个电极之间的氩气带内产生高频电流。配合高频手术设备进行氩气增强下的电外科手术，保证氩气在手术电极周围流动，用于减轻组织烟雾和碳化形成	用于配合高频手术设备使大面积流血面快速均匀凝固	氩气控制器、氩气增强电外科系统	Ⅲ	是	/	/
		04 高频/射频用电极及导管	通常配合高频/射频手术设备使用的附件。使电流从高频/射频发生器流入或流出患者的终端，用于在手术时对组织进行切割，或使组织坏死、血液凝固等。该类附件可以是手术端的，即作为发生器的终端，用于发出电流，施行手术；也可以是返回端的，即不用于提供能量，而用于使电流返回发生器	用于与射频发生器配合使用。以导管等形式通过血管和腔道，将射频能量作用于目标组织，对组织实施切割、消融等作用的射频附件	消融导管、射频消融导管、双向消融术导管、温控消融导管、诊断/消融可调弯头端导管	Ⅲ	否	GB 9706.4—2009 YY 0778—2018	心脏射频消融导管产品注册技术审查指导原则
			通常配合高频/射频手术设备使用的附件。使电流从高频/射频发生器流入或流出患者的终端，用于在手术时对组织进行切割，或使组织坏死、血液凝固等	用于内窥镜外科手术中，与高频/射频手术设备配合使用。作为高频/射频手术设备的附件对目标组织实施切割、消融、凝血等作用	电凝手术剪、电凝手术钳、双极电凝钳、高频切开刀、等离子凝开刀、热活检钳	Ⅲ	是	GB 9706.4—2009	/

续表

序号	一级产品类别	二级产品类别	产品描述	预期用途	品名举例	管理类别	是否豁免临床	相关标准	指导原则
03	高频/射频手术设备及附件	04 高频/射频用电极及导管	该类附件可以是手术端的，即作为发生器的终端，用于发出电流，施行手术；也可以是返回端的，即不用于提供能量，而用于使电流返回发生器	用于非内窥镜外科手术中，与高频/射频手术设备配合使用。作为高频/射频手术设备的附件对目标组织实施切割、消融、凝血等作用；或与患者身体相连，具有相对较大面积的电极，预期为高频电流提供一个低电流密度的返回通道，以防止在人体组织中产生不希望的灼伤等物理效应的高频附件	高频手术电极、中性电极、随弃式中性极板、双极电极、消融电极、射频消融电极、射频凝闭电极、一次性使用手术电极	Ⅱ	是	GB 9706.4—2009	手术电极产品注册技术审查指导原则
		05 射频消融设备用灌注泵	通常由主机、控制器和电缆组成	通常用于降低消融区域与患者接触部分的温度。与射频消融设备配套使用	射频灌注泵	Ⅱ	是	GB 9706.4—2009	/
04	微波手术设备	01 微波手术设备	通常由微波发生源、微波传输线缆和热凝器（手术电极、消融针等）组成，利用工作频率 0.3GHz ~ 30GHz 的微波辐射能量进行手术治疗的设备	用于手术中的止血，和对增生或病变组织进行凝固	微波手术刀、微波消融仪、微波消融治疗仪	Ⅲ	否	GB 9706.6—2007 YY 0838—2011 YY 0899—2013	/
05	冷冻手术设备及附件	01 冷冻手术设备	通常由低温工质、升温装置、储存容器、控制系统主机和探针组成。探针直接作用于人体治疗部位	用于采用冷冻/快速升温方式对局部组织进行冷冻手术治疗	低温手术设备、低温冷冻治疗系统、冷冻手术治疗机、冷冻治疗仪、冷冻消融系统、冷冻消融仪、冷冻减脂仪	Ⅲ	否	YY 0677—2008 YY 0678—2008	/
		02 冷冻消融针及导管	通常由手柄、导管、冷却部分组成	用于配合冷冻消融设备对局部组织进行冷冻消融	冷冻消融针、冷冻消融导管	Ⅲ	否	/	/
06	冲击波手术设备	01 冲击波碎石机	通常由波源发生系统、定位系统、水系统、三维运动系统和辅助系统组成。通过经过聚焦的具有高能量的压力脉冲对结石的应力作用，引起结石的开裂和破碎。冲击波在发生形式上可以分成压电式、液电式和电磁式	产生的压力脉冲波在患者体内碎石	体外引发碎石设备、冲击波碎石机、电磁式体外冲击波碎石机、液电式碎石设备、体内冲击波碎石机	Ⅲ	否	GB 9706.22—2003 YY 0001—2008	/

续表

序号	一级产品类别	二级产品类别	产品描述	预期用途	品名举例	管理类别	是否豁免临床	相关标准	指导原则
07	手术导航、控制系统	01 手术导航系统	通常由主机、跟踪定位装置、功能软件、定位框架、适配器、标记物和附件组成。分为光学和电磁导航。部分导航系统带有机械臂	用于配合已生成的手术计划方案或制定手术方案，辅助外科手术导航。带有机械臂的导航系统可用于外科手术中的微创手术，为更精准和精细的手术技能与手术操作提供支持	手术导航系统、外科手术导航系统、导航定位系统、红外导航系统	Ⅲ	否	/	/
		02 手术定位系统	通常由框架、弓形架和电子计算机断层扫描（CT）、磁共振成像（MRI）坐标显示板组成	用于对病灶进行诊断和治疗时定位导向	脑立体定向仪、无框架脑立体定向仪	Ⅲ	否	/	/
		03 手术控制系统	通常由医生控制台、患者手术平台、立体内窥镜系统、影像处理平台专用器械构成	用于腔内手术中帮助精确控制手术操作的设备	内窥镜手术器械控制系统、整体手术室控制系统	Ⅲ	否	GB 9706.19—2000 YY/T 1603—2018	/
08	手术照明设备	01 手术无影灯	通常由灯体和灯架组成。有无影效果，能提供够的中心照度来照明患者身体局部	用于手术室的照明，最大限度地减少由手术者的局部遮挡而造成的工作区域阴影	手术无影灯、移动式手术无影灯、应急手术无影灯	Ⅱ	是	YY 0627—2008	手术无影灯注册技术审查指导原则
		02 手术辅助照明灯	通常由光源、灯架等组成。用于手术辅助照明，也可单独用于小型手术。不具有无影效果。分为吊顶式、墙面式或移动式	用于手术室和治疗室，对患者的手术或检查区域进行局部照明	移动式LED手术照明灯、LED手术照明灯、手术照明灯、手术反光灯、手术辅助照明灯、手术辅助移动式手术照明灯	Ⅰ	是	YY 0627—2008	/
09	内窥镜手术用有源设备	01 内窥镜手术用有源设备	在内窥镜手术中，以治疗为目的，需要电源实现手术功能的医疗设备。其应用部分通常由通过和内窥镜相同的或不同的通道进入人体（超声、高频、妇产科用除外）	用于在内窥镜手术中，实现破碎结石等手术功能	腔内气压弹道碎石机	Ⅲ	否	GB 9706.22—2003	/
				用于在内窥镜手术中，实现绞碎或切除组织等手术功能	刨削系统、鼻窦电动手术刀、手术吸引切割器、关节镜刨削手机、鼻窦手术动力装置	Ⅲ	是	YY/T 0955—2014	/
				用于在内窥镜手术中，实现鼻腔部位切除组织等手术功能	鼻腔手术切割器	Ⅱ	否	/	/
10	其他手术设备	01 水刀	通常由主机、控制装置和手柄组件组成。产品使用高压水束进行外科手术	用于手术部位的清理和/或对人体组织进行选择性分离	水刀、清创水刀系统	Ⅲ	否	/	/
		02 分离控制盒	通常由机体、电池组、指示灯、解脱按钮和电缆组成。电缆与弹簧圈相连	用于介入手术中提供电量，解脱弹簧圈	弹簧圈分离控制盒、分离控制盒	Ⅲ	否	/	/

续表

序号	一级产品类别	二级产品类别	产品描述	预期用途	品名举例	管理类别	是否豁免临床	相关标准	指导原则
10	其他手术设备	03 电动吻合器	通常由电动手柄、吻合器、钉仓和电池包组成。吻合钉一般由钛合金、纯钛等材料制成	用于体内器官、组织或血管的离断、切除和 / 或建立吻合。适用于多种开放或微创的手术	电动吻合器、电动式切割吻合器	Ⅲ	否	YY 0875—2013 YY 0876—2013 YY/T 1415—2016	/
		04 手术动力系统	通常由主机、控制装置、电动马达、手柄和各类切割器组成	用于手术时切割 / 切开、削磨、钻孔等外科手术	手术动力系统、综合手术动力系统	Ⅱ	是	/	手术动力设备产品注册技术审查指导原则
		05 取、植皮设备	通常由主机和手持件组成	用于皮肤的取皮、植皮或擦皮	电动植皮刀、植皮机、取皮机	Ⅱ	是	/	/

第二章　无源手术器械

一、范围

本子目录包括通用刀、剪、钳等各类无源手术医疗器械，不包括神经和心血管手术器械，骨科手术器械，眼科器械，口腔科器械，妇产科、辅助生殖和避孕器械。

二、框架结构

本子目录按照无源手术器械的功能用途及产品特性分为 15 个一级产品类别。根据产品的具体用途的不同，分为 83 个二级产品类别，列举 597 个品名举例。

本子目录是将各种通用无源手术器械、内窥镜下用无源手术器械和医用缝合材料及黏合剂归类整合，将共同功能用途的产品，如刀、剪、钳等，归在同一个一级产品类别，同时根据产品的具体用途或结构特征，细化成二级产品类别。

本子目录包括 2002 版分类目录的《6801 基础外科手术器械》《6802 显微外科手术器械》《6805 耳鼻喉科手术器械》《6808 腹部外科手术器械》《6809 泌尿肛肠外科手术器械》《6816 烧伤（整形）科手术器械》《〈6822 医用光学器具仪器及内窥镜设备〉（内窥镜无源手术器械部分）》和《6865 医用缝合材料及黏合剂产品》。子目录中第一类产品主要参考 2014 年《第一类医疗器械产品目录》。

该子目录中一级产品类别与 2002 版分类目录产品类别的对应关系如下。

与 2002 版分类目录对应关系

<table>
<tr><th>一级产品类别</th><th>2002 版产品类别</th><th>备注</th></tr>
<tr><td rowspan="4">02-01 手术器械 - 刀
02-02 手术器械 - 凿</td><td>6801-2 基础外科用刀</td><td rowspan="4">/</td></tr>
<tr><td>6802-1 显微外科用刀、凿</td></tr>
<tr><td>6805-1 耳鼻喉科用刀、凿</td></tr>
<tr><td>6816-1 烧伤（整形）用刀、凿</td></tr>
<tr><td rowspan="5">02-03 手术器械 - 剪</td><td>6801-3 基础外科用剪</td><td rowspan="5">/</td></tr>
<tr><td>6802-2 显微外科用剪</td></tr>
<tr><td>6805-2 耳鼻喉科用剪</td></tr>
<tr><td>6808-2 腹部外科用剪</td></tr>
<tr><td>6809-2 泌尿肛肠科用剪</td></tr>
</table>

续表

一级产品类别	2002 版产品类别	备注
02-04 手术器械 – 钳	6801-4 基础外科用钳	/
	6802-3 显微外科用钳	
	6805-3 耳鼻喉科用钳	
	6808-3 腹部外科用钳	
	6809-3 泌尿肛肠科用钳	
	6816-3 烧伤（整形）用钳	
02-05 手术器械 – 镊 02-06 手术器械 – 夹	6801-5 基础外科用镊、夹	/
	6802-4 显微外科用镊、夹	
	6805-4 耳鼻喉科用镊、夹	
	6809-6 泌尿肛肠科用其他器械中的阴茎夹	
	6816-4 烧伤（整形）用镊、夹	
02-07 手术器械 – 针	6801-1 医用缝合针（不带线）	/
02-08 手术器械 – 钩	6801-6 基础外科用针、钩	
	6802-5 显微外科用针、钩	
	6805-5 耳鼻喉科用针、钩	
	6808-4 腹部外科用针、钩	
	6809-5 泌尿肛肠科用针、钩	
02-09 手术器械 – 刮匙	6801-7 基础外科用其他器械中的皮肤刮匙	/
	6805-6 耳鼻喉科用其他器械中的耳单头（双头）刮匙	
	6808-6 腹部外科用其他器械中的单（双）胆石匙	
02-10 手术器械 – 剥离器	/	新增
02-11 手术器械 – 牵开器	6805-6 耳鼻喉科用其他器械中的乳突牵开器	/
	6808-6 腹部外科用其他器械中的压肠板、胆道探条、腹壁固定牵开器	
	6809-6 泌尿肛肠科用其他器械中的尿道扩张器	
	6816-6 烧伤（整形）用其他器械中的嘴形撑开器	
02-12 手术器械 – 穿刺导引器	6801-7 基础外科用其他器械中的皮肤组织钻孔器	/
02-13 手术器械 – 吻（缝）合器械及材料	6802-6 显微外科用其他器械中的显微合拢器	/
	6865-1 医用可吸收缝合线（带针 / 不带针）	
	6865-2 不可吸收缝合线（带针 / 不带针）	
	6865-3 医用黏合剂中的医用 α 氰基丙烯酸酯类、血管吻合黏合剂、表皮黏合剂、黏合带、生物胶	
	6865-4 表面缝合材料	
02-14 手术器械 – 冲吸器	6805-6 耳鼻喉科用其他器械中的扁桃体吸引管、乳突吸引管	/
02-15 手术器械 – 其他器械	6801-7 基础外科用其他器械中的皮肤刮划测检器、皮肤检查尺、开口器	/

三、其他说明

（一）将内窥镜下用无源手术器械在 02 无源手术器械目录中以二级产品类别单独列出。

（二）本子目录中医疗器械产品适用的相关标准

GB/T 16886.1—2011 医疗器械生物学评价 第 1 部分：风险管理过程中的评价与试验

GB/T 16886.5—2017 医疗器械生物学评价 第 5 部分：体外细胞毒性试验

GB/T 16886.10—2017 医疗器械生物学评价 第 10 部分：刺激与皮肤致敏试验

GB/T 16886.11—2011 医疗器械生物学评价 第 11 部分：全身毒性试验

GB/T 16886.13—2017 医疗器械生物学评价 第 13 部分：聚合物医疗器械降解产物的定性与定量

GB/T 16886.16—2013 医疗器械生物学评价 第 16 部分：降解产物与可沥滤物毒代动力学研究设计

（三）医疗器械产品是否豁免临床试验的法规文件

《国家药品监督管理局关于公布新修订免于进行临床试验医疗器械目录的通告》（2018 年第 94 号）附件 1。

无源手术器械

序号	一级产品类别	二级产品类别	产品描述	预期用途	品名举例	管理类别	是否豁免临床	相关标准	指导原则
01	手术器械–刀	01 手术刀	通常由刀片和刀柄组成。刀片通常有刃口和与手术刀柄对接的安装槽。刀片一般采用纯钛、钛合金、不锈钢或碳钢材料制成。无菌提供	用于切割组织或在手术中切割器械	一次性使用无菌塑柄手术刀、一次性使用无菌手术刀、一次性使用无菌导管切开刀、一次性使用无菌手术刀片、一次性使用无菌取皮刀	Ⅱ	是	GB 8662—2006 YY/T 0454—2008 YY 0174—2005 YY 0175—2005	/
			通常由刀片和刀柄组成。刀片通常有刃口和与手术刀柄对接的安装槽。刀片一般采用纯钛、钛合金、不锈钢或碳钢材料制成。非无菌提供	用于切割组织或在手术中切割器械	手术刀、组织环切刀、皮片刀、疣体剥离刀、急救切割器、耳用刀、耳鼓膜刀、耳道皮瓣刀、鼻手术刀、鼻黏膜刀、鼻中隔旋转刀、鼻窦切割刀、鼻增殖体切除器、扁桃体刀、扁桃体切除器、扁桃体挤切刀、耳鼻喉用刀、皮屑刮刀、显微刀、显微喉刀、手术刀片、皮瓣刀片、医用取皮刀、辊轴植皮刀	Ⅰ	是	GB 8662—2006 YY 0174—2005 YY 0175—2005	/
		02 血管刀	通常由刀片和刀柄组成。刀片一般采用纯钛、钛合金、不锈钢或碳钢材料制成	用于切割血管	血管刀	Ⅱ	是	GB 8662—2006 YY 0174—2005 YY 0175—2005	/
		03 备皮刀	通常由刀片、刀架和保护盖组成。无菌提供。一次性使用	用于术前准备，去除毛发	一次性使用无菌备皮刀	Ⅱ	是	/	/
			通常由刀片、刀架和保护盖组成。非无菌提供	用于术前准备，去除毛发	备皮刀、一次性使用备皮刀、剃毛刀、一次性使用剃毛刀	Ⅰ	是	/	/
		04 环切器	通常由带切口的外环、内环组成。无菌提供。一次性使用	用于环切阴茎包皮	一次性使用无菌包皮环切器、一次性使用无菌包皮环切套扎器、一次性使用无菌包皮除去环、一次性使用无菌包皮环扎切除环	Ⅱ	是	/	/
			通常由带切口的外环、内环组成。非无菌提供	用于环切阴茎包皮	包皮切除环	Ⅰ	是	/	/
		05 内窥镜用刀	通常由头部、杆部和手柄组成，头部为一刃口片，通过手柄操作传递、控制头部工作。一般头部采用不锈钢材料制成	手术中在内窥镜下操作，用于切割组织	内窥镜用刀	Ⅱ	是	/	/

续表

序号	一级产品类别	二级产品类别	产品描述	预期用途	品名举例	管理类别	是否豁免临床	相关标准	指导原则
02	手术器械－凿	01 手术凿	通常由头部和柄部组成，头端带刃口。一般采用不锈钢材料制成。非无菌提供	用于凿切或修整骨	鼻骨凿、乳突骨凿、耳用骨凿、鼻中隔凿、整形用鼻骨凿、指骨凿	Ⅰ	是	YY/T 1141—2017	/
		02 手术锤	通常由头部和柄部组成，头部分软、硬锤头。一般硬锤采用不锈钢材料制成、软锤采用聚四氟乙烯制成。非无菌提供	用于敲击手术凿等	鼻骨锤	Ⅰ	是	/	/
03	手术器械－剪	01 组织剪	通常由中间连接的两片组成，头部有刃口。一般采用不锈钢材料制成。非无菌提供	用于剪切组织	手术剪、组织剪、血管剪、食道剪、胆道剪、胃剪、前列腺剪、膀胱切除剪、肠剪、耳剪、中耳剪、耳息肉剪、镫骨足弓剪、槌骨剪、鼻剪、鼻组织剪、鼻黏膜剪、鼻中隔骨剪、喉剪、甲状腺剪、扁桃体剪、耳鼻喉用剪、显微剪、显微组织剪、显微手术剪、显微喉剪、显微耳剪	Ⅰ	是	YY/T 0176—2006 YY/T 0596—2006 YY/T 1135—2008	/
		02 器械剪	通常由中间连接的两片组成，头部有刃口。一般采用不锈钢材料制成。非无菌提供	用于剪切器械	敷料剪、拆线剪、纱布绷带剪	Ⅰ	是	YY/T 0176—2006 YY/T 0596—2006	/
		03 内窥镜用剪	通常由头部、杆部或软性导管和手柄组成，头部为一对带刃口的叶片，通过手柄操作传递、控制头部工作。一般头部采用不锈钢材料制成	手术中在内窥镜下操作，用于剪切组织	内窥镜手术剪、鼻窦镜手术剪、腹腔镜手术剪、内窥镜结扎线剪刀、内窥镜光学剪	Ⅱ	是	YY 0672.2—2011	腹腔镜手术器械技术审查指导原则
04	手术器械－钳	01 组织钳	通常由内套管、外套管和弹力环组成。无菌提供。一次性使用	用于钳夹组织	一次性使用无菌负压吸引痔核钳、一次性使用无菌荷包钳	Ⅱ	是	YY/T 0177—2005	/

续表

序号	一级产品类别	二级产品类别	产品描述	预期用途	品名举例	管理类别	是否豁免临床	相关标准	指导原则
04	手术器械–钳	01 组织钳	通常有两种型式：由中间连接的两片组成，头部为钳喙；或由头部、杆部和手柄组成，头部为一对带钳喙的叶片。一般采用不锈钢材料制成。非无菌提供	用于钳夹组织	荷包钳、组织钳、息肉钳、淋巴结钳、皮肤钳、头皮钳、脾蒂钳、腹膜钳、器官固定钳、胆囊钳、胆管钳、胃钳、造影钳、抓钳、肠夹持钳、阑尾肠钳、肝门吻合钳、腹腔抓钳、肾蒂钳、膀胱钳、膀胱肿瘤钳、膀胱颈钳、前列腺组织钳、输尿管夹持钳、后尿道钳、颌骨夹持钳、肌腱夹持钳、夹持钳、爪钳、肠钳、耳钳、耳息肉钳、中耳息肉钳、鼻钳、鼻组织钳、鼻甲钳、鼻咬切钳、鼻粘膜钳、鼻筛窦钳、鼻息肉钳、鼻骨复位钳、鼻咬骨钳、上颌窦咬骨钳、蝶窦咬骨钳、鼻中隔咬骨钳、喉钳、甲状腺钳、喉息肉钳、喉黏膜钳、扁桃体钳、支气管钳、舌钳、显微钳、显微喉钳、显微皮下组织固定钳、耳鼻喉用钳、痔核钳、套圈痔核钳	Ⅰ	是	YY/T 0077—2013 YY/T 0177—2005 YY/T 1122—2017	/
		02 取样钳	通常由头部、杆部和手柄组成，头部为一对带钳喙的叶片。一般采用不锈钢材料制成。无菌提供。一次性使用	用于组织取样	一次性使用无菌活体取样钳	Ⅱ	是	YY 0092—2013	/
			通常有两种型式：由中间连接的两片组成，头部为钳喙；或由头部、杆部和手柄组成，头部为一对带钳喙的叶片。一般采用不锈钢材料制成。非无菌提供	用于组织取样	取样钳、活检钳、活检穿刺钳、腹腔活检钳、直肠取样钳、鼻取样钳、鼻咽活体取样钳、喉取样钳、鼻咽取样钳	Ⅰ	是	YY 0092—2013 YY/T 0178—2010 YY/T 0246—2010	/
		03 分离钳	通常有两种型式：由中间连接的两片组成，头部为钳喙；或由头部、杆部和手柄组成，头部为一对带钳喙的叶片。一般采用不锈钢材料制成。非无菌提供	用于分离组织	分离钳、剥离钳、腹腔分离钳、喉分离钳	Ⅰ	是	YY/T 0177—2005	/

续表

序号	一级产品类别	二级产品类别	产品描述	预期用途	品名举例	管理类别	是否豁免临床	相关标准	指导原则
04	手术器械－钳	04 牵引钳	通常由中间连接的两片组成，头部为钳喙。一般采用不锈钢材料制成。非无菌提供	用于牵拉组织	牵引钳、撑开钳、腹壁牵拉钳、皮瓣张力钳	Ⅰ	是	/	/
		05 异物钳	通常有两种型式：由中间连接的两片组成，头部为钳喙；或由头部、杆部和手柄组成，头部为一对带钳喙的叶片。一般采用不锈钢材料制成。非无菌提供	用于钳取异物	异物钳、子弹钳、胆囊取石钳、取石钳、膀胱取石钳、肾石钳、碎石钳、耳异物钳、喉异物钳、取鱼骨喉钳、气管异物钳、食道异物钳	Ⅰ	是	YY 0078—1992	/
		06 止血钳	通常有两种型式：由中间连接的两片组成，头部为钳喙；或由头部、杆部和手柄组成，头部为一对带钳喙的叶片。一般采用不锈钢材料制成。非无菌提供	用于钳夹血管、分离组织以止血	止血钳、血管钳、血管止血钳、分离止血钳、鼻止血钳、上颌窦止血钳、扁桃体止血钳、喉止血钳	Ⅰ	是	GB/T 2766—2006 YY/T 0452—2003 YY 91005—1999	/
		07 扩张钳	通常由一对中间连接的叶片组成，头部为钳喙。一般采用不锈钢材料制成。非无菌提供	用于扩张气管	气管扩张钳	Ⅰ	是	/	/
		08 器械钳	通常由一对中间连接的叶片组成，钳喙。一般采用聚苯乙烯高分子材料制成。无菌提供。一次性使用	用于钳夹器械	一次性使用无菌手术钳	Ⅱ	是	/	/
			通常有两种型式：由中间连接的两片组成，头部为钳喙；或由头部、杆部和手柄组成，头部为一对带钳喙的叶片。一般采用不锈钢或高分子材料制成。非无菌提供	用于钳夹器械	器械钳、持针钳、刀片夹持钳、帕巾钳、皮管钳、海绵钳、纱布剥离钳、打结钳、置放钳、组织闭合夹钳、皮肤轧钳、脉瘤夹钳、拆钉器、拆钉钳、除夹钳、带剪持针钳、抵钉座对合钳、气管导管钳、取物钳、钉座夹持钳、缝合钳、推结钳、鼻腔填塞钳、显微持针钳、一次性使用手术钳	Ⅰ	是	YY/T 1031—2016	/
		09 内窥镜用组织钳	通常由头部、杆部或软性导管和手柄组成，通过手柄操作传递、控制头部工作。一般头部采用不锈钢材料制成	手术中在内窥镜下操作，用于钳夹组织	内窥镜手术钳、内窥镜抓钳、内窥镜组织抓钳、腹腔镜手术钳、内窥镜钳夹器	Ⅱ	是	YY/T 0940—2014	腹腔镜手术器械技术审查指导原则

续表

序号	一级产品类别	二级产品类别	产品描述	预期用途	品名举例	管理类别	是否豁免临床	相关标准	指导原则
04	手术器械-钳	10 内窥镜用取样钳	通常由头部、杆部或软性导管和手柄组成，通过手柄操作传递、控制头部工作。一般头部采用不锈钢材料制成	手术中在内窥镜下操作，用于钳取组织	内窥镜活检钳、内窥镜活组织检查钳、内窥镜取样钳、内窥镜组织检查钳	Ⅱ	是	YY/T 0940—2014 YY/T 1076—2004	/
		11 内窥镜用分离钳	通常由头部、杆部或软性导管和手柄组成，通过手柄操作传递、控制头部工作。一般头部采用不锈钢材料制成	手术中在内窥镜下操作，用于分离组织	内窥镜组织分离钳	Ⅱ	是	YY/T 0944—2014	/
		12 内窥镜用异物钳	通常由头部、杆部或软性导管和手柄组成，通过手柄操作传递、控制头部工作。一般头部采用不锈钢材料制成	手术中在内窥镜下操作，用于钳取异物	内窥镜异物钳	Ⅱ	是	/	/
		13 内窥镜用器械钳	通常由头部、杆部或软性导管和手柄组成，头通过手柄操作传递、控制头部工作。一般头部采用不锈钢材料制成	手术中在内窥镜下操作，用于夹持器械	内窥镜持针钳、内窥镜施夹钳、内窥镜持针器、内窥镜支架回收器	Ⅱ	是	YY/T 0943—2014	/
05	手术器械-镊	01 组织镊	通常由一对尾部叠合的叶片组成。一般采用不锈钢材料制成。无菌提供。一次性使用	用于夹持组织	一次性使用无菌手术镊、一次性使用无菌组织镊	Ⅱ	是	YY/T 0295.1—2005 YY/T 0686—2017	/
			通常由一对尾部叠合的叶片组成。一般采用不锈钢材料制成。非无菌提供	用于夹持组织	组织镊、组织夹持镊、血管镊、皮肤镊、耳用镊、耳用膝状镊、整形镊、鼻用镊、耳鼻喉用镊、显微镊、显微组织镊	Ⅰ	是	YY/T 0295.1—2005 YY/T 0686—2017	/
		02 器械镊	通常由一对尾部叠合的叶片组成。一般采用 ABS 或聚乙烯材料制成。无菌提供。一次性使用	用于夹持器械、辅料	一次性使用无菌敷料镊、一次性使用无菌换药镊	Ⅱ	是	YY/T 0295.1—2005 YY/T 0686—2017	/
			通常由一对尾部叠合的叶片组成。一般采用不锈钢、ABS 或聚乙烯材料制成。非无菌提供	用于夹持器械、辅料	持针镊、敷料镊、换药镊、帕巾镊、缝线结扎镊、系线镊、托槽夹持镊、一次性使用敷料镊、一次性使用换药镊、喉用敷料镊、显微持针镊、显微止血夹镊	Ⅰ	是	YY/T 0295.1—2005 YY/T 0686—2017	/
06	手术器械-夹	01 闭合夹	通常为 U 形状，带锁扣。一般采用化学合成或高分子材料制成。无菌提供。一次性使用	用于闭合管状组织结构，术后不取出	可吸收止血结扎夹、非吸收高分子结扎夹	Ⅲ	是	/	可吸收止血产品注册技术审查指导原则

续表

序号	一级产品类别	二级产品类别	产品描述	预期用途	品名举例	管理类别	是否豁免临床	相关标准	指导原则
06	手术器械-夹	01 闭合夹	通常为U形状，带锁扣。一般采用化学合成或高分子材料制成。无菌提供。一次性使用	用于术中夹闭组织，术后取出	一次性使用无菌组织闭合夹	Ⅱ	是	/	/
			通常为U形状，带锁扣。一般采用纯钛或钛合金材料制成。非无菌提供	用于术中夹闭组织、器官，术后取出	腹腔用金属夹、尿失禁控制夹、阴茎夹	Ⅰ	是	YY/T 0079—2016	/
		02 止血夹	通常为U形状，带锁扣或由一对尾部叠合的叶片组成。一般采用纯钛、钛合金和不锈钢材料制成。非无菌提供	用于术中临时夹闭血管、组织止血	止血夹、血管缝合用夹、唇夹、显微止血夹、显微血管夹	Ⅰ	是	YY/T 0079—2016	/
		03 器械夹	通常由一片折弯而成。头端带线槽或无槽。一般采用不锈钢材料制成。非无菌提供	用于显微手术时夹持牵引线	显微牵线夹	Ⅰ	是	YY/T 0079—2016	/
07	手术器械-针	01 缝合针	通常外形呈直形或弧形，针尖有圆、三角、铲形状，针尾带孔。一般采用不锈钢材料制成	用于缝合组织、皮肤	缝合针	Ⅱ	是	YY/T 0043—2016	/
			通常由缝合线连接缝合针组成	用于缝扎组织成荷包状	荷包针、一次性使用荷包缝合针、一次性使用荷包针	Ⅱ	是	YY 0877—2013	/
		02 手术针	通常由针体和柄部组成。一般采用不锈钢材料或高分子材料制成。无菌提供。一次性使用	用于探查组织或穿刺组织建立通路	一次性使用无菌气腹针、一次性使用无菌导引针、一次性使用无菌肛门探针、一次性使用无菌腹水穿刺针	Ⅱ	是	/	/
			通常由针体和柄部组成，针体头端有平、十字、球头、尖头、圆头、弯钩形状。非无菌提供	用于探、拨、挑、刺组织建立通路	探针、刺探针、拔松针、钩针、痔漏探针、耳针、耳用探针、鼻穿刺针、鼻探针、上颌窦探针、显微针、显微耳针、显微喉针、气腹针、导引针、腹水穿刺针、一次性使用皮肤点刺针	Ⅰ	是	/	/
		03 定位针	通常由穿刺针、定位针和标记物组成。一般采用不锈钢材料制成。无菌提供。一次性使用。标记物接触人体组织时间超过30天	用于手术中乳腺活组织检查定位标记	乳腺组织标记定位针	Ⅲ	否	GB/T18457—2015 YY/T 0880—2013	/
			通常由穿刺针和定位针组成。一般采用不锈钢材料制成。无菌提供。一次性使用	用于手术中乳腺活组织检查定位	乳腺定位丝及其导引针、乳腺定位针	Ⅱ	是	GB/T18457—2015 YY/T 0880—2013	/

续表

序号	一级产品类别	二级产品类别	产品描述	预期用途	品名举例	管理类别	是否豁免临床	相关标准	指导原则
07	手术器械–针	04 内窥镜取样针	通常由头部、杆部或软性导管和手柄组成，头部为针形，通过手柄操作传递、控制头部工作。一般头部采用不锈钢材料制成。无菌提供	手术中在内窥镜下操作，用于探查组织、取样	内窥镜用针、内窥镜吸引活检针、内窥镜活体取样针、内窥镜组织样本取样器	Ⅱ	是	/	一次性使用活检针注册技术审查指导原则
08	手术器械–钩	01 手术钩	通常由头部和杆部组成，头部带钩头。一般采用不锈钢材料制成。无菌提供。一次性使用。	用于钩拉组织或皮肤	一次性使用无菌拉钩	Ⅱ	是	/	/
			通常由头部和杆部组成，头部带钩头。一般采用不锈钢材料制成。非无菌提供	用于钩拉组织或皮肤	拉钩、皮肤拉钩、头皮拉钩、组织拉钩、静脉拉钩、肌腱神经拉钩、创口钩、腹腔拉钩、胆道拉钩、腹部拉钩、腹壁拉钩、阑尾拉钩、肾盂拉钩、肾窦拉钩、前列腺拉钩、膀胱拉钩、耳钩、鼻腔拉钩、甲状腺拉钩、扁桃体拉钩、耳鼻喉科拉钩、显微钩、显微耳钩、显微喉钩	Ⅰ	是	/	/
		02 内窥镜用钩	通常由头部、杆部或软性导管和手柄组成，头部为钩形，通过手柄操作传递、控制头部工作。一般头部采用不锈钢材料制成	手术中在内窥镜下操作，用于钩拉组织	内窥镜用钩、内窥镜组织拉钩	Ⅱ	是	/	/
09	手术器械–刮匙	01 手术刮匙	通常细长设计，头部为边缘锋利的匙形或内边缘锋利的方形。一般采用不锈钢材料制成。非无菌提供	用于手术时刮除组织、汗腺、皮肤赘生物、异物	刮匙、皮肤刮匙、腋臭刮匙、整形腋臭刮、耳刮匙、鼻增殖体刮匙、鼻刮匙、鼻窦刮匙、耳鼻喉科用刮匙、乳突刮匙、显微汗腺刮除器、显微皮肤赘生物刮除器、胆石匙、胆囊刮匙、胆管结石刮除器	Ⅰ	是	/	/
		02 内窥镜用组织刮匙	通常由头部、杆部或软性导管和手柄组成，头部为匙形，通过手柄操作传递、控制头部工作。一般头部采用不锈钢材料制成	手术中在内窥镜下操作，用于刮除 / 采集组织	内窥镜刮匙、鼻窦镜手术刮匙	Ⅱ	是	YY/T 1297—2015	/
10	手术器械–剥离器	01 剥离器	通常由剥离头、杆部和柄部组成，头端带光源。一般采用不锈钢材料制成。无菌提供。一次性使用	用于剥离或分离黏膜、组织	一次性使用无菌软组织剥离器	Ⅱ	是	/	/

续表

序号	一级产品类别	二级产品类别	产品描述	预期用途	品名举例	管理类别	是否豁免临床	相关标准	指导原则
10	手术器械–剥离器	01 剥离器	通常杆形设计，头部为钝口或微锐。一般采用不锈钢材料制成。非无菌提供	用于剥离或分离黏膜、组织	剥离器、肌腱剥离器、头皮剥离子分离器、乳房分离器、鼻剥离器、鼻骨膜剥离器、鼻中隔剥离器、显微喉剥离子	Ⅰ	是	/	/
		02 内窥镜用剥离器	通常由头部、杆部和手柄组成，头部为钝口或微锐，通过手柄操作传递、控制头部工作。一般头部采用不锈钢材料制成	手术中在内窥镜下操作，用于剥离或分离黏膜、组织	内窥镜手术用剥离子、鼻窦镜手术剥离子	Ⅱ	是	/	/
11	手术器械–牵开器	01 牵开器	通常由撑开片或钩板、齿条（或弹簧片、螺丝）和手柄主杆组成。一般采用不锈钢材料或高分子材料制成。无菌提供。一次性使用	用于牵开组织	一次性使用无菌牵开器、一次性使用无菌软组织扩张器	Ⅱ	是	YY 0333—2010	/
			通常由撑开片或钩板、齿条（或弹簧片、螺丝）和手柄组成。或通常由连接口和杆部组成。一般采用不锈钢材料制成。非无菌提供	用于或与拉钩配合使用，牵开组织	牵开器、鼻腔撑开器、鼻窥器、甲状腺牵开器、乳突牵开器、腹壁牵拉器、腹部牵开器、腹腔用撑开器、肛门牵开器、膀胱前列腺牵开器、耳鼻喉用开口器、耳鼻喉用撑开器、腹腔用拉钩装置器	Ⅰ	是	/	/
		02 压迫器	通常为板状设计。一般采用不锈钢材料制成。非无菌提供。不接触中枢神经系统和血液循环系统	用于下压组织或脏器	组织压板、压板、压肠板	Ⅰ	是	/	/
		03 扩张器	通常由头部和柄部组成，头部渐尖式圆锥形。一般采用不锈钢材料制成	用于非介入手术中，扩张血管	血管扩张器	Ⅱ	是	/	/
			通常为细长设计，由硬质导丝和软质导管组成。无菌提供。一次性使用	用于扩张尿道	一次性使用无菌尿道扩张器	Ⅱ	是	/	/
			通常由头部、杆部和柄部组成。一般采用不锈钢材料制成。非无菌提供	用于扩张组织	耳鼻喉用扩张器、耳鼻喉用扩张套管、内耳张开器、胆道探条、尿道扩张器、扩肛器、一次性使用扩肛器、食道贲门狭窄扩张器	Ⅰ	是	/	/

续表

序号	一级产品类别	二级产品类别	产品描述	预期用途	品名举例	管理类别	是否豁免临床	相关标准	指导原则
11	手术器械－牵开器	04 内窥镜用牵开器	通常由头部、杆部或软性导管和手柄组成，头部为牵开装置，通过手柄操作传递、控制头部工作。一般头部采用不锈钢材料制成	手术中在内窥镜下操作，用于牵开组织	腹腔镜肝脏牵开器、内窥镜五叶扇形钳	Ⅱ	是	/	腹腔镜手术器械技术审查指导原则
			通常由悬吊器主体、导入针、锁定夹组成。采用金属和高分子材料制成。无菌提供，一次性使用	手术中在内窥镜下操作，用于悬吊牵开目标组织或器官来改善手术视野	一次性使用组织悬吊器	Ⅱ	是	/	/
		05 内窥镜用气囊扩张器	通常由头部、杆部或软性导管和手柄组成，头部为扩张体，通过手柄操作传递、控制头部工作	手术中在内窥镜下操作，用于扩张狭窄部位	内窥镜球囊扩张器、内窥镜球囊扩张导管、输尿管镜球囊扩张导管	Ⅱ	是	/	/
12	手术器械－穿刺导引器	01 穿刺器	通常由穿刺锥和鞘管组成。一般采用不锈钢和/或高分子材料制成	用于穿刺组织（不包括腰椎、血管、脑室），建立通路	穿刺器、腹部穿刺器、胸部穿刺器、一次性使用无菌腹腔镜穿刺器、一次性使用无菌套管穿刺器	Ⅱ	是	YY 0672.1—2008	腹腔镜手术器械技术审查指导原则
		02 打孔器	通常由打孔针和鞘管组成。一般采用不锈钢材料制成。非无菌提供。不接触中枢神经系统或血液循环系统	用于组织打孔，建立通路	鼻打孔器、皮肤组织穿孔器	Ⅰ	是	/	/
			通常由钻头、钻体和柄部组成。非无菌提供。不接触中枢神经系统或血液循环系统	用于组织钻孔，建立通路	显微皮肤活检环钻、耳钻	Ⅰ	是	/	/
		03 输送导引器	通常由导丝针和控制旋塞组成	用于导引导丝进入血管	一次性使用无菌连接器	Ⅲ	否	/	/
			通常由内套管、外套管、手柄、导引头、定位标记组成。一次性使用。不接触血管	用于将器械通过组织或腔道（不含血管）输送到目标位置	胆道支架输送导管、食管支架输送导管、非血管内支架输送器、支气管内活瓣输送导管	Ⅱ	是	/	/
			通常由导引针和套管组成。无菌提供。一次性使用	用于引导器械，进入腔道或组织	一次性使用无菌插管管芯、一次性使用无菌耻骨上导入器、一次性使用无菌泌尿导丝、一次性使用无菌输尿管鞘、一次性使用无菌输尿管导引鞘、一次性使用无菌膀胱造瘘管	Ⅱ	是	/	/
			通常由套管和座组成。非无菌提供	用于引导器械，进入腔道或组织	鼻导引器、假体导引器、胆道插管引导器	Ⅰ	是	/	/

续表

序号	一级产品类别	二级产品类别	产品描述	预期用途	品名举例	管理类别	是否豁免临床	相关标准	指导原则
12	手术器械–穿刺导引器	04 微创入路装置	通常由入路牵引器和密封帽组成。一般采用高分子材料制成。无菌提供	用于手术时外科医生手部进入切口协助操作及取出较大标本（适用于结直肠、泌尿系统、妇产科及普外科手术范围内的特定手术）	微创入路装置	Ⅱ	是	/	/
		05 内窥镜用导引器	通常由头部、杆部或软性导管和手柄组成，头部为导引件，通过手柄操作传递、控制头部工作	手术中在内窥镜下操作，用于引导器械，进入腔道或组织	内窥镜导引器、内窥镜导丝、内窥镜导入器、内窥镜导管、内窥镜推进导管、内窥镜推送导管	Ⅱ	是	/	/
13	手术器械–吻（缝）合器械及材料	01 吻合器（带钉）	通常由吻合器或缝合器和钉仓（带钉）组成。吻合钉一般由钛合金、纯钛等材料制成	用于血管的离断、切除和/或建立吻合	血管吻合器、血管切割吻合器、内窥镜血管吻合器	Ⅲ	否	/	/
			通常由吻合器或缝合器和钉仓（带钉）组成。吻合钉一般由钛合金、纯钛等不可吸收材料制成	用于体内器官、组织的离断、切除和/或建立吻合（不包含血管吻合）	吻合器、切割吻合器、内窥镜吻合器、内窥镜切割吻合器、缝合器、内窥镜缝合器	Ⅱ	是	YY/T 0245—2008 YY 0875—2013 YY 0876—2013	一次性使用皮肤缝合器注册技术审查指导原则（2019年修订） 吻（缝）合器产品注册技术审查指导原则
		02 吻合器（不带钉）	通常由抵钉座、锁定杆、切割组件等组成。不带钉。无菌提供	与钉仓和吻合钉配合使用，用于特定的腔道器官或体内组织的离断、切除和/或建立吻合	吻合器（不带钉）、切割吻合器（不带钉）、缝合器（不带钉）	Ⅱ	是	YY/T 0245—2008 YY 0875—2013 YY 0876—2013	吻（缝）合器产品注册技术审查指导原则
			通常由抵钉座、锁定杆、切割组件等组成。不带钉。非无菌提供	与钉仓和吻合钉配合使用，用于特定的腔道器官或体内组织的离断、切除和/或建立吻合	吻合器（不带钉）、切割吻合器（不带钉）、缝合器（不带钉）	Ⅰ	是	YY/T 0245—2008 YY 0875—2013 YY 0876—2013	吻（缝）合器产品注册技术审查指导原则
		03 内窥镜用吻（缝）合器械（不带钉）	通常由头部、杆部和手柄组成，头部为吻合器件，头部动作通过传动机构由手柄操控。通过手柄操作传递、控制头部工作。不带钉	手术中在内窥镜下操作，用于组织或血管的离断、切除和/或建立吻合。同时还可用于微创手术或开放手术中	内窥镜缝合器（不带钉）、内窥镜切割吻合器（不带钉）、内窥镜吻合器（不带钉）、腔镜缝合器（不带钉）、腔镜吻合器（不带钉）、腔镜直线型切割吻合器（不带钉）	Ⅱ	是	YY/T 0245—2008 YY 0875—2013 YY 0876—2013	腔镜用吻合器产品注册技术审查指导原则
		04 血管缝合装置	通常由不锈钢缝合针、缝线及缝线修整器组成	用于进行介入导管检查或治疗患者，在术后经皮递送缝线以缝合股总动脉穿刺部位	血管穿刺口缝合器系统	Ⅲ	否	/	/

续表

序号	一级产品类别	二级产品类别	产品描述	预期用途	品名举例	管理类别	是否豁免临床	相关标准	指导原则
13	手术器械-吻（缝）合器械及材料	04 血管缝合装置	通常由高密度聚乙烯缝线和不锈钢针组成，装配防护盖和钳夹保护套环。无菌提供	用于血管、移植血管或其他管状结构的吻合	微血管吻合装置	Ⅲ	否	/	/
			通常为圆环形结构，周边带有尖抓。一般采用纯钛或钛合金制成。非无菌提供	通过将血管断端的血管壁挂在尖抓上使其外翻 90 度，再将两吻合轮相互抱合，从而连接血管，便于吻合。用于上肢动、静脉血管吻合	血管吻合轮	Ⅱ	是	/	/
			通常由方杆（或螺旋杆）和两个叶片夹组成。一般采用不锈钢材料制成。非无菌提供	通过两个叶片夹分别夹持待吻合的两根血管并逐渐合拢，用于显微外科手术时，辅助血管合拢吻合	显微合拢器	Ⅰ	是	/	/
		05 施夹器	通常由钳喙、关节、柄部和血管闭合夹组成。血管闭合夹一般采用纯钛或高分子材料制成，在体内滞留时间大于等于 30 天	用于钳闭血管闭合夹，使其闭合血管	一次性使用无菌施夹钳（带夹）	Ⅲ	否	YY/T 0079—2016 YY/T 0597—2006	/
			通常由钳喙、关节、柄部组成。不含血管闭合夹。无菌提供。一次性使用	用于钳闭血管闭合夹，使其闭合血管	一次性使用无菌施夹钳（不带夹）	Ⅱ	是	YY/T 0597—2006	/
			通常由钳喙、关节、柄部组成。不含血管闭合夹。非无菌提供	用于钳闭血管闭合夹，使其闭合血管	施夹钳（不带夹）	Ⅰ	是	YY/T 0597—2006	/
		06 可吸收缝合线	通常由各种非动物来源的单体材料聚合或多个单体共聚制成的可降解吸收的缝合线。缝合线表面可有涂层，分为带针和不带针两种。不包括预期用于骨结合的缝线。无菌提供，一次性使用	用于体内软组织、器官和/或皮肤的缝合和/或结扎	合成可吸收缝合线、聚乙醇酸可吸收缝合线、聚乳酸可吸收缝合线、带针合成可吸收缝合线、带针聚乙醇酸可吸收缝合线、带针聚乳酸可吸收缝合线、可吸收性外科缝线	Ⅲ	否	YY 1116—2010	可吸收性外科缝线注册技术审查指导原则
			通常由动物来源的组织材料制成的可降解吸收的缝合线。分为带针和不带针两种。不包括预期用于骨结合的缝线。无菌提供，一次性使用	用于体内软组织、器官和/或皮肤的缝合和/或结扎	动物源可吸收缝合线、带针动物源可吸收缝合线、羊肠缝合线、胶原蛋白缝合线、带针羊肠缝合线、带针胶原蛋白缝合线	Ⅲ	否	YY 1116—2010	动物源性医疗器械注册技术审查指导原则（2017年修订版） 可吸收性外科缝线注册技术审查指导原则

续表

序号	一级产品类别	二级产品类别	产品描述	预期用途	品名举例	管理类别	是否豁免临床	相关标准	指导原则
13	手术器械－吻（缝）合器械及材料	07 不可吸收缝合线	通常由天然材料制成的表面可有涂层的不可降解吸收的缝合线。分为带针和不带针两种。不包括预期用于骨结合的缝线。无菌提供。一次性使用	用于软组织、器官和/或皮肤的缝合	天然不可吸收缝合线、蚕丝缝合线、真丝缝合线、带针天然不可吸收缝合线、带针蚕丝缝合线、带针真丝缝合线	Ⅱ	是	YY 0167—2005	/
			通常由聚合材料或金属材料制成的表面可有涂层的不可降解吸收的缝合线。分为带针和不带针两种。不包括预期用于骨结合的缝线。无菌提供，一次性使用	用于软组织、器官和/或皮肤的缝合	合成不可吸收缝合线、带针合成不可吸收缝合线、聚丁酯缝合线、不锈钢缝合线、聚丙烯缝合线、尼龙缝合线、钛缝合线、聚酯缝合线、聚酰胺缝合线	Ⅱ	是	YY 0167—2005	/
		08 免缝闭合器械	通常由两拉链带和黏附于其背面靠外侧的胶带组成。用于替代传统缝线愈合伤口。无菌提供，一次性使用	用于体表各部位伤口的闭合	免缝拉链	Ⅱ	是	/	/
			通常为多个条状胶带平行贴于离型纸上。用时横跨手术切口平行地将条形胶带以一定的间隔一条条地横贴于手术切口使其闭合。无菌提供，一次性使用	用于粘贴手术切口，使其闭合	免缝胶带	Ⅱ	是	YY/T 0148—2006	/
		09 黏合剂	一般采用高分子材料制成。有多组分和单组分之分。不包括牙科黏合剂。无菌提供，一次性使用	用于手术切口接近皮肤表面边缘的封闭，包括微创介入手术穿刺口的封闭、完全清创后的封闭	α－氰基丙烯酸异丁酯黏合剂、α－氰基丙烯酸正丁酯黏合剂、2－辛基－氰基丙烯酸酯黏合剂、医用皮肤胶	Ⅲ	否	YY/T 0729.2—2009 YY/T 0729.3—2009 YY/T 0729.4—2009	α－氰基丙烯酸酯类医用黏合剂注册技术审查指导原则
		10 黏堵剂	通常由液体和粉剂组成，通过固化反应机械性地封堵血管或组织缝隙。无菌提供，一次性使用	用于血管重建时通过机械封闭方式辅助止血。也用于封堵组织上或组织间的缝隙	外科用封合剂、血管封堵剂、外科用止血封闭胶	Ⅲ	否	/	/
14	手术器械－冲吸器	01 冲吸器	通常由冲吸管、管路和连接口组成	用于冲洗组织或吸液	一次性使用无菌显微血管扩张冲洗器、一次性使用无菌显微冲洗管、一次性使用无菌三通冲吸器、一次性使用无菌可持式三通冲吸器、一次性使用无菌冲洗吸引管、一次性使用无菌冲洗管、一次性使用无菌吸引管、一次性使用无菌泌尿肛肠用冲吸器、一次性使用无菌上颌窦灌洗管、一次性使用无菌耳鼻喉用冲洗器、一次性使用无菌鼻窦冲吸器、一次性使用无菌医用吸引管、一次性使用无菌医用吸引头	Ⅱ	是	YY/T 0981—2016	/

续表

序号	一级产品类别	二级产品类别	产品描述	预期用途	品名举例	管理类别	是否豁免临床	相关标准	指导原则
14	手术器械－冲吸器	01 冲吸器	通常由冲吸管、管路和连接口组成。采用金属材料制成。非无菌提供，可重复使用	用于冲洗组织或吸液	显微冲洗针、三通冲吸器、可持式三通冲吸器、冲洗吸引管、泌尿肛肠用冲吸器、上颌窦灌洗管、耳鼻喉用冲洗器、鼻窦冲吸器、吸引管、腹腔吸引管、胆道吸引管、耳用吸引管、鼻吸引管、鼻蝶创口吸引器、扁桃体吸引管、乳突吸引管、鼻腔吸管、五官科吸引管、医用吸引头	Ⅰ	是	/	/
		02 吸引器	通常由吸引管和柄部组成	用于抽吸脂肪	抽脂管	Ⅱ	是	/	/
15	手术器械－其他器械	01 套扎器	通常由套环、夹紧环、连接装置组成。无菌提供。一次性使用	用于包皮环切，免缝愈合	一次性使用无菌包皮套扎器	Ⅱ	是	/	/
			通常由头部、杆部和推杆组成，头部为结扎套。无菌提供。一次性使用	用于套扎内痔或息肉	一次性使用无菌痔疮套扎器、一次性使用无菌肛肠套扎器	Ⅱ	是	/	/
			通常由头部、杆部和柄部组成。头部为套环，环口微锐。一般采用不锈钢材料制成。非无菌提供	用于分离或切除组织	肌腱套取器、息肉圈断器、扁桃体器、内痔套扎器、痔疮套扎器	Ⅰ	是	/	/
		02 推结器	通常由头部、杆部和柄部组成。头端有线槽。一般采用不锈钢材料制成。无菌提供。一次性使用	用于缝合打结	一次性使用无菌推结器	Ⅱ	是	/	/
			通常由头部、杆部和柄部组成。一般采用不锈钢材料制成。非无菌提供	用于缝合打结	腹部推结器、打结器	Ⅰ	是	/	/
		03 固位器	通常由杆部和旋转头组成。或通常上、下夹片连为一体，其鼻内部分呈鸭嘴形。无菌提供。一次性使用	用于支撑、固定鼻中隔或肠管	一次性使用无菌支撑棒、一次性使用无菌鼻内夹板	Ⅱ	是	/	/
			通常上、下夹片连为一体，其鼻内部分呈鸭嘴形。或为扁长状，二端渐尖。非无菌提供	用于手术中暂时（小于24 h）支撑、固定、复位鼻中隔	鼻中隔固定器、鼻骨复位器	Ⅰ	是	/	/
			通常为锁扣状，一般采用聚丙烯材料制成。无菌提供，一次性使用	用于外科手术中辅助固定缝合线，手术完毕时拆除	一次性使用无菌医用缝线锁合扣	Ⅱ	是	/	/

续表

序号	一级产品类别	二级产品类别	产品描述	预期用途	品名举例	管理类别	是否豁免临床	相关标准	指导原则
15	手术器械–其他器械	03 固位器	通常为锁扣状，一般采用聚丙烯材料制成。非无菌提供	用于外科手术中辅助固定缝合线，手术完毕时拆除	医用缝线锁合扣	Ⅰ	是	/	/
			通常由球囊、止动器、活栓和手柄组成。一般球囊采用硅橡胶材料制成。非无菌提供	用于影像检查中固定直肠壁和周围的组织	直肠用扩张定位器	Ⅰ	是	/	/
			通常呈圆环状薄壁，外面有凹槽，里面呈圆弧状，按直径大小分不同规格。一般采用金属材料制成。非无菌提供	用于辅助使环切部位无松动，以便于辅助手术刀、手术剪定位环切	包皮环切定位环	Ⅰ	是	/	/
			通常由固定夹、升降器、转向器、调节横杆和托盘组成。非无菌提供	用于支撑胸托	护胸板	Ⅰ	是	/	/
			通常为板状。一般采用不锈钢材料制成。非无菌提供	用于安装人工耳蜗时定位	耳用定位模板	Ⅰ	是	/	/
		04 清洁器	通常由基层、抛光磨料、压敏胶和隔离纸制成。无菌提供。一次性使用	用于清洁电刀刀头	一次性使用无菌刀头清洁片、一次性使用无菌电刀清洁片、一次性使用无菌清洁片、一次性使用无菌手术电极清洁片	Ⅱ	是	/	/
			通常由刷柄、刷毛和丝线组成。无菌提供。一次性使用	用于清洁直肠瘘管	一次性使用无菌瘘管刷	Ⅱ	是	/	/
			通常由基层、抛光磨料、压敏胶和隔离纸制成。非无菌提供	用于清洁电刀刀头	电刀清洁片	Ⅰ	是	/	/
			通常由卷头、杆部和柄部组成。非无菌提供	用于检查或清洁伤口，使用时将脱脂棉卷缠在卷棉子的卷头上	卷棉子、耳用卷棉子	Ⅰ	是	/	/
		05 测量器	通常器身有刻度。一般采用不锈钢材料制成。非无菌提供	用于手术中测距	显微血管测量尺、耳鼻喉科用测量器	Ⅰ	是	/	/
			通常由头部、杆部和手柄组成，头部带刻度。一般采用不锈钢材料制成。非无菌提供	用于胆道手术时测量胆管口径	胆管测量钳	Ⅰ	是	/	/
		06 保护器	通常由卡环和通道组成。一般采用塑料材料制成。无菌提供。一次性使用	用于保护切口或组织免受损伤	一次性无菌手术切口保护套、一次性使用无菌龟头保护套	Ⅱ	是	/	/
			通常由栓塞、水溶性薄膜和纱布绳组成。无菌提供	用于排泄失禁患者或肠胃气失禁者栓塞肛门，延长大便滞留时间	失禁肛门塞	Ⅱ	是	/	/

续表

序号	一级产品类别	二级产品类别	产品描述	预期用途	品名举例	管理类别	是否豁免临床	相关标准	指导原则
15	手术器械－其他器械	06 保护器	通常由球囊、绑带和充气阀组成。非无菌提供	用于控制尿液失禁	尿失禁束带	Ⅰ	是	/	/
		07 植皮器	通常由刀片和底座组成。刀片一般采用不锈钢材料制成。非无菌提供	用于取、植皮或轧皮处理	鼓式取皮机、轧皮机	Ⅰ	是	/	/
		08 标记器	通常由卷包芯、墨水、涤纶纤维笔头、笔套、笔杆、尾帽和标尺组成，其中墨水通常由水、酒精、乙二醇、龙胆紫和苯甲酸钠组成	用于外科手术、放射治疗和皮肤治疗时在患者皮肤（无黏膜及皮肤破损处）上作标记和定位	医用皮肤记号笔（含墨水）、一次性使用无菌医用标记笔、医用标记笔	Ⅱ	是	/	/
		09 手柄	通常由头部和柄部组成。头部为接口。无菌提供。一次性使用	用于连接器械	一次性使用无菌鼻窦导引导管把手	Ⅱ	是	/	/
			通常由头部和柄部组成。头部为接口。一般采用不锈钢材料制成。非无菌提供	用于连接器械	手术刀柄、刀柄	Ⅰ	是	YY 0175—2005	/
		10 手术锉	通常由锉身和柄部组成。一般采用不锈钢材料制成。非无菌提供	用于锉削骨组织	鼻骨锉、鼻骨整形锯锉	Ⅰ	是	/	/
		11 手术叉	通常由头部、杆部和柄部组成。头部为叉头。一般采用不锈钢材料制成。非无菌提供	用于将植入物等医疗器械推送进入组织或腔道	电极植入用叉、耳用叉	Ⅰ	是	/	/
		12 手术环	通常为扁平条弯成带缺口的圆环，两端曲卷成鼓环状。非无菌提供	用于重建外耳道和鼓膜、修补穿孔鼓膜	人工鼓环	Ⅰ	是	/	/
		13 试模	通常外壳为硅橡胶，内填充硅凝胶。无菌提供	用于确定乳房植入体时形状和大小	乳房试模	Ⅱ	是	YY 0334—2002 YY/T 0640—2016 YY 0647—2008 YY/T 1555.1—2017	乳房植入体产品注册技术审查指导原则
		14 夹子装置	通常由外鞘管、旋转鞘管、夹子组成。夹子一般采用不锈钢材料制成，在体内滞留时间大于等于 30 天。无菌提供	与内窥镜配套使用，用于在消化道内放置夹子。夹子用于内窥镜下的标记、消化道组织的止血	夹子装置	Ⅲ	是	/	/
		15 肛门镜	通常由镜管、镜芯和手柄组成。一般采用不锈钢、黄铜或聚乙烯材料制成。无菌提供。一次性使用	用于肛门部位组织检查	一次性使用无菌肛门镜	Ⅱ	是	YY/T 0190—2008	/
			通常由镜管、镜芯和手柄组成。一般采用不锈钢、黄铜或聚乙烯材料制成。非无菌提供	用于肛门部位组织检查	肛门镜、塑制肛门镜、不锈钢肛门镜、窥肛器	Ⅰ	是	YY/T 0190—2008	/

续表

序号	一级产品类别	二级产品类别	产品描述	预期用途	品名举例	管理类别	是否豁免临床	相关标准	指导原则
15	手术器械－其他器械	16 内窥镜用推结器	通常由头部、杆部或软性导管和手柄组成，头部为打结器，通过手柄操作传递、控制头部工作	手术中在内窥镜下操作，用于缝合打结	内窥镜推结器、腹腔镜线结推送器	Ⅱ	是	/	/
		17 内窥镜用细胞刷	通常由头部、杆部或软性导管和手柄组成，头部为刷件，通过手柄操作传递、控制头部工作	手术中在内窥镜下操作，用于组织取样	内窥镜细胞刷、内窥镜活检刷、内窥镜细胞活检刷、一次性使用内窥镜用取样刷、一次性使用内窥镜防污样本刷	Ⅱ	是	YY/T 0930—2014	/
		18 内窥镜用取石器械	通常由头部、杆部或软性导管和手柄组成，头部为抓取件或其他取出装置，通过手柄操作传递、控制头部工作	手术中在内窥镜下操作，用于取出组织、异物、粉碎结石	内窥镜碎石网篮、内窥镜取石网篮、内窥镜取石器、内窥镜结石回收篮、内窥镜结石取出器、内窥镜用锚、一次性使用内窥镜取石篮	Ⅱ	是	YY 0847—2011	/
		19 内窥镜切口牵开保护器	通常由头部、杆部或软性导管和手柄组成，头部为保护件，通过手柄操作传递、控制头部工作	手术中在内窥镜下操作，用于保护切口免受损伤	内窥镜切口牵开保护器	Ⅱ	是	/	/
		20 内窥镜用取石球囊导管	通常由头部、软性导管和手柄组成，头部为球囊。有不透射线标记	手术中在内窥镜下操作，用于从胰胆管系统取出结石，包括沙样结石、机械碎石后残留在胆管中的残余结石；或利用球囊阻塞胆管时注入造影剂	内窥镜取石气囊、内窥镜取石球囊、内窥镜取石球囊导管、内窥镜球囊取石导管、内窥镜结石移除球囊导管	Ⅱ	是	/	/
		21 内窥镜用气囊导管	通常由气囊、导管和手柄组成。一般采用高分子材料制成。无菌提供，一次性使用	手术中在内窥镜下操作，用于向呼吸道内或消化道内注入药液、清洗液也用于估量气管直径，还用于回收异物	气囊导管	Ⅱ	是	/	/
		22 内窥镜用给物器	通常由头部、杆部或软性导管和手柄组成，头部为灌注装置，通过手柄操作传递、控制头部工作	手术中在内窥镜下操作，用于注射给物。不用于血液循环系统和中枢神经系统给物	内窥镜喷洒管、内窥镜注射喷洒管、内窥镜给药器、内窥镜推注器、内窥镜注射管、内窥镜灌洗管、一次性使用内窥镜给药管	Ⅱ	是	/	/
		23 内窥镜用套扎器	通常由头部、杆部或软性导管和推拉手柄组成，头部为结扎套	手术中在内窥镜下操作，用于套扎息肉或放入可防止或控制出血的结扎环也用于静脉曲张的结扎	内窥镜套扎器	Ⅱ	是	YY/T 0931—2014	/

第三章　神经和心血管手术器械

一、范围

本子目录包括神经外科手术器械、胸腔心血管手术器械和心血管介入器械。

二、框架结构

本子目录按照神经、胸腔心血管和心血管介入器械的功能用途及产品特性分为14个一级产品类别。在一级产品类别下，根据产品的具体用途的不同，细分为60个二级产品类别，列举224个品名举例。

本子目录是将神经外科手术器械、胸腔心血管手术器械和心血管介入器械归类整合，将共同功能用途的产品，如刀、剪、钳等，归在同一个一级产品类别，同时根据产品的具体用途或结构特征，细化成二级产品类别。

本子目录包括2002版分类目录的《6803神经外科手术器械》《6807胸腔心血管外科手术器械》《6877介入器材》3个子目录中大部分产品。子目录中第一类产品主要参考2014年《第一类医疗器械产品目录》。

该子目录中一级产品类别与2002版分类目录产品类别的对应关系如下。

与2002版分类目录对应关系

<table>
<tr><th>一级产品类别</th><th>2002版产品类别</th><th>备注</th></tr>
<tr><td rowspan="2">03-01 神经和心血管手术器械－刀</td><td>6803-1 神经外科脑内用刀</td><td rowspan="2">/</td></tr>
<tr><td>6807-1 胸腔心血管外科用刀</td></tr>
<tr><td>03-02 神经和心血管手术器械－剪</td><td>6807-2 胸腔心血管外科用剪</td><td>/</td></tr>
<tr><td rowspan="2">03-03 神经和心血管手术器械－钳</td><td>6803-2 神经外科脑内用钳</td><td rowspan="2">/</td></tr>
<tr><td>6807-3 胸腔心血管外科用钳</td></tr>
<tr><td rowspan="3">03-04 神经和心血管手术器械－镊
03-05 神经和心血管手术器械－夹</td><td>6803-3 神经外科脑内用镊</td><td rowspan="3">/</td></tr>
<tr><td>6807-4 胸腔心血管外科用镊、夹</td></tr>
<tr><td>6807-4 胸腔心血管外科用镊、夹</td></tr>
<tr><td>03-06 神经和心血管手术器械－针</td><td>6807-5 胸腔心血管外科用钩、针中的排气针</td><td>/</td></tr>
<tr><td rowspan="2">03-07 神经和心血管手术器械－钩</td><td>6803-4 神经外科脑内用钩、刮中的脑膜钩、脑膜拉钩、神经钩、神经根拉钩、交感神经钩</td><td rowspan="2">/</td></tr>
<tr><td>6807-5 胸腔心血管外科用钩、针中的心房（心室）拉钩、二尖瓣膜拉钩</td></tr>
<tr><td>03-08 神经和心血管手术器械－刮匙</td><td>6803-4 神经外科脑内用钩、刮中的脑刮匙、脑垂体刮匙</td><td>/</td></tr>
</table>

续表

一级产品类别	2002 版产品类别	备注
03-09 神经和心血管手术器械 - 剥离器	6803-5 神经外科脑内用其他器械中的脑膜剥离器	/
03-09 神经和心血管手术器械 - 剥离器	6807-6 胸腔心血管外科用其他器械中的双头剥离匙、内膜剥离器	/
03-10 神经和心血管手术器械 - 牵开器	6803-5 神经外科脑内用其他器械中的后颅凹牵开器、脑压板	/
	6807-6 胸腔心血管外科用其他器械中的血管扩张器、血管牵开器	
03-11 神经和心血管手术器械 - 穿刺导引器	6803-5 神经外科脑内用其他器械中的手摇颅骨钻	/
	6807-6 胸腔心血管外科用其他器械中的血管打洞钳（器）、心房打洞器、胸骨手钻	
03-12 神经和心血管手术器械 - 冲吸器	6803-5 神经外科脑内用其他器械中的脑吸引器	/
	6807-7 胸腔心血管外科用吸引器除静脉撑开器	
03-13 神经和心血管手术器械 - 心血管介入器械	6877-1 血管内导管	/
	6877-2 导丝和管鞘	
	6877-3 栓塞器材	
03-14 神经和心血管手术器械 - 其他器械	/	新增

三、其他说明

（一）接触血液循环系统的心脏拉钩、心房拉钩、心室拉钩、房室拉钩、二尖瓣膜拉钩、凹凸齿止血夹，根据分类规则应按照第二类医疗器械管理，但鉴于相关产品一直按照第一类医疗器械管理，因此继续按照第一类医疗器械管理。

（二）心血管手术或脑外科手术冲吸器，规范为第二类管理。

（三）根据新版医疗器械分类规则将脑压板管理类别调整为第二类。

（四）导管消毒连接器由外接头、70% 异丙醇或乙醇水溶液等组成，用于对输液（注射）器具无针接头进行消毒，按第三类医疗器械管理。

（五）本子目录中医疗器械产品适用的相关标准

GB/T 16886.1-2011 医疗器械生物学评价 第 1 部分：风险管理过程中的评价与试验

GB/T 16886.3-2008 医疗器械生物学评价 第 3 部分：遗传毒性、致癌性和生殖毒性试验

GB/T 16886.4-2003 医疗器械生物学评价 第 4 部分 : 与血液相互作用试验选择

GB/T 16886.5-2017 医疗器械生物学评价 第 5 部分：体外细胞毒性试验

GB/T 16886.10-2017 医疗器械生物学评价 第 10 部分：刺激与皮肤致敏试验

GB/T 16886.11-2011 医疗器械生物学评价 第 11 部分：全身毒性试验

（六）医疗器械产品是否豁免临床试验的法规文件

《国家药品监督管理局关于公布新修订免于进行临床试验医疗器械目录的通告》（2018 年第 94 号）附件 1。

神经和心血管手术器械

序号	一级产品类别	二级产品类别	产品描述	预期用途	品名举例	管理类别	是否豁免临床	相关标准	指导原则
01	神经和心血管手术器械－刀	01 手术刀	通常由刀片和刀柄组成。一般采用不锈钢或钻石材料制成	用于切割组织	鞍隔刀、神经外科用钻石刀、脑神经刀、脑膜刀	Ⅱ	是	GB 8662—2006 YY 0174—2005 YY 0175—2005	/
			通常由刀片和刀柄组成。一般采用不锈钢材料制成。非无菌提供。不接触中枢神经系统或血液循环系统	用于切割组织	胸骨刀	Ⅰ	是	GB 8662—2006 YY 0174—2005 YY 0175—2005	/
02	神经和心血管手术器械－剪	01 组织剪	通常由一对中间连接的叶片组成，头部有刃口。一般采用不锈钢材料制成	用于剪切组织	三叉神经剪、脑膜剪、脑内用剪、冠状动脉剪	Ⅱ	是	YY/T 0176—2006 YY/T 0596—2006	/
			通常由一对中间连接的叶片组成，头部有刃口。一般采用不锈钢材料制成。非无菌提供。不接触中枢神经系统或血液循环系统	用于剪切组织	胸腔心血管外科用剪、心脏手术剪、胸骨剪、肋骨剪	Ⅰ	是	YY/T 0176—2006 YY/T 0596—2006 YY/T 1135—2008	/
03	神经和心血管手术器械－钳	01 组织钳	通常由中间连接的两片组成，头部为钳喙。一般采用不锈钢材料制成	用于钳夹组织	脑内用钳、心房钳、腔静脉钳、心耳钳、瓣膜手术用钳、瓣膜夹持钳	Ⅱ	是	YY/T 0177—2005	/
			通常由一对中间连接的叶片组成，头部为钳喙。非无菌提供，不接触中枢神经系统或血液循环系统	用于钳夹组织	胸腔组织钳、肺叶钳、肋骨咬骨钳	Ⅰ	是	YY/T 0177—2005	/
		02 取样钳	通常由咬切器、鞘管和控制手柄组成。无菌提供。接触中枢神经系统或血液循环系统	用于血管介入手术中心肌组织取样	心肌活检钳、心内膜心肌活检钳	Ⅲ	否	/	/
			通常由头部、杆部和手柄组成，头部为一对带钳喙的叶片。一般采用不锈钢材料制成。非无菌提供。接触中枢神经系统或血液循环系统	用于脑外科手术中脑组织取样	脑活体取样钳	Ⅱ	是	/	/
			通常由头部、杆部和手柄组成。一般采用不锈钢材料制成。非无菌提供。不接触中枢神经系统或血液循环系统	用于神经外科手术中夹取活检组织	神经外科组织活检钳	Ⅰ	是	/	/
		03 分离钳	通常由一对中间连接的叶片组成，头部为钳喙。一般采用不锈钢材料制成。接触中枢神经系统或血液循环系统	用于分离组织	脑组织咬除钳、肿瘤摘除钳、主动脉游离钳、腔静脉游离钳、动脉侧壁钳	Ⅱ	是	/	/

续表

序号	一级产品类别	二级产品类别	产品描述	预期用途	品名举例	管理类别	是否豁免临床	相关标准	指导原则
03	神经和心血管手术器械－钳	04 止血钳	通常由一对中间连接的叶片组成，头部为钳喙。一般采用不锈钢材料制成。接触中枢神经系统或血液循环系统	用于钳夹血管、组织以止血	心血管外科用钳、心血管外科用止血钳、主动脉止血钳、胸腔止血钳、心血管钳、血管阻断钳、主肺动脉钳、动脉阻断钳、静脉阻断钳	Ⅱ	是	YY/T 0452—2003	/
		05 异物钳	通常由头部、杆部和手柄组成，头部为一对带钳喙的叶片。一般采用不锈钢材料制成。接触中枢神经系统或血液循环系统	用于脑外科手术中钳取异物	脑异物钳	Ⅱ	是	/	/
		06 器械钳	通常有两种型式：由中间连接的两片组成，头部为钳喙；或由头部、杆部和手柄组成，头部为一对带钳喙的叶片。一般采用不锈钢材料制成。非无菌提供。不接触中枢神经系统和血液循环系统	用于胸腔心血管手术及神经外科手术中钳夹器械	U 型夹钳、动脉瘤夹钳、头皮夹钳、银夹钳、胸腔心血管外科用持针钳、心房持针钳、结扎钳、套管束紧钳	Ⅰ	是	/	/
04	神经和心血管手术器械－镊	01 组织镊	通常由一对尾部叠合的叶片组成。一般采用不锈钢材料制成	用于夹持组织	脑用镊、脑膜镊、肿瘤夹持镊、垂体瘤镊、脑内用镊、微创心外手术用镊、心肌镊、大隐静脉镊	Ⅱ	是	YY/T 0295.1—2005 YY/T 0686—2017	/
			通常由一对尾部叠合的叶片组成。一般采用不锈钢材料制成。非无菌提供。不接触中枢神经系统或血液循环系统	用于夹持组织	胸腔镊、肺组织镊、胸腔组织镊	Ⅰ	是	YY/T 0295.1—2005 YY/T 0686—2017	/
		02 摘除镊	通常由一对尾部叠合的叶片组成。一般采用不锈钢材料制成。接触中枢神经系统或血液循环系统	用于夹持并摘除组织	肿瘤摘除镊	Ⅱ	是	YY/T 0295.1—2005 YY/T 0686—2017	/
05	神经和心血管手术器械－夹	01 头皮夹	通常呈圆筒形，一侧有一组相互吻合的唇头齿，另一侧有和头皮夹钳匹配的钳槽。一般采用塑料或不锈钢材料制成。无菌提供。一次性使用	用于夹持切口头皮以止血	一次性使用无菌头皮夹	Ⅱ	是	YY/T 0079—2016	/
		02 止血夹	通常形状为 V 型。一般采用金属纯银（纯度大于 99.9%）、纯钛和纯钽等金属材料制成。非无菌提供，一次性使用	用于脑部手术时夹闭小血管和管状组织，以止血。也可用于腹腔等微创手术。术后不取出	银夹	Ⅲ	是	YY/T 0079—2016	/

续表

序号	一级产品类别	二级产品类别	产品描述	预期用途	品名举例	管理类别	是否豁免临床	相关标准	指导原则
05	神经和心血管手术器械－夹	02 止血夹	通常由夹子、弹簧和轴组成或由一对尾部叠合的叶片组成。一般采用不锈钢材料制成。接触中枢神经系统或血液循环系统，或为无菌提供、一次性使用	用于临时阻断血管或心血管组织	心房止血器、心耳止血器、一次性使用无菌血管夹	Ⅱ	是	YY/T 0079—2016	/
			两片组成，头部为直形或弯形，尾部为带锁止牙指圈，穿鳃后用铆钉连接固定。通常由不锈钢材料制成，非无菌提供	用于心胸外科手术中，钳夹血管	凹凸齿止血夹	Ⅰ	是	YY/T 0079—2016	/
06	神经和心血管手术器械－针	01 手术针	通常由针体和柄部组成，头端圆钝。一般采用不锈钢材料制成。接触中枢神经系统或血液循环系统	用于脑外科手术中导引器械入脑组织	脑用探针	Ⅱ	是	/	/
		02 排气针	通常由针管与针柄组成，头端带刃口。一般采用不锈钢材料制成。接触中枢神经系统或血液循环系统	用于主动脉根部排气	主动脉排气针	Ⅱ	是	/	/
07	神经和心血管手术器械－钩	01 手术钩	通常由头部和柄部组成。头部带弯钩。一般采用不锈钢材料制成	用于钩拉组织，显露手术视野	脑膜拉钩、神经钩、脑神经根拉钩、交感神经钩、脑内用钩、主动脉拉钩	Ⅱ	是	/	/
			通常由头部和柄部组成。头部带弯钩。一般采用不锈钢材料制成。非无菌提供	用于钩拉心血管组织，显露手术视野	心脏拉钩、心房拉钩、心室拉钩、房室拉钩、二尖瓣膜拉钩	Ⅰ	是	/	/
			通常由头部和柄部组成。头部带弯钩。一般采用不锈钢材料制成。非无菌提供。不接触中枢神经系统或血液循环系统	用于牵拉肩胛骨等组织	肩胛骨拉钩	Ⅰ	是	/	/
08	神经和心血管手术器械－刮匙	01 刮匙	通常为细长状设计，头部为边缘锋利的匙形。一般采用不锈钢材料制成。接触中枢神经系统或血液循环系统	用于脑外科手术中剥离组织	垂体刮、脑肿瘤刮匙、脑刮匙	Ⅱ	是	/	/
09	神经和心血管手术器械－剥离器	01 剥离器	通常为杆形设计，头部为钝口或微锐。一般采用不锈钢材料制成。接触中枢神经系统或血液循环系统。或为无菌提供、一次性使用	用于剥离或分离黏膜、组织	一次性使用无菌软组织剥离器、脑骨膜剥离器、脑内剥离器、静脉剥离器、显微剥离器	Ⅱ	是	/	/

续表

序号	一级产品类别	二级产品类别	产品描述	预期用途	品名举例	管理类别	是否豁免临床	相关标准	指导原则
10	神经和心血管手术器械－牵开器	01 牵开器	通常由撑开片、齿条和手柄组成或为中空弯形管。一般采用不锈钢材料制成	用于牵开组织	一次性使用无菌软组织牵开器、一次性使用无菌肋间软组织牵开器、心房牵开器、取乳内动脉牵开器	Ⅱ	是	/	/
			通常由撑开片、齿条和手柄组成。一般采用不锈钢材料制成。非无菌提供。不接触中枢神经系统和血液循环系统	用于牵开组织	脑乳突牵开器、后颅凹牵开器、软轴牵开器、脑牵拉器、胸腔牵开器、胸骨牵开器、肋骨牵开器	Ⅰ	是	/	/
		02 压器	通常为薄片板状设计。一般采用不锈钢材料制成。接触中枢神经系统或血液循环系统	用于压脑组织	脑压板	Ⅱ	是	/	/
		03 扩张器	通常由管身、接头组成。管身一般较厚，不易弯折。扩张器头端一般为锥形。无菌提供	用于对进入组织（不包括血管）的经皮穿刺通道进行扩张的柔性管状器械	经皮肾通道扩张器	Ⅱ	是	/	/
			通常由头部、杆部、弹簧和柄部组成，头部有扩张瓣。一般采用不锈钢材料制成。接触中枢神经系统或血液循环系统	用于非介入手术中扩张血管或心血管组织	血管扩张器、血管固定扩张器、二尖瓣扩张器	Ⅱ	是	/	/
11	神经和心血管手术器械－穿刺导引器	01 打孔器	通常由打孔头和柄部组成。无菌提供。一次性使用。接触中枢神经系统或血液循环系统	用于介入手术中在组织上打孔，建立通路	一次性使用无菌心房打洞器、一次性使用无菌主动脉打孔器、一次性使用无菌血管打洞器、一次性使用无菌血管打孔器	Ⅲ	否	/	/
			通常由打孔头和柄部组成。一般采用不锈钢材料制成。接触中枢神经系统或血液循环系统	用于非介入手术中在血管或心血管组织上打孔，建立通路	打孔器、心房打洞器、主动脉打孔器、血管打洞器、血管打孔器	Ⅱ	是	/	/
			通常由钻头和驱动装置组成。钻头一般采用不锈钢材料制成	用于组织钻孔，建立通路	定向钻颅仪、电动颅骨钻、风动开颅器、电池式自停颅骨钻	Ⅱ	否	YY/T1629.2—2018	/
			通常由钻头、传动部件和手摇柄部组成。非无菌提供。无源产品	用于组织钻孔，建立通路	颅钻、颅骨钻、颅脑凹颅钻、手摇颅骨钻	Ⅰ	是	YY 91133—1999	/
		02 导引器	通常由头部和柄部组成，头端带导引钩。非无菌提供。不接触中枢神经系统和血液循环系统	用于手术中导引器械进入	线锯导引器	Ⅰ	是	/	/
			通常由头部和柄部组成，头部为锥形，尾部带叶片。一般采用不锈钢材料制成。非无菌提供。不接触中枢神经系统和血液循环系统	用于手术中钻孔后准确导向	颅骨锁孔器、颅骨锁孔校正器	Ⅰ	是	/	/

续表

序号	一级产品类别	二级产品类别	产品描述	预期用途	品名举例	管理类别	是否豁免临床	相关标准	指导原则
12	神经和心血管手术器械－冲吸器	01 冲吸器	通常为中空直形或弯形管。一般采用不锈钢材料制成	用于胸腔心血管手术或脑外科手术中冲洗、吸引、抽吸	心内吸引管、左房引流管、静脉冲洗管、心内吸引头、血管冲洗／吸引管、脑吸引管、脑活检抽吸器、脑室液抽吸管	Ⅱ	是	YY 1271—2016	/
		02 通条	通常由管道和柄部组成。一般采用不锈钢材料制成。体内接触时间不超过 30 天	用于创建脑室积液引流至腹腔的通道	脑室腹腔通条	Ⅱ	是	/	/
		03 吸引器	通常为中空弯形管。一般采用不锈钢材料制成。非无菌提供	用于吸引废液	胸腹吸引管	Ⅰ	是	YY/T 0191—2011	/
13	神经和心血管手术器械－心血管介入器械	01 造影导管	通常由导管管体、导管尖端、不透射线标记、接头等结构组成	用于注射或输入对照介质和／或液体，可用于测量血压和获取血样的血管内导管	造影导管、血管造影导管、外周血管用造影导管	Ⅲ	是	YY 0285.1—2017 YY 0285.2—1999	/
		02 导引导管	通常由导管管体、导管尖端、不透射线标记、接头等结构组成	用于以介入治疗方式进入心血管系统，为介入治疗建立通道	导引导管、指引导管、支持导管、外周血管用导引导管	Ⅲ	是	YY 0285.1—2017	/
		03 中心静脉导管	通常由导管管体、接头等结构组成。管体结构为单腔或多腔	用于插入中心静脉系统，以输入药液或抽取血样和／或压力等测量	中心静脉导管	Ⅲ	否	YY 0285.3—2017 YY 0285.1—2017	中心静脉导管产品注册技术审查指导原则
			通常由导管管体、接头等结构组成。管体结构为单腔或多腔。含有药物	用于插入中心静脉系统，以输入药液或抽取血样和／或压力等测量	含药中心静脉导管	Ⅲ（药械组合产品）	否	YY 0285.1—2017 YY 0285.3—2017	/
		04 导管消毒连接器	通常由外接头、内圆锥锁定接头、外接头海绵、内圆锥锁定接头海绵、支撑硅橡胶、连接管和 70% 异丙醇或乙醇水溶液组成	既用于物理屏障输液（注射）器具无针接头（包括外圆锥锁定接头及内圆锥锁定接头）；也用于对输液（注射）器具无针接头进行消毒	导管消毒连接器、输液接头消毒帽	Ⅲ	是	/	/
		05 灌注导管	通常由导管管体、导管尖端、不透射线标记、接头等结构组成。导管远端可有侧孔	用于将各种诊断和治疗溶剂递送至血管内	灌注导管	Ⅲ	否	YY 0285.1—2004 YY 0285.4—2017	/
		06 球囊扩张导管	通常由导管管体、球囊、不透射线标记、接头等结构组成。管体具有单腔或多腔结构。在靠近其末端处装有球囊	用于插入动脉或静脉，以扩张血管系统或某些植入物	冠状动脉球囊扩张导管、PTCA 导管、PTA 导管、PTCA 球囊扩张导管、非顺应性 PTCA 球囊扩张导管、主动脉内球囊导管、快速交换球囊扩张导管	Ⅲ	是	YY 0285.1—2017 YY 0285.4—2017	/

续表

序号	一级产品类别	二级产品类别	产品描述	预期用途	品名举例	管理类别	是否豁免临床	相关标准	指导原则
13	神经和心血管手术器械－心血管介入器械	06 球囊扩张导管	通常由导管管体、球囊、不透射线标记、接头等结构组成。管体具有单腔或多腔结构。在靠近其末端处装有球囊。含有药物	用于插入动脉或静脉，以扩张血管系统或某些植入物	带药球囊扩张导管	Ⅲ（药械组合产品）	否	YY 0285.1—2017 YY 0285.4—2017	/
		07 切割球囊	通常由导管管体、球囊、不透射线标记、接头等结构组成，球囊外层表面上具有刀状结构	用于球囊扩张的同时可对血管病变部位的斑块进行切割	切割球囊、外周切割球囊	Ⅲ	否	YY 0285.1—2017 YY 0285.4—2017	/
		08 造影球囊	通常由球囊、不透射线标记、接头等结构组成	用于向血管内注入造影液，进行血管内造影	静脉造影球囊导管	Ⅲ	是	YY 0285.1—2017 YY 0285.4—2017	/
		09 封堵球囊	通常由导管、球囊、接头组成	用于临时封堵外周血管或神经血管，亦可选择性地阻断或控制血流	封堵球囊导管、阻断球囊导管	Ⅲ	否	YY 0285.1—2017 YY 0285.4—2017	/
		10 血栓抽吸导管	通常有导管、接头、抽吸装置组成，导管有腔体用于血管内物质的吸出	用于抽吸血管内的血栓	血栓抽吸导管	Ⅲ	否	YY 0285.1—2017	/
		11 套针外周导管	通常由穿刺针、导管、接头等组成	用于从外周血管系统将液体或器械引入或引出的导管	套针外周导管	Ⅲ	否	YY 0285.1—2017 YY 0285.5—2018	/
		12 穿刺针	通常是尖部锋利的刚性管	用于将导丝或导管引入血管	血管穿刺针	Ⅲ	是	YY 0450.1—2003	/
		13 导引套管	通常由管体、接头组成	与穿刺针配合使用，用于将导管或导丝插入	导引套管	Ⅲ	是	YY 0450.1—2003	/
		14 导管鞘	通常由鞘管、接头组成，也可配备止血阀、侧管等结构，某些导管鞘设计为可撕开式。鞘管内腔一般较大	与扩张器配合使用，用于将导丝、导管等医疗器械插入血管	导管鞘、导引鞘、动脉鞘、静脉血管鞘、微穿刺血管鞘、撕开型血管鞘	Ⅲ	是	YY 0450.1—2003	/
		15 扩张器	通常由管身和接头组成。管身一般较厚，不易弯折。扩张器头端一般为锥形。无菌提供	用于对进入血管的经皮穿刺通道及血管通道进行扩张的柔性管状器械	扩张器	Ⅲ	是	YY 0450.1—2003	/
		16 导丝	引导导管或扩张器插入血管并定位的柔性器械	用于引导导管或扩张器插入血管并定位	硬导丝、软头导丝、肾动脉导丝、微导丝、推送导丝、超滑导丝、导引导丝、造影导丝	Ⅲ	是	YY 0450.1—2003	/

续表

序号	一级产品类别	二级产品类别	产品描述	预期用途	品名举例	管理类别	是否豁免临床	相关标准	指导原则
13	神经和心血管手术器械－心血管介入器械	17 球囊扩张导管用球囊充压装置	通常由充气装置、压力表、连接管和接头组成	用于心血管介入手术中，与球囊扩张导管连接使用，通过压力表显示的压力值，对球囊作精确充盈及收缩，从而达到扩张或收缩球囊的目的	球囊扩充压力泵、球囊扩张充压装置、球囊充压装置、球囊加压装置	Ⅱ	是	YY/T 0450.3—2016	血管内球囊扩张导管用球囊充压装置注册技术审查指导原则
		18 连接阀	通常有两个或多个接口，可连接进入血管的导管或其他器械	用于连接管路，建立通道辅助器械进入人体，同时可减少血液流出	Y 型连接阀	Ⅲ	否	/	/
		19 腔静脉滤器回收装置	通常由与腔静脉滤器相匹配的回收圈套和回收鞘管等组成，可在显影设备下抓捕并移出可转换腔静脉滤器和可回收腔静脉滤器	用于将可回收腔静脉滤器移出人体或转换可转换滤器	腔静脉滤器移出器	Ⅲ	是	YY/T 0663.3—2016	/
		20 心脏封堵器装载器	通常由导管、接头组成，导管较短，其长度可覆盖配用的心脏封堵器。接触血液循环系统	用于收纳心脏封堵器，当与鞘管连接后，可将其中心脏封堵器推送至鞘管中	心脏封堵器装载器	Ⅲ	否	/	/
		21 心脏封堵器输送线缆	通常由线缆、手柄组成，线缆头端有特定的连接机制，可与配用的心脏封堵器进行连接，并可在植入心脏封堵器后与其分离	用于将心脏封堵器输送入植入位置。使用时与心脏封堵器连接，并将心脏封堵器沿鞘管推送至预期植入部位、释放后断开连接并退出	心脏封堵器输送线缆、心脏封堵器输送钢缆	Ⅲ	是	/	/
		22 血管内回收装置	通常由抓取装置、杆、控制装置和鞘管等结构组成，具备异物抓取功能。抓取装置一般采用金属材料、高分子材料制成	用于血管内回收异物	血管内回收装置、血管内回收钳、血管内异物圈套器	Ⅲ	是	/	/
		23 远端保护器	通常由鞘管、导丝和滤网类结构等组成。鞘管一般采用高分子材料制成，导丝一般采用不锈钢材料制成，滤网结构一般采用镍钛合金制成，滤网上可覆膜	用于介入手术过程中容纳和移除栓塞物质	远端保护器、抗栓塞远端保护装置	Ⅲ	否	/	/
		24 环柄注射器	通常由推杆组件、端盖、外套组件、胶塞、接头保护帽组成。一般采用聚碳酸酯等材料制成	用于介入手术中，对患者进行药液或造影剂注射	环柄注射器	Ⅲ	是	GB/T 1962.1—2015 GB/T 1962.2—2001 GB 15810—2001 YY/T 0243—2016	/

续表

序号	一级产品类别	二级产品类别	产品描述	预期用途	品名举例	管理类别	是否豁免临床	相关标准	指导原则
13	神经和心血管手术器械－心血管介入器械	25 延长管	通常由导管、接头、O 型圈组成	用于介入手术中管路加长、药物输注和快速输液等	高压造影注射延长管	Ⅲ	是	GB/T 1962.1—2015 GB 15810—2001 YY/T 0614—2017	/
		26 微导管	通常由导管管身、不透射线标记、接头等结构组成。管身通常较细且柔软，表面可带有亲水涂层	用于向血管系统中注入诊断试剂（如造影剂）、治疗试剂（如药物制剂、栓塞材料）和适当的器械（如支架、弹簧圈）等	微导管、外周介入微导管、输送微导管、漂浮微导管、一次性使用微导管	Ⅲ	是	YY 0285.1—2017	/
14	神经和心血管手术器械－其他器械	01 分流栓	通常由头部、管腔和柄部组成，头部为不透射线的球囊，球囊一般采用硅橡胶材料制成。接触中枢神经系统或血液循环系统	用于冠状动脉或外周血管手术，暂时阻断血流，分流血液使其流向吻合口远端，为缝合血管提供一个暂时无血的手术视野，完成血管缝合之前取出	冠状动脉分流栓	Ⅲ	否	/	/
		02 固位器	通常由头托和颅骨固定架组成或由稳定板、稳定臂、固定装置等组成	用于固定头部等相关部位，以提供一个稳定的手术区域	一次性使用无菌颅脑手术头架、一次性使用无菌心脏稳定器、一次性使用无菌心脏固定器、一次性使用无菌心表固定器、一次性使用无菌心表稳定板	Ⅱ	是	/	/
			通常由头托和颅骨固定架组成。不接触中枢神经系统或血液循环系统。非无菌提供	用于固定头部等相关部位，以提供一个稳定的手术区域	手术头架、颅脑手术固定架、颅脑手术固定器、颅脑手术头架	Ⅰ·	是	/	/
		03 推结器	通常由头部、杆部和柄部构成。头端有线槽。一般采用不锈钢材料制成。无菌提供。一次性使用	用于胸腔心血管手术中缝合打结	一次性使用无菌胸腔心血管外科用推结器、一次性使用无菌胸腔用推结器	Ⅱ	是	/	/
		04 排线器	通常由卡线块和底座组成。一般采用不锈钢材料制成。无菌提供	用于缝合组织时排线，使缝线的每针缝合位置整齐，不紊乱	胸腔用排线器	Ⅱ	是	/	/
		05 手术叉	通常由头部、杆部和柄部组成。头部为叉头。一般采用不锈钢材料制成。接触中枢神经系统或血液循环系统	用于分离或叉取脑瘤	显微取瘤叉	Ⅱ	是	/	/
		06 合拢器	通常由合拢板、齿条和手柄组成。一般采用不锈钢材料制成。非无菌提供	用于合拢肋骨	肋骨合拢器	Ⅰ	是	/	/

续表

序号	一级产品类别	二级产品类别	产品描述	预期用途	品名举例	管理类别	是否豁免临床	相关标准	指导原则
14	神经和心血管手术器械－其他器械	07 测量器	通常器身带刻度。一般采用不锈钢材料制成。无源产品。非无菌提供	用于测距	颅骨探棒尺、颅脑立体定位尺、胸腔心血管用手术测量尺、腱索缝线量规、测瓣器、瓣叶开合测瓣器	I	是	/	/
		08 手柄	通常由接口和柄部组成。非无菌提供	用于连接器械	扩张鞘夹持手柄	I	是	/	/
			通常由助推器护帽、助推器手柄、护套管、双位夹、双位帽组成。非无菌提供	用于介入手术中控制导丝的推送和旋转	导丝控制手柄	I	是	/	/
		09 手术锯	通常由多根细丝捻成具有齿形的金属线条组成。非无菌提供。无源产品	安装在锯架上，用于锯骨	脑外科线锯条、颅骨线锯条	I	是	/	/

第四章　骨科手术器械

一、范围

本子目录包括在骨科手术术中、术后及与临床骨科相关的各类手术器械及相关辅助器械，不包括在骨科手术后以康复为目的的康复器具，也不包括用于颈椎、腰椎患者减压牵引治疗及缓解椎间压力的牵引床（椅）、牵引治疗仪、颈部牵引器、腰部牵引器等类器械。

二、框架结构

本子目录按照临床骨科手术器械的功能不同或产品特性分为 18 个一级产品类别，包括 11 个骨科常用手术器械类别、1 个骨科用有源器械类别、1 个外固定及牵引器械类别、4 个骨科手术用辅助器械类别和 1 个骨科其他手术器械类别；依据其功能或用途的不同细分为 96 个二级产品类别，并列举 605 个品名举例。

本子目录框架是在 2014 年《第一类医疗器械产品目录》中《6810 骨科手术器械》框架的基础上，综合考虑 2002 版分类目录中的第二类、第三类产品及近年来的新产品而设置。本子目录将 2014 年《第一类医疗器械产品目录》中的“骨科用其他器械”进行了拆分，一级产品类别由 13 个增至 18 个。本子目录包括 2002 版分类目录的《〈6810 矫形外科（骨科）手术器械〉（全部）》《〈6826 物理治疗及康复设备〉（部分）》。

该子目录中一级产品类别与 2002 版分类目录产品类别的对应关系如下。

与 2002 版分类目录对应关系

一级产品类别	2002 版产品类别	备注
04-01 骨科用刀	6810-1 矫形（骨科）外科用刀、锥中的刀类产品	新增二级产品类别：骨科内窥镜用刀
04-02 骨科用剪	6810-2 矫形（骨科）外科用剪	新增二级产品类别：骨科内窥镜用剪
04-03 骨科用钳	6810-3 矫形（骨科）外科用钳	新增二级产品类别：骨科内窥镜用钳
04-04 骨科用钩	6810-5 矫形（骨科）外科用钩、针中的钩类产品	/
04-05 骨科用针	6810-5 矫形（骨科）外科用钩、针中的针类产品	/
04-06 骨科用刮	6810-6 矫形（骨科）外科用刮	新增二级产品类别：骨科内窥镜用刮匙
04-07 骨科用锥	6810-1 矫形（骨科）外科用刀、锥中的锥类产品	/
04-08 骨科用钻	6810-8 矫形（骨科）外科用其他器械中的钻类产品	/
04-09 骨科用锯	6810-4 矫形（骨科）外科用锯、凿、锉中的锯类产品	/

续表

一级产品类别	2002 版产品类别	备注
04-10 骨科用凿	6810-4 矫形（骨科）外科用锯、凿、锉中的凿类产品	/
04-11 骨科用锉、铲	6810-4 矫形（骨科）外科用锯、凿、锉中的锉类产品	/
04-12 骨科用有源器械	6810-7 矫形（骨科）外科用有源器械	新增二级产品类别：与有源设备配合使用的配套工具
04-13 外固定及牵引器械	6810-8 矫形（骨科）外科用其他器械中的外固定及牵引器械	/
	6826-5 理疗康复仪器中的骨科牵引器	
04-14 基础通用辅助器械	/	新增
04-15 创伤外科辅助器械	/	新增
04-16 关节外科辅助器械	/	新增
04-17 脊柱外科辅助器械	/	新增
04- 18 骨科其他手术器械	6810-8 矫形（骨科）外科用其他器械	/

三、其他说明

（一）骨髓抽吸和活检系统电钻，规范为第二类管理。

（二）与有源设备（如电动骨钻、电动骨锯、气动骨钻）连接使用的钻头、刀头、锯片、扩髓器、刨刀、磨头等配套工具，规范为第一类管理。

（三）髌骨爪，尖端侵入人体，且滞留时间超过 30 天，规范为第三类管理。

（四）接触椎间隙的非无菌提供的骨科重复使用手术器械，管理类别由第二类降为第一类。

（五）开口用锥（如手锥），管理类别由第二类降为第一类。

（六）对于在手术操作过程中本子目录可能接触中枢神经系统的非无菌提供的骨科用凿、骨科用锉、骨科用铲、脊柱外科定位 / 导向 / 测量器械、脊柱外科开孔扩孔器械、脊柱外科神经根探子、脊柱外科植骨块嵌入器、脊柱外科椎弓根钉尾部切断器、脊柱手术通道器械、脊柱外科椎体复位器、骨科剥离保护器、骨科组织保护器具，管理类别由第二类降为第一类。

（七）本子目录中医疗器械产品适用的相关标准

GB/T 16886.1—2011 医疗器械生物学评价 第 1 部分：风险管理过程中的评价与试验

GB/T 16886.5—2017 医疗器械生物学评价 第 5 部分：体外细胞毒性试验

GB/T 16886.10—2017 医疗器械生物学评价 第 10 部分：刺激与皮肤致敏试验

（八）医疗器械产品是否豁免临床试验的法规文件

国家药品监督管理局关于公布新修订免于进行临床试验医疗器械目录的通告（2018 年第 94 号）附件 1。

骨科手术器械

序号	一级产品类别	二级产品类别	产品描述	预期用途	品名举例	管理类别	是否豁免临床	相关标准	指导原则
01	骨科用刀	01 截骨用刀	通常由刀片和手柄组成，远端有坚硬、锋利、单刃配置的切割刀片，手柄位于其近端。一般采用不锈钢材料制成。无菌提供	用于切除、截断骨	无菌刀头、一次性使用刀头、无菌骨刀	Ⅱ	是	/	/
			通常由刀片和手柄组成，远端有坚硬、锋利、单刃配置的切割刀片，手柄位于其近端。一般采用不锈钢材料制成。非无菌提供	用于切除、截断骨	骨刀、截骨刀、截断刀、半月板刀、胫骨切刀、胫骨切割器、削切刀	Ⅰ	是	/	/
		02 骨科内窥镜用刀	通常由头部、杆部和手柄组成，头部为一刃口片，通过手柄操作传递、控制头部工作。头部一般采用不锈钢材料制成	手术中在内窥镜下操作，用于骨科微创手术中，对病变组织进行切除、剥离	关节镜用手术刀	Ⅱ	是	/	/
		03 扩孔用刀	通常由铰刀杆和夹持手柄组成。一般采用不锈钢材料制成	用于铰削椎间盘	椎间盘铰刀	Ⅰ	是	/	/
			通常由手柄或接头和具有扩孔切削刃的刀头组成。一般采用不锈钢材料制成。非无菌提供	用于骨科手术中扩孔或铰孔、髓腔再造及扩大	髓腔铰刀、骨铰刀、加压螺纹钉铰刀	Ⅰ	是	/	/
		04 石膏切割用刀	通常由刀片和刀柄组成，刀片的远端可以采用各种不同形状，通常是圆形。一般采用不锈钢材料制成。非无菌提供	用于切割石膏、绷带	石膏刀	Ⅰ	是	/	/
02	骨科用剪	01 骨科内窥镜用剪	通常由头部、杆部或软性导管和手柄组成，头部为一对带刃口的叶片，通过手柄操作传递、控制头部工作。一般头部采用不锈钢材料制成	手术中在内窥镜下操作，用于剪切组织	关节镜用手术剪	Ⅱ	是	/	/
		02 骨及组织用剪	通常由一对中间连接的叶片组成，头部为刀刃。一般采用不锈钢材料制成。非无菌提供	用于剪断骨、韧带或组织	骨剪、咬骨剪、双关节咬骨剪、双关节棘突骨剪、膝关节韧带手术剪	Ⅰ	是	YY/T 1122—2017 YY/T 1135—2008	/
		03 植入物或石膏用剪	通常由一对中间连接的叶片组成，头部为刀刃。一般采用不锈钢材料制成。非无菌提供	用于剪断植入物或石膏	钢丝剪、台式钢丝剪、钢针剪、钛笼剪、钛网剪、石膏剪	Ⅰ	是	/	/
03	骨科用钳	01 骨科内窥镜用钳	通常由头部、杆部或软性导管和手柄组成，头部为一对带钳喙的叶片，通过手柄操作传递、控制头部工作。头部一般采用不锈钢材料制成	手术中在内窥镜下操作，用于钳夹组织或器械	关节镜用手术钳、半月板篮钳	Ⅱ	是	/	/

续表

序号	一级产品类别	二级产品类别	产品描述	预期用途	品名举例	管理类别	是否豁免临床	相关标准	指导原则
03	骨科用钳	02 夹持/复位用钳	通常由钳柄、钳头和鳃轴螺钉组成，钳头内表面多设有齿，钳柄之间可设置锁合装置。一般采用不锈钢材料制成。非无菌提供	用于骨科手术时夹持椎体	脊柱侧弯矫正钳	I	是	/	/
			通常由钳柄、钳头和鳃轴螺钉组成，钳头内表面多设有齿，钳柄之间可设置锁合装置。一般采用不锈钢材料制成。非无菌提供	用于骨科手术中夹持并固定骨骼、植入物，或夹持器械	持骨钳、三爪持骨钳、持钉钳、持板钳、持棒钳、持钩钳、持针钳、螺杆夹持钳、复位钳、髌骨钳、三爪骨复位钳、骨盆复位钳、经皮复位钳、滑车关节钳、转棒钳、取出钳、夹持钳	I	是	YY/T 1031—2016	/
		03 咬骨钳	通常由钳柄、钳头、弹簧片和鳃轴螺钉组成，型式可有单关节、双关节、颅骨。其中单关节咬骨钳钳头可分为直型和角（前）弯型，双关节咬骨钳钳头有直型、角（前）弯型和棘突型。头部一般采用不锈钢材料制成。非无菌提供	用于咬取死骨或修整骨残端	椎板咬骨钳、椎骨咬骨钳、颈椎咬骨钳、颈椎双关节咬骨钳、弯头平口棘突骨钳、枪形咬骨钳、咬骨钳、单关节咬骨钳、双关节咬骨钳、腐骨钳、关节咬骨钳	I	是	YY/T 1122—2017	/
		04 组织用钳	通常由钳柄、钳头、弹簧片和鳃轴螺钉组成。头部一般采用不锈钢材料制成。非无菌提供	用于骨科手术中咬除组织或息肉	膝关节息肉钳、肌腱钳膝关节息肉钳、肌腱钳、髓核钳	I	是	YY/T 0177—2005	/
		05 撑开钳	手柄坚固，头部渐薄，其型式有直型和弯型，有多种尺寸，牵引刀片位于工作端，通过一个单或双枢轴动作，枢轴传递牵引所需的力。一般采用不锈钢材料制成。非无菌提供	用于骨科手术中撑开椎体、组织或植入物	骨科撑开钳、椎体张开钳、骨科撑开器、脊柱撑开器、股骨撑开器、颈椎撑开器、椎体撑开器、骨盆撑开器、椎间撑开器、脊柱后路撑开器、锥板撑开器	I	是	/	/
		06 压缩钳	通常由左右钳柄、弹簧片和齿条组成，单关节或双关节。一般采用不锈钢材料制成。非无菌提供	用于骨科手术时压缩固定金属钩、钉或脊柱手术时在椎体间加压用	压缩钳、加压钳	I	是	/	/
		07 植入物塑形用钳	通常由手柄和钳口通过单或双连接轴连接组成，具有直型或弯曲手柄，有各种尺寸。一般采用不锈钢材料或硬质合金制成。非无菌提供	用于骨科手术时剪断、弯曲、结扎	骨克丝钳、钢丝钳、钢板弯曲钳、钢丝结扎钳、剪断钳、剪切钳、弯棒钳、钢针钳、折弯钳、断棒钳	I	是	/	/

续表

序号	一级产品类别	二级产品类别	产品描述	预期用途	品名举例	管理类别	是否豁免临床	相关标准	指导原则
03	骨科用钳	07 植入物塑形用钳	通常由电源、温控器、发热管、医用硅胶管、不锈钢夹等组成。非无菌提供	用于骨科手术中加热可塑性骨接合材料（如骨板）并使之弯曲	热弯曲钳	Ⅰ	是	/	/
04	骨科用钩	01 拉钩	通常由头部和柄部组成，头部带钩头。一般采用不锈钢材料制成。非无菌提供	用于骨科手术中显露手术视野，使手术易于进行，并保护组织，避免意外损伤；或用于骨科手术中剥离、牵开或遮挡神经根	骨拉钩、单侧椎板拉钩、下肢截断拉钩、半月板钩、颈椎拉钩、椎板拉钩、弯曲拉钩、腹腔S拉钩、髋关节拉钩、膝关节拉钩、肩胛骨拉钩、骨科用神经根拉钩、（椎间）神经根拉钩、脊柱手术用神经拉钩、脊柱手术用神经档钩	Ⅰ	是	/	/
		02 牵开器	通常为各种形式（如钝型、锐型、开窗型、深型）的钩状结构，手动操作、自锁式手术器械。一般采用不锈钢材料制成。非无菌提供	用于骨科手术中显露手术视野，使手术易于进行，并保护组织，避免意外损伤	骨用牵开器、手摇式牵开器、多向牵开器、双向牵开器、可调式牵开器、微创牵开器、胫骨牵开器、关节微创牵开器、后颅牵开器、坐骨神经牵开器、脊柱牵开器、椎板牵开器、颈椎椎体牵开器、颈椎关节牵开器、颈椎组织牵开器、颈椎微创牵开器、环形椎骨牵开器、不对称牵开器、髋关节牵开器、胸腰椎微创牵开器、手摇式颈椎牵开器、腰椎牵开器、颈椎牵开器、颈椎椎体后缘牵开器、椎间牵开器	Ⅰ	是	/	/
		03 骨钩	通常由钩和手柄组成。钩的头部一般采用不锈钢材料制成。非无菌提供	用于矫形外科手术时提拉骨骼	骨钩	Ⅰ	是	/	/
05	骨科用针	01 探针	通常由尖端含传感器的探针、含电路的手柄等组成。通过测量和分析不同组织的电阻，检测并反馈探头尖端与软组织的接触情况	用于判断是否出现椎骨皮质穿孔	脊柱探针	Ⅲ	否	/	/
			通常由头部、杆部或软性导管和手柄组成，头部为针形，通过手柄操作传递、控制头部工作。头部一般采用不锈钢材料制成	手术中在内窥镜下操作，用于探查组织、取样	关节镜用手术探针	Ⅱ	是	/	/

续表

序号	一级产品类别	二级产品类别	产品描述	预期用途	品名举例	管理类别	是否豁免临床	相关标准	指导原则
05	骨科用针	01 探针	通常由头部和柄部组成，有直型、弯型和角弯型。一般采用不锈钢材料制成。非无菌提供	用于骨科手术中探测方向和深度	骨探针	Ⅰ	是	/	/
		02 牵引针	通常由头部、针体和尾部组成，可分为螺纹型和光杆型两种型式。一般采用不锈钢材料或钛合金材料制成。无菌提供	用于在骨折手术过程中牵引、定位或固定	无菌骨牵引针	Ⅱ	是	/	/
			通常由头部、针体和尾部组成，可分为螺纹型和光杆型两种型式。一般采用不锈钢材料或钛合金材料制成。非无菌提供	用于在骨折手术过程中牵引、定位或固定	骨牵引针	Ⅰ	是	/	/
		03 定位导引针	通常由头部、针体和尾部组成，可分为螺纹型和光杆型两种型式。一般采用不锈钢材料或钛合金材料制成。非无菌提供	用于在骨科手术过程中导向、导引或定位	螺纹钉导引针、加压螺纹钉导引针、骨导引针、骨定位针、钻孔器导引针、定位针	Ⅰ	是	/	/
		04 固定针	通常由头端为锐尖的金属棒制成。一般采用金属材料制成。非无菌提供	用于关节置换手术中固定试模或其他器械	固定针、试模固定针	Ⅰ	是	/	/
		05 穿孔针	通常由手柄、锥杆和锥头组成。一般采用不锈钢、硬铝或聚乙烯材料制成。非无菌提供	用于非脊柱手术时穿孔或穿线	骨科用穿孔针、骨科用穿线器	Ⅰ	是	/	/
		06 切割针	通常由头部和柄部组成，根据柄部不同，型式可分为圆棒花纹钩针、六角形棒钩针、扁柄式钩针。非无菌提供	用于骨科手术中切割软组织	骨科用钩针	Ⅰ	是	/	/
06	骨科用刮	01 骨科内窥镜用刮匙	通常由头部、杆部或软性导管和手柄组成，头部为匙形，通过手柄操作传递、控制头部工作。头部一般采用不锈钢材料制成	手术中在内窥镜下操作，用于骨科微创手术中，对病变组织进行刮削	关节镜用手术刮匙	Ⅱ	是	YY/T 1297—2015	/
		02 刮匙	通常由头部和柄部组成。在近端有手柄，远端为具锋利边缘的匙形凹尖，也可以是双端的。一般采用不锈钢材料制成。非无菌提供	用于刮除病灶、窦道内的瘢痕、肉芽组织，以及骨腔和潜在腔隙的死骨或病理组织等	刮匙、骨刮匙、空心骨刮匙、直杯状骨刮匙、椎板刮匙、颈椎刮匙、椎体成形用刮匙器、终板刮匙、椎体刮匙、刮刀	Ⅰ	是	/	/

续表

序号	一级产品类别	二级产品类别	产品描述	预期用途	品名举例	管理类别	是否豁免临床	相关标准	指导原则
07	骨科用锥	01 介入术用骨锥	通常由导针、带手柄的空心钻和工作通道组成。金属部分一般采用不锈钢材料制成，手柄一般采用工程塑料制成。无菌提供	用于骨科微创介入手术中（经皮椎体成形、椎体后凸成形术等）钻孔，建立工作通道	骨科微创介入术用骨锥	Ⅱ	否	/	/
		02 开口用锥	通常由头部和手柄组成，头部有截止设计。头部一般采用不锈钢材料制成。非无菌提供。无源产品	用于骨科手术中在骨骼上开孔	骨锥、开口锥、手锥	Ⅰ	是	YY/T 0958.1—2014	/
		03 攻丝用锥	通常由刃部和柄部组成。刃部一般采用不锈钢材料制成，柄部一般采用不锈钢、铝材等材料制成。非无菌提供	用于骨科手术时在骨骼上攻螺纹孔	丝锥、丝攻、骨用丝锥、骨用丝攻	Ⅰ	是	YY/T 0958.1—2014	/
08	骨科用钻	01 切 / 取骨钻	通常为中空结构。一般采用不锈钢材料制成	用于脊柱手术中切除骨或取骨用	颈椎环钻	Ⅱ	是	YY/T 0294.1—2016	/
			通常为中空结构。刃部一般采用不锈钢材料制成。非无菌提供。不接触中枢神经系统	用于骨科手术中切除骨或取骨用	空心钻、取骨钻	Ⅰ	是	/	/
		02 钻孔用钻	通常由头部和柄部组成，头部有切割刃口。头部一般采用不锈钢材料制成，柄部一般采用不锈钢、钛或合成材料制成	手术中在内窥镜下操作，用于关节微创手术中，用于钻孔、攻螺纹	关节镜用手术钻头、关节镜手术用锯片	Ⅱ	是	YY/T 0958.1—2014	/
			通常由头部、刃部和刀柄组成。一般采用金刚石或不锈钢材料制成。无菌提供	用于骨组织开孔或打磨骨组织	无菌磨头、一次性使用磨头	Ⅱ	是	/	/
			通常由头部和柄部组成，头部有切割刃口。头部一般采用不锈钢材料制成，柄部一般采用不锈钢、钛或合成材料制成。非无菌提供。不与有源器械（含气动工具）连用	用于钻孔、攻螺纹；或用于将钉头埋入骨内	骨科钻头、T 型钻头、手动骨钻、手摇骨钻、弓形钻、手动铰孔钻、埋头钻、磨头	Ⅰ	是	YY 91133—1999	/
		03 导钻（套钻）	通常由手柄和导套组成，有双头或单头结构。一般采用不锈钢材料制成。非无菌提供。不与有源器械（含气动工具）连用	用于钻头或丝锥导向定位	C 型导钻、导钻	Ⅰ	是	/	/

续表

序号	一级产品类别	二级产品类别	产品描述	预期用途	品名举例	管理类别	是否豁免临床	相关标准	指导原则
08	骨科用钻	04 修整用钻	通常由头部和柄部组成，头部具有研磨性外表面的半球形，有多种型号，手持式手动外科器械。一般采用不锈钢材料制成。非无菌提供。不与有源器械（含气动工具）连用	用于修整股骨头和髋臼	髋关节成型凹凸钻、骨科用修整用钻	Ⅰ	是	YY/T 0958.1—2014	/
		05 扩髓用钻	通常为长的圆柱形结构，带有直的螺旋或曲线的凹槽，手持式手动外科器械。非无菌提供。不与有源器械（含气动工具）连用	用于扩大髓腔	髓腔扩大钻、扩髓钻	Ⅰ	是	YY/T 0958.1—2014	/
		06 芯钻	通常由芯钻、导向套等组成。一般采用不锈钢材料、工程塑料或聚碳酸酯等材料制成。非无菌提供。不与有源器械（含气动工具）连用	用于四肢骨折髓内钉固定手术	芯钻	Ⅰ	是	YY/T 0958.1—2014	/
09	骨科用锯	01 骨锯	通常为环形或扁形手术切割器械，有锯齿刃口。一般采用不锈钢材料制成	用于切除和修正腐骨或骨科脊柱手术时钻孔、减压	环锯、椎间盘手术用环锯	Ⅱ	是	YY/T 1137—2017	/
			通常为扁平或线型的手术切割器械，有锯齿刃口。可带有附属手柄。一般采用不锈钢材料制成。无菌提供。不接触中枢神经系统	用于截锯骨骼	无菌骨锯、无菌线锯条	Ⅱ	否	YY/T 1137—2017	/
			通常为扁平或线型的手术切割器械，有锯齿刃口。可带有附属手柄。一般采用不锈钢材料制成。非无菌提供。不接触中枢神经系统	用于截锯骨骼	骨锯、手动骨锯、弓锯、指骨锯、手动胸骨锯、骨科用锯片、骨科用线锯条、骨科用线锯	Ⅰ	是	YY/T 1137—2017	/
		02 石膏锯	通常由锯柄和锯片组成，锯柄下部的两侧连接锯片。锯片一般采用不锈钢材料制成。非无菌提供	用于骨科锯石膏绷带	石膏锯	Ⅰ	是	YY/T 1137—2017	/
		03 配套工具	通常有引导钩。一般采用不锈钢材料制成。非无菌提供	用于导引线锯条	骨科用线锯导引器	Ⅰ	是	/	/
10	骨科用凿	01 骨凿	切削器具，通常由柄部和刀头组成，刀头是斜面锋利刃口。一般采用不锈钢材料制成，或刀片为不锈钢材料手柄采用合成材料（聚四氟乙烯）。非无菌提供	用于骨科手术时修整骨骼、取骨和凿骨	腰椎用梯形骨凿、颈椎测深凿、颈椎骨凿、椎板骨凿、椎体骨凿、椎骨骨凿、骨凿、小圆刮凿、丁字凿、弧形凿、髋关节成型凿、肘关节肱骨成型骨凿、座导凿、平骨凿、圆骨凿、脱臼凿、峨眉凿、股骨滑车凿、髁间骨凿	Ⅰ	是	YY/T 1141—2017	/

续表

序号	一级产品类别	二级产品类别	产品描述	预期用途	品名举例	管理类别	是否豁免临床	相关标准	指导原则
11	骨科用锉、铲	01 骨科用锉	通常由锉身和手柄组成。锉身一般采用不锈钢材料制成	手术中在内窥镜下操作，用于关节微创手术中，对病变组织进行磨削	关节镜用手术骨锉	Ⅱ	是	/	/
			通常由锉身和手柄（可不含）组成，有扁平和弯曲等型式。锉身一般采用不锈钢材料制成。非无菌提供	用于骨科手术时锉削骨骼、锉平骨断端	椎管锉、椎管锉刀、椎间锉、脊柱手术用骨锉、骨锉、髓腔锉、髋臼锉	Ⅰ	是	/	/
		02 骨科用铲	通常由刀柄和刀头组成。刀头一般采用不锈钢材料制成。非无菌提供	用于脊柱手术中在脊柱上铲除骨片及修正骨骼用	椎管铲刀、骨铲、梯形铲	Ⅰ	是	/	/
12	骨科用有源器械	01 骨科动力手术设备	通常由主机、软轴、电缆、手机和刀具（或脚踏开关）组成，或由手机、刀具、电池和控制系统等组成	用于对骨组织进行钻、切取、锯、磨、铣等	电动胸骨锯、电动骨锯、充电式电动骨锯、电池式电动骨锯、微型电动骨锯、电动骨钻、充电式电动骨钻、电池式电动骨钻、微型电动骨钻、气动咬骨钳、气动骨钻、电动显微磨钻、电动铣磨钻、电池供电骨组织手术设备、网电源供电骨组织手术设备、气动骨组织手术设备、微动力骨组织手术设备、微动力气动骨组织手术设备	Ⅱ	是	YY/T 0752—2016 YY 0904—2013 YY/T 1122—2017 YY/T 1137—2017	/
			通常由电钻主机和支架组成	与抽吸系统配合使用，用于成人和儿科患者的前路或后路髂嵴骨髓抽吸及成人患者的前路或后路髂嵴骨髓针芯活检	骨髓抽吸和活检系统电钻	Ⅱ	否	/	/
			通常由电动器械驱动器（又称为控制台）、连接线缆、研骨机主机和一次性无菌粉碎组件（包括切割圆盘、活塞和收骨屉）组成	用于将自体移植用骨材加工成尺寸适宜的骨颗粒，用于外科治疗	电动骨组织加工装置	Ⅱ	否	/	/
		02 配套工具	一般采用金属材料、金刚石材料制成	与关节镜手术用的动力系统的手柄等有源设备联用。手术中在内窥镜下操作，用于打磨、切削组织和骨质	关节镜刨刀、关节镜磨头、关节镜锯片	Ⅱ	是	YY/T 0955—2014	/
			一般采用不锈钢或金刚石等材料制成	与气动或电动手术设备配合使用，用于打磨、切削组织和骨质	刀头、钻石磨头、金刚石磨头、刀片	Ⅰ	是	YY/T 1629.1—2018	/

续表

序号	一级产品类别	二级产品类别	产品描述	预期用途	品名举例	管理类别	是否豁免临床	相关标准	指导原则
12	骨科用有源器械	02 配套工具	通常由钻身和/或螺旋槽、连接器组成。一般采用不锈钢材料制成	与电钻等有源设备配合使用，用于钻孔、攻螺纹、固定、导向或插入取出植入物	骨科电钻头、T 型电钻头、微创介入术用骨钻、柔性钻、软钻、螺纹钉	Ⅰ	是	/	/
			通常为环形或扁形手术切割器械，有锯齿刃口。一般采用不锈钢材料制成	与气动或电动手术设备配合使用，用于截锯骨骼、切除和修正腐骨用或骨科脊柱手术时钻孔、减压	骨科用电锯片	Ⅰ	是	/	/
			通常采用不锈钢等金属材料制成	与气动或电动工具配合使用，用于主机与工具之间的连接或保护	连接杆、手柄、夹头、髋臼锉连杆、钻头连接杆、连杆、柔性杆、护鞘、套管、快接头	Ⅰ	是	/	/
		03 石膏切割器具	通常由主机、软轴、电缆、手机和刀具组成。非无菌提供	用于骨科手术固定复位后，切割拆除石膏绷带	电动石膏剪、电动石膏锯、电动石膏切割器	Ⅰ	是	/	/
13	外固定及牵引器械	01 髌骨爪	通常由卡爪（爪体）及紧固装置组成。一般采用不锈钢或纯钛材料制成。卡爪在体内滞留时间大于等于30 天	用于髌骨骨折的固定	髌骨爪	Ⅲ	否	/	/
		02 外固定支架	通常由连接装置、固定装置及无源植入物组成，一般采用金属材料制成。无源植入物在体滞留时间大于等于 30 天	用于骨折、肢体固定，或进行关节制动或关节桥接	带植入物外固定支架、带植入物骨科外固定支架	Ⅲ	否	YY 0508—2009	/
			通常由针杆链接装置、杆、环、连接部件等组成，不包括骨针。一般采用铝合金、不锈钢、碳纤维、钛合金材料制成	连接体内骨针使用，通过固定、加压或牵拉骨端，实现骨科畸形矫形、骨折复位等治疗目的	骨科外固定器、骨科外固定支架、单侧外固定支架、单侧外固定器、骨科拱环外固定架、骨科管式外固定架、环形支架、组合式外固定支架、肢体延长架、单臂一体骨科外固定支架、单臂式外固定支架、四肢骨外固定器、环棒组合骨科外固定支架、镶嵌式外固定支架、测力式半环骨科外固定支架	Ⅱ	是	YY 0508—2009	骨科外固定支架产品注册技术审查指导原则

续表

序号	一级产品类别	二级产品类别	产品描述	预期用途	品名举例	管理类别	是否豁免临床	相关标准	指导原则
13	外固定及牵引器械	03 夹板及固定带	一般采用玻璃纤维、聚酯纤维等高分子材料、铝合金、石膏粉、纱布、非织造布等制成。非无菌提供，不与体内使用的医疗器械连接	用于骨折或软组织等损伤的外固定	骨夹板、骨科高分子夹板、骨科固定带、骨科外固定夹板、骨折固定夹板、踝关节固定带、肩臂固定带、肩部固定带、可调式骨伤塑料夹板、髋关节固定带、肋骨固定板、肋骨固定带、气压夹板、前臂吊带、手臂吊带、锁骨固定带、腕部固定带、腕关节固定带、无衬夹板、膝部固定带、下肢带、下肢支具、医用固定带、胸部固定板、胸部固定带、有衬夹板、指骨夹板、肘关节固定带、鼻外夹板、医用高分子夹板、粉状型石膏绷带、黏胶型石膏绷带、固定用弹力束带、石膏衬垫、骨折固定气垫	I	是	YY/T 1117—2001 YY/T 1118—2001	/
		04 牵引器	通常包括一个整体式结构的弓架，弓架左、右两牵引杆的前端分别设置有用于穿装牵引钢针的牵引耳。一般采用不锈钢材料制成。非无菌提供	通过施加牵引力于牵引钢针，用于骨折牵引复位、拉直骨牵引针及颅骨牵引	骨科牵引弓、颅骨牵引弓、斯氏针牵引弓、克氏针牵引弓、骨科牵引器、颅骨牵引器、粗钢针牵引器、下颌骨牵引装置	I	是	/	/
		05 术中牵引架及配件	主体部分一般采用不锈钢或普通钢材、铝合金等材料制成。非无菌提供	用于骨科手术中骨骼复位牵引用	骨科四肢牵引架、组合式骨牵引架、上臂支撑牵引架、骨科牵引架、脊柱手术组合式牵引架	I	是	/	/
		06 骨科牵引床及配件	通常由床体和牵引装置组成，不含电源、液压源	用于骨科手术后患者的四肢牵引，以帮助患者恢复。或用于手术中牵引	骨科牵引床	I	是	/	/
		07 紧固、支撑工具	一般采用不锈钢材料制成。非无菌提供	用于体外固定复位手术时辅助、配套使用	紧丝钳、指骨手术支撑架、下肢骨折整复器	I	是	/	/
14	基础通用辅助器械	01 微创骨导引器	通常由钝骨导引器探针、套管、钝导引针、尖导引针和高精度钻组成。无菌提供	用于微创骨折复位术，通过导针引导，建立经皮进入椎体的通道	一次性使用微创骨导引器	Ⅱ	否	/	/

续表

序号	一级产品类别	二级产品类别	产品描述	预期用途	品名举例	管理类别	是否豁免临床	相关标准	指导原则
14	基础通用辅助器械	02 骨水泥器械	一般采用不锈钢或铝合金或高分子材料制成	用于混匀骨水泥，或/并将骨水泥注入（输送到）人体的骨科工具	无菌骨水泥枪、无菌骨水泥加压器、无菌骨水泥搅拌器、无菌骨水泥填充器、无菌骨水泥注入器、无菌骨水泥注射器、无菌骨水泥推进器、无菌骨水泥输送器、无菌骨水泥套管、无菌骨水泥真空混合套件、无菌骨水泥加压灌注器、一次性使用骨水泥枪、一次性使用骨水泥加压器、一次性使用骨水泥搅拌器、一次性使用骨水泥填充器、一次性使用骨水泥注入器、一次性使用骨水泥注射器、一次性使用骨水泥推进器、一次性使用骨水泥输送器、一次性使用骨水泥套管、一次性使用骨水泥真空混合套件、一次性使用骨水泥加压灌注器、无菌骨水泥搅拌输送器、骨水泥加压塞、可弯曲骨水泥输送器、一次性远程骨水泥输送器	Ⅱ	是	/	骨水泥套管组件注册技术审查指导原则
			采用不锈钢或铝合金等金属材料制成。非无菌提供	用于混匀骨水泥，或/并将骨水泥注入（输送到）人体的骨科工具	骨水泥枪、骨水泥加压器、骨水泥搅拌器、骨水泥填充器、骨水泥注入器、骨水泥注射器、骨水泥推进器、骨水泥输送器、骨水泥套管、骨水泥真空混合套件、骨水泥加压灌注器、骨水泥转接头、高真空骨水泥搅拌器	Ⅰ	是	/	/
		03 植骨器械	植入骨替代材料时使用的工具。一般采用不锈钢或高分子材料制成。无菌提供	用于植骨手术中完成骨骼系统的骨缺损和骨空腔填充物的输送、填充、搅拌等操作	无菌骨替代材料传送针管、无菌骨导引器、无菌骨填充器、无菌骨替代材料传送枪、无菌骨填充材料注射器、无菌骨填充材料搅拌器	Ⅱ	否	/	/

续表

序号	一级产品类别	二级产品类别	产品描述	预期用途	品名举例	管理类别	是否豁免临床	相关标准	指导原则
14	基础通用辅助器械	03 植骨器械	植入骨替代材料时使用的工具。一般采用不锈钢材料或高分子材料制成。无源产品，非无菌提供，使用前应经灭菌处理	用于植骨手术中完成骨骼系统的骨缺损和骨空腔填充物的输送、搅拌等操作	骨替代材料传送针管、骨导引器、骨填充器、双室漏斗、弯形漏斗、植骨器、骨移植搅拌器、植骨漏斗	Ⅰ	是	/	/
		04 取样器械	通常由套管、管芯和手柄组成。套管和管芯一般采用不锈钢材料制成。无菌提供	用于获取骨样本	无菌骨取样器	Ⅱ	是	/	/
			通常由套管、管芯和手柄组成。套管和管芯一般采用不锈钢材料制成。非无菌提供	用于获取骨样本	骨取样器	Ⅰ	是	/	/
		05 测量器械	通常由头部、杆部（标有刻度）和手柄组成。采用不锈钢和高分子材料制成。非无菌提供	手术中在关节镜下使用，估量深度	关节镜测深器、脊柱后路手术用测深器	Ⅱ	是	/	/
			骨科手术配套基础工具。一般采用不锈钢材料、钛合金或高分子材料制成。非无菌提供	用于骨科手术时测量直径、深度、孔径、角度、弧度等	直径尺、医用尺、角度尺、测深器、骨测量器、填充块、量规、试模、模板	Ⅰ	是	/	/
		06 定位导向器械	骨科手术配套基础工具。一般采用不锈钢材料、钛合金、铝合金或高分子材料制成。非无菌提供	用于定位、导向和保护	骨科定位器、骨科定位片、骨科钻孔瞄准器、骨科导向器、植入棒位置确定器、骨板试模、骨科定位杆、骨科定位架、导针	Ⅰ	是	/	/
		07 夹持、固定器械	骨科手术配套基础工具。一般采用不锈钢材料、钛合金或高分子材料制成。非无菌提供	用于骨科手术时夹持植入物、器械或组织，手术结束前取出	持钉夹、持钉镊、持针镊、骨科用夹持器、骨科用夹持镊、骨科用持钉器、螺钉连接器、术前肌腱固定器、肌腱分张器、关节假体夹持器、股骨把持器、试模把持器	Ⅰ	是	YY/T 1031—2016	/
		08 敲拔器械	骨科手术配套基础工具。一般采用不锈钢材料、钛合金或高分子材料制成。非无菌提供	用于骨科手术时作敲击、撬拨	骨锤、骨撬、撬棒、骨铋、滑锤	Ⅰ	是	/	/
		09 开口器械	骨科手术配套基础工具。一般采用不锈钢材料、钛合金或高分子材料制成。非无菌提供	用于骨科手术时打孔、钻孔、扩孔	打孔器、骨质开口器、开路器、扩孔器、钻孔器、隧道扩张器	Ⅰ	是	/	/
		10 石膏拆除器械	骨科手术配套工具。一般采用不锈钢材料制成。无源。非无菌提供	用于拆除或撑开石膏绷带	石膏撑开器、石膏摊开器	Ⅰ	是	/	/

续表

序号	一级产品类别	二级产品类别	产品描述	预期用途	品名举例	管理类别	是否豁免临床	相关标准	指导原则
14	基础通用辅助器械	11 刨骨器	骨科手术配套工具。一般采用不锈钢材料制成。非无菌提供	用于骨科手术时对自体骨进行体外切削	刨骨器	Ⅰ	是	/	/
		12 植入取出工具	骨科手术配套工具。一般采用不锈钢材料制成。非无菌提供	用于辅助将植入物或骨植入体内或者从体内取出	骨科用扳手、骨科用扭力扳手、骨科用螺丝刀、打入器、打拔器、三翼钉打拔器、髓内针打拔器、拔出器、取钉器、螺钉取出器、断钉取出器、髂骨取出器、上钉器、对抗扳手	Ⅰ	是	/	/
		13 配套工具	骨科手术配套工具。一般采用不锈钢、钛合金或高分子材料等制成。无菌提供	与手术器械配合使用，用于辅助完成植入物安装	无菌转接头	Ⅱ	是	/	/
			骨科手术配套工具。一般采用不锈钢、钛合金或高分子材料等制成。非无菌提供	与手术器械配合使用，用于辅助完成植入物安装	快装手柄、扭力手柄、棘轮手柄、扭力快换接头、快速连接杆、转接头、骨科手术器械通用手柄、护套	Ⅰ	是	/	/
15	创伤外科辅助器械	01 扩髓器	通常由扩髓头、管型组装部件、过滤装置、密封头、锁定夹、柔性杆、钻头、导针和送针器组成。非无菌提供。无源产品	用于骨科手术中髓腔内的扩髓	柔性扩髓器、扩髓器	Ⅰ	是	YY 0333—2010	/
		02 骨把持器	骨科创伤手术配套工具。一般采用不锈钢材料制成。非无菌提供	用于骨折手术时，夹持骨骼复位固定	骨把持器、三爪骨把持器、骨折固定夹、持骨器	Ⅰ	是	YY/T 0727.2—2009	/
		03 塑形工具	骨科创伤手术配套工具。一般采用不锈钢材料制成。非无菌提供	用于骨科内固定手术时弯折钢板或棒，或截断植入物	钢板弯曲扳手、钢板弯曲器、台式钢板弯曲器、剪断器、断棒器、扭断器、钢针切断器、钢板塑型片、锁定金属接骨板模板、剪棒器、弯棒器	Ⅰ	是	/	/
		04 骨折复位器	骨科创伤手术配套工具。一般采用不锈钢材料制成。非无菌提供	用于骨科内固定手术骨折复位	髓内骨折复位器、胫骨平台复位器、枪式骨折复位器、骨科复位器、张力器	Ⅰ	是	/	/
		05 配套工具	骨科创伤手术配套工具。一般采用不锈钢材料制成。非无菌提供	用于骨科创伤手术中，配合其他手术器械使用	锁针加压器、钢丝穿孔器、钢丝穿引器、钉孔清除器、骨螺钉延长杆、金属缆线收紧器	Ⅰ	是	/	/
16	关节外科辅助器械	01 骨水泥定型模具	一般采用医用级硅胶制成，包含植入体内的组件	用于关节用骨水泥定型	膝关节用骨水泥定型模具（含植入加固组件）、髋关节用骨水泥定型模具（含植入加固组件）	Ⅲ	是	/	/

续表

序号	一级产品类别	二级产品类别	产品描述	预期用途	品名举例	管理类别	是否豁免临床	相关标准	指导原则
16	关节外科辅助器械	01 骨水泥定型模具	一般采用医用级硅胶制成，不包含植入体内的组件	用于关节用骨水泥定型	膝关节用骨水泥定型模具、髋关节用骨水泥定型模具	Ⅱ	是	/	/
		02 关节镜配套工具	关节镜手术配套手术工具。一般采用不锈钢材料或高分子材料制成	手术中在关节镜下使用的手术工具	瞄准臂、导向管、导向手柄、股骨瞄准器、后叉保护器、关节镜用套管、软组织过线器	Ⅱ	是	/	/
		03 定位、导向、测量器械	关节手术配套手术工具。一般采用不锈钢材料或高分子材料制成。非无菌提供	用于关节手术中定位、探测、导向、评估或提供基准用；或用于关节置换手术中股骨远端截骨块的支撑及定位	关节假体试模、股骨假体试模、胫骨垫片试模、胫骨托试模、髌骨假体试模、膝关节组件试模、髋关节手术导板、膝关节手术导板、股骨测定导板、胫骨冲头导板、骨水泥型组配式胫骨冲头导板、股骨截骨导向板、髌骨截骨定位工具、膝关节间隙评估块、截骨板、髁间窝截骨模板、股骨远端截骨定位工具、胫骨截骨定位工具、股骨髓腔对线手柄套、股骨髓腔探棒、股骨定位装置支架	Ⅰ	是	/	/
		04 打拔器	关节手术配套手术工具。一般采用不锈钢材料或高分子材料制成。非无菌提供	用于安装或拆卸假体或试模	关节假体打拔器、胫骨假体和试模打击器、股骨打击器、股骨头打入器、股骨柄打入器、髋臼内衬打入器	Ⅰ	是	/	/
		05 冲头	关节手术配套手术工具。一般采用不锈钢材料或高分子材料制成。非无菌提供	用于关节手术中冲出型腔或开髓用	骨科冲头、非骨水泥型胫骨冲头、骨水泥型胫骨冲头、骨水泥型组配式胫骨冲头	Ⅰ	是	/	/
		06 配套工具	关节手术配套手术工具。一般采用金属材料或高分子材料制成。非无菌提供	关节置换手术中配合其他手术器械使用的手术工具	对线手柄、髓内定位杆、关节手术用手柄、对线杆、肩关节置换手术销钉、钉鞘植入物插入器、测量杆、固定钉	Ⅰ	是	YY 0346—2002	/
17	脊柱外科辅助器械	01 椎体成形器械	通常为一可膨胀装置，可以是扩张球囊导管结构，或机械扩张方式，或金属网状袋等其他扩张膨胀结构	用于骨折的复位和/或在椎体松质骨内的形成可供填充物填充的空腔，恢复椎体高度	椎体扩张球囊导管、骨扩张器、椎体成形支撑系统、骨膨胀器、可膨胀骨成型器	Ⅲ	否	/	/
		02 椎间盘旋切器械	通常由微创钻头、驱动控制装置、刮片和导引套管组成。钻头一般采用钛合金材料制成	用于切除并吸出椎间盘组织	微创电动椎间盘旋切器、经皮椎间盘旋切器	Ⅲ	否	/	/

续表

序号	一级产品类别	二级产品类别	产品描述	预期用途	品名举例	管理类别	是否豁免临床	相关标准	指导原则
17	脊柱外科辅助器械	03 注射推进装置	通常由底盘升降支架、加持装置控制、手持控制器、遥控器等组成。用于临床椎体成形手术时，医生在防护玻璃后远距离进行操作，以遥控方式注射对比剂或骨水泥，以减少 X 射线对手术医生的辐射	用于遥控功能推注骨水泥	遥控注射推进装置	Ⅲ	否	/	/
			通常由底盘升降支架、加持装置控制、手持控制器、遥控器等组成。用于临床椎体成形手术时，医生在防护玻璃后远距离进行操作，以线控方式注射对比剂或骨水泥，以减少 X 射线对手术医生的辐射	用于线控推注骨水泥	线控注射推进装置	Ⅱ	否	/	/
		04 椎体成形导引系统	通常由引导丝定位、扩张套管、高精度钻、工作套管等组成	用于为注入骨水泥而建立进入椎体的工作通道	椎体成形导向系统、椎体成形导引系统、椎体成形术器械	Ⅱ	是	/	/
		05 纤维环缝合器械	通常由缝合器壳体、缝合组件和传动组件组成。无菌提供	用于单纯椎间盘突出髓核摘除手术后的纤维环缝合	一次性使用纤维环缝合器	Ⅱ	是	/	/
		06 椎体后缘处理器	脊柱手术配套手术工具。一般采用不锈钢材料制成。接触中枢神经系统	用于处理后缘骨赘、硬性突出物，疏通神经根通道	椎体后缘处理器	Ⅱ	是	/	/
		07 椎弓根定位测量器	脊柱手术配套手术工具。一般采用不锈钢材料制成	根据术前 X 射线的有关数据，在术中精确导向置钉，安置内固定系统	椎弓根定位测量器	Ⅰ	是	/	/
		08 定位、导向、测量器械	脊柱手术配套手术工具。一般采用不锈钢材料或高分子材料制成。非无菌提供	用于脊柱手术提供基准或定位	脊柱手术导板、椎间盘手术用定位器、脊柱微创手术定位器、脊柱手术定位器、脊柱手术导向器	Ⅰ	是	/	/
		09 开孔扩孔器械	脊柱手术配套手术工具。一般采用不锈钢材料制成。非无菌提供	用于脊柱手术时打孔、扩孔或测孔深	椎弓根钉打孔器、棘突打孔器、齿状突定位打孔器、椎弓根匙形开孔器	Ⅰ	是	/	/
		10 神经根探子	脊柱手术配套手术工具。一般采用不锈钢材料制成。非无菌提供	用于探测并确定神经根的位置及椎弓根的深度	神经根探子、椎弓根探子	Ⅰ	是	/	/
		11 植骨块嵌入器	脊柱手术配套手术工具。一般采用不锈钢材料制成。非无菌提供	用于脊柱手术时植骨	植骨块嵌入器	Ⅰ	是	/	/

续表

序号	一级产品类别	二级产品类别	产品描述	预期用途	品名举例	管理类别	是否豁免临床	相关标准	指导原则
17	脊柱外科辅助器械	12 椎弓根钉尾部切断器	脊柱手术配套手术工具。一般采用不锈钢材料制成。非无菌提供	用于脊柱内固定手术时，切断椎弓根钉	椎弓根钉尾部切断器	Ⅰ	是	/	/
		13 脊柱手术通道器械	脊柱手术配套手术工具。一般由可扩张通道、逐级撑开套筒、撑开通道及内芯和测深尺组成。采用医用高分子材料制成。无菌提供	用于腰椎后路手术通道的建立	脊柱手术通道系统	Ⅱ	是	/	/
			脊柱手术配套手术工具。一般采用不锈钢材料制成。非无菌提供	用于扩大手术视野	扩张式通道管、脊柱微创手术通道扩张管	Ⅰ	是	/	/
		14 椎体复位器	脊柱手术配套手术工具。一般采用不锈钢材料制成。非无菌提供	用于手术时复位错位的椎体	椎体复位器	Ⅰ	是	/	/
		15 配套工具	脊柱手术配套手术工具。一般采用不锈钢、高分子材料等材料制成。非无菌提供	脊柱手术过程中，辅助配合植入物或其他手术工具使用	脊柱手术用持笼器、脊柱后路手术用植骨推骨器	Ⅱ	是	/	/
			脊柱手术配套手术工具。一般采用不锈钢、高分子材料等材料制成。非无菌提供。不针对中枢神经系统操作	脊柱手术过程中，配合其他手术工具使用	脊柱外科手术器械手柄、骨科通条、植入棒压入器、脊柱植入物推送器、脊柱内固定手术椎体撑开针、椎弓根螺钉套管、持取器、套筒	Ⅰ	是	/	/
18	骨科其他手术器械	01 剥离器	通常由头部和柄部组成，柄的顶端为椭圆形或弧形的片状板，其刃有锐性和钝性之分。一般采用不锈钢材料制成	用于剥离附着于骨面上的骨膜及软组织	椎体前方剥离器、椎板剥离器、C－D 椎板剥离器	Ⅱ	是	/	/
			通常由头部和柄部组成，柄的顶端为椭圆形或弧形的片状板，其刃有锐性和钝性之分。一般采用不锈钢材料制成。非无菌提供	用于剥离或分开附着于骨面上的骨膜及软组织	骨膜剥离子、神经剥离子、可变神经剥离子、骨膜剥离器、神经剥离器、可变神经剥离器	Ⅰ	是	/	/
		02 颅骨矫形器械	通常由外壳、填充材料 / 垫和固定装置组成。一般采用高分子材料制成	用于 3~18 个月之间的婴幼儿，通过给婴幼儿头部接触部位一定的压力，预防或治疗先天性或后天发生的非对称或斜头症及短头症的矫形器械	婴儿颅骨矫形固定器	Ⅱ	是	/	/
			通常由正模具、负模具组成。一般采用硅橡胶材料制成	用于将颅骨修补材料制成预期的形状	颅骨成形术材料形成模具	Ⅱ	是	/	/

续表

序号	一级产品类别	二级产品类别	产品描述	预期用途	品名举例	管理类别	是否豁免临床	相关标准	指导原则
18	骨科其他手术器械	03 剥离保护器	通常由把手、牵引杆和剥爪组成。非无菌提供	用于椎间盘手术中神经剥离保护用	神经剥离保护器	I	是	/	/
		04 韧带手术器械	一般采用不锈钢材料制成。非无菌提供	用于人工关节韧带手术的外科器械	导引袖套、环状套扎器	I	是	/	/
		05 骨科组织保护器具	一般采用不锈钢材料或高分子材料制成。非无菌提供	用于骨科手术中，放入到手术部位，减少手术过程对相关组织的损害	关节盂保护器、骨科用保护器	I	是	/	/
		06 骨科手术体位固定架	一般采用金属和高分子材料制成。非无菌提供。不在内窥镜下操作	用于骨科手术中，固定患者手术体位，以有利于手术医生操作	膝关节镜手术体位固定架	I	是	/	/
		07 软骨整形器械	一般采用不锈钢材料制成。非无菌提供	用于手术中，压碎需要移植的软骨或将其压扁塑形，以便于植入体内	软骨压碎器	I	是	/	/

第五章　放射治疗器械

一、范围

本子目录包括放射治疗类医疗器械。

二、框架结构

本子目录根据放射治疗领域特点、预期用途和产品特性，分为 4 个一级产品类别，22 个二级产品类别，共列举 90 个品名举例。本子目录包括 2012 年发布的《〈6830 医用 X 射线设备〉（部分）》、2002 版《6832 医用高能射线治疗设备》和《〈6833 放射性核素治疗设备〉（部分）》。

该子目录中一级产品类别与 2002/2012 版分类目录产品类别的对应关系如下。

与 2002/2012 版分类目录对应关系

<table>
<tr><th>一级产品类别</th><th>2002/2012 版产品类别</th><th>备注</th></tr>
<tr><td rowspan="3">05-01 放射治疗设备</td><td>6830-01 医用 X 射线治疗设备（2012 版）</td><td rowspan="3">/</td></tr>
<tr><td>6832-01 医用高能射线治疗设备（2002 版）</td></tr>
<tr><td>6833-01 放射性核素治疗设备（2002 版）</td></tr>
<tr><td>05-02 放射治疗模拟及图像引导设备</td><td>6832-02 高能射线治疗定位设备中的放射治疗模拟设备（2002 版）</td><td>/</td></tr>
<tr><td>05-03 放射治疗准直装置</td><td>6832-01 高能射线治疗定位设备（2002 版）</td><td>/</td></tr>
<tr><td>05-04 放射治疗配套器械</td><td>6831-01 治疗机用 X 射线管</td><td>其余新增</td></tr>
</table>

三、其他说明

（一）光学定位引导系统，配合外照射设备，用于患者在放射治疗中的定位、追踪和监测。此类产品验证放射治疗计划中定位的准确性，进而影响放射治疗剂量的准确性，预期用途和风险程度类似，对于放射治疗定位精准度影响较大，风险等级相对较高，该子目录中将光学定位引导系统统一规范为第三类医疗器械管理。

（二）主动呼吸控制系统，用于控制患者呼吸，最大程度的减少患者呼吸所引起的胸部和腹部器官运动的影响，提高治疗过程中的靶区定位的准确性。目前该产品在临床中使用率不是很高，由于患者在定位和治疗时，呼吸运动引起胸腹部器官位置变化不可预知性很大，各个患者的情况也千差万别，一旦该产品定位出现失误，患者的肿瘤部位和正常器官接受不正确的放射剂量，可能出现很大的风险。因此该子目录中将主动呼吸控制系统调整为第三类医疗器械进行管理。

（三）放射治疗患者床板，用于放射治疗过程中对患者的支撑。该产品作为加速器附件，随整机注册，不单独按医疗器械管理，本目录不单独列出。

（四）本子目录中医疗器械产品适用的相关标准

GB 9706.1-2007 医用电气设备 第 1 部分 安全通用要求

GB/T 14710-2009 医用电器环境要求及试验方法

YY 0505-2012 医用电气设备第 1-2 部分：安全通用要求并列标准：电磁兼容要求和试验。

（五）医疗器械产品是否豁免临床试验的法规文件

《国家药品监督管理局关于公布新修订免于进行临床试验医疗器械目录的通告》（2018 年第 94 号）附件 1。

05 放射治疗器械

序号	一级产品类别	二级产品类别	产品描述	预期用途	品名举例	管理类别	是否豁免临床	相关标准	指导原则
01	放射治疗设备	01 医用电子加速器	通常由机架、辐射头、治疗床、控制台、图像引导装置等组成	用于患者肿瘤或其他病灶的放射治疗	医用电子直线加速器、医用电子回旋加速器、螺旋断层放射治疗系统	Ⅲ	否	GB 9706.5—2008 GB 15213—2016	/
			通常由辐射头、机械手臂、立体定向装置、治疗床、治疗计划系统等组成	用于患者肿瘤或其他病灶的立体定向放射治疗	X 射线立体定向放射外科治疗系统	Ⅲ	否	GB 9706.5—2008 GB 15213—2016	/
			通常由可移动机架和电子直线加速器组成	使用 MeV 级电子束开展术中放射治疗	移动式电子束术中放射治疗系统	Ⅲ	否	GB 9706.5—2008 GB 15213—2016	/
		02 医用轻离子治疗系统	通常由轻离子加速器与粒子传输系统、束流应用及监测系统、安全治疗控制系统、治疗室控制装置、成像器、治疗床等组成。其中轻离子指原子序数小于或等于氖（Z ≤ 10）的离子种类。此处所指轻离子不包括电子，以便与医用电子加速器区别	用于患者肿瘤或其他病灶的放射治疗	质子治疗设备、碳离子治疗设备、质子 / 碳离子治疗设备、粒子治疗设备	Ⅲ	否	GB 4793.1—2007 GB 9706.15—2008 YY 0721—2009	质子 / 碳离子治疗系统技术审查指导原则 质子碳离子治疗系统临床评价技术审查指导原则
		03 医用 X 射线治疗设备	通常由高压发生器、X 射线组件、控制台、冷却系统等组成。通常指 10 kV ～ 1 MV X 射线治疗设备	用于浅中部肿瘤的放射治疗	X 射线放射治疗机、X 射线放射治疗系统	Ⅲ	否	GBZ 131—2017 YY/T 0291—2016 YY/T 0317—2007	/
		04 伽玛（γ）射束远距离治疗机	通常由机架、源容器、辐射头、治疗床、电气控制子系统等部分组成	用于对肿瘤患者进行远距离放射治疗	钴 - 60 治疗机、钴 - 60 远距离治疗机	Ⅲ	否	GB 16362—2010 YY 0096—2009	/
			通常由主机、准直子系统、治疗床、立体定位组件、电气控制组件、治疗计划子系统等组成	采用立体定向放射治疗技术，专门用于头部或（和）体部实体肿瘤的立体定向放射治疗	钴 - 60 头部旋转式伽玛（γ）射束放射治疗装置、立体定向伽玛（γ）射束全身治疗系统、伽玛射束（γ）立体定向回转聚焦放射治疗机、立体定向伽玛（γ）射束体部治疗系统、伽玛（γ）射束多源聚焦体部立体定向放射治疗系统、陀螺旋转式钴 - 60 立体定向放射治疗系统、体部多源伽玛（γ）射束立体定向放射治疗系统、头部多源伽玛（γ）射束立体定向放射治疗系统	Ⅲ	否	GB 16362—2010 YY 0096—2009	/

续表

序号	一级产品类别	二级产品类别	产品描述	预期用途	品名举例	管理类别	是否豁免临床	相关标准	指导原则
01	放射治疗设备	05 近距离后装治疗设备	通常由储源器、驱动器、施源器、操作控制子系统、治疗计划子系统组成	用于人体自然腔道或组织间病变的放射治疗	自动控制式近距离治疗后装设备、伽玛（γ）射线遥控近距离治疗机、核素后装近距离放射治疗机、钴 -60 后装治疗机、铱 -192 后装治疗机、后装治疗机、后装机、γ 射线遥控后装治疗机	Ⅲ	否	GB 9706.13—2008 YY/T 0973—2016 YY/T 1308—2016	/
		06 放射性粒籽植入治疗系统	通常由防护装置、图像引导装置、植入装置、治疗计划系统等组成	用于肿瘤内粒籽植入放射治疗	放射性粒籽植入枪、放射性粒籽植入器	Ⅲ	否	YY/T 0887—2013	/
02	放射治疗模拟及图像引导系统	01 放射治疗模拟系统	通常由机架、治疗床、影像子系统（可以是多种成像方式）等组成	用于模拟各类外照射放射治疗设备，确定放射治疗过程中被照射的病灶部位和治疗辐射野的位置、尺寸，为放射治疗设备的定位提供依据	放射治疗模拟机、X 射线模拟定位机、模拟定位机	Ⅲ	否	GB 9706.16—2015 GB/T 17856—1999 YY/T 1407—2016	/
		02 放射治疗用 X 射线图像引导系统	通常由 X 射线成像装置、相关软件等组成。一般独立安装在治疗室内	配合外照射设备，用于患者在放射治疗中的引导和位置验证	X 射线机载定位引导系统、图像引导监测定位系统、图像引导放射治疗定位系统、放射治疗图像引导系统	Ⅲ	否	GB 9706.21—2003 YY/T 0888—2013 YY/T 1407—2016	/
		03 电子射野成像系统	通常由正对于治疗射线束的射线探测单元、相关软件等组成	配合外照射设备，通过采集射野图像，主要用于患者在放射治疗中的引导和位置验证	电子射野成像装置、实时影像动态验证系统	Ⅲ	否	YY/T 0890—2013	/
		04 超声影像引导系统	通常由超声系统主机、凸阵探头、床位指示器套件、模体、工作站和服务器、软件等组成	可将超声与 CT 图像配准融合，用于前列腺等图像引导放射治疗的支持与补充	超声影像引导系统	Ⅲ	否	GB 9706.9—2008	/
		05 电磁定位系统	通常由植入人体靶区的信号发生装置、信号探测装置、控制台、支撑装置等组成	配合外照射设备，用于患者在放射治疗中的定位和追踪	放射治疗电磁定位系统	Ⅲ	否	/	/
		06 光学定位引导系统	通常由光学发生装置、光学探测装置、摄像设备、控制台、支撑装置、软件等组成	配合外照射设备，用于患者在放射治疗中的定位、追踪和监测	放射治疗红外定位系统、放射治疗光学定位系统、患者定位系统、放射治疗患者定位系统、激光定位引导系统	Ⅲ	否	YY/T 1537—2017	/
03	放射治疗准直限束装置	01 X 辐射放射治疗立体定向系统	通常由立体定向装置、治疗计划软件、准直器、辅助装置等组成	用于制订 X 射线立体定向放射治疗计划，并与直线加速器联合使用，进行立体定向放射治疗	X 辐射放射治疗立体定向系统、立体定向放射治疗计划系统	Ⅲ	否	YY 0832.1—2011 YY 0832.2—2015	/

续表

序号	一级产品类别	二级产品类别	产品描述	预期用途	品名举例	管理类别	是否豁免临床	相关标准	指导原则
03	放射治疗准直限束装置	02 准直限束装置	通常由准直器、适配装置、治疗计划系统等组成。与主机有安全联锁	与医用直线加速器和钴－60机等外照射设备配套使用，用于放射治疗（放射外科）中对患者提供与靶区适形的辐射野，从而减少对周围正常组织和危及器官的照射	多叶准直器、多叶光栅系统、动态多叶准直器、放射治疗用适形调强装置、立体定向锥形准直器、自动多叶准直器适形调强系统、微型多叶准直器	Ⅲ	否	/	/
04	放射治疗配套器械	01 射线束扫描测量系统	通常由水箱、控制单元、探测器、控制软件、电缆线等组成	用于测量射线束在水中的吸收剂量分布和在空气中的比释动能分布，测量结果用于对放射治疗计划系统的数据配置和修改，及放射治疗设备的质量控制	放射治疗用自动扫描水模体系统	Ⅱ	是	/	/
			通常由探测器阵列、测量控制系统、控制软件等组成	用于测量放射治疗设备所执行的放射治疗计划的剂量分布，用于与计划系统的数据进行比较，比较结果作为计划系统验证和修改的依据	放射治疗用射线束剂量探测器阵列装置	Ⅱ	是	GB 16362—2010	/
		02 呼吸门控系统	通常由呼吸监控装置、呼吸门控信号接口、计算机控制系统及其他附件组成	用于追踪患者的呼吸模式，以便实施与呼吸同步的影像采集和放射治疗。也可以用于在图像采集、放射治疗模拟和放射治疗过程中对患者位置的监控	呼吸门控系统	Ⅲ	否	/	/
			通常由呼吸监控装置、屏气控制开关、通信接口、计算机控制系统及其他附件组成	用于控制患者呼吸，最大程度的减少患者呼吸所引起的胸部和腹部的器官运动的影响，提高治疗过程中的靶区定位的准确性	主动呼吸控制系统	Ⅲ	否	/	/
		03 放射治疗患者摆位系统	通常由患者摆位床架、扩展床板、手控制器、启动开关板、电源盒、工作站、跟踪系统、参考框架、软件等组成	用于放射治疗环境下的患者精确摆位	放射治疗患者摆位系统	Ⅲ	否	/	/
		04 施源器	通常由塑料、金属、碳纤维等材料制成的导管、针、固定装置等组成。不包括放射源	与近距离后装治疗设备配合使用，用于为人体自然腔道或组织间等部位近距离放射治疗提供通道	阴道施源器	Ⅲ	否	/	/

续表

序号	一级产品类别	二级产品类别	产品描述	预期用途	品名举例	管理类别	是否豁免临床	相关标准	指导原则
04	放射治疗配套器械	05 治疗机用 X 射线管	通常管电压在 10 kV ~ 1 MV，可长时间连续工作的 X 射线管	用于装配至 X 射线治疗设备的管组件内	治疗用固定阳极 X 射线管	Ⅱ	否	GB/T 13797—2009 YY/T 0197.1—2007 YY/T 0197.2—2007 YY/T 0197.3—2007 YY/T 0197.4—2007 YY/T 0197.5—2007	/
		06 放射治疗激光定位系统	通常由多个固定或移动式激光灯等组成	用于不同类型放射治疗及定位设备的坐标指示	激光定位系统、激光定位器	Ⅱ	是	YY/T 1537—2017	/
		07 放射性粒籽防护植入器	通常由防护件、附件等组成	配合一次性使用粒籽和输送穿刺针使用，用于对操作者及其他周边人群的防护	放射性粒籽植入防护枪、放射性粒籽防护植入器	Ⅱ	是	/	/
		08 放射治疗患者用固定装置	通常由带有头垫和前片的框架、牙垫、热塑性面膜、真空垫、患者控制单元、适配器、立体定向框架、重复定位检查工具等组成	用于直线加速器环境下的立体定向放射治疗过程，对头部进行固定、定位和重新定位，也可用于直线加速器环境中的立体定向放射外科治疗。本产品不可与 MRI 和伽玛射束立体定向放射治疗系统配合使用	患者固定框架	Ⅱ	是	YY/T 1547.1—2017 YY/T 1547.2—2017	/
			通常由带有头垫和前片的框架、牙垫、真空垫、患者控制单元、适配器、指示器、重复定位检查工具等组成	用于伽玛射束立体定向放射治疗系统环境下提供靶点定位（空间参考），以及将患者的头部固定在制定的几何坐标处，辅助患者重复固定和重复定位。本产品不可与 MRI 和医用电子直线加速器配合使用	患者固定框架	Ⅱ	否	YY/T 1547.1—2017 YY/T 1547.2—2017	/
			通常由热塑性材料制成	用于放射治疗过程中患者定位和固定	热塑膜、热塑板、乳腺热塑板、体部热塑板、头颈肩热塑板、面部热塑板、低温热塑板	Ⅰ	是	YY/T 1547.1—2017	/
			通常由袋体、填充泡沫颗粒和气嘴等组成。抽真空可成形	用于放射治疗过程中患者定位和固定	真空负压固定垫、负压定位垫、医用负压固定垫、真空垫、放射治疗用患者体位固定袋	Ⅰ	是	YY/T 1547.2—2017	/

续表

序号	一级产品类别	二级产品类别	产品描述	预期用途	品名举例	管理类别	是否豁免临床	相关标准	指导原则
04	放射治疗配套器械	08 放射治疗患者用固定装置	通常由射线辐射衰减率较小的材料制成的底板、定位孔 / 销、支撑或固定架等组成	用于放射治疗过程中患者体位固定	放射治疗托架、放射治疗体位固定装置、放射治疗定位装置、乳腺放射治疗托架、头肩固定架、头颈固定架、乳腺照射固定架、头颅放射治疗定位装置	I	是	/	/
			通常由基层贴、胶黏剂、球体、保护层、固定层等组成。非无菌提供	用于放射治疗过程中被照射的病灶部位的定位	放射治疗定位球	I	是	/	/

第六章　医用成像器械

一、范围

本子目录包括医用成像类医疗器械，主要有X射线、超声、放射性核素、核磁共振和光学等成像医疗器械，不包括眼科、妇产科等临床专科中的成像医疗器械。

二、框架结构

本子目录根据成像原理划分为18个一级产品类别，根据预期临床用途、产品组成划分为93个二级产品类别，列举了360个品名举例。

本子目录主要对应2012版分类目录中的《〈6830医用X射线设备〉（X射线成像器械）》《6831医用X射线附属设备及部件》《6834医用射线防护用品、装置》《〈6823医用超声仪器及有关设备〉（超声成像器械）》，2002版《〈6828医用磁共振设备〉（核磁共振成像器械）》《〈6833医用核素设备〉（放射性核素成像器械）》《6821医用电子仪器设备》《〈6822医用光学器具、仪器及内窥镜设备〉（光学成像器械）》和《〈6824医用激光仪器设备〉（激光诊断仪器、干色激光打印机）》。

该子目录中一级产品类别与2002/2012版分类目录产品类别的对应关系如下。

与2002/2012版分类目录对应关系

一级产品类别	2002/2012版产品类别	备注
06-01诊断X射线机	6830-2医用X射线诊断设备（2012版）中的血管造影X射线设备，泌尿X射线设备，乳腺X射线摄影设备，口腔X射线设备，X射线摄影设备，X射线透视设备，X射线透视、摄影设备，移动式X射线机，携带式X射线机，胃肠X射线设备，X射线骨密度仪，车载X射线机	新增二级产品类别：肢体数字化体层摄影X射线机
06-02 X射线计算机体层摄影设备（CT）	6830-3 X射线计算机体层摄影设备（2012版）	/
06-03 X射线发生、限束装置	6831-1医用X射线发生装置（2012版）	/
06-04 X射线影像接收处理装置	6831-2医用X射线影像接收装置（2012版）	/
06-05 X射线附属及辅助设备	6831-4附属设备（2012版）	/
	6831-5附加装置（2012版）	
	6831-6其他（2012版）	
06-06医用射线防护设备	6834-1医用射线防护用品（2012版）	/
	6834-2医用射线防护装置（2012版）	
06-07超声影像诊断设备	6823-1超声诊断设备（2012版）	/

续表

一级产品类别	2002/2012 版产品类别	备注
06-08 超声影像诊断附属设备	6823-4 其他（2012 版）中的超声耦合剂，超声探头，超声内窥镜专用水囊	/
06-09 磁共振成像设备（MRI）	6828-1 医用磁共振成像设备（2002 版）	/
06-10 磁共振辅助设备	/	新增
06-11 放射性核素成像设备	6833-2 放射性核素诊断设备（2002 版）	/
06-12 放射性核素成像辅助设备	/	新增
06-13 光学成像诊断设备	6821-15 光谱诊断设备（2002 版）中的医用红外热像仪，红外线乳腺诊断仪	/
	6822-6 医用手术及诊断用显微设备（2002 版）	
	6822-7 医用放大镜（2002 版）	
	6824-2 激光诊断仪器（2002 版）	
06-14 医用内窥镜	6822-2 心及血管、有创、腔内手术用内窥镜（2002 版）	/
	6822-3 电子内窥镜（2002 版）	
	6822-5 光学内窥镜及冷光源（2002 版）	
06-15 内窥镜功能供给装置	6822-5 光学内窥镜及冷光源（2002 版）	/
	6822-8 医用光学仪器配件及附件（2002 版）	
06-16 内窥镜辅助用品	/	新增
06-17 组合功能融合成像器械	/	新增
06-18 图像显示、处理、传输及打印设备	6831-3 图像打印及后处理（2012 版）	新增二级产品类别：取片机
	6824-6 干色激光打印机（2002 版）	

三、其他说明

（一）本子目录的名称，原有“医用成像器械”和“医用影像器械”两种意见。经讨论认为“成像”能包括“无影”的光学类器械，因此，选用“医用成像器械”的名称。

（二）胃肠 X 射线检查用品中的胃肠道造影显像剂，管理类别由第三类降为第二类。

（三）胃肠超声显像粉，管理类别由第三类降为第二类。

（四）放射性核素扫描装置，管理类别由第三类降为第二类。

（五）内窥镜气囊控制器，管理类别由第三类降为第二类。

（六）带有 LED 光源的医用光学放大器具，管理类别由第二类降为第一类。

（七）单光子发射及 X 射线计算机断层成像系统（SPECT/CT）、正电子发射及 X 射线计算机断层成像系统（PET/CT）、正电子发射及磁共振成像系统（PET/MR）、超声电子内窥镜等产品，具备一种以上的成像功能，并进行图像融合。经过研讨，设置一级产品类别“06-17 组合功能融合成像器械”。

（八）6831-3 图像打印及后处理产品，在《6831 医用 X 射线附属设备及部件》子目录下。该子目录中设置一级产品类别“06-18 图像显示、处理、传输及打印设备”，适用于所有医用成像器械。

（九）本子目录中医疗器械产品适用的相关标准

GB 9706.1-2007 医用电气设备 第 1 部分 安全通用要求

GB/T 14710-2009 医用电器环境要求及试验方法

YY 0505–2012 医用电气设备第 1–2 部分：安全通用要求并列标准：电磁兼容要求和试验。

（十）医疗器械产品是否豁免临床试验的法规文件

《国家药品监督管理局关于公布新修订免于进行临床试验医疗器械目录的通告》（2018 年第 94 号）附件 1。

医用成像器械

序号	一级产品类别	二级产品类别	产品描述	预期用途	品名举例	管理类别	是否豁免临床	相关标准	指导原则
01	诊断X射线机	01 血管造影X射线机	通常由X射线发生装置、数字化影像接收装置、图像信息分析、显示系统和导管床组成	用于对心、脑血管和周围血管等进行造影检查和介入治疗时获得影像供临床诊断用	血管造影X射线机	Ⅲ	否	YY/T 0106—2008 YY/T 0740—2009	医用X射线诊断设备（第三类）注册技术审查指导原则（2016年修订版）
		02 泌尿X射线机	通常由X射线发生装置、图像显示系统、专用泌尿床组成。X射线透视摄影设备	用于泌尿科、妇科、胃肠道等X射线透视和摄影，获得影像供临床诊断用	泌尿X射线机	Ⅲ	否	YY/T 0106—2008 YY/T 0936—2014	医用X射线诊断设备（第三类）注册技术审查指导原则（2016年修订版）
		03 乳腺X射线机	通常由机架、X射线发生装置、乳腺压迫器、影像接收装置组成。可能带有活检穿刺立体定位装置。数字化产品还带有工作站和显示系统。一般采用钼或铑等材料制X射线管靶面。使用较低的管电压形成低能量的X射线进行摄影	用于对人体乳腺组织摄影，带有活检穿刺立体定位和/或数字化体层成像功能，获得影像供临床诊断用	乳腺X射线机、数字化乳腺X射线机	Ⅲ	否	YY/T 0106—2008 YY/T 0706—2017 YY/T 0741—2018 YY/T 1541—2017	医用X射线诊断设备（第三类）注册技术审查指导原则（2016年修订版）
				用于对人体乳腺组织摄影，获得影像供临床诊断用		Ⅱ	是	YY/T 0106—2008 YY/T 0706—2017 YY/T 0741—2018 YY/T 1541—2017	X射线诊断设备（第二类）注册技术审查指导原则（2016年修订版）
			通常由X射线发生装置、影像接收器、影像处理和显示系统组成。利用锥形束投照计算机重组体层成像（CBCT）原理成像	用于对人体乳腺组织数字化体层成像，供临床诊断用	乳腺数字化体层摄影X射线机、乳腺锥形束计算机体层摄影设备	Ⅲ	否	GB 9706.24—2005 YY/T0106—2008 YY/T 0741—2009 YY/T 0741—2018	医用X射线诊断设备（第三类）注册技术审查指导原则（2016年修订版）
		04 口腔X射线机	通常由X射线发生装置、狭缝光阑和口外影像接收器组成。X射线发生装置和口外影像接收器之间相对运动	用于口腔颌面部（包括如上下颌骨、上颌窦、颞下颌关节及牙齿部位）的曲面断层成像，可能带有头颅侧位成像功能，供临床诊断用	口腔全景X射线机、口腔颌面全景X射线机	Ⅲ	否	YY/T 0010—2008 YY/T 0106—2008	医用X射线诊断设备（第三类）注册技术审查指导原则（2016年修订版）
			通常由X射线发生装置、口外影像接收器、影像处理软件组成。成像时，X射线束围绕患者的颌面部运动获取平面图像，通过平面图像进行三维重建获得体层影像的口腔颌面部诊断X射线摄影系统	用于口腔颌面部的组织结构的数字化体层成像，可能带有口腔全景、头颅侧位成像功能，供临床诊断用	口腔数字化体层摄影X射线机、口腔颌面锥形束计算机体层摄影设备	Ⅲ	否	YY/T 0010—2008 YY/T 0106—2008	医用X射线诊断设备（第三类）注册技术审查指导原则（2016年修订版） 口腔曲面体层X射线机注册技术审查指导原则 口腔颌面锥形束计算机体层摄影设备临床评价指导原则

续表

序号	一级产品类别	二级产品类别	产品描述	预期用途	品名举例	管理类别	是否豁免临床	相关标准	指导原则
01	诊断X射线机	04 口腔X射线机	通常由X射线发生装置及其支撑部件组成。配合口内影像接收器使用	用于对牙齿进行X射线摄影，获得影像供临床诊断用	牙科X射线机、数字化牙科X射线机	Ⅱ	是	YY/T 0010—2008 YY/T 0106—2008	X射线诊断设备(第二类）注册技术审查指导原则（2016年修订版）
		05 透视摄影X射线机	通常由X射线发生装置、图像显示系统、患者支撑装置组成，有的配有专用胃肠床、压迫器、点片装置、体层摄影装置等，是用于辅助胃肠诊断，兼有摄影和透视功能的X射线设备。使用时一般通过透视动态图像锁定感兴趣区，而后用较大剂量摄影得到该区域清晰的静态图像	用于常规、胃肠道透视摄影检查，且带有数字减影血管造影和/或数字化体层摄影和/或泌尿摄影功能，获得影像供临床诊断用	透视摄影X射线机、数字化透视摄影X射线机、胃肠X射线机、医用诊断X射线透视摄影系统	Ⅲ	否	YY/T 0106—2008 YY/T 0741—2018 YY/T 0742—2009 YY/T 0745—2009	医用X射线诊断设备（第三类）注册技术审查指导原则（2016年修订版）
				用于常规、胃肠道X射线透视及摄影检查，获得影像供临床诊断用		Ⅱ	是	YY/T 0106—2008 YY/T 0741—2018 YY/T 0742—2009 YY/T 0745—2009	X射线诊断设备(第二类）注册技术审查指导原则（2016年修订版）
		06 移动式C形臂X射线机	通常由移动式C形臂支架、X射线发生装置、影像增强器电视系统或数字平板探测器成像系统等组成	用于外科手术透视及摄影，且带有数字化体层摄影和/或数字减影血管造影功能，获得影像供临床诊断用	移动式C形臂X射线机	Ⅲ	否	YY/T 0106—2008 YY/T 0744—2009	医用X射线诊断设备（第三类）注册技术审查指导原则（2016年修订版）
				用于外科手术透视及摄影，获得影像供临床诊断用		Ⅱ	是	YY/T 0106—2008 YY/T 0744—2009	X射线诊断设备(第二类）注册技术审查指导原则（2016年修订版）
		07 摄影X射线机	通常由X射线发生装置和摄影X射线附属设备组成。数字化系统还带X射线探测器及其影像系统。利用从X射线管发射出的X射线穿过患者身体不同组织和器官时对射线衰减不同的原理，将穿过患者且携带足够信息的X射线投射到成像介质上所形成的影像，转化为可见的平面灰度影像的通用X射线设备	用于对患者的常规摄影，获得单幅影像供临床诊断用	摄影X射线机、数字化摄影X射线机、移动式摄影X射线机、数字化移动式摄影X射线机	Ⅱ	是	YY/T 0106—2008 YY/T 0707—2008 YY/T 0741—2018	X射线诊断设备(第二类）注册技术审查指导原则（2016年修订版）

续表

序号	一级产品类别	二级产品类别	产品描述	预期用途	品名举例	管理类别	是否豁免临床	相关标准	指导原则
01	诊断X射线机	08 透视X射线机	通常由X射线发生装置、荧光屏或电视系统或动态探测器等影像接收装置组成，可能带有患者支撑装置等。利用人体不同组织和器官对射线衰减不同的原理，通过对X射线源的连续加载，在成像介质上转化为动态影像的通用X射线设备	用于对患者的常规透视，获得连续影像供临床诊断用	透视X射线机、数字化透视X射线机	Ⅱ	是	YY/T 0106—2008 YY/T 0741—2018	X射线诊断设备（第二类）注册技术审查指导原则（2016年修订版）
		09 X射线骨密度仪	通常由X射线发生装置、探测器、信息分析和显示系统组成，还可能带有患者支撑装置。根据不同密度的骨骼和组织对X射线的吸收程度不同，将接收到的带有人体信息的数字信号输入计算机进行分析得出骨密度的结果	用于通过对人体的X射线衰减测量，评估患者骨骼及邻近组织的骨密度和矿物质含量，供临床诊断用	X射线骨密度仪、双能X射线骨密度仪	Ⅱ	是	YY/T 0106—2008 YY/T 0724—2009	X射线诊断设备（第二类）注册技术审查指导原则（2016年修订版） 双能X射线骨密度仪注册技术审查指导原则
		10 车载X射线机	安装在可移动运输工具上的X射线机，有透视和/或摄影功能	用于机动条件下，在远离医院的现场开展X射线透视、摄影诊断检查	车载X射线机	Ⅱ	是	YY/T 0106—2008 YY/T 0741—2018 YY/T 0746—2009	X射线诊断设备（第二类）注册技术审查指导原则（2016年修订版）
		11 携带式X射线机	通常由X射线源组件、影像接收装置等组成。在使用时或使用的间隔期间，可由一个人或几个人携着从一个地方移到另一个地方的X射线机	用于对四肢或其他衰减度较小的身体部位组织进行X射线成像，供临床诊断用	携带式X射线机、微型X射线机	Ⅱ	是	YY/T 0106—2008 YY/T 0347—2009 YY/T 0741—2018	X射线诊断设备（第二类）注册技术审查指导原则（2016年修订版）
		12 肢体数字化体层摄影X射线机	通常由X射线发生装置、影像接收器、影像处理和显示系统组成。利用锥形束投照计算机重组体层成像（CBCT）原理成像	用于四肢部位组织结构的数字化体层成像，供临床诊断用	肢体数字化体层摄影X射线机、肢体锥形束计算机体层摄影设备	Ⅲ	否	/	医用X射线诊断设备（第三类）注册技术审查指导原则（2016年修订版）
02	X射线计算机体层摄影设备（CT）	01 X射线计算机体层摄影设备（CT）	通常由扫描架、X射线发生装置、探测器、图像处理系统和患者支撑装置组成	用于对从多方向穿过患者的X射线信号进行计算机处理，为诊断提供重建影像，或为放射治疗计划提供图像数据	X射线计算机体层摄影设备、头部X射线计算机体层摄影设备、移动式X射线计算机体层摄影设备、车载X射线计算机体层摄影设备	Ⅲ	否	GB 9706.18—2006 GB/T 17006.11—2015 GB/T 19042.5—2006 YY/T 0310—2015 YY/T 1417—2016 YY/T 1625—2018	X射线计算机体层摄影设备注册技术审查指导原则

续表

序号	一级产品类别	二级产品类别	产品描述	预期用途	品名举例	管理类别	是否豁免临床	相关标准	指导原则
03	X 射线发生、限束装置	01 X 射线高压发生器	通常由高压变压器组件和高压控制器组成。X 射线机的主要部件，控制和产生供 X 射线管工作的电能	装配于诊断 X 射线机，为 X 射线管组件提供电能，以产生 X 射线	X 射线高压发生器	Ⅱ	是	GB 9706.3—2000	/
		02 X 射线管	X 射线机的主要部件，通过施加在 X 射线管阴极和阳极之间的高电压，使阴极表面上的游离电子撞击阳极，产生 X 射线。通过控制加载时间和电压电流，达到不同的医疗诊断目的	装配于 X 射线管套内使用	固定阳极 X 射线管、旋转阳极 X 射线管	Ⅱ	是	GB 9706.11—1997 GB/T 13797—2009 YY/T 0197.1—2007 YY/T 0197.2—2007 YY/T 0197.3—2007 YY/T 0197.4—2007 YY/T 0197.5—2007 YY/T 0479—2004 YY/T 0747—2009	/
		03 X 射线管组件	通常由 X 射线管及管套组成。管套内装满高压绝缘油并密封，实现绝缘和热交换的目的	装配于诊断 X 射线机，将来自于高压发生器的高压加在 X 射线管组件上，产生 X 射线	X 射线管组件、医用诊断 X 射线管组件	Ⅱ	是	GB 9706.11—1997 YY/T 0062—2004 YY/T 0063—2007 YY/T 0064—2016 YY/T 0609—2018 YY/T 0892—2013	/
		04 限束装置	通过限制 X 射线初级线束的几何形状以限制设备的辐射野	装配于 X 射线管组件的出线口处，限制 X 射线的辐射野	X 射线限束器	Ⅱ	是	YY/T 0129—2007	/
04	X 射线影像接收处理装置	01 X 射线影像增强器、X 射线影像增强器电视系统	X 射线影像增强器电视系统通常由 X 射线影像增强器、光学系统、摄像机信号处理系统及影像显示装置组成，将 X 射线图像转换成相应的可见光影像的系统。影像增强器是将携带患者信息的 X 射线信号转换为可见光图像的光电真空管	装配于诊断 X 射线机，用于将 X 射线图像转换成可见光图像	X 射线影像增强器、X 射线影像增强器电视系统	Ⅱ	是	YY/T 0093—2013 YY/T 0457.1—2003 YY/T 0457.2—2003 YY/T 0457.3—2003 YY/T 0457.4—2003 YY/T 0457.5—2003 YY/T 0457.6—2003 YY/T 0457.7—2003 YY/T 0608—2013	/
		02 X 射线探测器、X 射线探测器及其影像系统	X 射线探测器［包括平板探测器或光电耦合器（CCD）探测器等］采用特定的光电转换介质将穿过人体的 X 射线信号转化为数字信号。影像系统一般包括图像传输，处理和显示系统	装配于或配合诊断X射线机，用于将 X 射线信号转化为数字信号	X 射线平板探测器、X 射线 CCD 探测器、X 射线动态平板探测器、数字化 X 射线成像系统、牙科数字化 X 射线成像系统、口腔数字化 X 射线成像系统、X 射线平板探测器及其影像系统	Ⅱ	是	YY/T 0590.1—2018 YY/T 0590.2—2010 YY/T 0590.3—2011 YY/T 0933—2014 YY/T 0934—2014 YY/T 1307—2016	/

续表

序号	一级产品类别	二级产品类别	产品描述	预期用途	品名举例	管理类别	是否豁免临床	相关标准	指导原则
04	X 射线影像接收处理装置	03 X 射线摄影用影像板像装置（CR）	通常由影像板、激光扫描装置等组成。采用影像板对来自人体的 X 射线信息进行收集并形成潜影，通过激光扫描读取存储在影像板中的信息并送入计算机进行存储、处理和显示	配合诊断 X 射线机，用于实现数字化图像的显示、存储和传输等	X 射线摄影用影像板成像装置、影像板扫描仪、牙科影像板扫描仪	Ⅱ	是	YY/T 0794—2010	/
		04 X 射线感光胶片	片基上敷感光材料涂层，X 射线照射后，经显影、定影冲洗过程，得到 X 射线摄影图像	用于 X 射线直接摄影	X 射线胶片、牙科 X 射线胶片、X 射线感蓝胶片、X 射线感绿胶片	Ⅰ	是	/	/
		05 医用增感屏	利用 X 射线激发屏中的荧光体发出荧光，增强胶片的感光作用，从而可以大大减少 X 射线曝光剂量	一般在直接 X 射线摄影中使用，多置于摄影暗盒中	医用增感屏、钨酸钙中速增感屏、硫氧化钆高速增感屏、氟氯化钡铕高速增感屏	Ⅰ	是	YY/T 0095—2013	/
		06 透视荧光屏	通常由高纯度硫化物荧光物质和支承体（纸基）组成。将 X 射线信号直接转化成可见光信号	用于常规 X 射线透视检查	X 射线透视荧光屏	Ⅰ	是	YY/T 0094—2013	/
		07 影像板	受到 X 射线照射后形成潜影，再经过扫描转化成数字信号，进入计算机进行图像处理	装配于传统 X 射线（胶片采集）诊断系统，配合 X 射线摄影用影像板成像装置（CR）使用	影像板、牙科影像板、影像板及暗盒、IP 板	Ⅰ	是	YY/T 0794—2010	/
05	X 射线附属及辅助设备	01 透视摄影床	通常由床体、点片装置、遥控操作装置和 / 或近台操作装置等组成	用于胃肠 X 射线检查，配合胃肠 X 射线机使用	透视摄影床、X 射线胃肠诊断床	Ⅱ	是	YY/T 0743—2009	/
		02 导管床	通常为单臂支撑，床面板一般采用碳纤维等材料。在与 C 臂、U 臂等介入手术 X 射线设备组合进行多方向摄影时，视野不受妨碍	用于普通介入治疗和数字减影血管造影（DSA），配合血管造影 X 射线设备使用	导管床、介入手术台	Ⅱ	是	YY/T 0738—2009	/
		03 X 射线摄影患者支撑装置	患者支撑装置。可电动平移、转动等	用于 X 射线摄影成像中对患者的支撑	电动摄影平床	Ⅱ	是	YY/T 0737—2009	/
			患者支撑装置。只可手动平移、转动等		摄影平床、X 射线摄影床、移动式 X 射线检查支架	Ⅰ	是	YY/T 0737—2009	/
		04 悬吊、支撑装置	通常由基座、立柱、支撑臂或悬吊架及导轨等部件组成。可电动平移，转动等	用于 X 射线源组件、影像接收装置等部件的悬吊、支撑	立式摄影架、电动立式摄影架	Ⅱ	是	YY/T 0739—2009	/

续表

序号	一级产品类别	二级产品类别	产品描述	预期用途	品名举例	管理类别	是否豁免临床	相关标准	指导原则
05	X射线附属及辅助设备	04 悬吊、支撑装置	通常由基座、立柱、支撑臂或悬吊架及导轨等部件组成。只可手动平移，转动等	用于X射线源组件、影像接收装置等部件的悬吊、支撑	立式摄影架	Ⅰ	是	/	/
			通常由固定架组成。可能带有套袋，套袋非无菌提供	用于医疗机构作口腔科X射线胶片摄影时夹持、固定牙片或数码影像采集器使用	口腔X射线摄影固定支架、口腔X射线摄片架	Ⅰ	是	/	/
		05 造影剂注射装置	通常由外套、活塞和活塞密封圈组成，附件包括连接管、吸药管等	与高压注射器配套使用	高压注射器针筒、造影剂高压注射器针筒、一次性使用高压注射器针筒、高压注射连接管	Ⅲ	是	YY/T 0614—2017	/
			通常由注射机头，控制部分等组成。通过向人体血管内注入造影剂获得清晰的血管影像	与高压注射器针筒及附件配套使用。用于X射线造影、CT成像时，造影剂的注入	高压注射器、造影剂高压注射器、输卵管造影通液给药系统、椎间盘造影注射器	Ⅱ	是	YY/T 0891—2013 YY/T 0935—2014	/
		06 防散射滤线栅	通常由铅条、介质等组成。放置于影像接收面之前，以减少辐射到影像接收面上的散射辐射，从而改善X射线影像对比度的一种装置	配合X射线机使用，用于增加X射线影像的对比度	防散射滤线栅、乳腺防散射滤线栅	Ⅱ	是	YY/T 0480—2004	/
		07 X射线摄影暗盒	承装X射线摄影胶片等的装置，带有滤线栅，按照不同应用分为不同尺寸	用于承装X射线摄影胶片	暗盒、X射线摄影暗盒	Ⅱ	是	YY/T 0011—2007	/
			承装X射线摄影胶片等的装置，按照不同应用分为不同尺寸			Ⅰ	是	YY/T 0011—2007	/
		08 X射线胶片显影剂、定影剂	使胶片经曝光后产生的潜影显现成可见影像的药剂	用于曝光后载有患者信息的X射线胶片的显影和定影	X射线胶片显影液、定影液	Ⅰ	是	/	/
		09 胶片观察装置	通常由光源、观察屏、箱体及必要的附件组成，分为单联、双联、多联等。通过将胶片放置在具有一定亮度的观察屏上的方式，提高观片的清晰度	用于观察医用诊断胶片	医用观片灯、X射线胶片观片灯	Ⅰ	是	/	/

续表

序号	一级产品类别	二级产品类别	产品描述	预期用途	品名举例	管理类别	是否豁免临床	相关标准	指导原则
05	X 射线附属及辅助设备	10 X 射线胶片自动洗片机	可以自动完成从胶片传送、药液循环、药液补充、药液温度控制、显影时间控制，到水洗干燥等一系列使胶片显示可见影像的环节	用于冲洗 X 射线胶片	X 射线胶片洗片机、医用 X 射线胶片冲洗机	Ⅰ	是	/	/
		11 患者体位固定装置	在放射诊断中用于固定患者体位的装置	用于放射诊断中患者体位的固定	患者体位固定带、固定架、固定板、真空固定垫	Ⅰ	是	/	/
		12 穿刺定位引导装置	通常由运动模块和控制软件组成	配合乳腺 X 射线摄影系统使用，用于对乳腺病灶进行定位引导穿刺	乳腺摄影立体定位装置、乳腺活检定位装置	Ⅲ	否	GB 9706.24—2005	/
			通常由运动模块、控制部分、计算机系统组成。依据 CT 图像信息，由临床医师确认入针角度	用于 CT 等成像系统下定位引导穿刺	数控穿刺引导仪、自动穿刺引导仪	Ⅲ	否	/	/
			通常由定位座、旋转件、固定穿刺针装置等组成	用于 CT 等成像系统下定位引导穿刺	经皮穿刺角度定位器、一次性使用穿刺导入固定器	Ⅱ	否	/	/
			具有刻度数值的立体定位装置，依靠水平仪等确定平面，利用量角器等刻度数值，达到角度定位目的。非无菌提供	用于临床辅助引导靶点定位穿刺	一次性使用导向器、一次性使用 CT 定位穿刺角度引导器	Ⅰ	是	/	/
			通常由黏接部分和显影部分组成。非无菌提供	用于医用成像器械成像时，体外定位使用	医学图像体外定位贴、X 射线摄片乳头定位贴、一次性使用影像定位材料	Ⅰ	是	/	/
		13 静脉尿路造影腹压器	通常由压迫装置、捆绑收紧装置等组成	用于 X 射线静脉尿路造影时体外压迫，阻止造影剂通过输尿管流到膀胱	静脉尿路造影腹压器、静脉尿路造影腹压带	Ⅰ	是	/	/
		14 胃肠 X 射线检查用品	通常由胶囊及内容标记物组成。胶囊一般由羟丙甲纤维素制成，内容标记物主要由添加硫酸钡的聚氯乙烯材料等制成。非无菌提供	用于对胃肠功能性紊乱等疾病进行诊断或疗效评估	胃肠动力标记物胶囊	Ⅲ	否	/	/

续表

序号	一级产品类别	二级产品类别	产品描述	预期用途	品名举例	管理类别	是否豁免临床	相关标准	指导原则
05	X射线附属及辅助设备	14 胃肠X射线检查用品	无色透明，均匀液体，无结块。成分通常为食用级液体石蜡、添加剂、纯化水等。CT值一般为200 Hu ± 50 Hu	用于CT胃肠道造影显像	胃肠道造影显像剂	Ⅱ	否	/	/
			通常由结肠充气机主机和充气管路和气囊充气装置等附件组成。向结肠内注入二氧化碳气体，保持结肠处于充盈状态，并使之维持在指定气压	配合X射线机、CT等使用，向结肠内注入二氧化碳气体	结肠充气机	Ⅱ	否	/	/
06	医用射线防护设备	01 医用射线防护用具	通常由薄厚均匀柔软的铅橡胶、铅橡塑、铅玻璃或其他含重金属元素的防护材料片组成	用于进行放射治疗时对人体的防护	医用射线防护服、医用射线防护手套、医用射线防护裙、防辐射衣、防辐射帽、防辐射裙、防辐射围领、医用射线防护眼镜、医用射线防护帘、医用射线性腺防护帘、防护玻璃板、医用射线防护面罩	Ⅱ	是	GB 9706.12—1997 GBZ/T 184—2006 YY 0292.1—1997 YY 0292.2—1997 YY 0318—2000	/
				用于进行放射诊断时对人体的防护		Ⅰ	是	GB 9706.12—1997 GBZ/T 184—2006 YY 0292.1—1997 YY 0292.2—1997 YY 0318—2000	/
		02 医用射线防护装置	通常由含铅等重金属元素的防护材料和悬挂、支撑机械装置组成	用于进行放射诊断时对人体的防护	射线防护椅、射线防护屏风、铅屏风、X射线防护装置、医用X射线立式摄片架防护装置、医用射线防护悬吊屏风、医用射线防护系统、X射线防护舱	Ⅰ	是	GB 9706.12—1997 YY/T 0128—2004	/
07	超声影像诊断设备	01 超声脉冲回波成像设备	通常由探头（相控阵、线阵、凸阵、机械扇扫、三维探头、内窥镜探头等）、超声波发射/接收电路、信号处理和图像显示等部分组成的设备。利用超声脉冲回波原理，完成人体器官组织的成像	运用超声成像原理，对人体组织（如腹部等）或器官（如心脏等）进行成像供诊断使用。其中探头可经食管、血管内、术中经人体内部组织，和/或用于超声导航等领域	超声诊断系统、超声诊断仪、内镜超声诊断仪、血管内超声诊断系统、血管内超声诊断仪	Ⅲ	是	GB 9706.9—2008	影像型超声诊断设备（第三类）技术审查指导原则（2015年修订版）
				运用超声成像原理，对人体组织（如腹部等）或器官（如心脏等）进行成像供诊断使用。其中探头经体表、直肠和阴道	超声诊断系统、超声诊断仪、鼻窦超声诊断仪、便携式超声诊断仪、超声膀胱扫描仪、皮肤超声诊断系统、全数字超声诊断系统、全数字超声诊断仪、推车式超声诊断仪、医用超声影像处理器、掌上超声诊断仪	Ⅱ	是	GB 9706.9—2008 GB 10152—2009	影像型超声诊断设备（第二类）注册技术审查指导原则

续表

序号	一级产品类别	二级产品类别	产品描述	预期用途	品名举例	管理类别	是否豁免临床	相关标准	指导原则
07	超声影像诊断设备	02 超声回波多普勒成像设备	通常由探头（相控阵、线阵、凸阵、机械扇扫、三维探头、内窥镜探头等）、超声波发射/接收电路、信号处理和图像显示等部分组成。利用超声多普勒技术和超声回波原理，同时进行采集血流运动、组织运动信息和人体器官组织成像的设备	用于超声成像、测量与血流运动信息采集供临床超声诊断检查使用。其中探头可经食管、血管内、术中经人体内部组织，和/或用于超声导航等领域	彩色超声诊断系统、彩色超声诊断仪、彩色多普勒超声诊断系统、全数字彩色超声诊断仪、彩色多普勒超声诊断仪、便携式彩色超声诊断仪、便携式彩色多普勒超声诊断系统、全数字彩色超声诊断系统	Ⅲ	否	GB 9706.9—2008 YY 0767—2009	影像型超声诊断设备（第三类）技术审查指导原则（2015年修订版）
				用于超声成像与血流运动信息采集，对人体组织（如腹部等）或器官（如心脏等）进行成像供诊断使用。其中探头经体表、直肠和阴道		Ⅱ	是	GB 9706.9—2008 GB 10152—2009 YY 0767—2009	影像型超声诊断设备（第二类）注册技术审查指导原则
08	超声影像诊断附属设备	01 超声耦合剂	超声诊断或治疗操作中，充填或涂敷于皮肤－黏膜与探头（或治疗头）辐射面之间，用于透射声波的中介媒质	用于改善探头与患者之间的超声耦合效果。包括术中超声、穿刺活检等侵入性操作，经直肠、经阴道、经食管等接触黏膜的操作，及对非完好皮肤和新生儿进行的操作	医用超声耦合剂、超声耦合剂	Ⅱ	是	YY 0299—2016	/
				改善探头与患者之间的超声耦合效果，用于完好皮肤上	医用超声耦合剂、超声耦合剂	Ⅰ	是	YY 0299—2016	/
		02 超声耦合垫	通常由水基凝胶块及其外包装组成	用于改善探头与患者之间的超声耦合效果。包括术中超声、穿刺活检等侵入性操作，经直肠、经阴道、经食管等接触黏膜的操作，及对非完好皮肤和新生儿进行的操作	超声贴片、一次性使用治疗超声垫片	Ⅱ	否	/	/
				改善探头与患者之间的超声耦合效果。用于完好皮肤上	超声贴片、一次性使用治疗超声垫片	Ⅰ	是	/	/
		03 超声水囊	通常为全乳胶材料（或类似特性材料），包含脱气水	使用时将水囊套入超声探头，用于提高对人体浅表部位检查的清晰度，便于手术中检查和直肠内检查	超声水囊、超声内窥镜专用水囊、内镜超声探头用附件－水囊	Ⅱ	是	/	/

续表

序号	一级产品类别	二级产品类别	产品描述	预期用途	品名举例	管理类别	是否豁免临床	相关标准	指导原则
08	超声影像诊断附属设备	04 超声探头	通常由超声换能器和/或超声换能器阵元组，及不可缺少的部分诸如声透镜、壳体、电缆线等构成的组件。探头通常是可以和与超声设备主机相分离的，又称为超声换能器组件。超声探头通常按照预期用途和/或结构形式进行分类	配合超声影像设备使用，经食道、血管内、术中经人体内部组织使用，和/或用于手术导航领域，实现人体组织成像功能	术中电子线阵超声探头、术中电子相控阵超声探头、经食道电子相控阵超声探头、内镜用超声探头	Ⅲ	否	/	/
				配合超声影像设备使用，经体表、阴道和直肠使用，实现人体组织成像功能	电子凸阵扇扫超声探头、电子相控阵超声探头、线阵超声探头、凸阵超声探头、电子凸阵超声探头、电子线阵超声探头、直肠镜用多普勒超声探头、医用超声探头、超声探头	Ⅱ	是	/	/
		05 超声探头穿刺架	通常安装在超声探头上，在超声的引导下将穿刺针引导到人体的目标位置。无菌提供	配合腔内或体外超声探头使用，用于使用超声诊断设备实现细胞学检测、组织学检测、囊肿抽吸和治疗等	超声探头穿刺架	Ⅱ	是	/	/
			通常安装在超声探头上，在超声的引导下将穿刺针引导到人体的目标位置。非无菌提供	配合腔内或体外超声探头使用，用于使用超声诊断设备实现细胞学检测、组织学检测、囊肿抽吸和治疗等	超声探头穿刺架	Ⅰ	是	/	/
		06 胃肠超声显像粉	通常由可食用的主料和配料组成。提高受检脏器（胃肠）超声影像的清晰度	用于辅助对人体胃肠及其周围器官的超声诊断	速溶胃肠超声助显剂	Ⅱ	否	/	/
09	磁共振成像设备（MRI）	01 永磁型磁共振成像系统	通常由永磁型磁体、梯度系统、射频系统、射频线圈、谱仪、工作站计算机系统、患者支撑装置等组成	用于临床诊断磁共振成像	永磁型磁共振成像系统、医用磁共振成像系统	Ⅲ	否	YY 0319—2008 YY/T 0482—2010	医用磁共振成像系统注册技术审查指导原则 医用磁共振成像系统临床评价技术审查指导原则
		02 常导型磁共振成像系统	通常由常导型磁体、梯度系统、射频系统、射频线圈、谱仪、工作站计算机系统、患者支撑装置等组成		常导型磁共振成像系统、医用磁共振成像系统	Ⅲ	否	YY 0319—2008 YY/T 0482—2010	医用磁共振成像系统注册技术审查指导原则 医用磁共振成像系统临床评价技术审查指导原则

续表

序号	一级产品类别	二级产品类别	产品描述	预期用途	品名举例	管理类别	是否豁免临床	相关标准	指导原则
09	磁共振成像设备（MRI）	03 超导型磁共振成像系统	通常由超导型磁体、梯度系统、射频系统、射频线圈、谱仪、工作站计算机系统、患者支撑装置等组成	用于临床诊断磁共振成像	超导型磁共振成像系统、医用磁共振成像系统	Ⅲ	否	YY 0319—2008 YY/T 0482—2010	医用磁共振成像系统注册技术审查指导原则医用磁共振成像系统临床评价技术审查指导原则
10	磁共振辅助设备	01 磁共振造影注射装置	通常由外套、活塞和活塞密封圈组成，附件包括连接管、吸药管等	与磁共振高压注射器配套使用	磁共振高压注射器针筒、磁共振造影剂高压注射器针筒、一次性使用磁共振高压注射器针筒、磁共振用高压注射连接管	Ⅲ	否	/	/
			通常由操作室组件和扫描室组件组成。扫描室组件由非铁磁材料制成，导线经过射频屏蔽。不包含配套使用的针筒	用于静脉注射磁共振造影剂和/或在人体血管内注射常用的冲刷液，以满足磁共振扫描诊断需要	磁共振高压造影注射系统、磁共振高压造影注射器	Ⅱ	否	YY/T 0614—2017 YY/T 0935—2014	/
		02 磁共振辅助刺激系统	通常由在控制室使用的计算机、操作员显示器、光纤介质转换器等部件和在磁共振扫描室内使用的患者界面显示器、电源、光缆、按钮响应单元、耳机等部件组成	配合磁共振成像系统使用。用于在大脑扫描时，通过播放文本、图片、幻灯片、声音、CD 和 DVD，向患者提供视觉、运动、听觉和语言任务刺激	磁共振成像辅助刺激系统	Ⅱ	否	/	/
		03 磁共振定位装置	通常由磁共振乳腺线圈固定装置、可移动模板架、钻有系列孔的模板组成	用于固定穿刺针，提高穿刺的准确度。安装在磁共振线圈上	磁共振乳腺线圈穿刺固定架	Ⅰ	是	/	/
			通常由电源、底板组件、插针引导台组件、位置显示单元等组成	配合磁共振成像系统使用。用于对患者微创检查诊断	导向定位装置	Ⅲ	否	/	/
11	放射性核素成像设备	01 伽玛（γ）照相机	通常由机架、准直器、探测器、数据采集、图像处理工作站、系统软件、患者支撑装置等组成	用于获取单光子放射性核素在人体全身或部分器官组织中的分布情况，形成平面图像	伽玛（γ）照相机	Ⅱ	否	GB/T 18989—2013	/
		02 单光子发射计算机断层成像设备	通常由可旋转机架、准直器、探测器、患者支撑装置、数据采集、图像处理工作站、运动控制系统、系统软件等组成	用于获取单光子放射性核素在人体全身或部分器官组织的分布情况，通过采集和处理形成平面和断层图像	单光子发射计算机断层成像设备、单光子发射计算机断层扫描系统、心脏单光子发射计算机断层成像设备	Ⅲ	否	GB/T 18988.2—2013 GB/T 20013.2—2005 YY/T 1408—2016	/

续表

序号	一级产品类别	二级产品类别	产品描述	预期用途	品名举例	管理类别	是否豁免临床	相关标准	指导原则
11	放射性核素成像设备	03 正电子发射断层成像设备	通常由机架、探测器、患者支撑装置、数据采集、图像处理工作站、运动控制子系统、系统软件等组成	用于探测放射性核素发射的正电子的湮没辐射，以获得人体全身或器官组织的正电子核素的断层分布图像	正电子发射断层成像设备、正电子发射断层成像系统、乳腺正电子发射断层成像设备	Ⅲ	否	GB/T 18988.1—2013 GB/T 20013.3—2015 YY/T 0829—2011	/
		04 放射性核素扫描装置	通常由主机、计算机、彩色打印机、工作软件和隔离电源组成	用于人体甲状腺放射性核素扫描成像	放射性核素扫描仪、核素扫描机	Ⅱ	否	/	/
12	放射性核素成像辅助设备	01 自动给药系统	通常由放射性药物泵、生理盐水泵、剂量校准器、空气检测器、系统屏蔽装置、小瓶屏蔽装置组成，还包括显示器、校准源托架等	用于核医学诊断过程中向患者输注放射性药物等	PET 自动给药系统	Ⅱ	否	/	/
		02 锝气体发生器	通常由锝气体发生器主机、推车、舟型坩埚和手动加压通气附件组成，手动加压通气附件由球囊、单向阀门、一次性患者施给器（PAS）、控制阀和管路组成	用于产生放射性标记的锝气体，病人吸入此锝气体后，用已有的伽玛（γ）射线成像装置，就能得到锝气体在肺部的分布图，用以诊断肺部疾病，如肺栓塞	锝气体发生器	Ⅱ	否	/	/
13	光学成像诊断设备	01 红外热像仪	通常由红外摄像机、处理系统、支架和显示屏组成。通过红外摄影标出人体热图像	用于测量人体表面温度的分布并提供红外热像图	医用红外热像仪、热断层扫描系统、红外荧光定位观察相机	Ⅱ	是	/	/
		02 红外线乳腺诊断仪	通常由红外光探头对乳腺组织进行照射透视，经摄像系统把摄取的图像显示在屏幕上	用于乳腺增生、乳腺炎症及良恶性肿瘤等乳房疾病的检查	红外乳腺检查仪、红外乳腺诊断仪	Ⅱ	是	YY 0324—2008	红外乳腺检查仪注册技术审查指导原则（2017 年修订版）
		03 光相干断层成像系统（非眼科）	通常由导管头端、成像窗、远端导管轴、近端导管轴、侧管接头、冲洗液注入口、鲁尔接头保护帽、外壳连接端口、保护帽、透镜、牵引丝、扭力传导管、镍钛合金管和光纤连接器组成。无菌提供，一次性使用	配合光学干涉断层成像系统使用，用于冠状动脉的成像	光学干涉断层成像系统成像导管	Ⅲ	否	/	/
			通常由光学成像系统和图像采集显示系统组成。利用近红外线及光学干涉的光相干断层成像技术（几何光学成像、光纤成像、衍射成像、干涉成像、扫描成像、遥感成像、近场光学成像、综合孔径成像等）获取所需信息的设备（不包括成像导管）	用于诊断中获取血管等组织的形态、尺寸、位置等信息	光学干涉断层成像系统	Ⅱ	否	/	/

续表

序号	一级产品类别	二级产品类别	产品描述	预期用途	品名举例	管理类别	是否豁免临床	相关标准	指导原则
13	光学成像诊断设备	03 光相干断层成像系统（非眼科）	通常由激光光源、控制装置等部分组成。发射激光，利用成像技术获取组织的图像	用于组织的检查诊断	光学相干层析成像激光检测仪	Ⅱ	否	/	/
		04 手术显微镜（非眼科）	通常由观察系统、照明系统和支架系统组成，观察系统是具有目镜、物镜的长工作距的体视光学显微系统，外接或内置图像采集显示处理系统。利用显微放大原理，观察组织细节	用于在非眼科手术过程中放大手术区域细节	手术显微镜、手术显微镜图像采集处理系统	Ⅱ	是	GB 11239.1—2005	手术显微镜注册技术审查指导原则
		05 微循环显微镜	通常由观察系统和照明系统组成，观察系统是具有目镜、物镜的短工作距的体视光学显微系统，外接图像采集显示系统。利用显微放大原理，观察组织细节	用于人体微循环的检查	微循环显微检查仪、微循环显微仪	Ⅱ	是	YY 0067—2007	手术显微镜注册技术审查指导原则
		06 医用光学放大器具	通常由光学系统和镜架组成。利用透镜放大原理、显微放大原理的光学放大器具	用于增大操作者视角，便于观察物体细节	手术放大镜、双目手术放大镜、医用手术放大镜、放大眼镜、双目放大镜、额带放大镜、镜戴式放大镜、医用放大镜、单目皮肤放大镜、医用光学放大镜	Ⅰ	是	/	/
14	医用内窥镜	01 光学内窥镜	通常由物镜系统和光学传/转像系统，含有或不含有观察目镜系统构成观察光路的内窥镜。可包含附件。附件是配合内窥镜使用的配件或独立产品	通过创口进入人体内，用于成像和诊断	胆道镜、腹腔镜、关节镜、脊柱外科内窥镜、颈椎内窥镜、血管内窥镜、脑室镜、三维腹腔镜、膝关节镜、胸腔镜、血管采集用内窥镜、腰椎间盘镜、椎间孔镜、椎间盘镜、胆胰管内窥镜、肾镜、输尿管镜、硬膜外腔内窥镜	Ⅲ	是	GB 9706.19—2000 YY 0068.1—2008 YY 0068.2—2008 YY 0068.3—2008 YY 0068.4—2009 YY 1082—2007	硬性光学内窥镜（有创类）注册技术审查指导原则 软性纤维内窥镜（第二类）注册技术指导原则（2017年修订版） 腹腔镜手术器械技术审查指导原则

续表

序号	一级产品类别	二级产品类别	产品描述	预期用途	品名举例	管理类别	是否豁免临床	相关标准	指导原则
14	医用内窥镜	01 光学内窥镜	通常由物镜系统和光学传/转像系统，含有或不含有观察目镜系统构成观察光路的内窥镜。可包含附件。附件是配合内窥镜使用的配件或独立产品	通过自然孔道进入人体内，用于成像和诊断	膀胱镜、鼻内窥镜、鼻窦镜、儿童喉镜系统、耳内窥镜、喉镜、口腔内窥镜、口腔与口腔颌面外科内窥镜、尿道膀胱镜、气管镜管、硬性纤维乳管内窥镜、食道镜、小儿支气管内窥镜、咽喉镜、乙状结肠内窥镜、硬性纤维输尿管肾镜、直肠内窥镜、纤维结肠镜、纤维鼻咽喉镜、纤维胆管内窥镜、纤维儿童喉镜、纤维尿道膀胱镜、纤维食道镜、纤维胆道内窥镜、纤维上消化道镜、纤维输尿管肾镜、尿道内切开内窥镜	Ⅱ	是	GB 9706.19—2000 YY 0068.1—2008 YY 0068.2—2008 YY 0068.3—2008 YY 0068.4—2009 YY 0069—2009 YY/T 0283—2007 YY 1028—2008 YY 1075—2007 YY/T 1587—2018	硬性光学内窥镜（有创类）注册技术审查指导原则 软性纤维内窥镜（第二类）注册技术指导原则（2017 年修订版）
		02 电凝切割内窥镜	通常由支撑内窥镜和手术电极的手持操作部件、配套的内窥镜、手术电极和连接电缆组成	通过高频发生器提供能量，用于高频电烧手术时的手术视野成像及切割、电凝操作	膀胱电切内窥镜、前列腺电切内窥镜	Ⅲ	是	GB 9706.19—2000 YY/T 0619—2017	/
		03 电子内窥镜	通常由物镜系统、像阵面光电传感器、A/D 转换集成模块组成。将所要观察的腔内物体通过微小的物镜系统成像到像阵面光电传感器上，然后将接收到的图像信号送到图像处理系统上，最后在监视器上输出处理后的图像	通过创口或自然孔道进入人体内，用于成像和诊断	电子腹腔镜、电子喉镜、电子鼻咽喉内窥镜、电子肛肠镜、电子小肠镜系统、电子膀胱镜、电子膀胱肾盂镜、电子大肠镜、电子胆道镜、电子结肠镜、电子气管插管镜、电子十二指肠镜、电子胃镜、电子胸腹腔镜	Ⅲ	是	GB 9706.19—2000 YY/T 1587—2018	/
		04 胶囊式内窥镜系统	通常由胶囊内窥镜和图像数据接收处理装置组成。由集成于胶囊形状内的光学图像获取器件，通过无线传输方式实现由外部获取人体内图像	由口腔食管进入人体消化系统，并随消化系统蠕动或主动运行，用于对消化系统中指定部分进行成像诊断	小肠胶囊内窥镜系统	Ⅲ	否	YY 1298—2016	/
15	内窥镜功能供给装置	01 内窥镜用冷光源	通常由灯泡、反光瓦和光学滤色器组成。通过照明光缆与内窥镜连接，能为内窥镜提供最大限度减小组织热效应的光照功能的装置	用于内窥镜诊断和/或治疗/手术中，为内窥镜观察人体体腔的视场区域提供观察用照明	内窥镜 LED 冷光源、内窥镜卤素灯冷光源、内窥镜氙灯冷光源	Ⅱ	是	GB 9706.19—2000 YY 1081—2011	医用内窥镜冷光源注册技术审查指导原则

续表

序号	一级产品类别	二级产品类别	产品描述	预期用途	品名举例	管理类别	是否豁免临床	相关标准	指导原则
15	内窥镜功能供给装置	02 内窥镜摄像系统	通常由光电成像传感器和光学适配器为主要组成，将光学内窥镜接收到的光学信号转化为电子信号进行处理，并传输至监视器成像的装置	用于在内窥镜诊断和/或治疗/手术中与光学内窥镜连接，将内窥镜观察人体体腔的视场区域的图像采集、处理并传输至监视器	3D 内窥镜摄像系统、便携式内窥镜摄像系统、单晶片内窥镜摄像系统、三晶片内窥镜摄像系统、内窥镜摄像头	Ⅱ	是	GB 9706.19—2000 YY/T 1603—2018	/
		03 电子内窥镜图像处理器	通常由电子信号处理单元为主要组成。对接收到的电子内窥镜的电子信号进行处理，并传输至监视器成像的装置	用于在内窥镜诊断和/或治疗/手术中与电子内窥镜连接，有效地在监视器上显示内窥镜观察人体体腔的视场区域的图像	电子内窥镜图像处理器、超声电子内窥镜图像处理器、共聚焦内窥镜图像处理器	Ⅱ	是	GB 9706.19—2000	/
		04 内窥镜送气装置	通常由电磁阀、气压传感器和气流量反馈控制单元为主要组成。能够实现可控地对腹腔注入二氧化碳气体，并使之维持在指定气压	用于在内窥镜诊断和/或治疗/手术中气腹建立和维持	内窥镜气腹机、内窥镜二氧化碳气腹机	Ⅱ	是	GB 9706.19—2000 YY 0843—2011	气腹机注册技术审查指导原则
			通常由电磁阀、气压传感器和气流量反馈控制单元为主要组成。能够实现可控地对上、下消化道注入二氧化碳气体，并使之维持在指定气压	用于在内窥镜诊断和/或治疗/手术中向上、下消化道注入二氧化碳气体	内窥镜用二氧化碳供气装置	Ⅱ	否	GB 9706.19—2000	/
		05 内窥镜冲洗吸引器	通常由压强传感器、液体和/或气体流量反馈控制单元为主要组成。利用滚压式或重力式正压原理提供液体冲洗功能，利用负压原理提供液体和/或固体吸引功能的装置	用于在内窥镜诊断和/或治疗/手术中保持内窥镜的观察视场区域不受到血液或异物的阻挡	内窥镜冲洗吸引器、内窥镜冲洗器、内窥镜吸引器	Ⅱ	是	GB 9706.19—2000 YY/T 0863—2011	/
		06 内窥镜膨腔泵	通常由液压传感器、液体流量反馈控制单元为主要组成。能够实现可控地对人体体腔注入液体并使之维持在指定压强的装置	用于在内窥镜诊断和/或治疗/手术中扩张人体体腔，为内窥镜检查或手术提供良好的观察操作空间	内窥镜关节膨腔泵、内窥镜子宫膨腔泵	Ⅱ	是	GB 9706.19—2000 YY/T 0864—2011	/
16	内窥镜辅助用品	01 内窥镜插入形状观测系统	通过体外检测内置于内镜或内镜钳子管道内的插入形状观测探头的电磁发生线圈产生的磁场，从而在显示器上显示出体腔内内镜的 3D 形状	用于观察和显示所插入内窥镜的位置和形状，以便辅助内窥镜插入。一般需配合专用内镜或探头	内窥镜插入形状观测系统	Ⅲ	否	GB 9706.19—2000	/

续表

序号	一级产品类别	二级产品类别	产品描述	预期用途	品名举例	管理类别	是否豁免临床	相关标准	指导原则
16	内窥镜辅助用品	02 胶囊内窥镜姿态控制器	通常由永磁体和外壳组成。通过产生驱动磁场，对人体吞服的胶囊内镜产生拉力和扭矩力，改变驱动磁场的方向和作用在胶囊内镜上的强度，从而驱动胶囊内镜在胃腔或结肠内滚动、旋转和倾斜运动，实现对胶囊内镜的运动控制和姿态调整	用于在患者进行消化道胶囊内窥镜检查时控制胶囊内窥镜的运动	胶囊内窥镜姿态控制器	Ⅲ	否	/	/
		03 内窥镜气囊控制器	通常由主机（包括气泵、传感器）、手控面板、脚踏开关、供气导管、电源、连接器和过滤器组成	用于辅助内窥镜插入人体内腔而对安装在内窥镜或外套管上的气囊进行送气或排气	内窥镜气囊控制器	Ⅱ	否	GB 9706.19—2000	/
		04 内窥镜润滑剂	通常由二甲基硅油、黄原胶、硅油等成分组成，含有盐酸利多卡因、盐酸丁卡因等药物。无菌提供	用于内窥镜进入人体自然腔道时的润滑	胃镜胶、胃镜润滑液、内窥镜润滑剂	Ⅲ（药械组合产品）	否	/	/
			通常由甘油、黄原胶等成分组成。不含药物成分	用于内窥镜进入人体自然腔道时的润滑	胃镜润滑液、内窥镜润滑剂	Ⅱ	否	/	/
		05 内窥镜先端帽	一般采用硅橡胶材质制成。无菌提供	配合内窥镜使用，用于安装在内窥镜先端部，以保持适当的内窥镜视野	内窥镜先端帽	Ⅱ	是	/	/
		06 内窥镜用活检袋	通常由输送装置、纳物袋、结扎绳和撑开钳组成	用于腔镜手术时将活检样本从手术区域取出	一次性使用内窥镜用活检袋	Ⅱ	是	/	/
		07 内窥镜咬口、套管	手术或检查时患者开口的辅助器械，通常采用聚乙烯等高分子材料制成。无菌提供	用于经口腔手术或检查时维持患者的开口状态，防止非预期咬合保护器械损坏	无菌胃镜咬口、无菌内窥镜咬口	Ⅱ	否	/	/
			手术或检查时患者开口的辅助器械，通常采用聚乙烯等高分子材料制成。非无菌提供		胃镜咬口、内窥镜咬口	Ⅰ	是	/	/
			通常由开口端和套体组成。一般采用聚乙烯等高分子材料制成。无菌提供	配合内窥镜使用，用于手术或检查时使内窥镜与患者隔离，预防交叉感染	内窥镜一次性使用套管、内窥镜一次性使用保护套	Ⅱ	是	/	/

续表

序号	一级产品类别	二级产品类别	产品描述	预期用途	品名举例	管理类别	是否豁免临床	相关标准	指导原则
17	组合功能融合成像器械	01 单光子发射及 X 射线计算机断层成像系统	通常由单光子发射计算机断层成像设备（SPECT）和 X 射线计算机断层摄影设备（CT）组成。其中的 SPECT 和 CT 部分或可单独使用	用于得到 SPECT 功能代谢影像与 CT 解剖形态学影像的同机融合图像	单光子发射及 X 射线计算机断层成像系统	Ⅲ	否	GB/T 18988.2—2013 YY/T 0310—2015 YY/T 1408—2016	/
		02 正电子发射及 X 射线计算机断层成像系统	通常由正电子发射断层成像设备（PET）和 X 射线计算机断层摄影设备（CT）组成。其中的 PET 和 CT 部分或可单独使用	用于得到 PET 功能代谢影像与 CT 解剖形态学影像的同机融合图像	正电子发射及 X 射线计算机断层成像系统	Ⅲ	否	GB/T 18988.1—2013 GB/T 20013.3—2015 YY/T 0310—2015 YY/T 0829—2011	/
		03 正电子发射及磁共振成像系统	通常由正电子发射断层成像设备（PET）和磁共振成像设备（MRI）组成。其中的 PET 和 MRI 部分或可单独使用	用于得到 PET 功能代谢影像与 MRI 解剖形态学影像的同机融合图像	正电子发射及核磁共振成像系统、正电子发射断层扫描及磁共振成像系统、正电子发射磁共振成像系统	Ⅲ	否	/	/
		04 超声电子内窥镜	通常由物镜系统、像阵面光电传感器、A/D 转换集成模块和超声探头组成。将所要观察的腔内物体通过微小的物镜系统成像到像阵面光电传感器上，然后将接收到的图像信号送到图像处理系统上，最后在监视器上输出处理后的图像和超声检查图像	通过创口或自然孔道进入人体内，用于成像和诊断	超声电子气管镜、超声电子上消化道内窥镜、超声电子胃镜	Ⅲ	否	GB 9706.19—2000	/
		05 复合内窥镜	通常由电子内窥镜和其他成像模块［如共聚焦显微、光学相干断层成像技术（OCT）等］组成	通过创口或自然孔道进入人体内，用于成像和诊断	共聚焦显微内窥镜	Ⅲ	否	GB 9706.19—2000	/
18	图像显示、处理、传输及打印设备	01 图像显示处理工作站	通常由专用诊断显示装置、存储处理系统、软件等组成	配合医学影像设备，用于显示、处理、传输和存储数字诊断图像	图像处理工作站、图像诊断工作站、图像处理系统、皮肤镜图像处理工作站、内窥镜影像工作站	Ⅱ	是	/	/
		02 胶片扫描仪	通常由胶片上板、胶片下板、胶片传动机构、光电耦合器（CCD）、数字信号处理器等组成	用于医用胶片的扫描，输出 BMP、DICOM 等格式的数字化图像	胶片扫描仪、牙科胶片扫描仪	Ⅱ	是	/	/

续表

序号	一级产品类别	二级产品类别	产品描述	预期用途	品名举例	管理类别	是否豁免临床	相关标准	指导原则
18	图像显示、处理、传输及打印设备	03 医用图像打印机	利用医用成像设备提供的输入信号，在胶片等介质上产生不可擦除图像的装置	用于医用图像的打印	干式成像仪、医用图像打印机、热敏打印机、医用激光图像打印机、医用喷墨图像打印机	I	是	/	/
		04 影像记录介质	由聚酯（PET）片基包被银盐和保护层组成	用于作为诊断依据的医学影像（CT、MRI、CR、DR 等）的记录	医用激光胶片、医用干式激光胶片	I	是	/	/
			由聚酯（PET）片基、热敏层、保护层组成	用于作为诊断依据的医学影像（CT、MRI、CR、DR 等）的记录	热敏胶片				
			由聚酯（PET）片基与防静电层、吸墨层（二氧化硅、氧化铝、吸附墨水或墨粉）组成	用于超声等医学影像及图文的打印记录	医用打印胶片、PACS 超声诊断报告胶片、干式超声诊断报告胶片				
		05 取片机	由医用图像打印机、操作显示屏、软件等组成，与医院网络系统连接，支持 CR、DR、CT、MRI 等医用成像器械的图像打印	配合影像记录介质使用，供患者自助选取打印医用图像	自助取片机	I	是	/	/

第七章　医用诊察和监护器械

一、范围

本子目录包括医用诊察和监护器械及诊察和监护过程中配套使用的医疗器械，不包括眼科器械、口腔科器械等临床专科使用的诊察器械和医用成像器械。

二、框架结构

本子目录分为10个一级产品类别。根据工作原理和应用类别，将医用诊察设备分为“呼吸功能及气体分析测定装置”等10个一级产品类别。将多原理组合，但预期用途成熟明确的医用诊察设备划分到“其他测量、分析设备”一级产品类别，将各类监护设备归入“监护设备”一级产品类别。将各附件耗材合并，归入“附件、耗材”一级产品类别。根据预期用途不同，分为58个二级产品类别，列举153个品名举例。

本子目录主要由2002版《6820普通诊察器械》《〈6821医用电子仪器设备〉（部分）》和本子目录2012版《〈6823医用超声仪器及有关设备〉（部分）》整合而来，并根据近年来产品本子目录的发展，新增了部分内容。相对2002/2012版整合了有创式电生理仪器及创新电生理仪器产品，呼吸功能及气体分析测定装置等6个一级产品类别由2002/2012版的子目录整合形成，同时根据注册产品情况和目录设计，新增了“遥测和中央监护设备”“其他测量、分析设备”这两个一级产品类别适应产业发展需要。

该子目录中一级产品类别与2002/2012版分类目录产品类别的对应关系如下。

与2002/2012版分类目录对应关系

一级产品类别	2002/2012版产品类别	备注
07-01诊察辅助器械	6820-4听诊器（无电能）（2002版）	/
	6820-5叩诊锤（无电能）（2002版）	
	6820-6反光器具（2002版）	
07-02呼吸功能及气体分析测定装置	6820-3肺量计（2002版）	/
	6821-10呼吸功能及气体分析测定装置（2002版）	
07-03生理参数分析测量设备	6820-1体温计（2002版）	/
	6820-2血压计（2002版）	
	6821-2有创式电生理仪器及创新电生理仪器（2002版）	
	6821-4心电诊断仪器（2002版）	

续表

一级产品类别	2002/2012 版产品类别	备注
07-03 生理参数分析测量设备	6821-5 脑电诊断仪器（2002 版）	/
	6821-6 肌电诊断仪器（2002 版）	
	6821-9 无创监护仪器（2002 版）	
	6821-12 血流量、容量测定装置（2002 版）	
	6821-13 电子压力测定装置 - 电子血压脉搏仪（2002 版）	
	6821-14 生理研究实验仪器（2002 版）	
07-04 监护设备	6821-13 电子压力测定装置 - 动态血压监护仪（2002 版）	/
07-05 电声学测量、分析设备	6821-8 电声诊断仪器（2002 版）	/
07-06 放射性核素诊断设备	6833-8 放射性核素诊断设备（2002 版）	/
07-07 超声测量、分析设备	6823-1 超声诊断设备中的超声多普勒血流分析设备和超声骨密度仪（2012 版）	
	6823-2 超声监护设备中的超声多普勒胎儿监护仪（2012 版）	
07-08 遥测和中央监护设备	/	新增
07-09 其他测量、分析设备	/	新增
07-10 附件、耗材	6821-3 有创医用传感器（2002 版）	/
	6821-3 无创医用传感器（2002 版）	
	6821-18 心电电极（2002 版）	
	6821-19 心电导联线（2002 版）	

三、其他说明

（一）体表电极种类众多，但其预期用途类似，风险程度相近。因此在该子目录中，统一描述为“体表电极”。

（二）本子目录中医疗器械产品适用的相关标准

GB 9706.1—2007 医用电气设备 第 1 部分 安全通用要求

GB/T 14710—2009 医用电器环境要求及试验方法

YY 0505—2012 医用电气设备第 1~2 部分：安全通用要求并列标准：电磁兼容要求和试验。

（三）医疗器械产品是否豁免临床试验的法规文件

《国家药品监督管理局关于公布新修订免于进行临床试验医疗器械目录的通告》（2018 年第 94 号）附件 1。

07 医用诊察和监护器械

序号	一级产品类别	二级产品类别	产品描述	预期用途	品名举例	管理类别	是否豁免临床	相关标准	指导原则
01	诊察辅助器械	01 压舌板	通常由木质或其他材料制成。无菌提供	用于检查时压低舌部	一次性使用压舌板	Ⅱ	是	/	/
			通常由木质或其他材料制成	用于检查时压低舌部	压舌板	Ⅰ	是	/	/
		02 听诊器	通常由拾音器、信号处理模块和耳机组成。对收集的声音进行（频率）非线性放大	用于收集和放大从心脏、肺部、动脉、静脉和其他内脏器官处发出的声音	电子听诊器	Ⅱ	否	/	/
			通常由听诊头、导音管、耳挂组成。对收集的声音进行（频率）非线性放大	用于收集和放大从心脏、肺部、动脉、静脉和其他内脏器官处发出的声音	单用听诊器、双用听诊器、医用听诊器、胎音听诊器	Ⅰ	是	YY 91035—1999 YY/T 91077—1999	/
		03 五官科检查镜	通常由检查镜头、目镜和手柄、灯泡、辅助撑开装置组成。无菌提供	用于耳道、鼻腔、咽喉部的检查	一次性使用耳镜、一次性使用鼻镜	Ⅱ	否	YY/T 0189—2008	/
			通常由检查镜头、目镜和手柄、灯泡、辅助撑开装置组成	用于耳道、鼻腔、咽喉部的检查	耳镜、光纤检耳镜、鼻镜、检鼻镜、喉镜、咽喉镜	Ⅰ	是	YY/T 0189—2008 YY 91136—1999	/
		04 叩诊锤	通常由锤头、锤头固定架、锤柄等组成	用于配合普通外科、神经科诊断时，敲打、刺激人体	打诊锤、脑打诊锤、叩诊锤	Ⅰ	是	/	/
		05 表面检查灯	通常由灯头、固定或握持装置、电源盒和充电器组成	用于临床检查时提供照明	医用检查灯、儿科检查灯、反光灯、头戴式检查灯、聚光灯	Ⅰ	是	/	/
		06 反光器具	通常由额带和凹形镜面组成，利用凹形镜面聚光原理进行检查	用于检查时反射聚光照明	额戴反光镜	Ⅰ	是	/	/
		07 听觉检查音叉	通常由 U 形上部和手柄组成，可分为有套环和无套环两种。采用金属材料制成。无源器械，非无菌提供，可重复使用	用于患者听觉的检查	听觉检查音叉	Ⅰ	是	/	/
02	呼吸功能及气体分析测定装置	01 气体测定设备	通常由主机、传感器单元、测量单元和显示单元组成	用于手术室、病房、ICU 等，在麻醉、恢复和呼吸护理期间连续测量呼吸气体中的氧气、二氧化碳等气体的浓度、分压、流速或容量，并具有报警功能	氧气浓度监测仪、二氧化碳监测仪	Ⅱ	是	YY 0601—2009	/

续表

序号	一级产品类别	二级产品类别	产品描述	预期用途	品名举例	管理类别	是否豁免临床	相关标准	指导原则
02	呼吸功能及气体分析测定装置	02 呼吸热量监测设备	通常由主机、传感器、测量单元和显示器组成	用于实时计算并显示患者呼气热量（焓）	呼吸热量监测仪	Ⅱ	否	/	/
		03 肺功能测试设备	通常由主机、流速传感器和鼻夹组成	用于呼吸内科、胸科、职业病防止机构、医院体检等，测量肺活量、最大通气量及用药前后激发试验	肺功能仪、肺功能测试仪、肺活量计	Ⅱ	是	/	/
		04 呼气流量测量设备	通常由壳体、滑标、簧片和咬嘴组成	用于测量哮喘患者、慢性阻塞肺病患者最大呼气流量，测量患者呼出气受限制的程度，可监测哮喘病情	峰速仪、呼气流量计	Ⅱ	否	YY/T 1438—2016	/
		05 呼吸压力测量设备	通常由主机、接嘴、呼气压力测试阀、吸气压力测试阀、细菌过滤器等组成	用于测量口腔最大吸气压力、口腔最大呼气压力和鼻腔吸气压力	呼吸压力计	Ⅱ	否	/	/
		06 气道过敏反应测试设备	通常由气雾剂产生装置、正弦波空气振动压产生装置、口腔内压计、气流量计、偏流装置、计算机、监控器和升降驱动装置组成	用于对气道过敏呼吸机能疾病患者进行气道过敏评价	气道过敏反应测试系统	Ⅱ	否	/	/
		07 单一气体检测器	通常由外壳、硬件接口卡、一氧化氮或一氧化碳等气体传感器组成	用于检测呼吸气体中一氧化氮或一氧化碳浓度	一氧化氮检测器、一氧化碳检测器	Ⅱ	否	/	/
03	生理参数分析测量设备	01 心电测量、分析设备	通常由主机、供电电源、心电电缆和心电电极组成。主机部分通常包括信号输入部分，放大回路、控制电路、显示部分、记录部分、分析处理部分和电源部分。通过电极将体表不同部位的心电信号检测出来，经过滤波、放大、模数转化形成心电波形	用于测量、采集、显示、记录患者心电信号，供临床诊断。也可能具有对患者的心电信号进行形态和节律分析，提供自动诊断结论的功能	单道心电图机、多道心电图机、心电图机、心电图仪、心电分析系统	Ⅱ	是	GB 10793—2000 YY/T 0195—1994 YY 0782—2010 YY 1139—2013	心电图机注册技术审查指导原则（2017年修订版）
			通常由主机、供电电源、心电电缆、心电电极、记录读取设备和动态心电分析软件组成。主机部分通常包括信号输入部分，放大回路、控制电路、记录部分。通过电极将体表不同部位的电信号检测出来，经过滤波、放大、模数转化形成心电波形并进行连续记录和分析	用于测量、采集、观察和存储动态心电图，供临床诊断	动态心电图机	Ⅱ	是	GB 10793—2000 YY 0885—2013	心电图机注册技术审查指导原则（2017年修订版）

续表

序号	一级产品类别	二级产品类别	产品描述	预期用途	品名举例	管理类别	是否豁免临床	相关标准	指导原则
03	生理参数分析测量设备	01 心电测量、分析设备	通常由主机、附件、运动单元组成。主机部分通常包括信号输入部分，放大回路、控制电路、显示部分、记录部分和电源部分；附件组成通常包括电极、电缆；运动单元由提供不同强度的设置单元、指示单元、运动部件组成。运动单元可提供不同负荷运动，主机及附件部分可监测受试者在运动过程中的心电信号，对信号进行处理、实时显示	用于实时检测患者运动状态下的心电图变化，供临床诊断	运动心电测试系统、运动负荷试验测试系统	Ⅱ	是	GB 10793—2000	/
			通常由主机、供电电源、心电电极组成。主机部分通常包括信号输入部分，放大回路、控制电路、显示部分、记录部分和电源部分。通过电极将体表不同部位的电信号检测出来，经过滤波、放大、模数转化形成心电波形，根据波形识别心搏位置	用于测量连续心动周期之间的时间变异数。可分析的心率变异性指标包括时域分析或频域分析指标两种。时域指标通常包含心动周期的标准差（SDNN），正常相邻心动周期差值的均方的平方根（rMSSD）、相邻 R．R 间期差值超过 50 ms 的心搏数占总心搏数的百分比（PNN50）。频域指标通常包含低频功率高频带（HF）、低频带（LF）、极低频（VLF）、超低频（ULF）	心率变异分析仪	Ⅱ	否	/	/
			通常由主机、供电电源、心电电缆和心电电极组成。主机部分通常包括信号输入部分，放大回路、控制电路、显示部分、记录部分和电源部分。通过电极将体表不同部位的心电信号检测出来，经过滤波、放大、模数转化形成心电波形	用于测量、采集、显示、记录患者心电信号，对 PR 间期心电活动进行测量、分析，获得心脏希氏束电图及其参数	体表希氏束电图设备	Ⅱ	否	/	/

续表

序号	一级产品类别	二级产品类别	产品描述	预期用途	品名举例	管理类别	是否豁免临床	相关标准	指导原则
03	生理参数分析测量设备	02 心脏电生理标测设备	通常由定位单元、电信号处理单元、工作站（含软件）、显示器、打印机、仪器车、操作台、连接线缆组成。由操作台、计算机（含软件）、打印机、显示器、隔离电源、生物信号前置放大器（含软件）及连接线缆组成	用于描记心脏活动时人体体表心电图、和心腔内的心电波形，可实时构建心脏电兴奋传导的三维图形，采集和分析心脏电活动，以供心脏电生理标测及定位等临床诊断或电生理研究用	电生理标测仪、多道电生理记录仪、电生理导航系统	Ⅲ	否	YY/T 1635—2018	/
		03 无创血压测量设备	通常由阻塞袖带、传感器、充气泵、测量电路组成。采用示波法、柯式音法或类似的无创血压间接测量原理进行血压测量的电子设备	用于在手臂或手腕部位测量患者血压	电子血压计	Ⅱ	是	YY 0670—2008	电子血压计（示波法）注册技术审查指导原则(2016 年修订版）
			通常由阻塞袖带、听诊器、压力表组成。通过水银或机械表显示，采用柯式音法或类似的无创血压间接测量原理进行血压测量的设备	用于在手臂或手腕部位测量患者血压	血压表、机械血压表、水银血压表	Ⅱ	是	GB 3053—1993	/
			通常由阻塞袖带、传感器、充气泵、测量电路、供电电源、记录部件组成。采用示波法、柯式音法或类似的无创血压间接测量原理长时间连续多次进行血压测量	用于动态和连续地自动测量患者血压，供诊断用	动态血压记录仪、动态血压仪	Ⅱ	否	YY 0667—2008 YY 0670—2008	动态血压测量仪注册技术审查指导原则
			通常由阻塞袖带，传感器，充气泵和测量电路、运动单元组成。运动单元由提供不同强度的设置单元、指示单元、运动部件组成。运动单元可提供不同负荷运动。采用示波法或类似的无创血压间接测量原理进行运动状态下血压测量	用于在运动状态下患者血压的测量和分析	运动血压分析系统	Ⅱ	否	YY 0667—2008 YY 0670—2008	/
		04 体温测量设备	通常由玻璃管、感温泡、汞或其他感温液体和刻度尺标组成。采用汞或其他液体的热胀冷缩原理测量温度	用于临床测量患者体温。通常放置于人体的口腔、腋下、肛门部位测量	玻璃体温计、体温计	Ⅱ	是	GB 1588—2001	/

续表

序号	一级产品类别	二级产品类别	产品描述	预期用途	品名举例	管理类别	是否豁免临床	相关标准	指导原则
03	生理参数分析测量设备	04 体温测量设备	通常由热电偶或其他接触式测温传感器、显示单元，供电电路，测量电路组成。将传感器通过接触传导测得的温度转换为电信号进行显示或数据输出	用于临床测量患者体温。通常放置于人体的口腔、腋下、肛门、额头部位测量	电子体温计	Ⅱ	是	GB/T 21416—2008	/
			通常由红外温度传感器、探头套、显示单元、供电电路、测量电路组成。采用红外感温方法测量温度显示或者数据输出	用红外方法测量临床测量患者体温，通常用于测量患者耳道、额头部位温度	电子体温计、额温计、红外耳温计	Ⅱ	是	GB/T 21417.1—2008	医用电子体温计注册技术指导原则(2017 年修订版）耳腔式医用红外体温计注册技术审查指导原则
		05 脉搏血氧测量设备	通常由血氧传感器、测量电路、显示单元、电源部分组成。通过利用血液中血红蛋白对光的吸收特性估算血氧饱和度	用于临床测量患者的脉搏血氧饱和度	脉搏血氧仪	Ⅱ	是	YY 0784—2010	脉搏血氧仪注册技术审查指导原则(2017 年修订版）脉搏血氧仪设备临床评价技术指导原则
		06 生理参数诱发诊断设备	通常由脑电电极、脑电导线、放大器、显示单元、主机等部分组成。用于脑电信号的提取、放大、滤波、记录、分析、回放等	用于对患者精神性疾病和脑部实质性病变的分析诊断、脑部功能状态评估	脑电图机、动态脑电记录仪、动态脑电图工作站、动态脑电图机、脑电地形图仪、三维脑电地形图仪、数字脑电地形图仪	Ⅱ	是	GB 9706.26—2005	/
			通常由放大器与监听器、扫描器、刺激器、计数器、显示器和电源部分组成。通过电极将受刺激后体表不同部位的电信号检测出来，再用放大器加以放大，并用记录器描记下来	用于记录肌肉静止或收缩时的电活动和其他生理活动	肌电图机、诱发电位系统、肌电诱发电位仪、肌电生物反馈仪	Ⅱ	是	YY 0896—2013	/
			通常由主机、刺激器、传感器与附件组成。给人体部位适宜刺激，记录人体相应生理响应。所涉及的刺激可以是人体感官刺激，也可以是其他光学、声学、电学、机械刺激。相关生理响应可以是神经电学响应，肌肉运动加速度响应，也可以是医学影像学相关响应	用于对生理响应通路的评价	生理参数诱发诊断设备、感觉神经定量检测仪、温度感觉分析仪、儿童注意力测试仪	Ⅱ	否	/	/

续表

序号	一级产品类别	二级产品类别	产品描述	预期用途	品名举例	管理类别	是否豁免临床	相关标准	指导原则
03	生理参数分析测量设备	07 血管硬度测量设备	通常由阻塞袖带、传感器、充气泵、测量电路组成。采用无创方法对脉搏波速度进行测量和计算	用于测量舒张压、收缩压和平均压，同时测量动脉在压力改变时的脉动波形，分析得到动脉的弹性情况及动脉硬化程度	脉搏波速度检测仪、血管硬度测量仪	Ⅱ	否	/	/
		08 无创血流分析设备	通常由电极、患者主导联线、分析电路和电源组成。基于生物阻抗心动描迹法原理	用于临床监测和显示患者心排出量	无创心输出量测量仪、无创心排量监测仪	Ⅱ	否	/	/
			通常由主机、信号放大器与阻抗测量电路组成	用于通过测量人体脑部、躯干和肢体电阻抗变化，分析人体各部位血流供应及血管壁状态状况	脑血流量检测仪、阻抗血流图仪	Ⅱ	否	YY/T 1078—2008 YY/T 1143—2008	/
			通常由主机、测试模块、传感器及附件组成	用于血流动力学参数的测量。通常通过分析人体部位热稀释过程与脉搏波形轮廓，计算血流动力学参数	心脏血流动力检测仪、脑循环分析仪、无创血流动力检测系统	Ⅱ	否	/	/
		09 体表色素测量设备	通常包含光路组件、微型光谱仪、校准器和附件组成	用于测量新生儿在光疗前、光疗期间及光疗后的血清胆红素水平	无创胆红素定量仪、经皮黄疸仪	Ⅱ	是	/	/
			通常由主机、DDG 探头、探头连接电缆和电源线组成	用于对循环功能及肝功能的检查	色素浓度图分析仪	Ⅱ	否	/	/
		10 电导分析仪	通常由主机、手部电极板和连接线、脚部电极板和连接线和电源线组成。通过测试皮肤的电反应进行分析	用于对皮肤施加特定的低电压，使电极与皮肤间产生电化学反应，形成电流，通过分析电流的变化规律，为临床疾病诊断提供依据	电导分析仪	Ⅱ	否	/	/
		11 鼻阻力测量设备	通常由主机、取压管和流量传感器组成	用于通过检测鼻腔气体流动参数，分析鼻腔气道阻力	鼻阻力测量仪	Ⅱ	否	/	/
		12 血管内皮功能测试设备	通常由主机、血流量刺激部件和传感部件组成	用于血管内皮功能的评价，通过机械、药物方式对血流量进行改变，激发血管内皮对血管容积的生理影响，通过测量血管容积变化所导致的物理参数，反应血管内皮功能	血管内皮功能测试仪	Ⅱ	否	/	/

续表

序号	一级产品类别	二级产品类别	产品描述	预期用途	品名举例	管理类别	是否豁免临床	相关标准	指导原则
03	生理参数分析测量设备	13 脑磁图设备	通常由数据采集和分析设备，患者监视系统，探测器组成。测量并分析神经活动产生的微弱磁场	用于非介入探测颅内活动神经产生的微弱磁场，分析颅内活动神经源的特性和位置	脑磁图仪	Ⅱ	否	/	/
		14 有创颅内压设备	通常由压力传感器、辅助生理参数传感器、主机组成	用于连续测量颅脑内压力	有创颅内压监测仪	Ⅲ	否	/	/
04	监护设备	01 病人监护设备	通常由主机、供电电源、显示器、一个或多个生理参数功能模块和报警系统组成。从单一患者处采集参数信息，处理、显示信息并发出报警	用于对氧化亚氮、安氟醚、异氟醚、七氟醚、地氟醚等麻醉气体浓度的监测	呼吸气体监护仪、麻醉气体监护仪	Ⅲ	否	YY 0601—2009	/
			通常由主机、供电电源、显示器、一个或多个生理参数功能模块和报警系统组成。从单一患者处采集参数信息，处理、显示信息并发出报警	用于对患者的一个或多个生理参数进行测量和监护，其中包括使用有创方法对患者进行测量和监护。常见的有创监护参数有：有创血压；中心静脉氧饱和度；混合静脉氧饱和度；有创心输出量；有创血流动力学分析	患者监护仪、多参数监护仪	Ⅲ	否	YY 0668—2008	/
			通常由主机、供电电源、显示器、一个或多个生理参数功能模块和报警系统组成。从单一患者处采集参数信息，处理、显示信息并发出报警	用于对患者的一个或多个生理参数进行测量和监护，其中包括对关键生理参数进行自动诊断和监测的功能。关键生理参数包括但不限于ST、心律失常、QT	患者监护仪、多参数监护仪	Ⅲ	否	YY 0667—2008 YY 0668—2008	/
			通常由主机、供电电源、显示器、一个或多个生理参数功能模块和报警系统组成。从单一患者处采集参数信息，处理、显示信息并发出报警	用于对患者的一个或多个生理参数进行测量和监护，常见的生理参数有：心电；心率；脉搏率；呼吸；无创脉搏血氧饱和度；无创脉搏碳氧血红蛋白；无创脉搏高铁血红蛋白；无创脉搏全血红蛋白；无创血压；体温；预测体温；无创心输出量；经皮氧分压；经皮二氧化碳分压；脑电；肌电；无创颅内压；灌注指数；脉搏压力变异指数；无创血流动力学分析；呼吸功能和力学和综合肺指数；双频指数；熵指数；肌肉松弛和肌肉肌电传导	患者监护仪、多参数监护仪	Ⅱ	是	GB 9706.25—2005 YY 0667—2008 YY 0668—2008 YY 0670—2008 YY 0784—2010 YY 0785—2010	/

续表

序号	一级产品类别	二级产品类别	产品描述	预期用途	品名举例	管理类别	是否豁免临床	相关标准	指导原则
04	监护设备	02 神经监护设备	通常由主机、放大器和刺激器组成。通过视觉、听觉和/或电学方式刺激神经并接收反馈信息	用于手术过程中对于患者的神经进行监护	神经监护仪	Ⅲ	否	/	/
		03 动态血糖/葡萄糖监测设备	通常由血糖记录器、信息提取器、感应葡萄糖探头、线缆和分析软件组成。持续监测皮下细胞间液的葡萄糖浓度并进行分析计算	用于连续监测患者血糖/葡萄糖水平	动态血糖连续监测系统、动态葡萄糖连续监测系统	Ⅲ	否	/	/
05	电声学测量、分析设备	01 听力计	通常由电源、声卡、功率放大器、控制器、电声换能器件、操作软件和患者应答器组成	用于测定个体对各种频率感受性大小的仪器，通过与正常听觉相比，就可确定被试的听力损失情况	听力计	Ⅱ	是	GB/T 7341.1—2010	/
		02 电声门图仪	通常由主机、声门图电极和音频输出线组成。声带振动时，声带接触阻抗变化引起调制电流变化，形成电声门图	用于检测声门组织阻抗变化和声带接触面积的变化，反映声带振动每一周期中声门闭合阶段的特点以及声带振动时每个周期的运动轨迹	电声门图仪	Ⅱ	否	/	/
		03 耳声发射仪	通常由主机、耳声探头和计算机等组成	用于新生儿的听力筛查、婴幼儿或成人的听力评估	耳声发射仪	Ⅱ	否	/	/
		04 耳声阻抗测量仪	通常由主机、探头和贴耳式耳机组成	用于进行中耳的声阻抗和静态压的测试	耳声阻抗测量仪	Ⅱ	是	/	/
06	放射性核素诊断设备	01 放射性核素骨密度测量设备	通常由放射源、探测器、操作台、计算机、显示器、打印机等组成	用于利用放射性核素测定骨矿物质含量和密度，为医生诊断骨质疏松疾病提供参考数据	放射性核素骨密度仪	Ⅱ	否	/	/
		02 肾及甲状腺功能测量设备	根据临床需要，由一个或多个探测器、计数率仪等组成，还配有计算机等	用于探测人体器官中放射性随时间变化的动态变化情况，以判断器官的功能，如甲状腺、肾等	甲状腺功能仪、甲状腺功能测定仪、肾功能仪、肾及甲状腺功能仪	Ⅱ	否	GB/T 15476—2008	/
		03 伽玛（γ）射线探测装置	通常由固体闪烁探测器和电子学元件组成	用于查找体内放射性活度分布，可在手术中使用	伽玛（γ）射线探测仪	Ⅱ	否	/	/

续表

序号	一级产品类别	二级产品类别	产品描述	预期用途	品名举例	管理类别	是否豁免临床	相关标准	指导原则
07	超声生理参数测量、分析设备	01 超声多普勒血流分析设备	通常由探头（一般采用单元探头）、超声波发射/接收电路、信号处理和显示等部分组成。利用超声多普勒频移原理，主要用来探查、测量非胎儿的血流的运动信息	用于经颅、颈部和外周血管的血流测量等领域，可在手术中使用。用于人体颅内、颈部、胎儿脐带、外周或其他血管的检测，从而获得其血流频谱、速度或声音等信息的设备	超声多普勒血流分析仪	Ⅲ	是	GB 9706.9—2008 YY 0593—2015 YY/T 1142—2003	/
			通常由探头（一般采用单元探头）、超声波发射/接收电路、信号处理和显示等部分组成。利用超声多普勒频移原理，主要用来探查、测量非胎儿的血流的运动信息	用于经颅、颈部和外周血管的血流测量等领域，不可在手术中使用	超声多普勒血流分析仪	Ⅱ	是	GB 9706.9—2008 YY 0593—2015 YY/T 1142—2003	/
		02 超声人体组织测量设备	通常由激励振子、超声探头、超声波发射/接收电路、信号处理和显示等部分组成。利用人体组织硬度的差异导致剪切波速度不同的原理，来测量人体组织的硬度	用于测量人体组织的硬度，一般用于肝硬度的测量	肝功能剪切波量化超声诊断仪	Ⅲ	否	GB 9706.9—2008	/
			通常由超声波发射电路、接收电路、信号处理显示部分和记录部分等组成。利用超声波传导速度的差异和振幅的衰减来反映人体骨矿含量、骨结构及骨强度的情况	用于人体骨密度的测量，确定存在骨质疏松的可能性，评估与年龄无关的骨损失	超声骨密度仪	Ⅱ	否	GB 9706.9—2008 YY 0774—2010 YY/T 0939—2014	超声骨密度仪注册技术审查指导原则
08	遥测和中央监护设备	01 遥测监护设备	通常由遥测发射盒主机、外接模块、遥测接收箱及附件组成，可以选配中央充电站。发射盒负责采集患者的生理参数，然后通过无线（可以是 WMTS、WIFI 或者 3G/4G）发送到中央站，中央站进行显示、分析、报警、存储、回顾、打印。发射盒可以自带显示器	用于对流动的患者进行生命体征的测量、监护。一般有 ECG（不含 ST、ARR、QT）、SpO2、NIBP。可在床旁使用或佩戴在患者身上使用	遥测监护系统、心电遥测系统	Ⅱ	否	/	/

续表

序号	一级产品类别	二级产品类别	产品描述	预期用途	品名举例	管理类别	是否豁免临床	相关标准	指导原则
08	遥测和中央监护设备	02 远程监护设备	通常由患者监护终端、路由器、服务器和版权保护设备组成。床旁监护设备或者遥测盒负责采集病人的生理参数，然后通过有线、无线网络发送到远程监护设备。远程监护设备进行显示、分析、报警、存储、回顾、打印	用于远程测量、监护患者信息	远程监护系统	Ⅱ	否	/	/
		03 中央监护系统	通常由中央监护软件、计算机平台、网络设备、外置记录仪、报警系统、外置不间断电源等支持设备组成。不包括床旁监护设备和/或遥测监护设备等终端数据采集设备。通过获取床旁监护设备或者遥测盒等采集设备采集的病人生理参数，通过有线、无线网络发送到中央站，由中央站进行显示、分析、报警、存储、回顾、打印	用于通过有线或无线局域网络，对床旁监护设备和/或遥测监护设备所获得的生命体征信息进行中央监护	中央监护系统、中央监护仪	Ⅱ	是	YY 0668—2008 YY 0709—2009 YY 1079—2008	中央监护软件注册技术审查指导原则 病人监护产品（第二类）注册技术审查指导原则（2017年修订版）
09	其他测量、分析设备	01 泌尿、消化动力学测量、分析设备	通常由主机、压力传感器、尿流传感器、肌电等组成	通过对下尿道的压力、尿流量和肌电特性的定量分析，用于评估尿动力	尿动力学分析系统、尿流计、尿流量仪	Ⅱ	是	/	/
			通常由压力传感器、测压管、肌电模块、信号处理卡和计算机组成	用于对胃、肛肠的压力、肌电特性的定量分析来评胃、肛肠动力。用于判断消化道动力情况	胃动力分析仪、肛肠动力分析仪	Ⅱ	否	/	/
		02 眼震电图设备	通常包括电极、放大器和记录器三部分。通过电极眼部的电信号检测出来，再用放大器加以放大，并用记录器描记下来	用于眩晕症的检查	眼震电图仪	Ⅱ	否	/	/
		03 睡眠呼吸监测设备	通常由记录仪、脑电电极、眼动电极、肌电电极、胸/腹呼吸探头、体位传感器、鼻气流管、脉搏血氧探头和心电电极等组成。记录睡眠时的生理参数进行分析	用于记录睡眠时各种生理参数，对睡眠障碍、睡眠呼吸紊乱和睡眠呼吸暂停、低通气综合征疾病进行分析、诊断	睡眠监测记录仪、睡眠监测系统	Ⅱ	是	/	睡眠呼吸监测产品注册技术审查指导原则

续表

序号	一级产品类别	二级产品类别	产品描述	预期用途	品名举例	管理类别	是否豁免临床	相关标准	指导原则
09	其他测量、分析设备	04 平衡测试设备	通常由测量平台、辅助支架、平衡测试软件等组成。患者站立或坐在测试平台上，对患者平衡能力进行评估	用于测试人体平衡能力	平衡测试系统	Ⅱ	否	YY/T 1410—2016	/
		05 言语障碍测量设备	通常由话筒、信号处理单元、口鼻分录器、言语功能评估与训练用具、软件组成	用于对言语呼吸、言语发声、言语共鸣、言语构音、言语语音、鼻音等电声信号进行检测、处理，为医疗机构对言语、构音、语音、鼻音障碍的评估、诊断	言语障碍测量仪	Ⅱ	否	/	/
		06 心血管功能检测设备	通常由主机、脉搏传感器和检测盒组成	用于检测心脏功能、血管弹性、血液黏度、微循环等参数	心血管功能检测仪	Ⅱ	否	/	/
		07 人体阻抗测量、分析设备	通常由测量平台、测试电极组成。利用电阻抗分析法的原理，测量人体电阻后进行分析计算	用于分析人体脂肪含量、身体水分、基础代谢与体重比等参考数值	人体成分分析仪	Ⅱ	否	/	/
		08 酸碱度检测设备	通常由带 pH 值传感器和数据发送装置的胶囊、数据接收记录装置组成	用于监测患者胃和食管等的 pH 值等生理参数，对胃食管等反流疾病进行检查、诊断	食管酸碱度检测仪、酸碱度检测仪	Ⅲ	否	/	/
			通常由带 pH 值传感器的导管、数据记录装置组成	用于监测患者胃和食管的 pH 值等生理参数，对胃食管反流疾病进行检查、诊断	食管酸碱度检测仪、酸碱度检测仪	Ⅱ	否	/	/
10	附件、耗材	01 有创血压传感器	通常由血压传感器和血压传输管路组成。血压传感器部分由压力传感器感应元件及电缆组成	与有创血压监护主机配合使用，用于动、静脉压测量	有创压力传感器、压力管	Ⅲ	否	YY 0781—2010	/
		02 电生理标测导管	通常由导管外层、电极、信号电路组成。无菌提供，一次性使用	与电生理标测设备配合使用，用于心内的电生理检查	电生理诊断导管、心内标测电极导管	Ⅲ	否	YY/T 1519—2017	/
		03 体表电极	通常主要由传感元件、连接接头组成	用于采集并获取受观测者人体体表信号，如心电、脑电信号	一次性心电电极、心电电极、脑电电极	Ⅱ	是	YY/T 0196—2005	一次性使用心电电极注册技术审查指导原则

续表

序号	一级产品类别	二级产品类别	产品描述	预期用途	品名举例	管理类别	是否豁免临床	相关标准	指导原则
10	附件、耗材	04 脉搏血氧传感器	通常由传感器、连接器和电缆组成。传感器可以是指夹式、指套式或者绑带式	与监护仪，脉搏血氧计等配套使用，用来测量脉搏血氧饱和度	脉搏血氧饱和度传感器	Ⅱ	是	YY/T 0781—2010 YY 0784—2010	脉搏血氧仪设备临床评价技术指导原则 脉搏血氧仪注册技术审查指导原则(2017年修订版)
		05 导电膏	具有一定导电性能的胶体	用于在诊断、监护或治疗过程中充填、涂覆于皮肤与电极之间，从而在电极与皮肤之间形成相对稳定的导电连接	导电膏	Ⅱ	是	/	/
		06 无创血压袖带	通常由布套、气囊、气管和接头组成	与无创血压设备配合使用，用于测量无创血压	血压袖带	Ⅰ	是	/	/
		07 心电导联线	通常由连接仪器的插头、主电缆、连接器、导联线和导联线按钮组成	与监护仪、心电图机等配套使用，连接于仪器和电极之间，用于传递自人体体表采集到的电生理信号。不包括防除颤功能的提供	心电导联线	Ⅰ	是	YY 0828—2011	/

第八章　呼吸、麻醉和急救器械

一、范围

本子目录主要包括呼吸、麻醉和急救及相关辅助器械。

二、框架结构

本子目录根据呼吸、麻醉和急救器械产品功能特点，按照由主机到辅助器械的顺序分为“呼吸设备”“麻醉器械”“急救设备”等 7 个一级产品类别。根据预期用途，分为 55 个二级产品类别，并按管理类别由高到低的顺序排列。列举 188 个品名举例。

该子目录中一级产品类别与 2002/2012 版分类目录产品类别的对应关系如下。

与 2002/2012 版分类目录对应关系

<table>
<tr><th>一级产品类别</th><th>2002/2012 版产品类别</th><th>备注</th></tr>
<tr><td>08–01 呼吸设备</td><td>6854–2 呼吸设备（2002 版）</td><td>/</td></tr>
<tr><td>08–02 麻醉器械</td><td>6854–3 呼吸麻醉设备及附件（不包括碱石灰）（2002 版）</td><td>/</td></tr>
<tr><td rowspan="3">08–03 急救设备</td><td>6821–1 用于心脏的治疗、急救装置中的心脏除颤器（2002 版）</td><td rowspan="3">/</td></tr>
<tr><td>6854–4 婴儿保育设备（2002 版）</td></tr>
<tr><td>6854–7 呼吸设备配件中的简易呼吸器（2002 版）</td></tr>
<tr><td>08–04 医用制氧设备</td><td>6854–8 医用制气设备（2002 版）</td><td>/</td></tr>
<tr><td rowspan="6">08–05 呼吸、麻醉、急救设备辅助装置</td><td>6805–6 耳鼻喉科用其他器械中的麻醉咽喉镜（2002 版）</td><td rowspan="6">/</td></tr>
<tr><td>6823–3 超声治疗设备中的超声雾化器（2012 版）</td></tr>
<tr><td>6826–5 理疗康复仪器中的防打鼾器（正压呼吸治疗机）（2002 版）</td></tr>
<tr><td>6854–3 呼吸麻醉设备及附件中的碱石灰（2002 版）</td></tr>
<tr><td>6854–7 呼吸设备配件中的浮标式、墙式、手提式氧气吸入器(2002 版)</td></tr>
<tr><td>6866–5 呼吸麻醉或通气用气管插管（2002 版）</td></tr>
<tr><td rowspan="3">08–06 呼吸、麻醉用管路、面罩</td><td>6856–4 医用供气、输气装置（不包括氧气袋）（2002 版）</td><td rowspan="3"></td></tr>
<tr><td>6866–1 输液、输血器具及管路中的麻醉导管（2002 版）</td></tr>
<tr><td>6866–5 呼吸麻醉或通气用气管插管（2002 版）</td></tr>
<tr><td>08–07 医用供气排气相关设备</td><td>6856–1 供氧系统（不包括氧浓度监察仪）（2002 版）</td><td>/</td></tr>
</table>

三、其他说明

（一）本子目录中医疗器械产品适用的相关标准

GB 9706.1—2007 医用电气设备 第 1 部分 安全通用要求

GB/T 14710—2009 医用电器环境要求及试验方法

GB/T 16886.1—2011 医疗器械生物学评价 第 1 部分：风险管理过程中的评价与试验

GB/T 16886.5—2017 医疗器械生物学评价 第 5 部分：体外细胞毒性试验

GB/T 16886.10—2017 医疗器械生物学评价 第 10 部分：刺激与皮肤致敏试验

YY 0505—2012 医用电气设备第 1—2 部分：安全通用要求并列标准：电磁兼容要求和试验。

（二）医疗器械产品是否豁免临床试验的法规文件

《国家药品监督管理局关于公布新修订免于进行临床试验医疗器械目录的通告》（2018 年第 94 号）附件 1。

呼吸、麻醉和急救器械

序号	一级产品类别	二级产品类别	产品描述	预期用途	品名举例	管理类别	是否豁免临床	相关标准	指导原则
01	呼吸设备	01 治疗呼吸机（生命支持）	通常由通气控制系统、监测系统、报警系统及控制显示界面组成，一般配有医用气体低压软管组件、呼吸回路、内部电源、台车、机械臂等附件或辅助功能模块，是一种为增加或供给患者的通气而设计的自动装置	用于对呼吸暂停或呼吸衰竭、依赖于机械通气的患者进行长时间的通气辅助和呼吸支持，患者完全依靠或部分依靠此类设备通气护理。通常在医疗机构内重症监护环境中使用，也可在院内转运时使用	治疗呼吸机、呼吸机	Ⅲ	否	GB 9706.28—2006	治疗呼吸机注册技术审查指导原则 治疗呼吸机临床评价技术审查指导原则
		02 急救和转运用呼吸机	通常由通气控制系统、报警系统以及控制界面组成，一般配有医用气瓶、医用气体低压软管组件、监测系统、内部电源、无重复呼吸排气阀、机架等附件或辅助功能模块，外观通常为橙色。是一种具有自动机械通气功能的便携式设备	用于对呼吸衰竭的患者进行紧急通气抢救，用于对呼吸衰竭的患者进行紧急通气抢救，常用于急救场所和转运过程中（如救护车上）	急救呼吸机、院外转运呼吸机、急救和转运呼吸机	Ⅲ	否	YY 0600.3—2007	/
		03 高频呼吸机	通常由通气控制系统、监测系统、报警系统以及控制显示界面组成，一般配有医用气体低压软管组件、呼吸回路、湿化器、台车、机械臂、喷针或振荡模块等附件或辅助功能模块。是一种可实现频率大于 60 次 /min 自动机械通气功能的设备，分为高频振荡呼吸机和高频喷射呼吸机，一般也可进行常频通气	用于在医护人员的监控下，供呼吸衰竭、气压性创伤患者及需要呼吸支持、呼吸治疗和急救复苏的患者使用	高频喷射呼吸机、高频振荡呼吸机	Ⅲ	否	YY 0042—2018	/
		04 家用呼吸机（生命支持）	通常由通气控制系统、监测系统和控制显示界面组成，一般通过控制涡轮转速使气道压力达到预设压力，从而实现单水平或双水平持续正压通气支持，通常配有医用气体低压软管组件、报警系统、呼吸管路、湿化器等附件或辅助功能模块。是一种具有自动机械通气功能的设备	用于为依赖呼吸机的患者提供或增加肺通气。可用于家庭环境，也可用于医疗机构，无须持续的专业监控，通常是在受过不同程度培训的非医护人员监控下使用	呼吸机、家用呼吸机	Ⅲ	否	YY 0600.1—2007 YY 0600.2—2007	/

续表

序号	一级产品类别	二级产品类别	产品描述	预期用途	品名举例	管理类别	是否豁免临床	相关标准	指导原则
01	呼吸设备	05 家用呼吸支持设备（非生命支持）	通常由通气控制系统、监测系统和控制显示界面组成，一般通过控制涡轮转速使气道压力达到预设压力，从而实现单水平或双水平持续正压通气支持，通常配有报警系统、呼吸管路、湿化器等附件或辅助功能模块。是一种具有自动机械通气功能的设备	用于为中、轻度呼吸衰竭和呼吸功能不全等不依赖通气支持的患者提供通气辅助及呼吸支持。仅作为增加患者通气量的设备，可用于家庭环境，也可用于医疗机构	家用呼吸支持设备、家用无创呼吸机、无创呼吸机、持续正压呼吸机、持续正压通气机	Ⅱ	否	YY 0600.1—2007	/
		06 睡眠呼吸暂停治疗设备	通常由通气控制系统和控制界面组成，一般通过控制涡轮转速使气道压力达到预设压力，从而实现单水平或双水平持续正压通气支持，通常配有监测系统、呼吸管路、湿化器等附件或辅助功能模块。是一种具有自动机械辅助通气功能的设备	用于缓解患者睡眠过程中的打鼾、低通气和睡眠呼吸暂停，从而达到辅助治疗目的。通常用于家庭环境，也可用于医疗机构	睡眠呼吸机、睡眠无创呼吸机、持续正压呼吸机、双水平无创呼吸机、正压通气治疗机	Ⅱ	否	YY 0671.1—2009	正压通气治疗机注册技术审查指导原则
02	麻醉器械	01 麻醉机	通常由供气系统、流量控制系统、麻醉蒸发器、麻醉呼吸回路组成，通常配有麻醉呼吸机，可选配麻醉气体传递和收集系统，麻醉气体、氧气和/或二氧化碳气体监测模块等附件	用于手术中患者吸入麻醉、呼吸控制或呼吸辅助及监控、显示患者的通气参数和气体浓度参数	麻醉机、麻醉系统、便携式麻醉机、麻醉工作站	Ⅲ	否	GB 9706.29—2006 YY 0635.1—2013 YY 0635.4—2009	麻醉机注册技术审查指导原则
		02 麻醉穿刺针	通常由衬芯座、针座、针管、保护套、衬芯组成。针管一般采用不锈钢材料制成；衬芯一般采用不锈钢或塑料材料制成	用于对人体进行穿刺，注射药物	一次性使用麻醉用针	Ⅲ	是	YY 0321.2—2009	/
		03 吸入镇痛装置	通常由供气控制系统、监测系统和报警系统组成。是混合氧气和氧化亚氮，输出氧化亚氮气体浓度不超过 70% 的混合气体供患者吸入，实现镇痛作用的设备	用于临床分娩、人工流产、口腔治疗及消化道内窥镜检查时的清醒镇静、镇痛	吸入氧化亚氮（笑气）镇痛装置	Ⅲ	否	/	/

续表

序号	一级产品类别	二级产品类别	产品描述	预期用途	品名举例	管理类别	是否豁免临床	相关标准	指导原则
03	急救设备	01 体外除颤设备	通过电极将电脉冲施加在患者的皮肤（体外电极）或暴露的心脏（体内电极），从而实现对心脏进行除颤的设备	用于对心室颤动、室性心动过速、疑似心脏骤停患者的急救	手动体外除颤器、半自动体外除颤器、自动体外除颤器	Ⅲ	否	GB 9706.8—2009	体外除颤产品注册技术审查指导原则
		02 婴儿培养箱	通常由主机、皮肤/空气温度传感器、氧浓度传感器、湿度传感器、罩子组成，具有可安放和观察婴儿的婴儿舱，该婴儿舱是由已加热空气来控制婴儿特定环境	主要用于为低体重婴儿、病危病弱婴儿、早产儿提供一个空气洁净，温湿度适宜的培养治疗环境，用于恒温培养、体温复苏、输液、输氧、抢救、住院观察等。转运培养箱还用于安全地转运婴儿	婴儿培养箱、婴儿转运培养箱	Ⅲ	否	GB 11243—2008	/
		03 婴儿辐射保暖台	通常由带婴儿床、主机、加热温控仪、床垫加热器、辐射热源在内的电功率装置组成	用电磁光谱红外范围的直接辐射能量来保持婴儿患者的热平衡	婴儿辐射保暖台	Ⅲ	否	YY 0455—2011	/
		04 心肺复苏设备	通常由按压控制系统、按压装置、心肺复苏板、通气控制系统组成，一般配有氧气瓶、氧气减压器、医用气体低压软管组件、呼吸通气系统、呼吸管路和监测系统等附件或辅助功能模块。是一种通过按压患者胸部并进行间隙性通气从而实现心肺复苏功能的自动装置	用于对心跳、呼吸骤停的患者进行呼吸救助和胸外按压等心肺复苏抢救	心肺复苏器、胸外按压装置	Ⅱ	否	/	/
		05 人工复苏器（简易呼吸器）	通常由进气阀、压缩单元（如气囊）和患者阀组成，一般配有储气袋、呼吸面罩等附件。是一种通过操作者按压设备上压缩单元（如气囊），从而实现向患者肺部通气的复苏装置	用于供电供气不完备场合和紧急情况下对突发呼吸困难或呼吸衰竭的患者实施人工呼吸急救时提供肺通气	便携式氧气呼吸器、简易呼吸器、人工复苏器、人工呼吸器、一次性使用简易呼吸器、一次性使用人工复苏器	Ⅱ	是	YY 0600.4—2013	/
		06 气动急救复苏器	通常由通气控制系统组成，一般配有医用气瓶、医用气体低压软管组件、呼吸管路、面罩等附件或辅助功能模块。是一种以压缩气体为动力源，以手动或自动方式给突发呼吸困难的人员在复苏中提供肺通气的可携带设备	用于紧急情况下对突发呼吸困难或呼吸衰竭的患者实施呼吸急救时提供肺通气	气动急救复苏器、婴儿复苏器	Ⅱ	否	YY 0600.4—2013 YY 0600.5—2011	/

续表

序号	一级产品类别	二级产品类别	产品描述	预期用途	品名举例	管理类别	是否豁免临床	相关标准	指导原则
04	医用制氧设备	01 医用分子筛制氧系统	通常由空气压缩系统、气源净化系统、空气罐、医用分子筛吸附分离系统、成品气罐、控制系统、监测和报警系统等组成。一种利用分子筛变压吸附原理，从空气中富集氧气，用于生产富氧空气（93% 氧）或医用氧的气源系统	用于生产富氧空气（93% 氧）或医用氧，经医用气体管道系统向其他用氧医疗器械提供气源，并按其临床适用范围向患者供氧	医用分子筛制氧系统、医用中心制氧系统、医用氧气浓缩器供气系统	Ⅱ	否	YY/T 0187—1994 YY 0298—1998 YY 0732—2009 YY/T 0799—2010 YY 0801.1—2010 YY 1468—2016	医用分子筛制氧设备产品注册技术审查指导原则
		02 医用分子筛制氧机	通常由空气压缩泵、医用分子筛吸附分离系统、93% 氧罐、输出流量控制显示装置、氧浓度监测装置、计时装置和报警系统组成。一般配有湿化瓶和鼻氧管等附件或辅助功能模块。一种利用分子筛变压吸附原理，通过分离大气中的氮气和氧气生产 93% 氧，直接供缺氧患者吸入的设备	用于生产富氧空气（93% 氧）或医用氧，按其临床适用范围向患者供氧	医用分子筛制氧机、家用分子筛制氧机、小型医用制氧机、便携式制氧机、医用氧气浓缩器	Ⅱ	是	GB 8982—2009 YY/T 0187—1994 YY 0298—1998 YY 0732—2009 YY/T 0799—2010 YY 0801.1—2010 YY 1468—2016	小型分子筛制氧机注册技术审查指导原则（2017 年修订版）
		03 医用膜分离制氧系统	通常由空气压缩与预处理设备、医用膜分离制氧主机、控制与监测仪器仪表、管道附件等组成。一种利用膜分离技术原理，从空气中富集氧气，用于生产满足 GB 8982 及《中国药典》要求的富氧空气（93% 氧）或医用氧的气源系统	用于生产医用氧或富氧空气（93% 氧），经医用气体管道系统向其他用氧医疗器械提供气源，并按其临床适用范围向患者供氧	医用膜分离制氧系统、医用中心制氧系统、膜分离富氧系统	Ⅱ	否	/	/
		04 医用膜分离制氧机	通常由空气压缩与预处理设备、医用膜分离制氧主机、控制与监测仪器仪表、管道附件等组成。一种利用膜分离技术原理，从空气中富集氧气，用于生产满足 GB 8982 及《中国药典》要求的富氧空气（93% 氧）或医用氧，供缺氧患者吸入的设备	用于生产医用氧或富氧空气（93% 氧），按其临床适用范围向患者供氧	医用膜分离制氧机、家用膜分离制氧机、小型医用制氧机、便携式制氧机、膜分离弥散富氧机	Ⅱ	否	/	/

续表

序号	一级产品类别	二级产品类别	产品描述	预期用途	品名举例	管理类别	是否豁免临床	相关标准	指导原则
04	医用制氧设备	05 氧气发生器	通常由筒体和上盖组成，可配有吸氧管等附件。氧气发生器是以水为原料，利用水电解制氧剂使制氧剂发生化学反应，从而产生氧气的设备	用于生产医用氧气，并向患者提供临床呼吸用氧	手提式氧气发生器	Ⅱ	否	/	/
05	呼吸、麻醉、急救设备辅助装置	01 麻醉蒸发器	通常由麻醉剂储存蒸发腔体、连接件、浓度调节装置、麻醉剂灌充排放系统、各种补偿装置组成，一般配有互锁装置。是一种提供浓度可控的吸入麻醉剂蒸气的装置，作为麻醉机的关键部件用于持续的手术麻醉	用于汽化挥发性麻醉剂，并通过麻醉机将麻醉剂输送到患者呼吸系统，使手术中的患者处于全身麻醉的状态	麻醉蒸发器、蒸发器、麻醉气体输送装置	Ⅲ	是	YY 0635.3—2009 YY 0755—2009	/
		02 医用呼吸道湿化器	通常与呼吸机或氧气吸入器配套使用，一般由温度控制系统、湿化室和加热装置组成，或仅由进气口、贮水瓶、湿化室和出气口组成。是一种用于提高输送给患者的医用气体湿度水平的设备或装置	用于湿化输送给患者的呼吸气体	医用呼吸道湿化器、医用呼吸湿化器、医用氧气湿化器、氧气湿化器、氧气湿化瓶、一次性使用氧气湿化瓶、一次性使用氧气湿化器	Ⅱ	是	YY 0786—2010 YY/T 1610—2018	/
		03 呼吸系统过滤器	通常由壳体和滤芯组成，包含一个进气口和一个出气口，可有若干气体采样口和密封盖，一般为无菌供应。一种安装在麻醉和呼吸设备的呼吸回路中，用于降低呼吸系统中包括微生物在内的粒子数量的装置	用于过滤患者吸入气体中包括微生物在内的颗粒，以防止患者呼吸系统交叉感染	呼吸气体过滤器、一次性使用呼吸气体过滤器	Ⅱ	是	YY/T 0753.1—2009 YY/T 0753.2—2009	/
		04 热湿交换器	通常由储水储热材料和壳体组成，包括一个进气口和一个出气口。有的热湿交换器兼有呼吸系统过滤器功能。一种安装在呼吸回路的患者端，通过保留患者呼气中部分水分和热量，并在吸气过程中将其返回到呼吸道的器械，俗称人工鼻	用于提高输送给呼吸道的气体中的水分含量和温度	热湿交换器、热湿交换过滤器、一次性使用热湿交换器、一次性使用热湿交换过滤器	Ⅱ	是	YY/T 0735.1—2009 YY/T 0735.2—2010	/

续表

序号	一级产品类别	二级产品类别	产品描述	预期用途	品名举例	管理类别	是否豁免临床	相关标准	指导原则
05	呼吸、麻醉、急救设备辅助装置	05 呼吸管路辅助器械	通常用于实现气道产品间的连接，或辅助插入气道等的附件	用于气道连接、取样、导入等功能的附件	气道接头、经皮气管切开导入器、盲探气管插管装置	Ⅱ	是	YY/T 0977—2016 YY/T 0985—2016	/
		06 气管插管用喉镜	通常由手柄、窥视片、内部电源和照明用光源组成，可带有视频显示功能。是一种气管插管时使用的辅助器械	供临床挑起患者会厌部暴露声门，指引医护人员准确进行气道插管供麻醉或急救用，也可用于口腔内诊察、治疗	麻醉喉镜、麻醉咽喉镜、视频麻醉喉镜、气管插管用喉镜、一次性使用麻醉喉镜、一次性使用麻醉咽喉镜、一次性使用麻醉窥视片、一次性使用可视喉镜窥视片、一次性使用喉镜窥视片	Ⅱ	是	YY 0498.1—2004 YY 0498.2—2004 YY 0499—2004 YY 91123—1999 YY 91136—1999	麻醉咽喉镜注册技术审查指导原则
		07 雾化设备 / 雾化装置	通过超声波、自带的电动泵、外接气源等方式进行雾化。是一种用于把液体转化为气雾剂的设备或装置	用于对液态药物进行雾化，并通过患者吸入，起到预期的治疗效果	医用超声雾化器、医用压缩式雾化器、医用雾化器、喷雾器、雾化组件、一次性使用医用雾化器、一次性使用喷雾器	Ⅱ	是	YY 0109—2013	医用雾化器注册技术审查指导原则(2016 年修订版)
		08 麻醉储气囊	通常由呼吸袋和连接件组成，是麻醉机的麻醉呼吸系统中储存气体的弹性容器	用于麻醉过程中储存来自麻醉机的新鲜气体，在手动模式下可通过按压麻醉储气囊进行手动通气	麻醉储气囊、呼吸囊	Ⅱ	是	YY/T 0978—2016	/
		09 麻醉废气吸附器	通常由气体输入口、含吸附材料的吸附腔、气体输出口组成，一般安装在麻醉机废气排放口，也可安装在麻醉呼吸回路的吸气口。是一种可以吸附吸入式麻醉剂的装置	用于临床全麻手术时，吸附来自麻醉机排放口的麻醉残气，降低排放到手术室中麻醉气体的浓度，或用于临床全麻手术后，吸附麻醉呼吸回路中的麻醉残气，使全麻患者尽快苏醒	一次性使用麻醉废气吸附器、麻醉废气吸附器、麻醉气体吸附器	Ⅱ	否	/	/
		10 麻醉气体净化传递和收集系统	通常由连接口、储气罐等组成，用于传输和收集麻醉废气并进行集中净化处理的装置	用于输送呼出和 / 或排除的多余麻醉气体至适当排放处	麻醉气体净化系统	Ⅱ	否	YY 0635.2—2009 YY 0801.2—2010	/
		11 吸氧头罩	通常由罩体、进气口、采样口组成	供患者（主要是新生儿）吸氧用	新生儿吸氧头罩	Ⅱ	否	/	/
		12 除颤电极	通常由电极片和连接电缆组成	通过与除颤器连接进行体外除颤	除颤电极	Ⅱ	否	/	体外除颤产品注册技术审查指导原则

续表

序号	一级产品类别	二级产品类别	产品描述	预期用途	品名举例	管理类别	是否豁免临床	相关标准	指导原则
05	呼吸、麻醉、急救设备辅助装置	13 呼吸训练器	通常由咬嘴、吸气容量主体腔、指示球、进气管等组成。是一种用于锻炼并恢复呼吸功能的装置	用于胸肺部疾病、外科手术、麻醉、机械通气等导致肺功能下降后，患者肺呼吸功能恢复；减少和预防术后肺部并发症	呼吸训练器	Ⅰ	是	/	/
		14 二氧化碳吸收器（含二氧化碳吸收剂）	通常包括罐体、进气口和出气口，预装有二氧化碳吸收剂；二氧化碳吸收剂为多孔疏松状结构的大小均匀颗粒，一般含变色指示剂，吸收二氧化碳后由粉红色变成淡黄色或由白色变成紫色。是麻醉机的循环吸收组件中用于装二氧化碳吸收剂的容器	用于二氧化碳等酸性气体的吸收，与麻醉机配套使用	二氧化碳吸收器、二氧化碳吸收剂、医用钙石灰、医用钠石灰、医用碱石灰、二氧化碳吸收剂（钙石灰）、二氧化碳吸收剂（钠石灰）、二氧化碳吸收剂（碱石灰）	Ⅰ	是	/	/
		15 氧气吸入器	通常由氧气输出接口、安全阀、氧气压力表、流量管、流量调节阀、潮化瓶等组成。不包括氧气输出端与雾化装置连用、提供附加雾化药液功能的氧气吸入器	用于急救给氧和缺氧患者氧气吸入	浮标式氧气吸入器、墙式氧气吸入器、手提式氧气吸入器、供氧系统氧气吸入器、氧气吸入器	Ⅰ	是	YY 1107—2003	/
06	呼吸、麻醉用管路、面罩	01 硬膜外麻醉导管	通常由管路和连接件组成，其设计可通过专用腰椎穿刺针插入硬膜外腔，并向里注射麻醉药起到阻滞神经的作用。无菌提供，一次性使用	用于硬膜外麻醉	硬膜外麻醉导管	Ⅲ	是	YY 0461—2003	/
		02 呼吸管路	通常为“人”字形或“一”字形结构的波纹管，部分管路可以做轴向伸缩，“人”字形结构的管路由吸气支路和呼气支路组成，一般由塑料或硅橡胶材料制成的。具有加热功能的呼吸管路还包括加热丝和电源适配器。一次性或重复使用	常用于呼吸机、麻醉机与面罩或气管插管等器械之间的气路连接。加热呼吸管路具有加热呼吸管路内气体功能，可防止冷凝水的产生	麻醉呼吸管路、抗静电呼吸管路（黑色）、重复性使用硅橡胶呼吸管路、一次性使用呼吸管路、加热呼吸管路、气体波纹连接管	Ⅱ	是	YY 0461—2003	麻醉机和呼吸机用呼吸管路产品注册技术审查指导原则

续表

序号	一级产品类别	二级产品类别	产品描述	预期用途	品名举例	管理类别	是否豁免临床	相关标准	指导原则
06	呼吸、麻醉用管路、面罩	02 呼吸管路	通常为“一”字形结构的波纹管或软管，也可包含咬嘴，一般由塑料或硅橡胶材料制成。无菌提供	用于雾化时连接雾化器与雾化面罩或咬嘴，含有咬嘴的直接连接雾化器与患者，供患者吸入雾化气体或用于连接气源与雾化装置	一次性使用雾化管、一次性使用雾化吸入管	Ⅱ	是	YY 0461—2003	/
			通常为“一”字形结构的波纹管或软管，也可包含咬嘴，一般由塑料或硅橡胶材料制成。非无菌提供	用于雾化时连接雾化器与雾化面罩或咬嘴，含有咬嘴的直接连接雾化器与患者，供患者吸入雾化气体；或用于连接气源与雾化装置	雾化管、雾化吸入管	Ⅰ	是	YY 0461—2003	/
		03 气管内插管 / 气管套管	常见的插管头部有一个或两个套囊，套囊充起后可以起到固定插管和密封气道的作用，也可以不带套囊。插管管身通常由高分子材料制成，管身内埋有钢丝线圈，以提高径向强度和轴向柔软度。部分插管管身采用抗激光材料或复层，以抗激光照射。为经鼻 / 口或经皮插入患者气管的插管。一端通过呼吸管路与麻醉呼吸机连接，以维持患者呼吸。无菌提供，一次性使用	用于插入患者气管和 / 或支气管，为患者特别是不能自主呼吸患者创建一个临时性的人工呼吸通道	气管插管、加强型气管插管、抗激光气管插管、气管切开插管、气管支气管插管、可视气管插管	Ⅱ	是	YY 0337.1—2002 YY 0337.2—2002 YY 0338.1—2002 YY 0338.2—2002 YY/T 0490—2017	气管插管产品注册技术审查指导原则
			通常由底板、内套管、外套管和管芯组成	用于插入患者气管，为患者特别是不能自主呼吸患者创建一个临时性的人工呼吸通道	气管套管、气管切开套管、一次性使用气管套管	Ⅱ	是	/	/
		04 食管气管插管	插管的头部和中间部位各有一个充气套囊，头部套囊供插入食管，另一个套腔留在口腔舌根部，两个套囊充起起固定作用的同时，封住了口部和食管，使气体只能向气管方向流进流出。无菌提供，一次性使用	用于使患者气管与呼吸机之间建立呼吸通道	食管气管双腔插管	Ⅱ	否	/	/

续表

序号	一级产品类别	二级产品类别	产品描述	预期用途	品名举例	管理类别	是否豁免临床	相关标准	指导原则
06	呼吸、麻醉用管路、面罩	05 喉罩	通常由套囊、充气管、喉罩插管、机器端、接头、指示球囊等组成，插到喉部后通过充起套囊堵塞口腔和食管，同时又能使患者气管保持畅通。一般无菌提供，一次性使用	用于插入患者食管，为患者创建一个临时性的人工呼吸气道	喉罩、双管喉罩、加强型喉罩、一次性使用可视喉罩	Ⅱ	是	/	一次性医用喉罩产品注册技术审查指导原则（2018 年修订）
		06 口咽 / 鼻咽通气道	通常由高分子材料制成，是一种带有凸缘末端的管状器械。可以无菌提供	用于为因舌后坠引起气道阻塞的患者建立口 / 鼻咽通气道	口咽通气道、鼻咽通气道	Ⅱ	是	YY/T 0977—2016	/
		07 支气管堵塞器	通常由导管、导管座、球囊、球囊充盈接头、多路气道转换接头等器件组成。球囊供插入支气管插管充起后可以临时封堵支气管	用于需要单肺通气的手术中，插入患者的支气管内，达到阻断左肺气道或右肺气道的目的	支气管堵塞器、支气管阻塞器、支气管内阻断器、支气管封堵导管、可控单侧支气管封堵导管、支气管封堵导管、一次性使用堵塞器	Ⅱ	否	/	/
		08 鼻氧管	通常由进氧接口、氧气软管、调节环、鼻塞（或面罩）等组成。鼻氧管与输氧系统连接，供患者吸入氧气使用。一次性使用	用于吸氧时氧源与吸氧者之间的氧气直接输送或湿化后输送	一次性使用鼻氧管、一次性使用吸氧管	Ⅱ	是	YY/T 1543—2017	一次性使用鼻氧管产品注册技术审查指导原则
			通常由进氧接口、氧气软管、调节环、鼻塞（或面罩）等组成。鼻氧管与输氧系统连接，供患者吸入氧气使用。非无菌提供	用于吸氧时氧源与吸氧者之间的氧气直接输送或湿化后输送	鼻氧管、吸氧管、输氧管	Ⅰ	是	YY/T 1543—2017	/
		09 呼吸道用吸引导管（吸痰管）	通常由高分子材料制成的管路、吸引控制装置和接头组成。接头与医院里的吸引源连接后，对气管插管内的气道分泌物（痰）进行吸引，以使气路畅通。部分产品还具备收集和存放这些分泌物的功能。一般无菌提供，一次性使用	用于吸出患者特别是插入气管插管患者气道内的分泌物，以保持气道畅通	呼吸道用吸引导管、痰液收集式呼吸道吸引导管、婴儿呼吸道用吸引导管、支气管吸引装置、封闭式吸痰装置、吸痰管、一次性使用封闭式吸痰管	Ⅱ	是	YY 0339—2009	/
		10 呼吸面罩	通常由头带、前额软垫、面罩架、接口盖、松紧带和硅胶密封罩组成，直接与患者接触经患者口、鼻腔通气	与简易呼吸器、呼吸机配套使用，用作气体进入患者体内的通道	呼吸面罩、一次性使用呼吸面罩	Ⅱ	是	YY 0671.2—2011	/

续表

序号	一级产品类别	二级产品类别	产品描述	预期用途	品名举例	管理类别	是否豁免临床	相关标准	指导原则
06	呼吸、麻醉用管路、面罩	11 持续正压通气用面罩、口罩、鼻罩	通常由鼻罩、口罩或口鼻罩主体，固定头带、气路接口、排气口、防窒息阀等组成；直接与患者面部接触，经鼻腔和/或口腔通气的界面连接装置	用于慢性呼吸功能不全、改善通气和睡眠治疗等无创通气支持	鼻罩、口鼻罩、呼吸用口罩	Ⅱ	是	/	/
		12 雾化面罩	通常由接口、罩体组成。组成面罩的材料有塑料等。一次性使用或重复使用均可	用于连接雾化设备实施雾化	雾化面罩	Ⅱ	是	/	/
		13 麻醉面罩	通常由接口、气囊、罩体组成。组成面罩的材料有塑料等。一次性使用或重复使用均可	用于连接呼吸管路实行麻醉气体输送，供患者吸入麻醉气体	麻醉面罩、一次性使用麻醉面罩	Ⅱ	是	/	/
		14 输氧面罩	通常由面罩和连接管等组成。采用医用高分子材料制成	用于对缺氧患者进行输氧，作为氧气进入患者体内的通道	输氧面罩、一次性使用输氧面罩、医用吸氧面罩	Ⅱ	是	/	/
07	医用供气排气相关设备	01 医用空气压缩机	通常由压缩泵、储气装置、压力表、管道、阀门、连接装置等组成	与呼吸机等配套使用，用于制取医用压缩空气，为呼吸机或类似呼吸通气系统、医疗机构的集中供气系统提供压缩空气源	医用空气压缩机	Ⅱ	否	/	/
		02 医用气体混合器	通常由主机（气体压力平衡处理模块、气体比例分配控制模块、气体差压或缺压报警模块）、出气口、氧气进气口、空气进气口、氧气浓度调节装置等组成	用于对输入的医用氧和空气按照设定浓度进行混合，对空氧混合气体的氧浓度和流量调节和控制	空氧混合器、空氧混合仪、医用空氧混合器	Ⅱ	是	YY 0893—2013	/
		03 供氧、排氧器	通常由供、排氧气囊阀、管路、吸排氧套件（包括吸、排氧波纹管、三通、面罩、头罩及鼻插管）、软管插接管、阀门和供氧动态显示装置组成	用于医疗机构供患者吸氧或排氧使用。充氧后可用于为家庭和医疗机构提供氧疗或急救用氧	全自动供排氧器、双气囊式自动供排氧器、供氧器、医用供氧器、便携式医用供氧器、便携式医用保健供氧器	Ⅱ	是	/	/
		04 医用压缩气体供应系统	通常由中心供气系统、管道分配系统、监测和报警系统，以及终端等组成。压缩气体通过管道分配系统输送到手术室、抢救室、治疗室和各个病房的终端处	用于医院集中供气	医用中心供氧系统、医院集中供氧系统、医用空气集中供应系统	Ⅱ	是	YY/T 0187—1994 YY/T 0799—2010 YY 0801.1—2010	/

续表

序号	一级产品类别	二级产品类别	产品描述	预期用途	品名举例	管理类别	是否豁免临床	相关标准	指导原则
07	医用供气排气相关设备	05 医用气体汇流排	通常由供电装置、气体阀门、流量控制阀、气体偏差控制器等组成，不含气瓶	用于当气体主管线压力不足时，自动使用备用气瓶，保证气体的正常供应	医用气体汇流排、医用气体汇集排	Ⅱ	是	/	/
		06 医用气体报警系统	通常由显示面板和控制电路组成。是医用供气系统的监控部分	用于医疗机构对医用气体设备状况进行监测	医用气体报警系统	Ⅱ	是	/	/

第九章　物理治疗器械

一、范围

本子目录包括采用电、热、光、力、磁、声及不能归入以上范畴的其他物理治疗器械。不包括手术类的器械；不包括属于其他专科专用的物理治疗器械。

二、框架结构

本子目录按照物理治疗器械的原理或产品特性分为8个一级产品类别，主要根据电疗、温热（冷）疗、光疗、力疗、磁疗、超声治疗、高频治疗等类别来划分。本子目录包括2012版分类目录中的《6823医用超声仪器及有关设备（部分）》，和2002版分类目录中的《6824医用激光仪器设备（部分）》《6825医用高频仪器设备（部分）》《6826物理治疗及康复设备（物理治疗部分）》及《6821医用电子仪器设备》《6854手术室、急救室、诊疗室设备及器具》《6858医用冷疗、低温、冷藏设备及器具》3个子目录中的个别产品。不包括《6821医用电子仪器设备》《6823医用超声仪器及有关设备》《6824医用激光仪器设备》《6825医用高频仪器设备》《6854手术室、急救室、诊疗室设备及器具》《6858医用冷疗、低温、冷藏设备及器具》6个目录中的手术类产品。同时，由于氧治疗设备、生物反馈治疗设备、肠道水疗机、药物导入设备等和上述的几类产品分类的技术依据、作用原理明显不同，所以列入了“08-其他物理治疗设备”中。根据本次目录修订的专科优先的总体原则，属于手术类的产品放入01有源手术器械，属于妇产科类的产品放入18妇产科、辅助生殖和避孕器械中。在一级产品类别下，依据其功能或用途的不同细分为37个二级目录，并列举165个品名举例。

该子目录中一级产品类别与2002/2012版分类目录产品类别的对应关系如下。

与2002/2012版分类目录对应关系

一级产品类别	2002/2012版产品类别	备注
09-01电疗设备/器具	6826-02电疗仪器（全部）（2002版）	/
	6826-4高压电位治疗设备（2002版）	/
	6826-9理疗用电极（2002版）	/
09-02温热（冷）治疗设备/器具	6858-01低温治疗仪器（液氮冷疗机、低温治疗机）（2002版）	/
	6858-5冷敷器具（2002版）	/
09-03光治疗设备	6826-03光谱辐射治疗仪器（紫外线治疗机、红外线治疗机、光谱治疗仪、强光辐射治疗仪）（2002版）	/
	6824-05弱激光体外治疗仪器（氦氖激光治疗机、半导体激光治疗机）（2002版）	/

续表

一级产品类别	2002/2012 版产品类别	备注
09-04 力疗设备 / 器具	6826-05 理疗康复仪器（医疗压力带、腰部保健带、颈椎固定带），6821-16 体外反搏及其辅助循环装置（2002 版）	/
09-05 磁疗设备 / 器具	6826-07 磁疗仪器（磁疗机、磁感应电疗机、磁疗器具）（2002 版）	/
09-06 超声治疗设备	6823-03-04 非理疗超声治疗设备（超声治疗系统、超声治疗仪）（2012 版）	/
	6823-03-05 超声理疗设备（超声理疗仪）（2012 版）	/
09-07 高频治疗设备	6825-03 微波治疗设备（微波治疗机）（2002 版）	/
	6825-04 射频治疗设备（短波治疗机）（2002 版）	/
09-08 其他物理治疗设备	6826-01 高压氧治疗设备（空气加压医用氧舱、氧气加压氧舱）（2002 版）	/
	6826-05 理疗设备（肠道水疗机）（2002 版）	/
	6826-06 生物反馈仪（肌电生物反馈仪）（2002 版）	/
	6826-10 其他（部分）（2002 版）	/

三、其他说明

（一）2002 版分类目录中“电疗设备”名称改为“电疗设备 / 器具”。

（二）一级目录 08“其他物理治疗设备”里面增加二级目录“药物导入设备”，合并了 2012 版分类目录中 03“超声治疗设备”中的二级目录 04“非理疗超声治疗设备”中的“超声导入设备”及现有的“（药物传递）离子导入治疗设备”。

（三）肠道水疗机、灌肠机归入 08“其他物理治疗设备”中，名称确定为“肠道水疗机”。

（四）“排痰设备”归入 04“力疗设备”中。

（五）08“其他物理治疗设备”中的 04“患者浸浴装置”的二级产品类别名称确定为“烧烫伤浸浴装置”。

（六）本子目录中医疗器械产品适用的相关标准

GB 9706.1-2007 医用电气设备 第 1 部分 安全通用要求

GB/T 14710-2009 医用电器环境要求及试验方法

GB/T 16886.1-2011 医疗器械生物学评价 第 1 部分：风险管理过程中的评价与试验

GB/T 16886.5-2017 医疗器械生物学评价 第 5 部分：体外细胞毒性试验

GB/T 16886.10-2017 医疗器械生物学评价 第 10 部分：刺激与皮肤致敏试验

YY 0505-2012 医用电气设备第 1-2 部分：安全通用要求并列标准：电磁兼容要求和试验。

（七）医疗器械产品是否豁免临床试验的法规文件

《国家药品监督管理局关于公布新修订免于进行临床试验医疗器械目录的通告》（2018 年第 94 号）附件 1。

物理治疗器械

序号	一级产品类别	二级产品类别	产品描述	预期用途	品名举例	管理类别	是否豁免临床	相关标准	指导原则
01	电疗设备/器具	01 电位治疗设备	通常由主机、治疗毯（垫）、局部治疗头、踏板电极、地电极、治疗椅等组成。该类设备将人体全部或局部置于电场中，通过 1 000 V 至 30 000 V 的高电压产生的电场进行治疗	用于头疼、失眠、慢性便秘和软组织损伤引起的疼痛等病症的辅助治疗	电位治疗仪、高电位治疗仪、高电位治疗机	Ⅲ	否	YY 0649—2016	/
			通常由主机、治疗毯（垫）、局部治疗头、踏板电极、地电极、治疗椅等组成。该类设备将人体全部或局部置于电场中，通过低于 1 000 V 的电压产生的电场进行治疗		低电位治疗仪	Ⅱ	否	YY 0649—2016	/
		02 直流电治疗设备	通常由主机、电极等组成。通过直流电流使肿瘤区域发生电化学和/或电生理反应	用于肿瘤或病变的辅助治疗	电化学治疗仪	Ⅲ	否	/	/
		03 低中频治疗设备	通常由主机和电极组成。电极置于体内对组织进行电刺激	用于对炎症等进行辅助治疗	体内电子脉冲治疗仪	Ⅲ	否	YY 0607—2007	中频电疗产品注册技术审查指导原则（2017 年修订版）
			通常由主机和电极等附件组成。使用 1 kHz 以下的低频电流，通过电流流经人体组织，使人体发生电化学和/或电生理反应	用于兴奋神经肌肉组织、镇痛、消炎、促进局部血液循环等	神经和肌肉刺激器、低频电疗仪、低频治疗仪	Ⅱ	否	YY 0607—2007 YY/T 0696—2008	/
			通常由主机和电极等附件组成。使用 1 kHz ~ 100 kHz 的中频电流，可通过低频调制或产生干扰波的方式流经人体组织，使人体发生电化学和/或电生理反应	用于镇痛；改善局部血液循环、促进炎症消散；软化瘢痕、松解粘连等	中频电疗仪、干扰电治疗仪	Ⅱ	是	YY 0607—2007 YY 0951—2015	中频电疗产品注册技术审查指导原则（2017 年修订版）
		04 静电贴敷器具	通常由能产生静电的物质和包裹该物质的医用贴敷材料组成。利用低压静电场对置于场中的人体组织进行治疗的设备	用于缓解颈、肩、腰、腿等关节和软组织损伤引起的疼痛	静电理疗贴、静电治疗膜、静电理疗膜	Ⅱ	否	/	/

续表

序号	一级产品类别	二级产品类别	产品描述	预期用途	品名举例	管理类别	是否豁免临床	相关标准	指导原则
01	电疗设备/器具	05 神经和肌肉刺激器用电极	通常由电极线、塑料基体和导电材料组成。将刺激器输出的电刺激信号通过导电材料传导到人体腔道	用于人体腔道内，将主机发出的电刺激电流传导至人体，或将局部的电信号传至主机	神经和肌肉刺激器用体内电极	Ⅱ	是	YY 0868—2011	/
			通常由导电材料和连接线组成。导电材料接触皮肤表面，将刺激器输出的电刺激信号通过导电材料传导到皮肤	用于皮肤表面，将电疗设备输出的电刺激信号通过导电材料传导到人体	理疗用体表电极、中低频理疗用体表电极、神经和肌肉刺激器用体表电极	Ⅰ	是	YY 0868—2011	/
02	温热（冷）治疗设备/器具	01 热传导治疗设备	通常由主机、加热装置、测控温装置、灌注装置（如滚压泵和循环水箱）、管道组件、引流管等组成。治疗时将具有特定温度的热水（可含有化疗药物）灌注到腹腔内，使病灶直接浸泡其中，同时通过引流管将热水回流到设备	用于腹腔恶性肿瘤或腹膜转移的癌性腹水的物理治疗	体腔热灌注治疗机、体腔热灌注治疗系统	Ⅲ	否	/	/
			通常由主机、人体接触的治疗面（床）、温度保护装置等部件组成。一般具有温度调节功能，并且能保持治疗面在设定温度下小范围波动。工作时，通过保持治疗面的温度在小范围波动，以传导的方式将热能传递至与治疗面接触的人体（或局部）	用于缓解肌肉痉挛、黏液囊炎、肌腱炎、纤维性肌肉痛等病症	热垫式治疗仪、温热理疗床	Ⅱ	否	YY/T 0165—2016	/
			通常由加热装置、温度传感器、温控电路、动力装置及应用部分（如加热毯、加热垫等）组成。在动力装置驱动下，依靠对循环介质（如：水、空气）的加热，给患者全身或身体局部提供热量	用于医疗机构对患者低体温症的治疗	医用加温毯、加热手术垫、医用电热毯、医用电热垫、医用升温毯	Ⅱ	是	YY 0834—2011	/
			通常含有发热材料，并封装于医用无纺布或其他医用材料内。不具有温度保护装置，使用时直接贴敷于患部，以传导的方式将热量传递于患处	用于促进局部血液循环、辅助消炎、消肿和止痛	热敷贴、远红外治疗贴、直贴式温热理疗贴	Ⅱ	是	YY 0060—2018	/

续表

序号	一级产品类别	二级产品类别	产品描述	预期用途	品名举例	管理类别	是否豁免临床	相关标准	指导原则
02	温热（冷）治疗设备/器具	01 热传导治疗设备	通常由主机、熔腊装置、温度控制装置、温度检测装置、腊等组成。利用加热熔解的石蜡、蜂蜡作为导热体，将热能传至机体达到治疗作用的设备	用于促进局部血液循环，促进上皮组织生长，软化松解瘢痕，消除肿胀，松解粘连，镇痛解痉的辅助治疗	电脑恒温电蜡疗仪、电热蜡疗包、电热蜡疗袋	Ⅱ	是	/	/
		02 热辐射治疗设备	通常由主机、热源辐射器、防护罩、控制装置等组成。治疗时各部分不接触人体，以辐射的方式将热量传递至人体	用于组织损伤、颈、肩、腰、腿等消炎和疼痛缓解，促进人体局部血液循环，缓解神经肌肉疼痛等	特定电磁波治疗仪、远红外辐射治疗仪、红外热辐射理疗灯、特定电磁波治疗器、红外治疗仪、红外偏振光治疗仪	Ⅱ	否	YY/T 0061—2007 YY 0306—2008 YY 0323—2018 YY 0902—2013	红外线治疗设备注册技术审查指导原则(2017 年修订版)
		03 物理降温设备	通常由液氮贮液罐或空气压缩机、连接管、冷冻头等组成。依靠液氮或空气压缩使冷冻头产生治疗用的低温	用于局部组织的冷冻治疗	液氮冷疗器、冷空气治疗仪	Ⅱ	否	YY 0677—2008 YY 0678—2008	/
			通常由制冷装置、温控电路、控制机构及应用部分（降温毯、降温帽等）组成。采用半导体致冷或水循环热传导方式进行物理降温或温度调节	用于对患者全身或局部进行物理降温，达到缓解发热，调控体温的目的	物理降温仪、低温治疗仪、医用降温毯、医用控温毯	Ⅱ	是	YY 0952—2015 YY/T 0998—2015	医用控温毯注册技术审查指导原则(2017 年修订版)
			通常由气雾罐、气雾阀、气雾罐内容物组成，气雾罐内容物一般由丁烷、异丁烷、丙烷、丙二醇组成。通过从轻微烧伤处吸取热量，缓和清理伤口时的疼痛，并减轻擦伤和扭伤引起的肿胀	用于快速产生冷却喷雾缓和清理伤口时的疼痛	冷喷剂	Ⅱ	否	/	/
			通常由降温物质和各种形式的外套及固定器具组成。降温物质不应含有发挥药理学、免疫学或者代谢作用的成分	用于人体物理退热、体表面特定部位的降温。仅用于闭合性软组织	医用冷敷贴、医用降温贴、医用退热贴、医用冰袋、医用冰垫、医用冰帽、医用冷敷头带、医用冷敷眼罩、冷敷凝胶	Ⅰ	是	/	/

续表

序号	一级产品类别	二级产品类别	产品描述	预期用途	品名举例	管理类别	是否豁免临床	相关标准	指导原则
03	光治疗设备	01 激光治疗设备	通常由激光器、冷却装置、传输装置、目标指示装置、控制装置和防护装置等部分组成。利用强激光与人体组织的相互作用机理，达到治疗的目的	用于皮肤浅表性病变、烧伤等整形科、皮肤科的治疗或辅助治疗	准分子激光皮肤治疗机、红宝石激光治疗仪、半导体激光治疗仪、半导体激光脱毛机、染料激光治疗仪、翠绿宝石激光治疗仪、长脉冲 Nd:YAG 激光治疗仪、Nd:YAG 激光治疗仪、Nd:YAG 激光脱毛机、皮肤激光治疗仪、掺铒光纤激光治疗仪	Ⅲ	否	GB 7247.1—2012 GB/T 7247.13—2013 GB/T 7247.14—2012 GB 9706.20—2000 YY 0307—2011 YY 0846—2011 YY 0983—2016 YY 1300—2016 YY 1475—2016	3A 类半导体激光治疗机产品注册技术审查指导原则）
			通常由激光器、传输装置、控制装置和目标指示装置（若有）等部分组成。利用弱激光与人体组织的光化学或生物刺激作用机理，达到理疗的目的	用于鼻腔、口咽部、体表等局部照射辅助治疗、消炎、缓解疼痛	氦氖激光治疗机、氦氖激光 / LED 治疗仪、半导体激光治疗仪、半导体激光 / 低频治疗仪	Ⅱ	否	GB 7247.1—2012 GB/T 7247.13—2013 GB/T 7247.14—2012 GB 12257—2000	3A 类半导体激光治疗机产品注册技术审查指导原则半导体激光治疗机（第二类）注册技术审查指导原则（2017 年修订版）
		02 光动力激光治疗设备	通常由激光器、冷却装置、传输装置、目标指示装置和控制装置等部分组成。利用激光照射光敏剂所引起的光敏化作用，达到治疗或诊断的目的（不包括光敏剂）	用于光动力治疗，激发相应吸收波长的光敏剂，达到辅助治疗肿瘤的目的	倍频 Nd：YV04 激光光动力治疗仪、HeNe 激光光动力治疗仪、半导体激光光动力治疗机、激光动力治疗系统	Ⅲ	否	GB 7247.1—2012 GB/T 7247.13—2013 GB/T 7247.14—2012 YY 0845—2011	/
			通常由激光器、冷却装置、传输装置、目标指示装置和控制装置等部分组成。利用弱激光照射光敏剂所引起的光敏化作用，达到治疗的目的（不包括光敏剂）	配合特定的光敏剂治疗或辅助治疗尖锐湿疣、痤疮、鲜红斑痣、轻中度宫颈糜烂、皮肤癌和宫颈癌等		Ⅱ	否	GB 7247.1—2012 GB/T 7247.13—2013 GB/T 7247.14—2012 YY 0845—2011	/
		03 光动力治疗设备	通常由光源（非激光）、光路系统、控制装置、光纤等部分组成，也可包含滤光装置、光功率检测装置等。在光敏剂的参与下，设备发射特定波长的光谱，诱发机体光敏化反应，达到进行治疗的目的（不包括光敏剂）	用于激发光敏剂对肿瘤进行光动力治疗	光动力治疗仪	Ⅲ	否	GB 7247.1—2012 GB/T 7247.13—2013 GB/T 7247.14—2012 YY 0845—2011	/

续表

序号	一级产品类别	二级产品类别	产品描述	预期用途	品名举例	管理类别	是否豁免临床	相关标准	指导原则
03	光治疗设备	04 强脉冲光治疗设备	通常由孤光灯光源、光路系统、滤光装置、控制装置、放电电容和冷却系统等组成。通过可见波段和部分近红外波段强脉冲或脉冲串辐射照射体表，利用选择性光热和光化学作用进行治疗	用于改善皮肤外观治疗、血管性疾病、皮肤表浅的色素性疾病及减少毛发的治疗	强脉冲光治疗仪	Ⅱ	否	/	强脉冲光治疗仪注册技术审查指导原则
		05 红光治疗设备	通常由光辐射器（如发光二极管）、控制装置、支撑装置（可有定位装置）等组成，也可配备导光器件。利用红光波段照射人体某些部位（部分设备可兼有部分红外波段）与人体组织发生光化学作用和/或生物刺激作用，达到辅助治疗的目的	用于对浅表良性血管与色素性等病变的辅助治疗；辅助消炎、止渗液、镇痛、加速伤口愈合等；用于辅助缓解过敏性鼻炎引起的鼻塞、流鼻涕、打喷嚏等症状	红光治疗仪、光鼻器、鼻炎光疗仪、旋磁光子热疗仪	Ⅱ	否	YY/T 1496—2016	/
		06 蓝光治疗设备	通常由蓝光波段的光源、控制装置、防护装置、婴儿托盘（床）或床垫（包括可包裹婴儿的输出光垫或毯）及支撑装置等组成。可配套婴儿培养箱共同使用。利用蓝光波段照射婴儿皮肤表面，发生光化学作用，达到治疗的目的	用于由病理和/或生理因素造成的新生儿血胆红素浓度过高引起的黄疸的治疗	婴儿光治疗仪、新生儿黄疸治疗仪、婴儿光治疗床	Ⅱ	是	YY 0669—2008	/
			通常由光辐射器、控制装置、支撑装置（可有定位装置）等组成。利用蓝光波段（部分设备可兼有紫光波段）照射人体皮肤表面与人体组织发生光化学作用和/或生物刺激作用，达到治疗或辅助治疗的目的	用于痤疮、毛囊炎等体表感染性病变的治疗	蓝光治疗仪	Ⅱ	否	/	/
		07 紫外治疗设备	通常由特定波长的光辐射器、控制装置和电源等部分组成。利用紫外线照射皮肤或体腔表层，与组织发生光化学作用，达到辅助治疗的目的。有全身治疗仪、局部治疗仪、手持式治疗仪等型式	用于皮肤、黏膜的消炎止痛和皮肤病（如白癜风、银屑病、湿疹等）患者的辅助治疗	紫外线治疗仪	Ⅱ	否	YY 0901—2013	紫外治疗设备注册技术审查指导原则

续表

序号	一级产品类别	二级产品类别	产品描述	预期用途	品名举例	管理类别	是否豁免临床	相关标准	指导原则
03	光治疗设备	08 光治疗设备附件	与光治疗设备配合使用，其组成与原理依据光治疗设备的型式和功能	用于辅助实现光治疗设备的功能	医用导光鼻塞	Ⅱ	否	/	/
04	力疗设备/器具	01 负压（振动）治疗设备	通常由主机、控制系统、负压系统等组成。通过对治疗部位施加负压，促进被治疗部位的拉伸或生长，达到治疗的目的	用于男性性功能障碍的辅助治疗	男性性功能康复治疗仪	Ⅲ	否	/	/
			通常由主机、罩杯、“T”形连接管、支托文胸、过滤器组成。通过真空泵抽取放置于乳房上的半刚性球体内的空气，形成了持续、低水平的负压，促使乳房组织增生	用于通过外部穿戴设备增大乳房	隆胸塑型系统、负压式隆胸塑型系统	Ⅲ	否	/	/
			通常由主机、控制系统、负压系统或振动装置、理疗头（可包含电极片及线缆）等组成。通过负压抽吸或机械振动进行物理按摩的原理，达到缓解或辅助治疗的目的	用于促进新陈代谢、缓解肌肉疼痛和改善血液循环	负压抽吸理疗仪、振动理疗仪	Ⅱ	否	YY 0636.3—2008	/
			通常由主机产生机械振动，可有多路输出	用于改善患者肺部血液循环状况、协助排出呼吸道分泌物	振动排痰机	Ⅱ	是	/	振动叩击排痰机注册技术审查指导原则
		02 加压治疗设备	通常由主机、充气软管和加压气囊等组成，加压气囊根据使用部位不同分为上肢、下肢、腰部、背部等不同型式，可包含一个或多个气腔，通过对人体外周组织及血路施加周期变化的压力，促进并改善血液循环	用于临床促进血液循环、防止深静脉血栓形成、预防肺栓塞、消除肢体水肿	空气压力波治疗仪、肢体加压理疗仪、间歇脉冲加压抗栓系统	Ⅱ	否	YY 0833—2011	/
			通常由主机、充气软管和袖带等组成。一般包含多个袖带，通过对人体上肢施加周期变化的压力，人为控制血管阻断与开放时间，增强组织、器官的缺血耐受力	用于临床缺血症的预适应训练	预适应训练仪	Ⅱ	否	YY 0833—2011	/

续表

序号	一级产品类别	二级产品类别	产品描述	预期用途	品名举例	管理类别	是否豁免临床	相关标准	指导原则
04	力疗设备/器具	02 加压治疗设备	通常由具有弹性的合成纤维针织而成。通过自身具有的弹性压力，达到预防或辅助治疗的目的	用于预防静脉曲张和深层静脉血栓	压力抗栓带、治疗袜	Ⅱ	是	YY/T 0851—2011 YY/T 0853—2011	袜型医用压力带注册技术审查指导原则
		03 牵引治疗设备	通常由产生和调节机械力的牵引主机和传输力的绳索构成，也包括承载患者的床（椅）和配套的患者固定带等附件。牵引主机可以是电动或手动结构，患者固定带绑在患者的枕部、颌部、胸部、髋部或四肢等部位，通过皮肤摩擦力将牵引力传递至患者，可提供水平的颈椎、腰椎牵引，或垂直的颈椎牵引	用于腰椎及颈椎患者的牵引治疗，如腰椎间盘和颈椎间盘突出等	牵引床、牵引床椅、电动牵引床、电动牵引椅、颈腰椎牵引仪、牵引治疗仪、多功能牵引床	Ⅱ	是	YY/T 0697—2016 YY/T 1491—2016	电动牵引装置注册技术审查指导原则（2017年修订版）
		04 牵引器具	通常由一组气囊及气源组成，气囊环绕在颈部，充气后能够对颈部肌肉产生轴向拉伸的力	用于放松脊椎周围肌肉，缓解椎间压力	气囊式颈牵器	Ⅱ	否	/	/
			绑缚或衬垫在颈部或腰部，表面呈弧形或一定角度的器具，其结构和形状能够帮助颈椎或腰椎保持一定的角度并能保持脊柱周围的肌肉处于拉伸状态		颈部牵引器、腰部牵引器、颈椎牵引器、腰椎牵引器、腰骶椎牵引器	Ⅱ	否	/	/
		05 冲击波治疗设备	通常由冲击波源、治疗臂、控制器、水囊和显示器组成。利用冲击波源产生的冲击波经聚焦后作用于患处进行治疗	用于对冠心病患者进行辅助治疗	体外冲击波心血管治疗系统	Ⅲ	否	/	/
			通常由高压电脉冲发生器、冲击波发生器（波源）、水囊－耦合剂声传播系统、水处理系统、控制系统等组成；有的配有影像引导－监视系统	用于治疗足底筋膜炎、网球肘、肩周炎等	体外冲击波骨科治疗仪	Ⅱ	否	/	/

续表

序号	一级产品类别	二级产品类别	产品描述	预期用途	品名举例	管理类别	是否豁免临床	相关标准	指导原则
04	力疗设备/器具	05 冲击波治疗设备	通常由主机和治疗头组成。通过对线圈施加高压脉冲产生时变磁场，利用电磁效应推动金属振膜产生的冲击波（或通过电极在水中放电的液电效应产生冲击波），对人体病灶进行治疗	用于治疗足底筋膜炎、网球肘、肩周炎等	电磁式冲击波治疗仪、冲击波治疗仪	Ⅱ	否	/	/
			通常由主机、压缩机、探头等组成。发射体经由电子控制的弹道压缩机加速的压缩空气形成的压力波，通过探头与人体皮肤或组织的弹性碰撞，对患处进行治疗的设备		气压弹道式体外压力波治疗仪、压力波治疗仪	Ⅱ	否	YY 0950—2015	/
		06 气囊式体外反搏装置	通常由控制部分、气路系统和电源系统等部件组成。在人体外与心电同步，通过气囊在心脏舒张期对躯体施加适当气压，使人体舒张压明显提高，并在收缩期前取消压力，使收缩压降低	用于临床治疗心、脑等器官的缺血性疾病	气囊式体外反搏装置	Ⅲ	否	GB 10035—2006	/
05	磁疗设备/器具	01 动磁场治疗设备	通常由电源、控制模块、放电电容、磁刺激模块和外壳等部分组成。应用脉冲磁场无接触地作用于组织内部，产生感应电流，刺激组织细胞，引起细胞或兴奋或抑制的电位变化	用于临床神经精神疾病及康复领域的辅助治疗。如刺激瘫痪部位运动及抑郁症等疾病的辅助治疗	经颅磁刺激仪、磁刺激器	Ⅲ	否	YY/T 0994—2015	/
				用于临床神经疾病及康复领域的辅助治疗。如缺血性脑血管病、脑损伤性疾病等的辅助治疗		Ⅱ	否	YY/T 0994—2015	/
			通常由电源、电感线圈和/或永磁体、控制模块等部分组成。应用变化的磁场（强度和/或方向）作用于人体的局部或穴位，达到治疗的目的	用于止痛、消肿、促进组织修复等辅助治疗	磁治疗机、电磁感应治疗仪、脉冲磁治疗仪	Ⅱ	否	YY/T 0982—2016	磁疗产品注册技术审查指导原则(2016年修订版)

续表

序号	一级产品类别	二级产品类别	产品描述	预期用途	品名举例	管理类别	是否豁免临床	相关标准	指导原则
05	磁疗设备/器具	02 静磁场治疗器具	通常由永磁体或磁性物质、外壳或包裹磁性物质的材料等部分组成。应用磁场或受磁化的物质作用于人体的局部	用于镇痛、消肿、促进组织愈合、失眠等治疗或辅助治疗	磁疗贴、磁疗器、磁疗带	Ⅱ	否	/	磁疗产品注册技术审查指导原则(2016年修订版)
06	超声治疗设备及附件	01 超声治疗设备	通常由治疗头、超声功率发生器、控制装置等组成。用于治疗目的，一般采用聚焦或弱聚焦超声波，并作用于患者的设备（未发生组织变性）	用于人体各种组织、器官的辅助治疗、疼痛缓解及促进创伤组织的愈合等	超声治疗系统、超声治疗仪、前列腺超声治疗仪、全数字超声治疗仪、电疗超声治疗仪	Ⅱ	否	YY/T 1420—2016	超声理疗设备注册技术审查指导原则(2017年修订版)
			通常由电功率发生器和将其转化成超声的换能器组成。用于理疗目的，采用非聚焦超声波，并作用于患者的设备。超声输出强度一般在 3 W/cm^2 以下，频率范围在 0.5 MHz 至 5 MHz	用于缓解疼痛、肌肉痉挛，刺激、调节和促进细胞生长代谢等	超声理疗仪	Ⅱ	否	GB 9706.7—2008 YY/T 0750—2009 YY/T 0797—2010 YY 1090—2009	超声理疗设备注册技术审查指导原则(2017年修订版)
		02 超声治疗设备附件	超声治疗固定贴通常由环形黏贴材料（压敏胶）、定位座和保护纸组成	超声治疗固定贴主要由环形黏贴材料（压敏胶）、定位座和保护纸组成	超声治疗固定贴	Ⅰ	是	/	/
			隔离透声膜通常由固定套和透声薄膜组成。非无菌产品	与超声类治疗仪配套，安装于治疗头透声窗上，用于防止患者间交叉感染	隔离透声膜	Ⅰ	是	/	/
07	高频治疗设备	01 射频热疗设备	通常由射频发生器、温度测量装置、治疗床和控制台组成，利用治疗电极向患者传输射频电磁场能量（一般以电场的形式），在身体的某个特定部位提供辅助治疗性深层加热	用于肿瘤的辅助治疗或热疗，提高肿瘤放、化疗的效果	射频热疗系统、射频热疗机、全身热疗系统、体外高频热疗机	Ⅲ	否	YY 0777—2010	/
		02 射频浅表治疗设备	通常由射频发生器、温度测量装置、治疗电极、电缆、中性电极（若有）等组成，利用治疗电极向患者传输射频能量（一般以电流的形式）达到浅表局部加热的目的，且不引起组织不可逆的热损伤反应	用于面部、体部、颈部等非创伤性浅表治疗	高频电场皮肤热治疗仪	Ⅱ	否	GB 9706.4—2009 YY 0322—2018	高频手术设备注册技术审查指导原则

续表

序号	一级产品类别	二级产品类别	产品描述	预期用途	品名举例	管理类别	是否豁免临床	相关标准	指导原则
07	高频治疗设备	03 微波治疗设备	通常由微波发生源、微波传输线缆和辐射器组成，利用工作频率 0.3 ～ 30 GHz 的微波辐射能量治疗疾病的设备	用于对肿瘤进行辅助治疗；用于体表理疗和炎症性疾病，可缓解疼痛、消除炎症、促进伤口愈合等	微波热疗机、微波辅助治疗系统、微波治疗仪	Ⅲ	否	GB 9706.6—2007 YY 0839—2011 YY 0899—2013	/
		04 短波治疗仪	通常由短波发生器、控制电路和电极板组成。利用短波能量对人体组织加热的设备	用于减轻疼痛、缓解肌肉痉挛和关节挛缩等	短波治疗仪、超短波电疗机	Ⅱ	否	YY 91086—1999 YY 91087—1999	/
		05 毫米波治疗设备	通常由主机、控制器和辐射器组成。使用 30 ~ 300 GHz 频段的电磁波，通过辐射照射的形式，以非热效应改善人体组织功能或辅助治疗疾病	用于免疫功能低下患者的辅助治疗	毫米波免疫治疗系统	Ⅲ	否	YY 0898—2013	/
				用于减轻疼痛，促进软组织挫伤愈合，辅助消除炎症	毫米波治疗仪	Ⅱ	否	YY 0898—2013	/
08	其他物理治疗设备	01 医用氧舱	通常由舱体、供排气（氧）系统、空调系统和控制系统等组成。加压介质为空气或医用氧气，空气加压最高工作压力不大于 0.3 MPa，氧气加压最高工作压力不大于 0.2 MPa。空气加压根据舱内治疗人数不同分为单人氧舱和多人氧舱。氧气加压舱进舱人数为 1 人，通常分为成人医用氧舱和婴幼儿（含新生儿）医用氧舱	用于缺血、缺氧性等疾病的抢救和治疗	医用多人空气加压氧舱、医用单人空气加压氧舱、医用成人氧气加压氧舱、婴幼儿氧舱	Ⅲ	是	GB/T 12130—2005 GB/T 19284—2003	/
		02 臭氧治疗设备	通常由主机、压力校正器、氧气连接管等组成。设备产生设定浓度的臭氧，并由特定容器采集注射至人体患处	用于单纯性腰椎间盘突出症的治疗，缓解椎间盘突出引起的疼痛或用于改善前列腺临床症状	臭氧治疗仪、医用臭氧治疗仪	Ⅲ	否	/	/
			通常由主机和冲洗、治疗组件组成。利用设备产生的臭氧，用于人体腔道、黏膜组织、皮肤、烧伤伤口的清洗、消毒、抗炎治疗或浸泡治疗的设备	用于皮肤疾病、外科炎症的治疗	医用臭氧治疗仪	Ⅱ	否	/	/

续表

序号	一级产品类别	二级产品类别	产品描述	预期用途	品名举例	管理类别	是否豁免临床	相关标准	指导原则
08	其他物理治疗设备	03 生物反馈治疗设备	通常由主机、传感单元、反馈单元等组成。先由传感单元对人体生物电信号进行采集并由主机进行分析，然后通过反馈单元以视觉、声觉、电流等方式反馈至患者，训练并帮助恢复患者功能障碍	用于一些功能障碍，如尿失禁、偏瘫等的临床辅助治疗	生物电反馈刺激仪、肌电生物反馈仪、生物反馈式治疗仪	Ⅱ	否	YY 0903—2013 YY/T 1095—2015 YY/T 1096—2007	/
		04 烧烫伤浸浴装置	通常由主机、患者浴床、供/排水系统、温控单元等组成，可包括患者转运吊架及冲其他辅助浸浴功能	用于烧烫伤患者的浸浴处理	医用浸浴治疗机、烧烫伤浸浴治疗机	Ⅱ	是	/	/
		05 肠道水疗机	通常由主机、温度控制装置、压力（流量）控制系统、液箱、蠕动泵、注液管、排液管等组成。治疗时将液体灌注到肠道内，同时通过排液管将液体引流到体外	用于医疗机构对肠道的清洗	肠道水疗机、灌肠机	Ⅱ	否	/	/
		06 药物导入设备	通常由电流发生器、传递电极、回路电极、导线等组成。借助直流电流将药物离子经皮肤、黏膜等导入体内用以治疗疾病的设备	用于将药物透皮或黏膜的导入吸收	离子导入治疗仪、药物导入治疗仪	Ⅱ	否	/	/
			通常由治疗头、超声功率发生器、控制装置等组成。使用超声耦合介质，通过超声作用，将药物经过皮肤或黏膜透入人体	用于将药物透皮或黏膜的导入吸收	药物超声导入仪、超声导入仪	Ⅱ	否	/	/

第十章　输血、透析和体外循环器械

一、范围

本子目录包括临床用于输血、透析和心肺转流领域的医疗器械。

二、框架结构

本子目录按照输血、透析、心肺转流和体液处理等产品应用领域和有源属性、无源属性分为 7 个一级产品类别；按照产品具体用途分为 41 个二级产品类别，并列举 139 个品名举例。

本子目录主要涉及与血液处理相关的器械，包括 2002 版分类目录中《6845 体外循环及血液处理设备》，同时补充入原《〈6866 医用高分子材料及制品〉（与输血器械相关）》。

该子目录中一级产品类别与 2002 版分类目录产品类别的对应关系如下。

与 2002 版分类目录对应关系

<table>
<tr><th>一级产品类别</th><th>2002 版产品类别</th><th>备注</th></tr>
<tr><td rowspan="2">10–01 血液分离、处理、贮存设备</td><td>6845–4 血液净化设备和血液净化器具中术中自体血液回输机</td><td rowspan="2">新增二级产品类别：血液辐照设备、病毒灭活设备、血液融化设备</td></tr>
<tr><td>6845–6 体液处理设备中单采血浆机、人体血液处理机、腹水浓缩机、血液成分输血装置、血液成分分离机</td></tr>
<tr><td rowspan="2">10–02 血液分离、处理、贮存器具</td><td>6845–4 血液净化设备和血液净化器具中动静脉穿刺器</td><td rowspan="2">新增二级产品类别：自体血液处理器具、冰冻红细胞洗涤机用管路、富血小板血浆制备器</td></tr>
<tr><td>6866–1 输液、输血器具及管路中输血器、血袋、血液成分分离器材、连接管路</td></tr>
<tr><td rowspan="3">10–03 血液净化及腹膜透析设备</td><td>6845–4 血液净化设备和血液净化器具中血液透析装置、血液透析滤过装置、血液滤过装置</td><td rowspan="3">新增二级产品类别：血液灌流设备、人工肝设备、腹膜透析辅助设备、血脂分离设备</td></tr>
<tr><td>6845–5 血液净化设备辅助装置中滚柱式离心式输血泵</td></tr>
<tr><td>6845–6 体液处理设备中腹膜透析机</td></tr>
<tr><td rowspan="3">10–04 血液净化及腹膜透析器具</td><td>6845–4 血液净化设备和血液净化器具中血液净化管路、透析血路、血路塑料泵管、中空纤维透析器、中空纤维滤过器、吸附器、血浆分离器、血液解毒（灌流灌注）器、血液净化体外循环血路（管道）</td><td rowspan="3">新增二级产品类别：血脂分离器具</td></tr>
<tr><td>6845–6 体液处理设备中腹膜透析管</td></tr>
<tr><td>6845–7 透析粉、透析液</td></tr>
<tr><td rowspan="2">10–05 心肺转流设备</td><td>6845–1 人工心肺设备</td><td rowspan="2">新增二级产品类别：心肺转流监测设备、体外生命支持辅助系统、体外生命支持用升温仪</td></tr>
<tr><td>6845–3 人工心肺设备辅助装置中血泵、热交换器、水箱</td></tr>
</table>

续表

<table>
<tr><th>一级产品类别</th><th>2002 版产品类别</th><th>备注</th></tr>
<tr><td rowspan="2">10-06 心肺转流器具</td><td>6845-2 氧合器</td><td rowspan="2">新增二级产品类别：心脏停跳液灌注器、离心泵泵头、心脏停跳液</td></tr>
<tr><td>6845-3 人工心肺设备辅助装置中贮血滤血器、微栓过滤器、滤血器、滤水器（超滤）、泵管、血路</td></tr>
<tr><td>10-07 其他</td><td>6845-6 体液处理设备中腹水浓缩机</td><td>/</td></tr>
</table>

三、其他说明

（一）血液透析导管套件，通常由导管、导管导引器、注射帽、扩张器、推进器、引导针、导丝、导管鞘组成，临床上须由以上附件组合才能正常使用，鉴于其临床使用的特殊性，建议按套件注册，因此纳入该子目录中。

（二）碘液保护帽，管理类别由第三类降为第二类。

（三）本子目录中医疗器械产品适用的相关标准

GB 9706.1-2007 医用电气设备 第 1 部分：安全通用要求

GB/T 14710-2009 医用电器环境要求及试验方法

GB/T 16886.1-2011 医疗器械生物学评价 第 1 部分：风险管理过程中的评价与试验

GB/T 16886.4-2003 医疗器械生物学评价 第 4 部分：与血液相互作用试验选择

GB/T 16886.5-2017 医疗器械生物学评价 第 5 部分：体外细胞毒性试验

GB/T 16886.10-2017 医疗器械生物学评价 第 10 部分：刺激与皮肤致敏试验

YY 0505-2012 医用电气设备 第 1-2 部分：安全通用要求并列标准：电磁兼容 要求和试验 。

（四）医疗器械产品是否豁免临床试验的法规文件

《国家药品监督管理局关于公布新修订免于进行临床试验医疗器械目录的通告》（2018 年第 94 号）附件 1。

输血、透析和体外循环器械

序号	一级产品类别	二级产品类别	产品描述	预期用途	品名举例	管理类别	是否豁免临床	相关标准	指导原则
01	血液分离、处理、贮存设备	01 血液成分分离设备	通常由离心机、泵、抗凝剂泵、称重组件等组成。通过对人体血液进行离心分离，收集目标血液成分后把其他血液成分回输到人体	用于血液采集、成分分离和回输	离心式血液成分分离设备、单采血浆机、血浆分离机、血浆采集机	Ⅲ	否	YY/T 0657—2017 YY 1413—2016	离心式血液成分分离设备技术审查指导原则
		02 自体血液回收设备	通常由离心机、泵、悬挂杆等组成，可配备真空吸引源。通过负压吸引在术前、术中或术后把患者血液吸出后进行分离洗涤，对血液成分进行收集以便回输给患者	用于手术中对患者的失血进行分离、回收	自体血液回收机、自体血液回收分离机、自体血液回输系统	Ⅲ	否	YY/T 1566.1—2017	/
		03 血细胞处理设备	通常由离心机或摇匀器等组成。通过离心、摇匀、加热等方式对血液或血液成分进行处理	用于对血细胞进行处理以便进行存储或者供临床使用	冰冻红细胞洗涤机、加甘油去甘油红细胞处理系统	Ⅲ	否	/	/
		04 血液辐照设备	通常由辐射系统、传动机构、控制系统、辐照容器、电源系统和控制软件组成	用于血站或医院，对血液及血液制品进行辐照处理	血液辐照仪、血液辐照器、医用辐照系统	Ⅲ	否	YY/T 0848—2011	/
		05 血浆病毒灭活设备	通常由柜体、温度控制模块、光照度控制模块和电机摆动控制模块组成。利用配套光敏剂的光化学反应灭活病毒	配合光敏剂使用，用于对血液或血液成分实施光化学病毒灭活	病毒灭活设备	Ⅲ	否	YY 0765.1—2009 YY/T 1510—2017	/
		06 血液融化设备	通常由加热水箱、解冻槽、循环管路、进水管、排水管、控制箱等组成。分为水浴式、隔水式	用于对临床血浆或血液进行加热、解冻	血液融化箱、血浆融化箱、冰冻血浆解冻箱、冷冻血浆干式解冻仪	Ⅱ	是	/	/
02	血液分离、处理、贮存器具	01 血袋	通常由血袋、管路等组成。为封闭的单袋或多联袋系统。不同的结构使其适合于不同方式的血液或血液成分的采集、处理、保存和输注过程。无菌提供，一次性使用	用于血液或血液成分的采集、处理（如分离、去白细胞、光化学法除病毒等）、贮存和输注	一次性使用血袋、一次性使用血液成分收集袋、一次性使用血浆袋、一次性使用脐血处理袋、一次性使用紫外线透疗血液容器	Ⅲ	否	GB 14232.1—2004 GB/T 14232.2—2015 GB 14232.3—2011 YY 0327—2002	/

续表

序号	一级产品类别	二级产品类别	产品描述	预期用途	品名举例	管理类别	是否豁免临床	相关标准	指导原则
02	血液分离、处理、贮存器具	02 离心式血液成分分离器	通常由抗凝剂输入管路、血液管路、过滤器、成分分离器件、压力传输管路、血袋等组成。无菌提供，一次性使用	配合血液成分分离设备使用，用于血站血液采集、成分分离和回输	一次性使用离心杯式血液成分分离器、一次性使用离心袋式血液成分分离器、一次性使用血液成分分离器、一次性使用血浆分离器、一次性使用血小板分离器	Ⅲ	否	YY/T 0326—2017 YY 0465—2009 YY 0584—2005 YY 0613—2007	/
		03 动静脉穿刺器	通常由穿刺针管、软管等组成。一般由奥氏体不锈钢材料、聚氯乙烯等材料制成。无菌提供，一次性使用	配合血液成分采集机（如离心式、旋转膜式）或血液透析机等使用，用于从人体静脉或动脉采集血液，并将处理后的血液或血液成分回输给人体	一次性使用动静脉瘘穿刺针、一次性使用机用采血器、一次性使用动静脉穿刺针、一次性使用透析用留置针	Ⅲ	是	YY/T 0328—2015 YY 1282—2016	/
		04 输血器	通常由接头、管路、滴管、滴斗、流量调节器、瓶塞穿刺器及保护套、血液过滤器、防自流夹、抗虹吸阀等组成。部分输血器带有空气过滤器的进气器件、药液注射件。其设计能使其在重力或压力的作用下，将血液容器中的血液或血液成分通过静脉穿刺器械向静脉内输送。无菌提供，一次性使用	用于向患者输送血液或血液成分	一次性使用输血器、一次性使用去白细胞输血器、一次性使用泵用输血器	Ⅲ	是	GB 8369—2005 GB 15593—1995 GB 18671—2009	/
		05 自体血液处理器具	通常由自体血采集、过滤和分离管路收集袋等部件组成。无菌提供，一次性使用	配合自体血回输设备使用，用于手术中自体血的收集、过滤和回输	一次性使用自体血液回收器、一次性使用自体血回输机耗材、一次性使用血液收集过滤装置	Ⅲ	否	YY/T 1566.1—2017	/
		06 血浆管路	通常由三通保护套、三通、抗凝液管、血液采输管、限位卡、穿刺器、穿刺器保护套、血液及血液成分过滤器、压力监测管、夹具、压力监测器接头、分离杯接口和分离杯接口保护套组成。无菌提供，一次性使用	配合离心式血液成分分离设备、机用采血器等使用，用于采集、分离人体血浆并回输血细胞	一次性使用血浆管路	Ⅲ	否	YY 0326—2017	/

续表

序号	一级产品类别	二级产品类别	产品描述	预期用途	品名举例	管理类别	是否豁免临床	相关标准	指导原则
02	血液分离、处理、贮存器具	07 冰冻红细胞洗涤机用管路	通常由主管路（含硅橡胶泵管、大滴壶、连接管）、回血管和废液收集部分（含废液管路和废液袋）组成。无菌提供，一次性使用	用于将红细胞与保护液实施洗涤、分离时使用的管路	一次性使用冰冻红细胞洗涤机用管路	Ⅲ	否	/	/
		08 富血小板血浆制备器	一般采用高分子材料制成。无菌提供，一次性使用	用于从人体自体血血样中制备自体富血小板血浆。所制备的富血小板血浆不用于静脉注射	一次性使用富血小板血浆制备器	Ⅲ	否	/	/
03	血液净化及腹膜透析设备	01 血液透析设备	通常由透析液流量及脱水控制模块、透析液浓度监控模块、温度监控模块、漏血监测模块、血液循环监控模块和消毒模块组成。在动力系统和监测系统作用下，利用血液和透析液在跨越半透膜的弥散作用和 / 或滤过作用，清除患者体内多余水分、纠正血液中溶质失衡	用于为慢性肾功能衰竭和 / 或急性中毒患者进行血液透析、和 / 或血液滤过治疗和 / 或血液透析滤过治疗过程中提供动力源及安全监测等功能	血液透析设备、血透析滤过设备	Ⅲ	否	GB 9706.2—2003 YY 0053—2016 YY 0054—2010	/
		02 连续性血液净化设备	通常由动力泵、压力监测模块、空气监测模块、漏血监测模块、加温监控模块、抗凝模块、操作显示单元和电源控制模块组成。在动力系统和监测系统作用下，利用血液和透析液在跨越半透膜的弥散作用和 / 或滤过作用和 / 或吸附作用，清除患者体内多余水分、纠正血液中溶质失衡	用于为重症患者的急性肾功能衰竭和急性中毒患者进行血液透析和 / 或血液滤过治疗过程中提供动力源及安全监测等功能	连续性血液净化设备、连续性血液超滤设备、连续性血液滤过设备、连续性血浆置换设备	Ⅲ	否	GB 9706.2—2003 YY 0053—2016 YY 0267—2016 YY 0645—2008	/
		03 血液灌流设备	通常由血泵、肝素泵、阻流夹、空气监测模块、加温模块、压力监测模块、电源控制模块和操作显示单元组成。将患者的血液引出体外，通过灌流器的吸附作用，清除血液中外源性和内源性毒物	用于血液灌流治疗时，为体外循环提供动力和安全监测	血液灌流机	Ⅲ	否	YY 0790—2010	/

续表

序号	一级产品类别	二级产品类别	产品描述	预期用途	品名举例	管理类别	是否豁免临床	相关标准	指导原则
03	血液净化及腹膜透析设备	04 人工肝设备	通常由动作部分（包括白蛋白透析液泵、管路夹）、压力检测部分、漏血监测模块、空气监测模块、电源控制模块、操作显示单元和加热监控模块（可选）组成	用于清除蛋白结合和/或水溶性毒素，治疗对伴有内源性中毒、黄疸或肝昏迷状态的急性或慢性肝衰竭	人工肝设备、人工肝分子吸附循环设备	Ⅲ	否	/	/
		05 血液透析辅助设备	通常由泵头、直流电机、单片机控制电路、面板和外壳部分组成，为体外循环滚压式血泵（无报警功能）	用于在血液净化治疗时提供血液体外循环的动力	血液净化辅助血泵	Ⅲ	否	/	/
			通常由主机（电子流量计）、流量/稀释度感应器等组成	用于在血液透析过程中测定输送血液流量、再循环量、血管通路流量和心输出量	血液透析用血流监测系统	Ⅲ	是	GB 9706.2—2003	/
			通常由罐式过滤器、活性炭过滤器、软化器、精密过滤器、反渗透装置、动力装置、消毒装置、监测装置和输送管道组成。通常利用过滤、吸附、离子交换、反渗透等作用，制备出符合预期用途的用水	用于制备血液透析和相关治疗用水	血液透析机用水处理设备	Ⅱ	是	GB/T 19249—2003 YY 0572—2015 YY 0793.1—2010 YY 0793.2—2011 YY/T 1269—2015	血液透析用制水设备注册技术审查指导原则（2016 年修订版）
			通常由控制系统、监测系统和水路系统组成	配合含过氧化氢和过氧乙酸的血液透析器专用消毒液使用，用于对可重复使用的透析器进行冲洗、清洁、测试和灌注专用消毒液等处理	血液透析器复用机	Ⅱ	是	GB 9706.2—2003 YY 0053—2016	/
			通常由座位、靠背、搁脚板、滑动式脚踏板、靠枕、扶手、可锁定的脚轮、推手柄、控制器等组成。电动调节	用于调整包括背垫、坐垫、脚垫的位置，以方便患者在透析治疗中寻找最适合的就医姿势	电动透析椅	Ⅱ	是	/	/
			通常由金属支架、坐垫、靠背、扶手、调节手柄、脚踏板和脚轮（选配）组成。手动调节		手动透析椅	Ⅰ	是	/	/

续表

序号	一级产品类别	二级产品类别	产品描述	预期用途	品名举例	管理类别	是否豁免临床	相关标准	指导原则
03	血液净化及腹膜透析设备	06 腹膜透析设备	通常由主机、控制单元、加热器等组成。利用腹膜通过弥散和超滤作用以达到清除体内毒素和过多的水分，并纠正电解质紊乱和酸碱平衡失调	用于对肾功能衰竭患者进行腹膜透析治疗	腹膜透析机	Ⅱ	否	GB 9706.39—2008 YY 1274—2016 YY 1493—2016	腹膜透析机注册技术审查指导原则
		07 腹膜透析辅助设备	通常由加热板、电源和电缆连接器组成	用于腹膜透析操作过程中，对腹透液袋使用前进行加温。不与腹透液接触	腹透液袋加温仪	Ⅱ	是	/	/
		08 血脂分离设备	通常由压力监控模块、流量监控模块、漏血防护模块、防止空气进入模块、控温模块、称重模块和患者平衡秤组成	与配套耗材联合使用，用于清除血浆中低密度脂蛋白及极低密度脂蛋白、胆固醇、脂蛋白（α）及纤维蛋白原	肝素体外诱导血脂分离机	Ⅲ	否	/	/
04	血液净化及腹膜透析器具	01 血液透析器具	通常由外壳、纤维膜、O 型环、封口胶、端盖组成。利用半透膜的原理，以弥散、对流、滤过等方式清除血液内的有害物质。无菌提供，一次性使用	配合血液透析装置使用，用于供慢性肾功能衰竭及药物中毒等患者进行血液透析治疗	一次性使用中空纤维血液透析器、一次性使用中空纤维血液透析滤过器、一次性使用中空纤维血液滤过器、一次性使用高通量透析器	Ⅲ	否	YY 0053—2016	/
			通常由血液侧管路（动脉管路、静脉管路）和其他辅助管路组成。无菌提供，一次性使用	配合透析器、透析设备使用，用于血液透析治疗中，承担血液通路的功能	一次性使用血液净化体外循环血路、一次性使用连续性血液净化管路	Ⅲ	否	GB 19335—2003 GB/T 13074—2009 YY 0267—2016	一次性使用血液透析管路注册技术审查指导原则
			通常由 A 剂和 B 剂组成。其工作原理是与透析治疗用水配制成透析液，通过透析器清除体内代谢废物，维持水、电解质和酸碱平衡等。一次性使用	制备血液透析液的专用原料，用于急、慢性肾功能衰竭及药物中毒的血液净化治疗	一次性使用血液透析浓缩物、一次性使用血液透析干粉、一次性使用血液透析浓缩液	Ⅲ	否	YY 0572—2015 YY 0598—2015 YY/T 1494—2016 YY/T 1545—2017	血液透析浓缩物产品注册技术审查指导原则
		02 血液灌流器具	通常由罐体（外壳）、吸附剂等组成。主要通过吸附剂与被吸附物质分子间的作用，将被吸附物质固定在吸附剂的孔内。无菌提供，一次性使用	配合血液净化装置使用，用于血液灌流治疗，利用吸附剂的吸附作用，通过体外循环血液灌流的方法来清除人体内源性和外源性的毒性物质	一次性使用血液灌流器	Ⅲ	否	GB/T 13074—2009 YY 0464—2009	/
			通常由吸附材料和容器组成。利用吸附剂特异性吸附血液/血浆中的有害物质。无菌提供，一次性使用	用于血液灌流治疗中特异性吸附血液/血浆中的有害物质，从而达到血液净化的目的	一次性使用选择性血浆成分吸附器、一次性使用吸附性血液净化器、一次性使用阴离子树脂血浆吸附柱、一次性使用血浆胆红素吸附器、一次性使用体外血浆脂类吸附过滤器、一次性使用 DNA 免疫吸附柱、一次性使用蛋白 A 免疫吸附柱	Ⅲ	否	GB/T 13074—2009 YY 1290—2016	一次性使用胆红素血浆吸附器注册技术审查指导原则

续表

序号	一级产品类别	二级产品类别	产品描述	预期用途	品名举例	管理类别	是否豁免临床	相关标准	指导原则
04	血液净化及腹膜透析器具	03 血液净化辅助器具	通常由容器、中空纤维、血液口、血液口用盖、血浆口用盖、O 型环和密封剂构成。无菌提供，一次性使用	用于血浆置换治疗时从血液中分离出血浆	一次性使用中空纤维血浆分离器、一次性使用膜型血浆分离器	Ⅲ	否	YY 0465—2009	/
			通常由中空纤维、O 型环、血液出入口、纤维固定材料、外壳和盖子组成。无菌提供，一次性使用	用于实施双重滤过血浆交换疗法中，与血浆交换用血浆分离器并用，通过膜分离方法，从分离出来的血浆中分离一定分子量的物质	一次性使用中空纤维血浆成分分离器、一次性使用膜型血浆成分分离器	Ⅲ	否	/	/
			通常由中空纤维、密封剂、外壳、外壳盖和垫圈组成	利用空心纤维膜的作用，用于清除透析液中的内毒素、细菌与不溶性微粒	透析液过滤器、透析液超滤器	Ⅲ	是	YY 1272—2016	/
			通常由导管、导管导引器、注射帽、扩张器、推进器、引导针、导丝、导管鞘等组成。无菌提供，一次性使用	通过创建短期的中心静脉通路，用于血液透析、采血和液体输注	一次性使用血液透析导管套件、一次性使用血液透析用中心静脉导管套件、一次性使用血透用单针双腔导管套件	Ⅲ	否	/	/
			通常由采血部分和输血部分组成，其中采血部分通常包括采血管、输液器；输血部分通常包括输血管、注射器、血液过滤器、大小滴壶、阻隔式压力传导器。无菌提供，一次性使用	作为通路，配合血液回收罐装置和血液回收治疗机使用	一次性使用血浆置换用管路	Ⅲ	否	YY 0326—2017	/
			通常由柠檬酸或冰醋酸和水等组成	用于透析机的清洗和消毒	透析机消毒液、柠檬酸消毒液	Ⅲ	是	/	/
			通常由管路、接头、保护套和夹具等组成。无菌提供，一次性使用	用于血液透析滤过、血液滤过时作为补充置换液的管路	一次性使用补液管路、一次性使用置换液管	Ⅲ	否	YY/T 0031—2008 YY 0285.3—2017	/
		04 腹膜透析器具	通常由微型盖、浸润聚维酮碘溶液的海绵、外包装等部件组成。无菌提供，一次性使用	用于保护腹透液袋的外凸接口与外接管路的连接处	一次性使用碘液微型盖、一次性使用碘液保护帽	Ⅱ	是	/	/
			通常由管路、连接端口、保护帽等组成。一般采用高分子材料制成。无菌提供，一次性使用	用于对肾功能衰竭患者进行腹膜透析建立治疗通路	一次性使用腹膜透析导管	Ⅱ	是	YY 0030—2004	/

续表

序号	一级产品类别	二级产品类别	产品描述	预期用途	品名举例	管理类别	是否豁免临床	相关标准	指导原则
04	血液净化及腹膜透析器具	04 腹膜透析器具	通常由尖端保护帽、开关、套筒、管路、腹透管连接端口、拉环帽和腹透液连接端口组成。无菌提供，一次性使用	用于与腹膜透析患者端管路（或者钛接头）及腹膜透析液端管路进行无菌连接及分离	一次性使用腹膜透析外接短管	Ⅱ	是	YY 0030—2004	/
			通常由连接头和螺旋锁盖组成。无菌提供，一次性使用	用于腹膜透析导管与外接延长管或腹膜透析外接短管的连接	一次性使用腹膜透析螺旋帽钛接头、一次性使用腹膜透析接头、一次性使用腹透管钛接头	Ⅱ	是	/	/
			通常由防护帽、连接接口、三通灌注管、引流管和废液收集袋组成。无菌提供，一次性使用	用于腹膜透析治疗过程中，对腹膜透析液的灌注、引流、收集	一次性使用腹膜透析引流器	Ⅱ	是	/	/
			一般采用不锈钢材料制成。无菌提供，一次性使用	用于促进导入急性和慢性腹膜透析导管	一次性使用腹膜透析探针	Ⅱ	是	/	/
			通常由卡匣、管组架、接头装配集合、管路、浇铸端口、O型夹、Y 型连接器、拉环末端保护帽、内拉环帽、拉环帽等组成。无菌提供，一次性使用	配合自动腹膜透析机使用，用于自动腹膜透析治疗	一次性使用腹膜透析机管路	Ⅱ	是	YY 0030—2004	/
			通常由夹子主体、闭合口和臂组成。一般由塑料材料制成。使用中不与导管中液体接触	用于腹膜透析过程中，夹住各种医用塑料导管，控制导管中液体的流动	腹透管路夹	Ⅰ	是	/	/
		05 血脂分离器具	通常由醋酸钠缓冲液、肝素钠、生理盐水、碳酸氢盐透析液等组成	配合血脂分离设备使用，用于低密度脂蛋白、脂蛋白（α）、纤维蛋白原沉淀分离治疗	血脂分离液	Ⅲ	否	/	/
			通常由动静脉管路、血浆分离器、低密度脂蛋白过滤器、肝素吸附器、净化滤器、透析液管路、收集袋等组成	配合其他血脂分离系统使用，用于去除血浆中低密度脂蛋白及极低密度脂蛋白胆固醇、脂蛋白（α）及纤维蛋白原	血脂分离管路及肝素吸附器	Ⅲ	否	/	/
05	心肺转流设备	01 心肺转流用泵	通常由滚压式血泵（如单头泵或双头泵）、监测系统和底座包括支架（若有）组成。将上下腔静脉或右心房的静脉血通过管道引出，流入氧合器进行氧合，再经过血泵将氧合后的血液输入动脉系统，以维持机体在循环阻断时的生理功能	配合体外循环设备或器具使用，用于供医疗单位施行手术或抢救时，暂时代替心脏功能进行体外循环或局部灌注	心肺转流系统用滚压式血泵	Ⅲ	否	GB 12260—2005 YY/T 1145—2014	/

续表

序号	一级产品类别	二级产品类别	产品描述	预期用途	品名举例	管理类别	是否豁免临床	相关标准	指导原则
05	心肺转流设备	01 心肺转流用泵	通常由离心泵控制模块、驱动模块、紧急驱动模块、流量传感器等组成。主要通过驱动离心泵头转动，来实现血液流动。可独立使用，也可外接匹配的人工心肺机使用	配合体外循环设备或器具使用，用于供医疗单位施行手术或抢救时，暂时代替心脏功能进行体外循环或局部灌注	心肺转流系统用离心泵	Ⅲ	否	YY/T 1145—2014 YY 1412—2016	/
		02 心肺转流监测设备	通常由主机、静脉探头、动脉探头、传感器、样本池等组成。通过各传感器把测量的数据传输到血气监测系统主机，以实现对体外循环过程中各参数的监测	用于连续监测动脉和/或静脉血气参数，包括 pH 值、二氧化碳分压值、氧分压值、温度值、氧饱和度值等参数	体外循环连续血气监测系统	Ⅲ	是	/	/
			通常由主机、温度传感器、血平面传感器和气泡传感器组成	用于体外循环手术中血液的压力、温度测试	体外循环监视仪	Ⅱ	否	/	/
		03 热交换设备	通常由水循环系统、制冷系统、加温系统等组成。与人工心肺机一起应用于体外循环手术中，使用水循环对氧合器、变温毯或停跳灌注装置中的血液进行控制性冷却或加热	用于为体外循环血液热交换系统中的热交换器提供加温水、降温水和原水的驱动装置，供医疗单位施行体外循环时调节温度用	心肺转流系统用热交换水箱	Ⅱ	是	GB 12263—2005	/
		04 体外心肺支持辅助系统	通常由主机、传感器、静脉探头、安全杆、紧急驱动装置和附件组成。可对体外循环手术进行驱动、控制、检测和记录	用于在体外循环手术、长时间心肺功能支持或急救时，暂时替代心脏泵功能，进行血流驱动和安全监测等	体外心肺支持辅助系统	Ⅲ	否	/	/
		05 体外心肺支持用升温仪	通常由水槽、加热器、泵、控制装置及连接管道组成	用于为氧合器提供热量，保持患者体温	体外心肺支持用升温仪	Ⅱ	是	/	/
06	心肺转流器具	01 氧合器	通常由静脉贮血室、氧合室和变温室组成。分为膜式和鼓泡式。无菌提供，一次性使用	用于向人体血液供氧，将静脉血转换为动脉血	一次性使用中空纤维氧合器、一次性使用鼓泡式氧合器、一次性使用集成式膜式氧合器	Ⅲ	否	GB 19335—2003 YY 0604—2016	一次性使用膜式氧合器注册技术审查指导原则
		02 贮血滤血器	通常由上盖、加液盖、血库、消泡系统、出血咀、采血咀、和采血帽组成。无菌提供，一次性使用	用于在临床心脏直视手术中的体外循环时，贮存、消泡、过滤心内吸引血	一次性使用贮血滤血器、一次性使用心内血液回收器	Ⅲ	否	YY 0603—2015	/

续表

序号	一级产品类别	二级产品类别	产品描述	预期用途	品名举例	管理类别	是否豁免临床	相关标准	指导原则
06	心肺转流器具	03 微栓过滤器	通常由整体部件外壳、滤芯、底座、三通接头、应急旁路管、配用部件三通开关、测压管组件、排气管等组成。无菌提供，一次性使用	用于体外循环心脏直视手术中，清除血液中的微小固体及气体栓子	一次性使用心肺转流系统动脉管路血液过滤器、一次性使用动脉过滤器、一次性使用血液微栓过滤器	Ⅲ	是	YY 0580—2011	/
		04 血液浓缩器	通常由中空纤维、配用连接管、封堵胶、外壳、端盖等部件组成。无菌提供，一次性使用	用于体外循环手术中的血液超滤，维持患者适合的红细胞压积	一次性使用血液浓缩器、一次性使用超滤器	Ⅲ	否	YY 0053—2016	血液浓缩器注册技术审查指导原则
		05 心脏停跳液灌注器	通常由气泡捕获器、变温器、连接管和接头组成。无菌提供，一次性使用	用于在体外循环心脏直视手术中，将心肌停跳液灌入冠状动脉，进行心肌的保护	一次性使用心脏停跳液灌注器、一次性使用心脏停跳液灌注用变温器、一次性使用心肌停跳液热交换器、一次性使用心肌保护液灌注装置、一次性使用心脏停跳液灌注管	Ⅲ	是	GB 19335—2003 YY 0485—2011	/
		06 心肺转流用管路及接头	通常由管路、接头、泵管等部件构成。无菌提供，一次性使用	用于在体外循环或不完全心肺功能支持手术中，提供血液灌流通路	一次性使用人工心肺机体外循环管道、一次性使用颈动脉转流管、一次性使用体外循环用配套血管路	Ⅲ	否	YY/T 0031—2008 YY 1048—2016 YY 1271—2016	/
			通常由吸引头、手柄、接头、插管等部件构成。无菌提供，一次性使用	用于在体外循环心脏直视手术及其他外科手术中，清理胸腔内血液，将血液吸引回心肺机的回收系统，或离心泵头将体外氧合后的动脉血灌注到患者动脉系统	一次性使用主动脉灌注插管、一次性使用静脉插管、一次性使用动脉插管、一次性使用灌注管、一次性使用体外循环导管插管、一次性使用左心吸引头、一次性使用右心吸引头	Ⅲ	是	YY/T 0031—2008 YY 0948—2015 YY 1271—2016	/
		07 离心泵泵头	通常由外壳、叶片、轴、轴衬和磁铁组成。无菌提供，一次性使用	配合离心泵使用，用于在心脏手术中的体外循环或循环辅助	一次性使用心肺转流系统用离心泵泵头	Ⅲ	是	/	/
		08 心脏停跳液	通常由电解液等组成	用于心血管外科手术中，使心脏停跳、维持电机械非收缩状态，从而达到保护心肌的作用	心脏停跳液、心脏停搏液、心肌保护停跳液	Ⅲ	否	/	/
07	其他	01 腹水超滤浓缩回输设备	通常由电源部件、控制部件、驱动部件、操作面板和蠕动泵等组成。对患者体内因病变产生的腹水进行抽取、超滤、浓缩并回输	配合穿刺针、体外循环管路、分子筛等使用，用于医疗单位，对各种顽固性腹水进行腹水超滤浓缩腹腔内回输治疗	腹水超滤浓缩回输设备	Ⅱ	否	/	/

第十一章　医疗器械消毒灭菌器械

一、范围

本子目录包括非接触人体的、用于医疗器械消毒灭菌的医疗器械，不包括以“无源医疗器械或部件 + 化学消毒剂”组合形式的专用消毒器械。

二、框架结构

本子目录按照消毒和灭菌的原理、方式，即根据消毒技术特点建立框架。按照消毒和灭菌的原理、方式分为 5 个一级产品类别；按照产品特性分为 15 个二级产品类别，并列举 30 个品名举例。

在本子目录的一级、二级产品类别中，采用狭义的消毒和灭菌概念，从而把消毒器和灭菌器区别开来。按照先消毒器、后灭菌器的顺序排序。该子目录中包括 2002 版分类目录中的《6857 消毒和灭菌设备及器具》。

该子目录中一级产品类别与 2002 版分类目录产品类别的对应关系如下。

与 2002 版分类目录的对应关系

<table>
<tr><th>一级产品类别</th><th>2002 版产品类别</th><th>备注</th></tr>
<tr><td rowspan="2">11-01 湿热消毒灭菌设备</td><td>6857-8 煮沸消毒设备</td><td rowspan="2">新增二级产品类别：蒸汽消毒器</td></tr>
<tr><td>6857-2 压力蒸汽灭菌设备</td></tr>
<tr><td>11-02 干热消毒灭菌设备</td><td>6857-4 干热灭菌设备</td><td>/</td></tr>
<tr><td>11-03 化学消毒灭菌设备</td><td>6857-3 气体灭菌设备</td><td>新增二级产品类别：酸性氧化电位水生成器、臭氧消毒器、甲醛灭菌器、过氧化氢灭菌器、其他化学消毒灭菌器</td></tr>
<tr><td>11-04 紫外线消毒设备</td><td>6857-1 辐射灭菌设备</td><td>/</td></tr>
<tr><td>11-05 清洗消毒设备</td><td>6857-6 专用消毒设备</td><td>/</td></tr>
</table>

三、其他说明

（一）医用伽玛（γ）射线灭菌器不用于医疗环境，且无注册产品，不列入目录。

（二）本子目录中医疗器械产品适用的相关标准

GB 9706.1-2007 医用电气设备第 1 部分：安全通用要求

GB/T 14710-2009 医用电器环境要求及试验方法

YY 0505-2012 医用电气设备第 1-2 部分：安全通用要求并列标准：电磁兼容要求和试验

YY/T 0615.1-2007 标示“无菌”医疗器械的要求 第 1 部分：最终灭菌医疗器械的要求

YY/T 0698.8-2009 最终灭菌医疗器械包装材料 第 8 部分：蒸汽灭菌器用重复性使用灭菌容器，要求和试验方法

YY/T 1265-2015 适用于湿热灭菌的医疗器械的材料评价。

（三）医疗器械产品是否豁免临床试验的法规文件

《国家药品监督管理局关于公布新修订免于进行临床试验医疗器械目录的通告》（2018 年第 94 号）附件 1。

11 医疗器械消毒灭菌器械

序号	一级产品类别	二级产品类别	产品描述	预期用途	品名举例	管理类别	是否豁免临床	相关标准	指导原则
01	湿热消毒灭菌设备	01 蒸汽消毒器	通常由消毒室、控制系统、过压保护装置等组成。工作原理是利用产生的高温水蒸气作用于负载上微生物一定时间，使微生物的蛋白质变性从而导致微生物死亡，以达到消毒的目的	用于耐湿耐热医疗器械的蒸汽消毒	蒸汽消毒器	Ⅱ	是	YY/T 0615.1—2007 YY/T 0698.8—2009 YY/T 1265—2015	/
		02 煮沸消毒器	通常由控制系统、加热系统、煮沸槽等组成。工作原理是将需要消毒的医疗器械放置在水或其他液体中，通过适当时间煮沸进行消毒	用于耐湿耐热医疗器械的煮沸消毒	煮沸消毒器	Ⅱ	是	YY/T 0615.1—2007 YY/T 0698.8—2009 YY/T 1265—2015	/
		03 压力蒸汽灭菌器	通常由灭菌室、控制系统、过压保护装置等组成，可自带蒸汽发生装置，也可外接蒸汽。工作原理是利用饱和水蒸气作用于负载上微生物一定时间，使微生物的蛋白质变性从而导致微生物死亡，以达到灭菌的目的	用于耐湿耐热医疗器械的灭菌	大型压力蒸汽灭菌器、小型压力蒸汽灭菌器、卡式压力蒸汽灭菌器、立式压力蒸汽灭菌器、手提式压力蒸汽灭菌器、清洗压力蒸汽灭菌器	Ⅱ	是	GB 8599—2008 GB/T 30690—2014 YY 0504—2016 YY/T 0615.1—2007 YY/T 0646—2015 YY/T 0698.8—2009 YY 0731—2009 YY/T 0734.2—2018 YY 1007—2018 YY/T 1265—2015 YY 1277—2016 YY 1609—2018	小型蒸汽灭菌器注册技术审查指导原则 大型蒸汽灭菌器注册技术审查指导原则
02	干热消毒灭菌设备	01 热空气消毒器	通常由腔体、加热系统、控制系统等组成。工作原理是利用循环热空气的热能达到消毒目的	用于耐高温的医疗器械的消毒	热空气消毒器	Ⅱ	是	YY 0602—2007 YY/T 0615.1—2007 YY/T 1263—2015	/
		02 热空气灭菌器	通常由腔体、加热系统、控制系统等组成。工作原理是利用循环热空气的热能达到灭菌目的	用于耐高温的医疗器械的灭菌	热空气型干热灭菌器	Ⅱ	是	YY 0602—2007 YY/T 0615.1—2007 YY/T 1263—2015 YY 1275—2016	/

续表

序号	一级产品类别	二级产品类别	产品描述	预期用途	品名举例	管理类别	是否豁免临床	相关标准	指导原则
02	干热消毒灭菌设备	03 热辐射灭菌器	通常由腔体、加热系统、控制系统等组成。工作原理是利用热辐射的热能达到灭菌目的	用于耐高温的医疗器械的灭菌	热辐射型干热灭菌器	Ⅱ	是	YY 0602—2007 YY/T 0615.1—2007 YY/T 1263—2015	/
03	化学消毒灭菌设备	01 酸性氧化电位水生成器	通常由水路系统、电解槽、控制装置等组成。工作原理是利用电解法产生酸性氧化电位水，供消毒医疗器械用	通过生成酸性氧化电位水，用于对可耐受酸性氧化电位水的医疗器械进行消毒	酸性氧化电位水生成器	Ⅱ	是	GB 28234—2011	/
		02 臭氧消毒器	通常由臭氧发生装置、电气控制系统、管路系统等组成。工作原理是通过生成臭氧气体或臭氧水对医疗器械进行消毒	用于可耐受臭氧的医疗器械进行消毒	臭氧水生成器、臭氧消毒柜、回路臭氧消毒机	Ⅱ	是	YY/T 0215—2016 YY/T 1264—2015	/
		03 环氧乙烷灭菌器	通常由灭菌箱体、加热系统、真空系统、加药及气化装置、残气处理系统、监测、控制系统等组成。工作原理是在一定温度、压力和湿度条件下，利用环氧乙烷气体对灭菌箱体内的物品进行作用，使微生物蛋白质和遗传物质等变性从而导致微生物死亡，以达到灭菌的目的	用于可耐受环氧乙烷的医疗器械的灭菌	环氧乙烷灭菌器	Ⅱ	是	GB/T 16886.7—2015 YY 0503—2016 YY/T 0698.7—2009 YY/T 1267—2015 YY/T 1268—2015 YY/T 1544—2017	/
		04 甲醛灭菌器	通常由灭菌室、控制系统、气化系统等组成。工作原理是在一定温度、压力和湿度条件下，用甲醛气体对灭菌室内的物品进行作用，使微生物蛋白质和遗传物质变性从而导致微生物死亡，以达到灭菌的目的	用于可耐受甲醛的医疗器械的灭菌	甲醛灭菌器、低温蒸汽甲醛灭菌器	Ⅱ	是	YY/T 0679—2016 YY/T 1464—2016	/
		05 过氧化氢灭菌器	通常由灭菌室、真空系统、过氧化氢注入系统、控制系统等组成，还可以配置等离子体发生装置。工作原理是通过汽化的过氧化氢对灭菌室内物品进行作用，使微生物蛋白质和遗传物质变性从而导致微生物死亡，以达到灭菌的目的。若配置有等离子体发生器，可通过等离子体发生器使汽化的过氧化氢形成过氧化氢等离子态，结合过氧化氢气体及过氧化氢等离子体对灭菌室内物品进行低温灭菌	用于可耐受过氧化氢的医疗器械的灭菌	过氧化氢灭菌器、过氧化氢低温等离子灭菌器	Ⅱ	是	GB 27955—2011 GB/T 32309—2015 YY/T 1266—2015	/

续表

序号	一级产品类别	二级产品类别	产品描述	预期用途	品名举例	管理类别	是否豁免临床	相关标准	指导原则
03	化学消毒灭菌设备	06 其他化学消毒灭菌器	通常由灭菌腔体、控制系统、管路系统等组成。工作原理是利用制造商规定的化学剂（除环氧乙烷、甲醛、过氧化氢外）作为消毒或灭菌剂，配合本消毒灭菌设备对医疗器械进行消毒或灭菌	与制造商规定的化学剂配合使用，用于可耐受相应化学消毒剂的医疗器械的消毒灭菌	过氧乙酸消毒器、戊二醛消毒器	Ⅱ	是	/	/
04	紫外线消毒设备	01 紫外线消毒器	通常由紫外线灯管、控制系统等组成。工作原理是利用紫外线灯管发出的紫外线，对医疗器械表面进行照射，使病原微生物灭活	用于不耐热且耐受紫外线的医疗器械的消毒	紫外线消毒器、紫外线消毒柜、紫外线消毒车	Ⅱ	是	GB 28235—2011 QB/T 1172—1999	/
05	清洗消毒设备	01 清洗消毒器	通常由清洗腔体、管路系统、控制系统等组成。工作原理是利用清洗剂和水流对医疗器械进行清洁，并利用热水或化学剂水溶液对腔体内医疗器械作用合理时间而进行消毒，如适用，还可对被处理的医疗器械进行干燥	用于医疗器械的去污、清洗、消毒、干燥（如适用）	清洗消毒器、内镜清洗消毒器、内镜清洗消毒系统	Ⅱ	是	GB/T 35267—2017 YY/T 0734.1—2018 YY/T 0734.2—2018 YY/T 0734.4—2016 YY/T 1309—2016	内镜清洗消毒机注册技术审查指导原则
		02 医用清洗器	通常由清洗槽、管路系统、控制系统等组成，其中超声清洗器一般还包括超声波发生器。工作原理是利用水冲洗或特定频率超声波作用对医疗器械进行清洗	用于对医疗器械消毒灭菌前的清洗，不具备消毒功能	医用清洗器、医用超声波清洗器	Ⅰ	是	YY/T 1309—2016	/

第十二章　有源植入器械

一、范围

本子目录包括由植入体和配合使用的体外部分组成的有源植入器械。

二、框架结构

本子目录按照临床使用领域的不同分为 4 个一级产品类别，分别是“心脏节律管理设备”“神经调控设备”“辅助位听觉设备”和“其他”。进一步根据不同临床用途、风险类别划分为 27 个二级产品类别，列举 76 个品名举例。

2002 版分类目录中未见单独的有源植入器械系统子目录，所涉及的有源植入物器械较少，仅包括《〈6821 医用电子仪器设备〉（植入式心脏起搏器）》和《〈6846 植入材料和人工器官〉（人工耳蜗）》，并结合梳理的注册产品信息，增补近年来上市的新产品形成独立的子目录。

本子目录与 2002 版分类目录的对应关系不大，大部分领域为新增。本子目录框架包括 2002 版医疗器械分类目录中《6821 医用电子仪器设备》和《6846 植入材料和人工器官》的个别产品。

该子目录中一级产品类别与 2002 版分类目录产品类别的对应关系如下。

与 2002 版分类目录产品对应关系

一级产品类别	2002 版产品类别	备注
12-01 心脏节律管理设备	6821-1 用于心脏的治疗、急救装置中的植入式心脏起搏器、心脏调拨器、心脏除颤起搏仪	/
12-02 神经调控设备	/	新增
12-03 辅助位听觉设备	6846-2 植入式人工器官中的人工耳蜗	/
12-04 其他	/	新增

三、其他说明

（一）本子目录中医疗器械产品适用的相关标准

GB 9706.1-2007 医用电气设备 第 1 部分 安全通用要求

GB/T 14710-2009 医用电器环境要求及试验方法

GB/T 16886.1-2011 医疗器械生物学评价 第 1 部分：风险管理过程中的评价与试验

GB/T 16886.2-2011 医疗器械生物学评价 第 2 部分：动物福利要求

GB/T 16886.3-2008 医疗器械生物学评价 第 3 部分：遗传毒性、致癌性和生殖毒性试验

GB/T 16886.4-2003 医疗器械生物学评价 第 4 部分 : 与血液相互作用试验选择

GB/T 16886.5-2017 医疗器械生物学评价 第 5 部分：体外细胞毒性试验

GB/T 16886.6-2015 医疗器械生物学评价 第 6 部分：植入后局部反应试验

GB/T 16886.7-2015 医疗器械生物学评价 第 7 部分：环氧乙烷灭菌残留量

GB/T 16886.9-2017 医疗器械生物学评价 第 9 部分：潜在降解产物的定性和定量框架

GB/T 16886.10-2017 医疗器械生物学评价 第 10 部分：刺激与皮肤致敏试验

GB/T 16886.11-2011 医疗器械生物学评价 第 11 部分：全身毒性试验

GB/T 16886.12-2017 医疗器械生物学评价 第 12 部分：样品制备与参照材料

GB/T 16886.13-2017 医疗器械生物学评价 第 13 部分：聚合物医疗器械降解产物的定性与定量

GB/T 16886.14-2003 医疗器械生物学评价 第 14 部分 : 陶瓷降解产物的定性与定量

GB/T 16886.15-2003 医疗器械生物学评价 第 15 部分 : 金属与合金降解产物的定性与定量

GB/T 16886.16-2013 医疗器械生物学评价 第 16 部分：降解产物与可沥滤物毒代动力学研究设计

GB/T 16886.17-2005 医疗器械生物学评价 第 17 部分：可沥滤物允许限量的建立

GB/T 16886.18-2011 医疗器械生物学评价 第 18 部分：材料化学表征

GB/T 16886.19-2011 医疗器械生物学评价 第 19 部分：材料物理化学、形态学和表面特性表征

GB/T 16886.20-2015 医疗器械生物学评价 第 20 部分：医疗器械免疫毒理学试验原则和方法

YY 0505-2012 医用电气设备第 1-2 部分：安全通用要求并列标准：电磁兼容要求和试验

有源植入器械

序号	一级产品类别	二级产品类别	产品描述	预期用途	品名举例	管理类别	是否豁免临床	相关标准	指导原则
01	心脏节律管理设备	01 植入式心脏起搏器	通常由植入式脉冲发生器和扭矩扳手组成。通过起搏电极将电脉冲施加在患者心脏的特定部位	用于治疗慢性心率失常。再同步治疗起搏器还可用于心力衰竭治疗	植入式心脏起搏器、植入式心脏再同步治疗起搏器	Ⅲ	否	GB 16174.1—2015 GB 16174.2—2015	植入式心脏起搏器注册技术审查指导原则（2016 年修订版）
		02 植入式心律转复除颤器	通常由植入式脉冲发生器和扭矩扳手组成。通过检测室性心动过速和颤动，并经由电极向心脏施加心律转复 / 除颤脉冲对其进行纠正	用来治疗快速室性心律失常。再同步治疗除颤器还可用于心力衰竭治疗	植入式心律转复除颤器、植入式再同步治疗心律转复除颤器、植入式皮下心律转复除颤器	Ⅲ	否	GB 16174.1—2015 YY 0989.6—2016	/
		03 临时起搏器	通常由非植入式脉冲发生器和患者电缆（若使用）组成	用于心房和心室的体外临时起搏	临时起搏器、体外起搏器	Ⅲ	否	YY 0945.2—2015	/
		04 植入式心脏起搏电极导线	通常由电极导线和附件组成	与植入式心脏起搏器配合使用，用于治疗慢性心律失常	植入式心脏起搏电极导线、植入式左室心脏起搏电极导线、植入式心外膜心脏起搏电极导线	Ⅲ	否	GB 16174.1—2015 YY/T 0492—2017	植入式心脏电极导线产品注册技术审查指导原则
		05 植入式心脏除颤电极导线	通常由电极导线和附件组成	与植入式心律转复除颤器配合使用，用于治疗快速室性心律失常	植入式心脏除颤电极导线、植入式皮下心脏除颤电极导线	Ⅲ	否	GB 16174.1—2015	植入式心脏电极导线产品注册技术审查指导原则
		06 临时起搏电极导线	通常由电极导线和附件组成	用于心房和心室的临时起搏	临时心脏起搏电极导线	Ⅲ	否	/	/
		07 植入式心脏事件监测设备	通常由监测仪植入体本身和体外附件（若使用）组成	植入于人体内记录皮下心电图和心律失常事件	植入式心脏事件监测器、植入式心电事件监测器	Ⅲ	否	GB 9706.8—2009 GB 16174.1—2015	/
		08 植入式封堵工具	通常由硅橡胶材料制成	用于电极导线终端未使用连接器或植入式脉冲发生器未使用端口的绝缘	封堵塞、电极导线帽	Ⅲ	否	GB 16174.1—2015 YY 0334—2002 YY/T 1553—2017	/
		09 植入式电极导线移除工具	通常由拔除工具、清除工具、手术工具组成	用于经静脉途径微创移除已植入患者体内的起搏器或除颤器电极导线	电极导线拔除工具、电极导管锁紧系统	Ⅲ	否	GB 16174.1—2015	/
		10 起搏系统分析设备	通常由分析仪主机和患者电缆、电缆适配器、无菌延长线组成	适合在起搏器和除颤器植入过程中用于对起搏电极系统进行分析	起搏系统分析仪	Ⅱ	否	GB 16174.1—2015	/

续表

序号	一级产品类别	二级产品类别	产品描述	预期用途	品名举例	管理类别	是否豁免临床	相关标准	指导原则
01	心脏节律管理设备	11 心脏节律管理程控设备	通常由显示单元、打印单元、程控单元、软件等组成	用于询问、程控、显示数据或测试植入式心脏起搏器和植入式心律转复除颤器等心脏节律管理设备	心脏节律管理设备程控仪、心脏节律管理设备患者程控仪、程控仪	Ⅱ	否	/	/
		12 连接器套筒	通常由接触夹及连接器环形电极组成	用于连接到电极导线连接器、或者断开连接	四极连接器套筒	Ⅱ	否	YY/T 0972—2016	/
02	神经调控设备	01 植入式神经刺激器	通常由植入式脉冲发生器和附件组成	通过将电脉冲施加在脑部或神经系统的特定部位来治疗帕金森病、控制癫痫、躯干和/或四肢的慢性顽固性疼痛或肠道控制以及排尿控制、肌张力障碍等疾病	植入式脑深部神经刺激器、植入式脊髓神经刺激器、植入式骶神经刺激器、植入式迷走神经刺激器、植入式可充电脑深部神经刺激器、植入式可充电脊髓神经刺激器、植入式可充电骶神经刺激器、植入式可充电迷走神经刺激器	Ⅲ	否	GB 16174.1—2015 YY/T 0684—2008	/
		02 植入式神经刺激电极	通常由电极导线和附件组成	与植入式神经刺激器配合使用，用于治疗帕金森病、控制癫痫、躯干和/或四肢的慢性顽固性疼痛或肠道控制以及排尿控制、肌张力障碍等疾病	植入式脑深部神经刺激电极、植入式脊髓神经刺激电极、植入式骶神经刺激电极、植入式迷走神经刺激电极、植入式脑深部神经刺激延伸导线、植入式脊髓神经刺激延伸导线、植入式骶神经刺激延伸导线、植入式迷走神经刺激延伸导线	Ⅲ	否	GB 16174.1—2015	/
		03 测试刺激电极	通常由电极和附件（若使用）组成	与测试刺激器配合使用，用于临时刺激与测试	测试神经刺激电极、测试刺激电极、神经刺激测试电极	Ⅲ	否	/	/
		04 神经调控充电设备	通常由充电器、充电线圈、适配器等组成	用于对特定的可充电植入式脉冲发生器的电池进行充电，以延长可充电植入式脉冲发生器的使用期限	神经调控体外充电器、体外充电器	Ⅲ	否	/	/
		05 植入式电极导线适配工具	通常由适配器、神经刺激器接口插头、转矩扳手组成	用于连接植入式神经刺激器与适配的植入式延伸导线	植入式电极导线适配器	Ⅲ	否	GB 16174.1—2015	/
		06 植入式电极导线补件	通常由固定锚、连接保护套、导引工具组成	用于植入式神经刺激电极的修补或再定位	神经刺激电极修补套件	Ⅲ	否	GB 16174.1—2015	/

续表

序号	一级产品类别	二级产品类别	产品描述	预期用途	品名举例	管理类别	是否豁免临床	相关标准	指导原则
02	神经调控设备	07 测试刺激器	通常由控制单元、输出单元、电源单元组成	用于在电极导线放置或试验刺激效果期间评估神经刺激系统的功效	测试神经刺激器、测试刺激器、体外神经刺激器	Ⅱ	否	/	/
		08 测试延伸导线	通常由延伸导线和附件（若使用）组成	与测试刺激器、配合使用，用于临时刺激和测试	测试神经刺激延伸导线、神经刺激系统经皮延伸导线和电缆、多电极测试电缆	Ⅱ	否	/	/
		09 神经调控程控设备	通常由程控单元、显示单元、软件等组成	用于对植入式神经调控设备的询问、程控、显示数据和测试	神经调控设备程控仪、神经调控设备患者程控仪、程控仪、患者程控仪	Ⅱ	否	/	/
03	辅助位听觉设备	01 植入式位听觉设备	通常由接收部分、刺激器主体和电极（若有）组成的植入体	通过对耳蜗内或蜗后听觉传导通路特定部位进行电刺激，或对中耳及骨传导进行振动来提高或恢复听觉感知	人工耳蜗植入体、骨桥植入体、植入式振动声桥听力辅助系统、植入式骨桥听力辅助系统	Ⅲ	否	GB 16174.1—2015 YY 0989.7—2017	人工耳蜗植入系统注册技术审查指导原则 人工耳蜗植入系统临床试验指导原则
			通常由固定装置和振动传导部分组成	通过骨传导辅助恢复听觉感知	植入式骨导助听器	Ⅲ	否	GB/T 14199—2010 GB 16174.1—2015 GB/T 20242—2006 GB/T 25102.1—2010 GB/T 25102.4—2010 GB/T 25102.13—2010 GB/T 25102.100—2010	/
		02 体外声音处理器	通常由言语处理器主机、控制器等组成的体外部分	与植入式辅助听觉设备体配合使用，将声音转化为电刺激或振动，通过对耳蜗内或蜗后听觉传导通路特定部位进行电刺激，或对中耳及骨传导进行振动来提高或恢复听觉感知	人工耳蜗声音处理器、振动声桥系声音处理器、骨桥声音处理器、骨导声音处理器	Ⅱ	否	/	/
		03 辅助位听觉调控设备	通常由主机，连接电缆等组成	用于调试或测试辅助位听觉设备	人工耳蜗调机设备、振动声桥调机设备、骨桥调机设备、人工耳蜗检测设备	Ⅱ	否	/	人工耳蜗植入系统注册技术审查指导原则 人工耳蜗植入系统临床试验指导原则

续表

序号	一级产品类别	二级产品类别	产品描述	预期用途	品名举例	管理类别	是否豁免临床	相关标准	指导原则
04	其他	01 植入式心脏收缩力调节设备	通常由植入式脉冲发生器和扭矩扳手组成，通过电极将电脉冲施加在患者心脏的特定部位	用于心肌收缩力的调节增强	植入式心脏收缩力调节器	Ⅲ	否	GB 16174.1—2015	/
			通常由充电器、充电线圈、适配器等组成	用于对特定的植入式心脏收缩力调节设备电池进行充电，以延长其使用期限	心脏收缩力调节设备充电器	Ⅲ	否	GB 16174.1—2015	/
			通常由显示单元、程控单元、软件等组成	用于询问、程控、显示数据或测试植入式心脏收缩力调节设备	心脏收缩力调节设备程控仪	Ⅱ	否	GB 16174.1—2015	/
		02 植入式循环辅助设备	通常由植入式泵体、电源部分、血管连接和控制器组成	用于心室循环功能的辅助，代替心脏实现泵血	植入式左心室辅助装置、植入式右心室辅助装置	Ⅲ	否	GB 16174.1—2015	/
		03 植入式药物输注设备	通常由输注泵植入体、鞘内导管、附件等组成	用于长期输入药物或液体	植入式药物泵	Ⅲ	否	GB 16174.1—2015 YY 0332—2011	/

第十三章　无源植入器械

一、范围

本子目录包括无源植入类医疗器械，不包括眼科器械，口腔科器械，妇产科、辅助生育和避孕器械中的无源植入器械，不包括可吸收缝合线。

二、框架结构

本子目录主要根据植入部位和植入器械特点分为 11 个一级产品类别；依据功能、用途或者结构特点进一步细化为 66 个二级产品类别，并列举 191 个品名举例。

本子目录包括 2002 版分类目录的《〈6846 植入材料和人工器官〉（无源部分）》和《〈6877 介入器材〉（部分）》，整合后将无源植入器械产品分别按照植入部位和植入器械特点进行分类。此外，针对组织工程类新兴医疗器械产品，如：组织工程化同种异体皮肤、脱细胞异种神经修复材料、脱细胞异种神经修复材料等，本次修订将其设置为独立的一级产品类别，名为“组织工程支架材料”（其中不包含活细胞成分）。

该子目录中一级产品类别与 2002 版分类目录产品类别的对应关系如下。

与 2002 版分类目录对应关系

一级产品类别	2002 版产品类别	备注
13-01 骨接合植入物	6846-1 植入器材中的骨板、骨钉、骨针、骨棒、聚髌器	/
13-02 运动损伤软组织修复重建及置换植入物	6846-1 植入器材中的骨板、骨钉、骨针、骨棒	/
	6846-2 植入性人工器官中的人工肌腱	
13-03 脊柱植入物	6846-1 植入器材中的骨棒、脊柱内固定器材	/
	6846-2 植入性人工器官中的人工椎体	
13-04 关节置换植入物	6846-2 植入性人工器官中的关节	/
13-05 骨科填充和修复材料	6846-1 植入器材中的骨蜡、骨修复材料	/
13-06 神经内 / 外科植入物	6846-1 植入器材中的骨板、骨钉、脑动脉瘤夹、神经补片	/
	6877-3 栓塞器材（神经内 / 外科用）	
13-07 心血管植入物	6846-1 植入器材中的心脏或组织修补材料	/
	6846-2 植入性人工器官中的人工血管	
	6846-4 支架中的血管支架	
	6877-3 栓塞器材（心血管用）	
13-08 耳鼻喉植入物	/	新增

续表

一级产品类别	2002 版产品类别	备注
13-09 整形及普通外科植入物	6846-1 植入器材中的整形材料	/
	6846-2 植入性人工器官中的义乳	
	6846-4 支架中的前列腺支架、胆道支架、食管支架	
13-10 组织工程支架材料	6846-3 接触式人工器官中的人工皮肤	/
11 其他	/	新增

三、其他说明

（一）本子目录中医疗器械产品适用的相关标准和指导原则

GB 4234-2003 外科植入物用不锈钢

GB/T 13810-2017 外科植入物用钛及钛合金加工材

GB/T 16886.1-2011 医疗器械生物学评价 第 1 部分：风险管理过程中的评价与试验

GB/T 16886.2-2011 医疗器械生物学评价 第 2 部分：动物福利要求

GB/T 16886.3-2008 医疗器械生物学评价 第 3 部分：遗传毒性、致癌性和生殖毒性试验

GB/T 16886.4-2003 医疗器械生物学评价 第 4 部分 : 与血液相互作用试验选择

GB/T 16886.5-2017 医疗器械生物学评价 第 5 部分：体外细胞毒性试验

GB/T 16886.6-2015 医疗器械生物学评价 第 6 部分：植入后局部反应试验

GB/T 16886.7-2015 医疗器械生物学评价 第 7 部分：环氧乙烷灭菌残留量

GB/T 16886.9-2017 医疗器械生物学评价 第 9 部分：潜在降解产物的定性和定量框架

GB/T 16886.10-2017 医疗器械生物学评价 第 10 部分：刺激与皮肤致敏试验

GB/T 16886.11-2011 医疗器械生物学评价 第 11 部分：全身毒性试验

GB/T 16886.12-2017 医疗器械生物学评价 第 12 部分：样品制备与参照材料

GB/T 16886.13-2017 医疗器械生物学评价 第 13 部分：聚合物医疗器械降解产物的定性与定量

GB/T 16886.14-2003 医疗器械生物学评价 第 14 部分 : 陶瓷降解产物的定性与定量

GB/T 16886.15-2003 医疗器械生物学评价 第 15 部分 : 金属与合金降解产物的定性与定量

GB/T 16886.16-2013 医疗器械生物学评价 第 16 部分：降解产物与可沥滤物毒代动力学研究设计

GB/T 16886.17-2005 医疗器械生物学评价 第 17 部分：可沥滤物允许限量的建立

GB/T 16886.18-2011 医疗器械生物学评价 第 18 部分：材料化学表征

GB/T 16886.19-2011 医疗器械生物学评价 第 19 部分：材料物理化学、形态学和表面特性表征

GB/T 16886.20-2015 医疗器械生物学评价 第 20 部分：医疗器械免疫毒理学试验原则和方法

YY/T 0340-2009 外科植入物　基本原则

YY 0341-2009 骨接合用非有源外科金属植入物　通用技术条件

YY/T 0640-2016 无源外科植入物　通用要求

无源植入性医疗器械临床试验审批申报资料编写指导原则（2018 年第 40 号）

无源植入性医疗器械货架有效期注册申报资料指导原则（2017 年修订版）（2017 年第 75 号）

无源植入性医疗器械产品注册申报资料指导原则（食药监办械函 [2009]519 号）。

（二）医疗器械产品是否豁免临床试验的法规文件

《国家药品监督管理局关于公布新修订免于进行临床试验医疗器械目录的通告》（2018 年第 94 号）附件 1。

无源植入器械

序号	一级产品类别	二级产品类别	产品描述	预期用途	品名举例	管理类别	是否豁免临床	相关标准	指导原则
01	骨接合植入物	01 单/多部件金属骨固定器械及附件	通常由一个或多个金属部件（如板、钉板、刃板）及金属紧固装置（如螺钉、钉、螺栓、螺母、垫圈）组成。一般采用纯钛及钛合金、不锈钢、钴铬钼等材料制成。其中金属部件通过紧固装置固定就位	用于固定骨折之处，也可用于关节的融合及涉及截骨的外科手术等。可植入人体，也可穿过皮肤对骨骼系统施加拉力（牵引力）	金属锁定接骨板、金属非锁定接骨板、金属锁定接骨螺钉、金属非锁定接骨螺钉、金属股骨颈固定钉、金属接骨板钉系统、金属 U 型钉	Ⅲ	是	YY 0017—2016 YY 0018—2016 YY/T 0342—2002 YY 0346—2002 YY/T 0662—2008 YY/T 0956—2014 YY/T 1503—2016 YY/T 1504—2016 YY/T 1505—2016 YY/T 1506—2016	金属接骨板内固定系统产品注册技术审查指导原则
		02 单/多部件可吸收骨固定器械	一般采用聚乳酸或其共聚物、复合材料等制成	用于非承重部位的骨折内固定术、截骨术、关节融合术中骨折部位的固定	可吸收接骨螺钉、可吸收接骨板、可吸收接骨棒、可吸收板钉系统	Ⅲ	否	YY/T 0509—2009	/
		03 单/多部件记忆合金骨固定器械	一般采用镍钛记忆合金材料制成，具有特定的形状	利用形状记忆功能，用于骨折部位的固定	记忆合金聚髌器、记忆合金肋骨板、胸骨固定器、记忆合金环抱器、张力钩、接骨器、聚髌器	Ⅲ	否	GB 24627—2009	/
		04 金属髓内装置	通常由主钉和/或附件组成，主钉通常为管状、棒状或针状。主钉和附件一般采用钛合金和不锈钢等材料制成	用于骨折内固定，植入骨髓腔内由螺钉等连接固定	金属髓内钉、金属带锁髓内钉、金属髓内针、金属髓内钉系统、金属带锁髓内钉系统	Ⅲ	是	GB 24627—2009 YY/T 0019.1—2011 YY/T 0019.2—2011 YY 0591—2011 YY/T 0727.1—2009 YY/T 0727.2—2009 YY/T 0727.3—2009	/
		05 金属固定环扎装置	通常由金属带、金属扁平条或单股或多股金属丝组成，还可包含其他附件。一般采用纯钛及钛合金、不锈钢、钴铬钼等材料制成	围绕着长骨，通过丝或螺钉锚定在该长骨上，用于骨折固定	金属缆线/缆索、柔性金属丝、金属缆线/缆索系统	Ⅲ	是	YY/T 0812—2010	/
		06 光面或带螺纹的金属骨固定紧固件	通常由一段刚性丝或棒组成。一般采用钛合金、钴铬钼或不锈钢等材料制成。可以是直型或U型，端部可以是锋利（钝）且可能有加工成型的带槽的头	用于骨折固定、骨重建，作为插入其他植入物的导针，也可穿过皮肤植入人体对骨骼系统施加拉力（牵引力）	金属骨针	Ⅲ	是	YY/T 0345.1—2011 YY/T 0345.2—2014 YY/T 0345.3—2014	/

续表

序号	一级产品类别	二级产品类别	产品描述	预期用途	品名举例	管理类别	是否豁免临床	相关标准	指导原则
02	运动损伤软组织修复重建及置换植入物	01 运动损伤软组织修复重建植入物	通常为钩状、钉状、门型、板状植入物，或与可植入缝线共同使用。一般采用金属、高分子、复合材料等制成，附着在固定装置上的缝线分为可吸收，部分可吸收和不可吸收三大类	用于肩、足、踝、髋、膝、手、腕、肘、半月板、交叉韧带等部位的软组织重建和修复	带线锚钉、界面螺钉（干预螺钉）、门型钉、半月板缝合钉、带线固定板	Ⅲ	是	/	/
		02 运动损伤软组织置换植入物	一般采用高分子材料或同种异体组织制成。用于全部或部分地置换损伤组织	用于补偿天然组织的损伤	人工韧带、人工半月板、人工髌腱	Ⅲ	否	YY/T 0965—2014	/
03	脊柱植入物	01 脊柱椎板间固定系统	通常由多种钩、连接杆、植入板、螺钉、螺塞、垫片、连接器等部件组成。一般采用不锈钢、纯钛、钛合金等材料制成。通常贯穿3块相邻的椎骨，拉直并固定脊柱使椎骨能够与植入物连接并融合在一起	用于治疗脊柱侧凸，也可用于治疗脊柱的骨折和脱位、重度腰椎滑脱（3、4级）及下背部综合征，或脊柱椎管扩大减压术后的椎板成形等	颈椎后路非椎弓根固定系统、胸腰椎后路非椎弓根脊柱固定系统、枕颈系统、椎板固定板系统	Ⅲ	是	YY/T 0119.1—2014	脊柱后路内固定系统注册技术审查指导原则
		02 脊柱椎体间固定/置换系统	通常由多种骨板和连接螺钉等组成。一般采用纯钛、钛合金等材料制成，特殊产品也可采用聚乳酸或其共聚物等材料制成	金属植入物用于治疗脊柱侧凸，也可用于脊柱前路椎体固定，或用于椎体置换等。可吸收植入物用于与传统坚强内固定器械配合使用，在脊柱椎体切除融合术中辅助植骨	颈椎前路固定系统、胸腰椎前路固定系统、可吸收颈椎前路钉板系统、椎体置换系统	Ⅲ	否	YY/T 0119.1—2014	/
		03 脊柱椎弓根系统	通常由螺栓、钩、螺钉、连接装置、连接棒、连接杆、横向连接器等多个组件组成。一般采用钛合金、纯钛、钴铬钼、聚醚醚酮等材料制成。可用于固定脊柱节段	用于治疗胸腰椎、骶骨脊柱畸形脊柱滑脱，退行性腰椎滑脱，椎骨骨折、脱位，脊柱侧凸，脊柱后凸，脊柱肿瘤，融合失败等	颈椎椎弓根系统、胸腰椎椎弓根系统	Ⅲ	否	/	/
		04 椎间融合器	通常由单个或多个部件组成。一般采用金属、高分子或复合材料制成。可植入颈椎或腰骶的椎体间隙中或用于胸腰椎椎体置换及恢复椎体病变受损而丢失的高度	用于患有椎间盘退行性疾病、椎体滑脱、椎体不稳等病症的骨骼成熟患者，在一个或两个相邻椎体节段上进行融合	颈椎椎间融合器、胸腰椎椎间融合器	Ⅲ	否	YY/T 0959—2014 YY/T 0960—2014 YY/T 1502—2016	椎间融合器注册技术审查指导原则

续表

序号	一级产品类别	二级产品类别	产品描述	预期用途	品名举例	管理类别	是否豁免临床	相关标准	指导原则
03	脊柱植入物	05 椎间盘假体	通常由上、下终板和髓核组成。终板一般采用钴基合金、钛合金等材料制成，两面可带有涂层；髓核一般采用超高分子量聚乙烯、陶瓷等材料制成。可植入椎体间置换人体椎间盘	用于椎间盘置换术，以恢复椎体相邻节段间的支撑和相对运动	颈椎椎间盘假体、胸腰椎椎间盘假体	Ⅲ	否	YY/T 1559—2017 YY/T 1563—2017	人工颈椎间盘假体注册技术审查指导原则
		06 棘突植入物	通常由单个或多个部件组成。一般采用钛合金等材料制成。该产品可用于在腰椎棘突间施加一定的撑开力，限制腰椎过度后伸	用于维持腰椎活动节段棘突间的稳定	棘突间植入物	Ⅲ	否	/	/
04	关节置换植入物	01 髋关节假体	通常由髋臼部件和股骨部件组成。一般采用钛合金、钴铬钼、不锈钢、超高分子量聚乙烯、陶瓷等材料制成。根据人体髋关节的形态、构造及功能设计，替换髋关节的一个或两个关节面，通过关节面的几何形状来限制其在一个或多个平面内的平移和旋转	用于外科手术植入人体，代替患病髋关节，达到缓解髋关节疼痛，恢复髋关节功能的目的	髋关节假体系统、髋关节假体、髋臼假体、髋关节股骨假体	Ⅲ	否	YY 0118—2016 YY/T 0651.1—2016 YY/T 0651.2—2008 YY/T 0809—2010 YY/T 0809.10—2014 YY/T 0920—2014	髋关节假体系统注册技术审查指导原则
		02 膝关节假体	通常由股骨部件、胫骨部件和髌骨部件组成。一般采用钛合金、钴铬钼、超高分子量聚乙烯等材料制成。根据人体膝关节的形态、构造及功能设计，替代膝关节的一个、两个或三个间室的关节面	用于外科手术植入人体，代替患病膝关节，达到缓解膝关节疼痛，恢复膝关节功能的目的	膝关节假体系统、膝关节假体、膝关节股胫假体、膝关节髌股假体、膝关节髌股胫假体、膝关节股骨假体、膝关节髌骨假体、膝关节胫骨假体	Ⅲ	否	YY 0502—2016 YY/T 0810.1—2010 YY/T 0919—2014 YY/T 0924.1—2014 YY/T 0924.2—2014 YY/T 1426.1—2016 YY/T 1426.2—2016 YY/T 1426.3—2017	/
		03 肩关节假体	通常由肱骨部件和关节窝部件组成。一般采用钛合金、钴铬钼、超高分子量聚乙烯等材料制成。根据人体肩关节的形态、构造及功能设计，替代肩关节的关节面	用于外科手术植入人体，代替患病肩关节，达到缓解肩关节疼痛，恢复肩关节功能的目的	肩关节假体系统、肩关节假体、肩关节肩盂假体、肩关节肱骨假体	Ⅲ	否	YY/T 0963—2014	/

续表

序号	一级产品类别	二级产品类别	产品描述	预期用途	品名举例	管理类别	是否豁免临床	相关标准	指导原则
04	关节置换植入物	04 肘关节假体	通常由肱骨部件和桡骨部件组成。一般采用钛合金、钴铬钼、超高分子量聚乙烯等材料制成。根据人体肘关节的形态、构造及功能设计，替代肘关节的关节面	用于外科手术植入人体，代替患病肘关节，达到缓解肘关节疼痛，恢复肘关节功能的目的	肘关节假体系统、肘关节假体、肘关节径向假体、肘关节肱骨假体	Ⅲ	否	/	/
		05 指关节假体	通常由单个或多个部件组成。一般采用钛合金、钴铬钼、超高分子量聚乙烯、硅弹性体、聚丙烯、聚酯等材料制成。根据人体指关节的形态、构造及功能设计，用于替代掌指关节或近端指间关节	用于外科手术植入人体，代替患病指关节，达到缓解指关节疼痛，恢复指关节功能的目的	指关节假体系统	Ⅲ	否	/	/
		06 腕关节假体	通常由单个或多个部件组成。一般采用钛合金、钴铬钼、硅弹性体、超高分子量聚乙烯等材料制成。根据人体腕关节的形态、构造及功能设计，替代腕关节的关节面	用于外科手术植入人体，代替患病腕关节，达到缓解腕关节疼痛，恢复腕关节功能的目的	腕关节假体系统	Ⅲ	否	/	/
		07 踝关节假体	通常由单个或多个部件组成。一般采用钛合金、钴铬钼、碳纤维和超高分子量聚乙烯等材料制成。根据人体踝关节的形态、构造及功能设计，替代踝关节的关节面	用于外科手术植入人体，代替患病踝关节，达到缓解踝关节疼痛，恢复踝关节功能的目的	踝关节假体系统	Ⅲ	否	/	/
		08 颞下颌关节假体	通常由单个或多个部件组成。一般采用钛合金、等材料制成。根据颞下颌关节的形态、构造及功能设计，替代颞下颌关节的关节面	用于外科手术植入人体，代替患病颞下颌关节，达到缓解颞下颌疼痛，恢复颞下颌关节功能的目的	颞下颌关节假体系统	Ⅲ	否	/	/
05	骨科填充和修复材料	01 丙烯酸树脂骨水泥	通常由粉体和液体组成。一般采用甲基丙烯酸甲酯、聚甲基丙烯酸甲酯、丙烯酸酯或聚甲基丙烯酸甲酯和聚苯乙烯共聚物等材料制成。粉体和液体一般经混合搅拌后使用	用于关节成形术、脊柱或创伤手术中金属或高分子植入物与活体骨的固定。也可用于椎体的填充；固定椎体的骨缺损或与内固定产品一同用于上肢、下肢或骨盆的骨质疏松性骨折治疗	丙烯酸树脂骨水泥	Ⅲ	否	YY 0459—2003 YY/T 1429—2016	/

续表

序号	一级产品类别	二级产品类别	产品描述	预期用途	品名举例	管理类别	是否豁免临床	相关标准	指导原则
05	骨科填充和修复材料	01 丙烯酸树脂骨水泥	通常由粉体和液体组成。一般采用甲基丙烯酸甲酯、聚甲基丙烯酸甲酯、丙烯酸酯或聚甲基丙烯酸甲酯和聚苯乙烯共聚物等材料制成，含有药物成分。粉体和液体一般经混合搅拌后使用	用于关节成形术、脊柱或创伤手术中金属或高分子植入物与活体骨的固定。也可用于椎体的填充；固定椎体的骨缺损或与内固定产品一同用于上肢、下肢或骨盆的骨质疏松性骨折治疗。其中所含药物成分为复合在骨水泥中增加抗菌功能用于辅助预防感染	含药丙烯酸树脂骨水泥	Ⅲ（药械组合产品）	否	YY 0459—2003 YY/T 1429—2016	/
		02 钙盐类骨填充植入物	通常由颗粒或非颗粒状产品组成。一般采用羟基磷灰石、磷酸钙、硫酸钙、生物玻璃或由以上物质组合制成，也可含有胶原蛋白[不含重组人骨形态发生蛋白质-2（rhBMP-2）]等材料	用于填充四肢、脊柱、骨盆等部位由于创伤或手术造成的、不影响骨结构稳定性的骨缺损	人工骨、骨修复材料、羟基磷灰石生物陶瓷、磷酸钙生物陶瓷、β-磷酸三钙人工骨、硫酸钙人工骨、胶原基骨修复材料、钙磷盐骨水泥、生物玻璃骨填充材料、骨诱导磷酸钙生物陶瓷	Ⅲ	否	GB 23101.1—2008 GB 23101.2—2008 GB 23101.3—2010 GB 23101.4—2008 YY/T 0964—2014 YY/T 1558.3—2017 YY/T 1640—2018	钙磷/硅类骨填充材料注册技术审查指导原则
		03 同种异体骨修复材料	通常由同种异体骨经过加工制备而成。不含活细胞成分	用于骨缺损、骨不连、骨延迟愈合或不愈合的填充修复，以及脊柱融合、关节融合及矫形植骨修复	同种异体骨修复材料	Ⅲ	否	YY/T 0513.1—2009 YY/T 0513.2—2009 YY/T 0513.3—2009	/
		04 金属填充物	一般采用钽金属、钛或钛合金等材料制成，具有多孔结构或粗糙表面。根据使用部位的不同，具有特定形状	用于重建由于严重退化、创伤或其它病理改变造成的髋关节、膝关节骨缺损；或用于翻修、补救既往关节重建术和植入物失效时的骨缺损；或用于治疗未发生股骨头塌陷的股骨头坏死	填充块、股骨头坏死重建棒	Ⅲ	是	YY 0341—2009	/
06	神经内/外科植入物	01 单/多部件预制颅骨成形术板及紧固件	通常由板及紧固件组成。一般采用纯钛、钛合金、钴铬合金等金属材料及可吸收或不可吸收高分子材料制成。其中板通过紧固装置（如螺钉、金属丝或其他组件）固定就位	用于修补、覆盖、填充或固定颅骨缺损或孔洞	预制颅骨板系统、可塑形预制颅骨板系统、钛网、钛网板系统	Ⅲ	否	YY/T 0917—2014 YY/T 0928—2014	/

续表

序号	一级产品类别	二级产品类别	产品描述	预期用途	品名举例	管理类别	是否豁免临床	相关标准	指导原则
06	神经内/外科植入物	02 颅骨夹/锁	通常由单个或多个部件组成。一般采用钛合金等金属材料及可吸收或不可吸收高分子材料制成	用于开颅手术后颅骨瓣的固定	颅骨夹、颅骨锁	Ⅲ	否	/	/
		03 单/多部件颅颌面固定器械及附件	通常由一个或多个部件及紧固件组成。一般采用纯钛、钛合金等金属材料及可吸收或不可吸收高分子材料制成。其中板通过紧固装置（如螺钉或其它组件）固定就位	用于神经外科和颌面外科手术中骨折的固定	颅颌面内固定系统、颅颌面板钉系统	Ⅲ	否	YY/T 0917—2014 YY/T 0928—2014	/
		04 硬脑(脊)膜补片	一般采用高分子材料或天然生物材料等制成	用于神经外科硬脑（脊）膜的修补或替代	硬脑膜补片、神经外科补片	Ⅲ	否	/	/
		05 动脉瘤夹	通常由单个部件组成。一般采用钛合金等金属材料制成。用于使颅内动脉瘤颈或囊闭塞的装置	用于颅内动脉瘤瘤颈或瘤体的永久性闭塞治疗	动脉瘤夹、脑动脉瘤夹	Ⅲ	是	YY/T 0685—2008	/
		06 颅内支架系统	通常由支架和/或输送系统组成。支架一般采用金属材料制成，可覆高分子材料制成的膜。经腔放置的植入物，扩张后通过提供一个机械性的支撑，以维持或恢复颅内血管的通畅性，或辅助弹簧圈治疗出血性病变	用于治疗颅内、颅底动脉血管狭窄或辅助弹簧圈治疗颅内动脉瘤等其他出血性病变	颅内支架	Ⅲ	否	/	/
		07 颅内栓塞器械	栓塞异常血管并促进肿瘤缺血、坏死的颗粒或液体	用于脑血管畸形的血管内或颅内动脉瘤的栓塞治疗	液体栓塞剂	Ⅲ	否	/	/
		08 颅内弹簧圈系统	通常由弹簧圈和输送导丝组成。弹簧圈的绕丝一般采用铂钨、铂铱合金等金属材料制成，芯丝一般采用聚丙烯等高分子材料制成，部分弹簧圈表面可能含有聚酯纤维等高分子材料的纤毛。弹簧圈植入颅内可阻断异常血流	用于在神经颅内手术中治疗颅内动脉瘤及其他神经血管异常的栓塞	颅内弹簧圈	Ⅲ	否	/	/
		09 人工颅骨	一般采用硅橡胶与涤纶网膜材料复合而成，也可采用聚醚醚酮、钛合金等材料制成	用于缺损颅骨的替代或重建	硅橡胶人工颅骨、人工颅骨	Ⅲ	否	/	/

续表

序号	一级产品类别	二级产品类别	产品描述	预期用途	品名举例	管理类别	是否豁免临床	相关标准	指导原则
06	神经内/外科植入物	10 脑积水分流器及组件	通常为单件式、多件式装置，或几个装置的组合	用于手术植入到脑积水患者或其他脑脊髓液循环紊乱者体内，将脑脊液从中枢神经系统的液腔中引到身体的另一个部位或外部收集装置（外分液器），以降低升高的颅内压（ICP）或减少脑脊髓液体积	脑积水分流器、脑脊液分流管	Ⅲ	否	YY/T 0487—2010	一次性使用脑积水分流器注册技术审查指导原则
		11 颅内动脉瘤血流导向装置	通常由编织植入物和输送系统组成。编织植入物一般选用钴铬合金和铂钨合金材料制成，输送导丝一般为不锈钢材料制成。由多股金属丝编织而成的植入物采用密网设计可以限制血流继续进入动脉瘤体，从而使动脉瘤内血流停滞，直至瘤体逐渐缩小	用于血管腔内治疗成人颈内动脉岩段至垂体上动脉开口处近端的大或巨大宽颈动脉瘤	颅内动脉瘤血流导向装置	Ⅲ	否	/	/
07	心血管植入物	01 血管内假体	通常由假体和/或输送系统组成。假体通常由移植物（覆膜）和支撑结构组成，移植物一般采用高分子材料制成。支撑结构一般采用金属材料制成，支撑结构通过缝合或嵌入的方式固定在移植物上。血管内假体一端可设计为锚定结构，以增强假体的固定能力。通过将血管内假体部分或全部置于血管管腔内，对患者的自体血管或人工血管进行修复、替换或者建立旁路血管通道	用于治疗动脉瘤、动脉夹层等血管病变	胸主动脉覆膜支架、腹主动脉覆膜支架、术中支架	Ⅲ	否	YY/T 0633.2—2016 YY/T 0693—2008 YY/T 0808—2010	主动脉覆膜支架系统临床试验指导原则
		02 血管支架	通常由支架和/或输送系统组成。支架一般采用金属或高分子材料制成，其结构一般呈网架状。经腔放置的植入物扩张后通过提供机械性的支撑，以维持或恢复血管管腔的完整性，保持血管管腔通畅。支架可含或不含表面改性物质（不含药物），如涂层。为了某些特殊用途，支架可能有覆膜结构	用于治疗动脉粥样硬化及各种狭窄性、阻塞性或闭塞性等血管病变	冠状动脉支架、外周动脉支架、肝内门体静脉支架	Ⅲ	否	YY/T 0633.2—2016 YY/T 0693—2008 YY/T 0808—2010	/

续表

序号	一级产品类别	二级产品类别	产品描述	预期用途	品名举例	管理类别	是否豁免临床	相关标准	指导原则
07	心血管植入物	02 血管支架	通常由支架和/或输送系统组成。支架一般采用金属或高分子材料制成，其结构一般呈网架状。经腔放置的植入物扩张后通过提供机械性的支撑，以维持或恢复血管管腔的完整性，保持血管管腔通畅。支架可含或不含表面改性物质，如涂层。为了某些特殊用途，支架可能有覆膜结构。含有药物成分	用于治疗动脉粥样硬化、以及各种狭窄性、阻塞性或闭塞性等血管病变	药物洗脱冠状动脉支架、药物洗脱外周动脉支架	Ⅲ（药械组合产品）	否	YY/T 0633.2—2016 YY/T 0693—2008 YY/T 0808—2010	/
		03 腔静脉滤器	通常由腔静脉滤器和/或输送系统组成。腔静脉滤器一般采用金属材料制成。经腔放置的植入物扩张后通过机械过滤的方式来预防肺栓塞	用于机械过滤下腔静脉来预防肺栓塞	永久腔静脉滤器、可回收腔静脉滤器、可转换回收腔静脉滤器	Ⅲ	否	YY/T 0663.3—2016	/
		04 人工血管	一般采用完全或部分的生物材料、合成编织型材料、合成非编织型材料制成	用于置换血管、在血管间旁路移植或形成分流	人工血管	Ⅲ	否	YY 0500—2004	/
		05 心血管补片	一般采用膨体聚四氟乙烯等高分子材料和/或生物组织材料制成	用于修复自体心血管、心室/房间隔缺损、瓣叶裂隙穿孔等	心血管补片、心包膜	Ⅲ	否	/	/
		06 人工心脏瓣膜及瓣膜修复器械	一般采用高分子材料、动物组织、金属材料制成，可含或不含表面改性物质	用于替代或修复天然心脏瓣膜（如主动脉瓣、二尖瓣、肺动脉瓣及三尖瓣）	外科生物心脏瓣膜、外科机械心脏瓣膜、经导管植入式心脏瓣膜、心脏瓣膜成形环	Ⅲ	否	GB 12279—2008 YY/T 1449.3—2016	经导管植入式人工主动脉瓣膜临床试验指导原则
		07 心脏封堵器	通常由封堵器和/或输送系统组成。封堵器的网状或伞状结构一般采用金属材料制成，其余部分一般采用高分子材料制成，放置于心脏缺损、异常通路或特殊开口等处，并封堵该位置，达到阻止异常血流流通的目的	用于治疗先天性心房间隔缺损、心室间隔缺损和动脉导管未闭、卵圆孔未闭等疾病	房间隔缺损封堵器、室间隔缺损封堵器、动脉导管未闭封堵器、左心耳封堵器	Ⅲ	否	YY/T 1553—2017	/
		08 心血管栓塞器械	通常由植入物和/或输送/注射装置组成	用于控制动脉瘤、某些肿瘤动静脉畸形引起的血管出血或用于外周血管系统的动脉和静脉栓塞	心血管栓塞剂、血管塞、血管弹簧圈、聚乙烯醇泡沫栓塞微粒	Ⅲ	否	/	/

续表

序号	一级产品类别	二级产品类别	产品描述	预期用途	品名举例	管理类别	是否豁免临床	相关标准	指导原则
08	耳鼻喉植入物	01 听小骨假体	一般采用铂金属、不锈钢、纯钛或钛合金等金属材料制成，亦有产品采用羟基磷灰石制成	用于传导性耳聋，对全部或部分听小骨链施行置换手术	生物陶瓷听小骨置换假体、听小骨假体	Ⅲ	否	GB 23101.1—2008 GB 23101.3—2010	/
		02 耳内假体	一般采用不锈钢、钛合金等金属材料和 / 或聚四氟乙烯等高分子材料制成	用于植入耳内，以重建声音传导链或治疗镫骨不能移动的耳硬化症，也可用于预防中耳积液	鼓室成形术假体、镫骨成形术假体、通风管	Ⅲ	否	/	/
		03 植入性止鼾装置	通常由带线骨螺钉和置入装置（骨螺钉植入器、缝线穿引器、压舌板、咬垫、自由弯针、舌骨针）组成。带线骨螺钉中螺钉由钛合金材料制成，线由聚丙烯材料制成。通过一个带线骨螺钉将舌根部软组织固定于下颌骨以实现舌根的前悬挂，和 / 或通过两个带线骨螺钉将舌骨悬吊于下颚骨	用于治疗阻塞性睡眠呼吸暂停（OSA）和 / 或打鼾	舌悬吊系统	Ⅲ	否	/	/
09	整形及普通外科植入物	01 整形填充材料	一般采用聚四氟乙烯、硅橡胶等材料制成	用于面部或其他部位软组织的填充	硅橡胶外科整形植入物、面部假体、面部整形填充材料、面部整形植入物、硅橡胶皮下软组织植入体	Ⅲ	否	YY 0334—2002	/
		02 整形用注射填充物	通常由注射器及预装在注射器中的填充材料组成	用于注射到真皮层和 / 或皮下组织，以填充增加组织容积	注射用交联透明质酸钠凝胶、注射用透明质酸钠凝胶、胶原蛋白植入剂、注射用聚左旋乳酸填充剂	Ⅲ	否	YY/T 0308—2015 YY 0954—2015 YY/T 0962—2014	透明质酸钠类面部注射填充材料注册技术审查指导原则 透明质酸钠类面部注射填充材料临床试验指导原则
		03 乳房植入物	通常由外壳和壳内填充物组成。植入体外壳一般采用多层医用硅橡胶制成，壳内充有医用级硅凝胶等材料	用于隆乳和乳房再造	人工乳房植入体、乳房植入体、硅凝胶填充乳房植入体	Ⅲ	否	YY 0334—2002 YY 0647—2008 YY/T 1457—2016 YY/T 1555.1—2017 YY/T 1555.2—2018	乳房植入体产品注册技术审查指导原则
		04 外科补片 / 外科修补网	一般采用一种或多种合成高分子生物材料或天然高分子生物材料制成	用于植入人体，加强和修补不完整的腹壁和 / 或腹股沟区等软组织的缺损	疝气补片、外科修复补片、外科修复网、疝修补补片	Ⅲ	是	/	疝修补补片产品注册技术审查指导原则
		05 修补固定器	通常由缝钉和置入装置（器械杆、手柄、击发扳机）组成	在多种微创及开放外科手术（如疝修补术）中，用于固定对软组织进行修补的材料	可吸收钉修补固定器、可吸收夹固定装置、固定夹	Ⅲ	否	/	/

续表

序号	一级产品类别	二级产品类别	产品描述	预期用途	品名举例	管理类别	是否豁免临床	相关标准	指导原则
09	整形及普通外科植入物	06 非血管支架	通常由支架和/或输送系统组成。支架一般采用金属材料制成，可覆高分子材料制成的膜。经腔放置的植入物扩张后通过提供机械性的支撑，以维持或恢复腔道的完整性	用于预防非血管腔道的狭窄或重建腔道的结构和/或功能，也可用于胆汁/胰液的内引流	胆道支架、尿道支架、肠道支架、气管支架、食管支架、前列腺尿道支架、胰管支架、十二指肠支架、结肠支架、幽门支架、气管造口支架系统、鼻窦支架	Ⅲ	是	/	/
		07 支气管内活瓣	通常由活瓣、输送导管、装载器和气道定径套件（玻璃注射器、活塞和量规）组成。活瓣支撑架一般采用镍钛合金制成，覆有聚氨酯膜	用于控制气流以改善病变分布不均匀的肺气肿患者的肺功能及减少漏气	支气管内活瓣	Ⅲ	否	/	/
		08 肛瘘塞	一般采用生物组织材料制成，通常为卷筒状结构	通过填塞卷筒状结构增强软组织强度，用于修补肛门直肠瘘	肛瘘塞	Ⅲ	否	/	/
		09 阴茎假体	通常由液囊、液泵阀与圆柱体组成。液囊一般采用聚甲基乙烯基硅氧烷材料制成；液泵阀一般采用硅橡胶、不锈钢及聚丙烯材料制成；圆柱体一般采用硅橡胶及涤纶材料制成	用于植入患者阴茎海绵体的白膜腔内，以取代海绵体丧失的膨胀、勃起、支撑阴茎的功能	阴茎支撑体	Ⅲ	否	/	/
		10 软组织扩张器	一般由扩张器壳体、导管、注射座及连接管组成，其中注射阀由硅橡胶和不锈钢碗组成	用于获取自体皮肤组织以解决皮肤供区不足，也可用于头皮缺损、秃发再造、耳鼻再造和各类疤痕的修补	软组织扩张器	Ⅲ	是	YY 0333—2010	/
10	组织工程支架材料	01 脱细胞皮肤	通常由异种或同种异体皮肤组织经一系列处理后制成，包括真皮层及表皮层，其主要成分为胶原蛋白。不含活细胞成分	用于皮肤缺损创面的修复，引导患者皮肤组织的修复和再生	脱细胞猪皮、脱细胞异体皮肤	Ⅲ	否	/	/
		02 脱细胞真皮基质	通常由异种或同种异体皮肤组织经一系列处理后制备的脱细胞真皮基质制成，其主要成分为胶原蛋白。不含活细胞成分	用于真皮层缺损的创面修复，引导患者皮肤组织缺损的修复和再生	猪皮脱细胞真皮基质、脱细胞异体真皮基质	Ⅲ	否	/	/
		03 胶原蛋白支架材料	通常为胶原蛋白。不含活细胞成分	用于皮肤、真皮的修复和再生	医用胶原修复膜	Ⅲ	否	/	/

续表

序号	一级产品类别	二级产品类别	产品描述	预期用途	品名举例	管理类别	是否豁免临床	相关标准	指导原则
10	组织工程支架材料	04 神经修复材料	通常由异种或同种异体的神经或肌腱组织经脱细胞处理后获得的细胞外基质制成。或者由人工合成高分子材料或天然高分子材料制成。不含活细胞成分	用于修复各种原因所致的外伤性神经缺损	脱细胞同种异体神经修复材料、脱细胞人工神经鞘管、聚乳酸人工神经管、神经套管	Ⅲ	否	/	/
		05 含重组人骨形态发生蛋白质的骨修复材料	通常在异种骨、同种异体骨、胶原、无机钙盐类材料、可吸收高分子材料中的一种或两种以上的复合材料中加入骨形态发生蛋白 -2（BMP-2）	用于骨缺损、骨不连、骨延迟愈合或不愈合的填充修复，以及脊柱融合、关节融合及矫形植骨修复	含重组人骨形态发生蛋白 -2（rhBMP-2）的骨修复材料、含 rhBMP-2 的胶原基骨修复材料	Ⅲ（药械组合产品）	否	/	/
11	其他	01 骨蜡	一般采用蜂蜡、石蜡、医用凡士林等材料或用泊洛沙姆等多种高分子材料混合制成制成	通过封闭骨间的出血通路。用于控制骨损伤出血	骨蜡	Ⅲ	否	/	/
		02 漏斗胸成形系统	通常由肋骨成形板、固定片、固定杆等部件组成。一般由纯钛、钛合金或不锈钢等材料制成	用于漏斗胸和其他胸骨畸形成形术中的内固定	漏斗胸成形系统、纵向胸廓成形人工钛肋系统	Ⅲ	否	/	/
		03 胸骨捆扎 / 抓扣固定系统	通常由结扎带和穿引弯钩两部分组成，其中穿引弯钩非植入人体，仅用于辅助结扎带穿引安装，安装后废弃。也可由上下片及螺钉组成。也可由带或不带夹子的捆绑钢缆、粗隆爪、钢缆钉、钢缆螺丝钉、钢板组成	用于开胸术中的胸骨固定。器械可单独使用，也可与其它传统不锈钢丝配合使用	胸骨结扎带	Ⅲ	否	/	/

第十四章　注输、护理和防护器械

一、范围

本子目录包括注射器械、穿刺器械、输液器械、止血器具、非血管内导（插）管与配套用体外器械、清洗、灌洗、吸引、给药器械、外科敷料（材料）、创面敷料、包扎敷料、造口器械、疤痕护理用品等以护理为主要目的器械（主要在医院普通病房内使用），还包括医护人员防护用品、手术室感染控制用品等控制病毒传播的医疗器械。

本子目录不包括输血器、血袋等输血器械（归入 10 子目录）和血样采集器械（归入 22 子目录），也不包括石膏绷带等骨科病房固定肢体的器械（归入 04 子目录）、妇产科护理（如阴道护理）用品（归入 18 子目录）等只在专科病房中使用的护理器械，还不包括医用弹力袜等物理治疗器械（归入 09 子目录）和防压疮垫等患者承载器械（归入 15 子目录）。

二、框架结构

本子目录总体上主要依据用途即注射、输液、护理和防护功能特点，并结合与血管是否接触、管理类别高低等因素，设置 16 个一级产品类别。其中，注输功能器械类设置了“注射、穿刺器械”“血管内输液器械”“非血管内输液器械”“止血器具”“非血管内导（插）管”“与非血管内导管配套用体外器械”“清洗、灌洗、吸引、给药器械”等 7 个一级产品类别；护理功能器械类设置了“可吸收外科敷料（材料）”“不可吸收外科敷料”“创面敷料”“包扎敷料”“造口、疤痕护理用品”等 5 个一级产品类别；防护功能器械类设置了“手术室感染控制用品”“医护人员防护用品”等 2 个一级产品类别；另外，还设置了“患者护理防护用品”“其他器械”2 个一级产品类别。结合编制过程中对有效注册证的梳理情况，依据相关器械的组成、用途的特点及差异，对上述 16 个一级产品类别细化，设置了 110 个二级产品类别，列举了 827 个品名举例。

本子目录所包含器械主要对应 2002 版分类目录中的《6815 注射穿刺器械》《6854 手术室、急救室、诊疗室设备及器具》《6856 病房护理设备及器具》《6864 医用卫生材料及敷料》《6866 医用高分子材料及制品》等子目录中的相关产品。

该子目录中的一级产品类别与 2002 版分类目录主要对应关系如下。

与 2002 版分类目录对应关系

一级产品类别	2002 版产品类别	备注
14-01 注射、穿刺器械	6815 注射穿刺器械中注射器、无菌注射针、穿刺针	/
	6854-5 输液辅助装置中注射泵	
14-02 血管内输液器械	6815 注射穿刺器械中静脉输液针、血管内留置针	/
	6854-5 输液辅助装置中输液泵	
	6866-1 输液、输血器具及管路中输液器械	
14-03 非血管内输液器械	6854-5 输液辅助装置中胰岛素泵	/
14-04 止血器具	6854-1 手术及急救装置中各种气压、电动气压止血带	/
14-05 非血管内导（插）管	6866-4 导管、引流管	/
	866-6 肠道插管	
14-06 与非血管内导管配套用体外器械	6854-6 负压吸引装置中负压吸引器	/
	6866-8 引流容器中集尿袋、引流袋	
14-07 清洗、灌洗、吸引、给药器械	/	新增
14-08 可吸收外科敷料（材料）	6864-1 可吸收性止血、防粘连材料	/
14-09 不可吸收外科敷料	6864-2 敷料、护创材料中医用脱脂棉、医用脱脂纱布	/
14-10 创面敷料	6864-2 敷料、护创材料中创口贴	/
14-11 包扎敷料	6864-2 敷料、护创材料中纱布绷带	/
14-12 造口、疤痕护理用品	6864-5 黏贴材料	/
	6866-9 一般医疗用品中肛门袋	
14-13 手术室感染控制用品	6864-4 手术用品	/
	6866-7 手术手套	
14-14 医护人员防护用品	6866-9 一般医疗用品中检查手套、指套	/
14-15 病人护理防护用品	/	新增
14-16 其他器械	6864-2 敷料、护创材料中弹力绷带	/

三、其他说明

（一）一次性使用活检针：用于从人体组织获取标本进行活检，一次性使用，其管理类别由第三类降为第二类。

（二）足部隔离用品、隔离护罩：在医疗机构中使用，阻隔体液、血液飞溅或泼溅，管理类别由第二类降为第一类。

（三）注射器用活塞：为一次性使用无菌注射器的配套用组件，不具有医疗器械的功能和目的，不按照医疗器械管理。

（四）输液瓶贴：用于封存开启后的静脉输瓶口，防止输液污染，不符合医疗器械定义，不按照医疗器械管理。

（五）输注工作站：仅提供空间和电源功能的，不具有报警等功能，不符合医疗器械定义，不按照医疗器械管理。

（六）接触胸腔、腹腔、脑室、腰椎、体内创面或体表真皮深层及其以下组织创面的引流导管：管理类别由第三类降为第二类。

（七）造口袋（含造口底盘）、造口护理用品、造口底盘、造口栓、防漏膏、造口护肤粉、造口皮肤保护剂等造口护理产品：管理类别由第二类降为第一类。

（八）髂骨穿刺针：管理类别由第三类降为第二类。

（九）用于非慢性创面、接触真皮深层及其以下组织且所含成分不可被人体吸收的的医用敷料：管理类别由第三类降为第二类。

（十）含有酒精、碘酊或碘伏，且仅用于临床上对完整皮肤消毒的涂抹及吸液材料：按第二类医疗器械管理。

（十一）本子目录中医疗器械产品适用的相关标准

GB 9706.1-2007 医用电气设备 第 1 部分 安全通用要求

GB/T 14710-2009 医用电器环境要求及试验方法

GB/T 16886.1-2011 医疗器械生物学评价 第 1 部分：风险管理过程中的评价与试验

GB/T 16886.4-2003 医疗器械生物学评价 第 4 部分 : 与血液相互作用试验选择

GB/T 16886.5-2017 医疗器械生物学评价 第 5 部分：体外细胞毒性试验

GB/T 16886.10-2017 医疗器械生物学评价 第 10 部分：刺激与皮肤致敏试验

GB/T 16886.11-2011 医疗器械生物学评价 第 11 部分：全身毒性试验

YY/T 0471.1-2004 接触性创面敷料试验方法第 1 部分：液体吸收性

YY/T 0471.2-2004 接触性创面敷料试验方法第 2 部分：透气膜敷料水蒸气透过率

YY/T 0471.3-2004 接触性创面敷料试验方法第 3 部分：阻水性

YY/T 0471.4-2004 接触性创面敷料试验方法第 4 部分：舒适性

YY/T 0471.5-2017 触性创面敷料试验方法 第 5 部分：阻菌性

YY/T 0471.6-2004 接触性创面敷料试验方法 第 6 部分：气味控制

YY 0505-2012 医用电气设备第 1-2 部分：安全通用要求并列标准：电磁兼容要求和试验

YY/T 1477.1-2016 接触性创面敷料性能评价用标准试验模型 第 1 部分：评价抗菌活性的体外创面模型

YY/T 1477.2-2016 接触性创面敷料性能评价用标准试验模型 第 2 部分：评价促创面愈合性能的动物烫伤模型

YY/T 1477.3-2016 接触性创面敷料性能评价用标准试验模型 第 3 部分：评价液体控制性能的体外创面模型

YY/T 1477.4-2017 接触性创面敷料性能评价用标准试验模型 第 4 部分：评价创面敷料潜在粘连性的体外模型

（十二）医疗器械产品是否豁免临床试验的法规文件

《国家药品监督管理局关于公布新修订免于进行临床试验医疗器械目录的通告》（2018 年第 94 号）附件 1。

注输、护理和防护器械

序号	一级产品类别	二级产品类别	产品描述	预期用途	品名举例	管理类别	是否豁免临床	相关标准	指导原则
01	注射、穿刺器械	01 注射泵	通常由电路控制模块和机械传动模块组成，包括控制电路、驱动装置、检测装置、报警装置、显示装置等	与注射器配合使用，用于小剂量精确定量控制注入患者体内液体（镇痛药、化疗药物、胰岛素）	麻醉注射泵、化疗药物注射泵	Ⅲ	否	GB 9706.27—2005	注射泵注册技术审查指导原则（2017 年修订版）
			通常由电路控制模块和机械传动模块组成，包括控制电路、驱动装置、检测装置、报警装置、显示装置等	与注射器配合使用，用于小剂量精确定量控制注入患者体内液体。不用于镇痛药、化疗药物、胰岛素的输注	注射泵、微量注射泵、单道微量注射泵、双道微量注射泵、六道微量注射泵、体重模式微量注射泵、双通道医用注射泵、医用注射泵	Ⅱ	是	GB 9706.27—2005	注射泵注册技术审查指导原则（2017 年修订版）
		02 无菌注射器	通常由器身、锥头、活塞和芯杆组成。器身一般采用高分子材料制成，活塞一般采用天然橡胶制成。无菌提供	用于抽吸液体或在注入液体后注射	一次性使用无菌注射器、一次性使用无菌自毁式注射器、一次性使用无菌胰岛素注射器、自毁型固定剂量疫苗注射器、一次性使用低阻力注射器、泵用注射器	Ⅲ	是	GB/T 1962.1—2015 GB 15810—2001 YY/T 0497—2018 YY/T 0909—2013 YY 0573.3—2005 YY 0573.4—2010	/
		03 无针注射器	通常由注射器、复位器、抽药针、安瓿、适配器或其他部件组成。不含药液。依靠机械、电能或其他能源发挥其功能。注射器、复位器为非无菌提供、可重复使用；抽药针、安瓿、适配器为无菌提供，一次性使用	通过压力使药液穿透皮肤或黏膜表面，输送入体内。用于药液的注射	无针注射器	Ⅲ	否	GB/T 1962.1—2015 YY/T 0907—2013	/
		04 笔式注射器	通常由笔帽、笔芯架、螺旋杆、笔身、剂量调节栓和注射按钮组成；有源笔式注射器通常还包含具有辅助功能的其它电子组件。不含针或笔芯。一般采用高分子材料制成。非无菌提供	与笔芯和 / 或针配合使用，通过压力使药液穿透皮肤或黏膜表面，输送入体内。用于药液（如胰岛素）的注射	笔式注射器	Ⅱ	是	GB/T 1962.1—2015	/
		05 玻璃注射器	通常由外套、芯子和锥头三部分组成。一般采用硅硼铝玻璃制成。经清洗灭菌处理可重复使用	用于抽吸液体或在注入液体后注射	全玻璃注射器	Ⅱ	是	YY 1001.1—2004 YY 1001.2—2004 YY 91016—1999 YY 91017—1999	/

续表

序号	一级产品类别	二级产品类别	产品描述	预期用途	品名举例	管理类别	是否豁免临床	相关标准	指导原则
01	注射、穿刺器械	06 注射针	通常由针管、针座和护套组成，可带有自毁装置。针管一般采用不锈钢材料制成，针座一般采用高分子材料制成。无菌提供	用于人体皮内、皮下、消化道黏膜下、肌肉、静脉等注射或抽取液体	一次性使用无菌注射针、一次性使用无菌牙科注射针、一次性使用胰岛素笔配套用针、植入式给药装置注射针	Ⅲ	是	GB/T 1962.1—2015 GB 15811—2016 YY/T 0282—2009 YY/T 0296—2013	/
			通常由针管、针座和护套组成。针管和针座一般采用不锈钢材料制成。非无菌提供，可重复使用	用于人体皮内、皮下、消化道黏膜下、肌肉注射或抽取液体	一次性使用未灭菌注射针	Ⅱ	是	GB/T 1962.1—2015 YY/T 0282—2009 YY/T 0296—2013	/
		07 注射器辅助推动装置	一般采用金属材料、高分子材料等制成。不接触注射药液	配合注射器等使用，用于对注射器进行辅助推注	注射器辅助推进枪	Ⅱ	否	/	/
			一般采用金属材料、高分子材料等制成。非电驱动。不接触注射药液。非无菌提供。不具有剂量控制功能	配合注射器等使用，用于对注射器进行辅助推注	注射器辅助推进枪	Ⅰ	是	/	/
		08 穿刺器械	通常由穿刺针、穿刺器、保护套组成	用于对腰椎、血管、脑室进行穿刺，以采集人体样本、注射药物与气体等或作为其他器械进入体内的通道	脑室穿刺针、腰椎穿刺针	Ⅲ	是	YY/T 1148—2009	/
			通常由穿刺针、穿刺器、保护套组成	用于对人体（不包括腰椎、血管、脑室）进行穿刺，以采集人体样本、注射药物与气体等或作为其他器械进入体内的通道	胸腔穿刺针、肾穿刺针、多用套管针、上颌窦穿刺针、肝活体组织快速穿刺针、肝活体组织穿刺针、经皮穿刺器械、环甲膜穿刺针、吸脂针、穿刺细胞吸取器、点刺针、经皮肝穿刺胆管造影针、气胸针、髂骨穿刺针	Ⅱ	是	/	/
		09 活检针	通常由针座、芯针、内针管、内外针定位销、外针管、保护套组成。针管一般采用不锈钢材料制成	可与活检枪配合使用，用于从肝、肾、前列腺、乳腺、脾、淋巴结、软组织肿瘤等人体组织获取标本进行活检	一次性使用活检针、乳房活检装置、可重复使用活检针、重复使用活检器、骨髓活检针	Ⅱ	是	YY/T 0980.1—2016 YY/T 0980.2—2016 YY/T 0980.3—2016 YY/T 0980.4—2016	一次性使用活检针注册技术审查指导原则

续表

序号	一级产品类别	二级产品类别	产品描述	预期用途	品名举例	管理类别	是否豁免临床	相关标准	指导原则
01	注射、穿刺器械	10 活检枪	通常由弹射、释放、制动部分构成，一般采用不锈钢材料制成。非无菌提供，可重复使用	与活检针装配好后用于从人体组织获取标本进行活检	活检枪	Ⅱ	否	/	/
02	血管内输液器械	01 输液泵	通常由驱动装置、电源部分、贮液装置和输液管路组成。贮液装置和输液管路为无菌提供，一次性使用	用于精确定量控制注入患者体内的药液	电子镇痛泵、电子输注泵、微量注药泵、全自动注药泵	Ⅲ	否	GB 9706.27—2005	/
			通常由驱动部分和电源部分组成。不包含贮液装置和输液管路	用于精确定量控制注入患者体内的液体，与贮液装置和输液管路配套使用。不用于镇痛药、化疗药物、胰岛素的输注	微电脑电动注药泵、便携式输液泵、输液泵、急救输液泵、容积输液泵、医用输液泵	Ⅱ	是	GB 9706.27—2005	/
		02 输液信息采集系统	通常由带有红外通讯接口、电源的移动支架和集成软件组成	用于对镇痛药、化疗药物、胰岛素液体输注过程提示报警信息，为输液泵 / 注射泵供电，与输液泵 / 推注泵通信并采集数据	输液信息采集系统	Ⅲ	否	/	/
			通常由带有红外通讯接口、电源的移动支架和集成软件组成	用于对除镇痛药、化疗药物、胰岛素之外液体输注过程提示报警信息，为输液泵 / 注射泵供电，与输液泵 / 推注泵通信并采集数据	输液信息采集系统	Ⅱ	是	/	/
		03 输液辅助电子设备	通常与输液器配合使用，能使输液过程实现流量控制、加温、报警等功能的电子仪器	用于对镇痛药、化疗药物、胰岛素的液体进行输液过程增加部分辅助功能，如流量控制、加温、报警等功能	输液监控仪、输液监护系统、输血输液加温仪	Ⅲ	否	/	/
			通常与输液器配合使用，能使输液过程实现流量控制、加温、报警等功能的电子仪器	用于对除镇痛药、化疗药物、胰岛素之外液体进行输液过程增加部分辅助功能，如流量控制、加温、报警等功能。不与血液、药液接触	输液监控仪、输液监护系统、输血输液加温仪	Ⅱ	是	/	/
		04 无源输注泵	通常由弹力储药囊（不含药）、加药装置、延长管和流速控制器组成。以机械弹性为动能，为泵体提供动力。无菌提供，一次性使用	用于患者自控调节注入体内（静脉、皮下、硬膜外腔）的药液流量	一次性使用输注泵	Ⅲ	否	YY 0451—2010	/

续表

序号	一级产品类别	二级产品类别	产品描述	预期用途	品名举例	管理类别	是否豁免临床	相关标准	指导原则
02	血管内输液器械	05 输液器	通常由鲁尔圆锥接头、管路、滴斗、流量调节器、瓶塞穿刺器、药液过滤器等组成，部分输液器带有空气过滤器的进气气件、药液注射件。管路一般由聚氯乙烯或其他材料制成。其设计能使其在重力或压力的作用下，将输液容器中的药液通过静脉穿刺器械向静脉内输液。无菌提供，一次性使用	用于静脉输注药液	重力输液器、重力式输液器、压力设备用输液器、滴定管式输液器、分液袋式输液器、吊瓶式输液器、静脉营养袋式输液器、避光输液器、泵用输液器、压力输液器、自动排气输液器	Ⅲ	是	GB 8368—2005 GB/T 14233.1—2008 GB/T 14233.2—2005 YY 0286.1—2007 YY 0286.2—2006 YY 0286.3—2017 YY 0286.4—2006 YY 0286.5—2008 YY 0286.6—2009	/
		06 静脉输液针	通常由保护套、针管、针柄、软管、针座及其他部件组成。一般采用聚氯乙烯等高分子材料和医用不锈钢材料制成。无菌提供	与输液器、输血器配套使用，用于穿刺并输入人体药液	一次性使用静脉输液针、植入式给药装置输液针	Ⅲ	是	GB 18671—2009 YY 0881—2013	/
		07 血管内留置针	通常由护套、导管组合件（包括导管、楔型物和导管座）、针头组合件（包括针管和针座）和透气塞组成，可带有防针刺装置。一般采用高分子材料和医用不锈钢材料制成。无菌提供	与输液器、输血器配套使用，可在血管内留置一段时间，用于穿刺并输入人体液体、采血，或动脉血压监测及连续动脉血气监测用	一次性使用静脉留置针、一次性使用动静脉留置针、一次性使用动脉留置针、一次性使用防针刺静脉留置针	Ⅲ	是	YY 1282—2016	/
		08 输液连接管路	通常由输液管路、至少一个外圆锥鲁尔接头和一个内圆锥鲁尔接头组成。管路一般由聚氯乙烯或其他材料制成。无菌提供，一次性使用	通过鲁尔接头与其他输液器械连接，实现两个器械间的管路连接后输注药液	输液连接管路、输液延长管、微量输液延长管、避光输液延长管、泵用输液管路、压力输液管路、带流量设定微调装置的输液管路、避光输液管路、温液式输液管路、微量泵前管	Ⅲ	是	/	/
		09 输液、输血用连接件及附件	通常至少带有一鲁尔圆锥接头，一般采用高分子材料制成。无菌提供，一次性使用	用于串接在输液系统上使其增加了一项或多项特定的功能，如液路开关、防回流、过滤等	输液用两路开关、输液用三路开关、输液用四路开关、输液用多联开关、带输液延长管的三路开关、输液用防回流阀、无针式输液连接件、分隔膜式无针输液连接件、正压无针输液连接件、针刺式输液连接件、输液用肝素帽、输液用高压三通、输液过滤器、麻醉用过滤器、网式药液过滤器、输液管路空气过滤器、静脉营养液过滤器、带连接管路的无针式输液连接件、一次性使用去白细胞过滤器、输液用进气器件	Ⅲ	是	YY 0581.1—2011 YY 0581.2—2011 YY 0585.4—2009 YY 0770.1—2009 YY 0770.2—2009 YY/T 0929.1—2014 YY/T 1551.1—2017 YY/T 1551.2—2017 YY/T 1551.3—2017	/

续表

序号	一级产品类别	二级产品类别	产品描述	预期用途	品名举例	管理类别	是否豁免临床	相关标准	指导原则
02	血管内输液器械	10 植入式给药器械	通常由注射座、导管和/或连接器组成。植入皮下后，可经皮反复穿刺的注射座向里输注药物，然后经导管将药物输送至病变部位或特定的血管。无菌提供，一次性使用	通过植入需要长期输入药物或液体的患者皮下，用于输注药物	植入式给药装置、植入式化疗泵、植入式给药器	Ⅲ	否	YY 0332—2011	/
		11 输液袋	通常由袋体、药液加入口和输液器插口组成，一般由高分子材料制成。无菌提供，一次性使用	用于医疗机构中，使用前充入营养液或药液，再与输液器和静脉内器械（如中心静脉导管）连接向体内输注	静脉营养输液袋、泵用输液袋	Ⅲ	否	YY 0611—2007	/
		12 药液用转移、配药器具	通常由瓶塞穿刺器、连接管路等组成，可带有过滤器件。当它与两个容器相连后可以实现不同药剂间的转移、溶药、配药或多联输液（多瓶输液）。也可以设计成注射的形式，其由针座、针管和护套组成。溶药针针座及护套一般采用聚丙烯材料，针管一般采用医用不锈钢材料	用于不同药剂间的转移，实现输液前溶药、配药或多剂型药物联合输液等。不作为指定中继泵的附件	静脉药液转移器、单通道静脉药液转移器、双通道转移器、带有进气口的转移器、注射式配药器、配药用注射器、药液转移器、一次性使用无菌溶药针、密闭式药液转移器	Ⅱ	是	YY 0804—2010 YY/T 0821—2010	一次性使用配药用注射器注册技术审查指导原则
		13 输液用放气针	通常由针管和针座组成。一般由金属材料制成。可重复使用	用于输液时插入输液瓶内放气	输液用放气针	Ⅰ	是	/	/
03	非血管内输液器械	01 肠营养泵	通常由肠营养泵主体、电源组件组成。不包括肠营养器和肠营养袋	与肠营养器和肠营养袋配合使用，用于患者连续或间断喂饲营养	营养泵、肠内营养泵	Ⅱ	是	/	/
		02 胰岛素泵	通常由壳体、调节控制部分、传动部分、电源等组成	用于糖尿病患者皮下持续输注胰岛素	胰岛素泵、胰岛素注射泵	Ⅲ	否	/	/
		03 胰岛素泵用皮下输液器	通常由皮下穿刺针、固定装置、管路、连接件等组成。无菌提供，一次性使用	用于与特定的胰岛素泵、胰岛素泵用储液器配合使用，向糖尿病患者持续皮下输注胰岛素	胰岛素泵用皮下输液器	Ⅲ	否	YY/T 1291—2016	/
		04 胰岛素泵用储液器	通常由芯杆、活塞、外套等组成。不含胰岛素。无菌提供，一次性使用	用于与特定的胰岛素泵、胰岛素泵用输液器配合使用，向糖尿病患者持续皮下输注胰岛素	胰岛素泵用储液器	Ⅲ	否	/	/

续表

序号	一级产品类别	二级产品类别	产品描述	预期用途	品名举例	管理类别	是否豁免临床	相关标准	指导原则
03	非血管内输液器械	05 肠营养器	通常由瓶塞穿刺器、管路、滴斗和肠营养导管连接接头组成，管路一般由聚氯乙烯或其他高分子材料制成，能与肠营养容器和肠营养管连接。部分肠营养器还带有泵管，使之可在肠营养泵的作用下向肠内输注营养液；部分肠营养器与肠营养袋连为一体	用于向胃肠内输送营养液	输液式肠营养器、推注式肠营养器、泵用肠营养器、胃肠营养输送器、肠内营养泵管	Ⅱ	否	/	/
		06 肠营养袋	通常由营养制剂加入口、袋体和肠营养器穿刺接口组成。袋体一般由聚氯乙烯或其他高分子材料制造。不含营养物质	用于通过连接鼻饲管或胃管向患者肠胃输送营养	肠营养袋、肠胃营养袋	Ⅱ	否	/	/
04	止血器具	01 有源止血器	通常由主机控制器、压力表、打气筒、气袋、气路导管、止血袖带组成	用于四肢手术时采用气压压迫等方法阻断肢体血流，从而达到止血作用	数控气压止血仪、自动气压止血仪、电动气压止血仪、自动气压止血带、数控气压止血带、电动气压止血带	Ⅱ	是	/	/
		02 无源止血器	通常由压迫装置和固定装置组成。压迫装置可分为压迫垫、压迫气囊等，固定装置类型分为螺母、固定板、固定带、黏合贴等。无菌提供	用于动脉介入式手术等外科手术后，或手术结束拔除动静脉留置针后，穿刺点闭合压迫止血用	桡动脉止血器、桡动脉压迫止血器、动脉压迫止血器、一次性使用动脉压迫止血器	Ⅱ	是	/	/
		03 无源止血带	通常分为捆扎型、卡扣型、松紧带黏贴型，加压压迫血管以达到止血目的	用于临床静脉抽血、静脉穿刺的止血扎结及事故现场、战场救治四肢出血时进行止血处理。或用于四肢外科手术驱赶四肢中血液	桡动脉压迫止血带、医用止血带、一次性使用动脉压迫止血带、上肢气压止血带、压脉止血带、硅胶驱血带	Ⅱ	是	/	/
			通常由弹性带、扣盒、插件、手柄组成。一般采用高分子材料制成。非无菌提供	用于静脉输液或抽血时短暂阻断静脉回流	一次性使用止血带、止血带	Ⅰ	是	/	/
05	非血管内导（插）管	01 经皮肠营养导管	通常为由硅橡胶或聚氨酯等材料制造的导管，头端有固定装置。球囊的作用是将导管经皮插入胃或空肠内后，充起球囊，起到固定导管的作用。在体内滞留时间大于等于 30 天。无菌提供，一次性使用	用于为不能经鼻肠营养的患者输送营养物质	经皮肠营养球囊导管、经皮肠营养导管	Ⅲ	否	YY 0483—2004 YY/T 0817—2010	/

续表

序号	一级产品类别	二级产品类别	产品描述	预期用途	品名举例	管理类别	是否豁免临床	相关标准	指导原则
05	非血管内导（插）管	02 经鼻肠营养导管	通常为由聚氯乙烯或其他材料制成的管路和不能与静脉输液器的鲁尔外圆锥接头相连接的接头组成。可经鼻插入患者胃或十二指肠内，以通过它给入肠营养液或药液。无菌提供，一次性使用	用于经鼻向胃肠道引入营养液等。部分可实现冲洗等其他辅助功能	经鼻肠营养管、小儿经鼻肠营养管、婴儿胃饲管胃管及附件、鼻饲管、十二指肠管、经鼻喂养管、小肠喂养管、胃管、胃导管、螺旋型鼻肠管、鼻胃管、肠营养导管、喂食管、胶乳胃管、鼻胃肠插管	Ⅱ	是	YY 0483—2004	鼻饲营养导管注册技术审查指导原则（2018年修订版）
		03 导尿管	一般采用高分子材料制成。部分头端固定有球囊。可将头端插入膀胱，并向体外导尿。含药物成分。无菌提供，一次性使用	用于将患者膀胱中的尿液经尿道向体外导出并导入到集尿容器中	含药导尿管	Ⅲ（药械组合产品）	否	YY 0325—2016	/
			一般采用高分子材料制成。部分头端固定有球囊。可将头端插入膀胱，并向体外导尿。管身上涂有银盐或抗菌成分等涂层。无菌提供，一次性使用	用于将患者膀胱中的尿液经尿道向体外导出并导入到集尿容器中	硝酸银亲水涂层导尿管	Ⅲ	否	YY 0325—2016	/
			一般采用高分子材料制成。部分头端固定有球囊。可将头端插入膀胱，并向体外导尿。部分管身上涂有润滑涂层（不含药物、银盐或抗菌成分涂层），浸湿后便于插入，减轻插管痛苦。无菌提供，一次性使用	用于将患者膀胱中的尿液经尿道向体外导出并导入到集尿容器中	无球囊导尿管、双腔球囊导尿管、三腔球囊导尿管、硅橡胶导尿管、橡胶导尿管、导尿管、硅橡胶带囊尿道导管、尿道导管、双气囊三腔导管、无菌梅花头导尿引流管、气囊导尿管、双囊四腔导尿管、医用橡胶导尿管、乳胶导尿管、多腔球囊导尿管、测温导尿管、乳胶菌状导尿管、单腔导尿管、双腔气囊导尿管、间歇性导尿管	Ⅱ	是	YY 0325—2016	一次性使用无菌导尿管产品注册技术审查指导原则(2018年修订版）
			采用金属材料制成。不含润滑液。非无菌提供	用于将患者膀胱中的尿液经尿道向体外导出并导入到集尿容器中	金属导尿管、非无菌导尿管	Ⅰ	是	/	/
		04 直肠管（肛门管）	通常由导管和接头组成。一般采用医用聚氯乙烯塑料制成。导管头端分有孔和无孔两种，两侧有一个或多个侧孔。无菌提供	用于供肠道清洁（冲洗、排空或灌注）用或排气用	无菌肛门管、无菌直肠导管、无菌肛管、无菌肛门排气管	Ⅱ	是	YY 0488—2004	/

续表

序号	一级产品类别	二级产品类别	产品描述	预期用途	品名举例	管理类别	是否豁免临床	相关标准	指导原则
05	非血管内导（插）管	04 直肠管（肛门管）	通常由导管和接头组成。一般采用医用聚氯乙烯塑料制成。导管头端分有孔和无孔两种，两侧有一个或多个侧孔。非无菌提供	用于供肠道清洁（冲洗、排空或灌注）用或排气用	肛门管、直肠管、肛管、肛门排气管	Ⅰ	是	/	/
		05 输尿管支架	通常为由硅橡胶、聚氨酯或其他聚合物制造的管状结构，单端或双端有环状弯曲。放置于肾脏与膀胱之间。在体内滞留时间大于等于 30 天	通过对人体输尿管进行支撑和引流，用于治疗输尿管堵塞和狭窄	输尿管支架	Ⅲ	是	YY/T 0872—2013	/
			通常为由硅橡胶、聚氨酯或其他聚合物制造的管状结构，单端或双端有环状弯曲。放置于肾与膀胱之间。在体内滞留时间小于 30 天	通过对人体输尿管进行支撑和引流，用于治疗输尿管堵塞和狭窄	输尿管支架	Ⅱ	是	YY/T 0872—2013	/
		06 引流导管	一般采用硅橡胶或聚氨酯等材料制成。使用时导管的一端插入到体内或创面的引流部位，另一端在体外可与引流接管等其他体外器械连接，通过体内压力、重力或负压吸引等压力的作用向体外引流。无菌提供，一次性使用	用于将患者积液、渗出液或气体向体外引流	胸腔引流导管、脑室引流导管、脑脊液外引流导管、腰椎外引流导管、颅脑外引流导管、腹腔引流管、胸腔引流管、脑室引流管、心脏排气引流管、脑科吸引管、胆汁外引流导管、胰引流管、经鼻胆汁外引流管、乳胶胆管引流管、胆管引流管、逆行性经胆管引流管、鼻胰引流管、胆汁引流管	Ⅱ	是	YY 0489—2004 YY/T 1287.3—2016	一次性使用引流管产品注册技术审查指导原则
		07 扩张导管	通常由多腔管路、球囊和多个连接件组成，也可以不带球囊。球囊在体内可以充起，以对体内狭窄的生理腔道进行扩张，以使其达到通畅或使其他器械通过。体内滞留时间小于 30 天。无菌提供，一次性使用	用于对体内狭窄的生理腔道进行扩张	尿道球囊扩张导管、胆道球囊扩张导管、胆道扩张导管、输尿管球囊扩张导管、鼻窦球囊导管	Ⅱ	是	/	/
		08 造影导管	通常由导管和导管座组成。无菌提供，一次性使用	在导引器械的配合下导管插入体内的某个部位（非血管组织），用于向靶向部位输入造影剂	双腔输尿管造影导管、逆行性胰 / 胆管造影导管、注射管线造影管、十二指肠造影导管	Ⅱ	否	/	/

续表

序号	一级产品类别	二级产品类别	产品描述	预期用途	品名举例	管理类别	是否豁免临床	相关标准	指导原则
05	非血管内导（插）管	09 测压导管	通常由导管、导管座等组成，常在导引器械的配合下使导管插入体内的某个部位，供测量生理压力。无菌提供，一次性使用	用于测量靶向部位（非血管组织）生理压力	尿动力测压导管、直肠测压导管、胆道测压导管、肠道测压管	Ⅱ	是	/	/
06	与非血管内导管配套用体外器械	01 颅脑外引流收集装置	通常至少由体外引流管路、滴瓶和收集容器三部分组成。用于脑脊液脑室穿刺外引流，收集装置还应有颅内压刻度尺。（脑室外引流以外的颅脑穿刺外引流收集装置可不包括颅内压刻度尺，可根据实际需要选配。）无菌提供，一次性使用	用于脑积水和颅内出血患者的脑脊液或血肿引流	脑室穿刺脑脊液外引流收集装置、腰椎穿刺脑脊液外引流收集装置、颅脑穿刺非脑脊液外引流收集装置、颅脑外引流装置、脑室引流装置、腰大池引流器、脑脊液体外引流器、颅脑引流袋	Ⅱ	是	YY/T 1287.1—2016 YY/T 1287.2—2016 YY/T 1287.3—2016	/
		02 胸腔引流装置	通常至少由胸腔引流接管和积液腔组成，可分为水封式、干封阀式等，部分带有吸引接口，以实现吸引引流。不包括带有自体血回输的引流装置。从生产工艺上可分为注塑和吹塑两种。不包括插入病人胸腔的胸腔引流导管。无菌提供，一次性使用	与胸腔引流导管配套，用于气胸、胸腔积液及手术后需要进行闭式引流的患者	水封式胸腔引流装置、水封式双腔胸腔引流装置、水封式三腔胸腔引流装置、干封阀式胸腔引流装置、胸腔引流瓶、胸腔闭式引流袋、胸腔引流贮液瓶、胸腔引流调节器、单腔胸腔引流装置、胸腔闭式引流瓶、胸腔引流器、便携式胸腔引流瓶	Ⅱ	否	YY/T 0583.1—2015 YY/T 0583.2—2016	/
		03 负压引流器及组件	通常由器身、弹簧、调节器组、连接接头、连接管、止流夹、护帽、引流袋、负压泵或手动负压源（负压球）组成。无菌提供。不包括插入体内的引流导管	用于临床负压引流时，与插入体内的引流导管相连接，起到充当负压传导介质和/或引导、收集引流液的作用	无菌负压吸引装置、无菌高负压引流瓶、无菌医用体外引流器、无菌负压引流器、无菌负压引流球、一次性吸引头、无菌硅橡胶引流球、无菌穿刺型负压引流器、无菌引流瓶、无菌硅胶负压引流球、无菌抽液器、无菌闭合高负压引流系统、无菌负压吸引用收集装置、无菌吸引贮液瓶	Ⅱ	是	/	负压引流装置产品注册技术审查指导原则
			通常由器身、弹簧、调节器组、连接接头、连接管、止流夹、护帽、引流袋组成。非无菌提供。不包括负压泵、手动负压源（负压球）和插入体内的引流导管	用于临床负压引流时，与插入体内的引流导管相连接，起到充当负压传导介质和/或引导、收集引流液的作用	负压吸引装置、高负压引流瓶、医用体外引流器、负压引流器、穿刺型负压引流器、引流瓶、闭合高负压引流系统、负压吸引用收集装置、吸引贮液瓶	Ⅰ	是	/	/

续表

序号	一级产品类别	二级产品类别	产品描述	预期用途	品名举例	管理类别	是否豁免临床	相关标准	指导原则
06	与非血管内导管配套用体外器械	04 真空负压机	通常由真空泵、真空罐、管路、接头和电控箱组成。通过真空泵抽吸，使系统管路产生医用负压，达到持续或间歇进行创面引流或者提供负压环境辅助伤口闭合的目的	用于去除腔隙或创面分泌物和坏死组织，改善局部微循环、促进组织水肿消退、控制感染、促进肉芽组织健康生长	真空负压机、医用真空负压机	Ⅱ	否	/	/
		05 负压引流海绵	通常由抗负压吸引的海绵和负压吸引导管组成。常用的海绵的材料有聚氨酯或聚乙烯醇等。将海绵置于创面上，贴上负压引流封闭膜，在海绵的支撑作用和封闭膜的封闭作用下形成封闭的负压引流腔体，在吸引导管与外接的吸引源的作用下实现对创面的引流。无菌提供，一次性使用	用于对慢性创面进行引流	负压引流海绵、聚氨酯负压引流海绵、聚乙烯醇负压引流海绵	Ⅲ	否	/	/
			通常由抗负压吸引的海绵和负压吸引导管组成。常用的海绵的材料有聚氨酯或聚乙烯醇等。将海绵置于创面上，贴上负压引流封闭膜，在海绵的支撑作用和封闭膜的封闭作用下形成封闭的负压引流腔体，在吸引导管与外接的吸引源的作用下实现对创面的引流。无菌提供，一次性使用。所含成分不可被人体吸收	用于对非慢性创面（如手术后缝合创面、机械创伤、切割伤创面、浅Ⅱ度的烧烫伤创面）进行引流	负压引流海绵、聚氨酯负压引流海绵、聚乙烯醇负压引流海绵	Ⅱ	否	/	/
		06 负压引流封闭膜	为聚氨酯膜上均匀涂有合成胶黏物质组成封闭膜的黏贴面，黏贴面上覆盖有一个保护层。对创面进行负压引流时，将负压引流海绵置于创面上，贴上负压引流封闭膜，在海绵的支撑作用和封闭膜的封闭作用下形成封闭的负压引流腔体，在吸引导管与外接的吸引源的作用下实现对创面的引流。无菌提供，一次性使用	用于负压引流时封闭创面	负压引流封闭膜	Ⅱ	否	/	/

续表

序号	一级产品类别	二级产品类别	产品描述	预期用途	品名举例	管理类别	是否豁免临床	相关标准	指导原则
06	与非血管内导管配套用体外器械	07 医用电动吸引器械	通常由负压指示器、过滤器、收集容器和防溢流装置组成。以网电源或蓄电池驱动。负压可由旋片泵、活塞泵、膜片泵和电磁泵提供	利用负压抽出人体中的气体、液体和/或固体。可在医疗场所、家庭、野外或运输途中使用。可吸取人体呼吸道中的分泌物；胃中、胸腔中的气体、液体；体表创面、伤口的渗出液；羊水；手术中、手术后的血水（冲洗液）、渗出液、废液等。不包括仅用于妇科流产、口腔科吸引、眼科吸引或内窥镜手术的吸引器械	医用电动吸引器、便携式医用电动吸引器、膜式医用电动吸引器、便携式吸痰器、电动吸痰机、电动吸痰器、小儿吸痰器、羊水吸引器、医用电动吸引器、低负压医用电动吸引器	Ⅱ	否	YY 0636.1—2008 YY 0636.2—2008 YY 0636.3—2008	医用吸引设备注册技术审查指导原则(2017年修订版)
		08 以负压源或压力源为动力吸引器械	通常由负压指示器、过滤器、收集容器和防溢流装置组成，可含有电气控制元件。与负压源连接使用，由中心吸引系统负压管道或压缩气体驱动，也可由自带气瓶驱动。与负压管道连接还需要配备负压调节器	利用负压抽出人体中的气体、液体和/或固体。可在医疗场所、家庭、野外或运输途中使用。可吸取人体呼吸道中的分泌物；胃中、胸腔中的气体、液体；体表创面、伤口的渗出液；羊水；手术中、手术后的血水（冲洗液）、渗出液、废液等。不包括仅用于妇科流产、口腔科吸引、眼科吸引或内窥镜手术的吸引器械	墙式吸引装置、壁式吸引器、墙式吸引器、中心负压抽吸器、气体负压吸引器、医用吸引系统负压吸引器、医用吸引系统吸引器、壁式医用负压吸引器、落地式吸引器、便携式吸引器、急救吸引器、中心负压源吸引器、中心吸引器、手提式吸引器	Ⅱ	是	YY 0636.1—2008 YY 0636.3—2008	医用吸引设备注册技术审查指导原则(2017年修订版)
		09 医用人工驱动吸引器械	通常由负压指示器、过滤器、收集容器和防溢流装置组成。包括脚踏、手动或两者并用，也可以与电气设备组合使用	利用负压抽出人体中的气体、液体和/或固体。可在医疗场所、家庭、野外或运输途中使用。可吸取人体呼吸道中的分泌物；胃中、胸腔中的气体、液体；体表创面、伤口的渗出液；羊水；手术中、手术后的血水（冲洗液）、渗出液、废液等。不包括仅用于妇科流产、口腔科吸引、眼科吸引或内窥镜手术的吸引器械	手动吸引器、手动吸痰器、脚踏吸引器	Ⅱ	是	YY 0636.2—2008	医用吸引设备注册技术审查指导原则(2017年修订版)

续表

序号	一级产品类别	二级产品类别	产品描述	预期用途	品名举例	管理类别	是否豁免临床	相关标准	指导原则
06	与非血管内导管配套用体外器械	10 医用中心吸引系统	通常由中心吸引站、管道、阀门和终端组成，中心吸引站的真空泵机组是吸引系统的负压源，通过真空泵机组的抽吸使吸引系统管路达到所需负压值	用于医院向手术室、抢救室、治疗室和病房终端提供负压，产生吸力	医用中心吸引系统	Ⅱ	是	YY/T 0186—1994	/
		11 体外引流、吸引管	通常由软管和连接件组成。能在引流导管与引流装置之间连接，使之组成密闭的引流系统。不直接接触人体。无菌提供，一次性使用	与适宜设备配套后，用于手术中、手术后的血水、废液等引流、吸引使用	无菌冲洗引流管、一次性吸引管、无菌食管胃吸引管、无菌体外吸引连接管、无菌抽吸管路、无菌胎粪吸引管、无菌食管胃吸引管、无菌口鼻吸引管、无菌可调负压吸引管	Ⅱ	是	YY/T 0191—2011 YY 0339—2009	/
			通常由软管和连接件组成。能在引流导管与引流装置之间连接，使之组成密闭的引流系统。不直接接触人体。非无菌提供（如在无菌环境下使用，使用前应经灭菌处理），一次性使用	与适宜设备配套后，用于手术中、手术后的血水、废液等引流、吸引使用	引流管、冲洗引流管、一次性吸引管、体外吸引连接管、抽吸管路、胎粪吸引管、口鼻吸引管、可调负压吸引管	Ⅰ	是	/	一次性使用引流管产品注册技术审查指导原则
		12 引流袋（容器）/收集袋（容器）、粪便管理器械	通常为袋式的收集容器。通过体外管路与引流导管连接，形成密闭的引流系统。无菌提供，一次性使用	用于医院临床科室及手术中或手术后患者一次性引流体液(血液、胃液等)、分泌物(痰液、冲洗液等）及人体排泄物的收集	无菌引流袋、无菌废液收集袋、无菌塑料引流袋、无菌集尿袋、无菌便携式集尿袋、无菌子母式集尿袋、无菌尿袋、无菌男性尿袋、无菌婴儿集尿袋	Ⅱ	是	GB/T 17257.1—2009 GB/T 17257.2—2009	/
			通常为袋式的收集容器。通过体外管路与引流导管连接，形成密闭的引流系统。非无菌提供，一次性使用	用于医院临床科室及手术中或手术后患者一次性引流体液(血液、胃液等)、分泌物(痰液、冲洗液等）及人体排泄物的收集	引流袋系统、引流袋、废液收集袋、塑料引流袋、集尿袋、便携式集尿袋、子母式集尿袋、尿袋、男性尿袋、婴儿集尿袋、医疗废液收集装置	Ⅰ	是	GB/T 17257.1—2009 GB/T 17257.2—2009	/
		13 非血管内导管充盈装置	通常由推注系统、压力表、连接管路等组成。无菌提供	用于对非血管内导管等球囊进行充压，使球囊膨胀	无菌球囊扩充压力泵、无菌球囊扩张充压装置、无菌球囊充盈装置	Ⅱ	是	/	/
			通常由推注系统、压力表、连接管路等组成。非无菌提供	用于对非血管内导管等球囊进行充压，使球囊膨胀	球囊扩充压力泵、球囊扩张充压装置、球囊充盈装置	Ⅰ	是	/	/

续表

序号	一级产品类别	二级产品类别	产品描述	预期用途	品名举例	管理类别	是否豁免临床	相关标准	指导原则
07	清洗、灌洗、吸引、给药器械	01 冲洗器械	通常由主机、加温模块、电源模块组成	用于冲洗自然腔道（不包括阴道专用）、术中术后冲洗组织，也可对冲洗液加温	电动冲洗器、冲洗液加温仪	Ⅱ	是	/	/
			通常由主控模块、显示模块、电源模块、正负压泵、正负压调节阀组成	连接管路后用于临床洗胃	洗胃机	Ⅱ	是	YY 1105—2008	电动洗胃机注册技术审查指导原则(2017年修订版)
			根据不同的预期用途有不同的结构。使用前装入冲洗液，或与相关的冲洗设备或器具连接成冲洗系统，可向患者冲洗部位进行冲洗。无菌提供	用于对患者自然腔道（不包括阴道专用）、手术创面或体内组织进行冲洗，或用在不同药物治疗的间隙进行冲洗	无菌冲洗器、无菌鼻部冲洗器	Ⅱ	是	YY/T 0981—2016	/
			根据不同的预期用途有不同的结构。使用前装入冲洗液，或与相关的冲洗设备或器具连接成冲洗系统，可向患者冲洗部位进行冲洗。非无菌提供（如在无菌环境下使用，使用前应经灭菌处理）	用于对患者自然腔道（不包括阴道专用）进行冲洗，或用在不同药物治疗的间隙进行冲洗	冲洗器、鼻部冲洗器、冲洗液袋用加压器	Ⅰ	是	YY/T 0981—2016	/
		02 灌肠器	通常由软袋、夹子、接管、接头等部分组成，一般采用玻璃、高分子等材料制成。软袋供装入灌肠液，接头可与直肠导管连接。不含内容物。无菌提供	用于临床灌肠	无菌灌肠器、无菌清肠器	Ⅱ	是	/	/
			通常由软袋、夹子、接管、接头等部分组成，一般采用玻璃、高分子等材料制成。软袋供装入灌肠液，接头可与直肠导管连接。不含内容物。非无菌提供	用于临床灌肠	灌肠器、清肠器	Ⅰ	是	/	/
		03 给药器	通常由吸嘴、腔体和吸入器连接口组成。采用高分子和金属材料制成。也可包括气雾剂药物吸入给药的装置。不含药物	用于对患者体表和自然腔道局部给药。不用于皮下给药和静脉给药。不包括阴道给药器	无菌气雾式给药器、无菌粉末给药器、无菌口腔给药器、无菌肛门给药器、无菌鼻腔给药器、无菌肛肠给药器、无菌喷洒式给药器、无菌滴注式给药器、无菌涂抹式给药器、无菌推注式给药器、无菌直肠给药器、无菌咽喉给药器、无菌口鼻气雾给药器、无菌药粉吸入器、无菌口鼻气雾剂给药器、无菌直肠腔道给药器、无菌体表给药器、无菌药粉吸入器、无菌胶囊型药品口服吸入器	Ⅱ	是	/	/

续表

序号	一级产品类别	二级产品类别	产品描述	预期用途	品名举例	管理类别	是否豁免临床	相关标准	指导原则
07	清洗、灌洗、吸引、给药器械	03 给药器	通常由吸嘴、腔体和吸入器连接口组成。采用高分子和金属材料制成。也可包括气雾剂药物吸入给药的装置（不含雾化功能）。非无菌提供。不含药物。不具有剂量控制功能	用于对患者体表和自然腔道局部给药。不用于皮下给药和静脉给药。不包括阴道给药器	粉末给药器、口腔给药器、肛门给药器、鼻腔给药器、肛肠给药器、滴注式给药器、喷洒式给药器、滴注式给药器、涂抹式给药器、推注式给药器、直肠给药器、咽喉给药器、口鼻气雾给药器、药粉吸入器、口鼻气雾剂给药器、直肠腔道给药器、体表给药器、药粉吸入器、胶囊型药品口服吸入器	Ⅰ	是	/	/
08	可吸收外科敷料（材料）	01 可吸收外科止血材料	一般由有止血功能的可降解吸收材料制成，呈海绵状、粉末状或敷贴状等形态。无菌提供，一次性使用	手术中植入体内，用于体内创伤面渗血区止血、急救止血和手术止血，或腔隙和创面的填充	胶原蛋白海绵、胶原海绵、可吸收止血明胶海绵、可吸收止血海绵、生物蛋白海绵、微纤维止血胶原（海绵）、医用胶原膜、即溶止血微粉、止血微球、微孔多聚糖止血粉、微纤维止血胶原（粉）、可溶可吸收性止血绒、可吸收止血颗粒、可降解止血粉、复合微孔多聚糖止血粉、微纤维止血胶原（网）、医用即溶止血纱布、可降解止血纱布、可降解性止血绫、明胶海绵、可吸收止血医用膜、可吸收止血流体明胶、可吸收再生氧化纤维素、生物止血膜、壳聚糖止血海绵	Ⅲ	否	YY/T 0606.7—2008 YY/T 1283—2016 YY/T 1511—2017 YY/T 1576—2017	可吸收止血产品注册技术审查指导原则
		02 可吸收外科防粘连敷料	一般由有防粘连功能的可降解吸收材料制成片状或液体。无菌提供，一次性使用	手术中植入体内，施加于易发生粘连的两个组织界面处，用于防术后粘连	透明质酸钠凝胶、聚乳酸防粘连膜、聚乳酸防粘连凝胶、手术防粘连溶液、防粘连冲洗液、聚乙二醇防粘连液、多聚糖防粘连膜、可吸收医用膜、壳聚糖防粘连液、壳聚糖防粘连膜	Ⅲ	否	YY/T 0308—2015 YY/T 0606.7—2008	腹腔、盆腔外科手术用可吸收防粘连产品注册技术审查指导原则

续表

序号	一级产品类别	二级产品类别	产品描述	预期用途	品名举例	管理类别	是否豁免临床	相关标准	指导原则
09	不可吸收外科敷料	01 外科织造布类敷料	通常为由医用脱脂棉纱布或脱脂棉与黏胶纤维混纺纱布经过裁切、折叠、包装、灭菌步骤加工制成的敷料	用于吸收手术过程中的体内渗出液，手术过程中承托器官、组织等	脱脂纱布、止血纱布、医用纱布制品、纱布巾、纱布片、纱布手术巾、纱布垫、纱布棉垫、外科纱布敷料、纱布叠片、棉纱垫、棉纱块、医用纱棉块、医用纱棉垫、脱脂棉黏胶混纺纱布、脱脂棉纱布、医用脱脂纱布、医用脱脂纱布块、医用纱布垫、医用纱布叠片、医用棉纱垫、X 射线可探测脱脂纱布块、脱脂纱布方、医用纱布球、医用显影纱布块、脱脂纱布叠片、脱脂棉纱布、医用脱脂纱布方、医用腹巾、医用纱布腹部垫、纱布拭子	Ⅱ	是	YY 0331—2006 YY 0594—2006	外科纱布敷料（第二类）产品注册技术审查指导原则
		02 外科非织造布敷料	通常为由非织造敷布经过加工制成的敷料	用于吸收手术过程中的体内渗出液、手术过程中承托器官、组织等	纯棉敷布片、黏胶纤维敷布片、混纤敷布片、X 射线可探测敷布片、纯棉敷布拭子、黏胶纤维敷布拭子、混纤敷布拭子、X 射线可探测敷布拭子、敷布卷、无纺布块、无纺布片、无纺布球、无纺布卷	Ⅱ	是	YY/T 0472.1—2004 YY/T 0472.2—2004	/
		03 外科海绵敷料	通常为由高分子材料加工成的海绵状敷料。无菌提供，一次性使用	用于吸收手术过程中的体内渗出液、手术过程中承托器官、组织等。还用于腔道（如鼻腔）的填塞压迫止血	聚乙烯醇海绵、手术海绵、鼻腔止血海绵	Ⅱ	否	/	/
10	创面敷料	01 创面敷贴	通常由涂胶基材、吸收性敷垫和可剥离的保护层组成。其中吸收性敷垫一般采用棉纤维、无纺布等可吸收渗出液的材料制成。吸收性敷垫可单独使用，用绷带或胶带等进行固定。所含成分不可被人体吸收。无菌提供，一次性使用	用于非慢性创面（如浅表性创面、手术后缝合创面、机械创伤、小创口、擦伤、切割伤创面、穿刺器械的穿刺部位、I 度或浅 II 度的烧烫伤创面、婴儿肚脐口创口、激光 / 光子 / 果酸换肤 / 微整形术后创面）的护理，为创面愈合提供微环境。也可用于对穿刺器械（如导管）的穿刺部位的护理并固定穿刺器械	创面敷贴、透明固定敷贴、透气敷贴、弹性敷贴、防水敷贴、打孔膜敷贴、指尖敷贴、指关节敷贴、脐带敷贴、眼部创面敷贴、无菌敷贴、伤口敷贴、创口敷贴、无菌黏贴敷料、医用敷垫、打孔膜吸收敷垫、吸收敷垫、静脉留置针导管固定贴膜、引流导管固定贴膜、输液贴、无菌医用聚氨酯贴膜、薄膜敷贴	Ⅱ	是	YY/T 0471.1—2004 YY/T 0471.2—2004 YY/T 0471.3—2004 YY/T 0471.4—2004 YY/T 0471.5—2017 YY/T 0471.6—2004 YY/T 1627—2018	/

续表

序号	一级产品类别	二级产品类别	产品描述	预期用途	品名举例	管理类别	是否豁免临床	相关标准	指导原则
10	创面敷料	02 创口贴	通常由涂胶基材、吸收性敷垫、防粘连层和可剥离的保护层组成的片状或成卷状创口贴。其中吸收性敷垫一般采用可吸收渗出液的材料制成。所含成分不具有药理学作用。所含成分不可被人体吸收。无菌提供，一次性使用	用于小创口、擦伤、切割伤等浅表性创面的护理	无菌创口贴、一次性使用创口贴	Ⅱ	是	YY/T 1627—2018	/
			通常由涂胶基材、吸收性敷垫、防粘连层和可剥离的保护层组成的片状或成卷状创口贴。其中吸收性敷垫一般采用可吸收渗出液的材料制成。所含成分不具有药理学作用。所含成分不可被人体吸收。非无菌提供，一次性使用	用于小创口、擦伤、切割伤等浅表性创面的急救及临时性包扎	创口贴	Ⅰ	是	YY/T 1627—2018	/
		03 粉末敷料	为粉末状。所含成分不可被人体吸收。无菌提供	用于非慢性创面护理、止血，浅表创面使用，不用于体内	沸石粉状敷料、多孔石墨医用敷料、壳聚糖止血颗粒	Ⅱ	否	YY/T 0606.7—2008	/
		04 凝胶敷料	通常为成胶物质与水组成的定形或无定形凝胶敷料，可含有缓冲盐。无菌提供	用于吸收创面渗出液或向创面排出水分，用于慢性创面的覆盖；或用于对慢性创面中坏死组织的清除	水凝胶敷料、水凝胶清创胶、水凝胶伤口敷料、清创水凝胶敷料、薄型水凝胶敷料、海藻酸钠凝胶、海藻多糖凝胶、卡波姆创面凝胶	Ⅲ	否	YY/T 0606.8—2008 YY/T 1435—2016	/
			通常为成胶物质与水组成的定形或无定形凝胶敷料，可含有缓冲盐。所含成分不可被人体吸收。无菌提供	用于吸收创面渗出液或向创面排出水分，用于手术后缝合创面等非慢性创面的覆盖	水凝胶敷料、水凝胶伤口敷料、薄型水凝胶敷料	Ⅱ	否	YY/T 0471.5—2017 YY/T 1435—2016	/
		05 水胶体敷料	通常为含有水溶性高分子颗粒（如羧甲基纤维素、果胶、海藻酸钠等）与橡胶黏性物等混合加工而成的敷料，水溶性高分子颗粒可直接或间接接触创面。无菌提供，一次性使用	通过水溶性高分子颗粒吸收创面渗出液。用于慢性创面的覆盖和护理	水胶体敷料、医用水胶体敷料、水胶体敷贴	Ⅲ	是	YY/T 1293.4—2016	/
			通常为含有水溶性高分子颗粒（如羧甲基纤维素、果胶、海藻酸钠等）与橡胶黏性物等混合加工而成的敷料，水溶性高分子颗粒可直接或间接接触创面。所含成分不可被人体吸收。无菌提供，一次性使用	通过水溶性高分子颗粒吸收创面渗出液。用于非慢性创面的覆盖和护理	水胶体敷贴、医用水胶体敷料、水胶体贴	Ⅱ	是	YY/T 1293.4—2016	/

续表

序号	一级产品类别	二级产品类别	产品描述	预期用途	品名举例	管理类别	是否豁免临床	相关标准	指导原则
10	创面敷料	06 纤维敷料	通常为由亲水性纤维（如藻酸盐纤维、乙基磺酸盐纤维、羧甲基纤维素纤维等）制成的片状或条状敷料。无菌提供，一次性使用	通过亲水性纤维吸收创面渗出液，一般还需二级敷料进行固定。用于慢性溃疡、腔洞创面等慢性创面的覆盖、护理和止血	藻酸盐水胶敷料、藻酸盐敷料、藻酸钙敷料、吸收性藻酸钙敷料、亲水性纤维敷料、藻酸盐填充条	Ⅲ	是	YY/T 0471.1—2004 YY/T 0471.2—2004 YY/T 0471.3—2004 YY/T 0471.4—2004 YY/T 0471.5—2017 YY/T 0615.1—2007 YY/T 1293.5—2007	/
			通常为由亲水性纤维（如藻酸盐纤维、乙基磺酸盐纤维、羧甲基纤维素纤维等）制成的片状或条状敷料。所含成分不可被人体吸收。无菌提供，一次性使用	通过亲水性纤维吸收创面渗出液，一般还需二级敷料进行固定。用于非慢性创面的覆盖和护理	藻酸盐敷料、藻酸钙敷料、吸收性藻酸钙敷料、纤维敷料、细菌纤维素敷料	Ⅱ	是	YY/T 0471.1—2004 YY/T 0471.2—2004 YY/T 0471.3—2004 YY/T 0471.4—2004 YY/T 0471.5—2017 YY/T 0615.1—2007 YY/T 1293.5—2007	/
		07 泡沫敷料	通常由泡沫吸收层、阻水层和防粘连层组成。无菌提供，一次性使用	通过泡沫吸收层吸收并控制创面渗出液，用于渗出液较多的慢性创面的覆盖和护理	聚硅酮泡沫敷料、聚乙烯醇泡沫敷料、薄型泡沫敷料、聚氨酯泡沫（黏性）敷料、泡沫敷料、自黏性泡沫敷料	Ⅲ	是	YY/T 0471.1—2004 YY/T 0471.2—2004 YY/T 0471.3—2004 YY/T 0471.4—2004 YY/T 0471.5—2017 YY/T 0615.1—2007 YY/T 1293.2—2016	聚氨酯泡沫敷料产品注册技术审查指导原则
			通常由泡沫吸收层、阻水层和防粘连层组成。所含成分不可被人体吸收。无菌提供，一次性使用	通过泡沫吸收层吸收并控制创面渗出液，用于渗出液较多的非慢性创面的覆盖和护理	聚硅酮泡沫敷料、聚乙烯醇泡沫敷料、薄型泡沫敷料、聚氨酯泡沫（黏性）敷料、泡沫敷料、自黏性泡沫敷料	Ⅱ	是	YYT 1293.2—2016	聚氨酯泡沫敷料产品注册技术审查指导原则
		08 液体、膏状敷料	通常为溶液或软膏（不包括凝胶）。所含成分不具有药理学作用。无菌提供	通过在创面表面形成保护层，起物理屏障作用。用于慢性创面及周围皮肤护理	无菌液体敷料、无菌喷剂敷料、无菌伤口护理软膏、无菌液体伤口敷料	Ⅲ	否	/	/
			通常为溶液或软膏（不包括凝胶）。所含成分不具有药理学作用。所含成分不可被人体吸收。无菌提供	通过在创面表面形成保护层，起物理屏障作用。用于小创口、擦伤、切割伤等非慢性创面及周围皮肤的护理	无菌液体敷料、无菌喷剂敷料、无菌伤口护理软膏、无菌液体伤口敷料	Ⅱ	否	/	/
			通常为溶液或软膏（不包括凝胶）。所含成分不具有药理学作用。所含成分不可被人体吸收。非无菌提供	通过在创面表面形成保护层，起物理屏障作用。用于小创口、擦伤、切割伤等浅表性创面及周围皮肤的护理	液体敷料、喷剂敷料、伤口护理软膏、液体伤口敷料	Ⅰ	是	/	/

续表

序号	一级产品类别	二级产品类别	产品描述	预期用途	品名举例	管理类别	是否豁免临床	相关标准	指导原则
10	创面敷料	09 隔离敷料	通常由起隔离作用的网状材料或由织物浸渍油性物质（如凡士林、石蜡）制成。无菌提供，一次性使用	用于创面组织之间、创面与其他敷料之间的隔离，例如烧伤、烫伤、需要引流的渗液型伤口、皮肤移植的供皮区和植皮区	凡士林纱布、凡士林纱布条、油纱布、羊毛脂醇油纱、水胶体油纱、聚硅酮敷料	Ⅲ	是	YY/T 1293.1—2016	/
		10 生物敷料	主要成分为可被人体吸收的胶原蛋白。通过覆盖在创面上，物理屏障创面。不含活细胞。无菌提供，一次性使用	用于烧烫伤及创伤、皮肤缺损及所致深层创面（采用手术及非手术医治时）覆盖创面	生物敷料、猪皮生物敷料、无菌生物护创膜、异种脱细胞真皮基质敷料	Ⅲ	否	/	/
		11 碳纤维和活性炭敷料	通常为采用碳纤维、活性炭、无纺布等原材料制成的医用敷料。通过碳纤维、活性炭的吸附功能，吸收创面渗出液和气味。无菌提供，一次性使用	用于慢性创面的覆盖和护理	活性炭敷料、碳纤维敷料	Ⅲ	否	/	/
			通常为采用碳纤维、活性炭、无纺布等原材料制成的医用敷料。通过碳纤维、活性炭的吸附功能，吸收创面渗出液。所含成分不可被人体吸收。无菌提供，一次性使用	用于手术后缝合创面、机械创伤等非慢性创面的快速干燥、覆盖和护理	活性炭敷料、碳纤维敷料	Ⅱ	否	/	/
		12 含壳聚糖敷料	含有壳聚糖的固体敷料。无菌提供，一次性使用	主要通过在创面表面形成保护层，起物理屏障作用。用于慢性创面的覆盖和护理	含壳聚糖敷贴、含壳聚糖纤维敷料	Ⅲ	否	YY/T 0606.7—2008	/
			含有壳聚糖的固体敷料。无菌提供，一次性使用。所含成分不可被人体吸收	主要通过在创面表面形成保护层，起物理屏障作用。用于非慢性创面的覆盖和护理	含壳聚糖敷贴、含壳聚糖纤维敷料	Ⅱ	否	YY/T 0606.7—2008	/
		13 含银敷料	通常为在纱布、无纺布、水胶体、藻酸盐纤维等非液体（非凝胶）主体材料中加入硝酸银等抗菌成分的敷料	用于创面护理，如感染创面、下肢溃疡、糖尿病足溃疡、压疮、烧烫伤、手术切口等，同时利用银的抗菌机理起到减少创面感染的辅助作用	藻酸银敷料、亲水性纤维含银敷料、自黏性软聚硅酮银离子有边型泡沫敷料	Ⅲ	否	/	/
		14 胶原贴敷料	通常由胶原蛋白原液（含胶原蛋白、去离子水、甘油、医用防腐剂）和无纺布组成。所含成分不具有药理学作用	用于提供皮肤过敏、激光、光子术后创面的愈合环境	胶原贴敷料	Ⅲ	否	/	/

续表

序号	一级产品类别	二级产品类别	产品描述	预期用途	品名举例	管理类别	是否豁免临床	相关标准	指导原则
11	包扎敷料	01 绷带	通常为纺织加工而成的卷状、管状、三角形的材料。部分具有弹力或自黏等特性。与创面直接接触	用于非慢性创面的护理，或用于对创面敷料或肢体提供束缚力，以起到包扎、固定作用	急救止血绷带、带敷贴绷带	Ⅱ	是	YY/T 1467—2016	/
			通常为纺织加工而成的卷状、管状、三角形的材料。其形状可以通过绑扎的形式对创面敷料进行固定或限制肢体活动，以对创面愈合起到间接的辅助作用。部分具有弹力或自黏等特性。非无菌提供，一次性使用。不与创面直接接触。黏贴部位为完好皮肤	用于对创面敷料或肢体提供束缚力，以起到包扎、固定作用	弹性绑带、高分子固定绷带、树脂绷带、聚酯纤维绷带、聚氨酯衬垫绷带、玻璃纤维绷带、网状头套、自黏弹性绷带、弹力纱布绷带、弹力绷带帽、网状弹力绷带、自黏弹力绷带、脱脂纱布绷带、急救绷带、捆扎绷带、弹力网帽、三角巾、弹力套、固定带、管状绷带、泡沫绷带、腹部造口弹性绷带、自黏绷带、医用弹力贴布、三角绷带、弹力束腹绷带	Ⅰ	是	YY/T 0507—2009 YY/T 1467—2016	/
		02 胶带	通常为背材上涂有具有自黏特性的胶黏剂的胶带。部分胶带涂胶面有保护层。非无菌提供，一次性使用。不与创面直接接触。黏贴部位为完好皮肤	用于将敷料黏贴固定于创面或将其他医疗器械固定到人体的特定部位	医用橡皮膏、敷料胶带、医用纸质胶带、医用聚乙烯膜胶带、医用丝绸胶带、医疗用黏性胶带、医用胶布、医用脱敏胶布带、医用塑纸胶布、医用无敏透气胶布、医用复合胶布、医用橡皮胶布、医用纸质胶布、弹性医用胶布、无纺胶带、自黏性硅胶胶带、医用胶带、外科胶带、医用透气胶带、医用压敏胶带、医用透气胶黏带、丝绸布医用胶带	Ⅰ	是	YY/T 0148—2006	/
12	造口、疤痕护理用品	01 造口护理及辅助器械	通常为回肠、结肠、直肠或尿道造口的护理器械。产品接触完好皮肤和肠内腔。非无菌提供	用于造口清洗、护理和排泄物的收集及造口周围皮肤护理	造口袋、造口灌洗器、造口减压环、造口凸面嵌圈、造口护理用品、造口底盘、造口栓、防漏膏、造口护肤粉、造口皮肤保护剂	Ⅰ	是	GB/T 20407.1—2006 GB/T 20407.2—2006 GB/T 20407.3—2006 YY/T 1436—2016	/

续表

序号	一级产品类别	二级产品类别	产品描述	预期用途	品名举例	管理类别	是否豁免临床	相关标准	指导原则
12	造口、疤痕护理用品	02 疤痕修复材料	通常为含聚二甲基硅氧烷的凝胶、液体或敷贴。所含成分不具有药理学作用	用于辅助改善皮肤病理性疤痕，辅助预防皮肤病理性疤痕的形成，不用于未愈合的伤口	硅凝胶疤痕修复贴、疤痕修复贴、疤痕贴硅凝胶疤痕修复液、疤痕软膏	Ⅱ	否	/	/
13	手术室感染控制用品	01 手术单	通常由基材、阻水层、液体控制材料等组成的面状材料。基材主要由非织造布或纺织布制造，阻水层为阻水性的材料，液体控制材料为液体吸收性材料和 / 或塑料膜。可利用多种材料的组合实现对微生物进行阻隔和控制	用于覆盖外科手术患者身体上，以防止开放的手术创面受到污染，或用于覆盖外科手术室器械台、操作台、显示屏等上，避免手术中的医生接触上述部位后，再接触手术中的患者伤口部位造成感染	手术洞巾、手术单、手术罩巾、一次性使用手术单、一次性使用洞巾、医用手术洞巾、非织造布手术垫单、一次性使用手术垫巾、一次性使用手术孔巾、医用一次性手术罩巾、一次性使用无菌洞巾、一次性使用无菌剖腹单、一次性无菌孔巾、一次性护理用孔巾、手术铺巾、器械单、无菌保护套、器械套、医疗器械防护罩、一次性使用无菌保护罩	Ⅱ	是	YY/T 0506.1—2005 YY/T 0506.2—2016 YY/T 0506.4—2016 YY/T 0506.5—2009 YY/T 0506.6—2009 YY/T 0506.7—2014 YY/T 0855.1—2011 YY/T 0855.2—2011	/
		02 手术膜	手术膜基材上均匀涂敷有含碘胶黏物质组成的黏贴面，黏贴面上覆盖有一个保护层，手术膜的两边可以无胶黏物质或附着有适宜的物质（如纸），以供手持操作。根据材质不同分为聚氨酯手术膜、聚乙烯手术膜等。利用膜的屏障性能对微生物进行阻隔。无菌提供，一次性使用	用于手术中贴于手术部位，以防止手术创面受到感染	含碘手术薄膜、碘伏医用手术薄膜	Ⅲ（药械组合产品）	否	YY 0852—2011	/
			手术膜基材上均匀涂敷有胶黏物质组成的黏贴面，黏贴面上覆盖有一个保护层，手术膜的两边可以无胶黏物质或附着有适宜的物质（如纸），以供手持操作。根据材质不同分为聚氨酯手术膜、聚乙烯手术膜等。利用膜的屏障性能对微生物进行阻隔。无菌提供，一次性使用	用于手术中贴于手术部位，以防止手术创面受到感染	腹部手术胶乳防护膜、手术膜、手术贴膜、医用手术薄膜巾、手术薄膜、医用手术护膜	Ⅱ	是	YY 0852—2011	/

续表

序号	一级产品类别	二级产品类别	产品描述	预期用途	品名举例	管理类别	是否豁免临床	相关标准	指导原则
13	手术室感染控制用品	03 外科手套	一般由高分子材料制成，对微生物、皮屑、体液等起阻隔作用的手套。无菌提供，一次性使用	用于戴在手术人员手上，以防止皮屑、细菌传播到开放的手术创面，并阻止手术患者的体液向医务人员传播，起到双向生物防护的作用	无菌橡胶外科手套、灭菌橡胶外科手套	Ⅱ	是	GB 7543—2006 YY/T 0616.1—2016 YY/T 0616.2—2016	/
		04 外科口罩	通常由面罩、定形件、束带等组件加工而成，一般由非织造布材料制造而成。通过过滤起到隔离作用	用于戴在手术室医务人员口鼻部位，以防止皮屑、呼吸道微生物传播到开放的手术创面，并阻止手术患者的体液向医务人员传播，起到双向生物防护的作用	外科口罩	Ⅱ	是	YY 0469—2011	/
		05 手术室用衣帽	通常为基材和阻水层组成的手术室服装。基材一般由非织造布或纺织布制造，阻水层为阻水性的材料。手术衣分为无菌提供一次性使用和非无菌提供可重复使用两种供应形式。手术衣按关键区域的屏障能力分为标准型和高性能型两种。手术帽为无菌提供，一次性使用	用于穿在手术医生和擦拭护士身上，起到防止医生身体上的皮屑弥散到开放的手术创面和手术患者的体液向医务人员传播，起到双向生物防护的作用	手术服、手术衣、外科手术衣、一次性使用无菌手术衣、非织造布手术衣、一次性无菌手术衣、一次性使用无菌手术服、一次性使用手术帽、一次性使用无菌帽	Ⅱ	是	YY/T 0506.1—2005 YY/T 0506.2—2016 YY/T 0506.4—2016 YY/T 0506.5—2009 YY/T 0506.6—2009 YY/T 0506.7—2014	/
			通常采用棉纤维或无纺布制成。洁净服为对皮屑有一定阻挡作用的短袖或长袖衣衫，不具有液体阻隔性。非无菌提供，可重复使用，使用前应经灭菌处理	用于穿戴在手术室内的麻醉师、巡回护士等人的身上，使手术室净化环境免受室内人员的污染	手术帽、刷手服、洁净服、洗手衣	Ⅰ	是	YY/T 0506.1—2005 YY/T 0506.2—2016 YY/T 0506.4—2016 YY/T 0506.5—2009 YY/T 0506.6—2009 YY/T 0506.7—2014	/
14	医护人员防护用品	01 防护口罩	由一种或多种对病毒气溶胶、含病毒液体等具有隔离作用的面料加工而成的口罩。在呼吸气流下仍对病毒气溶胶、含病毒液体等具有屏障作用，且摘下时，口罩的外表面不与人体接触	戴在医疗机构与病毒物料接触的人员面部，用于防止来自患者的病毒向医务人员传播	医用防护口罩	Ⅱ	是	GB 19083—2010 YY/T 0866—2011 YY/T 0969—2013 YY/T 1497—2016	医用口罩产品注册技术审查指导原则
		02 防护服	由一种或多种对病毒气溶胶、含病毒液体等具有隔离作用的面料加工而成的衣服。脱下时，防护衣的外表面不与人体接触	用于医疗机构医护人员穿的职业防护衣。阻止来自患者的病毒随空气或液体向医务人员传播	医用防护服、一次性医用防护服	Ⅱ	是	GB 19082—2009	/

续表

序号	一级产品类别	二级产品类别	产品描述	预期用途	品名举例	管理类别	是否豁免临床	相关标准	指导原则
14	医护人员防护用品	03 隔离衣帽	通常采用非织造布为主要原料，经裁剪、缝纫制成。非无菌提供，一次性使用	用于医疗机构门诊、病房、检验室等作普通隔离	隔离衣、医用帽	Ⅰ	是	/	/
		04 手部防护用品	通常采用聚氯乙烯、橡胶或不锈钢等材料制造。有足够的强度和阻隔性能。无菌提供，一次性使用	用于戴在医生手上或手指上对患者病情进行检查或触检，或用于防止医生手部被咬伤	无菌医用橡胶手套、无菌医用薄膜手套、无菌给药指套、无菌检查指套、无菌橡胶检查手套、无菌医用检查手套、无菌医用橡胶检查手套、无菌检查用乳胶手套	Ⅱ	是	GB 10213—2006	/
			通常采用聚氯乙烯、橡胶等材料制造。有足够的强度和阻隔性能。非无菌提供，一次性使用	用于戴在医生手上或手指上对患者病情进行检查或触检	医用橡胶手套、医用薄膜手套、给药指套、检查指套、橡胶检查手套、医用检查手套、医用橡胶检查手套、检查用乳胶手套	Ⅰ	是	/	/
		05 足部隔离用品	采用适宜材料制成，有足够的强度和阻隔性能。非无菌提供	医务人员在医疗机构中使用，防止接触到具有潜在感染性的患者血液、体液、分泌物等，起阻隔、防护作用	医用隔离鞋、医用隔离鞋套	Ⅰ	是	/	/
		06 隔离护罩	通常由高分子材料制成的防护罩、泡沫条和固定装置组成。非无菌提供，一次性使用	用于医疗机构中检查治疗时起防护作用，阻隔体液、血液飞溅或泼溅	医用隔离面罩、医用隔离眼罩	Ⅰ	是	/	/
15	病人护理防护用品	01 婴儿光疗防护眼罩	通常由弹力绷带、优质无纺布、蓝黑物理复合布等组成	用于婴儿蓝光照射治疗时的眼部防护	婴儿光疗防护眼罩、新生儿光疗防护眼罩	Ⅱ	是	/	/
		02 眼贴	通常由医用胶带和医用水凝胶组成，其中医用胶带由表面涂医用热熔胶的聚氨酯材料构成，医用水凝胶由医用聚乙烯醇材料构成	用于贴敷全麻手术患者或深度昏迷患者的眼外部，给患者提供相对密闭的潮湿环境，预防暴露性角膜炎	水凝胶眼贴、一次性医用水凝胶眼贴、医用护眼贴、医用水凝胶护眼贴	Ⅱ	是	/	/
		03 鼻部护理器械	通常采用不同的结构设计实现不同预期用途。不包括鼻部给药和冲洗器械	用于鼻部护理，如清理鼻腔分泌物、抑制鼻腔出血、防止鼻腔黏膜粘连等	鼻腔分泌物电动吸引器、鼻腔止血导管、鼻腔止血器	Ⅱ	否	/	/
		04 海水鼻腔清洗液	通常由喷雾器和喷雾液构成。喷雾液由纯净水和海水组成	用于急慢性鼻炎、过敏性鼻炎、鼻息肉、鼻窦炎等鼻腔疾病患者的鼻腔清洗，也用于鼻炎手术后及化疗后的鼻腔清洗	生理性海水鼻腔清洗液、生理性海水鼻腔喷雾、生理性海水鼻部黏膜清洗液、生理性海水鼻部护理液	Ⅱ	是	/	/

续表

序号	一级产品类别	二级产品类别	产品描述	预期用途	品名举例	管理类别	是否豁免临床	相关标准	指导原则
15	病人护理防护用品	05 垫单	通常由非织造布和塑料膜复合或缝制而成。无菌提供，一次性使用	病床或检查床上用的卫生护理用品	无菌医用垫单、无菌护理垫单、无菌检查垫单、无菌隔离垫单、无菌非织造布垫单、无菌医用垫巾、无菌检查巾、无菌检查用覆膜垫单、无菌无纺布垫单、无菌卫生护理垫单、无菌护理巾、无菌体位垫护罩、无菌手术辅巾	Ⅱ	否	/	/
			通常由非织造布和塑料膜复合或缝制而成。非无菌提供，一次性使用	病床或检查床上用的卫生护理用品	体位垫护罩、医用垫单、护理垫单、检查垫单、隔离垫单、非织造布垫单、医用垫巾、检查巾、检查用覆膜垫单、无纺布垫单	Ⅰ	是	/	/
		06 医用防护衬垫	在治疗过程中对患者进行一般性防护的用品或材料	用于对患者提供一般性防护，以免受其他器械或外界的伤害	聚酯衬垫、医用隔离垫	Ⅰ	是	/	/
16	其他器械	01 洁净屏	通常由箱体、风机组、过滤器、电气控制器等组成	用于手术过程中患者手术部位局部环境空气的净化，以防止感染	洁净屏、空气净化屏、气溶胶吸附器	Ⅱ	否	/	/
		02 血管显像设备	由超声波发生器、超声探头、电源部件、穿刺架组成	用于提供超声图像，辅助外周血管穿刺	血管穿刺用超声显像设备	Ⅱ	否	GB 9706.7—2008	/
			通常由光源、电源、支架等组成。使用过程中会接触患者	用于观测皮下浅表静脉血管，辅助静脉穿刺	静脉显像仪	Ⅱ	否	/	/
			通常由光源、电源、支架等组成。使用过程中不会接触患者	用于观测皮下浅表静脉血管，辅助静脉穿刺	静脉显像仪	Ⅰ	是	/	/
		03 预充式导管冲洗器	通常由 0.9% 氯化钠注射液、外套、芯杆、橡胶活塞组成	用于不同药物治疗的间隙，封闭、冲洗导管的管路末端	预充式导管冲洗器、预冲式冲管注射器	Ⅲ	否	/	/
		04 抗鼻腔过敏凝胶（不含药）	凝胶状。所含成分不具有药理学作用	用于过敏性鼻炎患者、过敏性哮喘患者，通过阻隔致病性微生物及其他颗粒性过敏物质进入鼻腔，缓解因过敏性鼻炎、过敏性哮喘引发的相关症状	抗鼻腔过敏凝胶（不含药）	Ⅱ	否	/	/
		05 通气辅助器械	通过扩张鼻腔、上下颌或对其进行矫正，达到改善打鼾状况或扩张鼻孔的装置。接触人体时间小于 30 天	用于睡眠打鼾或堵塞式呼吸暂停的辅助治疗，或用于扩张鼻孔，缓解鼻塞用	简易式阻鼾器、非植入式止鼾器、止鼾器、简易防打鼾器、唇颊型止鼾器、防打鼾器、通气鼻贴、鼻翼支撑架	Ⅱ	是	/	/

续表

序号	一级产品类别	二级产品类别	产品描述	预期用途	品名举例	管理类别	是否豁免临床	相关标准	指导原则
16	其他器械	05 通气辅助器械	通常由聚山梨醇酯 80、甘油、氯化钠、依地酸钠、山梨酸钾和纯净水组成。所含成分不具有药理学作用	通过润滑和软化咽部黏膜，保持黏膜湿润，降低上呼吸道阻力，以改善呼吸受阻状况，减轻或消除打鼾症状	液体止鼾器	Ⅱ	否	/	/
		06 咬口	手术或检查时患者开口的辅助器械，一般由聚乙烯等高分子材料制成。无菌提供	用于经口腔手术或检查时维持患者的开口状态，防止非预期咬合，或便于插入和固定气管插管	无菌咬口、无菌咬嘴、无菌口垫、无菌牙垫、无菌气管插管固定器	Ⅱ	否	/	/
			手术或检查时患者开口的辅助器械，一般由聚乙烯等高分子材料制成。非无菌提供	用于经口腔手术或检查时维持患者的开口状态，防止非预期咬合，或便于插入和固定气管插管	咬嘴、口垫、牙垫、气管插管固定器	Ⅰ	是	/	/
		07 急救毯	通常为带有反光涂层的透气塑料膜，对光辐射和热辐射具有反射功能。常作为急救包组件中的一件。非无菌提供，一次性使用	用于裹在野外伤员肢体上起保温作用或隔热作用	急救毯	Ⅰ	是	/	/
		08 体表器械固定装置	通常是能专门为某一种或某一类器械的使用提供固定的装置。与创口接触。无菌提供，一次性使用	用于固定使用过程中的医疗器械	一次性无菌引流管固定装置、一次性导管固定器	Ⅱ	否	YY/T 0508—2009	/
		09 润滑剂及载体	通常由甘油、黄原胶、二甲基硅油等成分组成。含药物成分	临床上用于器械进入人体自然腔道时的润滑	体腔器械导入润滑剂（含药）	Ⅲ（药械组合产品）	否	/	/
			通常由甘油、黄原胶等成分组成。不含药物成分	临床上用于器械进入人体自然腔道时的润滑	体腔器械导入润滑剂	Ⅱ	否	/	/
			通常由液状润滑剂及其载体组成。无菌提供，一次性使用	临床上用于医疗器械表面润滑	医用石蜡棉球、医用无菌液体石蜡无纺布	Ⅱ	是	/	/
		10 涂抹及吸液材料	通常由碘伏、碘酊或酒精和涂抹材料组成。为了方便使用，部分产品有供手持的组件。一次性使用	用于临床上对完整皮肤消毒	碘伏棉球、酒精棉球、酒精擦片、碘伏棉签、酒精棉签、酒精消毒片、酒精棉棒、碘伏棉棒、酒精棉片、酒精无纺布片	Ⅱ	是	YY/T 0330—2015	/
			通常包括吸水性材料。为了方便使用，部分产品有供手持的组件。不含消毒剂。无菌提供，一次性使用	用于对皮肤、创面进行清洁处理	无菌棉签、无菌棉球、无菌海绵刷、无菌棉棒、无菌医用脱脂棉、无菌脱脂棉条、无菌医用棉卷	Ⅱ	否	YY/T 0330—2015	/

续表

序号	一级产品类别	二级产品类别	产品描述	预期用途	品名举例	管理类别	是否豁免临床	相关标准	指导原则
16	其他器械	10 涂抹及吸液材料	通常包括吸水性材料。为了方便使用，部分产品有供手持的组件。不含消毒剂。非无菌提供，一次性使用	用于对皮肤、创面进行清洁处理	棉签、棉棒、涂药棒、棉球、消毒刷、瘘管刷、搽剂棒、棉片、脱脂棉、棉卷、脱脂棉条	Ⅰ	是	YY/T 0330—2015	/
		11 压力绷带	比一般弹性绷带的弹力更高，间接作用于创面，捆绑到患者某个部位，对其施加压缩力。非无菌提供，可重复使用	通过捆绑在患者四肢或其他部位上，用于加压包扎，达到消除腔隙、临时止血（非动脉止血）、保护手术切口等作用	可挤压式四肢压力带、腹股沟加压弹力绷带、弹力绷带、乳腺加压弹力绷带	Ⅰ	是	YY/T 0507—2009	/
		12 医用导管夹	一般由塑料材料制成。不与导管中液体接触	用于夹住医用塑料导管，控制导管中液体的流动	医用导管夹	Ⅰ	是	/	/
		13 无菌接管机	通常由主机、控制器、熔接装置、显示屏组成	用于将两根医用管路无菌地接合在一起	无菌接管机	Ⅱ	否	/	/

第十五章　患者承载器械

一、范围

本子目录包括具有患者承载和转运等功能的器械，不包括具有承载功能的专科器械，例如口腔科、妇产科、骨科、医用康复器械中的承载器械。

二、框架结构

本子目录分为 6 个一级产品类别，其中，3 个为床类承载器械，1 个为转运器械，2 个为固定和承载器械附件。在一级产品类别下根据有源、无源、电动和手动等原则，分为 17 个二级产品类别，列举 101 个品名举例。

本子目录包括 2002 版分类目录中的《〈6854 手术室、急救室、诊疗室设备及器具〉（部分）》和《〈6856 病房护理设备及器具〉（部分）》。

该子目录中一级产品类别与 2002 版分类目录产品类别的对应关系如下。

与 2002 版分类目录对应关系

<table>
<tr><th>一级产品类别</th><th>2002 版产品类别</th><th>备注</th></tr>
<tr><td rowspan="2">15–01 手术台</td><td>6854–09 电动、液压手术台中的电动综合手术台、治疗手术床</td><td rowspan="2">其中 2002 版分类目录电动间隙牵引床、骨科整形床不在本子目录</td></tr>
<tr><td>6854–14 手动手术台床中的各种综合、普通、轻便、坐式床</td></tr>
<tr><td>15–02 诊疗台</td><td>6854–11 诊察治疗设备</td><td>其中 2002 版分类目录耳鼻喉科检查治疗台不在本子目录。</td></tr>
<tr><td>15–03 医用病床</td><td>6856–02 病床</td><td>/</td></tr>
<tr><td>15–04 患者位置固定辅助器械</td><td>/</td><td>新增</td></tr>
<tr><td>15–05 患者转运器械</td><td>/</td><td>新增</td></tr>
<tr><td>15–06 防压疮（褥疮）垫</td><td>6856–02 病床中的电动防褥疮床垫、充气防褥疮床垫</td><td>/</td></tr>
</table>

三、其他说明

（一）考虑到液压传送装置有一定风险和不良事件报告，含液压功能的承载器械按照第二类医疗器械管理，不含液压功能按照第一类医疗器械管理。

（二）轮椅车、助行器、医用拐杖等设备归属于 19 医用康复器械。

（三）本子目录中医疗器械产品适用的相关标准

GB 9706.1-2007 医用电气设备 第 1 部分 安全通用要求

GB/T 14710-2009 医用电器环境要求及试验方法

GB/T 16886.1-2011 医疗器械生物学评价 第 1 部分：风险管理过程中的评价与试验

GB/T 16886.5-2017 医疗器械生物学评价 第 5 部分：体外细胞毒性试验

GB/T 16886.10-2017 医疗器械生物学评价 第 10 部分：刺激与皮肤致敏试验

YY 0505-2012 医用电气设备第 1-2 部分：安全通用要求并列标准：电磁兼容要求和试验。

（四）医疗器械产品是否豁免临床试验的法规文件

《国家药品监督管理局关于公布新修订免于进行临床试验医疗器械目录的通告》（2018 年第 94 号）附件 1。

患者承载器械

序号	一级产品类别	二级产品类别	产品描述	预期用途	品名举例	管理类别	是否豁免临床	相关标准	指导原则
01	手术台	01 电动手术台（液压、机械、气动等）	通常由床体（包括支撑部分、传动部分和电动控制部分）和配件组成。支撑部分通常包括台面（各种支撑板）、升降柱和底座三部分。按传动原理可分为液压、机械和气动 3 种传动结构形式。头板、背板、腿板和台面可调节	用于常规手术、外科（神经外科、胸外科、普外科、泌尿外科）、五官科（眼科等）、骨科、妇科手术等医疗过程的患者多体位支撑与操作，使其躺卧成不同的姿势	电动手术床（台）、电动综合手术床（台）、电动机械手术床（台）、电动液压手术床（台）、电动液压外科手术床（台）、电动五官科手术床（台）	Ⅱ	是	YY 0570—2013 YY/T 1106—2008	电动手术台注册技术审查指导原则（2017年修订版）
		02 手动手术台（液压）	通常由床体（包括支撑部分、传动部分和控制部分）和配件组成。支撑部分包括台面、背板、臀板、板等，可调节。升降形式为液压升降式，体位调整均为人力操纵	用于常规手术、外科（神经外科、胸外科、普外科、泌尿外科）、五官科（眼科等）、骨科、妇科手术等医疗过程的患者多体位支撑与操作，使其躺卧成不同的姿势	液压手术床（台）、液压综合手术床（台）、手动液压手术床（台）、液压眼科手术床（台）	Ⅱ	是	/	/
		03 手动手术台（机械）	通常由床体（包括支撑部分、传动部分和控制部分）和配件组成。支撑部分包括台面、背板、臀板、腿板等，可调节。升降形式为机械升降式，体位调整均为人力操纵。无源产品	用于常规手术、外科（神经外科、胸外科、普外科、泌尿外科）、五官科（眼科等）、骨科、妇科手术等医疗过程的患者多体位支撑与操作，使其躺卧成不同的姿势	手术床（台）、手动手术床（台）、机械手术床（台）、手动机械手术床（台）、脚踏升降手术床（台）、机械综合手术床（台）、综合手术台（床）、手动机械综合外科手术床（台）、头部操纵式机械综合手术床（台）、侧面操纵式机械综合手术床（台）、手动机械眼科手术床（台）、手动机械骨科手术床（台）	Ⅰ	是	/	/
02	诊疗台	01 电动诊疗台及诊疗椅	诊疗（查）台通常由床架、床面、枕头等组成。诊疗（查）椅通常由基座、背板、坐椅和搁脚架组成。有源产品	用于诊疗室、急救室医务人员实施检查、简单治疗等医疗过程中患者多体位支撑与操作。不包括口腔科检查和诊断	电动检查床（台）、医用电动诊疗床（台）、电动综合检查床（台）、乳腺超声检查台、电动诊疗椅	Ⅱ	是	YY 0571—2013	/
		02 手动诊疗台及诊疗椅	诊疗（查）台通常由床架、床面、枕头等组成。诊疗（查）椅通常由基座、背板、座椅和搁脚架组成。无源产品	用于诊疗室、急救室医务人员实施检查、简单治疗等医疗过程中患者多体位支撑与操作。不包括口腔科检查和诊断	诊查床（台）、医用诊疗床（台）、野战诊疗床、便携式诊疗床、医用诊疗椅	Ⅰ	是	/	/

续表

序号	一级产品类别	二级产品类别	产品描述	预期用途	品名举例	管理类别	是否豁免临床	相关标准	指导原则
03	医用病床	01 电动病床	通常由床面部分（由多块不同功能的支撑板组成，如背板、座板、大腿板、小腿板等）、床架部分（由床框、头板组件、脚板组件、左右护栏、脚轮等组成）、驱动部分、电动控制部分和配件组成。背板和腿板等在最大折起角度范围内可任意调节。有源产品	用于医疗监护下的成年或儿童患者的诊断、治疗或监护时使用，用以支撑患者身体，形成临床所需体位	电动病床、医用电动病床、电动翻身床、电动儿童病床	Ⅱ	是	YY 0571—2013	电动病床注册技术审查指导原则(2017 年修订版）
		02 手动病床	通常由床面部分、床架部分、控制部分（包括手摇或脚踏等）和配件组成。床面部分可在最大折起角度范围内任意调节，或呈板状无法调节。无源产品	用于医疗监护下的成年或儿童患者的诊断、治疗或监护时使用，用以支撑患者身体，形成临床所需体位	手动病床、手摇式病床、手摇式二折病床、医用平床、手动儿童病床、烫伤翻身床	Ⅰ	是	YY 0003—1990	/
		03 医用婴儿床	通常由支架、睡盆安置框、睡盆、床垫、网篮和脚轮组成。无源产品	用于医疗机构护理、诊疗或转运新生儿、婴儿时使用	医用新生儿床、医用婴儿床	Ⅰ	是	YY 0003—1990	/
04	患者位置固定辅助器械	01 电动患者手术位置固定辅助器械	通常由主机、通用连接附件、床夹等组成。有源产品	用于手术中，膝、肩、髋及小关节的固定及术中调整	电动手术位置固定架系统	Ⅱ	否	/	/
		02 无源患者手术位置固定辅助器械	通常由各种功能的托架或体位固定垫组成，可与手术台（床）配套使用。不包括各类固定护具。无源产品	用于手术治疗时患者肢体的固定和支撑。使用时间为暂时使用	手术头架、手术托架、头架及头托系统、婴幼儿头部固定架、脊柱手术托架、托手架、吊腿架、托足架、脊柱手术体位架、膝关节支撑架、小腿固定器、大腿固定器、弓形脊柱手术托架、脊柱手术体位架、外科手术固定器械	Ⅰ	是	/	骨科外固定支架产品注册技术审查指导原则
05	患者转运器械	01 患者运送隔离器械	通常由负压舱体（活动舱盖、舱底）、排风过滤装置组成。通常工作时充气展开，储运时放气可折叠	用于传染病患者的安全隔离转运。可与担架车、生命体征检测仪器配合使用，对传染病患者进行运送途中监护	传染病员运送负压隔离舱	Ⅱ	否	/	/
		02 电动推车、担架等器械	通常由床面（推车面板、担架面）、支撑架组成。可附加输液架、护栏、定向轮踏板、脚轮、刹车、手摇机构等。为单车或双车。有源产品	用于医疗机构运送、移动患者用	电动担架车、电动推床、电动转运床、医用电动转移车	Ⅱ	是	YY 0571—2013	/

续表

序号	一级产品类别	二级产品类别	产品描述	预期用途	品名举例	管理类别	是否豁免临床	相关标准	指导原则
05	患者转运器械	03 手动推车、担架等器械	通常由床面（推车面板、担架面）、支撑架组成。可附加输液架、护栏、定向轮踏板、脚轮、刹车、手摇机构等。为单车或双车。无源产品	用于医疗机构运送、移动患者用	手动推车、手动推床、手动静态搬运车、手摇式抢救车、担架、担架车、急救担架、楼梯担架、椅式担架、折叠担架、医用转运车、手术对接车、手术推车、液压升降平车、医用液压推床、医用转移车	Ⅰ	是	/	/
		04 简易转移器械	通常由主板、织带、把手、外包等组成。无源产品	用于医疗机构运送、移动患者用	医用转移板、患者转移板、医用转移垫、患者搬运带、医用移位板	Ⅰ	是	/	/
		05 其他转移器械	通常由支架、脚轮、底座支腿、吊杆、控制器组件和扶手等组成。有源产品含有电池组件	用于医疗机构转运、移动患者用	移位机（车）、电动移位机（车）、移位交接车、患者移位机	Ⅰ	是	/	/
06	防压疮（褥疮）垫	01 电动防压疮（褥疮）垫	通常由充气床垫、气道（连接管）、充气泵等组成。防压疮（褥疮）气垫由若干个气室组成。气垫由气泵充气后，气室维持一定气压，所形成的软性垫，可增加患者身体与垫接触面积，降低身体局部压力	用于术后或长期坐卧患者，预防和缓解压疮	电动防褥疮床垫、电动充气防褥疮床垫、医用电动防褥疮床垫、电动防压疮垫	Ⅱ	是	/	防褥疮气床垫注册技术审查指导原则(2017年修订版)
		02 手动防压疮（褥疮）垫	通常由充气床垫（床垫由若干气室组成）、气道（连接管）等组成。非电动充气。气垫充气后，气室维持一定气压，所形成的软性垫，可增加患者身体与垫接触面积，降低身体局部压力	用于术后或长期坐卧患者，预防和缓解压疮	充气防褥疮床垫、波动型充气防褥疮床垫、喷气型充气防褥疮床垫、防褥疮垫、医用座垫、医用体位垫、充气防压疮垫	Ⅰ	是	/	防褥疮气床垫注册技术审查指导原则(2017年修订版)

第十六章　眼科器械

一、范围

本子目录主要包括眼科诊察、手术、治疗、防护所使用的各类眼科器械及相关辅助器械，不包括眼科康复训练类器械（归入 19 子目录）。

二、框架结构

本子目录按照眼科器械的功能不同或产品特性分为 7 个一级产品类别；根据具体产品特性的不同，细分为 82 个二级产品类别；按照品名举例原则，列举 513 个品名举例。按照眼科无源手术器械及辅助器械、眼科诊察设备及器具（包括视光设备和眼科测量诊断设备）、眼科治疗和手术设备及辅助器具、眼科矫治和防护器具、眼科植入物及辅助器械的顺序形成基本框架。

本子目录包含 2002 版分类目录的《6804 眼科手术器械》《6820 普通诊察器械》《6822 医用光学器具、仪器及内窥镜设备》《6824 医用激光仪器设备》《6846 植入材料和人工器官》《6858 医用冷疗、低温、冷藏设备及器具》及 2012 版分类目录的《〈6823 医用超声仪器及有关设备〉（眼科器械）》。

该子目录中一级产品类别与 2002 版分类目录产品类别的对应关系如下。

与 2002/2012 版分类目录对应关系

一级产品类别	2002/2012 版产品类别	备注
16-01 眼科无源手术器械	6804-01 眼科手术用刀	新增二级产品类别：眼用凿、眼用刮匙、眼用剥离器、眼用牵开器、眼用扩张器、眼用冲吸器、眼用钻、眼用锯
	6804-02 眼科手术用剪	
	6804-03 眼科手术用钳	
	6804-04 眼科手术用镊、夹	
	6804-05 眼科手术用钩、针	
	6804-06 眼科手术用其他器械中的眼用板铲、开睑器	
16-02 眼科无源辅助手术器械	6804-06 眼科手术用其他器械（玻璃体切割器除外）	新增二级产品类别：眼用穿刺器、眼用注入器、点眼棒、眼用压迫器、眼用保护器和支持器、眼用固位器、眼用测量器、眼用取出器、眼用抛光器、眼用置物台、眼用碎核器、眼用咬除器、眼用止血器、眼用浸泡环

续表

<table>
<tr><th>一级产品类别</th><th>2002/2012 版产品类别</th><th>备注</th></tr>
<tr><td rowspan="2">16-03 视光设备和器具</td><td>6820-07 视力诊察器具</td><td rowspan="2">新增品名举例：视力筛选仪、对比敏感度仪、色觉检测仪、视神经分析仪、视觉电生理检查仪产品、眼波前像差仪。新增二级产品类别：视觉治疗设备</td></tr>
<tr><td>6822-04 眼科光学仪器中的同视机、验光仪、验光镜片组、检影镜、验光镜片、视网膜镜、角膜曲率计、瞳距测量仪、视野计</td></tr>
<tr><td rowspan="3">16-04 眼科测量诊断设备和器具</td><td>6822-04 眼科光学仪器中的同视机、验光仪、验光镜片组、检影镜、验光镜片、光学和光电弱视助视器、视网膜镜、角膜曲率计、瞳距测量仪、视野计、夜间视觉检查仪、隐斜计、色盲镜、眼压镜、屈光度仪、激光视网膜传递函数测定仪、验光组合台除外</td><td rowspan="3">新增二级产品类别：光学相干断层扫描仪、眼底造影机、角膜内皮细胞显微镜、角膜共焦显微镜、角膜测厚仪、眼前节测量诊断系统、眼组织深度测量仪、黄斑完整性评估仪、眼压持续监测仪、眼球突出计、干眼检测仪、视网膜自适应光学成像仪、眼力器、眼科诊断辅助器具</td></tr>
<tr><td>6823 -01 超声诊断设备 - 眼科专用超声脉冲回波设备</td></tr>
<tr><td>6824-02 激光诊断仪器中的激光眼科诊断仪、眼科激光扫描仪</td></tr>
<tr><td rowspan="6">16-05 眼科治疗和手术设备、辅助器具</td><td>6804-06 眼科手术用其他器械中的玻璃体切割器</td><td rowspan="6">新增二级产品类别：其他眼科治疗和手术设备、眼科治疗和手术辅助器具</td></tr>
<tr><td>6822-06 医用手术及诊断用显微设备中的眼科手术显微镜</td></tr>
<tr><td>6823 -03 超声治疗设备 - 超声手术设备</td></tr>
<tr><td>6824-01 激光手术和治疗设备中的眼科激光光凝机、眼晶体激光乳化设备</td></tr>
<tr><td>6824-04 激光手术器械中的 LASIK 用角膜板层刀</td></tr>
<tr><td>6858-01 低温治疗仪器</td></tr>
<tr><td rowspan="2">16-06 眼科矫治和防护器具</td><td>6822-01 植入体内或长期接触体内的眼科光学器具中的角膜接触镜（软性、硬性、塑形角膜接触镜）及护理用液</td><td rowspan="2">新增二级产品类别：接触镜护理产品、防护器具</td></tr>
<tr><td>6822-04 眼科光学仪器中的光学和光电弱视助视器</td></tr>
<tr><td rowspan="2">16-07 眼科植入物及辅助器械</td><td>6822-01 植入体内或长期接触体内的眼科光学器具中的眼人工晶体、眼内填充物（玻璃体等）、黏弹物质、灌注液（重水、硅油）</td><td rowspan="2">新增二级产品类别：青光眼引流装置、泪点塞、义眼台、义眼片、囊袋张力环、人工玻璃体球囊、组织工程生物羊膜、角膜基质片、生物合成角膜支架、角膜基质环、人工晶状体植及人工玻璃体入器械、囊袋张力环植入器械</td></tr>
<tr><td>6846-01 植入器材中的眼内充填材料</td></tr>
</table>

三、其他说明

（一）眼科用激光光纤。根据《国家食品药品监督管理局关于吸入笑气镇痛装置等 76 个产品医疗器械分类界定的通知》（国食药监械〔2012〕271 号），明确“眼内照明光纤探头”分类界定为 3 类。从光辐射角度上说，激光比其他非激光的危害更大，本子目录将进入眼内进行治疗的眼科用激光光纤的管理类别规范为第三类。

（二）试镜架通常由鼻托支架、左右镜框、左右耳挂组成，用于视力检查时安装验光镜片。试镜架不符合医疗器械定义，不作为医疗器械管理。

（三）本子目录中医疗器械产品适用的相关标准

GB 9706.1–2007 医用电气设备　第 1 部分　安全通用要求

GB 9706.20–2000　医用电气设备　第 2 部分：诊断和治疗激光设备安全专用要求

GB/T 14710–2009 医用电器环境要求及试验方法

GB/T 16886.1–2011 医疗器械生物学评价　第 1 部分：风险管理过程中的评价与试验

GB/T 16886.3–2008 医疗器械生物学评价　第 3 部分：遗传毒性、致癌性和生殖毒性试验

GB/T 16886.4–2003 医疗器械生物学评价　第 4 部分 : 与血液相互作用试验选择

GB/T 16886.5–2017 医疗器械生物学评价　第 5 部分：体外细胞毒性试验

GB/T 16886.6–2015 医疗器械生物学评价　第 6 部分：植入后局部反应试验

GB/T 16886.10–2017 医疗器械生物学评价　第 10 部分：刺激与皮肤致敏试验

GB/T 16886.11–2011 医疗器械生物学评价　第 11 部分：全身毒性试验

YY 0505–2012 医用电气设备第 1–2 部分：安全通用要求并列标准：电磁兼容要求和试验

YY 0792.2–2010 光辐射安全的基本要求和试验方法。

（四）医疗器械产品是否豁免临床试验的法规文件

《国家药品监督管理局关于公布新修订免于进行临床试验医疗器械目录的通告》（2018 年第 94 号）附件 1。

眼科器械

序号	一级产品类别	二级产品类别	产品描述	预期用途	品名举例	管理类别	是否豁免临床	相关标准	指导原则
01	眼科无源手术器械	01 眼用刀	通常由刀片、刀柄等部件组成。刀片一般采用不锈钢材料制成。无菌提供	用于切割眼组织	一次性使用无菌眼科手术刀、一次性使用无菌塑柄眼科手术刀、一次性使用无菌眼科分层刀	Ⅱ	是	YY/T 0072—2010	/
			通常由刀片、刀柄、护盖等部件组成。刀片一般采用不锈钢材料或人造刚玉材料制成。非无菌提供	用于切割眼组织	宝石手术刀、钻石手术刀、眼科手术刀、眼内膜刀、巩膜穿刺刀、矛形穿刺刀、穿刺刀、裂隙穿刺刀、碎核刀、角巩膜切开刀、劈核刀、隧道刀、月形刀、切开刀、刮刀、扩口刀、前房切开刀、显微眼用刀	Ⅰ	是	YY/T 0072—2010	/
		02 眼用凿	通常由头部和柄部组成，头端带刃口。一般采用不锈钢材料制成。非无菌提供	用于凿开鼻泪骨	乳突圆凿	Ⅰ	是	/	/
		03 眼用剪	通常由一对中间连接的叶片组成，头部有刃口。一般采用不锈钢或钛合金材料制成。无菌提供，一次性使用	用于剪切眼组织	一次性使用无菌眼用剪	Ⅱ	是	YY/T 0176.9—2011	/
			通常由一对中间连接的叶片组成，头部有刃口。一般采用不锈钢或钛合金材料制成。非无菌提供	用于剪切眼组织	眼用剪、眼用组织剪、眼用手术剪、角膜剪、虹膜剪、巩膜剪、结膜剪、囊膜剪、膜状内障剪、眼内网膜剪、眼球摘除剪、眼球摘出剪、小梁剪、切腱剪、斜视剪、显微眼用剪、显微巩膜剪、显微虹膜剪、眼内剪	Ⅰ	是	YY/T 0176—2006 YY/T 0176.9—2011	/
		04 眼用钳	通常由中间连接的两片组成，头部为钳喙。一般采用不锈钢材料制成。非无菌提供	用于钳夹眼组织或器械	眼用钳、眼用止血钳、眼用咬骨钳、环状组织钳、眼内钳、显微眼用钳、眼用持针钳、布巾钳、晶状体植入钳、显微眼用持针钳	Ⅰ	是	YY/T 0177—2005 YY/T 0452—2003 YY/T 1015—2016 YY/T 1031—2016 YY/T 1122—2017	/
			通常由头部、杆部和柄部组成，头部为爪头。一般采用不锈钢材料制成。非无菌提供	用于眼科手术时夹取眼部异物	眼内异物爪	Ⅰ	是	/	/

续表

序号	一级产品类别	二级产品类别	产品描述	预期用途	品名举例	管理类别	是否豁免临床	相关标准	指导原则
01	眼科无源手术器械	05 眼用镊	通常由一对尾部叠合的叶片组成。一般采用不锈钢材料制成。无菌提供，一次性使用	用于夹持眼组织	一次性使用无菌眼用镊	Ⅱ	是	YY/T 0819-2010	/
			通常由一对尾部叠合的叶片组成。一般采用不锈钢、钛合金材料制成。非无菌提供	用于夹持眼组织、眼内异物或器械	眼科镊、眼内镊、眼用镊、眼用组织镊、虹膜镊、视网膜镊、角膜镊、角膜移植镊、膜瓣镊、睫毛镊、斜视镊、睑板腺囊肿镊、剥膜镊、碎核镊、抱核镊、撕囊镊、翻眼镊、角膜固定镊、移核镊、显微镊、显微结膜镊、显微眼内鳄鱼镊、显微眼内非对称性视网膜镊、显微眼内镐头镊、显微眼内内界膜镊、显微眼内钳式镊、显微眼内视网膜镊、显微眼用镊、显微虹膜镊、结膜镊、旋转式眼内镊、旋转式剥膜镊、眼内异物镊、眼用结扎镊、镜片固定镊、镜片夹持镊、系线镊、系结镊、显微结扎镊、夹钉镊、巩膜塞夹持镊、玻切透镜镊、晶状体植入镊、晶状体折叠镊、晶状体囊镊	Ⅰ	是	YY/T 0295.1—2005 YY/T 0686—2017 YY/T 0819—2010	/
		06 眼用夹	通常为U形状，带锁扣。一般采用钛合金材料制成。非无菌提供	用于夹持或夹取眼组织。手术后取出	霰粒肿夹	Ⅰ	是	/	/
		07 眼用针	通常由针头和固定器组成。针头为弯形，头端呈尖钉状。无菌提供	用于手术中将虹膜组织固定在人工晶状体的襻内。手术后取出	人工晶状体植入用固定针	Ⅱ	是	/	/
			通常由针头、针体和柄部组成。一般采用不锈钢材料制成。非无菌提供	用于探、拨、挑和刺眼组织	蝶形注液针、破囊针、泪囊穿线针、角膜异物针、眼用冲洗针、显微眼用针、泪道探针、动脉瘤针	Ⅰ	是	YY 0075—2005	/

续表

序号	一级产品类别	二级产品类别	产品描述	预期用途	品名举例	管理类别	是否豁免临床	相关标准	指导原则
01	眼科无源手术器械	08 眼用钩	通常由头部和杆部组成，头部带钩头。一般采用不锈钢材料制成。无菌提供，一次性使用	用于钩拉眼组织	一次性使用无菌眼科拉钩	Ⅱ	是	/	/
			通常由头部和杆部组成，头部带钩头。一般采用不锈钢材料制成。非无菌提供	用于钩拉眼组织	眼用拉钩、眼睑拉钩、显微虹膜拉勾、眼内膜钩、膜钩、视网膜钩、虹膜拉钩、角膜上皮扒钩、角膜线钩、角膜异物钩、穿刺钩锥、眼用勾锥、泪囊拉钩、斜视钩、动脉瘤钩、人工晶状体定位钩、显微眼用拉钩	Ⅰ	是	YY/T 0180—2013	/
		09 眼用刮匙	通常为细长设计，头部为边缘锋利的匙形。一般采用不锈钢材料制成。非无菌提供	用于刮除囊肿或挖出晶状体核	眼用刮匙、白内障匙、睑板囊肿锐匙、睑板腺囊肿锐匙	Ⅰ	是	/	/
		10 眼用剥离器	通常为杆形设计，头部为钝口或微锐。一般采用不锈钢材料制成。非无菌提供	用于剥开或分离眼组织	巩膜剥离器、巩膜剥离子	Ⅰ	是	/	/
		11 眼用牵开器	通常由撑开片、齿条和手柄组成。一般采用不锈钢材料制成。非无菌提供	用于牵开眼组织	泪囊牵开器	Ⅰ	是	YY/T 0073—2013	/
		12 眼用扩张器	通常由扩张器、导入头和导入器组成。一般采用不锈钢材料，扩张器采用聚丙烯材料或聚甲基丙烯酸甲酯材料制成。无菌提供，一次性使用	用于扩张和支撑眼组织	一次性使用无菌虹膜扩张器、一次性使用无菌眼睑扩张器	Ⅱ	是	/	/
			通常由头部和柄部组成，头端圆钝。一般采用不锈钢材料制成。非无菌提供	用于扩张和支撑眼组织	泪点扩张器、泪小点扩张器、显微眼用泪道扩张器、小瞳孔扩大器、开睑器、角膜上皮掀瓣器	Ⅰ	是	/	/
		13 眼用冲吸器	通常由注吸头、管体和尾座组成	用于冲洗眼组织或吸液	一次性使用无菌眼用注吸冲洗器、一次性使用无菌角膜上皮冲洗器、一次性使用无菌眼用冲洗器、一次性使用无菌眼用注吸器、一次性使用无菌乳突吸引管	Ⅱ	是	YY/T 0981—2016	/

续表

序号	一级产品类别	二级产品类别	产品描述	预期用途	品名举例	管理类别	是否豁免临床	相关标准	指导原则
01	眼科无源手术器械	13 眼用冲吸器	通常由注吸头、管体和尾座组成。采用金属材料制成，非无菌提供，可重复使用	用于冲洗眼组织或吸液	眼用注吸冲洗器、角膜上皮冲洗器、眼用冲洗器、眼用注吸器、乳突吸引管	Ⅰ	是	YY/T 0981—2016	/
			通常由磁铁头和手柄组成。非无菌提供	用于吸除眼内铁质异物	眼用异物吸铁器、眼用吸铁器	Ⅰ	是	/	/
		14 眼用钻	通常由柄部和头部组成，头部为环状。一般采用不锈钢材料制成。无菌提供，一次性使用	用于切割眼组织	一次性使用无菌角膜环钻	Ⅱ	是	/	/
			通常由环钻组成。环钻一般采用不锈钢材料制成。非无菌提供	用于切割眼组织	角膜环钻	Ⅰ	是	/	/
		15 眼用锯	通常由齿条和手柄组成。一般采用不锈钢材料制成。非无菌提供	用于锯开眼组织	角膜上皮环锯	Ⅰ	是	/	/
		16 眼用铲	通常由铲片和柄部组成。一般采用不锈钢材料制成。非无菌提供	用于铲离眼组织或去除眼内异物	眼用铲、眼内膜铲、角膜异物铲	Ⅰ	是	/	/
02	眼科无源辅助手术器械	01 眼用穿刺器	通常由穿刺刀、鞘管和柄部组成。一般采用不锈钢材料制成。无菌提供，一次性使用	用于穿刺眼组织	一次性使用无菌眼科穿刺器	Ⅱ	是	/	/
		02 眼用注入器	通常由头部、管体和柄部组成。一般采用不锈钢材料制成。非无菌提供	用于注射生理盐水，维持前房空间	前房注入器	Ⅰ	是	/	/
			通常由固定注射器的定位架和手动螺旋推进杆组成	与注射器配合使用，用于辅助眼内灌注硅油	硅油注射架、硅油推力架	Ⅰ	是	/	/
		03 点眼棒	通常为棒状，两端部为球形。一般采用硬质玻璃材料制成。非无菌提供	用于导引药物入眼	玻璃点眼棒	Ⅰ	是	/	/
		04 眼用压迫器	通常为板状设计。一般采用不锈钢材料制成。非无菌提供	用于下压眼组织	巩膜压迫器	Ⅰ	是	/	/
		05 眼用保护、支持器	一般采用聚乙烯材料制成。无菌提供	用于手术中保护眼组织免受伤害	眼科手术用滑片	Ⅱ	是	/	/
			一般采用高分子材料制成。非无菌提供，可重复使用。不含药物成分。分为带镜片和不带镜片两种类型。所带镜片无屈光矫正作用，仅为方便操作者在不揭开防护贴的情况下直接观察术后眼部愈合状况。不接触眼部创口	用于防止眼部手术前后，房水从眼球切口蒸发到空气中导致失明。也用于眼球手术后防护患者眼球，防止外力直接撞击眼球	眼部防护贴	Ⅱ	是	/	/

续表

序号	一级产品类别	二级产品类别	产品描述	预期用途	品名举例	管理类别	是否豁免临床	相关标准	指导原则
02	眼科无源辅助手术器械	05 眼用保护、支持器	通常为尖锥形式。一般采用不锈钢或钛合金材料制成。非无菌提供	用于手术中封堵巩膜穿刺孔	巩膜塞	I	是	/	/
			一般采用不锈钢材料制成。在使用过程中不接触中枢神经系统或血液循环系统。手动器械。非无菌提供	用于眼科手术时，保护眼球、支持眼睑	眼睑保护板、角膜支持环、眼睑支持板	I	是	/	/
		06 眼用器械手柄	通常由头部和柄部组成，头部为接口。一般采用不锈钢材料制成。非无菌提供	用于连接器械	眼科手术器械手柄、刀片夹持器、显微刀片夹持器、冲洗器手柄、注吸器手柄	I	是	/	/
		07 眼用固位器	通常由尖端与柄身组成。一般采用钛合金材料制成。非无菌提供	用于定位或调节眼组织	超声乳化调节杆、超声乳化调核器、眼用定位器、调节定位器、拔核定位器、眼用调节器、眼科巩膜标示器、斜视手术眼球拨板、晶体核移动器	I	是	/	/
			通常由固定圈和柄部组成。非无菌提供	用于固定眼组织	眼球固定器、眼球固定环、眼用固定环、角膜固定环	I	是	/	/
			通常由近端手柄、远端针体连接一体组成。非无菌提供	用于眼组织复位	虹膜复位器、虹膜恢复器、晶状体复位器	I	是	/	/
			通常由压环及螺帽环组成。非无菌提供	用于眼科手术中固定器械	角膜接触镜片固定环	I	是	/	/
		08 眼用测量器	通常器身带或不带刻度。一般采用不锈钢材料制成，非无菌提供	用于眼科测距	眼用测量规、眼用测量器、眼用测量尺、眼窝测量球、标记环、玻切印模、眼眶测量器	I	是	YY/T 1484—2016	/
		09 眼用取出器	通常由环形头部和柄部组成。一般采用不锈钢材料制成。非无菌提供	用于取出晶状体	晶状体取出器、晶状体线环	I	是	/	/
		10 眼用抛光器	一般采用不锈钢材料制成。非无菌提供	用于眼组织抛光	眼用抛光器、后囊膜抛光器	I	是	/	/
		11 眼用置物台	通常由环钻固定夹和螺旋杆组成。非无菌提供	用于手术中临时存放取出的角膜	角膜移植钻台架、角膜移植架	I	是	/	/
		12 眼用碎核器	通常由带齿垫板头部和柄部组成。垫板头部可为左式或右式。非无菌提供	用于咬碎晶体核	碎核托板、碎核垫板、晶状体碎核器、劈核器	I	是	/	/

续表

序号	一级产品类别	二级产品类别	产品描述	预期用途	品名举例	管理类别	是否豁免临床	相关标准	指导原则
02	眼科无源辅助手术器械	13 眼用咬除器	通常由刃口和柄部组成。一般采用不锈钢或钛合金材料制成。非无菌提供	用于咬切眼组织	小梁咬切器、咬切器、小梁切开器、显微巩膜咬切器	Ⅰ	是	/	/
		14 眼用止血器	通常由工作尖端和头端组成。头端通常有球形、橄榄形两种形式。一般采用不锈钢或铜材料制成。非无菌提供。无源产品	用于手术中，加热头端后，烧灼血管断端止血用	眼用烧灼止血器	Ⅰ	是	/	/
		15 眼用浸泡环	通常由酒精浸泡环和手柄组成。一般采用不锈钢或钛合金材料制成。非无菌提供。不含酒精	用于角膜屈光手术中，将酒精浸泡环放于角膜上，注入酒精，浸泡角膜上皮以清洁角膜基底床	角膜上皮浸泡环	Ⅰ	是	/	/
03	视光设备和器具	01 验光设备和器具	通常由显示器显示的视力表或卡	用于视力测定	液晶视力表	Ⅱ	是	GB 11533—2011 YY 0764—2009	/
			通常由视力表（卡）和照明装置组成。照明装置为直接照明或后照明（视力表灯）	用于视力检测或弱视、盲视筛查	视力表、视力表灯箱、幼儿视锐度（视力）检测卡、儿童图形视力卡、婴幼儿选择性注视检测卡、视力表投影仪	Ⅰ	是	GB 11533—2011 YY 0764—2009	/
			通常由主机和适配器组成。利用哈特曼－夏克（HARTMAN SHACK）感受器的原理，光线经眼的屈光系统聚焦折射到感受器上，经过处理测得双眼的屈光数据	用于视力筛选和检查	视力筛选仪	Ⅱ	否	/	/
			通常由板和板把手组成	用于检查时遮挡眼部	遮眼板	Ⅰ	是	/	/
			通常由视标、光学成像系统、传感器、显示屏和控制系统组成。将光线投射进被检者的眼内，检查被检者视网膜反射光线的聚散情况，测出被检者的屈光状态	用于人眼屈光状态的测定	验光仪、验光机、角膜验光仪	Ⅱ	是	YY 0673—2008	验光仪注册技术审查指导原则
			通常由投影系统和观察系统组成。投影系统包括光源、聚焦镜、反射镜、聚焦套管。将光线投射进被检者的眼内，根据反射光影的运动状态确定被检者的屈光状态	用于客观测量人眼屈光信息	检影镜、带状光检影镜、视网膜镜	Ⅱ	是	YY 0718—2009	/

续表

序号	一级产品类别	二级产品类别	产品描述	预期用途	品名举例	管理类别	是否豁免临床	相关标准	指导原则
03	视光设备和器具	01 验光设备和器具	通常由正球镜片、负球镜片、正柱镜片、负柱镜片、棱镜片、辅助镜片等组成	用于客观测量人眼的屈光状态	验光镜片、验光镜片箱、验光镜片组	Ⅱ	是	GB 17342—2009 JJG 579—2010	/
			通常由球镜度片、柱镜度片、棱镜度片、辅助镜片和机械换片结构组成。利用被检者对视标成像清晰程度的主观表述，测出被检者的屈光状态，与视力表配合使用	用于主观测量人眼屈光状态	验光头、综合验光仪	Ⅱ	是	YY 0674—2008 JJG 1097—2014	/
		02 视功能检查设备和器具	通常由两套视标空间方位可调，光亮可调的独立光学系统及可对两套系统进行空间方位变化测量的机械系统组成，并可结合其他辅助部件（如海丁格刷、偏振片）使用	用于检查人眼的同时视、融像、立体视等双眼视觉功能以及诊断主客观斜视角、异常视网膜对应、隐斜、后像、弱斜视等眼科疾病，也可供弱视训练、治疗	同视机	Ⅱ	否	YY 0675—2008	/
			通常由光源、视标、读数系统、机械调节系统、观察或显示系统组成。利用光学成像定位原理，测量人眼瞳距	用于测量人眼两瞳孔之间的距离	瞳距测量仪、瞳距仪	Ⅱ	否	YY/T 1484—2016 JJG 952—2014	/
			通常由光学定位系统、像差测量系统、信号探测器和数据处理分析系统组成。由光线追迹导出的光程差通过拟合获得 ZERNIK 系数的方法进行波前像差分析	用于测量人眼像差	眼像差仪、全眼波前像差仪	Ⅱ	否	YY/T 1418—2016	/
			通常由主机（光学系统、观察系统和控制系统）、可移动工作台和头托组成。利用角膜的反射性质来测量角膜曲率半径	用于测量角膜前表面曲率半径和主子午线轴位	角膜曲率计、电子角膜曲率仪	Ⅱ	是	YY 0579—2016 JJG 1011—2006	/
			通常由眼球监测系统、视野位置及光亮可变的光点或光面和背景光系统组成。通过获取视网膜各位置光刺激感知的方法，得到视网膜中心和周边的视细胞的损缺信息	用于眼部检查中测量可视范围	视野计、四点域值视野仪、视野分析仪、微视野计、投射视野检查仪	Ⅱ	是	YY 0676—2008	视野计注册技术审查指导原则 (2017 年修订版)
			通常由对比敏感度视标发生器、观察光学系统和控制装置组成	用于检查人眼在各种光环境下中心和 / 或周边视野敏感度测量	对比敏感度仪、眩光对比度仪	Ⅱ	否	/	/

续表

序号	一级产品类别	二级产品类别	产品描述	预期用途	品名举例	管理类别	是否豁免临床	相关标准	指导原则
03	视光设备和器具	02 视功能检查设备和器具	通常由光学系统、显示系统和记录系统组成。通过多种颜色的不同混合方式，来检查人体色细胞或相应的神经传递系统的准确情况	用于人眼视功能（包括光觉、色觉、形觉（视力）、动觉（立体觉）、对比觉（对比敏感度）等）的检查、训练等	色觉检测仪	Ⅱ	否	/	/
			通常由视神经分析仪主体、三维位移机架等组成	用于对活体上眼底和视网膜神经纤维层进行成像和三维分析	视神经分析仪	Ⅱ	否	/	/
			通常由电生理主机（含信号放大器、闪光刺激器）、图形刺激器、计算机系统等组成	用于视通路、视神经和视网膜的疾病检测	视觉电生理检查仪	Ⅱ	是	JJF 1543—2015	/
			通常由主机，发光二极管（LED）显示屏和电源线组成	用于测量瞳孔对光刺激的反应	瞳孔分析仪	Ⅱ	否	/	/
		03 视觉治疗设备	通常由各种视功能视标、光学观察系统或屏显系统组成。通过视觉刺激信号进行视觉治疗的设备。视觉刺激信号通常由电子显示屏、灯箱或发光视标产生	用于人眼视功能包括光觉、色觉、视力、立体视、融像、隐斜等的治疗	全息视力增进仪、弱视近视综合治疗仪、弱视治疗仪、弱视复合治疗仪	Ⅱ	否	/	/
04	眼科测量诊断设备和器具	01 眼科激光诊断设备	通常由激光光源、激光传输装置和控制装置等部分组成。发生激光，并应用光学断层扫描、共焦激光扫描等技术进行检查诊断的设备	用于眼功能和眼部疾病的检查诊断	激光扫描检眼镜、共焦激光扫描检眼镜、激光眼科诊断仪、激光前房闪辉测试仪、激光光纤眼科照明仪、共焦激光断层扫描仪、激光间接检眼镜	Ⅲ	否	YY 0633—2008	/
		02 眼压持续监测仪	通常由记录器、传感器、天线、数据线、充电器、软件等组成。其中传感器是一个带有嵌入式芯片的一次性硅胶软性接触镜	用于对青光眼患者进行连续眼内压实时监测	眼压持续监测仪	Ⅲ	否	/	/
		03 眼科超声诊断设备	通常由探头、超声波发射/接收电路、信号处理、图像显示等部分组成。利用超声脉冲回波原理，完成眼科诊断信息采集、显示、测量的专用超声设备。其探头标称频率一般在 10 MHz 以上	专用于眼科的超声诊断设备。实现眼球及眼眶的超声成像、角膜厚度测量、眼轴长度测量等功能	眼科 B 型超声诊断仪、超声角膜测厚仪、眼科高频超声诊断仪、眼科 A 型超声测量仪、眼科 AB 型超声诊断仪、眼科超声生物显微镜	Ⅲ	是	GB 9706.9—2008 GB 10152—2009 GB/T 15214—2008 GB/T 16846—2008 YY/T 0107—2015 YY/T 0162.1—2009 YY 0773—2010 YY 0849—2011 YY/T 0850—2011 YY/T 0938—2014 YY/T 1084—2015	眼科超声诊断设备注册技术审查指导原则 B 型超声诊断设备（第二类）产品注册技术审查指导原则 眼科高频超声诊断仪注册技术审查指导原则

续表

序号	一级产品类别	二级产品类别	产品描述	预期用途	品名举例	管理类别	是否豁免临床	相关标准	指导原则
04	眼科测量诊断设备和器具	04 光学相干断层扫描仪	通常由光学相干系统、数据获取处理和/或分析系统组成。利用光学相干成像原理，获取组织断层面的信息	用于获取组织断层面的信息	眼科光学相干断层扫描仪	Ⅱ	否	/	眼科光学相干断层扫描仪注册技术审查指导原则
		05 眼用照相机	通常由照明系统、观察系统、成像系统等组成。可与单独的查看软件配合使用，并实现附加功能	用于拍摄眼部图像，观察和诊断视网膜病变	眼底照相机、数字眼底照相机、免散瞳眼底照相机、免散瞳数码眼底照相机、手持式视网膜照相机、无散瞳数码眼底照相机、手持式免散瞳眼底照相机、眼底摄影机、眼用照相机	Ⅱ	是	YY 0634—2008	/
		06 眼底造影机	通常由照明系统和大视野成像系统组成。可与计算机配合使用	用于拍摄静态眼底视网膜彩色照相及眼部血流动态变化	眼底造影机、数字眼底造影检查仪、眼用造影机	Ⅱ	否	/	/
		07 裂隙灯	通常由裂隙照明系统（裂隙灯）和双目显微镜（或光学数码成像系统）组成。通过一个裂隙照射于眼睛形成一个光学切面，通过双目显微镜可观察被检部位的细节	用于观察角膜、虹膜、晶状体等	手持式裂隙灯显微镜、裂隙灯显微镜、眼科裂隙灯显微镜检查仪、手持裂隙灯显微镜检查仪、手持式裂隙灯、电动对焦数码裂隙灯显微镜系统	Ⅱ	是	YY 0065—2016	裂隙灯显微镜注册技术审查指导原则
		08 直接检眼镜	通常由照明系统和观察系统组成。照明系统包括灯泡、聚光镜和反射镜。观察系统包括窥孔和聚焦补偿系统	用于检查视网膜	直接检眼镜、广角检眼镜	Ⅱ	是	YY 1080—2009	/
		09 间接检眼镜	通常由检眼镜主体、电源、角度适配器、转接插头、巩膜压陷器等组成。检眼镜主体由照明系统、目镜、滤镜、头带和示教镜组成	用于检查视网膜小视野检查	间接检眼镜、双目间接检眼镜、双目间接眼底镜	Ⅱ	是	YY 0633—2008	/
		10 角膜内皮细胞显微镜	通常由高数值孔径物镜、像面成像系统和图像分析处理系统组成。利用显微镜的放大作用，对角膜内皮细胞显微成像	用于检测内皮细胞的形态、密度等	角膜内皮细胞显微镜、角膜内皮细胞计、角膜内皮显微镜	Ⅱ	否	/	/
		11 角膜共焦显微镜	通常由照明系统、同焦显微成像系统、扫描机构和图像分析处理系统组成。利用照明和成像共焦原理，可对角膜各层面成像	用于对角膜各个层面组织进行显微检查	角膜共焦显微镜	Ⅱ	否	/	/

续表

序号	一级产品类别	二级产品类别	产品描述	预期用途	品名举例	管理类别	是否豁免临床	相关标准	指导原则
04	眼科测量诊断设备和器具	12 角膜地形图仪	通常由 Placido 环投射系统、图像监视 / 观察系统和图像处理系统组成。利用角膜的反射状态确定角膜地形	用于测量角膜表面分布曲率	角膜地形图仪、角膜地形图系统	Ⅱ	是	YY 0787—2010	/
		13 角膜测厚仪	通常由光学发射系统和光学测量系统组成。通过两反射光路的偏离方法或光程差方法测量角膜厚度	用于测量角膜厚度	角膜测厚仪、手持式角膜测厚仪、角膜测厚装置、非接触式角膜厚度仪	Ⅱ	否	/	/
		14 眼前节测量诊断系统	通常由光学定位系统、光学发射系统、光学测量系统、图像接收和分析系统组成。利用反射光路偏离的光学原理，用于前节测量和分析	用于前节测量和分析	眼前节测量评估系统、眼前节诊断系统、三维眼前节分析系统	Ⅱ	否	/	/
		15 眼组织深度测量仪	通常由光学定位系统和光学测量系统组成。通过测量光程差，用于获取眼轴各组织深度	用于获取眼轴各组织深度	前房深度测定仪、扫描式周边前房深度计、眼科生物测量仪、眼科光学生物测量仪、光干涉式眼轴长测量仪	Ⅱ	否	YY/T 1484—2016	/
		16 黄斑完整性评估仪	通常由主机、患者控制按钮和键盘组成	用于评估黄斑的阈值灵敏度和固视稳定性	黄斑完整性评估仪	Ⅱ	否	/	/
		17 眼压计	通常由角膜形状变化发生器、角膜变形测量系统或接触角膜装置和压变传感器组成。通过角膜形状变化（压平式、压陷式、非接触式等）或直接测量角膜血流脉动压力变化，换算获得眼内压	用于测量眼内压力	眼压计、非接触式眼压计、手持式眼压计、手持式压平眼压计、压平眼压计、接触式压电眼压计、回弹式眼压计、压陷式眼压计	Ⅱ	是	YY 1036—2004 JJG 574—2004 JJG 1141—2017 JJG 1143—2017 JJF 1417—2013	眼压计注册技术审查指导原则
		18 眼球突出计	通常由左右棱镜座、导向横杆、活动支座、固定支座等部件组成	用于检查眼球角膜顶突出眶缘高度	眼球突出计	Ⅱ	否	/	/
		19 干眼检测仪	通常由光源、CCD 相机和控制系统组成。与计算机和配套软件组合使用。通过患者眼表泪膜干涉成像，用于诊断干眼程度	用于诊断干眼程度	干眼检测仪	Ⅱ	否	/	/
		20 视网膜自适应光学成像仪	通常由光学定位系统、眼底成像系统、像差测量系统和像差矫正系统组成。采用可变形镜面矫正各位置光线偏角的方式实现像差矫正	用于视网膜黄斑病变的早期微观检测	视网膜自适应光学成像仪	Ⅱ	否	/	/

续表

序号	一级产品类别	二级产品类别	产品描述	预期用途	品名举例	管理类别	是否豁免临床	相关标准	指导原则
04	眼科测量诊断设备和器具	21 眼科诊断辅助器具	通过放大或倒像等光学原理辅助眼科检查、诊断的光学器具。（与角膜接触）	用于辅助眼科检查和诊断	房角镜、非接触眼底镜、接触式激光眼底诊断镜、眼底广角观察镜、非接触裂隙灯前置镜、虹膜放大仪、倒像镜、屋脊镜倒像镜、角膜接触帽、非球面透镜、三棱镜组	Ⅱ	否	/	/
			通过放大或倒像等光学原理辅助眼科检查、诊断的光学器具。（不与角膜接触）	用于辅助眼科检查和诊断	房角镜、非接触眼底镜、接触式激光眼底诊断镜、眼底广角观察镜、非接触裂隙灯前置镜、虹膜放大仪、倒像镜、屋脊镜倒像镜、角膜接触帽、非球面透镜、三棱镜组	Ⅰ	是	/	/
			通常由带有荧光素钠标示线的滤纸裁切而成，被泪液浸湿后有明显界限，可直接读数	用于诊断眼科泪液分泌障碍等疾病	泪液检测滤纸条、泪液分泌检测滤纸	Ⅱ	是	/	/
		22 眼力器	通常由头架、支架、视标和镜片组成	用于双眼辐辏功能测定	眼力器	Ⅰ	是	/	/
05	眼科治疗和手术设备、辅助器具	01 眼科超声手术设备	通常由主机、换能器、带有外科尖端的手持部件和负压吸引装置组成。每一个手持部件由一个换能器、一个连接构件和一个治疗头尖端组成	用于对眼部组织的破碎、切割和乳化等	乳化玻切超声手术仪、显微眼科超声手术系统、眼科超声乳化手术系统、白内障超声乳化手术仪、眼科超声手术系统、超声乳化手术仪、眼科超声乳化手术仪、眼科乳化玻切超声手术仪及附件	Ⅲ	否	YY 0766—2009	眼科超声乳化和眼前节玻璃体切除设备及附件注册技术审查指导原则
		02 眼科激光治疗设备	通常由激光器、冷却装置、传输装置、目标指示装置、控制装置、防护装置等部分组成。利用激光与生物组织的相互作用机理，达到手术治疗的目的	用于屈光矫正、角膜切割、青光眼、白内障或视网膜病变等眼科疾病的手术治疗	准分子激光角膜屈光治疗机、飞秒激光眼科治疗机、飞秒激光角膜屈光治疗机、Q开关掺钕钇铝石榴石激光眼科治疗机、掺钕钇铝石榴石激光眼科治疗机、半导体激光眼科治疗机、固体多波长激光眼科治疗机、固体激光眼科治疗机、倍频掺钕钇铝石榴石眼科激光治疗机	Ⅲ	否	YY 0789—2010 YY 0845—2011 YY 0846—2011 YY 1300—2016 YY 1475—2016 YY 0307—2011 YY 0599—2015	眼科飞秒激光治疗机注册技术审查指导原则 用于角膜制瓣的眼科飞秒激光治疗机临床试验指导原则

续表

序号	一级产品类别	二级产品类别	产品描述	预期用途	品名举例	管理类别	是否豁免临床	相关标准	指导原则
05	眼科治疗和手术设备、辅助器具	03 眼科内窥镜及附件	通常由物镜系统和光学传/转像系统，含有或不含有观察目镜系统构成观察光路的不可变形的内窥镜。可包含附件。附件是配合内窥镜使用的配件或独立产品	用于在眼部内窥镜检查中对症使用	眼内窥镜	Ⅲ	否	/	/
		04 眼科冷冻治疗设备	通常由低温工质、储存容器、输送装置和冷冻探头组成。冷冻探头直接作用于人体治疗部位	用于使眼部组织产生冷冻坏死、炎性反应或冷冻粘连	眼科冷冻治疗仪、二氧化碳眼科冷冻治疗仪、便携式二氧化碳眼科冷冻治疗仪	Ⅱ	否	/	/
		05 其他眼科治疗和手术设备	利用照射光敏剂核黄素浸润的角膜，核黄素分子被激发产生活性氧族，诱导胶原纤维的氨基（团）之间发生化学交联反应，从而增加了胶原纤维的机械强度和抵抗角膜扩张的能力。不含光敏剂	用于治疗圆锥角膜手术、角膜溃疡和准分子激光原位角膜磨镶术（LASIK）术后角膜膨胀症	角膜治疗仪、角膜交联仪	Ⅲ	否	/	/
			通常由切割部分、控制部分和驱动部分组成	用于在不同层次角膜屈光手术和角膜移植手术中切割角膜	角膜板层刀、微型角膜刀	Ⅲ	否	YY 0788—2010	/
			通常由主机、气体连接软管和手柄组成。气动脉冲列驱动玻切头产生切割功能	用于切除眼内玻璃体	玻璃体切割器、玻切加速机	Ⅲ	否	/	/
			通常由观察系统、照明系统和支架系统组成。观察系统由目镜、物镜的长工作距的体视光学显微系统组成。可外接或内置图像采集显示处理系统，利用显微放大原理，观察物体细节	用于在眼科手术过程中为手术区域提供放大	眼科手术显微镜	Ⅱ	是	YY 1296—2016	手术显微镜注册技术审查指导原则
		06 眼科治疗和手术辅助器具	通常由眼内照明器、眼内照明光纤、一套可拆下和可消毒的旋钮组成	用于眼科手术期间对眼内的照明	眼内照明器、眼内照明系统	Ⅲ	否	YY 0792.1—2016 YY 0792.2—2010	/
			通常由光纤和插入头组成。无菌提供	与眼科照明光源连接使用，可直接插入人眼，也可和套管针系统一起使用。用于眼内手术时传输照明光源发出的光，进行眼内照明	眼内照明器光纤探头	Ⅲ	否	/	/

续表

序号	一级产品类别	二级产品类别	产品描述	预期用途	品名举例	管理类别	是否豁免临床	相关标准	指导原则
05	眼科治疗和手术设备、辅助器具	06 眼科治疗和手术辅助器具	通常由用户终端、支架、软件、电缆、连接线等组成	与眼科手术、治疗设备配合使用，用于实现眼科手术、治疗中的导航、定位功能	眼科手术导航工作站、眼科手术定位导航系统、眼科手术计划及导航系统	Ⅲ	否	/	/
			通常由玻切刀头、接头、导管和柄部等组成。一般玻切刀头采用不锈钢材料制成。无菌提供	与气动设备配合使用，用于眼科手术时切除玻璃体	玻切头	Ⅲ	是	/	/
			连接激光设备，传输激光	与眼科激光设备配合使用，进入眼内传输激光能量，用于激光治疗	眼科激光光纤探针、治疗用激光光纤	Ⅲ	是	YY/T 0758—2009	医用激光光纤产品注册技术审查指导原则
				与眼科激光设备配合使用，不进入眼内传输激光能量，用于激光治疗	眼科激光光纤探针、治疗用激光光纤	Ⅱ	是	YY/T 0758—2009	医用激光光纤产品注册技术审查指导原则
			通常为片状设计，带刃口。一般采用不锈钢材料制成。无菌提供	与角膜板层刀配合使用，用于剖层、切割眼角膜	成形刀片、一次性使用无菌角膜板层刀片	Ⅱ	是	YY 0174—2005	/
			通常由电池、治疗头、电阻丝、外壳等组成	用于眼科手术，通过自带电加热的治疗头烧灼血管断端止血	眼科止血器、眼科烧灼止血器、一次性使用便携电凝刀	Ⅱ	否	/	/
			通常由注吸针头、负压源和调节阀等组成	用于眼科手术时吸取混浊皮质	注吸仪	Ⅱ	否	/	/
			通过放大或倒像等光学原理辅助眼科治疗、手术的光学器具。（与角膜接触）	用于辅助眼科治疗和手术	非接触式眼底广角观察镜、非接触式广角观察系统、眼科手术非接触观察装置、眼科用非球面黄斑镜、玻切手术观察镜、眼底成像系统、一次性使用玻切手术用接触镜	Ⅱ	是	/	/
			通过放大或倒像等光学原理辅助眼科治疗、手术的光学器具。（不与角膜接触）	用于辅助眼科治疗和手术	非接触式眼底广角观察镜、非接触式广角观察系统、眼科手术非接触观察装置、眼科用非球面黄斑镜、玻切手术观察镜、眼底成像系统、一次性使用玻切手术用接触镜	Ⅰ	是	/	/
			通常与眼科超声手术设备主机配合使用，其组成与原理依据眼科超声手术设备的型式和功能	配合眼科超声手术设备，辅助实现其功能	眼科超声乳化手术仪用附件－手柄、眼科超声乳化手术仪用附件－测试腔，灌注套	Ⅱ	是	/	/

续表

序号	一级产品类别	二级产品类别	产品描述	预期用途	品名举例	管理类别	是否豁免临床	相关标准	指导原则
05	眼科治疗和手术设备、辅助器具	06 眼科治疗和手术辅助器具	通常由针头、针体和柄部组成。一般采用不锈钢材料制成。非无菌提供	玻切手术时用来吸出多余的液体	笛针、移液针	Ⅰ	是	/	/
06	眼科矫治和防护器具	01 接触镜	设计用于配戴眼球前表面的，其最终状态在正常条件下不需要支撑即能保持形状的眼科镜片	用于矫正或修正人眼视力	硬性角膜接触镜、硬性透氧角膜接触镜	Ⅲ	是	GB/T 11417.1—2012 GB 11417.2—2012 GB/T 11417.5—2012 GB/T 11417.6—2012 GB/T 11417.7—2012 GB/T 11417.8—2012 GB/T 11417.9—2012 GB/T 28538—2012	硬性角膜接触镜说明书编写指导原则
			采用角膜塑形术方法来改变角膜的形态，从而暂时矫正眼屈光不正的硬性透气接触镜	用于暂时性矫正眼屈光不正	角膜塑形用硬性透气接触镜	Ⅲ	否	GB/T 11417.1—2012 GB 11417.2—2012 GB/T 11417.5—2012 GB/T 11417.6—2012 GB/T 11417.7—2012 GB/T 11417.8—2012 GB/T 11417.9—2012 GB/T 28538—2012 GB/T 28539—2012 YY 0477—2016	角膜塑形用硬性透气接触镜说明书编写指导原则 角膜塑形用硬性透气接触镜临床试验指导原则
			设计用于配戴眼球前表面的，需要支撑以保持形状的眼科镜片	用于矫正或修正人眼视力	彩色软性亲水接触镜、散光软性亲水角膜接触镜、软性角膜接触镜、软性亲水接触镜、软性接触镜	Ⅲ	是	GB/T 11417.1—2012 GB 11417.3—2012 GB/T 11417.5—2012 GB/T 11417.6—2012 GB/T 11417.7—2012 GB/T 11417.8—2012 GB/T 11417.9—2012 GB/T 28538—2012 GB/T 28539—2012	软性接触镜临床试验指导原则 软性接触镜注册技术审查指导原则 软性亲水接触镜说明书编写指导原则

续表

序号	一级产品类别	二级产品类别	产品描述	预期用途	品名举例	管理类别	是否豁免临床	相关标准	指导原则
06	眼科矫治和防护器具	02 接触镜护理产品	以氯化钠为主要有效成分的生理平衡盐水溶液（含量约0.9%）	用于软性或硬性接触镜的冲洗、储存，及片剂类护理产品的溶解稀释等	接触镜无菌生理盐水护理液、接触镜护理盐溶液	Ⅲ	是	GB 20812—2006 GB/T 28538—2012 GB/T 28539—2012 YY 0719.1—2009 YY 0719.2—2009 YY 0719.3—2009 YY 0719.4—2009 YY 0719.5—2009 YY 0719.6—2010 YY 0719.7—2011	接触镜护理产品注册技术审查指导原则
			含有一种或多种有效成分（如：酶），具有清洁作用的接触镜护理产品	用于去除接触镜表面的沉淀物和其他污染物	硬性透气接触镜清洁液、硬性接触镜酶清洁剂、接触镜除蛋白护理液、除蛋白护理液、接触镜去蛋白片	Ⅲ	否	GB 20812—2006 GB/T 28538—2012 GB/T 28539—2012 YY 0719.1—2009 YY 0719.2—2009 YY 0719.3—2009 YY 0719.4—2009 YY 0719.5—2009 YY 0719.6—2010 YY 0719.7—2011	接触镜护理产品注册技术审查指导原则
			以双氧水为主要有效成分结合中和片（中和杯或中和环等）使用的消毒液	用于对接触镜的充分消毒	双氧护理液、双氧水接触镜消毒液	Ⅲ	否	GB 20812—2006 GB/T 28538—2012 GB/T 28539—2012 YY 0719.1—2009 YY 0719.2—2009 YY 0719.3—2009 YY 0719.4—2009 YY 0719.5—2009 YY 0719.6—2010 YY 0719.7—2011 YY/T 0871—2013	接触镜护理产品注册技术审查指导原则

续表

序号	一级产品类别	二级产品类别	产品描述	预期用途	品名举例	管理类别	是否豁免临床	相关标准	指导原则
06	眼科矫治和防护器具	02 接触镜护理产品	通常由杀菌（消毒）剂、表面活性剂、络合剂、保湿剂、pH 调节剂、渗透压调节剂等多种成分组成的接触镜护理溶液	用于接触镜的清洁、消毒、冲洗、储存等	硬性接触镜护理液、接触镜护理液、硬性透气接触镜用护理液、软性接触镜护理液	Ⅲ	否	GB 20812—2006 GB/T 28538—2012 GB/T 28539—2012 YY 0719.1—2009 YY 0719.2—2009 YY 0719.3—2009 YY 0719.4—2009 YY 0719.5—2009 YY 0719.6—2010 YY 0719.7—2011	接触镜护理产品注册技术审查指导原则
			通常由保湿润滑剂、pH 调节剂、渗透压调节剂、络合剂、防腐剂等成分组成的接触镜润滑溶液	用于对接触镜的湿润处理，配戴接触镜时滴入眼内起润滑作用	接触镜润滑液、硬性透气接触镜润滑液、接触镜湿润液	Ⅲ	否	GB 20812—2006 GB/T 28538—2012 GB/T 28539—2012 YY 0719.1—2009 YY 0719.2—2009 YY 0719.3—2009 YY 0719.4—2009 YY 0719.5—2009 YY 0719.6—2010 YY 0719.7—2011	接触镜护理产品注册技术审查指导原则
		03 防护器具	通常由镜架和镜片组成。镜片采用能反射或吸收辐射线，但能透过一定可见光的材料制成	用于在诊断或手术过程中防护紫外线、蓝光、红光和红外线危害	医用光辐射防护眼镜	Ⅱ	是	YY/T 0968.1—2014 YY/T 0968.2—2014	/
			一般采用玻璃或塑料镜片加入吸收剂制成	用于在诊断或手术过程中防止激光辐射对人眼的伤害	激光防护眼镜	Ⅱ	是	GB 30863—2014	/
		04 助视器	通常由光学系统（凸透镜、凹透镜、棱镜和平面镜等）组成。利用光学成像原理，帮助低视力者提高视觉活动水平	用于改变目标的大小，或改变目标在视网膜上的成像位置，帮助低视力者提高视觉活动水平	光学弱视助视器、低视力放大镜、低视力望远镜	Ⅱ	是	GB 23719—2009	/
			通常由光学电子成像系统和显示系统组成。利用摄像获得影像，经数码处理给予放大，能方便地进行放大倍数调整、焦距调整、亮度和对比度调整，利用光学电子手段达到光能增强	用于改变目标的大小，或改变目标在视网膜上的成像位置，帮助低视力者提高视觉活动水平	光电弱视助视器	Ⅱ	否	GB 23719—2009	/

续表

序号	一级产品类别	二级产品类别	产品描述	预期用途	品名举例	管理类别	是否豁免临床	相关标准	指导原则
07	眼科植入物及辅助器械	01 人工晶状体	通常由光学主体和支撑部分组成的光学镜片，其光学区部分通过一定的光学设计从而获取需要的聚焦能力并达到较好的成像质量	代替人眼晶状体，用于囊外摘除术的白内障手术后或超声乳化术后植入，矫正或修正人眼视力	人工晶状体、肝素表面处理亲水性丙烯酸人工晶状体、亲水性丙烯酸人工晶状体、虹膜夹无晶体眼人工晶状体、预装式非球面后房人工晶状体、折叠式非球面人工晶状体、折叠式多焦丙烯酸人工晶状体、着色非亲水丙烯酸非球面后房人工晶状体、后房型聚甲基丙烯酸甲酯人工晶状体、单件式多焦复曲面人工晶状体、一件式后房型人工晶状体、三件式后房型人工晶状体、后房人工晶状体、折叠式人工晶状体、单件式多焦人工晶状体、折叠式后房硅凝胶人工晶状体、有晶体眼屈光性人工晶状体、折叠式后房人工晶状体、聚甲基丙烯酸甲酯人工晶状体、亲水性丙烯酸酯非球面人工晶状体、肝素表面处理聚甲基丙烯酸甲酯人工晶状体、肝素表面处理亲水性丙烯酸非球面人工晶状体、单件式复曲面人工晶状体、聚丙烯酸酯类后房型人工晶状体、折叠式后房丙烯酸人工晶状体、可调节人工晶状体、预装式人工晶状体、折叠式丙烯酸人工晶状体、非亲水丙烯酸后房人工晶状体、一件式人工晶状体、后房人工晶体、后房型丙烯酸酯人工晶状体、单件式疏水性丙烯酸人工晶状体、非球面后房人工晶状体、单件式黄色疏水性丙烯酸人工晶状体、前房型聚甲基丙烯酸甲酯人工状晶体、多焦聚丙烯酸酯类后房人工晶状体、后房型屈光晶状体、有晶体眼后房屈光晶状体、带虹膜的人工晶状体	Ⅲ	否	YY 0290.1—2008 YY 0290.2—2009 YY 0290.3—2018 YY 0290.4—2008 YY 0290.5—2008 YY 0290.6—2009 YY 0290.8—2008 YY 0290.9—2010 YY 0290.10—2009 YY/T 0942—2014	人工晶状体临床试验指导原则

续表

序号	一级产品类别	二级产品类别	产品描述	预期用途	品名举例	管理类别	是否豁免临床	相关标准	指导原则
07	眼科植入物及辅助器械	02 眼内填充物	是一类用于眼科的非固体物质	用于将脱离的视网膜压平并复位	眼科用重水、眼科手术用重水、眼用手术硅油、眼科手术用硅油、眼用重硅油、眼科手术用全氟萘烷、眼科手术用全氟辛烷、眼用全氟丙烷气体、硅油	Ⅲ	否	YY 0862—2011	/
		03 青光眼引流装置	通常由支撑体和缝合孔组成的器件	用于阻止巩膜瓣与巩膜床之间的粘连，维持功能液腔的持续存在，促进新的房水通道形成	青光眼引流器、青光眼引流阀	Ⅲ	否	/	/
		04 眼用黏弹剂	通常由具有黏性和弹性的固体和液体制成	用于产生和维持手术空间，保护眼内组织和便于操作	眼用黏弹剂、眼科手术黏弹剂、眼用透明质酸钠凝胶、眼用羟丙基甲基纤维素、角膜保护剂、眼用透明质酸钠	Ⅲ	否	YY 0861—2011 YY/T 0308—2015 YY/T 1571—2017 DB13/T 1219—2010 DB37/T 2058—2012	/
		05 泪点塞	通常由泪点塞和泪点塞放置器组成	用于堵塞泪点，泪点塞放置器为放置泪点塞的辅助器具	泪点塞、泪点塞栓	Ⅲ	否	YY/T 0984—2016	/
		06 义眼台	一般采用羟基磷灰石、高分子材料等制成	用于眼球、眶壁缺失、摘除或萎缩后的填充，眼眶内支撑	义眼台	Ⅲ	是	/	/
		07 囊袋张力环	过半圆的圆弧环整体结构，圆弧环两端各有一个定位孔	用于无晶体眼维持囊袋张力，防止后囊膜皱褶，对抗囊袋收缩	囊袋张力环、囊袋扩张环	Ⅲ	否	YY 0762—2017	/
		08 人工玻璃体球囊	通常由高分子材料制成的透明结构，填充介质后可作为玻璃体替代物	填充介质后用于暂时或永久替代眼球内玻璃体，并具有支撑视网膜，维持眼内压及屈光功能	人工玻璃体球囊、折叠式人工玻璃体球囊	Ⅲ	否	/	/
		09 组织工程生物羊膜	通常由健康剖宫产产妇的胎盘组织，经处理去除脂肪、可溶性抗原等，保留基本网架结构，经灭菌后制成的产品	用于眼表创伤及眼表损害创面的修复	生物羊膜、组织工程羊膜	Ⅲ	否	/	/
		10 角膜基质片	一般可由脱细胞的动物角膜基质或生物材料制成，用于角膜修复，经灭菌，一次性使用	用于板层角膜的移植	脱细胞角膜基质、脱细胞角膜植片	Ⅲ	否	/	/

续表

序号	一级产品类别	二级产品类别	产品描述	预期用途	品名举例	管理类别	是否豁免临床	相关标准	指导原则
07	眼科植入物及辅助器械	11 角膜基质环	一般采用高分子材料制成。通过长期植入患者的角膜层间，改变角膜表面曲率、屈光度	用于治疗圆锥角膜、近视、高度近视等疾病	角膜基质环	Ⅲ	否	/	/
		12 泪道管	通常由硅胶管、硅胶矛、扩张器和穿孔塞组成，一般采用硅橡胶材料制成，配备专用手术牵引钩或导丝	用于泪道阻塞探通术后、泪囊炎鼻腔泪囊吻合术后、泪小管断裂吻合术后的泪道支撑与植入治疗	泪道引流管	Ⅲ	否	/	一次性使用引流管产品注册技术审查指导原则
		13 硅胶环扎带	通常由环扎带和硅橡胶管组成	用于视网膜脱离巩膜环扎术使用	硅橡胶环扎带、硅胶海绵、硅胶轮胎、硅胶环扎带	Ⅱ	是	YY 0334—2002	/
		14 义眼片	一般采用聚甲基丙烯酸甲酯材料制成	用于人眼眼球摘除或眼内容剜除、眼球萎缩或植入义眼台后，起填充和支撑作用。可随时摘除	义眼片	Ⅱ	是	/	/
		15 人工晶状体、人工玻璃体植入器械	通常由推注器、夹头、活塞和套管组成。一般采用塑料制成。无菌提供	用于植入人工晶状体或人工玻璃体	人工晶状体植入系统、一次性使用无菌人工晶状体推注器、一次性使用无菌人工晶状体推进器、一次性使用无菌人工晶状体植入器、一次性使用无菌人工晶状体转动器、一次性使用无菌人工晶状体折叠夹、一次性使用无菌人工玻璃体植入器	Ⅱ	是	YY 0290.1—2008 YY 0290.2—2009 YY 0290.3—2018 YY 0290.4—2008 YY 0290.5—2008 YY 0290.6—2009 YY 0290.8—2008 YY 0290.9—2010 YY 0290.10—2009 YY/T 0942—2014	/
			通常由推注器、夹头、活塞和套管组成。一般采用不锈钢或钛合金材料制成。非无菌提供	用于植入人工晶状体或人工玻璃体	人工晶状体植入器、人工玻璃体植入器	Ⅰ	是	YY/T 0942—2014	/
		16 囊袋张力环植入器械	通常由微型钩、植入器管道、推杆和杆塞四部分组成。无菌提供	用于眼科手术时，将囊袋张力环植入囊袋内	一次性使用无菌囊袋张力环植入器、一次性使用无菌囊袋张力环注入器	Ⅱ	是	YY 0762—2017	/
			通常由微型钩、植入器管道、推杆和杆塞四部分组成。非无菌提供	用于眼科手术时，将囊袋张力环植入囊袋内	囊袋张力环植入器、囊袋张力环注入器	Ⅰ	是	/	/

第十七章　口腔科器械

一、范围

本子目录包括口腔科用设备、器具、口腔科材料等医疗器械。不包括口腔科治疗用激光、内窥镜、显微镜、射线类医疗器械。

二、框架结构

本子目录按照口腔科设备、口腔科器具和口腔科材料的预期用途分为 10 个一级产品类别；按照产品组成成分和产品用途分为 93 个二级产品类别，并列举 585 个品名举例。

本子目录包括 2002 版分类目录中的《6806 口腔科手术器械》《6855 口腔科设备及器具》和《6863 口腔科材料》，2012 版分类目录中的《〈6823 医用超声仪器及有关设备〉（超声治疗设备中的超声洁牙设备）》及 2014 年发布的《第一类医疗器械产品目录》。

该子目录中一级产品类别与 2002/2012 版分类目录产品类别的对应关系如下。

与 2002/2012 版分类目录对应关系

一级产品类别	2002/2012 版产品类别
17-01 口腔诊察设备	6855-5 洁牙、补牙设备中的牙髓活力测试仪（2002 版）
	6855-8 口腔灯（2002 版）
17-02 口腔诊察器具	6806-6 口腔用其他器械中的测量器、口镜（2002 版）
17-03 口腔治疗设备	6823-3 超声治疗设备中的超声洁牙设备（2012 版）
	6855-1 口腔综合治疗设备（2002 版）
	6855-2 牙钻机及附件（2002 版）
	6855-3 牙科椅（2002 版）
	6855-4 牙科手机（2002 版）
	6855-5 洁牙、补牙设备中的医用洁牙机、光固化机（器）、牙根管长度测定仪、根管治疗仪（2002 版）
	6855-7 口腔综合治疗设备配件中的电动抽吸系统、医用空压机、银汞调合器（2002 版）
17-04 口腔治疗器具	6806-1 口腔用刀、凿（水门调刀、黏固粉调刀、银汞雕刻刀除外）（2002 版）
	6806-2 口腔用剪（2002 版）
	6806-3 口腔用钳（2002 版）
	6806-4 口腔用镊、夹（2002 版）
	6806-5 口腔用钩、针（2002 版）

续表

一级产品类别	2002/2012 版产品类别
17-04 口腔治疗器具	6806-6 口腔用其他器械中的牙挺、丁字形牙挺、牙根尖挺、拔髓针柄、牙用锉、牙刮匙、洁治器、刮治器、剔挖器、研光器、根管充填器、黏固粉充填器、银汞合金充填器、汞合金输送器、磨牙带环就位器、结扎杆、带环推子、弓丝成型器、水枪头、热气枪头、牙骨膜分离器、牙龈分离器、去冠器（2002 版）
	6855-6 车针（2002 版）
	6855-7 口腔综合治疗设备配件中的三用喷枪（2002 版）
17-05 口腔充填修复材料	6863-3 根管充填材料（2002 版）
	6863-5 永久性充填材料及有关材料中的银合金粉、复合树脂充填材料、水门汀类、牙本质黏合剂、洞衬剂、垫底材料、盖髓材料、牙釉质黏合剂（2002 版）
	6863-6 暂封性充填材料及有关材料（2002 版）
17-06 口腔义齿制作材料	6863-1 高分子义齿材料（2002 版）
	6863-7 金属、陶瓷类义齿材料（2002 版）
17-07 口腔正畸材料及制品	6863-10 正畸材料（2002 版）
17-08 口腔植入及组织重建材料	6863-2 齿科植入材料（2002 版）
	6863-4 颌面部修复材料（2002 版）
17-09 口腔治疗辅助材料	6863-9 齿科辅助材料（2002 版）
	6863-11 印模材料（2002 版）
	6863-12 铸造包埋材料（2002 版）
	6863-13 模型材料（2002 版）
	6863-14 齿科辅助材料（2002 版）
	6863-15 研磨材料（2002 版）
17-10 其他口腔材料	6863-3 牙周塞治剂（2002 版）
	6863-5 永久性充填材料及有关材料中的美白胶、窝沟封闭剂（2002 版）
	6863-8 齿科预防保健材料（2002 版）

三、其他说明

（一）脱敏剂类产品，管理类别由第三类降为第二类。

（二）咬合关系记录 / 检查材料，通常由双组分糊剂或粉液剂或片，一般由硅橡胶、蜡或软质塑料等材料组成；所含成分不具有药理学作用，所含成分不可被人体吸收；仅用于牙面接触点及义齿修复体关系的检查如硅橡胶咬合检查材料，按第一类管理。

（三）义齿试用材料，如试色糊剂产品，管理类别规范为第一类。

（四）银汞合金，管理类别由第三类降为第二类。

（五）金属、陶瓷材料制成的固位桩，管理类别规范为第二类。

（六）与有源器械（如牙科手机）连接使用的牙科锉、口腔车针、牙科钻（头）等产品的分类原则：用于切削、锉、钻操作的口腔车针、钻、锉仍按照第二类管理；用于打磨、研磨、抛光操作的口腔抛光刷、研磨头、车针按第一类管理。按照此原则，原 2002 版分类目录中有明确分类的洁牙工作尖和仅用于打磨、抛光的车针，管理类别由第二类降为第一类。

（七）正畸弹簧，管理类别由第二类降为第一类。

（八）种植体密封材料，管理类别由第三类降为第二类。

（九）牙周塞治剂，管理类别由第三类降为第二类。

（十）替代体，作为医疗器械管理，管理类别为一类。

（十一）研磨材料，用于口内按第二类管理，用于口外按第一类管理。

（十二）洁牙粉，管理类别由第三类降为第二类。

（十三）根管扩大液、根管清洗剂，管理类别由第三类降为第二类。

（十四）临时冠桥树脂，管理类别由第三类降为第二类。

（十五）牙托梗，管理类别由第二类降为第一类。

（十六）本子目录中医疗器械产品适用的相关标准

GB 9706.1–2007 医用电气设备 第 1 部分 安全通用要求

GB/T 9937.1–2008 口腔词汇 第 1 部分：基本和临床术语

GB/T 9937.2–2008 口腔词汇 第 2 部分：口腔材料

GB/T 9937.3–2008 口腔词汇 第 3 部分：口腔器械

GB/T 9937.4–2005 牙科术语 第 4 部分：牙科设备

GB/T 9937.5–2008 口腔词汇 第 5 部分：与测试有关的术语

GB/T 14710–2009 医用电器环境要求及试验方法

YY/T 0127.1–1993 口腔材料生物试验方法 溶血试验

YY/T 0127.3–2014 口腔医疗器械生物学评价　第 3 部分：根管内应用试验

YY/T 0127.4–2009 口腔医疗器械生物学评价　第 2 单元 : 试验方法 骨埋植试验

YY/T 0127.5–2014 口腔医疗器械生物学评价　第 5 部分：吸入毒性试验

YY/T 0127.6–1999 口腔材料生物学评价　第 2 单元：口腔材料生物试验方法 显性致死试验

YY/T 0127.7–2017 口腔医疗器械生物学评价　第 7 部分：牙髓牙本质应用试验

YY/T 0127.8–2001 口腔材料生物学评价　第 2 单元：口腔材料生物试验方法 – 皮下植入试验

YY/T 0127.9–2009 口腔医疗器械生物学评价　第 2 单元：试验方法 细胞毒性试验 : 琼脂扩散法及滤膜扩散法

YY/T 0127.10–2009 口腔医疗器械生物学评价　第 2 单元：试验方法 鼠伤寒沙门氏杆菌回复突变试验（Ames 试验）

YY/T 0127.11–2014 口腔医疗器械生物学评价　第 11 部分：盖髓试验

YY/T 0127.12–2008 牙科学 口腔医疗器械生物学评价　第 2 单元：试验方法 微核试验

YY/T 0127.13–2018 口腔医疗器械生物学评价　第 13 部分：口腔黏膜刺激试验

YY/T 0127.14–2009 口腔医疗器械生物学评价　第 2 单元：试验方法 急性经口全身毒性试验

YY/T 0127.15–2018 口腔医疗器械生物学评价　第 15 部分：亚急性和亚慢性全身毒性试验：经口途径

YY/T 0127.16–2009 口腔医疗器械生物学评价　第 2 单元：试验方法 哺乳动物细胞体外染色体畸变试验

YY/T 0127.17–2014 口腔医疗器械生物学评价　第 17 部分：小鼠淋巴瘤细胞（TK）基因突变试验

YY/T 0127.18–2016 口腔医疗器械生物学评价　第 18 部分：牙本质屏障细胞毒性试验

YY/T 0268–2008 牙科学 口腔医疗器械生物学评价　第 1 单元评价与试验

YY 0505–2012 医用电气设备第 1–2 部分：安全通用要求并列标准：电磁兼容要求和试验

（十七）医疗器械产品是否豁免临床试验的法规文件

《国家药品监督管理局关于公布新修订免于进行临床试验医疗器械目录的通告》（2018 年第 94 号）附件 1。

口腔科器械

序号	一级产品类别	二级产品类别	产品描述	预期用途	品名举例	管理类别	是否豁免临床	相关标准	指导原则
01	口腔诊察设备	01 牙周袋探测设备	通常由探针、手柄、脚踏开关和电源组成。通过使用压力敏感电子探针对牙周进行触诊，测量牙周袋深度	用于探测牙周袋深度	牙周袋深度探测仪	Ⅱ	否	/	/
		02 牙髓活力测试设备	通常由脉冲发生器、电极、显示屏和电源组成。通过电流刺激牙髓神经组织，测定激发的患者反应电流，从而评估牙髓活力	用于评估牙髓活力情况	牙髓活力测试仪	Ⅱ	否	/	/
		03 牙本质测量设备	通常由电极、探头和电源组成	用于测试牙髓上方牙本质厚度	牙本质厚度测量仪	Ⅱ	否	/	/
		04 龋齿探测设备	通常由主机、手柄和电源组成。根据检测原理分为荧光检测和电阻抗检测两种类型。前者根据不同矿化程度的牙面可被激发出不同波长的荧光实现探测；后者则根据不同矿化程度的牙面具有不同电阻抗值实现探测	用于龋齿早期病变的辅助诊断	龋齿探测仪	Ⅱ	否	/	/
		05 口腔成像设备	通常由探头、主机和软件组成。扫描光源为弱激光等	获取患者口内三维数字影像，用于口腔修复、正畸、种植、外科等治疗	口腔数字印模仪、口腔光学扫描仪	Ⅱ	否	/	/
			通常由摄像手柄和显示器等组成。利用摄像功能，观察口腔内各部位状态的设备	用于对口腔局部观察	口腔数字观察仪	Ⅰ	是	/	/
		06 口腔照明设备	通常由照明装置和检测观察装置组成。照明装置通常包括照明手柄、电源、患者护目镜；检测观察装置通常包括观察镜	用于口腔照明及检测观察，并且辅助增强口腔检查中黏膜异常和口腔病变的可视化程度	口腔检查灯	Ⅱ	否	YY/T 1120—2009	/
			通常由灯头、角度调节手柄和灯臂组成。可连接到牙科治疗机中或单独固定到天花板或其他支撑件上	用于为口腔科患者口腔照明提供光源。无检查功能	口腔灯、LED 口腔灯	Ⅰ	是	YY/T 1120—2009	/
02	口腔诊察器具	01 手动测量用器械	在口腔科治疗和诊断过程中，对长度、力度等参数进行测定的器械。非无菌提供	用于手动测量口腔中长度、角度、力度等参数	牙科垂直距离尺、牙科卡尺、牙科骨测量卡钳、牙科邻间隙测量器、牙科测量尺、牙科测量杆、牙科间距尺、牙科角度尺、正畸测力计、根管测量尺、牙用卡尺、牙科种植用测量器、牙科种植用深度测量尺	Ⅰ	是	/	/

续表

序号	一级产品类别	二级产品类别	产品描述	预期用途	品名举例	管理类别	是否豁免临床	相关标准	指导原则
02	口腔诊察器具	02 口腔用镜	通常由柄、带有连接杆或不带有连接杆的镜子组成。镜面一般采用不锈钢或玻璃制成。无菌提供，一次性使用	用于口腔检查	一次性使用无菌口镜	Ⅱ	是	/	/
			通常由柄、带有连接杆或不带有连接杆的镜子组成。镜面一般采用不锈钢或玻璃制成。非无菌提供	用于口腔检查	口镜、一次性使用口镜	Ⅰ	是	/	/
		03 口腔成像辅助器具	通常由喷粉器主体和喷头组成。不与患者口腔等部位直接接触。喷头一般采用不锈钢材料制成。非无菌提供。可重复使用。有源产品。不含有喷粉	配合光学扫描仪使用，用于扫描前将口腔成像用光学喷粉喷覆至牙齿和口腔黏膜部位	牙科光学喷粉器	Ⅱ	否	/	/
03	口腔治疗设备	01 牙科治疗机	通常由牙科治疗装置和附件组成，可能含有牙科用椅。牙科治疗装置通常包括侧箱、口腔灯、器械盘、漱口给水装置、三用喷枪、吸唾器、漱口盆、观片灯、脚踏开关等	用于口腔科诊断、治疗、手术	牙科综合治疗机、可移动式牙科治疗机	Ⅱ	是	YY/T 0630—2008 YY/T 1043—2004 YY/T 1043.1—2016 YY/T 1044—2018 YY/T 1411—2016	牙科综合治疗机注册技术审查指导原则（2016年修订版）
		02 牙科用椅	通常由底座支撑系统、控制系统、脚踏开关、椅面和头托组成。有源产品	用于牙科临床诊疗时承载患者（牙科椅）、医护人员（医师椅）	电动牙科椅、液压牙科椅	Ⅱ	是	YY/T 0058—2015	/
			通常由底座支撑系统、脚踏开关、椅面和头托组成。医师椅通常由底座支撑系统和椅面组成，可能带有升降定位功能，通常与牙科椅联合使用。无源产品	用于牙科临床诊疗时承载患者（牙科椅）、医护人员（医师椅）	机械牙科椅、牙科医师椅	Ⅰ	是	YY/T 0058—2015	/
		03 口腔洁治清洗设备及附件	通常由控制主机和手持部分组成。以压缩气体或电作为动力源，通过喷砂、工作尖振动、冲洗等方式实现预期用途	用于牙齿表面、根管等部位的清洁、修形	超声洁牙机、超声洁牙手机、喷砂洁牙机、喷粉洁牙手机、气动洁牙机、口腔清洗机、根管荡洗器	Ⅱ	是	YY 0460—2009 YY/T 0751—2009	超声洁牙设备注册技术审查指导原则(2017年修订版）
			通常有工作部分和杆组成。通过杆与洁牙机连接，可固定或者可更换。由洁牙机驱动工作	配合洁牙机使用，用于牙齿表面、根管等部位的清洁、修形	超声洁牙机工作尖、气动洁牙机工作尖	Ⅰ	是	/	/

续表

序号	一级产品类别	二级产品类别	产品描述	预期用途	品名举例	管理类别	是否豁免临床	相关标准	指导原则
03	口腔治疗设备	04 牙科手机及附件	采用机械传动方式传递牙科手术所需能量的手持设备。根据动力来源不同分为气动和电动	用于夹持车针、牙钻、牙锉等旋转器械，驱动其运动从而实现切、磨、削、钻等牙科手术操作	牙科手机、牙科直手机、牙科弯手机、牙科气动马达手机、牙科电动马达手机、高速气涡轮手机、口腔种植手机、根管手机、抛光手机、一次性使用牙科手机	Ⅱ	是	YY 0059.1—1991 YY 0059.2—1991 YY 0059.3—1991 YY/T 0514—2018 YY 1012—2004 YY 1045.1—2009 YY 1045.2—2010	牙科手机注册技术审查指导原则（2017 年修订版）
			根据动力来源不同分为气动和电动。其中气动马达通过压缩空气推动叶片旋转产生动力，电动马达通过电磁原理产生动力。与牙科手机配套使用	用于驱动牙科手机	牙科手机用电动马达、牙科手机用气动马达	Ⅱ	是	YY 0836—2011 YY 0837—2011	/
		05 口腔正负压设备	负压设备通常由吸引机、过滤器、阀门、管道等部分组成。正压设备通常由压缩机头、空气储气罐、空气干燥器系统、冷凝水阀门、压力开关、阀门、管道等部分组成	用于为牙科治疗设备提供正压或负压源，以实现驱动器械或吸引的功能	牙科电动抽吸机、牙科电动抽吸系统、牙科电动空压机、牙科电动无油空压机、医用风冷无油空气压缩机	Ⅰ	是	/	/
		06 固化设备	通常由光源手柄和电源组成。通过发出特定波长光线，利用光聚合原理，使光固化材料在短时间内迅速有效聚合固化。光源有石英钨卤素灯和 LED 灯两种类型	用于使光固化材料固化	LED 光固化机、卤素灯光固化机	Ⅱ	是	YY 0055—2018	光固化机注册技术审查指导原则
		07 牙科种植用设备	通常由主机、马达和脚踏开关组成	用于牙科种植手术	牙科种植机	Ⅱ	是	YY 1057—2016 YY/T 1485—2016	牙科种植机注册技术审查指导原则
			通常由主机和冲击头组成，其中主机通常包含马达连接器、冲击头连接器和手柄。使用时，与电动马达连接，在种植体轴向延长线的方向上冲击基台	用于种植牙基台的就位和放置	牙科基台安放器	Ⅱ	否	/	/
			通常由传感器、LED 指示灯、手柄和标记探针组成。通过感应金属种植体，由指示灯提示，确定种植体的位置	用于探测定位包埋在牙龈下方的种植体位置	种植体定位器	Ⅱ	否	/	/

续表

序号	一级产品类别	二级产品类别	产品描述	预期用途	品名举例	管理类别	是否豁免临床	相关标准	指导原则
03	口腔治疗设备	07 牙科种植用设备	通常由主机、感测器、分析软件和电源组成。利用冲击力激发牙科种植体共振，通过分析其振动信号判断种植体稳定性	用于检测种植体和基台稳固度	种植体稳固度检测仪	Ⅱ	否	/	/
		08 牙齿漂白设备	通常由主机、旋转臂和底座组成。通过产生特定波长范围的冷光，照射涂于牙齿表面的漂白剂，使漂白剂发生光催化氧化还原反应	用于催化漂白剂化学反应，使牙齿漂白	牙齿冷光漂白仪	Ⅱ	否	YY/T 1401—2016	/
		09 根管治疗设备	通常由控制部分、马达、手机等组成。根管充填设备通常以加热软化牙胶尖、注入填充材料等方式完成根管填充	用于根管治疗过程中根管扩大、成形、充填	根管预备机、牙胶充填仪	Ⅱ	是	YY 0803.1—2010 YY/T 0803.2—2010 YY 0803.3—2016 YY/T 0803.4—2015 YY/T 0803.5—2016 YY/T 0873.5—2014 YY/T 1602—2018	/
			通常由主机、唇钩、测量导线、探针和电源组成	用于牙科临床根管治疗时辅助确定工作长度	牙科根管长度测定仪、牙根尖定位仪	Ⅱ	否	/	/
			通常由电源和加热部件组成。以加热的方式软化、切断牙胶尖	用于在口腔外软化和 / 或切断牙胶尖以备根管填充使用	牙胶尖加热器、牙胶尖切断器	Ⅰ	是	/	/
		10 口腔麻醉推注设备	通常由助推管和主机组成。通过设定程序控制注射的速度和流量，实现自动注射	用于口腔麻醉剂的注射	口腔麻醉助推仪	Ⅱ	否	/	/
		11 银汞合金调合器	通常由电源控制部分、电机、夹头、防护罩、外壳等组成	用于调合银、汞合金粉，以得到牙科用银汞合金	银汞合金调合器、银汞胶囊调合器	Ⅰ	是	YY/T 0273—2009 YY/T 0515—2009 YY 0715—2009	/
		12 口腔用骨粉制备设备	通常由研磨头和研磨腔组成。无源产品	用于口腔科手术过程中将牙齿碎骨研磨成骨粉以供手术时使用	牙科骨磨	Ⅱ	否	/	/
			通常由研磨机和一次性无菌研磨容器组成。通常为电动	用于口腔科手术过程中将牙齿碎骨研磨成骨粉以供手术时使用	牙齿研磨机	Ⅱ	否	/	/
04	口腔治疗器具	01 口腔手术刀、凿	通常由柄部和刃部组成。手术的刃部是锋利刃口，凿的柄部和刃部可承受较大冲击力。非无菌提供	牙科手术中进行切割或凿开骨质等组织。	牙龈刀、牙科用软组织环切刀、牙科用刀、牙科用手术刀、拔牙刀、牙科用凿、牙骨凿、牙釉凿、颌骨凿、牙科用骨劈开凿	Ⅰ	是	YY 91010—1999	/

续表

序号	一级产品类别	二级产品类别	产品描述	预期用途	品名举例	管理类别	是否豁免临床	相关标准	指导原则
04	口腔治疗器具	02 口腔用钳	通常由钳喙、关节和钳柄组成。钳嘴可根据用途制成不同形状，一般采用不锈钢等材料制成。非无菌提供	用于牙科临床中完成固定、止血、夹持、弯制、剪切和去除等操作	牙科用扩大钳、拔牙钳、牙科用切断钳、牙槽咬骨钳、舌钳、正畸钳、牙科用咬骨钳、金冠拆除钳、结扎丝自动结扎钳、正颌专用钳、迭鳃式正畸钳、霍氏钳、末端切断钳、黏合托槽去除钳、前牙带环切断钳、后牙带环去除钳、分牙橡圈置放钳、正畸弯制钳、牙科用骨穿孔钳、定制式矫治器牙钳、口腔止血钳、牙科器械钳	I	是	YY/T 0452—2003 YY/T 1021—2005 YY/T 1122—2017 YY/T 1127—2006	/
		03 口腔手术剪	一般采用不锈钢材料制成的剪刀，带有环状手柄。非无菌提供	用于牙科手术中剪切口腔组织或修复体	牙龈剪、牙科用剪、金冠剪	I	是	/	/
		04 牙挺	通常由手柄、杆和工作端组成。一般采用不锈钢材料制成。非无菌提供	用于撬松牙齿，撬除牙根、残根、碎根尖等	牙挺、丁字形牙挺、牙根尖挺、开冠挺、拔牙挺、微型牙挺、阻生齿牙挺	I	是	YY/T 0170—2011 YY/T 0170.1—1994 YY/T 0170.2—1994 YY/T 0277—1995	/
		05 口腔针	通常由手持部分和细长工作端组成。一般采用不锈钢材料制成。工作端根据用途的差异有不同的形状和表面。非无菌提供	用于牙面、牙体、牙髓，及其周边组织的探查或治疗	拔髓针、钩鍉针、牙科用棉花针、牙探针、脓肿探针、牙周探针、牙科用双头探针、一次性使用牙探针	I	是	YY/T 1014—2013 YY/T 1622.1—2018	/
		06 牙科锉	一般采用不锈钢、镍钛合金等金属材料制成的机用器械。工作端有刻纹或螺旋刃口，起切削、平整的作用。该产品连接手机使用，由主机提供动力	配合有源器械使用，用于牙科治疗中对牙骨、根管进行切削、平整、清洁、塑形	机用根管锉	II	是	YY 0803.1—2010 YY/T 0803.2—2010 YY 0803.3—2016 YY/T 0803.4—2015 YY/T 0803.5—2016	/
			一般采用不锈钢、镍钛合金等金属材料制成的手持器械。工作端有刻纹或螺旋刃口，起切削、平整的作用。无源产品。非无菌提供	用于牙科治疗中对牙骨、根管进行切削、平整、清洁、塑形	根管锉针、根管锉、根管扩大针、根管扩大器、镍钛合金根管锉、不锈钢根管锉针、牙科用锉、牙科用旋转锉、牙周锉、镍钛合金牙锉、牙骨锉	I	是	YY 0803.1—2010 YY/T 0803.2—2010 YY 0803.3—2016 YY/T 0803.4—2015 YY/T 0803.5—2016	/
			通常由套管和针芯组成。一般采用不锈钢材料制成。无源产品。非无菌提供	用于口腔科根管治疗时，取出断裂的根管锉	根管锉取出器	I	是	/	/

续表

序号	一级产品类别	二级产品类别	产品描述	预期用途	品名举例	管理类别	是否豁免临床	相关标准	指导原则
04	口腔治疗器具	07 口腔车针、钻	通常由柄部和工作部分组成。一般采用不锈钢、钛合金、金刚砂、碳化钨等材料制成。使用时安装于手机，由手机驱动旋转。部分产品附带有标示位置用的定位环	配合牙科手机使用，用于口腔中牙齿、骨、修复体等硬质结构的切、削、钻等操作	牙科车针、高速牙科车针、牙科金刚砂车针、牙科钨钢车针、牙科用低速车针、树脂车针、陶瓷车针、高速牙科金刚石车针、牙科钻头、碳化钨牙钻、不锈钢牙钻、牙科种植用钻	Ⅱ	是	YY 0302.1—2010 YY 0302.2—2016 YY 0761.1—2009 YY/T 0873.3—2014 YY/T 0874—2013 YY/T 1011—2014 YY/T 1147—2004 YY 91010—1999 YY 91064—1999	牙科车针注册技术审查指导原则
			通常由柄部和工作部分组成。一般采用不锈钢、钛合金、金刚砂、碳化钨等材料制成。使用时安装于手机，由手机驱动旋转。部分产品附带有标示位置用的定位环	配合牙科手机使用，用于口腔中牙齿、骨、修复体等硬质结构的抛光、打磨操作	牙科修整用金刚砂车针、牙科修整用钨钢车针	Ⅰ	是	YY 0302.1—2010 YY 0302.2—2016 YY 0761.1—2009 YY/T 1011—2014	/
			一般采用钛合金、橡胶等材料制成。环状器械。使用时安装在牙科钻头工作部分的预定位置，以便操作者确定钻孔深度。非无菌提供	用于协助控制牙科钻头的钻孔深度	定位环	Ⅰ	是	/	/
		08 洁治器具	通常由手柄和一个或两个工作末端组成的无源产品。一般采用不锈钢材料制成。非无菌提供	用于清除牙齿表面牙垢或在口腔治疗过程中，对组织或材料进行剔、挖、刮等操作	牙科洁治器、牙科刮治器、剔挖器、牙刮匙	Ⅰ	是	YY/T 0274—2011	/
		09 口腔隔离器具	橡皮障为弹性薄片状器械，配套器械通常有橡皮障支架、橡皮障夹、橡皮障夹钳、橡皮障打孔器、牙科橡皮障楔线。非无菌提供	橡皮障用于牙科治疗时隔离牙齿，配套器械用于配合、辅助橡皮障的施用	橡皮障、橡皮障打孔器、橡皮障夹、橡皮障夹钳、橡皮障支架、牙科橡皮障楔线	Ⅰ	否	YY/T 1487.1—2016	/
		10 打磨抛光清洁器具	分为手动和机动两类。手动类产品通常由手持部分和工作端组成；机动类产品通常由金属柄和工作端组成，金属柄与牙科手机连接，其工作端为毛刷或杯状	用于对修复体的抛光、打磨以及多余部分的去除，或种植体的清扫。也用于对牙齿表面的除垢、抛光。不包括仅用于口腔科技工室的器具	带磨料牙科抛光刷、无菌种植体清洁刷	Ⅱ	是	YY/T 0873.6—2015 YY/T 0913—2015 YY/T 1604—2018 YY 91010—1999	/
			分为手动和机动两类。手动类产品通常由手持部分和工作端组成；机动类产品通常由金属柄和工作端组成，金属柄与牙科手机连接，其工作端为毛刷或杯状。非无菌提供。不含研磨抛光材料	用于对修复体的抛光、打磨以及多余部分的去除，或种植体的清扫。也用于对牙齿表面的除垢、抛光。不包括仅用于口腔科技工室的器具	研光器、牙科抛光刷、牙科抛光杯、牙科抛光磨头、牙科陶瓷研磨头、牙科橡胶抛光头、一次性使用护牙弯角、牙科抛光条、种植体清洁刷	Ⅰ	是	YY/T 0873.6—2015 YY/T 0913—2015 YY/T 1604—2018 YY 91010—1999	/

续表

序号	一级产品类别	二级产品类别	产品描述	预期用途	品名举例	管理类别	是否豁免临床	相关标准	指导原则
04	口腔治疗器具	11 种植体安装辅助器械	通常为上颌窦提升用球囊等，在牙科种植过程使用。无源产品。无菌提供	用于牙科种植过程	无菌上颌窦提升用球囊	Ⅱ	否	/	/
			通常为螺丝起等形式，在牙科种植过程中使用。可重复使用	配合有源器械使用，用于牙科种植过程	机动种植体螺丝起、机动基台螺丝起、机用种植体内螺纹修复器	Ⅰ	是	/	/
			通常为扭力扳手、螺丝起、上颌窦提升器、骨挤压器、导向定位器等，在牙科种植过程使用。无源产品。非无菌提供，可重复使用	用于牙科种植过程	种植体螺丝起、牙科种植用扳手、牙科种植用夹持器、牙科种植用携带器、牙科骨挤压器、牙科取骨器、牙种植定位杆、上颌窦内提升器、上颌窦外提升器、牙科种植用扭力控制器、骨磨引导器、种植体内螺纹修复器、种植体旋入止停器、牙科种植用延长器、种植用牙钻限深导向器、种植用牙钻导向器、牙科种植用扩骨器、种植体取出工具引导器、印模帽连接器、牙科种植用连接件、牙科种植器械限深套、牙科种植材料取出器、牙科种植扫描定位件、牙科种植手术定位件、牙科种植扫描体、种植用骨杯、牙科种植角度测量辅助件	Ⅰ	是	YY/T 0957.1—2014 YY/T 1281—2015	/
		12 材料输送器具	通常由手持部分和工作端组成。根据用途工作端有不同形状。该产品连接手机使用，由主机提供动力	配合有源器械使用，用于将充填材料输送、填入至目标位置	机用根管螺旋输送器	Ⅰ	是	/	/
			通常由手持部分和工作端组成。根据用途工作端有不同形状。分为单头和双头两种形式。无源产品。非无菌提供	用于将充填材料输送、填入至目标位置	根管充填器、黏固粉充填器、银汞合金充填器、复合树脂充填工具、水门汀充填器、牙用充填器、牙科树脂充填器、玻璃离子充填器、排龈线填塞器、牙科加压器、牙科骨充填材料搅拌器、邻接面充填器、根管水泥手动充填器、水门汀输送器、牙科根管水泥输送器、牙科输送器、牙科输送头、银汞合金输送器、子弹型光固化树脂输送器、牙科骨粉输送器、口内塑形刀	Ⅰ	是	YY/T 0275—2011 YY/T 0278—2011 YY/T 0495—2009 YY 0803.3—2016	/

续表

序号	一级产品类别	二级产品类别	产品描述	预期用途	品名举例	管理类别	是否豁免临床	相关标准	指导原则
04	口腔治疗器具	13 正畸材料处理器械	按使用形式通常可分为弓丝成型器、正畸带环安置器、正畸托槽安置器、磨牙带环就位器、带环推置器、牙正畸结扎器等。均为手持手动器械	用于口腔中正畸材料的成型、安装、去除	弓丝成型器、正畸结扎杆、正畸托槽定位器、正畸带环就位器、正畸托槽安置器、正畸带环推置器、正畸结扎器、正畸定位器、正畸自锁托槽开启器、弓丝置入器、结扎丝压入器	Ⅰ	是	YY/T 0624—2016	/
		14 口腔清洗器具	对口腔进行冲洗的无源产品。无菌提供，一次性使用	用于去除口腔中的碎屑或杂物	一次性使用无菌口腔冲洗器、一次性使用无菌塑料冲洗针、一次性使用无菌牙科冲洗针	Ⅱ	是	/	/
			对口腔进行冲洗的无源产品。非无菌提供	用于去除口腔中的碎屑或杂物	牙龈冲洗器、牙冠周冲洗器、口腔冲洗器、一次性使用口腔冲洗器、一次性使用塑料冲洗针、一次性使用牙科冲洗针	Ⅰ	是	/	/
		15 口腔综合治疗设备配件	通常由枪体、手柄和喷杆组成。按使用时手持方式不同分为弯式和直式两种类型。根据需要可把压缩空气、水或气水喷雾以喷射的形式传送到口腔内某一部位。通常连接在牙科治疗机上使用	用于口腔清洗、吹干	牙科三用喷枪	Ⅱ	否	/	/
			一般采用不锈钢或塑料等材料制成。使用时安装在牙科综合治疗台的喷枪前端，为喷枪气流、液体的出口端。无菌提供，一次性使用	配合喷枪等使用，用于牙科治疗时清洁和吹干口腔及牙齿	一次性使用无菌水枪头、一次性使用无菌热气枪头、一次性使用无菌三用喷枪枪头	Ⅱ	是	/	/
			一般采用不锈钢或塑料等材料制成。使用时安装在牙科综合治疗台的喷枪前端，为喷枪气流、液体的出口端。非无菌提供	配合喷枪等使用，用于牙科治疗时清洁和吹干口腔及牙齿	水枪头、热气枪头、三用喷枪枪头	Ⅰ	是	/	/
			一般采用不锈钢或塑料等材料制成。通常与牙科治疗机的抽吸装置一起使用。无菌提供，一次性使用	配合治疗机抽吸装置使用，用于牙科治疗时吸取患者口腔内的血水、唾液及其他异物	一次性使用无菌吸唾管	Ⅱ	是	/	/

续表

序号	一级产品类别	二级产品类别	产品描述	预期用途	品名举例	管理类别	是否豁免临床	相关标准	指导原则
04	口腔治疗器具	15 口腔综合治疗设备配件	一般采用不锈钢或塑料等材料制成。通常与牙科治疗机的抽吸装置一起使用。非无菌提供	配合治疗机抽吸装置使用，用于牙科治疗时吸取患者口腔内的血水、唾液及其他异物	吸唾管	Ⅰ	是	/	/
		16 口腔用镊、夹	通常由一对尾部叠合的叶片组成。一般采用不锈钢材料制成	用于口腔科检查和治疗时夹持	牙科用残根镊、牙科用镊、牙科用长镊、牙科用组织镊、一次性使用牙科镊	Ⅰ	是	YY/T 1284.1—2015 YY/T 1284.2—2015 YY/T 1284.3—2015	/
			一般采用不锈钢材料制成。非无菌提供	用于固定成形片等牙科材料，为牙科修复做准备	成形片夹	Ⅰ	是	/	/
		17 口腔注射用具	通常由拉环、推杆、带观察窗的套筒、针头连接柱等组成。一般采用不锈钢材料制成。注射动力通过操作者推动推杆产生。非无菌提供，可重复使用	用于将麻醉剂容器内的麻醉剂注入患者口腔中相应部位。不接触麻醉剂	口腔麻醉手动注射架、口腔麻醉剂手动助推器	Ⅰ	是	/	/
			通常由独立的注射器和注射头组成。注射器一般采用不锈钢或塑料等材料制成。注射头一般采用塑料制成。非无菌提供	用于口腔材料的口腔内注射	印模材料注入器、印模材料口内注射头、口腔材料注射器、口腔材料注射头	Ⅰ	是	/	/
		18 口腔分离牵开用具	通常由手柄和头杆组成。一般采用不锈钢材料制成。非无菌提供	用于口腔手术中分离指定部位的软组织	牙骨膜分离器、牙龈分离器、腭裂分离器、牙科用分离器、一次性使用磨牙牙龈分离器	Ⅰ	是	YY 0835—2011	/
			通常由柄部和头端组成。头端为弯曲、勾状或成角度的叶片。非无菌提供	用于口腔治疗操作中移开软组织，暴露视野	牙科用牵开器、唇颊牵开器、口角拉钩、牙科用创口钩、颌面部组织拉钩、口腔拉钩、面颊牵引器	Ⅰ	是	/	/
			具有迫使和/或保持下颌张开的支持结构。在口腔手术治疗时，放在患者的牙齿之间，以保持口腔的开启。非无菌提供	用于口腔手术中保持口腔开启	牙科开口器、牙科丁字式开口器	Ⅰ	是	YY/T 0179—2005	/
		19 去冠器	通常由头部和柄部组成。一般采用不锈钢材料制成。无源产品。非无菌提供	用于口腔科治疗时，去除牙齿上的金属冠	牙科去冠器	Ⅰ	是	/	/
		20 治疗辅助器具	一般采用不锈钢材料制成的牙科用锤。非无菌提供	用于口腔科手术中敲击牙骨凿	牙骨锤	Ⅰ	是	/	/
			通常由手柄和镶嵌绒毛的头部组成。一般采用塑料制成。非无菌提供	用于在牙齿上涂抹牙科材料	牙科用毛刷、一次性使用牙科毛刷	Ⅰ	是	/	/

续表

序号	一级产品类别	二级产品类别	产品描述	预期用途	品名举例	管理类别	是否豁免临床	相关标准	指导原则
04	口腔治疗器具	20 治疗辅助器具	通常由手柄和顶针组成。使用时在排龈枪中装入带有分配针的排龈膏预装管，由顶针推动排龈膏经过分配针注入龈沟实现排龈。不含排龈膏。非无菌提供。	用于配合排龈膏排龈	排龈枪	Ⅰ	是	/	/
			通常由手柄、牵开器、套管针和套管组成。一般采用不锈钢材料制成。非无菌提供。	用于口腔颌面外科手术中穿通颊部，钻孔定位导向	颊部穿通器	Ⅰ	是	/	/
05	口腔充填修复材料	01 水门汀	一般为粉液状或糊状。粉剂为可析出离子的金属氧化物或金属盐，如氧化锌、玻璃粉、氢氧化钙等；液剂为酸溶液或螯合物等，如磷酸、聚羧酸、水杨酸、丁香酚；部分水门汀含有可聚合树脂成分。大部分为通过酸碱反应固化，含树脂成分的可通过化学反应或光固化反应固化。	作为永久性置入人体材料，用于修复体的黏固、窝洞衬层和垫底以及窝洞充填，还可用于盖髓、根管充填、窝沟封闭、修复体桩核制作等	玻璃离子水门汀、冠核用玻璃离子水门汀、银粉玻璃离子水门汀、黏接用玻璃离子水门汀、聚羧酸锌水门汀、黏接用聚羧酸盐水门汀、磷酸锌水门汀、牙科氧化锌丁香酚水门汀、不含丁香酚水门汀、氢氧化钙水门汀、粘结用树脂水门汀、自黏接树脂水门汀、双固化树脂水门汀、自酸蚀树脂水门汀、树脂水门汀、光固化树脂水门汀	Ⅲ	是	YY 0271.2—2016 YY 0271.1—2016 YY 0272—2009 YY 1042—2011	/
			一般为粉液状或糊状。粉剂为可析出离子的金属氧化物或金属盐，如氧化锌、玻璃粉、氢氧化钙等；液剂为酸溶液或螯合物等，如磷酸、聚羧酸、水杨酸、丁香酚；部分水门汀含有可聚合树脂成分。大部分为通过酸碱反应固化，含树脂成分的可通过化学反应或光固化反应固化。	作为临时性置入人体材料，用于正畸产品的黏接、短期粘接或临时充填	光固化正畸黏接用玻璃离子水门汀、暂时黏接用氧化锌丁香酚水门汀、临时冠桥黏接用氢氧化钙水门汀、暂时黏接用氧化锌水门汀（不含丁香酚）、双固化正畸用玻璃离子水门汀	Ⅱ	是	YY 0271.2—2016	/
		02 黏接剂	单组分或双组分液体或糊剂。通常由树脂基质、稀释剂、粘接性单体或酸性单体等组成。通过化学反应或光固化反应固化。	用于牙体充填修复、义齿修复及植入、组织重建等过程中的黏接	复合树脂黏接剂、牙科黏接剂、牙本质黏接剂、牙本质牙釉质黏接剂、牙科桩核黏接剂、单组分自酸蚀光固化黏接剂、牙科全酸蚀黏接剂、牙科自酸蚀黏接剂、光固化黏接剂、化学固化黏接剂、双固化树脂黏接剂	Ⅲ	是	YY/T 0518—2009	/

续表

序号	一级产品类别	二级产品类别	产品描述	预期用途	品名举例	管理类别	是否豁免临床	相关标准	指导原则
05	口腔充填修复材料	02 黏接剂	单组分或双组分液体、糊剂或粉液型。通常由树脂基质、稀释剂、粘接性单体或酸性单体等组成。通过化学反应或光固化反应固化	用于正畸治疗过程中正畸产品的黏接。仅接触牙釉质	光固化正畸黏接剂、化学固化正畸黏接剂、正畸黏接剂、正畸带环黏接剂、牙釉质黏合树脂	Ⅱ	是	YY/T 0269—2009	/
		03 根管充填封闭材料	固体、糊状、粉液剂或液状。固体通常为古塔胶，也可为金属或其他高分子材料。糊状或液状主要成分可以是氧化锌、氢氧化钙、树脂、填料、水杨酸酯、丁香酚或硅酸盐等。古塔胶通过加热使用或与封闭材料配合使用；糊状或液状材料可以发生固化反应，也可以不固化	用于根管治疗过程中充填或封闭牙髓腔和根管内空隙	牙科根管充填材料、液体根充材料、固体根充材料、根管充填剂、根管封闭材料、根管封闭剂、根管修复材料、回填牙胶、热凝牙胶尖、牙根管充填尖、牙胶尖、牙根管塞尖	Ⅲ	是	YY/T 0278—2011 YY/T 0495—2009 YY 0717—2009	/
		04 复合树脂	单组分或双组分。通常由树脂基质、经过表面处理的无机填料、引发体系等组成	用于牙体缺损的直接充填修复或垫底，也可用于嵌体、高嵌体或贴面等修复体的制作	复合树脂、光固化复合树脂、光固化复合流体树脂、流动性复合树脂	Ⅲ	否	YY/T 0113—2015	牙科树脂类充填材料产品注册技术审查指导原则
		05 复合体	通常为单组分、光固化、经聚酸改性的复合树脂	用于牙齿缺损的充填修复	复合体、流动复合体	Ⅲ	否	/	/
		06 银汞合金	粉液双组分或胶囊型。液剂为汞，粉剂为银合金。通过汞齐化反应生成银汞合金	用于牙体缺损的直接充填修复	银汞胶囊、银汞合金、银合金粉	Ⅱ	是	YY/T 0515—2009 YY 0715—2009 YY 0835—2011 YY 1026—2009	/
		07 临时充填材料	固体、单组分或双组分糊剂。固体通常为古塔胶；糊剂通常由树脂基质、经过表面处理的无机填料、引发体系等组成，或由硫酸钙/锌、氧化锌、树脂基质等组成	用于牙体缺损的临时修复	光固化临时充填材料、临时充填材料、暂封补牙条	Ⅱ	否	YY 1042—2011	牙科树脂类充填材料产品注册技术审查指导原则
		08 盖髓材料	糊剂、液剂或粉液型。通常有氢氧化钙类、氧化锌丁香酚类、硅酸盐类等	用于直接盖髓、活髓切断或者间接盖髓	盖髓剂、光固化氢氧化钙间接盖髓剂	Ⅲ	否	YY/T 0824—2011	/

续表

序号	一级产品类别	二级产品类别	产品描述	预期用途	品名举例	管理类别	是否豁免临床	相关标准	指导原则
06	口腔义齿制作材料	01 义齿用金属材料及制品	通常包括钴铬合金、镍铬合金、纯钛、钛合金、贵金属合金等。可以通过铸造、锻造、计算机辅助设计 / 制造（CAD/CAM）、沉积等工艺制备成需要的形状	用于制作嵌体、支架、牙冠、桥、基托、卡环、金属烤瓷修复体等，不可用于基台的定制	镍铬合金、牙科用镍基铸造合金、钴铬合金、牙科用钴铬钼铸造合金、牙科纯钛、牙科钛合金、牙科铸造钛、牙科镍烤瓷合金、牙科钴铬钨烤瓷合金、钴铬钼烤瓷合金、牙科钴铬烤瓷合金、牙科贵金属烤瓷合金、牙科金沉积液、牙科锻造合金、焊接合金、牙科磁性附着体、牙科精密附着体、预成金属冠、不锈钢预成型牙冠、牙科修复用加固网	Ⅱ	是	GB 17100—1997 GB/T 17168—2013 YY/T 0528—2018 YY 0605.12—2016 YY 0620—2008 YY 0626—2008 YY/T 1637—2018	义齿制作用合金产品注册技术审查指导原则
		02 义齿用陶瓷材料及制品	粉末状或块状，及配套用染色材料。通常为无机非金属材料经过高温处理后形成的多晶聚集体，通常包括氧化锆、氧化铝、长石、石英、玻璃等。一般通过烧结、铸造、计算机辅助设计 / 制造（CAD/CAM）、热压、玻璃渗透等工艺制备成需要的形状	用于制作嵌体、贴面、牙冠、桥、人工牙及其他形式的修复体或义齿，不可用于基台的定制	牙科瓷粉、低温烤瓷粉、高温烤瓷粉、染色瓷粉、牙科金属烤瓷瓷粉、牙科烤瓷粉、牙科全瓷瓷粉、牙科全瓷瓷块、牙科氧化锆瓷块、瓷牙	Ⅱ	是	GB 30367—2013 YY 0716—2009	全瓷义齿用氧化锆瓷块产品注册技术审查指导原则（2018 年修订版）
		03 义齿用高分子材料及制品	双组分糊剂或粉液剂、粉剂，或单组分糊剂。主要成分为丙烯酸酯类	用于制作嵌体、贴面、牙冠、桥、基托、人工牙、桩核、义齿等，不可用于基台的定制	热凝义齿基托树脂、自凝义齿基托树脂、义齿基托修补用树脂、造牙树脂、双凝基牙修复树脂、冠桥用复合树脂、牙冠用染色树脂、冠桥用光固化复合树脂、复合树脂桩核材料、双固化桩核通用树脂、双重固化树脂桩核材料、义齿软衬材料、石英纤维夹板、固位纤维、合成树脂牙、造牙粉、造牙水、牙科可切削树脂块	Ⅲ	是	YY/T 0113—2015 YY 0270.1—2011 YY 0270.2—2011	牙科基托聚合物材料注册技术审查指导原则
			双组分糊剂或粉液剂，或单组份糊剂，或预成制品。主要成分为聚丙烯酸酯类、聚乙烯基酯类、聚碳酸酯类等	用于制作临时修复体及临时性辅助义齿固位	义齿稳固剂、临时冠桥树脂、临时冠、可塑型树脂冠	Ⅱ	是	YY 0710—2009 YY/T 0826—2011 YY 1042—2011	/

续表

序号	一级产品类别	二级产品类别	产品描述	预期用途	品名举例	管理类别	是否豁免临床	相关标准	指导原则
06	口腔义齿制作材料	04 定制式义齿	一般采用钴铬合金、镍铬合金、纯钛、钛合金、贵金属合金、瓷块、瓷粉、基托树脂、合成树脂牙等材料制成，根据需要而定。可以是固定或活动的，如冠、桥、嵌体、贴面、桩核、可摘局部或全口义齿等。制作过程中所使用的医疗器械材料全部为具有注册证的材料	用于治疗牙齿缺损、牙列缺损或缺失，置于患者口内。不包括定制式基台	定制式固定义齿、定制式活动义齿、定制式混合固位义齿	Ⅱ	是	YY 0270.1—2011 YY 0714.1—2009 YY 0714.2—2016 YY/T 1280—2015	定制式义齿产品注册技术审查指导原则（2018年修订版）
		05 固位桩	柱状固体，一般采用高分子材料制成。固定于根管或牙冠内以保证修复体的固位，防止冠或充填修复体因无足够的固位而折断或脱落，常与树脂或桩核材料共同使用	用于辅助修复大面积牙体缺损	牙用根管桩、玻璃纤维桩、树脂纤维桩、牙用自攻自断骨螺纹固位钉	Ⅲ	是	YY/T 0517—2009	牙科纤维桩产品注册技术审查指导原则
			柱状固体，一般采用金属、陶瓷材料制成。固定于根管或牙冠内以保证修复体的固位，防止冠或充填修复体因无足够的固位而折断或脱落，常与树脂或桩核材料共同使用	用于辅助修复大面积牙体缺损	金属桩	Ⅱ	是	YY/T 0517—2009	/
		06 牙托梗	弯曲条状固体，一般采用不锈钢材料制成。使用时不暴露于口腔环境	用于义齿牙托衬垫梗条	牙托梗	Ⅰ	是	/	/
07	口腔正畸材料及制品	01 托槽	一般采用金属、陶瓷或高分子材料制成。通常带有槽沟、结扎翼，部分带有牵引钩	用于正畸治疗中承接并转移矫形丝的矫形力	正畸金属托槽、正畸树脂托槽、正畸陶瓷托槽、正畸陶瓷自锁托槽、旋转式自锁托槽、黏接剂预置金属正畸托槽、黏接剂预置自锁金属正畸托槽、黏接剂预置非金属正畸托槽、黏接剂预置正畸陶瓷托槽、正畸金属自锁托槽、滑盖式自锁托槽、黏接剂预置自锁非金属托槽、黏接剂预置正畸陶瓷自锁托槽	Ⅱ	是	YY/T 0915—2015 YY/T 0991—2015	/

续表

序号	一级产品类别	二级产品类别	产品描述	预期用途	品名举例	管理类别	是否豁免临床	相关标准	指导原则
07	口腔正畸材料及制品	02 正畸丝	丝状固体。一般采用不锈钢、镍钛合金、钛合金、钛钼合金、铜镍钛合金等材质制成	用于矫正牙齿畸形，与托槽、带环、颊面管等组合使用	正畸丝、牙正畸结扎丝、镍钛正畸丝、不锈钢正畸丝	Ⅱ	是	YY/T 0625—2016	/
		03 带环及颊面管	一般采用金属材料制成。带环为环状，颊面管为管状，二者可为独立产品，也可通过焊接或黏接组装使用。组装使用时，颊面管可焊接或黏接在带环侧面，矫正弓丝可以从里面通	正畸治疗中用于固定正畸丝，也可传递矫治力量	正畸带环、正畸颊面管、正畸带环及颊面管	Ⅱ	是	YY/T 0915—2015	/
		04 正畸基托聚合物	粉液剂。通常由聚甲基丙烯酸甲酯及甲基丙烯酸甲酯单体，或其他可聚合高分子材料组成	用于正畸基托的制作	齿科正畸快速自凝树脂、正畸基托聚合物	Ⅱ	是	YY/T 0270.2—2011	牙科基托聚合物材料注册技术审查指导原则
		05 正畸弹簧	通常由弹簧挂圈、弹簧、弹簧挂圈与弹簧之间的连接部件组成	用于矫治牙齿畸形，在口腔正畸治疗时与种植体支抗、正畸托槽等正畸材料配合使用	正畸弹簧、镍钛弹簧	Ⅰ	是	/	/
		06 正畸弹性体附件	一般采用橡胶或聚氨酯类材料制成，包括结扎橡皮圈、分牙橡皮圈、牵引橡皮圈等。可以是链状，线状，管状和圈状	在口腔正畸治疗时使用，用于结扎、分牙、牵引、扭转等	牙科正畸橡皮圈、正畸弹力线、橡皮链、旋转橡皮垫、分牙圈	Ⅱ	是	YY/T 0624—2016	/
		07 矫治器具及附件	通常包括预成矫治器、定制矫治器、牵引器、扩弓器、矫治保持器等。可以由多组件共同组成	用于正畸治疗，采取持续的外力调整牙齿位置使其恢复正确咬合关系或用于巩固牙颌畸形矫治完成后的疗效	固定矫治器、活动矫治器、矫形矫治器、保持器、游离牵引钩、舌侧扣、扩弓螺丝	Ⅱ	是	/	/
08	口腔植入及组织重建材料	01 牙种植体	螺柱状或其他形状固体。一般采用金属材质制成，包括钛、钛合金、钽等，也可为陶瓷等其他材质。通过外科手术的方式将其植入人体缺牙部位的上下颌骨内	植入到牙槽骨内，用于为义齿等修复体提供固定或支撑，以恢复患者的咀嚼功能	牙种植体、纯钛牙种植体、羟基磷灰石涂层牙种植体、钛合金牙种植体	Ⅲ	否	YY 0304—2009 YY 0315—2016 YY/T 0521—2018 YY/T 0522—2009 YY/T 0523—2009	牙科种植体（系统）注册技术审查指导原则
		02 基台及附件	基台是带角度或不带角度的带孔或带螺纹的柱状或其他形状固体。一般采用钛、钛合金、氧化锆、金合金等材料制成。安装在锚固于骨内的种植体平台上。其他附件包括中央螺钉、颌面螺钉等	牙缺失后颌骨内植入的牙种植体的配套用部件，用于链接、支持和固位修复体或种植体上部结构。附件用于辅助基台与种植体的固位和种植体植入术后上部结构安装之前对种植体的保护	基台、金合金基台、氧化锆基台、种植体配套用螺钉、愈合基台、愈合帽、基底、杆卡附着体、定制式基台	Ⅲ	否	/	/

续表

序号	一级产品类别	二级产品类别	产品描述	预期用途	品名举例	管理类别	是否豁免临床	相关标准	指导原则
08	口腔植入及组织重建材料	02 基台及附件	一般采用聚甲基丙烯酸甲酯和塑料聚甲醛制成	用于口腔科种植手术后的临时修复过程，保护种植体的上部结构或基台	保护帽	Ⅱ	是	/	/
		03 种植支抗	螺柱状或其他形状固体。一般采用金属材料制成，包括钛、钛合金、钽等。通常采用外科手术的方式将其植入适当部位，作为支抗，用于辅助治疗	用于正畸或正颌治疗中需要借助种植体加强支抗，以最大限度移动牙齿或颌骨，辅助进行正畸或正颌治疗	种植支抗、正畸支抗	Ⅲ	否	/	/
		04 种植体密封材料	单组分糊剂或其他形式提供。通常由聚硅氧烷和无水硅酸组成，也可由其他成分组成	用于封闭种植体与中央螺钉之间的空隙。防止致病菌渗入种植体内部引发其周围组织二次感染	种植体密封胶	Ⅱ	是	/	/
		05 种植辅助材料	一般包括替代体、转移帽和种植导板等。非无菌提供	用于种植体种植或制作牙冠过程中的起辅助作用的耗材	替代体、转移体、牙科种植导板、位置定位器、印模转移杆、牙科塑料基底、印模帽、试戴体、定位螺丝、基底帽	Ⅰ	是	/	/
		06 骨填充及修复材料	通常为异体、动物源性或合成的骨修复材料，可以是块状、网状、颗粒或膜，如羟基磷灰石等无机材料及金属和高分子材料，也可以是经处理后的取自动物或人体的软硬组织	用于颌面骨、牙槽骨等的缺损、牙周损伤及牙科种植修复相关的骨隙或骨缺损的填充、修复或引导骨、组织的再生或成型	牙科骨粉、骨修复材料、口腔人工骨、口腔用生物玻璃人工骨、天然煅烧骨修复材料、生物膜、可吸收生物膜、可吸收 β 磷酸三钙、引导组织再生膜、牙科骨粉用支撑钛膜、口腔修复膜	Ⅲ	否	YY/T 0513.1—2009 YY/T 0964—2014 YY 1042—2011	/
		07 颌面固定植入物	一般采用金属材料、可吸收材料或其他材料制成	用于牙槽骨、颌面骨缺损或骨折的固定	颌骨固定装置、钛网、口腔钛膜、颌面接骨板、牙用丝、颌面接骨螺钉、膜固定螺钉、膜固定螺丝、颞下颌关节置换植入物	Ⅲ	否	YY/T 0525—2009	/
		08 颌面部赝复及修复重建材料及制品	通常由硅橡胶或聚甲基丙烯酸甲酯等组成	用于颌面软硬组织缺损和畸形的修复和重建	硅橡胶颌面赝复材料、树脂颌面赝复材料	Ⅲ	否	/	/
		09 基台定制材料	一般采用金属、陶瓷或高分子材料制成，一般通过 CAD/CAM 等工艺进行加工	用于基台的定制	定制式基台用氧化锆陶瓷、定制式基台用合金	Ⅲ	否	/	/

续表

序号	一级产品类别	二级产品类别	产品描述	预期用途	品名举例	管理类别	是否豁免临床	相关标准	指导原则
09	口腔治疗辅助材料	01 根管预备辅助材料	单组分或双组分液剂。通常由EDTA或其他成分组成。可溶解有机物碎片；可对根管治疗器械起润滑作用；可对牙本质有湿润作用；部分产品具发泡作用，从而有助于从根管内去除碎屑；可对根管进行清洁处理；或溶解根管充填材料，以便再次根管治疗	用于根管治疗手术中清洗去除牙根管壁、牙髓组织等残渣，或为根管壁脱钙等辅助根管预备，或进行根管充填前根管处理，或溶解已充填于根管内的根管充填材料	根管润滑剂、根管扩大液、根管清洗剂、根管调节剂、丁香酚类根管充填材料溶解剂、酚醛树脂类根管充填材料溶解剂	Ⅱ	是	YY/T 0516—2009	/
		02 吸潮纸尖	通常为纸质或纯棉纤维质的锥形尖。具有良好的吸水性、硬且有韧性、容易放进牙根管内。无菌提供，一次性使用	用于根管治疗中的根管清洗、吸液、换药	一次性使用无菌牙科吸潮纸尖	Ⅱ	是	YY 0711—2009	/
			通常为纸质或纯棉纤维质的锥形尖。具有良好的吸水性、硬且有韧性、容易放进牙根管内。非无菌提供	用于根管治疗中的根管清洗、吸液、换药	牙科吸潮纸尖	Ⅰ	是	YY 0711—2009	/
		03 酸蚀剂	单组分或双组分液体或凝胶。一般为磷酸、乳酸、柠檬酸、草酸、聚丙烯酸、稀硫酸等。利用酸的腐蚀性发挥作用	用于口内修复或正畸治疗时，利用酸蚀剂的腐蚀性对牙体、金属、陶瓷等修复体表面进行处理，以去除污染层、粗糙表面、提高其表面性能	牙科酸蚀剂、牙科磷酸酸蚀剂	Ⅱ	是	YY 0769—2009	/
		04 预处理剂	单组分液体。通常为亲水基团的丙烯酸酯功能单体、硅烷偶联剂或其他成分	用于牙齿、树脂、陶瓷、金属修复体等的表面处理。利用其化学改性作用改变牙齿、修复体表面性状	硅烷偶联剂、预处理剂、陶瓷表面处理剂	Ⅱ	是	/	/
		05 排龈材料	含血管收缩或止血功能的棉线，或膏状材料。如硫酸铝等成分的棉线，或膏状材料	用于在牙体预备、取印模或黏固牙冠时排开牙龈并辅助止血	止血排龈线、止血排龈膏	Ⅲ	是	/	/
			不含血管收缩或止血功能的棉线，或膏状材料	用于在牙体预备、取印模或黏固牙冠时排开牙龈	排龈线、排龈膏	Ⅱ	是	/	/
		06 研磨抛光材料	高分子、金属、金属氧化物或无机非金属材料。一般为粉剂、糊剂，也可为其他形式	在口腔内用于研磨抛光牙体组织或修复体，使其表面平滑均匀	牙科喷砂粉、洁牙粉、牙科抛光膏、齿龈研磨膏、牙釉质研磨膏	Ⅱ	是	/	/

续表

序号	一级产品类别	二级产品类别	产品描述	预期用途	品名举例	管理类别	是否豁免临床	相关标准	指导原则
09	口腔治疗辅助材料	06 研磨抛光材料	高分子、金属、金属氧化物或无机非金属材料。一般为粉剂、糊剂，也可为其他形式	在口外用于研磨抛光修复体，使其表面平滑均匀。	口外研磨材料、牙科用口外研磨材料	Ⅰ	是	/	/
		07 印模材料	糊剂、粉液型或粉剂。通常由人工合成橡胶、藻酸盐、琼脂等材料组成。通过聚合反应或其他化学反应，或温度变化反应等方式，由流动态变为固态。单纯的粉剂通常由乙醇、氟化烃、薄荷香料组成，喷涂在病人牙齿上，起辅助成像作用	用于制作记录口腔各组织形态及关系的阴模，或者辅助获取清晰的牙齿 3D 图像	牙科硅橡胶印模材、牙科聚醚橡胶印模材、牙科藻酸盐印模材料、牙科琼脂印模材料、红白打样膏、印模膏、氧化锌印模糊剂、牙科光学喷粉	Ⅱ	是	YY 0493—2011 YY 0494—2004 YY 1027—2001	/
			糊剂、粉液型。通常由人工合成橡胶、藻酸盐、琼脂等材料组成。通过聚合反应或其他化学反应，或温度变化反应等方式，由流动态变为固态	只用于技工室复制印模（制取模型的印模）	琼脂复制材料、硅橡胶复制材料、藻酸盐复制材料	Ⅰ	是	YY/T 0527—2009	/
		08 模型材料	一般为石膏、树脂或金属材料	用于制作牙科模型	牙科石膏、模型树脂	Ⅰ	是	YY 0462—2018	/
		09 铸造包埋材料	粉液剂。通常由耐火材料和黏接剂组成	用于包埋蜡型或模型，制备铸造空腔	牙科硅酸乙酯铸造包埋材、牙科磷酸盐铸造包埋材、牙科石膏铸造包埋材、牙科纯钛铸造包埋材	Ⅰ	是	YY 0463—2003 YY/T 0463—2011 YY 0712—2009 YY 0713—2009	/
		10 蜡	固态。通常由天然蜡、合成蜡、天热树脂、树胶、脂肪酸等组成。通过加热变形或改变存在状态实现其预期目的	用于制作修复体模型、黏接修复体、围盒等。只限在口外使用	牙科铸造蜡、牙科雕刻蜡、牙科模型蜡、牙科基托蜡	Ⅰ	是	YY/T 0496—2016 YY 1070—2008	/
		11 牙科分离剂	一般采用钾皂、水玻璃、藻酸盐、聚乙烯醇、甘油、乙二醇等制成。在两种相同或不同的材料之间或材料与模具之间形成隔离膜，使材料与材料或材料与模具不发生粘连	用于分离不同的牙科材料	牙科分离剂、牙科藻酸分离剂、牙科基托分离剂、牙科蜡分离剂、牙科光固化型树脂分离剂	Ⅰ	是	/	/
		12 咬合关系记录 / 检查材料	双组分糊剂或粉液剂或片。通常由硅橡胶或软质塑料等材料组成。所含成分不具有药理学作用，所含成分不可被人体吸收。咬合检查材料经咬合后通过固化、变色、变形或对施力部分进行染色起到指示作用	用于口腔修复治疗中，记录上下牙列咬合关系，并根据记录结果，制作口腔各组织形态及关系的阴模，或者辅助获取清晰的牙齿 3D 图像	硅橡胶咬合记录材料、咬合蜡、贴合点指示剂	Ⅱ	是	/	/

续表

序号	一级产品类别	二级产品类别	产品描述	预期用途	品名举例	管理类别	是否豁免临床	相关标准	指导原则
09	口腔治疗辅助材料	12 咬合关系记录 / 检查材料	通常由双组分糊剂或粉液剂或片，一般由硅橡胶、蜡或软质塑料等材料组成。所含成分不具有药理学作用，所含成分不可被人体吸收	仅用于牙面接触点及义齿修复体关系的检查	硅橡胶咬合检查材料	Ⅰ	是	/	/
			一般由附有蜡和食用红色或蓝色颜料的纸制成	用于临床中，牙、咬合面接触点及义齿修复体咬合关系的检查，或用于在技工室义齿修复中，调节上下义齿的接触点，牙间隙	咬合纸	Ⅰ	是	/	/
		13 隔离及赋形材料	通常包括成形片、一次性使用间隙楔等	口腔治疗时的起隔离作用或者辅助修复体成形作用	缝隙封闭糊剂、光固化牙龈屏障树脂、邻间楔入木梢、成形片、楔子	Ⅰ	是	/	/
		14 义齿试用材料	通常由醇类、氧化铝、二氧化硅、颜料，或氧化锌等组成	用于检查最终修复体颜色和牙齿颜色的配合度，或者检查义齿与组织间的压痛点	试色糊剂	Ⅰ	是	/	/
10	其他口腔材料	01 牙周塞治剂	粉液剂或其他形式。主要成分是氧化锌，含或不含丁香油	用于牙周手术后保护牙龈，止血、止痛，固定	牙周塞治剂	Ⅱ	否	/	/
		02 口腔溃疡、组织创面愈合治疗辅助材料	通常由麦芽糖糊精、丙二醇、卡波姆等组成。仅通过在溃疡表面或组织创面形成保护层，物理遮蔽创口	用于缓解因口腔溃疡、口腔炎症、义齿或手术造成的创面所带来的疼痛	口腔溃疡含漱液、口腔溃疡凝胶	Ⅱ	否	/	/
		03 脱敏剂	单组分或双组分液剂、糊剂、凝胶或其他状态提供。短期使用	用于消除暴露的牙颈部的过敏症状；减轻和预防因牙本质敏感而引起的牙齿过敏症状	牙科脱敏剂、脱敏凝胶	Ⅱ	是	/	/
		04 防龋材料	一般采用树脂基材料或含氟材料制成	用于预防龋齿，封闭牙齿窝沟点隙，阻断细菌进入，或提高牙齿釉质的耐酸蚀性	氟保护剂、氟保护漆、氟化泡沫、氟防龋材料、防龋凝胶、光固化窝沟封闭剂、窝沟封闭剂、牙科树脂基窝沟封闭剂	Ⅱ	是	YY 0622—2008 YY 0623—2008 YY/T 0823—2011	/
		05 牙科膜片	通常由不同的树脂组成，如对苯二甲酸乙二醇酯、乙二醇、醋酸乙烯、乙烯、乙烯－醋酸乙烯共聚物、聚乙烯、聚醋酸乙烯酯，或其他成分组成	用于制作正畸矫治器、正畸矫治保持器、口腔保护器、牙合垫等	牙胶片、牙科膜片	Ⅱ	是	/	/

续表

序号	一级产品类别	二级产品类别	产品描述	预期用途	品名举例	管理类别	是否豁免临床	相关标准	指导原则
10	其他口腔材料	06 牙齿漂白材料	糊，粉、液剂或胶体。通常为过氧化物，如过氧化氢、过氧化脲等。通过氧化－还原反应起到漂白作用	用于牙齿的漂白	死髓牙漂白胶、牙齿漂白剂、牙齿漂白胶、牙齿漂白贴	Ⅲ	否	YY/T 0632—2008 YY/T 0825—2011	/
		07 菌斑／龋齿指示剂	糊剂，粉液剂或其他形式。通常由水、丙二醇、乙醇、硅氧烷－聚环氧烷共聚物、着色剂等组成	用于显示菌斑、龋齿或定位根管口，以辅助口腔检查和治疗	菌斑指示剂、龋齿指示剂、菌斑显示液	Ⅰ	是	/	/
		08 牙髓活力测试剂	粉剂或喷雾剂。主要成分为四氟乙烷、薄荷油、乙醇	用于牙齿表面测试牙髓活力	牙髓活力测试剂	Ⅱ	否	/	/

第十八章　妇产科、辅助生殖和避孕器械

一、范围

本子目录包括专用于妇产科、计划生育和辅助生殖的医疗器械。

二、框架结构

本子目录按照妇产科、辅助生殖和避孕器械的临床特点分为“手术器械”等 7 个一级产品类别。按照临床预期用途细分为 37 个二级产品类别，列举 238 个品名举例。

本子目录将妇产科手术器械、妇产科设备、计划生育手术器械、计划生育设备、辅助生殖器械、医用超声仪器及有关设备产品归类整合于本目录。对于既可以用于妇产科、妊娠控制和辅助生殖，也可以用于其他科室的器械，则不归入本子目录中。本子目录包括 2002 版分类目录中的《6812 妇产科用手术器械》《6813 计划生育手术器械》《〈6822 医用光学器具、仪器及内窥镜设备〉（妇产科部分）》《〈6826 物理治疗及康复设备〉（妇产科部分）》《〈6846 植入材料和人工器官〉（妇产科部分）》《〈6854 手术室、急救室、诊疗室设备及器具〉（妇产科部分）》《〈6865 医用缝合材料及黏合剂〉（妇产科部分）》《〈6866 医用缝合材料及黏合剂〉（妇产科部分）》和 2012 版分类目录中的《〈6823 医用超声仪器及有关设备〉（妇产科部分）》。

该子目录中一级产品类别与 2002/2012 版分类目录产品类别的对应关系如下。

与 2002/2012 版分类目录产品对应关系

<table>
<tr><th>一级产品类别</th><th>2002/2012 版产品类别</th><th>备注</th></tr>
<tr><td rowspan="8">18–01 妇产科手术器械</td><td>6812–1 妇产科用刀（2002 版）</td><td rowspan="8">/</td></tr>
<tr><td>6812–2 妇产科用剪（2002 版）</td></tr>
<tr><td>6812–3 妇产科用钳（2002 版）</td></tr>
<tr><td>6812–4 妇产科用镊、夹（2002 版）</td></tr>
<tr><td>6812–5 妇产科用钩、针（2002 版）</td></tr>
<tr><td>6812–6 妇产科用其他器械（2002 版）</td></tr>
<tr><td>6866–2 妇产检查器械（2002 版）</td></tr>
<tr><td>6866–9 一般医疗产品中的阴道洗涤器（2002 版）</td></tr>
<tr><td rowspan="3">18–02 妇产科测量、监护设备</td><td>6823–2 超声监护设备中的超声多普勒胎儿监护仪（2012 版）</td><td rowspan="3">/</td></tr>
<tr><td>6812–6 妇产科用其他器械（2002 版）</td></tr>
<tr><td>6823–1 超声诊断设备中的超声脉冲多普勒成像设备（2012 版）</td></tr>
</table>

续表

一级产品类别	2002/2012 版产品类别	备注
18-03 妇产科诊断器械	6822-6 医用手术及诊断用显微设备中的阴道显微镜（2002 版）	/
	6822-3 电子内窥镜（2002 版）	
	6813-6 计划生育用其他器械（2002 版）	
18-04 妇产科治疗器械	6826-3 光谱辐射治疗仪器中的红外线治疗机（2002 版）	/
18-05 妇产科承载器械	6854-9 电动、液压手术台（2002 版）	/
	6854-14 手动手术台床（2002 版）	
18-06 妊娠控制器械	6813-3 计划生育用钳（2002 版）	/
	6846-1 植入器材中的节育环（2002 版）	
	6866-3 避孕器械（2002 版）	
	6865-3 医用黏合剂中的输卵管黏堵剂（2002 版）	
	6854-6 负压吸引装置中的流产吸引器（2002 版）	
18-07 辅助生殖器械	/	新增

三、其他说明

（一）含消毒剂（抗菌剂）阴道填塞产品，不按照医疗器械管理。

（二）本子目录中医疗器械产品适用的相关标准

GB 9706.19-2000 医用电气设备 第 2 部分 内窥镜设备安全专用要求

GB/T 10320-2011 激光设备和设施的电气安全

GB/T 14710-2009 医用电器环境要求及试验方法

GB/T 16886.1-2011 医疗器械生物学评价　第 1 部分：风险管理过程中的评价与试验

GB/T 16886.5-2017 医疗器械生物学评价　第 5 部分：体外细胞毒性试验

GB/T 16886.10-2017 医疗器械生物学评价　第 10 部分：刺激与皮肤致敏试验

YY 0505-2012 医用电气设备第 1-2 部分：安全通用要求并列标准：电磁兼容要求和试验。

（三）医疗器械产品是否豁免临床试验的法规文件

国家药品监督管理局关于公布新修订免于进行临床试验医疗器械目录的通告（2018 年第 94 号）附件 1。

妇产科、辅助生殖和避孕器械

序号	一级产品类别	二级产品类别	产品描述	预期用途	品名举例	管理类别	是否豁免临床	相关标准	指导原则
01	妇产科手术器械	01 妇产科用刀	通常由刀片和刀柄组成。一般刀片由不锈钢或钛合金材料制成，刀柄由高分子材料制成。无菌提供	用于剖宫产手术时划开子宫	一次性使用无菌剖宫产刀	Ⅱ	是	GB 8662—2006 YY 0174—2005 YY/T 0454—2008	/
			通常由刀片和刀柄组成。一般刀片由不锈钢或钛合金材料制成，刀柄由高分子材料制成。非无菌提供	用于剖宫产手术时划开子宫	剖宫产刀	Ⅰ	是	GB 8662—2006 YY 0174—2005 YY/T 0454—2008	/
			通常由刀片和刀柄组成。一般由不锈钢材料制成，非无菌提供	用于切碎胎儿身体，以便于死胎或畸形胎儿排出	碎胎刀	Ⅰ	是	GB 8662—2006 YY 0174—2005 YY 0175—2005	/
		02 妇产科用剪	通常由一对中间连接的叶片组成，头部带刃。一般由不锈钢材料制成。非无菌提供	用于妇产科手术时剪切组织	阴道环切剪、宫腔手术剪、子宫剪、剖宫产剪、会阴剪、妇产科用剪	Ⅰ	是	YY/T 0176—2006 YY/T 0596—2006 YY/T 0925—2014	/
			通常由脐带夹、胎盘夹、推架和切割刀组成。脐带夹、胎盘夹和推架一般由高分子材料制成，切割刀一般由不锈钢材料制成。无菌提供	用于剪切新生儿脐带	一次性使用无菌脐带剪	Ⅱ	是	YY/T 1470—2016	/
			通常由两片头部为刀刃，中间以螺钉连接组成。头端为圆头或蟹钳头。一般由不锈钢材料制成。非无菌提供	用于剪切新生儿脐带	脐带剪	Ⅰ	是	YY/T 0176—2006 YY/T 0596—2006	/
		03 妇产科用钳	通常由钳头、钳柄、锁齿组成。一般由高分子材料制成。无菌提供	用于清除、分离、夹持、固定、牵拉组织及夹持敷料	一次性使用无菌子宫颈钳	Ⅱ	是	YY 1023—2013	/
			通常由钳头、钳柄、锁齿组成。一般由不锈钢材料制成。非无菌提供	用于清除、分离、夹持、固定、牵拉组织及夹持敷料	子宫颈活体取样钳、子宫腔活体取样钳、子宫颈钳、子宫夹持钳、固定钳、牵引钳、妇科组织钳、妇科分离钳、举宫钳、固定韧带钩钳、宫腔异物钳、卵巢钳、胎盘钳、子宫抓钳、子宫切除夹钳、阴道夹持钳、子宫动脉夹持钳、子宫息肉钳、主韧带钳、子宫敷料钳、阴道夹持钳、子宫主韧带钳、穿颅钳、碎颅钳、破膜钳	Ⅰ	是	YY 0092—2013 YY/T 0177—2005 YY 1023—2013	/

续表

序号	一级产品类别	二级产品类别	产品描述	预期用途	品名举例	管理类别	是否豁免临床	相关标准	指导原则
01	妇产科手术器械	03 妇产科用钳	通常由单个或两个叶片（带手柄）组成。一般由不锈钢材料制成。非无菌提供	用于剖宫产固定切口或用于在产道里夹紧胎儿头部或头皮，并施以牵拉，便于分娩或固定胎儿头颅	产钳、胎儿头皮钳、剖宫产钳	Ⅰ	是	YY/T 0177—2005	/
		04 妇产科用镊、夹、钩、针	通常由一对尾部叠合的叶片组成。头端呈圆环形。一般由不锈钢材料制成。非无菌提供	用于夹持输卵管等组织	环形输卵管镊	Ⅰ	是	YY/T 0295.1—2005 YY/T 0686—2017	/
			通常为 U 形状或钳状，带锁扣。一般由高分子材料制成。无菌提供	用于压住新生儿脐带，阻断血供，以便进行剪切	一次性使用无菌脐带夹	Ⅱ	是	/	/
			通常由头部和柄部组成，头部为钩形的手术器械。一般由不锈钢材料制成。非无菌提供	用于妇科手术时抓、固定或托住子宫颈或其底部或对阴道壁向外牵拉，扩大手术视野用	子宫拉钩、阴道拉钩、耻骨联合拉钩、肌瘤螺旋钩	Ⅰ	是	/	/
			通常由手柄、杆部、头部组成，头部为螺旋钩。一般由不锈钢材料制成。非无菌提供	手术中在腹腔镜下操作，用于妇科腹腔镜手术中，旋入子宫肌瘤，以便于切割	腹腔镜子宫肌瘤旋针	Ⅱ	是	/	/
		05 妇产科用扩张器、牵开器	通常由上叶、下叶和手柄组成。一般由高分子材料制成。无菌提供	用于露出阴道内部供检查	一次性使用无菌阴道扩张器	Ⅱ	是	YY 0336—2013	/
			通常由上叶、下叶和手柄组成。一般由不锈钢材料制成。非无菌提供	用于露出阴道内部供检查或手术	金属双翼阴道扩张器	Ⅰ	是	YY 0006—2013	/
			通常是一系列不同规格的条 / 棒状器械。一般由高分子材料制成。无菌提供	用于机械扩张子宫颈、牵开会阴组织	一次性使用无菌宫颈扩张棒	Ⅱ	是	/	/
			通常由硅橡胶导管、球囊和充盈接头组成，可有可调式针芯。一般由高分子材料制成。无菌提供	用于机械扩张子宫颈、牵开会阴组织	一次性无菌球囊宫颈扩张器	Ⅱ	是	/	/
			通常是一系列不同规格的条 / 棒状器械，或由手柄装置、U 型变幅杆、紧固装置和钩板组成。一般由黄铜或不锈钢材料制成。非无菌提供	用于机械扩张子宫颈、牵开会阴组织	子宫颈扩张器、阴道牵开器、会阴牵开器	Ⅰ	是	YY 0091—2013	/

续表

序号	一级产品类别	二级产品类别	产品描述	预期用途	品名举例	管理类别	是否豁免临床	相关标准	指导原则
01	妇产科手术器械	05 妇产科用扩张器、牵开器	通常由手柄、变幅杆紧固锁牙、钩板组成。一般由不锈钢材料制成。非无菌提供	用于妇科手术时牵开阴道侧壁或扩张宫颈	阴道侧壁牵开器、宫颈扩张钳	Ⅰ	是	/	/
		06 助产器械	通常由带有开口的弧形板及与弧形板底边相垂直的助推块组成。采用高分子材料制成	用于辅助胎儿娩出	胎头吸引器、娩头器	Ⅱ	是	/	/
			通常由金属吸管及杯状吸盘组成。非无菌提供	与体外真空泵配套使用，通过吸盘与头皮相连，对胎儿的头部在产道内进行拉拔	胎儿吸引器	Ⅱ	否	/	/
		07 阴道洗涤器 / 给药器	通常由输送管道、压力胶球和喷嘴组成。一般由高分子材料制成。不含药物。不含洗涤液。无菌提供	用于妇科清洗阴道或阴道给药。但不包含避孕用途	一次性使用无菌阴道洗涤器、一次性使用无菌阴道给药器	Ⅱ	是	/	/
			通常由输送管道、压力胶球和喷嘴组成。一般由高分子材料制成。不含药物。不含洗涤液。无源产品。非无菌提供	用于妇科清洗阴道或阴道给药。但不包含避孕用途	阴道洗涤器、阴道给药器	Ⅰ	是	/	/
		08 妇科剥离器械	通常由圆柱形本体、剥离匙组成，剥离匙向上一侧的表面上设有负压孔与内孔相通，本体的后端为圆柱形，并在表面上设有用于与负压吸引器软管相连的圆环形倒刺。一般由不锈钢材料制成，非无菌提供	与负压吸引器配合使用，用于剥离操作和吸附血液，使手术视野清晰	妇科组织剥离器、输尿管剥离器	Ⅰ	是	/	/
			通常由手柄和头部组成。头部为弯形，头端呈圆弧形。一般由不锈钢材料制成。非无菌提供	用于阴式手术时剥离子宫肌瘤用	子宫肌瘤剥离器	Ⅰ	是	/	/
			通常由刮匙头、刮匙颈与刮匙柄组成，一般由高分子材料制成。无菌提供	用于刮、擦方式提取或除去子宫内物质	一次性使用无菌子宫刮匙	Ⅱ	是	YY/T 0090—2014	/
			通常由刮匙头、刮匙颈与刮匙柄组成，一般由不锈钢材料制成。非无菌提供	用于刮、擦方式提取或除去子宫内物质	子宫刮匙、宫颈刮匙、子宫刮	Ⅰ	是	YY/T 0090—2014	/
		09 子宫操纵器	一般由不锈钢和高分子材料制成的棒状器械。无菌提供	在腹腔手术中作变动子宫体位用，也可用于控制、提升及清洗子宫	一次性使用无菌子宫拨棒、一次性使用无菌子宫操纵器、一次性使用无菌举宫器	Ⅱ	是	/	/

续表

序号	一级产品类别	二级产品类别	产品描述	预期用途	品名举例	管理类别	是否豁免临床	相关标准	指导原则
01	妇产科手术器械	09 子宫操纵器	一般由不锈钢和高分子材料制成的棒状器械。非无菌提供	在腹腔手术中作变动子宫体位用，也可用于控制、提升及清洗子宫	子宫拨棒、子宫操纵器、举宫器	Ⅰ	是	/	/
		10 子宫输卵管造影、输卵管通液器械	通常由导管、连接件、保护套管组成。一般由高分子材料制成。无菌提供	用于输卵管造影、疏通	输卵管造影导管、输卵管导管	Ⅱ	是	YY/T 1554—2017	/
			通常由一系列规格的金属管配以套管、橡皮塞、进气管、活塞组成。非无菌提供	用于输卵管造影、疏通	输卵管通液器	Ⅰ	是	/	/
		11 妇科压板	通常是板状器械，呈角形，头端带有弧度。一般由不锈钢材料制成。非无菌提供	用于供妇科手术时，压迫阴道用	阴道压板	Ⅰ	是	/	/
			通常由手柄和头部组成。头部为角弯，头端呈圆弧形。一般由不锈钢材料制成。非无菌提供	用于供妇科手术时，压迫宫颈用	宫颈压板	Ⅰ	是	/	/
		12 医用妇科护垫	通常由背衬层（无纺布）、吸液层、防粘层组成。无菌提供	用于女性产后护理、检查、出血量计算用	产妇出血量计算垫巾、一次性使用产妇巾	Ⅱ	是	/	/
			通常由背衬层（无纺布）、吸液层、防粘层组成。非无菌提供	用于女性（产后）、护理、检查	妇科检查垫、产妇产褥垫、产妇垫	Ⅰ	是	/	/
		13 凝胶	通常由卡波姆、明胶、低聚异麦芽糖等组成。所含成分不具有药理学作用。一次性使用	通过在阴道壁形成一层保护性凝胶膜。将阴道壁与外界细菌物理隔离，从而阻止病原微生物定植	阴道阻菌凝胶、卡波姆妇科凝胶	Ⅱ	是	/	/
		14 阴道填塞材料	通常由栓粒、脱脂纱布、无纺布、推进器、棉质尾线部分组成。栓粒一般由活性炭、卡波姆及羧甲基纤维素钠混合脂肪酸甘油酯组成	通过活性炭的吸附性降低微生物的浓度。用于妇科手术或检查后阴道创面的护理	阴道填塞、活性炭阴道填塞、活性炭吸附栓	Ⅱ	是	/	/
02	妇产科测量、监护设备	01 超声多普勒胎儿监护设备	通常由主机、超声探头、宫缩压力传感器及与之相连接的其他传感器组成，检测胎儿心率采用超声多普勒原理，具有监测和贮存胎儿心率、宫缩压力及其他必要参数的功能，可在围产期对胎儿进行连续监护，并在出现异常时及时提供报警信息的仪器	用于围产期胎儿心率和孕妇宫缩压力等的连续监护	超声多普勒胎儿监护仪、母婴监护系统	Ⅱ	是	YY 0449—2018	超声多普勒胎儿监护仪注册技术审查指导原则（2017年修订版）

续表

序号	一级产品类别	二级产品类别	产品描述	预期用途	品名举例	管理类别	是否豁免临床	相关标准	指导原则
02	妇产科测量、监护设备	02 超声多普勒胎儿心率设备	通常由探头（一般采用单元探头）、超声波发射/接收电路、信号输出部分组成。根据多普勒原理从孕妇腹部获取胎心运动信息的超声仪器	用于胎儿心率测量、监测	超声多普勒胎儿心率仪、超声多普勒胎儿心音仪	Ⅱ	是	YY 0448—2009 YY/T 0749—2009	超声多普勒胎儿心率仪注册技术审查指导原则
		03 手动测量器械	具有弧度可贴合于产妇臀部，含有集血盘（带容量刻度）。一般由高分子材料制成	用于收集产妇分娩或引产时的出血并计量出血量	产科集血器	Ⅱ	是	/	/
			通常由一张一次性垫单，两根纸质尺子，两个扣环组成。非无菌提供	用于孕期产科检查时测定宫高腹围	一次性孕妇宫高腹围测量器	Ⅰ	是	/	/
			通常由标尺、手柄、指针组成。一般由不锈钢材料制成。非无菌提供	用于测量骨盆内外径或耻骨尺寸或子宫深度	骨盆测量计、子宫深度测量棒、耻骨测量器、宫颈测量器	Ⅰ	是	/	/
			通常是带有刻度尺的细棒。一般由高分子材料制成。无菌提供	用于插入子宫腔内测量子宫的深度	一次性使用无菌子宫探针	Ⅱ	是	YY/T 0172—2014	/
			通常是带有刻度尺的细棒。一般由不锈钢材料或铜制成。非无菌提供	用于插入子宫腔内测量子宫的深度	子宫探针	Ⅰ	是	YY/T 0172—2014	/
03	妇产科诊断器械	01 妇科超声诊断设备	通常由探头(线阵、凸阵、相控阵、机械扇扫等）、超声波发射/接收、信号处理和图像显示等部分组成的设备。利用超声脉冲回波原理，或利用超声多普勒技术和超声脉冲回波原理，同时进行采集血流运动信息和人体器官，完成妇科器官组织的成像	用于阴道组织、盆腔器官的超声成像及其血流运动信息采集	超声宫腔监视系统、阴道实时超声诊断系统、多普勒围产期超声诊断仪	Ⅱ	否	/	/
		02 阴道镜	通常由观察系统、照明系统组成，观察系统是具有目镜、物镜的短工作距的体视光学显微系统，可外接图像采集显示系统。利用显微放大原理，观察物体细节	用于宫颈阴道外阴组织的检查	阴道显微镜、电子阴道显微镜	Ⅱ	是	/	电子阴道显微镜注册技术审查指导原则
		03 妇科内窥镜	通常由物镜系统、像阵面光电传感器、A/D 转换集成模块组成	通过宫颈进入宫腔内，用于诊断和/或手术	电子阴道内窥镜、数码电子阴道内窥镜、无线可视阴道内窥镜、无线可视子宫内窥镜、纤维阴道镜、宫腔电切内窥镜	Ⅲ	是	YY 0068.4—2009 YY 1075—2007	/

续表

序号	一级产品类别	二级产品类别	产品描述	预期用途	品名举例	管理类别	是否豁免临床	相关标准	指导原则
03	妇产科诊断器械	03 妇科内窥镜	通常由物镜系统、光学镜片或成像光纤传 / 转像系统，包含或不包含观察目镜系统，构成观察光路	通过宫颈进入宫腔内，用于诊断和 / 或手术	宫腔内窥镜	Ⅱ	否	YY 0068.1—2008 YY 0068.2—2008 YY 0068.4—2009 YY 1075—2007	/
			通常由套圈、鞘管、连接缆和控制手柄等组成	在宫腔镜下操作，用于切割子宫息肉，以便将其从子宫内取出	宫腔镜息肉去除器	Ⅱ	否	/	/
			在妇科内窥镜手术中，连接在主机上的手术器械通过和内窥镜提供的或不同的通道进入子宫进行各种手术工作	在妇科内窥镜下操作，用于绞碎或切除子宫等组织	电动子宫切除器	Ⅱ	否	/	/
		04 妇科采样器械	由木片、竹片等材料制成的片状器械，无菌提供	用于获取宫颈表面的样本	一次性使用无菌宫颈刮板	Ⅱ	是	/	/
			由木片、竹片等材料制成的片状器械，非无菌提供	用于获取宫颈表面的样本	刮宫片	Ⅰ	是	/	/
			一般由高分子材料制成的片状器械。非无菌提供	与射光器配套使用，用于临床妇科检查时采样用	导光宫颈片	Ⅰ	是	/	/
			通常由采样管、杯、盖、拭子等组成。无菌提供	用于样本的收集、运输和储存等	一次性使用宫颈刷	Ⅱ	是	/	/
			通常由套管、抽拉杆、采样孔、手柄、橡胶环组成。无菌提供	用于采集子宫内膜细胞样品和组织样本	子宫内膜细胞采样器、子宫内膜取样器	Ⅱ	是	/	/
		05 妇科检查器械	通常由玻璃管、塑料管和医用胶带组成。玻璃管通常装有过氧化氢混合物，塑料管内通常装有草酸盐溶液。所含成分不具有药理学作用	一种化学发光的照明光源，作为进行阴道荧光视诊时的照明光源。用于临床妇科阴道常规检查、宫颈癌及癌前病变筛查	阴道荧光检查棒	Ⅰ	是	/	/
			通常由光学镜头组件、外罩组件和照明装置组成	用于测定妇女排卵期	排卵测定仪	Ⅱ	否	/	/
04	妇产科治疗器械	01 妇科物理治疗器械	通常由治疗头、超声功率发生器、控制装置等组成。一般采用聚焦或弱聚焦超声波，并作用于患者的设备	用于妇科肿瘤治疗及肿瘤的辅助治疗。涉及组织变性	超声聚焦子宫肌瘤治疗系统	Ⅲ	否	/	/
			通常由治疗头、超声功率发生器、控制装置等组成。一般采用聚焦或弱聚焦超声波，并作用于患者的设备	用于妇科各种组织、器官的治疗、创伤组织愈合。不涉及组织变性	妇科超声波治疗仪	Ⅱ	否	YY/T 0750—2009 YY 1090—2018	超声理疗设备注册技术审查指导原则(2017年修订版)

续表

序号	一级产品类别	二级产品类别	产品描述	预期用途	品名举例	管理类别	是否豁免临床	相关标准	指导原则
04	妇产科治疗器械	01 妇科物理治疗器械	通常由光辐射器（如发光二极管）、控制装置、支撑装置（可有定位装置）等组成，也可配备导光器件。利用红光波段照射妇科部位（部分设备可兼有部分红外波段）与人体组织发生光化学作用和/或生物刺激作用，达到辅助治疗的目的	用于妇科组织损伤的消炎和疼痛缓解，促进妇科局部血液循环，缓解神经肌肉疼痛	妇科红外治疗仪	Ⅱ	否	YY/T 0061—2007	红外线治疗设备注册技术审查指导原则(2017 年修订版)
			通常由主机和冲洗、治疗组件组成，产生臭氧	用于妇科腔道、黏膜组织的清洗、消毒、抗炎治疗或浸泡治疗的设备	妇科臭氧治疗仪	Ⅱ	否	/	医用臭氧妇科治疗仪注册技术审查指导原则(2017 年修订版)
			通常由主机和一次性使用热球导管组成。治疗时将装有介质的球囊深入子宫，球囊恒温到一定温度。并将其外壁贴于子宫内壁且形成一定压力，使子宫内膜发生组织坏死并脱落	用于治疗功能性子宫出血。涉及组织变性	热球子宫内膜去除仪、子宫内膜治疗仪	Ⅲ	否	/	子宫内膜去除(热传导、射频消融)设备临床评价技术审查指导原则
			通常由球囊导管（带球囊）、充盈接头、快速灌输组件、止回阀和一个注射器（用于充注球囊）组成。无菌提供	用于治疗功能性子宫出血。不涉及组织变性	产后止血球囊	Ⅱ	是	/	/
		02 妇科假体器械	一般由金属或非金属材料制成	放置于妇女阴道、宫颈、子宫或输卵管中，起到支持、支撑作用。在体内滞留时间超过 30 天	输卵管支架、阴道支架、子宫托	Ⅲ	是	/	/
				放置于妇女阴道（宫颈口），起到支持、支撑作用。在人体的滞留时间大于 24 小时小于 30 天	子宫托	Ⅱ	是	YY/T 1568—2017	/
			一般由发泡橡胶材料制成。形体构造可与宫颈贴合。所含成分不具有药理学作用	通过发泡橡胶的吸附作用将宫颈表面及宫颈口内的糜烂物、黏膜吸附在产品上，取出时将糜烂物带出。用于辅助治疗宫颈炎。在体内滞留时间超过 30 天	治疗托	Ⅲ	否	/	/

续表

序号	一级产品类别	二级产品类别	产品描述	预期用途	品名举例	管理类别	是否豁免临床	相关标准	指导原则
04	妇产科治疗器械		一般由发泡橡胶材料制成。形体构造可与宫颈贴合。所含成分不具有药理学作用	通过发泡橡胶的吸附作用将宫颈表面及宫颈口内的糜烂物、黏膜吸附在产品上，取出时将糜烂物带出。用于辅助治疗宫颈炎。在人体的滞留时间大于24小时小于30天	治疗托	Ⅱ	是	/	/
		02 妇科假体器械	通常由植入物组件、导引杆及其他组件组成。植入物组件包括网片、网片外鞘及穿刺套管；导引杆由导针和手柄构成；其他组件包括：放置环、推针器、（无损伤具翼）导引器。无菌提供	用于尿道下悬吊带治疗尿道运动过度和/或括约肌功能障碍引起的女性压力性尿失禁	尿道悬吊器	Ⅲ	是	/	/
			通常由一种或多种聚合物编制而成的网状织物，或取自人类异体的片状或膜状组织。无菌提供	用于植入人体，加强和/或修补不完整的软组织缺陷，如阴道成型术、盆底修复术等	阴道补片、盆底补片	Ⅲ	否	/	/
05	妇产科承载器械	01 产床	一般由背板、臀板、腿板、托腿架、腿床（板）和电机等组成，可配有附件输液架、托腿架、拉手和污物盆。有源产品	用于妇产科实施手术及产妇分娩。也可用于妇科作检查、诊治	电动产床、液压产床	Ⅱ	是	/	/
			一般由背板、臀板、腿板、托腿架、腿床（板）等组成，可配有附件输液架、托腿架、拉手和污物盆。人力操控。无源产品	用于妇产科实施手术及产妇分娩。也可用于妇科作检查、诊治	普通产床	Ⅰ	是	YY 0045—2013	/
		02 妇科手术/检查床	通常由台面、升降柱、底座、控制系统（控制台面调节）、升降立柱和电机组成。按传动原理可分为液压、机械和气动3种传动结构形式。有源产品	用于妇科检查、诊治、手术。用以支撑患者身体，形成临床所需的体位	电动妇产科手术床	Ⅱ	是	/	电动手术台注册技术审查指导原则(2017年修订版)
			通常由背板、臀板、腿板、传动部分组成。头、背、腿、台面可调节。有移动式和固定式两种，升降形式为机械升降式，体位调整均为人力操纵。无源产品	用于妇科检查、诊治、手术。用以支撑患者身体，形成临床所需的体位	妇科检查床、妇科检查椅、妇科诊疗台、产科诊疗台、产科诊疗床、妇科诊疗床	Ⅰ	是	/	/

续表

序号	一级产品类别	二级产品类别	产品描述	预期用途	品名举例	管理类别	是否豁免临床	相关标准	指导原则
06	妊娠控制器械	01 宫内节育器及取放器械	通常由铜以及支架材料组成，支架材料一般由硅橡胶、尼龙、聚乙烯、聚丙烯、不锈钢或记忆合金材料制成。外形有圆形、T形、V形、γ形及链条状等。无菌提供	用于放置于妇女子宫腔内起避孕作用	T形含铜宫内节育器、O形含铜宫内节育器、V形含铜宫内节育器、宫腔形含铜宫内节育器、固定式含铜宫内节育器、M形含铜宫内节育器	Ⅲ	否	GB 3156—2006 GB 11234—2006 GB 11235—2006 GB 11236—2006 YY/T 1404—2016	/
			通常由铜以及支架材料组成，支架材料一般由硅橡胶、尼龙、聚乙烯、聚丙烯、不锈钢或记忆合金材料制成。外形有圆形、T形、V形、γ形及链条状等。含有吲哚美欣。无菌提供	用于放置于妇女子宫腔内起避孕作用	T形含铜含吲哚美欣宫内节育器、O形含铜含吲哚美欣宫内节育器、V形含铜含吲哚美欣宫内节育器、宫腔形含铜含吲哚美欣宫内节育器、固定式含铜含吲哚美欣宫内节育器、M形含铜含吲哚美欣宫内节育器	Ⅲ（药械组合产品）	否	GB 3156—2006 GB 11234—2006 GB 11235—2006 GB 11236—2006 YY/T 1471—2016	/
			通常是钩状、钳状或环状的器械。一般由高分子材料制成。无菌提供	用于宫内节育器/阴道夹持、放置和/或取出	一次性使用无菌宫内节育器放置器	Ⅱ	是	YY/T 0470—2004	/
			通常是钩状、钳状或环状的器械。一般由不锈钢材料制成。非无菌提供	用于宫内节育器/阴道夹持、放置和/或取出	宫内节育器取出钳、宫内节育器取出钩、宫内节育器放置钳、阴道环放置器	Ⅰ	是	YY/T 0182—2013	/
		02 输卵（精）管封闭器械	通常是采用机械结构物[如，在输精（卵）管外的带子或夹子，或者在输精（卵）管内部的栓塞]封闭输精（卵）管的器具。带子或夹子一般由金属或高分子材料制成。栓塞剂通常由两个或多个不具有药理学作用的化学组分构成的配方。无菌提供。在体内滞留时间大于等于30天	用于封堵输精管或输卵管，阻断精（卵）子结合，而起到避孕作用	输精管结扎带、输卵管结扎带、输卵管栓塞剂、输精管栓塞剂	Ⅲ	否	/	/
		03 屏障式避孕器械	通常由天然胶乳或合成乳胶或聚氨酯薄膜制成，开口端为完整卷边的鞘套物。非无菌提供	用于生殖道局部范围内，用物理方法（机械阻挡）不让精子到达子宫口处，以此阻断精子和卵子相遇而达到避孕目的	天然橡胶胶乳避孕套、男用合成橡胶避孕套、女用避孕套、避孕帽	Ⅱ	是	GB 7544—2009 YY/T 1405—2016	天然胶乳橡胶避孕套产品注册技术审查指导原则

续表

序号	一级产品类别	二级产品类别	产品描述	预期用途	品名举例	管理类别	是否豁免临床	相关标准	指导原则
06	妊娠控制器械	04 避孕凝胶	通常由壳聚糖、卡波姆、甘油、柠檬酸、纯化水等组成，所含成分不具有药理学作用	产品涂布于宫颈外口后穹窿，阻碍精子前进。用于女性避孕	避孕凝胶、壳聚糖避孕凝胶	Ⅲ	否	/	/
		05 结扎手术器械	通常由两个叶片和手柄组成或片状。或为钩状器械。或是由钳头、钳柄、锁齿和指圈组成的钳状器械。一般由不锈钢材料制成。非无菌提供	用于结扎手术时，分离、夹持、固定、提取输精管或输卵管	输精管分离钳、输精管固定钳、输卵管固定钳、输精管提取钩、输卵管提取钩、输卵管提取板、输卵管提取钩、输精管钳、输精管拉钩	Ⅰ	是	YY/T 0184—2014 YY 1024—2013	/
		06 宫腔负压吸引设备及附件	通常由吸引泵、开关、安全阀、止回阀、储液瓶、控制电路组成、与吸引管道、流产吸引管配套使用。也可与其他影像设备（如超声诊断仪）配合使用	用于对早期妊娠的孕妇施行人工流产手术。也可用于其他宫腔手术	电动流产吸引器、手动流产吸引器、超声监视宫腔手术仪、超声引导可视人流/宫腔诊疗系统	Ⅱ	是	YY 0636.1—2008 YY 0636.2—2008	医用吸引设备注册技术审查指导原则(2017年修订版)
			通常由连接在真空吸取器的管子和接头组成。管身带有刻度。一般由高分子材料制成。无菌提供	用于对早期妊娠的孕妇施行人工流产手术。也可用于其他宫腔手术	一次性使用无菌流产吸引管、一次性使用无菌宫腔吸引管	Ⅱ	是	YY/T 0979—2016 YY/T 1025—2014	/
			通常由柄部和管部焊接组成。一般由不锈钢和铜材料制成。不在内窥镜下使用，非无菌提供，可重复使用	用于对早期妊娠的孕妇施行人工流产手术。也可用于其他宫腔手术	流产吸引管、宫腔吸引管	Ⅰ	是	YY/T 1025—2014	/
07	辅助生殖器械	01 辅助生殖导管	通常由导引导管、外套管、移植导管、连接件、保护套管组成。一般由高分子材料制成。无菌提供	授精导管用于经阴道插入子宫腔内，注入精液，进行人工授精。胚胎移植导管用于经阴道向子宫内移植经过体外授精（IVF）后的胚胎	胚胎移植导管、人工授精导管	Ⅱ	是	/	/
		02 辅助生殖穿刺取卵/取精针	通常由针管、针套、针柄、软管以及胶塞接口、负压连接头、吸引管、真空管、冲洗管组成。无菌提供	用于经由阴道对卵巢穿刺及从卵巢卵泡中对卵母细胞进行抽吸和冲洗	一次性使用无菌取卵针、单腔/双腔取卵针、卵母细胞采集器	Ⅱ	是	/	/
				用于经皮睾丸/附睾穿刺取精	睾丸穿刺取精器、附睾穿刺针、睾丸穿刺活检枪	Ⅱ	是	/	/
		03 辅助生殖微型工具	辅助生殖用微型工具。包括IVF显微操作用注射、持卵、剥离、活检、辅助孵化和取精用的微细管状和针状工具。还包括与生殖细胞和胚胎接触的器皿、盘板。无菌提供	用于体外环境下操作或储存人类生殖细胞以及胚胎，包括精子显微注射，胚胎活检以及辅助孵化	体外受精显微操作管、显微吸液管、胚胎活检针、辅助生殖用培养器皿、玻化冻存管	Ⅱ	是	/	/

续表

序号	一级产品类别	二级产品类别	产品描述	预期用途	品名举例	管理类别	是否豁免临床	相关标准	指导原则
07	辅助生殖器械	04 体外辅助生殖用液	通常由氨基酸、葡萄糖、丙酮酸盐等能量物质、人血清白蛋白、纯化水等组成。为配子和胚胎提供必要的营养物质和受精及生长发育环境	用于辅助生殖技术中配子和胚胎在体外准备、培养、转移、储存	卵泡冲洗液、配子缓冲液、取卵－胚胎处理液、囊胚培养液、卵裂胚培养液、洗精受精液、精子梯度分离液、精子显微操作液、胚胎移植液、精子洗涤培养液、冷冻解冻液、玻璃化冷冻液、玻璃化解冻液精子制动液、卵母细胞体外成熟培养液、培养用油、器皿冲洗液、胚胎活检液、受精培养液	Ⅲ	是	/	/
		05 辅助生殖专用仪器	通常由激光发射器、激光镜头、照相机和软件组成	用于体外辅助生殖技术领域的显微手术激光系统，在体外对受精卵进行辅助孵化	辅助生育激光系统	Ⅲ	否	/	/
			通常由光学部分、照明部分和机械部分组成	用于体外辅助生殖技术显微操作中对配子胚胎的形态观察及发育能力的评估	显微注射用显微镜、时差倒置显微镜	Ⅱ	否	GB 11239.1—2005 GB/T 2609—2015 GB/T 26601—2011	手术显微镜注册技术审查指导原则
			通常由培养箱主机、温度控制系统、供气控制系统组成。能够提供一个可温控（接近人体温度）的环境。时差培养箱可具有时差照相系统，图像捕获分析应用软件，服务器，客户端等	用于辅助生殖技术（ART）中对配子，胚胎及其他细胞进行培养	胚胎培养箱	Ⅱ	否	/	/
				用于辅助生殖技术（ART）中对细胞、配子、胚胎进行培养及动态监测和分析，评估胚胎发育能力	时差培养箱	Ⅱ	否	/	/
			通常由操作台、热台或控制器、冷冻装置等组成	用于体外操作中加热或冷冻配子和胚胎，或体外操作处理配子和胚胎用的操作台	辅助生殖用恒温台、程序冷冻仪、程控降温仪、体外受精（IVF）超净工作台	Ⅱ	是	/	/
			通常由主机模块、阴茎圈套子、电源模块、取精部件等组成	用于阴茎勃起状态、阴茎敏感性的检测。或用于取精	阴茎勃起多参数定量分析仪、阴茎勃起监测仪、阴茎硬度测量仪、自动精液采集仪	Ⅱ	否	/	/

第十九章　医用康复器械

一、范围

本子目录包括医用康复器械类医疗器械，主要有认知言语视听障碍康复设备、运动康复训练器械、助行器械、矫形固定器械，不包括骨科用器械。

二、框架结构

本子目录按照产品功能分为 4 个一级产品类别，按照作用部位、作用机理等形成 18 个二级产品类别，并列举 91 个品名举例。本子目录按照相似功能类别相近排列的原则进行排序。

本子目录包含 2002 版分类目录的《〈6826 物理治疗及康复设备〉（部分）》和《〈6846 植入材料和人工器官〉（助听器、外挂式人工喉）》。

该子目录中一级产品类别与 2002 版分类目录产品类别的对应关系如下。

与 2002 版分类目录对应关系

一级产品类别	2002 版产品类别	备注
19-01 认知言语视听障碍康复设备	6826-8 眼科康复治疗仪器	/
	6846-5 器官辅助装置中的助听器、外挂式人工喉	
19-02 运动康复训练器械	6826-5 理疗康复仪器中的上肢综合训练器、肘关节运动器、下肢康复运动器	/
19-03 助行器械	/	新增
19-04 矫形固定器械	6826-5 理疗康复仪器中的胸背部矫正装置	/

三、其他说明

（一）肢体矫形器：依据《医疗器械分类规则》和分类界定文件，本子目录对具有矫形功能产品的管理类别规范为第二类，仅具有固定支撑功能产品的管理类别规范为第一类。

（二）本子目录中医疗器械产品适用的相关标准

GB 9706.1-2007 医用电气设备　第 1 部分 安全通用要求

GB/T 14710-2009 医用电器环境要求及试验方法

GB/T 16886.1-2011 医疗器械生物学评价　第 1 部分：风险管理过程中的评价与试验

GB/T 16886.5-2017 医疗器械生物学评价　第 5 部分：体外细胞毒性试验

GB/T 16886.10-2017 医疗器械生物学评价　第 10 部分：刺激与皮肤致敏试验

YY 0505-2012 医用电气设备第 1-2 部分：安全通用要求并列标准：电磁兼容要求和试验

YY 0607-2007 医用电气设备第 2 部分：神经和肌肉刺激器安全专用要求

（三）医疗器械产品是否豁免临床试验的法规文件

《国家药品监督管理局关于公布新修订免于进行临床试验医疗器械目录的通告》（2018 年第 94 号）附件 1。

医用康复器械

序号	一级产品类别	二级产品类别	产品描述	预期用途	品名举例	管理类别	是否豁免临床	相关标准	指导原则
01	认知言语视听障碍康复设备	01 认知障碍康复设备	通常由主机、软件等组成。通过视觉、听觉刺激，进行康复训练	用于认知障碍患者的康复训练	认知康复训练平台、认知能力测试与训练仪	Ⅱ	否	/	/
		02 视觉康复设备	通常由主机、软件等组成。通过视觉刺激，进行康复训练	用于视觉障碍患者的康复训练	视力训练仪、视觉训练仪、视力康复仪	Ⅱ	否	/	/
		03 听觉康复设备	通常由主机、软件等组成。通过听觉刺激，进行康复训练	用于听觉障碍患者的康复训练	听觉功能检测处理系统、听觉康复训练仪	Ⅱ	否	/	/
		04 言语障碍康复设备	通常由主机、软件等组成。通过视觉、听觉刺激，进行康复训练	用于言语障碍患者的康复训练	语音障碍康复训练仪、构音障碍康复训练仪	Ⅱ	否	/	/
		05 真耳测试仪	通常由真耳测试模块（软件）、硬件、探针和硅管组成	用于对患者双耳声压级进行测试	真耳测试仪	Ⅱ	否	GB/T 7341.1—2010	/
		06 助讲器	通常由外壳、发音装置（包括助讲器发声膜）、电池等组成的非植入式医疗器械	用于辅助全喉切除患者发声	助讲器	Ⅱ	否	MZ/T 068—2016	/
		07 助听器	通常由传声器、放大器和耳机组成，并由电池供电。用来放大声音、补偿听力损失的电子装置	用于听力损失患者的听力补偿	耳背式助听器、耳内式助听器、盒式助听器、骨导式助听器	Ⅱ	是	GB/T 14199—2010 GB/T 25102.1—2010 GB/T 25102.2—2010 GB/T 25102.4—2010 GB/T 25102.6—2017 GB/T 25102.7—2017 GB/T 25102.8—2017 GB/T 25102.13—2010 GB/T 25102.100—2010 GB/T 25498.5—2017	助听器注册技术审查指导原则(2016 年修订版)
02	运动康复训练器械	01 步态训练设备	通常由减重装置、主机、跑台、控制装置、固定装置等组成。通过训练患者步态促进康复，可附带步态评估功能	用于对下肢步行障碍患者进行步态康复训练	下肢步行姿势训练系统、步态评估与训练系统、减重步态训练器	Ⅱ	否	GB 24436—2009	/
		02 康复训练床	通常由床架、机械支撑部件、电动控制装置、固定保护装置等组成。通过改变体位、起立角度对患者进行训练促进康复	用于对脑卒中、脑外伤等患者进行肢体运动康复训练	站立康复器、下肢反馈康复训练系统、多体位康复床、电动起立床	Ⅱ	否	GB 24436—2009 GB/T 26340—2010 GB/T 28919—2012	/
			通常由床架、机械支撑部件、机械调节装置、固定保护装置等组成。通过改变体位、起立角度对患者进行训练促进康复。无源产品	用于对脑卒中、脑外伤等患者进行肢体运动康复训练或早期站立训练等	悬吊康复床、倾斜床	Ⅰ	是	GB/T 26340—2010 GB 24436—2009	/

续表

序号	一级产品类别	二级产品类别	产品描述	预期用途	品名举例	管理类别	是否豁免临床	相关标准	指导原则
02	运动康复训练器械	03 平衡训练设备	通常由测量平台、辅助支架、平衡训练软件等组成。通常对站立或坐在测试平台上的患者进行平衡能力训练，可附带平衡能力评估功能	用于对平衡能力障碍患者进行康复训练	平衡测试及训练系统、平衡训练系统	Ⅱ	否	YY/T 1410—2016	/
		04 振动训练设备	通常由训练平台、控制装置、固定架等组成。通过周期机械振动方式，达到肌肉或关节康复的目的	用于改善运动功能障碍患者的肌肉功能、平衡性和协调性	振动训练系统、上下肢振动康复训练器	Ⅱ	否	/	/
		05 关节训练设备	通常由主机、固定部件、运动部件、控制装置等组成。通过训练患者关节促进康复	用于对关节功能障碍患者进行康复训练	连续性被动运动康复器、上肢关节康复器、下肢关节康复器、下肢康复运动训练器、下肢关节被动训练器、上肢关节被动训练器、上下肢运动康复训练机、腕关节康复器、肘踝关节康复器	Ⅱ	是	YY/T 0997—2015	/
			通常由基座、固定部件、运动部件、控制装置等组成。通过训练患者关节促进康复。无源产品	用于对关节功能障碍患者进行康复训练	上肢综合训练器、肘关节运动器、下肢康复运动器、上肢关节康复器、康复训练器	Ⅰ	是	GB 24436—2009	/
			通常由设备主体、触摸显示屏、座椅、可调角度脚踏鞋、四肢力反馈模块组成。患者坐在设备座椅上，四肢分别放在扶手和脚踏上，利用健肢带动患肢进行主动康复，提高患者四肢运动功能	用于辅助提高偏瘫、骨关节损伤等患者四肢的肌力、关节活动度及协调性	四肢联动康复器、四肢联动康复训练仪	Ⅱ	否	/	/
			通常由传感器、软件、绑带等组成；或由生物电采集处理部件、电刺激部件或训练部件、软件等组成。通过采集患者生物电信号，处理反馈，对患者肢体施加电刺激或用电动部件带动患者进行康复训练或直接对患者肢体施加电刺激进行康复训练	用于对脑卒中等导致肢体运动功能障碍患者进行康复训练	肢体运动康复仪、佩戴式足下垂康复仪、肢体功能康复评定与训练系统	Ⅱ	否	YY/T 1095—2015	/
		06 盆底肌肉训练设备	通常由主机、压力探头、空气导管组成。通过测定阴道、肛门周围肌肉的自发力，利用产品提供的生物反馈功能做肌肉强化运动	用于小便失禁、阴道肌肉松弛、性功能障碍等患者的康复训练	盆底肌肉康复器	Ⅱ	否	/	/

续表

序号	一级产品类别	二级产品类别	产品描述	预期用途	品名举例	管理类别	是否豁免临床	相关标准	指导原则
02	运动康复训练器械	06 盆底肌肉训练设备	通常由不同重量的康复器主体和尾部引线组成，或由压力探头、压力表等组成。康复器主体可完全由高分子材料制成，也可由高分子材料和内置配重金属块组成；尾部引线为尼龙线。无源产品	用于分娩后或阴道肌力下降的女性锻炼阴道肌肉，提高盆底肌肉收缩能力，缓解压力性尿失禁、阴道子宫等器官膨出或脱垂等	盆底肌肉康复器	Ⅰ	是	/	/
		07 舌肌康复训练器	通常由吸球、吸嘴等组成。将吸嘴放置于患者舌尖上，利用负压使吸嘴吸住舌头，握住康复器吸球进行康复训练	用于脑卒中、脑疾病和脑损伤引起的伸舌受限或不能，伸舌舌尖偏向患侧，舌肌萎缩、无力所造成的吞咽延迟、饮水呛咳、吞咽困难、食物滞留、发音含糊、吐字不清，声音、音调及语速异常等患者的康复训练	舌肌康复训练器	Ⅱ	否	/	/
03	助行器械	01 医用轮椅车	通常由电机、蓄电池、控制系统、车轮、座椅、扶手、脚踏板等组成。可由乘坐者或护理者操作的、有一个或多个电机驱动，有座椅支撑。分为手动转向和动力转向	用于行动障碍患者转运、行走功能补偿	电动轮椅车	Ⅱ	是	GB/T 12996—2012 GB/T 18029.11—2008	电动轮椅车注册技术审查指导原则
			通常由车轮、座椅、扶手、脚踏板等组成。以乘坐者手驱动、脚踏驱动或护理者手推为动力。至少有三个车轮	用于行动障碍患者转运、行走功能补偿	手动轮椅车	Ⅱ	是	GB/T 13800—2009	手动轮椅车注册技术审查指导原则
		02 辅助行走站立器械	通常由支脚、手柄、支撑托、支撑架或臂套组成；或由手柄、手柄套、助行脚和支架组成；或由支撑平台（平台支撑台或前臂支撑台）、手柄、手柄杆、手柄杆调节、轮子、高度调节、（驻车）制动装置和折叠机构、座椅组成。无源产品	用于行动障碍患者的辅助行走或站立，进行康复训练	腋拐、医用拐、肘拐、助行器、助行架、框式助行架、轮式助行架、台式助行器、轮式助行器、框式助行器、移位助行器、站立架、截瘫行走支具、站立平衡训练支具	Ⅰ	是	GB/T 14728.1—2006 GB/T 14728.2—2008 GB/T 14728.3—2008 GB/T 19545.1—2012 GB/T 19545.2—2009 GB/T 28919—2012	/

续表

序号	一级产品类别	二级产品类别	产品描述	预期用途	品名举例	管理类别	是否豁免临床	相关标准	指导原则
04	矫形固定器械	01 矫形器	通常由高分子材料、织物、金属等材料制成。穿戴于头部、躯干或四肢体表，用于矫正或预防畸形	用于对人体躯干、四肢、头部等部位的矫正、辅助治疗	耳廓矫形器、上肢矫形器、下肢矫形器、脊柱矫形器	Ⅱ	是	GB/T 17255.1—2009 GB/T 17255.2—2009 GB/T 17255.3—2009 GB/T 19544—2004 GB/T 34410—2017	/
		02 固定器	通常由高分子材料、织物、皮革、金属等材料制成。穿戴或放置于肢体体表，通过限制肢体活动，达到保持肢体稳定等目的。无源产品	用于对人体躯干、四肢、头部等部位的外固定或支撑	胸部固定器、髋部固定器、腰部固定器、下肢固定器、上肢固定器、躯干固定器、肘部固定器、足部固定器、手臂固定器、膝部固定器、踝部固定器、腕关节固定器、颈部固定器、腹部固定器、手指固定器、医用体位垫、骶部固定器、背部固定器、肩部固定器、头部固定器、疝气固定带	Ⅰ	是	YY/T 0508—2009	/

第二十章　中医器械

一、范围

本子目录包括基于中医医理的医疗器械，不包括中医独立软件。

二、框架结构

本子目录按照临床用途的不同分为中医诊断设备、中医治疗设备和中医器具 3 个一级产品类别；根据产品原理的不同形成 24 个二级产品类别，并列举 60 个品名举例。本子目录包括 2002 版分类目录的《6827 中医器械》。

该子目录中一级产品类别与 2002 版分类目录产品类别的对应关系如下。

与 2002 版分类目录对应关系

一级产品类别	2002 版产品类别
20-01 中医诊断设备	6827-01 诊断仪器
20-02 中医治疗设备	6827-02 治疗仪器
20-03 中医器具	6827-03 中医器具

三、其他说明

（一）本子目录中医疗器械产品适用的相关标准

GB 9706.1-2007 医用电气设备　第 1 部分 安全通用要求

GB 9706.6-2007 医用电气设备　第 2 部分：微波治疗设备安全专用要求

GB/T 14710-2009 医用电器环境要求及试验方法

GB/T 16886.1-2011 医疗器械生物学评价　第 1 部分：风险管理过程中的评价与试验

GB/T 16886.5-2017 医疗器械生物学评价　第 5 部分：体外细胞毒性试验

GB/T 16886.10-2017 医疗器械生物学评价　第 10 部分：刺激与皮肤致敏试验

YY 0505-2012 医用电气设备　第 1-2 部分：安全通用要求并列标准：电磁兼容要求和试验

YY 0607-2007 医用电气设备　第 2 部分：神经和肌肉刺激器安全专用要求。

（二）医疗器械产品是否豁免临床试验的法规文件

《国家药品监督管理局关于公布新修订免于进行临床试验医疗器械目录的通告》（2018 年第 94 号）附件 1。

中医器械

序号	一级产品类别	二级产品类别	产品描述	预期用途	品名举例	管理类别	是否豁免临床	相关标准	指导原则
01	中医诊断设备	01 脉诊设备	通常由主机、加压装置和压力传感器组成。经压力传感器通过皮表对桡动脉及周边组织的腕部寸、关、尺部位以无创的方式，在施加外力的条件下进行脉图采集的设备	用于中医脉诊	脉诊仪	Ⅱ	否	YY/T 1489—2016	/
		02 望诊设备	通常由主机、图像采集装置和光源组成。通过图像采集装置获取舌面图像或者面部图像，并对采集到的图像进行分析的设备	用于中医望诊，包括舌诊和面诊	舌诊仪、面诊仪	Ⅱ	否	YY/T 1488—2016	/
		03 穴位阻抗检测设备	通常由主机、检测电极、辅助电极、传输线等组成。通过外加电信号对穴位或特定部位进行无创阻抗检测的辅助诊断设备	用于对穴位进行探测及辅助诊断	经络检测仪、穴位测试仪	Ⅱ	否	/	/
02	中医治疗设备	01 穴位电刺激设备	通常由主机、输出电极、连接线等组成。通过对针灸针或电极通以微量电流作用于人体穴位或特定部位进行治疗的设备	用于经络穴位进行刺激	经络刺激仪、穴位刺激仪电针仪、电子针疗仪、电针治疗仪、经络导平治疗仪	Ⅱ	否	YY 0780—2018	/
		02 温针治疗设备	通常由主机（含加热装置和控温装置）和针具组成。通过加热装置对针具进行加热并作用于人体穴位或特定部位的设备	用于温针治疗	温针仪	Ⅱ	否	/	/
		03 灸疗设备	通常由主机、灸材固定装置和自动控制装置组成。通过实时监测的温度反馈给驱动电动机，自动调节灸材与施灸部位的距离以对施灸温度进行控制	通过灸材燃烧对人体产生温热作用施灸于人体穴位，用于疾病的预防与治疗	艾灸仪、灸疗床、灸疗机	Ⅱ	否	YY/T 1490—2016	/
			通常由主机、灸头和灸垫组成。利用电子器件发热原理，对灸垫进行加热，并可对施灸温度进行自动控制，施灸于人体穴位或特定部位的设备	通过灸头和灸垫对人体产生温热作用施灸于人体穴位，用于疾病的预防与治疗	电子灸治疗仪、灸疗床、灸疗机	Ⅱ	否	YY/T 1490—2016	/
		04 拔罐设备	通常由电动负压源、导管、罐体等组成。通过负压源使罐体内产生负压，从而吸附在肌肉上	用于拔罐治疗	罐疗仪、电动拔罐器	Ⅱ	是	/	/

续表

序号	一级产品类别	二级产品类别	产品描述	预期用途	品名举例	管理类别	是否豁免临床	相关标准	指导原则
02	中医治疗设备	05 熏蒸治疗设备	通常由控制装置、蒸汽发生器、熏蒸舱（或熏蒸床，或喷头）等组成，可有雾化装置和温度控制装置等。通过对药液加热后所产生的蒸汽，对人体进行中药熏蒸的设备，不含中药	用于中医药物熏蒸治疗的发生设备	熏蒸治疗舱、熏蒸治疗仪、熏蒸床、熏蒸治疗椅、中药蒸疗机	Ⅱ	是	YY/T 1306—2016 YY/T 0791—2018	/
		06 穴位微波刺激设备	通常由主机和微波辐射器组成，微波辐射器尺寸适合作用于穴位（无创）。利用微波对人体穴位进行刺激以产生类似于针灸效果的设备	用于微波针灸治疗	微波针灸治疗仪	III	否	/	/
		07 穴位激光刺激设备	通常由主机和激光辐射探头组成。通过弱激光（小于等于3R）对人体穴位进行刺激的设备	用于激光穴位照射治疗	激光穴位治疗仪	Ⅱ	否	/	/
03	中医器具	01 针灸针	通常由针体、针尖、针柄和/或套管组成。针体的前端为针尖，后端设针柄，针体跟针尖都是光滑的，而针柄多有螺纹	用于中医针刺治疗	针灸针、一次性使用无菌针灸针	Ⅱ	是	GB 2024—2016	/
		02 三棱针	通常由针体、针尖和针柄组成。针柄呈圆柱状，针身至针尖呈三角锥形	用于中医针刺放血	三棱针	Ⅱ	是	GB 2024—2016 YY 0104—2018	/
		03 小针刀	通常由手持柄、针体和针刀组成。针刀宽度一般与针体直径相等，刃口锋利	用于人体皮下或肌肉深部割治使用	针刀、刃针	Ⅱ	是	/	/
		04 皮肤针	通常由针盘、针体、针尖和针柄组成。外形似小锤状，一端附有莲蓬状的针盘，在针盘下规则嵌有不锈钢短针。根据针的数目多少不同，分别称为梅花针（五支针）、七星针（七支针）、罗汉针（十支针）	用于叩刺穴位及其他部位的皮肤	皮肤针、梅花针、七星针	Ⅱ	是	/	/
		05 滚针	通常由支架、滚轮、不锈钢针、手柄等组成	用于体表特定部位的局部刺激，实施滚针疗法	皮肤滚针、一次性使用皮肤滚针	Ⅱ	否	/	/

续表

序号	一级产品类别	二级产品类别	产品描述	预期用途	品名举例	管理类别	是否豁免临床	相关标准	指导原则
03	中医器具	06 皮内针	通常是以不锈钢丝制成的小针，有颗粒型和揿钉型两种，颗粒型针柄形似麦粒或呈环形，针身与针柄成一直线；揿钉型针柄呈环形，针身与针柄呈垂直状	用于皮内针疗法使用	皮内针、揿针、一次性使用无菌揿针、一次性使用无菌耳针、一次性使用无菌皮内针、一次性使用皮下留置治疗针	Ⅱ	是	YY 0105—1993	/
		07 埋线针	通常由衬心座、针座、针管、衬芯和保护套组成	用于穴位的穿刺埋线	一次性使用埋线针	Ⅱ	否	/	/
		08 灸疗器具	通常由灸材、灸材固定装置、温度调节装置等组成。通过灸材固定装置和/或温度调节装置限定和/或调解灸材与施灸表面的相对距离，从而调节施灸温度，通过灸材燃烧对人体产生温热作用施灸于人体穴位的器具。灸材不含药理作用	通过灸材燃烧对人体产生温热作用施灸于人体穴位	灸疗装置	Ⅱ	否	/	/
		09 穴位磁疗器具	通常由永磁体或磁性物质和医用胶布组成。应用磁场作用于人体穴位的器具	用于对穴位进行磁疗	穴位磁疗贴、穴位磁疗器	Ⅱ	否	/	磁疗产品注册技术审查指导原则(2016年修订版)
		10 浮针	通常由针芯、针座、软管和保护套组成	用于浮针疗法	一次性使用浮针	Ⅱ	否	/	/
		11 穴位压力刺激器具	通常由球状体和医用胶布组成。贴于人体穴位处，通过外力仅起压力刺激作用	贴于人体穴位处，进行外力刺激。无创	穴位压力刺激贴	Ⅰ	是	/	/
		12 刮痧器具	通常采用砭石、玉制品、牛角等材料加工磨光制成	用于刮痧治疗	刮痧板、刮痧器	Ⅰ	是	/	/
		13 拔罐器具	通常由罐体和释放压力的阀体组成。以燃烧或手动方式产生负压的罐状器具	用于拔罐疗法	火罐、玻璃火罐、竹火罐、真空拔罐器、负压拔罐器、负压罐、拔罐器、可调式吸罐、旋转式拔罐器、负压理疗器	Ⅰ	是	/	/

第二十一章　医用软件

一、范围

本子目录包括医用独立软件医疗器械。

二、框架结构

本子目录仅列出了独立软件，不包含软件组件。医用软件按照预期用途分为辅助诊断类和治疗类，按照处理对象，可以分为“影像”“数据”“影像和数据”3 种情况。本子目录分为 6 个一级产品类别，13 个二级产品类别，列举 51 个品名举例。

该子目录中一级产品类别与 2002 版分类目录产品类别的对应关系如下。

与 2002 版分类目录对应关系

一级产品类别	2002 版产品类别	备注
21–01 治疗计划软件	6870–1 功能程序化软件	/
21–02 影像处理软件	6870–2 诊断图像处理软件 6870–4 影像档案传输、处理系统软件	/
21–03 数据处理软件	6870–3 诊断数据处理软件	/
21–04 决策支持软件	/	新增。此类软件提供辅助诊断或者用药建议等决策
21–05 体外诊断类软件	/	单独设置。体外诊断软件有一定的特殊性，软件可能既包括图像处理，也包括数据处理，所以不能按照图像处理软件和数据处理软件进行分类
21–06 其他	/	新增。康复训练软件有特殊性，不能按照图像处理软件和数据处理软件进行分类

三、其他说明

（一）目前现有注册产品名称使用“图像”或“影像”进行命名。影像既包含图像，又包含视频等内容，由于“影像处理”比“图像处理”包含的范围大，考虑到未来产品发展，本子目录将所有“图像”和“影像”表述统一成“影像”。

（二）由于翻译和中文用语等习惯问题，有些产品名称包含“**system（系统）”，使得判定产品是否为独立软件产生歧义。由于《21 医用软件》的特殊性，若存在行业特殊用语（如：TPS、PACS等行业内达成共识的产品名称），则保留“** 系统软件”的命名方法，否则删除产品名称中的“系统”字样。

（三）诊断功能软件风险程度按照其采用算法的风险程度、成熟程度、公开程度等为判定依据，不仅仅依据处理对象（如：癌症、恶性肿瘤等疾病的影像）为判定依据。若诊断软件通过其算法，提供诊断建议，仅具有辅助诊断功能，不直接给出诊断结论，本子目录中相关产品按照第二类医疗器械管理。若诊断软件通过其算法（例如，CAD，骨密度除外）对病变部位进行自动识别，并提供明确的诊断提示，则其风险级别相对较高，本子目录中相关产品按照第三类医疗器械管理。

（四）导航软件与导航设备关系密切，没有导航设备的参与，导航软件无法实现预期用途。目前注册产品“手术导航软件”中多数包含硬件。本子目录修订过程中确定原则，手术导航包含硬件的产品规范到 01 有源手术器械。无硬件参与的“手术计划软件”可以作为医用软件纳入本子目录。同时对品名举例进行规范，删除“导航”字样，以避免混淆。

（五）医疗信息管理软件属性界定原则，如果医疗信息管理软件仅仅是医院管理工具，管理内容是患者信息等非医疗诊断和/或治疗内容，不按照医疗器械管理。如果医疗信息管理软件包含患者诊断、治疗数据和影像，则按照软件处理对象（影像、数据）的不同，将软件产品规范到“21-2 影像处理软件”或者“21-3 数据处理软件”。

（六）远程医疗会诊系统软件用于在不同医疗机构之间实现医学信息传输和会诊平台功能。本子目录将包含影像或者数据传输的远程医疗软件规范到“21-02-01 医学影像存储与传输系统软件”或者“21-03-02 医学影像处理软件”中，如果不包含医学图像或者数据，则不按照医疗器械管理。

（七）移动医疗软件运行平台不同，其他的影像处理功能，数据处理功能等与运行在通用平台上的软件风险程度相当。本子目录不体现“移动医疗软件”，依据软件处理对象（影像、数据）的不同，将软件产品规范到“21-2 影像处理软件”或者“21-3 数据处理软件”。

（八）由于图像处理软件为约定俗成的名称，因此“21-02 图像处理软件”二级产品类别名称不采用“图像后处理软件”。由于 CT 等设备上自带的处理软件不作为独立软件进行规范，不存在混淆的风险。

（九）医学影像处理软件用于对来源于单模式或多模式的医学影像进行处理。如果影像处理软件没有辅助诊断功能，因此统一将 2002 版分类目录的“6870-2 诊断图像处理软件”中的 X 射线影像处理系统、核医学成像、医用磁共振成像系统等管理类别降为第二类。

（十）2002 版分类目录中的“6870-5 人体解剖学测量软件”。现有效注册证信息中无此类产品，且其预期用途不完全符合医疗器械定义，因此，未将此产品纳入本子目录。

（十一）如果 IVD 软件中包含计算机辅助诊断功能，应归入决策支持软件。

（十二）本子目录中医疗器械产品适用的相关标准

YY/T 0664-2008 医疗器械软件 软件生存周期过程

YY/T 1406.1-2016 医疗器械软件 第 1 部分：YY/T　0316 应用于医疗器械软件的指南。

（十三）医疗器械产品是否豁免临床试验的法规文件

《国家药品监督管理局关于公布新修订免于进行临床试验医疗器械目录的通告》（2018 年第 94 号）附件 1。

医用软件

序号	一级产品类别	二级产品类别	产品描述	预期用途	品名举例	管理类别	是否豁免临床	相关标准	指导原则
01	治疗计划软件	01 放射治疗计划系统软件	通常由软件安装光盘（或者从网络下载安装程序）组成。通常情况下（非必须），利用一个或多个特定算法，对人体器官吸收剂量分布进行估算	用于制订患者的放射治疗计划	放射治疗计划系统软件、伽玛（γ）射线立体定向放射治疗计划系统软件、放射性粒籽源植入治疗计划系统软件	Ⅲ	否	/	医疗器械软件注册技术审查指导原则
		02 放射治疗辅助软件	通常由软件安装光盘（或者从网络下载安装程序）组成。提供、定义或者显示治疗机设置数据；由人工输入数据或直接从其他设备导入数据；记录整个治疗阶段的数据	用于在计划的放射治疗开始之前和每个治疗阶段开始之前，比较放射治疗机当前参数和预置参数，并记录实际治疗阶段的数据	放射治疗记录与验证系统软件	Ⅲ	是	/	医疗器械软件注册技术审查指导原则
			通常由软件安装光盘（或者从网络下载安装程序）组成。放射治疗前利用获得的影像信息，以及分析处理结果，确定目标靶点坐标或者位置	用于辅助完成放射治疗	放射治疗轮廓勾画软件、放射治疗模拟定位软件	Ⅲ	是	/	医疗器械软件注册技术审查指导原则
		03 手术计划软件	通常由软件安装光盘（或者从网络下载安装程序）组成。利用获得的影像信息，以及对其分析处理结果，制订手术计划或方案	用于在术前制订手术计划。牙科、耳鼻喉类除外	立体定向手术计划软件、手术模拟软件、手术计划软件	Ⅲ	否	/	医疗器械软件注册技术审查指导原则
			通常由软件安装光盘（或者从网络下载安装程序）组成。利用获得的影像信息，以及对其分析处理结果，制定牙科、耳鼻喉手术计划或方案	用于在牙科、耳鼻喉术前制订手术计划	数字化种植设计软件、牙科修复体设计软件	Ⅱ	否	/	医疗器械软件注册技术审查指导原则
02	影像处理软件	01 医学影像存储与传输系统软件	通常由软件安装光盘（或者从网络下载安装程序）组成。将医疗影像设备输出的影像和/或视频信号进行采集、保存到计算机硬盘中，供医疗部门各科室之间和/或医院之间的影像接收、传输、显示、存储、输出等处理	用于医学影像接收、传输、显示、存储、输出等处理，供临床诊疗使用	影像归档与传输系统软件、医学影像管理与通讯系统软件、医学影像存档与通讯系统软件	Ⅱ	是	/	医学图像存储传输软件（PACS）注册技术审查指导原则

续表

序号	一级产品类别	二级产品类别	产品描述	预期用途	品名举例	管理类别	是否豁免临床	相关标准	指导原则
02	影像处理软件	02 医学影像处理软件	通常由软件安装光盘（或者从网络下载安装程序）组成。利用影像处理方法，对医学影像进行三维重建、配准等处理	用于对来源于单模式或多模式的医学影像进行处理	超声影像管理软件、内窥镜图文工作站软件、数字化超声工作站软件、磁共振影像处理软件、核医学工作站软件、CT 影像处理软件、X 射线血管造影影像处理软件、数字化 X 射线影像处理软件	Ⅱ	是	/	医疗器械软件注册技术审查指导原则
03	数据处理软件	01 监护软件	通常由软件安装光盘（或者从网络下载安装程序）组成。通过数据通信的方式从监护设备获取数据，集中实时显示和报警	用于从监护设备获取数据、集中实时显示、报警	中央监护工作站软件、中央监护管理软件、中央监护信息中心软件、妊娠高血压综合征监测软件	Ⅱ	是	/	中央监护软件注册技术审查指导原则 医疗器械软件注册技术审查指导原则
		02 生理信号处理软件	通常由软件安装光盘（或者从网络下载安装程序）组成。对采集到的脑电、心电、肌电等生理信号进行分析处理和 / 或传输	用于对脑电、心电、肌电等生理信号进行分析处理和 / 或传输	动态心电分析软件、心电工作站软件、心电数据管理软件	Ⅱ	是	/	医疗器械软件注册技术审查指导原则
04	决策支持软件	01 药物计算软件	通通常由软件安装光盘（或者从网络下载安装程序）组成。基于药代和 / 或药物模型、患者生理参数与体征计算药物注射方案，为临床注射药物提供建议	用于为临床注射药物提供建议	胰岛素注射计算软件	Ⅲ	否	/	医疗器械软件注册技术审查指导原则
		02 计算机辅助诊断 / 分析软件	通常由软件安装光盘（或者从网络下载安装程序）组成。利用影像处理和 / 或数据处理技术，由计算机软件对病变进行自动识别，对病变的性质等给出临床诊断治疗依据和 / 或建议	由计算机软件对病变进行自动识别，对病变的性质等给出临床诊断治疗依据和 / 或建议	乳腺 X 射线影像计算机辅助诊断软件、结肠计算机辅助诊断软件、肺部计算机辅助诊断软件、乳腺超声辅助诊断软件	Ⅲ	否	/	医疗器械软件注册技术审查指导原则
			通常由软件安装光盘（或者从网络下载安装程序）组成。对影像或者数据进行分析，给出临床参考值	对影像或者数据进行分析，给出临床参考值	骨密度计算机辅助检测软件	Ⅱ	否	/	医疗器械软件注册技术审查指导原则
		03 中医诊疗软件	通常由软件安装光盘（或者从网络下载安装程序）组成。利用中医证治的相关理论，使用数据统计等方法，实现各种征候的分析诊断和 / 或提供治疗建议	用于实现各种征候的分析诊断和 / 或提供治疗建议	岐黄脏象辅助诊疗软件、中医诊疗软件	Ⅱ	否	/	医疗器械软件注册技术审查指导原则

续表

序号	一级产品类别	二级产品类别	产品描述	预期用途	品名举例	管理类别	是否豁免临床	相关标准	指导原则
05	体外诊断类软件	01 医学显微影像分析软件	通常由软件安装光盘（或者从网络下载安装程序）组成。具有对从各种显微设备获取的影像进行获取、传输、合成、观察、分析、处理和报告等功能	用于对从各种显微设备获取的影像进行辅助诊断、分析、存档等	医学病理影像采集软件、医学显微影像分析软件、染色体分析软件、尿沉渣分析软件	Ⅱ	否	/	医疗器械软件注册技术审查指导原则
		02 筛查、分析软件	通常由软件安装光盘（或者从网络下载安装程序）组成。通过对临床、生化、免疫等测量数据的分析、计算，从而对疾病进行诊断、评估等	用于对疾病进行筛查、评估等	产前筛查分析软件、唐氏综合征产前筛查分析软件、神经管畸形产前筛查分析软件、21三体综合征风险计算软件、18三体综合征风险计算软件、神经管缺陷风险计算软件、血糖数据分析软件	Ⅱ	否	/	医疗器械软件注册技术审查指导原则
06	其他	01 康复训练软件	通常由软件安装光盘（或者从网络下载安装程序）组成。由分级检查、训练和辅助治疗模块组成，也可由单个模块组成的软件系统	用于辅助治疗和康复训练	弱视儿童视觉功能训练软件、视功能检查训练软件	Ⅱ	否	/	医疗器械软件注册技术审查指导原则

第二十二章　临床检验器械

一、范围

本子目录包括用于临床检验实验室的设备、仪器、辅助设备和器具及医用低温存储设备，不包括体外诊断试剂。

二、框架结构

本子目录主要以检验学科和设备性能为依据，分为16个一级产品类别，其中，临床检验分析设备10个，采样设备1个，样本处理设备3个，检验及其他辅助设备和医用生物防护设备各1个。按照学科内仪器类别细分为86个二级产品类别，列出411个品名举例。本子目录按照临床检验用分析设备、采样设备、样本处理设备、检验及其他辅助设备和医用生物防护设备的顺序排列。

本子目录包括2002版分类目录中《6840临床检验分析仪器》和《6841医用化验和基础设备器具》，还包括《〈6822医用光学器具〉（生物显微镜）》《〈6833医用核素设备〉（核素标本测定装置）》《〈6815注射穿刺器械〉（动静脉采血针）》和《〈6858医用冷疗、低温、冷藏设备及器具〉（医用低温设备、医用冷藏设备、医用冷冻设备）》。

该子目录中一级产品类别与2002版分类目录产品类别的对应关系如下。

与2002版分类目录对应关系

一级产品类别	2002版产品类别
22-01 血液学分析设备	6840-1 血液分析系统
22-02 生化分析设备	6840-2 生化分析系统
22-03 电解质及血气分析设备	6840-7 血气分析系统
22-04 免疫分析设备	6840-3 免疫分析系统
22-05 分子生物学分析设备	6840-8 基因和生命科学仪器
22-06 微生物分析设备	6840-4 细菌分析系统
22-07 扫描图像分析系统	6822-6 医用手术及诊断用显微设备中的生物显微镜
22-08 放射性核素标本测定装置	6833-3 核素标本测定装置
22-09 尿液及其他体液分析设备	6840-5 尿液分析系统
22-10 其他医用分析设备	6840-6 生物分离系统中的电泳仪
	6840-8 基因和生命科学仪器中的生物芯片阅读仪
22-11 采样设备和器具	6841-4 血液化验设备和器具

续表

一级产品类别	2002 版产品类别
22-11 采样设备和器具	6815 注射穿刺器械中的动静脉采血针
22-12 形态学分析前样本处理设备	6841-3 病理分析前处理设备
22-13 样本分离设备	6841-2 医用离心机
22-14 培养与孵育设备	6841-1 医用培养箱
22-15 检验及其他辅助设备	6840-10 临床医学检验辅助设备
	6858-2 医用低温设备
	6858-3 医用冷藏设备
	6858-4 医用冷冻设备
22-16 医用生物防护设备	新增

根据学科发展和产品现状，本子目录的二级产品类别中新增了如下内容：基因测序仪、质谱仪、生物安全柜和洁净工作台。

三、其他说明

（一）免疫分析设备中"全自动免疫分析仪"，包括"全自动酶联免疫分析仪""全自动化学发光免疫分析仪""全自动荧光免疫分析仪"管理类别由第三类降为第二类。

（二）微生物鉴定药敏分析仪器、微生物药敏培养监测仪器用于临床培养血液和体液等标本中需氧菌、厌氧菌、真菌和分枝杆菌等，同时用于细菌、真菌和分枝杆菌的药敏检测，管理类别由第三类降为第二类。

（三）洗板机，管理类别由第二类降为第一类。

（四）与临床检验有关，但产品自身不具有医疗器械功能的产品，不按照医疗器械管理，如：移液器、移液管，普通反应杯、反应管、反应板，普通采样杯、采样管、样本收集器，在临床实验室用于检测前 / 后样本传输、加 / 去盖、条形码识别等功能的样本管理系统等。

（五）全自动血库系统，规范为第三类管理。

（六）本子目录中医疗器械产品适用的相关标准

GB 4793.1-2007 测量、控制和实验室用电气设备的安全要求　第 1 部分：通用要求

GB 4793.9-2013 测量、控制和实验室用电气设备的安全要求　第 2-081 部分：实验室用于分析和其他目的自动和半自动设备的特殊要求

GB/T 12519-2010 分析仪器通用技术条件

GB/T 18268.1-2010 测量、控制和实验室用的电设备 电磁兼容性要求　第 1 部分：通用要求

GB/T 18268.26-2010 测量、控制和实验室用的电设备 电磁兼容性要求　第 26 部分：特殊要求 体外诊断（IVD）医疗设备

YY 0648-2008 测量、控制和实验室用电气设备的安全要求　第 2-101 部分：体外诊断（IVD）医用设备的专用要求。

（七）医疗器械产品是否豁免临床试验的法规文件

《国家药品监督管理局关于公布新修订免于进行临床试验医疗器械目录的通告》（2018 年第 94 号）附件 1。

临床检验器械

序号	一级产品类别	二级产品类别	产品描述	预期用途	品名举例	管理类别	是否豁免临床	相关标准	指导原则
01	血液学分析设备	01 血型分析仪器	通常由工作平台、标本试管架装置、试剂混匀装置、加样系统、孵育器、离心机、判读装置等组成。原理一般为微孔板红细胞凝集法、凝胶卡式检测法等	与适配试剂配合使用，用于ABO/Rh 血型检测、交叉配血检测及不规则抗体检测等	血型分析仪、全自动血型分析仪、全自动配血及血型分析仪、血型分析用凝胶卡判读仪、血库系统	Ⅲ	否	YY/T 1245—2014	全自动血型分析仪注册技术审查指导原则
		02 血细胞分析仪器	通常由血细胞检测模块、血红蛋白测定模块、机械模块、电子模块、计算机系统等组成。原理一般为电阻抗法、比色法、流式激光散射技术等	用于对血液/体液中有形成分进行定量定性分析，并提供相关信息	血细胞分析仪、全自动血细胞分析仪、全自动五分类血细胞分析仪、全自动三分群血细胞分析仪、干式血球计数仪、全自动模块式血液体液分析仪/系统、半自动血细胞分析仪、血细胞计数器、T淋巴细胞计数仪（非流式）、白细胞计数仪	Ⅱ	是	YY/T 0653—2017 JJG 714—2012	/
		03 血细胞形态分析仪器	通常由机械模块、光学成像模块、计算机系统等组成。原理一般为光学成像后与细胞图库进行比对后再进行统计，计算血细胞的比例或数量	用于血细胞和/或体液的分类、数量统计和/或细胞形态学描述	血细胞形态分析仪、全自动血细胞形态学分析仪、全自动细胞形态学分析仪	Ⅱ	否	/	/
		04 凝血分析仪器	通常由预温模块、加样模块、计时模块、样品传送及处理模块、检测模块和计算机系统等组成。原理一般为凝固法、产色底物法和免疫比浊法等	用于对血液进行凝血和抗凝、纤溶和抗纤溶等功能的分析	凝血分析仪、D- 二聚体分析仪、凝血酶原时间检测仪、活化凝血时间分析仪、即时凝血分析仪、全自动凝血因子分析仪、血凝 - 纤溶多功能分析仪、半自动凝血分析仪、全自动凝血分析仪、ACT 监测仪、活化凝血时间与凝血速率监测仪、自动凝血计时器、血栓弹力图仪	Ⅱ	是	YY/T 0659—2017	凝血分析仪注册技术审查指导原则（2016 年修订版）
		05 血小板分析仪器	通常由液路模块、样品处理模块、检测模块、计算机系统等组成。原理一般为比浊法等	用于分析血液样本中血小板数量、体积、聚集率等相关功能参数	血小板分析仪、血小板凝集仪、全自动血小板分析仪、全自动血小板聚集仪、血小板功能分析仪、凝血和血小板功能分析仪、半自动血小板聚集仪	Ⅱ	是	/	/

续表

序号	一级产品类别	二级产品类别	产品描述	预期用途	品名举例	管理类别	是否豁免临床	相关标准	指导原则
01	血液学分析设备	06 血流变分析仪器	一般分为毛细管黏度计和旋转式黏度计。毛细管黏度计通常由毛细管、样品池、控温装置、驱动装置、计时器等组成；旋转式黏度计通常由加样模块、样本传感器、转速控制与调节模块、力矩测量模块、恒温模块等组成。原理一般为泊肃叶定律或黏滞定律等	用于临床对全血、血浆或血细胞流变特性进行分析	全自动血流变分析仪、半自动血液流变分析仪、血液黏度计、血液流变动态分析仪、红细胞变形仪	Ⅱ	是	YY/T 1460—2016	/
		07 红细胞沉降仪器	通常由机械模块、光学模块或激光扫描模块、数据处理换算模块等组成。原理一般为光学法或激光扫描微量全血法等	用于血液样品红细胞沉降速度和／或压积的测量	红细胞沉降压积仪、全自动血沉分析仪、全自动动态血沉分析仪、动态血沉压积测试仪、全自动红细胞沉降率测定仪	Ⅱ	是	YY/T 1251—2014	/
		08 流式细胞分析仪器	通常由流动室和液流系统、激光源和光学系统、光电管和检测系统、计算机和分析系统组成。原理一般为通过液流系统使单个粒子通过流动室并分析单个粒子的荧光标记信号，实现对其生物特性的分析	用于对处在液体中的细胞或其他生物微粒逐个进行多参数的快速定量分析和／或分选	流式细胞仪、T 淋巴细胞计数仪	Ⅱ	是	YY/T 0588—2018	/
02	生化分析设备	01 生化分析仪器	通常由样品器、取样装置、反应池或反应管道、保温器、检测器、微处理器等中的一种或几种组成。原理一般为分光光度法、浊度比色法、离子选择性电极法、荧光法、反射光度法、差示电位法等	与适配试剂配合使用，用于人体样本中待测物的定性和／或定量分析	全自动生化分析仪、半自动生化分析仪、干式生化分析仪、全自动干式生化分析仪、新生儿总胆红素测定仪、生化分析仪、氧自由基生化分析仪、肌酐分析仪、胆红素分析仪、尿微量白蛋白分析仪、血红蛋白干化学分析仪、血红蛋白分析仪	Ⅱ	是	YY/T 0014—2005 YY/T 0032—2004 YY/T 0654—2017 YY/T 0655—2008 YY/T 1150—2009	生化分析仪注册技术审查指导原则（2016 年修订版）
		02 血糖及血糖相关参数分析仪器	通常由主机模块、电源模块、软件模块等组成。原理一般为电化学法、光反射技术、比色法等。不包含采血器具及适配试剂	与适配试剂配合使用，用于人体样本中待测物的定性和／或定量分析	血糖分析仪、血糖／尿酸／总胆固醇分析仪、血糖／总胆固醇分析仪、血糖血压测试仪、血糖与血脂监测仪、血糖血酮仪、血酮体测试仪、葡萄糖／乳酸分析仪、尿酸／血糖分析仪、血脂／血糖分析仪、血糖／胆固醇两用检测仪、血糖／胆固醇／甘油三酯／乳酸分析仪、血脂分析仪	Ⅱ	是	GB/T 19634—2005	血糖仪注册技术审查指导原则（2016 年修订版） 自测用血糖监测系统注册申报资料指导原则

续表

序号	一级产品类别	二级产品类别	产品描述	预期用途	品名举例	管理类别	是否豁免临床	相关标准	指导原则
03	电解质及血气分析设备	01 电解质分析仪器	通常由电极模块、测量模块、管路模块、电路模块和数据输出模块组成。原理一般为离子选择电极法等	用于分析血液及体液中的电解质含量	电解质分析仪、半自动电解质分析仪、钾/钠/氯/钙/pH分析仪、钾/钠/氯分析仪、全自动电解质分析仪	Ⅱ	是	YY/T 0589—2016	/
		02 血气分析仪器	通常由电极模块、测量模块、管路模块、电路模块、数据输出模块等组成。原理一般为离子选择电极法和微电子和生物芯片技术等	用于测定血液及体液的pH、二氧化碳分压、氧分压等血气参数	血气分析仪、血氧分析仪、全自动血气分析仪、手持式血液血气分析仪	Ⅱ	是	/	/
		03 电解质血气分析仪器	通常由电极模块、测量模块、管路系电路模块和数据输出模块组成。原理一般为离子选择电极法等	用于体外定量测定血液、体液、透析液中电解质含量、血气参数和代谢物含量等	全自动血气/电解质分析仪、全自动血气/电解质和生化分析仪、血气/血氧/电解质和代谢物测量系统、血气/电解质分析仪	Ⅱ	是	YY/T 0589—2016	/
		04 电解质血气检测电极	通常由单项或多项电极块组成	与电解质分析仪、血气分析仪和含电解质模块的生化分析仪配套使用，用于电解质及血气的分析	二氧化碳电极、钙电极、钾电极、pH电离子选择性电极、锂电极、参比电极、氯电极、钠电极、葡萄糖/乳酸/尿素电极盒、葡萄糖电极、乳酸电极、氧电极、血气、电解质和生化分析仪用电极、电解质检测电极块、红细胞压积电极、葡萄糖/乳酸电极、电极膜	Ⅱ	是	/	/
04	免疫分析设备	01 酶联免疫分析仪器	通常由传输模块、试剂加注模块、孵育模块、光学模块、清洗模块和数据处理模块中的一种或几种组成。原理一般为单色光经标本吸收后通过光电检测器将光信号转换成电信号，由数据处理系统经过计算得出浓度值	与适配试剂配合使用，用于人体样本中待测物的定性和/或定量分析	全自动酶联免疫分析仪，酶联免疫分析仪	Ⅱ	是	YY/T 1529—2017	/
		02 化学发光免疫分析仪器	通常由加样模块、反应模块、光学检测模块（光电倍增管）、数据处理模块、温育温控模块和清洗分离模块等中的一种或几种组成。原理一般为将化学发光反应发出的光信号转变为数字信号，由数据处理系统经过计算得出浓度值	与适配试剂配合使用，用于人体样本中待测物的定性和/或定量分析	全自动化学发光免疫分析仪、全自动电化学发光免疫分析仪、全自动化学发光测定仪、化学发光免疫分析仪	Ⅱ	是	YY/T 1155—2009 YY/T 1174—2010	半自动化学发光免疫分析仪注册技术审查指导原则（2016年修订版） 全自动化学发光免疫分析仪技术审查指导原则

续表

序号	一级产品类别	二级产品类别	产品描述	预期用途	品名举例	管理类别	是否豁免临床	相关标准	指导原则
04	免疫分析设备	03 荧光免疫分析仪器	通常由加样模块、反应模块、光学检测模块（荧光）、数据处理模块、温育温控模块、清洗分离模块等中的一种或几种组成。原理一般为将荧光信号转变为数字信号，由数据处理系统经过计算得出浓度值	与适配试剂配合使用，用于人体样本中待测物的定性和/或定量分析	荧光免疫分析仪、干式荧光免疫分析仪、时间分辨免疫荧光分析仪、全自动荧光免疫分析仪	Ⅱ	是	YY/T 1304.1—2015 YY/T 1533—2017	/
		04 免疫层析分析仪器	通常由光电检测模块、机械扫描控制模块、控制主板模块、信息采集模块等组成。原理一般为通过传感器将检测试剂卡的反射率信号转为光电信号，通过校准信息将光电信号转为相应的浓度值或阈值，对待测物进行分析	与适配试剂配合使用，用于人体样本中待测物的定性和/或定量分析	免疫层析分析仪、金标免疫层析分析仪、胶体金免疫层析试条检测仪、金标斑点法定量读数仪、心脏标志物检测仪、金标测试仪、早孕/排卵试纸阅读仪	Ⅱ	是	YY/T 1582—2018	/
		05 免疫印迹仪器	通常由蠕动泵模块、加样模块、孵育模块、温控模块等组成。原理一般为用电转移的方法将蛋白转移到固相膜上，最后进行免疫学检测	与适配试剂配合使用，用于人体样本中待测物的定性和/或定量分析	全自动蛋白印迹仪、全自动免疫印迹仪、胎儿纤维连接蛋白分析仪、过敏源 IgE 抗体检测仪、全自动过敏原 IgE 抗体分析仪	Ⅱ	是	/	/
		06 免疫散射浊度分析仪器	通常由光学模块、检测模块、计算机系统等组成。原理一般为散射光比浊法	与适配试剂配合使用，用于人体样本中待测物的定性和/或定量分析	特定蛋白分析仪、C 反应蛋白分析仪、免疫浊度分析仪、便携式蛋白检测仪、散射比浊分析仪、全自动散射比浊分析仪、全自动蛋白分析仪、全自动化学比浊测定仪	Ⅱ	是	/	/
		07 免疫分析一体机	通常由加样模块、反应模块、光学模块、信号检测模块、计算机系统、温育温控模块和清洗分离模块等中的一种或几种组成。并由两种或两种以上检测原理的分析模块组成	与适配试剂配合使用，用于人体样本中待测物的定性和/或定量分析	全自动化学发光酶免分析仪、多元磁珠荧光酶标分析仪、全自动双标记荧光阅读仪	Ⅱ	是	/	/
		08 间接免疫荧光分析仪器	通常由荧光显微镜模块和软件模块组成	用于采集、分析、存储和显示间接免疫荧光载片的数字图像，提供核型及滴度判读建议	全自动间接免疫荧光法分析仪、全自动间接免疫荧光判读系统	Ⅱ	否	/	/

续表

序号	一级产品类别	二级产品类别	产品描述	预期用途	品名举例	管理类别	是否豁免临床	相关标准	指导原则
04	免疫分析设备	09 生化免疫分析仪器	通常由生化分析模块和免疫分析模块组成	与适配试剂配合使用，用于人体样本中待测物的定性和/或定量分析	模块化生化免疫分析系统、全自动生化免疫分析仪、临床检验系统	Ⅱ	否	/	/
05	分子生物学分析设备	01 基因测序仪器	通常由移液模块、检测模块、数据处理模块、显示控制模块等组成。原理一般为大规模平行并列测序、单分子测序等	与适配试剂配合使用，用于对样本中 DNA 或 RNA 分析，检测基因数量和序列的变化	基因测序仪、基因测序系统	Ⅲ	否	/	/
		02 sanger 测序仪器	通常由毛细管电泳仪、毛细管阵列及高分子分离胶、计算机工作站及液晶显示器和嵌入式的软件组成。原理一般 sanger 测序法	与适配试剂配合使用，用于对样本中 DNA 或 RNA 分析，检测基因序列的变化	sanger 测序仪器	Ⅱ	否	/	/
		03 核酸扩增分析仪器	通常由控制部件、热盖部件、热循环部件、光电部件、传动部件、嵌入式软件和分析软件、电源部件等组成。原理一般为利用温度控制，为核酸的体外扩增提供适宜环境，采集和分析扩增过程中产生的光、电信号	与适配试剂配合使用，用于样本基因的核酸体外扩增与分析	核酸扩增检测分析仪、实时荧光定量 PCR 分析仪、全自动 PCR 分析系统、全自动荧光 PCR 分析仪、全自动核酸检测分析系统、实时定量 PCR 仪、恒温核酸扩增分析仪	Ⅲ	是	/	/
		04 核酸扩增仪器	通常由控制部件、热盖部件、热循环部件、光电部件、传动部件、嵌入式软件和电源部件组成。原理一般为利用温度控制，为核酸的体外扩增提供适宜环境	与适配试剂配合使用，用于样本基因的核酸体外扩增	基因扩增仪、基因扩增热循环仪、PCR 扩增仪、恒温核酸扩增仪、基因测序文库制备仪	Ⅱ	是	JJF（浙）1124—2016	/
		05 核酸分子杂交仪器	通常由控温模块和控制面板模块等组成。原理一般为碱基互补原则	用于核酸分子的杂交	核酸分子杂交仪、全自动核酸分子杂交仪、恒温杂交仪	Ⅱ	是	/	/
06	微生物分析设备	01 微生物比浊仪器	通常由光源模块、光电检测器模块、校准模块等组成。原理一般为浊度法	用于测量微生物悬液的光密度，按麦氏浊度确定微生物的接种浓度等	微生物比浊仪、比浊仪、电子比浊仪、浊度计	Ⅱ	是	JJG（机械）173—1994 JJG 880—2006 JJF 1700—2018	/
		02 微生物培养监测仪器	通常由孵育模块、检测模块、控制/报警模块、显示模块、随机软件模块等组成。还可包括空气过滤、条码扫描等，原理一般为通过测量光散射，光密度，电阻抗，压力感应，产色（二氧化碳）或是通过细菌直接计数的变化来确定细菌悬浮在液体培养基的浓度	用于临床培养、检测血液和体液等标本中需氧菌、厌氧菌、真菌和分枝杆菌等	微生物培养监测仪、血液微生物培养监测仪	Ⅱ	是	/	/

续表

序号	一级产品类别	二级产品类别	产品描述	预期用途	品名举例	管理类别	是否豁免临床	相关标准	指导原则
06	微生物分析设备	03 微生物药敏培养监测仪器	通常由孵育模块、检测模块、控制 / 报警模块、显示模块、随机软件模块等组成，还可包括空气过滤、条码扫描等。原理一般为通过测量光散射，光密度，电阻抗，压力感应和产色（二氧化碳）或是细菌直接计数的变化来确定细菌悬浮在液体培养基的浓度，以判断培养结果（阴性或是阳性）。通过监测添加抗生素的培养瓶中细菌的生长状况，实现微生物药敏检测	用于临床培养血液和体液等标本中需氧菌、厌氧菌、真菌和分枝杆菌等。同时用于细菌、真菌和分枝杆菌的药敏检测	微生物药敏培养监测仪、分枝杆菌培养监测药敏分析仪、分枝杆菌培养监测仪	Ⅱ	否	/	/
		04 微生物鉴定仪器（非质谱）	通常由主机模块、随机软件模块、条码阅读器模块等组成。原理一般为通过形态学、生长、生理学及临床化学的手段鉴定从生物样本（如：血液、尿液、脑脊液、唾液或粪便）中分离出的传染性和 / 或病原性的微生物	用于鉴定临床样本中分离出的微生物类别	微生物鉴定仪	Ⅱ	否	/	/
		05 微生物质谱鉴定仪器	通常可包括标本预处理站、标本板、控制质谱仪主机的数据采集站和质谱仪主机（基质辅助激光解吸电离离子源和飞行时间质量检测器、可选反射器的垂直离子飞行管）、随机软件等组成。原理一般为利用基质辅助激光解吸电离离子源（MALDI）和飞行时间质量分析器（TOF）的原理	用于对临床分离出的微生物（细菌、真菌和分枝杆菌）进行鉴定	微生物质谱鉴定仪	Ⅱ	否	/	/
		06 微生物鉴定药敏分析仪器	通常由自动接种器模块、孵育模块、鉴定模块、药敏分析模块、计算机模块、条码阅读器模块、随机软件模块等一种或几种组成。原理一般为通过形态学、生长、生理学及临床化学的手段鉴定从生物样本（如：血液、尿液、脑脊液、唾液或粪便）中分离出的传染性和 / 或病原性微生物。药敏部分：通过与含不同浓度抗菌剂的试剂配合使用，来确定从临床样本分离出的细菌病原体的药物敏感性	用于对临床分离出的微生物鉴定和 / 或药敏分析	微生物鉴定药敏分析仪、微生物药敏分析仪	Ⅱ	是	/	/

续表

序号	一级产品类别	二级产品类别	产品描述	预期用途	品名举例	管理类别	是否豁免临床	相关标准	指导原则
06	微生物分析设备	07 细菌内毒素 / 真菌葡聚糖检测仪器	通常由光道模块、自动恒温器模块和控温模块组成。原理一般为凝胶法、光度法等	用于细菌内毒素和 / 或（1，3）-β-D 葡聚糖的检测	细菌内毒素检测仪、细菌内毒素 / 真菌葡聚糖检测仪	Ⅱ	是	YY/T 0618—2017 JJF 1529—2015 JB/T 20184—2017	/
		08 幽门螺旋杆菌分析仪器	通常由进样模块、空气净化干燥模块、光学模块、测量模块、电气控制模块和气体采集模块组成。原理一般为呼气试验检测法	用于临床诊断由于幽门螺杆菌感染引起的疾病	幽门螺杆菌检测仪、碳 13 呼气质谱仪、碳 13 红外光谱仪、碳 13 呼气分析仪、呼气试验测试仪	Ⅱ	是	/	/
07	扫描图像分析系统	01 医用显微镜	通常由观察系统、照明系统和载物台组成。观察系统是具有目镜、物镜的光学显微系统，可外接图像采集显示系统。利用显微放大原理，观察物体细节	用于对临床样本的显微放大观察	生物显微镜、超倍生物显微系统、倒置生物显微镜、正置生物显微镜、数码生物显微镜、光学生物显微镜、LED 生物显微镜、荧光生物显微镜	Ⅱ	是	GB/T 2985—2008 SL 144.1—2008 JJF 1402—2013 JB/T 5479—1999	生物显微镜注册技术审查指导原则
		02 图像扫描仪器	通常由光学成像系统、图像采集系统、计算机、软件等组成。原理一般为以照相扫描的方式将载片或者切片上的细胞呈现为扫描图像	用于对临床样本的显微图像进行扫描、观察等	病理切片扫描仪、显微镜扫描系统	Ⅱ	否	/	/
		03 图像分析仪器	通常由光学成像系统、图像采集系统、计算机、图像分析软件等组成。原理一般为以照相扫描的方式将载片上的细胞呈现为图像，并能对图片上的细胞进行分类标记及分析	用于对临床样本的显微图像进行观察、筛选、标记及分析等	显微影像分析仪、玻片扫描分析影像系统、全自动染色体显微图像扫描系统、细胞医学图像分析系统、医学显微图像分析系统、自动扫描显微镜和图像分析系统	Ⅱ	是	/	/
08	放射性核素标本测定装置	01 放射免疫 γ 计数器	通常由探测头、信号处理电路和计算机系统组成。原理一般为放射免疫分析方法	用于测定碘 125 等放射性核素发出的 γ 放射性射线。临床上与放免试剂盒配合使用，用于人体样本中待测物的定性和 / 或定量分析	放射免疫分析仪、放射免疫计数器、放射免疫 γ 计数器	Ⅱ	否	GB/T 10255—2013	/
		02 液体闪烁计数器	通常由探测模块、测量模块和计算机系统组成，原理一般为采用液体闪烁体（闪烁液）接受射线并转换成荧光光子	用于测定氚、碳 14 等放射性核素发射出的 β 放射性射线。临床上与放免试剂盒配合使用，用于人体样本中待测物的定性和 / 或定量分析	液体闪烁计数器	Ⅱ	是	GB/T 10259—2013 JJF 1480—2014	/

续表

序号	一级产品类别	二级产品类别	产品描述	预期用途	品名举例	管理类别	是否豁免临床	相关标准	指导原则
08	放射性核素标本测定装置	03 放射性层析扫描装置	通常由探测头（含两级传感器）信号处理电路、电源、样品传送机械系统、计算机系统等组成	用于放射性标记化合物或放射性药物的比移值和放射化学纯度的分析	放射性层析扫描仪	Ⅱ	否	/	/
09	尿液及其他样本分析设备	01 干化学尿液分析仪器	通常由机械模块、光学模块、电路模块等组成。原理一般为反射光度法等	与适配试剂配合使用，用来测量尿液中蛋白、葡萄糖、尿 pH 值、酮体、尿胆原、胆红素、亚硝酸盐等参数	尿液分析仪、全自动尿液分析仪、干化学尿液分析仪、全自动干化学尿液分析仪、便携式尿液分析仪、半自动尿液分析仪、尿糖计	Ⅱ	是	YY/T 0475—2011 JJF 1129—2005	尿液分析仪注册技术审查指导原则（2016 年修订版）
		02 尿液有形成分分析仪器	一般分为流式细胞式和影像式。流式细胞式通常由光学检测模块、液流模块、电阻抗检测模块和电路模块组成。原理一般为流式细胞分析术。影像式通常由标本处理模块、光学计数池模块、显微摄像模块、数据处理模块等部分组成。原理一般为数字成像自动识别原理	用于尿液中有形成分的识别和分析	尿液有形成分分析仪、全自动尿液有形成分分析仪	Ⅱ	是	YY/T 0996—2015 YY/T 1530—2017	自动尿液有形成分分析仪注册技术审查指导原则（2016 年修订版）
		03 尿液分析系统	通常由尿液干化学模块和尿液有形成分分析模块组成	用于对人体尿液中理化指标以及尿液或体液中有形成分进行定性、定量分析	全自动尿液分析系统	Ⅱ	否	YY/T 0475—2011 YY/T 0996—2015 JJF 1129—2005	尿液分析仪注册技术审查指导原则（2016 年修订版）
		04 粪便分析仪器	通常由样本处理模块、显微镜模块、结果处理软件模块等组成。原理一般为化学法、免疫法及显微镜检法等	用于粪便标本的有形成分、潜血和病原微生物等的检测	便潜血分析仪、粪便分析仪、粪便常规分析仪、全自动粪便分析仪	Ⅱ	是	/	/
		05 精子分析仪器	通常由显微图像扫描模块、温控系统模块、计数池模块、计算机系统、软件等组成	用于精子质量的分析	精子分析仪、精子质量分析仪、精子采集分析仪、精子自动检测分析仪	Ⅱ	是	YY/T 1535—2017	/
		06 生殖道分泌物分析仪器	通常由自动加样模块、恒温育模块、检测－控制模块、计算机系统等中的一种或几种组成。原理一般为利用光学检测技术，检测被测样本对生化或酶学等显色的反应	用于人体生殖道分泌物样本中被分析物的定性或定量检测分析	生殖道分泌物分析仪、阴道分泌物检测仪	Ⅱ	否	/	/

续表

序号	一级产品类别	二级产品类别	产品描述	预期用途	品名举例	管理类别	是否豁免临床	相关标准	指导原则
09	尿液及其他样本分析设备	07 其他体液分析仪器	通常由检测模块、测定模块、机械模块、电子模块、计算机系统等组成。原理一般为反射光度法等	用于脑脊液、胸腹水和关节腔积液等体液标本的常规检测	体液分析仪	Ⅱ	否	/	/
		08 其他体液形态学分析仪器	通常由样品传送模块、吸样与清洗模块件、显微摄像模块、计算机系统等组成。原理一般为显微影像扫描法、流式细胞分析术等	用于精子、白带、脑脊液、胸腹水、关节腔积液等体液标本中有形成分的形态学分析	体液形态学分析仪、白带分析仪	Ⅱ	否	/	/
10	其他医用分析设备	01 流式点阵仪器	通常由液路模块、信号采集模块、电机模块、数据处理模块等组成。原理一般为基于流式荧光技术（又称液态芯片、液相芯片）的高通量检测技术	与适配试剂配合使用，用于人体样本中待测物的定性和/或定量分析	流式点阵仪、全自动流式点阵发光免疫分析仪	Ⅱ	否	/	/
		02 微量元素分析仪器	通常由主机模块、微量分析工作台模块、软件、计算机系统等组成。原理一般为电化学分析方法、电位溶出法、原子吸收法及质谱法等	用于检测血液，尿液，毛发等样品中的各种微量元素	微量元素分析仪、血液铅镉分析仪、血液五元素分析仪、医用原子吸收光谱仪	Ⅱ	是	JJG（教委）023—1996	/
		03 质谱检测系统	通常由进样模块、离子化模块、检测模块、真空泵模块、信号放大模块、软件、计算机系统等组成。原理一般为将样品转化为运动的离子碎片，在磁场/电场中按核质比大小进行分离，从而达到分析的目的	用于临床上对被测物进行鉴别及检测	三重四极杆质谱仪、液相色谱串联质谱系统、质谱仪	Ⅱ	否	GB/T 32264—2015 GB/T 33864—2017 GB/T 34826—2017 GB/T 35410—2017	/
		04 液相色谱分析仪器	通常由进样模块，流动相供给模块和色谱柱温控模块等组成。原理一般为液相色谱法等	用于人体样本中被测物的定量检测	糖化血红蛋白分析仪、全自动糖化血红蛋白分析仪、变异血红蛋白分析仪、液相色谱分析仪	Ⅱ	是	YY/T 1246—2014	/
		05 色谱柱	通常由柱体和固定部件等组成	与分析设备配套使用，用于对人体样本中的被测物进行分离	糖化血红蛋白层析柱、层析柱、色谱柱	Ⅱ	否	GB/T 30430—2013 GB/T 30433—2013	/

续表

序号	一级产品类别	二级产品类别	产品描述	预期用途	品名举例	管理类别	是否豁免临床	相关标准	指导原则
10	其他医用分析设备	06 渗透压测定仪器	一般分为冰点渗透压测定和胶体渗透压测定。冰点渗透压测定仪通常由制冷模块、搅动模块、测温传感器模块和计算机系统组成；原理一般为振动原理结晶。胶体渗透压测定仪通常由半透膜及其固定装置参比液室电压传感器和计算机系统组成。原理一般为渗透原理	用于测量尿液、血液等样本的晶体渗透压和胶体渗透压	全自动冰点渗透压计、冰点渗透压测定仪、胶体渗透压测定仪	Ⅱ	是	JB/T 20155—2013	/
		07 循环肿瘤细胞分析仪器	通常由自动样本处理系统和结果分析系统组成	用于检测循环血中的上皮来源的肿瘤细胞	循环肿瘤细胞分析仪	Ⅲ	否	/	/
		08 生物芯片分析仪器	通常由主机模块、光电信号采集器模块、计算机系统等组成。原理一般为采集生物芯片上的光、电信号，通过软件进行分析	用于临床实验室对多种医学检测项目进行定性、半定量或定量检测	生物免疫层析芯片检测仪、生物芯片反应仪、压电蛋白芯片分析仪、人乳头瘤病毒（HPV）分型基因芯片检测阅读系统、生物芯片阅读仪、微阵列芯片检测仪、微阵列芯片扫描仪、基因芯片阅读仪、基因杂交信号扩大仪	Ⅱ	是	GB/T 27990—2011 GB/T 28639—2012 GB/T 28641—2012 YY/T 0692—2008 YY/T 1151—2009 YY/T 1153—2009	生物芯片类检测试剂注册技术审查指导原则
		09 电泳仪器	通常由电源、电泳槽等组成。原理一般为利用带电粒子因带电性质不同而移动速度及方向不同的性质从而达到分离的目的	用于人体样本中成分的分离和分析	全自动电泳仪、电泳仪、电泳装置、全自动毛细管电泳仪、电泳凝胶板、全自动琼脂糖电泳仪、电泳槽、琼脂糖凝胶电泳装置、阴/阳极缓冲液槽	Ⅰ	是	GB/T 29248—2012 YY/T 0087—2004	/
11	采样设备和器具	01 动静脉采血针及连接件	通常由动静脉采血针、采血器、保护套和其他部件组成	用于采集动静脉血样	动脉血气针、一次性使用动静脉血样采集针、一次性使用真空动静脉采血针、一次性使用真空动静脉采血器	Ⅲ	是	YY 0612—2007 YY/T 1618—2018	/
			通常由采血容器穿刺针、患者端护帽、非患者端护帽和针座等组成	与一次性静脉血样采集容器及动静脉采血针配合使用，辅助用于从患者静脉抽取血样	血样采集连接头	Ⅱ	否	/	/

续表

序号	一级产品类别	二级产品类别	产品描述	预期用途	品名举例	管理类别	是否豁免临床	相关标准	指导原则
11	采样设备和器具	02 末梢采血针	通常由针、针柄、保护套等组成。可包括激发装置（如弹簧等）。无菌提供。一次性使用	用于临床医学上皮肤穿刺，以采集人体末梢血样	一次性使用末梢采血针、一次性使用末梢采血器	Ⅱ	是	/	/
		03 采血笔	通常由主体、弹击机构、调节套等组成	与一次性末梢采血针配合使用，用于采集末梢血	采血笔	Ⅰ	是	/	/
		04 静脉血样采血管	通常由管和头盖组成。管材一般由PET(聚对苯二甲酸乙二醇酯)或玻璃管制成，管内壁附着或不附着添加剂或附加物	与一次性使用采血针配合使用，用于人体静脉血的收集、运输、存储	一次性使用真空采血管、一次性使用真空静脉采血管、一次性使用真空静脉血样采集容器、一次性使用静脉血样采集容器、一次性使用非真空采血管	Ⅱ	是	YY 0314—2007 YY/T 1416.1—2016 YY/T 1416.2—2016 YY/T 1416.3—2016 YY/T 1416.4—2016 WS/T 224—2018	一次性使用真空采血管产品注册技术审查指导原则
		05 末梢采血管	通常由毛细管、吸管、接头等组成。无菌提供时，管内壁有或无添加剂；非无菌提供时，管内壁有添加剂	用于人体末梢血的采集、存储	一次性使用微量无菌采血管、一次性毛细管微量采血管	Ⅱ	是	YY/T 0289—1996	/
			通常由毛细管、吸管、接头等组成。管内壁不附着添加剂、非无菌提供	用于人体末梢血的采集、存储	一次性使用末梢采血管	Ⅰ	是	/	/
		06 末梢血采集容器	通常由容器（管或瓶或管瓶或试管）、盖子和添加剂组成	用于人体末梢血样的采集、运输和存储等	一次性使用末梢血样采集容器	Ⅱ	否	YY/T 0617—2007	/
		07 血液采集卡	通常采用滤纸制成，卡上有专用染料绘制的圆圈用于标记样品位置	用于采集人体末梢血	新生儿血液采集卡	Ⅱ	是	/	/
		08 胃隐血采集器具	通常由医用空心胶囊、医用脱脂棉和棉线组成	用于提取胃液作隐血检查	隐血珠、一次性使用隐血采样胶囊	Ⅱ	是	/	/
		09 其他样本采集器具	通常由试管、试管塞、拭子和/或刷等组成。无菌提供	用于样本的收集、运输和储存等	无菌样本采样拭子、一次性使用无菌微生物拭子、一次性使用无菌采样拭子	Ⅱ	是	/	/
			通常由拭子和/或含保存液的杯、管等组成。非无菌提供	用于样本的收集、运输和储存等	病毒采样盒、病毒血清采样储藏管、集菌培养容器、粪便标本采集保存管、一次性使用病毒采样管、一次性使用采样器、一次性使用病变细胞采集器、一次性使用取样器	Ⅰ	是	/	/

续表

序号	一级产品类别	二级产品类别	产品描述	预期用途	品名举例	管理类别	是否豁免临床	相关标准	指导原则
11	采样设备和器具	10 激光采血仪	通常由激光发生器、控制电路、防护罩、显示器、内部电源和充电适配器组成	用于人体末梢血样的采集	激光采血仪	Ⅱ	否	/	/
		11 足跟采血器	通常由弹簧、刀片、弹出结构和外壳组成，刀片一般由不锈钢制成。无菌提供	用于早产儿或新生儿足跟采血	足跟采血器	Ⅱ	是	/	/
12	形态学分析前样本处理设备	01 血细胞分析前样本处理仪器	通常由如下模块（可以单独工作或组合工作）：涂片模块：通常由控制系统、样本采集系统、涂片系统等组成。染色模块：通常由样品转移、染色及控制部分等组成	用于样本分析前对血液和 / 或其他体液的涂片处理和 / 或染色	涂片机、细胞离心涂片机、全自动染色机、全自动推片染色机、染色机	Ⅰ	是	/	/
		02 病理分析前样本处理仪器	通常由如下模块（可以单独工作或组合工作）：切片模块：通常由控制系统、机械系统、驱动系统、刀架、刀片、罩壳等组成。制片模块：通常由搅拌、细胞吸附、细胞转移、细胞过滤装置、离心模块等组成。脱水模块：通常由控制系统、样本传输系统、脱水缸、石蜡缸等组成。包埋模块：通常由控制系统、熔蜡系统、冷却系统等组成。涂片模块：通常由控制系统、样本采集系统、涂片系统等组成。染色模块：通常由样品转移、染色、控制部分等组成。抗原修复模块：通常由控制系统，反应缸、切片架等组成。原理一般为热修复和化学修复等。组织处理模块：通常由控制部分、超声源、温控器、电加热器、水温传感器、试剂缸、石蜡缸、冷冻台、冷水机、加热部分等组成。玻片处理模块：通常由玻片处理平台（包括试剂槽、水浴槽、干燥仓、机械臂和加热模块等）、系统控制中心、管路系统、排风系统等组成	用于病理分析前样本处理（包括细菌染色仪器）（如：切片、制片、脱水、包埋、涂片、染色、抗原修复、脱蜡和荧光原位杂交（FISH）检测预处理、杂交后清洗等	轮转式切片机、平推式切片机、振动式切片机、冷冻切片机、液基薄层细胞制片机、组织脱水机、半封闭组织脱水机、微波组织脱水机、包埋机、包埋机热台、包埋机冷台、细胞离心涂片机、液基超薄层细胞自动涂片机、全自动免疫组化染色机、全自动特殊染色机、全自动单独滴染染色机、全自动免疫组化独立控温单独滴染染色机、全自动单独滴染 HE 染色机、革兰喷洒式染色机、抗酸浸渍染色机、线性染色机、抗原修复仪、全自动抗原修复仪、抗原热修复仪、全自动玻片处理系统、全自动脱蜡抗原修复仪、细胞过滤器	Ⅰ	是	/	/

续表

序号	一级产品类别	二级产品类别	产品描述	预期用途	品名举例	管理类别	是否豁免临床	相关标准	指导原则
12	形态学分析前样本处理设备	03 流式细胞术样本裂解仪	通常由主机和液流系统组成。为流式细胞术制备人体样本。有的设备含洗脱功能	用于制备流式细胞术样本	裂解仪、裂解洗脱仪	Ⅰ	是	/	/
13	样本分离设备	01 医用离心机	通常由控制系统、离心腔、驱动系统、转子、制冷系统（若为冷冻型医用离心机）和安全保护装置等组成	用于样本分析前人体样本的分离	大容量高速台式离心机、大容量低速台式离心机、大容量超速台式离心机、微量高速台式离心机、微量低速台式离心机、大容量高速离心机、大容量低速离心机、微量高速离心机、微量低速台式离心机、微量超速台式离心机、超速台式离心机、低速台式离心机、高速台式离心机、超速离心机、低速离心机、大容量高速台式冷冻离心机、大容量低速台式冷冻离心机、大容量超速台式冷冻离心机、微量高速台式冷冻离心机、微量低速台式冷冻离心机、微量超速台式冷冻离心机、大容量高速冷冻离心机、大容量低速冷冻离心机、大容量超速冷冻离心机、微量高速冷冻离心机、微量低速台式冷冻离心机、微量超速台式冷冻离心机、超速台式冷冻离心机、低速台式冷冻离心机、高速台式冷冻离心机、超速冷冻离心机、低速冷冻离心机、高速冷冻离心机、血型卡离心机、细胞洗涤离心机、微孔板离心机	Ⅰ	是	GB/T 10895—2004 GB/T 10901—2005 GB/T 13823.14—1995 GB 19815—2005 GB/T 28695—2012 YY/T 0657—2017 JJF（湘）02—2017 JJF（黔） 24—2016 JJF（浙） 1117—2015	/
		02 核酸提取纯化仪	通常由机械部分和电气部分组成。原理一般为选择性沉淀、层析或离心、磁珠吸附等方法	用于临床样本中核酸的提取、纯化	核酸提取仪、全自动核酸提取仪、全自动核酸纯化仪、全自动核酸提取纯化仪	Ⅰ	是	/	/

续表

序号	一级产品类别	二级产品类别	产品描述	预期用途	品名举例	管理类别	是否豁免临床	相关标准	指导原则
14	培养与孵育设备	01 医用培养/恒温箱	通常由温湿度、气体浓度控制系统、电子显示系统、箱体等组成	用于人体来源样本的培养	二氧化碳培养箱、恒温培养箱、生化培养箱、培养箱、血小板振荡器及恒温箱系统、血小板恒温保存箱、厌氧培养箱	Ⅱ	是	GB/T 28851—2012 GB/T 32710.8—2016 GB/T 32710.9—2016 GB/T 32710.13—2016 YY 1621—2018 YY/T 1641—2018 SL 144.3—2008 SL 144.4—2008	/
		02 厌氧培养系统	通常由取样室、操作室、厌氧罐、培养室等组成	用于厌氧、兼性厌氧微生物的培养	厌氧培养装置	Ⅱ	是	/	/
		03 孵育器	通常由主机、加热模块、卡槽、电器模块、或有振荡模块等组成	用于试剂卡的孵育	试剂卡孵育器、振荡孵育器	Ⅰ	是	/	/
		04 血小板振荡器	由箱体、控制系统、震荡系统组成	与血小板恒温箱配合使用，通过振荡维持血小板稳定以防其凝结	血小板振荡器	Ⅰ	是	/	/
15	检验及其他辅助设备	01 洗板机	通常由清洗单元、控制单元和运动单元组成	用于实验室的样品板的洗涤工作	半自动洗板机、去血片洗板机、全自动洗板机、全自动酶标洗板机、全自动微孔洗板机、洗板机	Ⅰ	是	/	/
		02 计数板	通常由玻璃或有机玻璃制成，其上有精确刻度标识	用于临床对血液、体液样本中有形成分进行计数	血细胞计数板、细胞计数板、尿沉渣计数板、血沉管	Ⅱ	是	/	/
		03 自动加样系统	通常主要由精密加样系统组成，可以包含传输系统、清洗系统、温育系统、混匀系统、软件系统等其他功能连接件	用于临床检验分析仪器分析前试剂或样本的精密加样	自动加样系统	Ⅱ	是	/	/
		04 低温储存设备	通常由制冷装置、绝热箱体、电控机构等部件组成	用于离体器官、组织、细胞、血液和血液制品等的低温储存或转运	医用血液冷藏箱、医用开放式血液冷藏周转箱、医用血浆速冻机、医用冷藏箱、医用冷冻箱、医用冷藏冷冻箱、医用超低温冷冻箱、医用液氮储存系统	Ⅱ	是	GB/T 21278—2007 YY/T 0168—2007	医用低温保存箱注册技术审查指导原则
		05 样本处理系统	通常由离心模块、分杯模块、低温存储模块中的至少一个模块组成，并连接其他必要的功能模块。用于检测前/后样本的离心、分杯（分注）、冷藏，不包含临床检验分析仪器分析前试剂或样本精密加注功能	用于医学临床样品及样品容器，进行分析前后的处理及加工	样品前处理系统、样品检查自动化系统、全自动样品处理系统、样品后处理系统、分杯处理系统、样本处理及孵育系统	Ⅰ	是	/	/

续表

序号	一级产品类别	二级产品类别	产品描述	预期用途	品名举例	管理类别	是否豁免临床	相关标准	指导原则
15	检验及其他辅助设备	05 样本处理系统	通常由自动接种、自动分区划线、自动灭菌、恒温培养等模块组成	用于医学临床样品及样品容器，进行分析前后的处理及加工	微生物样本前处理系统	Ⅰ	是	/	/
			通常由本稀释液加注、搅拌等功能模块组成	用于医学临床样品及样品容器，进行分析前后的处理及加工	粪便分析前处理仪	Ⅰ	是	/	/
			通常由分选单元等模块组成	用于临床检验用靶细胞的富集或去除	细胞分选仪	Ⅰ	是	/	/
16	医用生物防护设备	01 生物安全柜	通常由柜体、前窗操作口、支撑脚及脚轮、风机、集液槽、过滤器、控制面板、紫外灯、照明光源等组成	用于对临床实验室操作过程中的人员、产品及环境进行保护	Ⅱ级生物安全柜、生物安全柜	Ⅲ	是	YY 0569—2011 YY/T 1540—2017 DB44/T 833—2010 DB52/T 1254—2017 SN/T 3901—2014	/
		02 洁净工作台	通常由箱体、操作台、风机、预过滤器、高效过滤器（或超高效过滤器）、电器控制器等组成	用于临床实验室化验及实验，使局部操作环境达到一定洁净等级	洁净工作台	Ⅱ	是	YY/T 1539—2017 JJF（鄂）34—2017 JG/T 292—2010 SJ 2131—1982	医用洁净工作台注册技术审查指导原则